자폐스펙트럼장애 학생 교육의 실제

자폐스펙트럼장애 학생 교육의 실제

개정판

L. Juane Heflin, Donna Fiorino Alaimo 지음

신현기, 이성봉, 이병혁, 이경면, 김은경 옮김

Σ 시그마프레스

자폐스펙트럼장애 학생 교육의 실제, 개정판

발행일 | 2007년 8월 31일 초 판 1쇄 발행
2008년 4월 10일 수정판 1쇄 발행
2009년 3월 10일 수정판 2쇄 발행
2010년 1월 5일 수정판 3쇄 발행
2010년 9월 5일 수정판 4쇄 발행
2014년 7월 31일 개정판 1쇄 발행
2015년 3월 31일 개정판 2쇄 발행
2022년 6월 10일 개정판 3쇄 발행
2024년 9월 10일 개정판 4쇄 발행

저 자 | L. Juane Heflin, Donna Fiorino Alaimo
역 자 | 신현기, 이성봉, 이병혁, 이경면, 김은경
발행인 | 강학경
발행처 | (주)시그마프레스

등록번호 | 제10-2642호
주소 | 서울특별시 영등포구 양평로 22길 21 선유도코오롱디지털타워 A401~402호
전자우편 | sigma@spress.co.kr
홈페이지 | http://www.sigmapress.co.kr
전화 | (02)323-4845, (02)2062-5184~8
팩스 | (02)323-4197

ISBN | 978-89-6866-202-7

STUDENTS WITH AUTISM SPECTRUM DISORDERS: EFFECTIVE INSTRUCTIONAL PRACTICES
Author : L. Juane Heflin, Donna Fiorino Alaimo

* 책값은 책 뒤표지에 있습니다.
* 이 도서의 국립중앙도서관 출판시도서목록(CIP)은 서지정보유통지원시스템 홈페이지(http://seoji.nl.go.kr)와 국가자료공동목록시스템(http://www.nl.go.kr/kolisnet)에서 이용하실 수 있습니다.(CIP제어번호: CIP2014020941)

역자 서문(개정판)

1943년 Leo Kanner는 다른 장애 아동에게서는 나타나지 않는 특징을 가지고 있는 11명의 아동을 선별한 후 그들의 장애를 유아 자폐증(infantile autism)이라고 진단한 바 있다. 그가 11명의 아동에게서 일관되게 관찰할 수 있었던 특징은 타인에 대한 관심을 전혀 기울이지 않는다는 것이었다. 그가 붙인 autism(자폐증)이란 용어는 원래 그리스어에 어원을 둔 것으로 self(자아)의 의미를 담고 있다. 그들 자폐성 장애 아동들은 사회적 환경에 대해서는 관심을 보이지 않는 반면, 물리적 환경에 대해서는 극도의 관심을 보이곤 한다. 예컨대, 어떤 아동은 자신의 부모가 가까이 있는 것은 전혀 인식하지 못하면서도 자기 집의 가구가 재배치되어있는 것은 금방 인식하고 그 변화에 대하여 커다란 공포를 느끼곤 한다. 이러한 사회적 역기능과 환경에 대한 일반적이지 못한 반응을 자폐성 장애의 핵심적인 두 가지 특징으로 간주하고 있다. 그 후 50년 가까이 자폐성 장애에 대한 광범위한 특징이 제시되고 있지만 그 두 가지 특징은 변함이 없이 언급되고 있는 조건이다.

그래서 어쩌란 말인가? 한 번 자폐는 영원한 자폐라고 치부해 버리고 말란 말인가? 그것은 분명히 아닐 것이다. 그래서 다양성에 근거한 희망과 가능성을 찾기 위하여 자폐성 장애라는 명칭을 자폐스펙트럼장애(Autism Spectrum Disorders)라는 용어가 나타난 것은 아닐까 생각해본다.

이 책은 자폐스펙트럼장애 학생을 위한 효과적인 교수방법을 소개하고 있다. 모두 11개의 장으로서 자폐스펙트럼장애의 선별진단, 자폐스펙트럼장애의 역사적 관점과 원인론, 자폐스펙트럼장애 학생에게 효과적인 프로그램 개발을 위한 협력적 노력, 이들의 교수 학습의 효과를 위한 환경의 조성, 이들의 감각적 문제의 조절, 교수전략 개발을 위한 응용행동분석 원리의 적용, 자폐스펙트럼장애 학생의 문제 행동을 위한 프로그램 구성, 이들의 의사소통 증진 방법, 이들의 사회화와 사회적 기술의 강화 방법, 교과학습 기술 증진 방안, 그리고 비교과 학습 환경에서의 교수 기회의 조직 및 확충 방안을 다루고 있다.

이 책은 자폐스펙트럼장애의 교육과 관련된 정보를 실증적으로 제시하고 있을 뿐만 아니라 웹사이트(http://www.prenhall.com/heflin)를 통하여 특수교육 관련 자료를 지속적으로 제공하고 있어 그 활용도는 어느 책 보다 높을 것으로 기대하여 번역을 하게 되었다. 그러나 역자가 이 책의 독자들에게 먼저 바라는 것이 있다면 자폐스펙트럼장애 학생들에 대한 희망을 먼저 가지고 이 책을 참고했으면 하는 것이다. 왜냐하면 아직까지도 자폐스펙트럼장애를 다른 여타의 장애 유형보다도 절망적으로 보고 있기 때문이다. 절망 속에서는 절망의 꽃이 피지만 희망 속에서는 희망의 꽃이 피는 법이다.

자폐인 교수인 템플 그랜딘은 "우리에게는 누구나 다 사적인 장소가 필요하다. 자폐아동도 숨거나 내적 세계에 들어갈 수 있는 그들만의 비밀 장소가 필요하다. 결국 자폐증은 '테두리 안(withiness)' 에만 머물러 있는 장애이다. 그렇기 때문에 자폐 아동은 그들 자신이 숨을 수 있는 안정된 곳이 필요하다. 나의 경우, 숨을 곳이 있었으며, 그곳에서 나 자신에 대해 생각하거나 재충전할 수 있었다."라고 말하고 있다. 그들에게 마음의 공간을 주려면 "당신에게는 자유가 많습니다. 그러나 혼자 앞서서 자유를 너무 즐기지 마세요. 뒤에 오는, 아직도 몸이 구속당하고 마음이 얽매인 이들이 많으니 기다렸다가 함께 자유를 누리십시오(정용철, 2002)."라는 기다림을 배워야 한다. 이번 개정판에서는 역서가 갖는 용어의 불일치와 문맥상의 매끄럽지 못한 문제점을 보완하고, 원문에 없지만 2013년에 발행된 정신장애진단및통계편람(DSM-5)에 기술된 자폐스펙트럼장애의 진단 준거의 내용을 추가하였다. 힘들고 바쁘신 가운데 번역하는 일에 수고를 아끼지 않으시고 참여해주신 교수님들께 감사를 드리고 마음에 드는 책으로 꾸며 주신 (주)시그마프레스의 강학경 사장님과 편집부 직원들께 감사의 말씀을 드린다.

2014년 7월 무더운 여름날

역자 대표 신현기

저자 서문

자폐스펙트럼장애(Autism Spectrum Disorders, ASD) 연구 전문가들의 대부분은 자신이 경험한 한 아이로 인해 자폐 관련 연구를 시작한 경우가 많다. 대부분의 전문가들은 자신이 만난 첫 번째 자폐스펙트럼장애인을 기억한다. 그로 인해 자폐에 매혹되어 이를 알아가는 여행을 시작한다. 스펙트럼장애에 대한 광범위한 대중적 인식과 스펙트럼장애가 보이는 광범위한 제한으로 인해, 보다 많은 사람들이 자폐스펙트럼장애를 가지고 있는 것으로 판별되며 보다 많은 사람들이 이들 장애를 알아가는 과정에 참여하기 시작한다.

자폐스펙트럼장애의 독특함에 매료되어 지속적으로 관심을 갖고 자폐스펙트럼장애에 관한 연구 · 계획 · 협력 · 교수에 많은 시간을 쏟고 있는 교육자들에게 도움을 주고자 이 교재를 쓰게 되었다. 교사와 교사 교육자로서의 우리 저자들의 경험을 바탕으로, 우리는 자폐스펙트럼장애 학생에 관한 일반적인 질문에 따라 교재를 구성하였다. 교사로서 첫발을 내딛는 사람들은 이 교재를 통해 교수활동에서 우선적으로 고려되어야 하는 사항을 판별할 수 있는 체계적인 접근 방법을 얻을 수 있을 것이다. 경험이 풍부한 교사들은 이 교재를 통해 자신의 전문적인 기술의 숙련과 발전을 이룰 수 있을 것이다. 교사는 자신의 교수 프로그램이 학생들의 삶에 변화를 가져올 때 자신이 유능하다고 느낀다. 이러한 것이 이 교재를 통해 얻을 수 있는 성과라 할 수 있다.

자폐스펙트럼장애 학생을 처음 만났을 때 자신이 아는 것이 하나도 없다고 느끼는 독자들을 위해 우리는 교재의 각 장의 시작을 '해리스 선생님에게 배우기' 로 시작하였다. 해리스 선생님은 이제 막 간범주적(cross-categorical) 특수교사양성 프로그램을 마치고 교사로서 첫발을 내딛었다. 많은 주들이 간범주적(cross-categorical), 비범주적(non-categorical), 포괄적(generic), 상호관련된(interrelated) 등의 다양하게 불리는 자격증을 주고 있으며 하나의 범주로 국한된 자격증의 제공은 점차 줄어나가고 있다. 여전히 대학이나 양성기관을 통해 범주적으로 구별된 자격증을 제공하고 있는 주 중에서, 자폐스펙트럼장애에 특성화하여 자격증을 제공하는 주는 없다. 그러나 장애의 특정한 유형에 관한 심도 있는 훈련을 통해 얻게 되는 지식 및 기술을 가지고 다양한 학생들을 가르치고 있는 자신을 발견하는 해리스 선생님과 같은 교사들이 여전히 많이 있을 수 있다.

독특한 학습 양식 및 목록을 가지고 있어 교사에게 즐거움을 주는 학생 집단에 대해 가장 효과적인 교사가 되기 위해 해리스 선생님이 도전 과제를 하나하나 경험해 나가는 과정을 함께 할 수 있을 것이다. 제1장에서는 자폐스펙트럼장애의 관련 특성에 관한 개요가 제시되어 있다. 또한 특수교육 서비스 대상의 적격성을 결정하기 위한 진단과 절차에 관한 논의가 이루어진다. 제2장에서는 독특한 장애로서 자폐스펙트럼장애 인식의 역사를 살펴보고 자폐스펙트럼장애를 유발하는 원인을 판별하기 위해 이루어지고 있는 연구들에 관해 논의한다. 출현율의 변화와 환경적 독소 요인의 역할(예 : 백신)과 같은 민감한 사안도 다루고 있다. 효과적인 프로그램의 개발과 관련된 논쟁점이 제3장에서 다루어지고 더불어 효과적인 협력을 위한 지침이 제공된다.

제4장에서는 자폐스펙트럼장애 학생의 독특한 학습 요구를 지원해 줄 수 있는 교수 환경 구성과 관련된 고려사항이 해리스 선생님의 사례와 더불어 제시되어 있다. 감각 문제는 자폐스펙트럼장애 학생들에게 나타나는 주된 특성은 아니다. 그러나 해리스 선생님을 비롯하여 교사들은 이들의 감각 문제가 적응 기능을 하는 자기자극 및 상동행동과 관련이 있음을 인지하는 것이 필요하다. 따라서 제5장에서 감각문제에 관한 내용이 다루어진다. 이러한 감각 관련 사실에 관한 인식은 자폐스펙트럼장애 학생들이 보이는 행동을 문제로만 보는 견해를 바꾸고 교수 제공 시 유용하고 강력한 강화로 고려할 것을 제안하고 있다.

제6장에서는 응용행동분석(Applied Behavior Analysis, ABA)과 비연속 개별시행 훈련(Discrete Trial Training, DTT)이 다루어진다. 제7장에서는 긍정적 행동지원을 위한 효과적인 기법이 제시되어 있고, 제8장에서는 의사소통의 일반 발달과 자폐스펙트럼장애인의 언어 및 의사소통 발달을 비교하고 있다. 제9장에서는 자폐스펙트럼장애의 핵심 결함 중 하나인 사회적 행동에 대한 사정과 중재가 기술되고 있다.

제10장에서 자폐스펙트럼장애 학생을 위한 차별화된 교수(differentiated instruction)

가 제시되어 있으며 이는 읽기, 쓰기, 철자, 수학과 같은 핵심 내용 영역을 강조하고 있다. 제11장에서는 참여와 성취를 촉진하는 통합 환경과 소집단 교수에서 유용한 전략들, 그리고 여름학교와 숙제를 활용한 방법들이 기술되어 있다. 마지막으로 '해리스 선생님에게 배우기' 를 통해서 얻은 정보를 요약하고 있다.

비록 이 책에서 기술하고 있는 대상 학생에 대해 *DSM-IV-TR*에서는 전반적 발달장애(Pervasivs Developmental Disorders, PDD)라는 용어를 사용하고 있지만, 우리는 '자폐스펙트럼장애' 라는 용어에 대한 선호가 증대되고 있으며 다양한 영역에서 이 용어가 사용될 것이라고 결론짓고 이 용어를 교재에서 지속적으로 사용하였다. 또한 우리는 자폐스펙트럼장애가 여성보다 남성에게서 보다 많이 나타난다는 것을 알지만 본문에서 이들을 언급하는 대명사 사용에 있어서 남성과 여성의 삼인칭 대명사를 번갈아 가며 사용하였다. 이 책에서 언급되고 있는 프로그램들은 현재 지속적인 연구에 의해 보완 및 대체되고 있으며 명칭 또한 바뀌고 있으나, 우리는 현재 이용 가능한 기법과 프로그램의 구체적인 예를 제시하고자 했다. 역사적 맥락을 기술하기 위해 10년 이전의 문헌들도 참고하였다. 이 책을 읽는 독자들의 학습을 돕고자, 각 장의 서두에서 핵심 용어를 제시하고 본문 내에서 그 개념을 설명하였다. 각 장의 말미에는 다루어진 내용을 확인하고 확장시키기 위한 토론 질문과 활동을 기술하였다. '해리스 선생님에게 배우기' 를 통해 독자들은 자폐스펙트럼장애의 다양한 정도 및 연령에 따라 학생들이 독립적으로 기능수행하고 삶의 질을 향상시키는 데 필요한 도구들을 얻을 수 있을 것이다.

이 책은 18개월에 걸쳐서 이루어진 작업이라기보다는 25년 이상의 매혹, 비통, 승리의 정점이라 할 수 있다. 우리는 이 책이 교수 맥락에서 자폐스펙트럼장애 학생의 요구를 이해하고 부응하기 위해 노력하는 사람들에게 도움이 되기를 바란다.

차 례

1 자폐스펙트럼장애인의 정의 및 판별

핵 심 용 어

- 고기능 자폐 (High-functioning Autism, HFA)
- 레트 장애(Rett's disorder)
- 맞춤형 진단(differential diagnosis)
- 몰두(perseverations)
- 발달장애(developmental disability)
- 비전형 전반적 발달장애(Pervasive Developmental Disorder-Not Otherwise Specified, PDD-NOS)
- 세 가지 핵심 결함(triad of deficits)
- 아동기 붕괴성 장애(Childhood Disintegrative Disorder, CDD)
- 아스퍼거스(aspergers)
- 자폐증(autism)
- 전반적 발달장애(Pervasive Developmental Disorder, PDD)
- 정신장애진단및통계편람 (Diagnostic and Statistical Manual of Mental Disorder)
- 정신 · 행동 장애 분류 (Classification of Mental and Behavioral Disorder)
- 즉각 반향어(immediate echolalia)
- 지연 반향어(delayed echolalia)

❖ 해리스 선생님에게 배우기

졸업 이후의 생활

해리스 선생님은 그녀의 새로운 작업에 대한 기대로 흥분되었다. 간범주적(cross-categorical : 이는 한국에서와 마찬가지로 장애영역별 자격증 구분 없이 제공되는 자격증을 의미한다 – 역자 주) 특수교사 자격을 동시에 취득하게 되는 프로그램의 마지막 학기가 끝나가고 있기 때문이다. 얼마 남지 않은 실습일과 두세 과목의 기말고사만이 남아 있다. 교생실습 기간 동안 학생들을 직접 가르치는 일은 결코 만만한 일이 아니었다. 교생실습 지도 교사가 학급 관리에 많은 시간을 쓰고 있는 것에 대해 매우 놀랐다. 마치 지도교사가 매번 학생들에 대한 국가 수준의 시험을 치루는 것과 같았다. 그리고 하나의 작은 사건이 있었다. 절호의 기회를 놓치지 않는 학생들이 그녀를 옷장에 가둔 일이었다. 그러나 그녀는 이전보다 더 현명해졌으며 교생실습에 대해 우수한 평가를 받았다.

해리스 선생님은 교생실습 마지막 날에 학교 현관에서 교장 선생님을 만났다. 교장 선생님은 그녀를 채용하기를 원하나 공석이 없어서 채용을 할 수가 없다고 안타까워하였다. 다른 학교 교장 선생님이 가을 학기에 학교에 공석이 생기게 되어 능력 있는 좋은 사람의 추천을 부탁하여 해리스 선생님을 추천하였다고 하였다. 그녀는 한 학교에 이미 이력서를 제출하였으나 이직률이 거의 없는 곳이었기에 취업의 기회를 얻기가 매우 어려웠다. 교장 선생님의 추천은 매우 좋은 기회이므로 그녀는 심장이 터질 듯이 좋았고 바로 흔쾌히 그렇게 하겠다고 하였다. 방과 후에, 그녀는 교장 선생님이 추천해 주신 학교의 교장 선생님을 만나기 위해 교장 선생님이 알려 준 학교로 갔다.

해리스 선생님이 필립스 초등학교에 도착했을 때에는 이미 모든 수업이 끝난 이후였기에 대부분의 학생들과 교직원들은 없었다. 교장 선생님의 행정 비서만이 남아서 몇몇 부모들로부터 운동회 때 입을 단체 셔츠를 주문받고 있었다. 비서는 해리스 선생님이 교무실에 들어서자 하던 일을 멈추고 그녀를 교장실로 안내해 주었다. 면접은 잘 진행되었으며 스토크스 교장 선생님은 매우 조직적인 사람인 것 같아 보였다. 스토크스 교장 선생님은 해리스 선생님에게 그녀만의 효과적인 학급관리 방법을 말해 보라고 하였다. 또한 만약 학생이 수업시간에 과제를 뭉쳐서 그녀에게 던진다면 어떻게 대응할 것인지 등 돌발 상황에 대한 그녀만의 대처법에 대해 질문하였다. 스토크스 교장 선생님은 해리스 선생님의 대답에 만족하는 것 같았으며 그는 그녀에게 교사 생활이 자폐스펙트럼장애 학생 집단에게 집중적인 교육을 실시하는 것으로 시작될 것이라고 하였다. 또한 그녀만의 교실을 갖게 될 것과 학생들이 일반 교육환경에 참여할 때 그들을 도와주는 역할을 하게 될 것이라고 하였다. 스토크스 교장 선생님은 인사과에서 합격 여부에 따른 통보가 갈 것이라고 하였다.

해리스 선생님은 감사 인사를 하고 자리에서 일어났다. 집으로 오는 길에 더 공부할 필요가 있는 정보와 자료들에 대해 생각하며 필요한 것들을 목록화하기 시작했다. 대학에서 공부한 여러 가지 교육과정들이 분명 그녀의 교수방법에 도움이 된다는 확신은 있었으나 자신이 공부한 것이 일반교사와 특수교사 자격을 동시에 얻는 프로그램이기 때문에 자폐스펙트럼장애에 대해 보다 깊이 있게 공부하고 다른 장애와 달리 어떤 차별화된 교수방법으로 접근하는 것이 좋을지 등에 대해 공부할 필요가 있다고 생각하였다. 그녀는 자폐 아동과 관련하여 잘 정리되어 있는 책들은 어떤 것이 있었는지 그리고 대학수업에서 배운 지식 등을 생각해 보았으나 분명하게 기억이 나지 않았다. 자폐스펙트럼장애에는 얼마나 많은 장애가 포함되어 있었지? 그것들 간에는 어떤 차이가 있었나? 각각의 장애를 지닌 아동들은 어떤 특징들이 있었다고 배웠지? 공격적이라고 했던가? 쉽게 흥분하나? 이런 저런 생각을 하던 중에 더스틴 호프만의 훌륭한 연기로 더욱 유명해졌던 영화 〈레인맨〉의 한 장면이 문득 떠올랐다. 그 장면에서 더스틴 호프만은 연기 감지 장치(열 감지 장치)의 경보가 울리자 심하게 동요하여 자리를 뜨는 대신 한구석으로 가서 귀를 막고 앞뒤로 이리저리 흔들어댔다. 해리스 선생님은 흥분됨과 동시에 긴장이 되었다. 해리스 선생님은 자신의 노트와 책을 보려고 빨리 집으로 갔다. '여름 방학을 정말 게으르게 보냈군! 이젠 정말 바쁜 시간들이 되겠어.' 라고 해리스 선생님은 생각했다.

Leo Kanner(1943)와 Hans Asperger(1944)가 처음으로 자신들이 관찰한 증후군을 기술한 이래로(보다 분명한 역사적 개요는 제2장에 제시되어 있다) 자폐 범주를 이루고 있는 장애의 정의에 대해 상당한 발전이 이루어졌다. 자폐스펙트럼장애(Autism Spectrum Disorders, ASD)의 일반적인 특징은 세 가지 핵심 결함(triad of core deficits)에 근거한다(Wing & Gould, 1979). 이 장에서는 '세 가지' 결함에 대해 설명하고 각 주된 결함과 관련한 변인들에 대해 논의하고자 한다. 정신병리학적 분류 체계에서는 **전반적 발달장애***(Pervasive Developmental Disorder, PDD)라는 포괄적인 용어 내에 자폐스펙트럼

* 역자 주) 2013년에 발행된 DSM-5에서는 하위유형을 없애고 DSM-IV에서 사용한 '전반적 발달장애' 라는 진단명 대신에 '자폐스펙트럼장애' 라는 진단명을 사용하고 있다.

장애를 포함시키고 있으며, 자폐스펙트럼장애 내에 다섯 가지 스펙트럼장애의 특성이 기술되어 있다. 자폐스펙트럼장애 진단 과정과 특수교육 서비스 수혜 적격성(특수교육 수혜 대상자) 판단 과정을 살펴보고자 한다.

1. 자폐스펙트럼장애의 특징

자폐스펙트럼장애인들은 발달 시기별로 요구되는 행동, 기술, 선호, 기능 수행, 학습 등에서 매우 다양한(이질적인) 특성을 보인다(Hollander et al., 1998; Lord, Cook, Leventhal, & Amaral, 2000). 자폐스펙트럼장애를 특징짓고자 하는 노력은 어떤 한 개인의 특징을 적절하게 기술하는 수준이 아닌 일반화시킬 수 있는 개념을 정립하기 위해 지속되어 왔다. 그 결과 자폐 범주에 속하는 사람에게 보편적으로 관련된 특징이 다음의 **세 가지 영역에서의 결함**으로 나타났다.

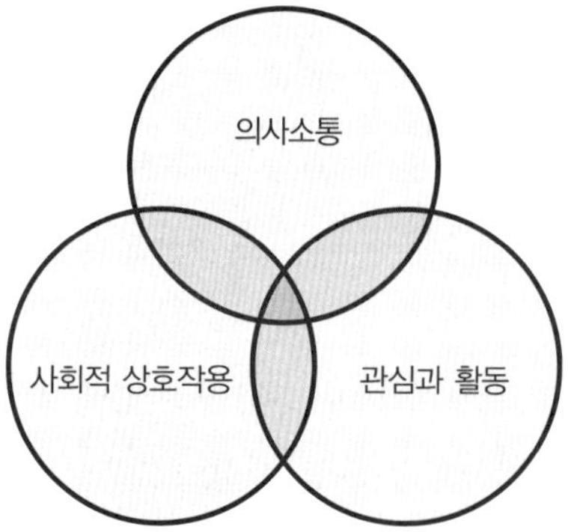

그림 1-1 자폐스펙트럼장애의 세 가지 핵심 결함

* 역자주) 이 책에서 언급한 세 가지 영역에서의 결함은 DSM-IV-TR의 진단 준거에 근거한 것이다. 2013년에 발행된 DSM-5에서는 *DSM-IV-TR*에서 세 가지 영역에서의 결함으로 기술하였던 것을 두 가지 영역으로 통합하여 제시하고 있다. 두 가지 영역은 사회적 의사소통 및 상호작용의 결함이라는 영역(사회적 상호작용의 결함 영역과 의사소통의 결함 영역이 통합 및 재조정된 것임)과 제한적이고 반복적인 행동·흥미·활동 영역이다. 기존 *DSM-IV-TR*에서 자폐스펙트럼장애(ASD)의 주된 결함을 사회적 결함으로 보는 것과 마찬가지로 DSM-5에서도 사회적 결함을 ASD의 핵심 결함으로 보고 있다.

(1) 의사소통(communication)
(2) 사회적 상호작용(socialization)
(3) 관심과 활동(interests and activities)

〈그림 1-1〉은 세 가지 핵심 결함에 대한 벤다이어그램이다. 이는 자폐스펙트럼장애로 진단되었다고 할지라도 모두 동일한 결함의 정도를 가지고 있지는 않음을 보여 주고 있다.

1) 의사소통

자폐스펙트럼장애인의 의사소통 능력은 개인마다 매우 다양하게 나타난다. 구어 발달이 전무할 수도 있고 높은 수준의 현학적인 언어를 보일 수도 있다(Lord & Paul, 1997). 구어 사용의 현저한 결함 또는 지체를 보이면서 몸짓과 같은 의사소통의 대체 형태를 사용하려는 시도도 하지 않는다(Baranek, 1999; Osterling & Dawson, 1994). 자폐스펙트럼장애인들은 손이 닿지 않는 곳에 있는 것을 얻고자 하여 다른 사람의 손을 잡고 원하는 물건이 있는 곳으로 이끌어 갈 수 있으나, 이러한 행동은 사실상 의사소통적이라 할 수 없다. 이는 목적을 이루는 방식이며 다른 사람을 도구로 사용한 것이라 할 수 있다(Wetherby & Prizant, 2005). 자폐스펙트럼장애인의 적어도 3분의 1이 구어 발달의 결함을 보인다(Bryson, 1996).

구어 발달을 보이는 자폐스펙트럼장애인들도 언어 사용에 있어서 매우 이질적인 특성을 보인다(Wing, 1997). 이들의 상당수가 다른 사람의 말을 반복하는 '반향어(echolalia)'를 보인다(Schuler, Prizant, & Wetherby, 1997). **즉각 반향어**(immediate echolalia)는 들은 것을 즉시 반복하는 것으로 예를 들면, "이름이 뭐니?" 하고 물었을 경우 자폐아동이 그 질문에 대답을 하기보다는 바로 "이름이 뭐니?" 하고 반향하는 것이다. **지연 반향어**(delayed echolalia)는 들었던 말을 일정 시간이 지난 이후에 반복하는 것으로, 예를 들면 영화나 텔레비전 프로그램에서 들었던 말들을 시간이 지난 후 반향하는 것이다. 반향어는 일반적으로 대명사를 바꿔 사용하는 대명사의 반전으로도 나타난다(Kanner, 1943). 자폐 아동이 "너 이 과자 먹을래? 나는 하나 먹어야겠다." 라는 말을 들으면, 아동은 여기서 말하는 '너'는 자기 자신이고 '나'는 상대방으로 생각하여 자신을 표현할 때 '나'가 아닌 '너'로 표현하게 된다. 흥미롭게도 구어를 사용할 수 있는 자폐스펙트럼장애인 중 일부는 불규칙 동사를 잘 사용하기도 한다. 그러나 이는 그들이 문법의 규칙을 적용하려는 시도이기보다는 자신이 들은 것을 단순히 반복하는 것일 수 있다(Van Meter, Fein, Morris, Waterhouse, & Allen, 1997). 불규칙 동사란 시제에 따른 동사의 변화가 규칙적이지 않은 동사를 의미한다. 예를 들어, '-ed'는 영어에서 시제에 따른 동사의 변화에 일반적으로 붙는 어미이다. 'walk'라는 단어를 과거시제로 사용한다면 'walked'로 변환하여 사용하게 된다. 그러나 'get'이라는 단어는 과거 시제 사용 시 'getted'이 아니라 'got'으로 변한다. 일반 아동들은 시제에 따른 동사의 변화에 관한 문법을 배우게 되면서 이를 과도하게 적용함으로써 불규칙 동사의 사용에 많은 오류를 보인다. 그러나 자폐성향을 보이는 아동들은 배운 문법을 적용하여 사용하기보다는 자신이 들었던 것을 그대로 모방하여 반복적으로 언어표현을 하는 경향이 있기 때문에 이 아동들은 이러한 오류를 보이지 않을 수도 있다.

반향어는 상대방의 억양을 똑같이 반향하는 형태로 나타날 수도 있다. 반향어를 사용하지 않을 경우에라도, 자폐스펙트럼장애인들은 독특한 어조와 억양을 보인다(Lord et al., 2000; Young, Diehl, Morris, Hyman, & Bennetto, 2005). 높낮이 없는 기계음과 같이 말을 하거나 매우 높은 어조로 말하거나 모든 문장을 의문문으로 말하기도 한다(Shriberg et al., 2001). 구어의 이러한 독특한 소리와 억양은 자폐스펙트럼장애인을 빠르게 구별할 수 있는 가장 분명한 특징이라 할 수 있다(VanBourgondien & Woods, 1992).

구어 발달이 이루어진 자폐스펙트럼장애인들도 다른 사람들과 대화를 시작하거나 유지하는 데 어려움을 보인다(Ghaziuddin & Gerstein, 1996; Landa, 2000). 그들은 언어를 독특한 방식으로 사용한다. 예를 들면, 5세의 자폐 아동이 (네모 모양의) 생선 튀김을 다 먹을 때까지는 (동그란 모양의) 과자를 먹을 수 없다는 말을 들었을 때, 이 소년은 생선 튀김처럼 네모난 음식을 먹고 싶지 않고 동그란 음식을 원한다고 말한다. 계속해서 아동은 특정 모양 또는 색의 음식을 요구한다. 아동은 포도를 원할 때 포도라는 말 대신에 초록색 타원형 음식을 달라고 할 수 있다.

이러한 언어의 독특한 사용 외에도 자폐스펙트럼장애인은 언어의 화용(pragmatics)을 어려워할 수 있다. 화용은 어떻게 그리고 언제 특정한 말을 하는 것이 적절함을 나타내는 사회적 관습을 아는 것이다(Volkmar, carter, Grossman, & Klin, 1997). 예를 들면, 굉장히 뚱뚱한 사람이 있다고 한다면 자폐스펙트럼장애인은 그 사람의 기분이 불쾌할 수 있음을 전혀 눈치 채지 못하고 그 사람이 뚱뚱하다고 말할 수 있다. 또한 화용상의 어려움은 관용어, 비유적 표현, 추상적 개념과 같은 비문자적 언어를 이해하는 능력과도 관련이 있다(Strandburg et al., 1993). 일을 시작하자는 의미로 "자, 그럼 이제 달려 볼까?"라는 말을 자폐스펙트럼장애 아동에게 하면, 아동은 문자 그대로 받아들여서 마루에서 폴짝 폴짝 뛸 수도 있다. 언어가 갖는 미묘한 의미의 차이나 상징적 의미에 대한 이해의 결함은 상상놀이(imaginative play)의 부재로 이어진다.

의사소통의 비언어적 양상은 자폐스펙트럼장애에서 결함이 나타나는 또 다른 특성 중에 하나이며 이는 이후의 언어발달과 관련이 있다(Charman et al., 2005). 몸짓과 같은 비언어적 행동의 결핍은 자폐스펙트럼장애의 차후에 나타나는 특징들에 대한 초기 예보적 역할을 하기도 한다(Alexander, 1995; Vostanis et al., 1998). 자폐스펙트럼장애인들은 적절하게 눈 응시하기, 대화 시작 및 유지를 위해 눈맞춤 하기, 그리고 사물 또는 사건에 동시에 주의를 기울이기 등에 어려움을 보이는 경향이 있다(Werherby et al., 2004). 자폐인들이 옆에 있는 사람이나 사물을 쳐다보기 위해 자신의 눈의 끝부분으로 눈동자를 몰아서 응시를 하는 주변 시야의 사용을 선호한다는 보고도 있다(Tiegerman-Farber, 2002). 아마도 이는 과도하다고 느끼는 시각 자극을 제거하거나 피하기 위한 것일 수 있다. 또한 자폐스펙트럼장애인들은 의사소통을 하기 위해 몸짓과 안면표정을 사용하는 데 결함이 있다.

이들이 보이는 의사소통에서의 일탈적 특성을 요약하면 다음과 같다.

- 구어 발달의 전무 및 지체
- 몸짓과 같은 의사소통의 대체 양식 사용의 결함
- 사람을 '도구'로 사용
- 반향어(즉각 또는 지연 반향어)
- 대명사 반전
- 비문자적 언어 이해의 어려움
- 비언어적 의사소통의 결함

2) 사회적 상호작용

사회적 상호작용의 결함은 자폐스펙트럼장애를 판별하는 데 중요한 요소이다(Kanner, 1943; Waterhouse, Fein & Modahl, 1996). 또한 이는 언어적 기능 수행과 높은 상관관계가 있다(Lord & Paul, 1997). 일반 영유아들은 사람의 눈을 쳐다보는 것을 좋아하며(Haithm Bergman, & Moore, 1979), 무생물적인 자극보다는 사회적 자극을 더 선호한다(Spelke, Philips, & Woodward, 1995). 이와는 달리, 자폐스펙트럼장애로 진단을 받은 유아들의 추적 연구에서 부모들은 이들 유아들이 눈맞춤을 피하고(Volkmar,

Cohen, & Paul, 1986) 사람보다는 사물에 강한 관심을 보였다(Dawson, Meltzoff, Osterling, Rinalda, & Brown, 1998; Swettenham et al., 1998)고 했다. 만 2세 전후의 일반유아들은 자신의 이름을 부르는 익숙한 목소리를 들으면 그쪽을 향하여 움직이며 때로는 이름을 부르지 않더라도 그 친숙한 사람을 향해 간다. 그러나 자폐스펙트럼장애 유아들은 사람의 목소리에 대해 이러한 선호를 보이지 않는다(Klin, 1992; Kuhl, Coffey Corina, Padden, & Dawson, 2005). 이와 같이 아동의 이름을 불렀을 때 적절한 반응을 보이지 않는 행동이 자폐스펙트럼장애를 선별하는 하나의 중요한 특징이라고 할 수 있다(Osterling & Dawson, 1994).

사회적 상호작용의 핵심 요소인 눈 응시(eye gaze)와 관련하여 자폐스펙트럼장애인을 대상으로 광범위하게 연구되어 왔다. 눈 응시의 결여는 다른 사람들로부터 얻는 정보를 심각하게 생략하는 것뿐만 아니라 다른 사람과의 상호작용의 시작이나 유지를 매우 어렵게 만드는 요인 중에 하나로 지적되고 있다(Adrien, 1991). 눈 응시는 공동주의 집중(joint attention)을 하는 데 중요한 요소로 자폐스펙트럼장애인들은 생애 초기부터 이러한 눈 응시의 결여를 보인다(Wimpory, Hobson, Williams, & Nash, 2000). 자폐 아동들은 다른 사람의 시선을 따라가지 않을 뿐만 아니라 다른 사람의 시선을 자신이 흥미 있어 하는 것을 쳐다보도록 이끌지도 않는다(Wetherby, Prizant, & Hutchinson, 1998). 다른 사람의 시선을 따라가지 못하는 것은 언어 발달에 좋지 않은 영향을 미칠 수 있다(Baldwin, 1995). 이는 자폐 아동들이 성인이 쳐다보거나 명명한 사물에 주목하지 않기 때문이다(Dawson et al., 2004). 자폐스펙트럼장애 아동과는 달리, 일반아동들은 다른 사람의 주의를 자신이 좋아하는 것으로 이끌고자 시도한다. 예를 들면, 일반아동들은 머리 위에 높이 날아가는 비행기로 주변 사람의 시선을 이끌고자 자신의 손가락으로 하늘을 가리킨다. 이들은 하늘을 가리키는 행동 외에도 다른 사람이 위를 쳐다보고 있는지를 확인하기 위해 다른 사람을 쳐다본다. 게다가 일반아동은 부모의 존재를 일반적으로 인식하며 부모가 자신과 같이 있는지를 자주 확인하며 부모를 쳐다본다. 이를 소위 **사회적 참조**(social referencing)라 한다. 예를 들면, 무언가를 떨어뜨리거나 깨뜨리면 일반아동은 부모가 이러한 상황을 인지하고 있는지 그리고 화가 났는지를 확인하기 위해 재빨리 부모를 쳐다본다. 그러나 자폐스펙트럼장애 아동들은 다른 사람의 관심을 끌기 위해 지적을 하거나 사회적 참조를 하지 않는다(Cox et al., 1999). 그러나 자폐스펙트럼장애 아동들도 일반아동들 만큼이나 빈번하게 자신이 원하는 것을 의사소통하고자 지적하는 행동을 하기도 한다(Stonw, Ousley, Yoder, Hogan, &

Hepburn, 1997).

자폐스펙트럼장애인들은 대인관계의 사회적 양상을 이해하지 못하는 경향이 있다. 그들은 마치 주변 사람들에게 전혀 관심이 없는 것처럼 행동하기도 하고 사회적 관습에 따라 행동하지 않을 수도 있다(Lord & Magill-Evans, 1995; Sigman & Ruskin, 1999). 또한 자신의 정보를 다른 사람과 공유하려 하지 않는다. 구어 발달이 이루어진 자폐스펙트럼장애인들은 자신이 어떻게 느끼는지 또는 어떠한 것이 자신에게 무슨 의미가 있는 것인지에 관해 말하기보다는 좋아하는 주제에 관한 사실이나 세세한 정보만을 이야기하려 한다(Ghaziuddin & Gerstein, 1996). 사회적 상호작용에 관한 핵심 행동의 결함은 사회적 관계와 우정 발달에 저해 요소로 작용할 수 있다.

이들이 보이는 사회적 상호작용에서의 일탈적 특성을 요약하면 다음과 같다.

- 다른 사람들의 존재를 의식하지 않는다.
- 사회적 관습을 무시하는 것처럼 보인다.
- 다른 사람의 음성에 반응을 보이지 않는다.
- 공동주의집중과 사회적 참조의 결여를 보인다.
- 좋아하는 주제에 관한 단순한 사실에 대해서만 다른 사람과 공유하는 것을 선호한다.
- 상호 호혜적 관계를 맺지 못한다.

3) 흥미와 활동

자폐스펙트럼장애인들은 발달 준거에 따라 비정상적이며 매우 한정된 범위의 흥미를 보인다. 일부 자폐스펙트럼장애인들은 사람보다는 사물을 더 선호하고(Dawson et al., 1998) 전체보다는 사물의 특정한 부분에 대해서만 특별히 더 선호하는(Reinehart, Bradshaw, Moss, Brereton, & Tonge, 2000) 경향이 있다. 예를 들면, 장난감 자동차를 가지고 놀 때 자폐 아동은 자동차를 가지고 이리저리 굴리는 일반적인 방식으로 놀지 않고 장난감 자동차를 거꾸로 하여 끊임없이 바퀴를 돌리며 놀거나 장난감이나 기계 등을 분해했다가 다시 조립하는 등의 놀이를 즐긴다. 자폐 아동들은 야구 경기를 직접 하는 것보다는 유명 야구선수들의 이름과 기록을 줄줄이 말하는 것을 좋아한다. 또한 그림퍼즐조각을 맞출 때 조각의 윗면을 아래로 하여 그림을 완성해서 완성된 그림이 어떤 것인지를 알 수 없는 경우도 있다.

사람과 관련된 사회적 자극보다는 사물의 특정 부분을 선호하는 자폐스펙트럼장애인의 특징은 눈 응시 관련 연구에서도 잘 나타나 있다. 이들은 사람에게 주의를 기울이기보다는 전기 스위치나 램프 등과 같은 물리적인 특징에 집중한다(Klin, Jones, Schultz, Volkmar, Cohen, 2002a). 자폐스펙트럼장애인들은 다른 사람들을 볼 때 눈을 보기보다는 상대방의 입이나, 어깨 또는 몸의 어느 한 부분을 보는 경향이 있다(Klin, Jones, Schultz, Volkmar, Cohen, 2002b). 보다 나이가 있는 자폐 아동들은 이러한 특징을 더 많이 보이며 이로 인해 다른 사람들이 이들을 변별할 수 있다(Langdell, 1978). 비록 연령이 증가하면서 자폐 아동의 안면 인식(facial recognition)은 보다 좋아지고 인지기능이 높을수록 이러한 인식도 좋아지는 것으로 나타났지만(Klin et al., 1999; Schultz et al., 2000) 상대방의 눈보다 입, 어깨, 몸의 일부분을 보는 경향은 중요한 사회적 정보를 취하는 능력에 부정적인 영향을 미칠 수 있다(Boucher & Lewis, 1992). 눈 대신에 입이나 사물에 시선을 고정하는 행동은 사회적 기능 수행에 부정적인 영향을 미친다(Klin et al., 2002b).

사물이나 사물의 특정 부분에만 더 많은 흥미를 보이는 것 외에도, 자폐스펙트럼장애인들은 변화 없이 한정된 방식으로 행동하려는 경향이 있다(Bregman, 2005). 예를 들면, 자폐스펙트럼장애인들은 사물을 일렬로 나열하는 것을 좋아하며 이러한 활동에 변화를 수용하지 않고 오랜 시간 지속하려 할 것이다. 오랜 시간 반복하는 활동을 **몰두**(perseverations)라고 한다. 자폐스펙트럼장애인들은 자신이 좋아하는 활동이나 주제에 대해 끊임없이 반복적인 행동을 하며 중간에 방해를 받으면 흥분을 한다.

한정된 흥미 및 활동은 동일성에 대한 고집으로도 나타난다(Lewis & Bodfish, 1998). 자폐인들은 집안 가구들의 위치에 변화가 있거나, 학교 시간표가 달라지거나, 잠자리에 드는 시간이 바뀌면 당황해 하고 흥분한다(Volkmar et al., 1997).

한정된 흥미 및 활동은 반복적인 운동으로도 나타난다. 이를 **상동행동**(stereotypies), **자기자극 행동**(self-stimulatory behaviors)이라고 한다. 뚜렷한 목적 없이 이러한 동일한 행동을 반복함으로 편안함을 얻는다. 자기자극 행동은 손바닥을 위아래로 흔들기, 머리를 좌우로 흔들기, 몸 흔들기, 찡그린 얼굴 만들기 등과 같이 다양한 형태로 나타난다. 일반유아들도 이러한 상동행동이나 자기자극 행동을 보인다(Thelen, 1979, 1981). 9~12개월의 발달 지체 유아들은 자폐스펙트럼장애 유아들보다 더 높은 비율의 자기자극 행동을 보이기도 한다(Baranek, 1999). 상동행동은 일반적으로 2~5세의 자폐스펙트럼장애 아동들에게서 더 많이 나타난다(Lord, 1995; Losche, 1990). 자폐스펙트럼장애 유아들은 발달 수준을 맞춘 또래들과 동일한 비율의 자기자극 행동을 보이지만, 큰 근육을 움직이는 큰 운동의 상동행동을 보다 더 많이 보이며 오로지 이러한 행동에만 집중하는 경향이 있다(Smith & Van Houten, 1996). 자폐스펙트럼장애에 관한 초기 연구에서는 상동행동이나 자기자극 행동이 무의미한 행동이며 제거되어야 하는 행동으로 보았다(Rincover, 1986). 그러나 현재는 상동행동이나 자기자극 행동이 적응을 돕는 것으로 긍정적인 측면에서 이해되고 있다(제5장에서 보다 자세히 살펴볼 것이다).

전반적 발달장애(PDD)의 하위유형에 관한 *DSM-IV-TR*의 준거에는 감각 특성이 포함되어 있지 않으나, Kanner(1943)와 Wing(1969)은 비정상적인 감각반응과 감각추구(sensory-seeking) 행동을 언급하고 있다. 실제로 자폐스펙트럼장애를 판별할 때 보편적으로 나타나는 호명에 반응하지 않는 행동과 눈 응시의 문제는 감각 문제와 관련이 있음을 시사하는 것이다(Baranek, 1999). 아동의 어릴 적 비디오 분석과 부모 보고에 의하면 자폐스펙트럼장애 아동들이 보이는 감각반응은 매우 다양하지만(Baranek, 2002) 대체로 감각기능 수행에서 질적인 차이를 보인다고 한다(Adrien et al., 1993; Baranek, 1999; Rogers, Hepburn, & Wehner, 2003). 자폐스펙트럼장애인의 42~80%가 비정상적인 감각반응을 보인다(Kientz & Dunn, 1997; Rapin, 1996; Volkmar, Cohen, Bregman, Hooks, & Stevenson, 1989). 이들이 보이는 비정상적인 감각반응으로는 사물의 표면을 문지르기, 손가락 빨기, 몸 흔들기, 특정한 시각 및 청각 자극에 반응을 보이지 않기 등을 들 수 있다. 자폐스펙트럼장애인들은 화재 경보 소리나 화장실 물 내리는 소리 등과 같이 자신이 싫어하는 소리가 들리면 귀를 막는 행동을 하거나, 다른 사람이 자신의 몸을 만지려 하면 밀치는 행동을 하기도 한다(Baranek, 1999). 자폐스펙트럼장애인이 흔히 보이는 상동행동은 감각자극에 대한 반응의 결핍(둔감한 반응) 또는 민감한 반응을 나타내는 것일 수 있다(Ornitz, 1985).

자폐스펙트럼장애인들이 보이는 한정된 흥미 및 활동의 특징을 요약하면 다음과 같다.

- 지속적이고 독특한 흥미
- 사물의 특정 부분이나 개별적인 사실에 대한 흥미
- 선호하는 활동에 대한 몰두
- 동일성에 대한 고집
- 자기자극 행동이나 상동행동과 같은 반복적인 신체 움직임
- 감각자극에 대한 비정상적 반응

자폐스펙트럼장애인들 사이에서도 지적인 기능 수행과 의학적 상태에서 매우 다양

한(이질적인) 수준을 보일 수 있다. 이들은 인지적 기능 수행에 의해서는 예상할 수 없는 적응기능 수행에서 결함을 보일 수 있다(Liss et al., 2001). 그러나 이러한 특성은 대부분의 자폐스펙트럼장애를 판별하는 데 있어서 주된 특성으로 간주되지 않는다.

2. *DSM-IV-TR*에 기술된 전반적 발달장애

미국 정신의학협회(American Psychiatric Association)는 1951년 이래로 행동과 학습의 차이에 대한 분류 체계를 제시하고 있다. 정신장애진단및통계편람(Diagnostic and Statistical Manual of Mental Disorder)의 최신판에 분류 체계가 기술되어 있다. 최신판은 네 번째 개정판(*DSM-IV-TR*)이다(APA, 2000). 국제 진단 체계도 정신 · 행동 장애 분류(*ICD-10* Classification of Mental and Behavioral Disorders)에 따르고 있으며 현재 열 번째 개정판이 나와 있다(WHO, 1993). *ICD-10*은 전반적 발달장애를 8가지 유형으로 분류하고 있으며 국제 단체들과 많은 연구자들이 이를 사용하고 있다. 그러나 이 책에서는 미국의 대부분의 임상가들이 *ICD-10*을 사용하고 있지 않는 관계로 이는 언급하지 않고자 한다.

*DSM-IV-TR*에서 제시된 전반적 발달장애의 범주 내에 있는 자폐스펙트럼장애의 다섯 가지 하위유형을 살펴보면 다음과 같다.

- 자폐성 장애(autistic disorder)
- 아스퍼거 장애(asperger' s disorder)
- 레트 장애(Rett' s disorder)
- 아동기 붕괴성 장애(childhool disintegrative disorder, CDD)
- 비전형 전반적 발달장애(PDD not otherwise specified, PDD-NOS)

각 하위유형별로 그 특성에 대해 간략히 설명을 하고 세 가지 핵심 결함이 이들 하위유형에 걸쳐서 어떻게 나타나는지를 살펴보고자 한다. 이들 하위유형 간에 나타나는 세 가지 핵심 결함의 중복은 장애 진단의 도구는 아니다. 자폐스펙트럼장애인은 이질적인 집단이다. 따라서 이러한 하위유형별 포괄적인 설명은 신중해야 한다. 자폐스펙트럼장애를 소개할 때 자주 인용되는 말로는 "만약 당신이 자폐스펙트럼장애 아동을 본 적이 있다면, 당신은 단지 자폐스펙트럼장애를 지닌 아동 단 1명만을 본 것에 지나지 않는다."라는 것이다. 즉 여기에 기술된 자폐스펙트럼장애에 대한 설명을 모든 자폐스펙트럼장애인에게 일반화할 수 없으며 개별 자폐스펙트럼장애인을 적절하게 기술할 수도 없다. 이와 같이 자폐스펙트럼장애라는 같은 진단명을 가진 사람들 내에서도 서로 일치하지 않은 특성이 있다.

1) 자폐성 장애

자폐성 장애라는 용어는 1943년 Kanner에 의해 처음으로 기술된 아동들의 특징과 가장 유사한 특징으로 설명하고 있다. 자폐성 장애와 동의어로 쓰일 수 있는 용어로는 자폐증(autism), 초기 유아 자폐증(early infantile autism), 아동기 자폐증(childhood autism), 캐너 자폐증(Kannerian autism)이 있다.

자폐증은 대상자가 3세 이전에 의사소통, 사회적 상호작용, 관심 및 활동의 영역에서 반드시 비정상적인 행동을 보여야만 판별이 된다. 3세 이전에 진단을 받지 못하는 일부 자폐 아동들의 경우, 진단 및 평가자는 아동이 3세 이전에 독특한 특징을 보였는지를 확인하기 위해 부모와의 면담을 통해 준거 부합 여부 등을 사정해야 한다. 자폐인의 35~40% 정도가 구어가 나타나지 않는다(Mesibov, Adams, & Klinger, 1997). 의사소통, 사회적 상호작용, 관심 및 활동 범위에서의 일탈과 더불어, 자폐스펙트럼장애인의 25~33%만이 평균 또는 평균 이상의 지적 능력을 보인다(Fombonne, 1999). 자폐인들이 다양한 수준의 IQ 점수를 보이지만 대부분은 정신지체 범위의 발달 지수(quotients)를 보인다(Rutter, Bailey, Bolton, & LeCouteur, 1994). 정신지체를 갖지 않은 자폐인을 '**고기능 자폐**(high-functioning autism, **HFA**)' 라고 한다(Klin, Lauls, Schultz, & Volkmar, 2005). 연구에 의하면 35% 이하의 자폐아동이 간질이나 뇌의 발작을 갖고 있고(Canitano, Luchetti, & Zappella, 2005), 자폐인들 중에서 청소년기와 초기 성인기에는 간질장애로 발전될 가능성이 크며(Gillberg & Steffenburg, 1987; Volkmar & Nelson, 1990) 이로 인해 수명도 단축될 수도 있다고 한다(Isager, Mouridsen, & Rich, 1999).

❖ 해리스 선생님에게 배우기

패스트푸드점에서

해리스 선생님은 마지막 시험을 마친 후 기진맥진하여 다시는 도서관에 가지 않을 것이라고 생각하였다. 그러나 지금 그녀는 다시 대학 도서관에 와서 서너 시간 동안 자폐스펙트럼장애에 관한 책과 논문을 찾고 있다. 한참이 지나 배고픔을 느낀 해리스 선생님은 늦은 점심을 하기 위해 맥도널드에 갔다. 감자튀김을 먹으면서 노트를 훑어보고 있을 때, 어디선가 요란한 소리가 들려왔다. 대략 여덟 살로 보이는 한 아이가 필사적으로 자리에 앉히려고 하는 여인의 몸에 버티며 자리를 일어나 나가려고 몸부림을 치며 소리를 지르고 있었다. 완전히 녹초가 된 여인은 아이의 행동을 저지하는 것을 포기하였고 결국 아이는 자리에서 이탈하였다. 그러자 그 아이는 바로 소리 지르는 것을 멈췄고 의자 끝에 서서 손을 뻗어 치킨너겟을 한 입 먹고 자신의 눈 바로 앞에서 손가락을 흔들어대며 위아래로 점프하는 행동을 반복하는 것이 아닌가? 깜짝 놀라 있는 해리스 선생님의 얼굴을 본 여인은 변호하듯 말했다. "아이가 자폐라서 그래요. 저희는 지난 2년 동안 매주 수요일이면 이 자리에 앉아서 음식을 먹었답니다. 근데 누군가가 이곳의 의자의 비닐 커버를 벗겨놨네요. 평소와 다른 의자라서 그런지 아이가 의자에 앉기를 싫어해서요."

해리스 선생은 이번 기회가 바로 자폐에 대한 많은 것을 배울 수 있는 절호의 기회라고 생각하고 아이의 엄마에게 "괜찮으시다면 아드님에 대해 좀 더 자세하게 말씀해주실 수 있으시겠어요?"라고 물었다. 여인은 아이의 치킨너겟의 남은 수를 재빠르게 센 후 "우리는 이제 약 5분 이내에 이곳을 나가야 한답니다. 전화번호를 알려주시면, 오늘 저녁에 우리 아이가 비디오를 볼 시간에 전화를 드릴게요."라고 말했다.

저녁 즈음에 해리스 선생님은 오언스(자폐 아동의 엄마) 씨로부터 놀랄만한 이야기를 듣게 되었다. "에릭은 실은 지나치게 순한 아기였답니다. 한 번도 안아달라고 보챈 적도 없고 봐달라고 칭얼거린 적도 없었던 아기였죠. 우리 아이는 작은 아기 침대 안에서 플라스틱 토스터 장난감을 만지작거리며 혼자 노는 것을 가장 좋아했어요. 에릭은 부드럽거나 사랑스럽고 포근한 느낌의 장난감에는 관심이 없었죠. 그저 그 딱딱한 플라스틱으로 된 토스터 장난감만을 갖고 놀길 원했어요. 제가 에릭을 안으면 그 아이는 저를 피하려고 하는 것처럼 언제나 등을 뒤로 굽혀 활모양으로 만들었어요. 그래서 우리는 일찍 전문 기관을 찾아갔고 '자폐' 라는 진단을 받게 되었답니다. 에릭은 사람들과 대화를 하지는 못하지만 들었던 말을 반복하여 말하기는 해요. 가장 좋아하는 프로그램은 〈Wheel of Fortune(역자 주 : 미국 TV의 퀴즈 프로그램으로 큰 바퀴를 돌리며 단어의 자음과 모음을 조합하여 정답을 맞추고 상금을 얻는 것이다)〉이고 그 프로그램의 오프닝 멘트를 아주 실감나게 그대로 흉내 내죠. 그리고 에릭은 "당장 나가!"라는 말을 할 수 있어요. 그 아이가 누나의 방에 들어가면 종종 누나가 에릭에게 쓰는 말이거든요. 그리고 에릭은 변화에 매우 민감하고 힘들어 해요. 그래서 아이 아빠가 안경을 깨트려서 더 이상 쓸 수 가 없게 되었을 때에도 변화에 적응하지 못하는 에릭 때문에 똑같은 안경을 구하러 다니느라 엄청 고생했답니다. 그리고 계절이 변해도 계절에 맞게 긴 바지에서 짧은 바지로 또는 짧은 바지에서 긴 바지로 갈아입는 일도 좋아하지 않아요. 그래서 4월에도 두꺼운 겨울 코트를 입고 가겠다고 고집부리는 일도 허다하지요. 물론 이런 정도의 일들은 제 친구 캐서린에 비하면 힘들다고 할 수는 없지요. 우리는 '자폐아 부모 지원 모임'에서 만났어요. 그녀는 아마 저의 진정하다고 할 수 있는 유일한 친구일거예요. 다른 사람들에게 우리 에릭을 설명하고 이해시키는 일은 정말 너무 힘든 일이에요. 그리고 이제 우린 우리 아이들을 밖으로 데리고 나가기 위해 노력하는 일은 정말 쓸데없는 일이란 것을 알게 되었어요. 우리 아이를 돌봐줄 수 있는 보모를 찾는 일도 마찬가지구요. 어쨌든 캐서린의 아들 데이비드는 그 아이가 원하는 대로 되지 않으면 정말 말 그대로 대단하게 흥분을 하지요. 예를 들면, 캐서린이 주유를 할 때에도 데이비드는 주유 호수를 자신이 직접 잡고 넣어 주유를 하도록 하지 않으면 주유를 할 수가 없어요. 그녀가 너무 바빠서 그냥 혼자 주유를 하게 되면, 데이비드는 굉장히 폭력적으로 변하기 때문에 그녀는 다시 주유소로 돌아가서 그 모든 것을 다시 반복해야 하죠. '자폐아 부모 지원 모임'에 가보면 꽤 많은 수의 부부가 이혼을 했다고는 하지만 저는 진짜 캐서린이 어떻게 남편도 없이 혼자 아이를 키우고 있는지 모르겠어요. 자폐아이를 키우는 것에 대한 스트레스는 결혼생활에 큰 부담일 수 있거든요. 모든 일상이 아이 중심으로 돌아가게 되지요. 일상생활들이 모두 한결 같아야 하고 물건들이 늘 같은 위치에 있어야 되고 늘 냄새나 소리 같은 것에 민감하게 신경을 써야 한답니다. 우리는 에릭이 무엇을 원하는지 또 무엇을 원하지 않는지를 하루 종일 찾아내고 이해하고 있어야 하죠."

해리스 선생님이 에릭이 좋아하는 것이 무엇인지 묻자 오언스 씨는 웃으면서 이야기해 주었다. "에릭이 가장 좋아하는 활동은 장난감 기차를 갖고 노는 거예요. 에릭은 기찻길을 아주 정성들여 만들어 놓고 그 기찻길 위에 기차를 일렬로 정렬해 놓죠. 사실, 누군가가 그 기차나 기찻길을 건드리기만 해도 에릭은 흥분한답니다."

"어떻게 에릭이 흥분했는지를 아나요?" 해리스 선생님이 물었다.

"그야 매우 쉽죠. 에릭은 화가 나면 소리를 지르고 바닥에 자기 몸을 내동댕이치고 가까이에 있는 것은 무엇이든 쓰러뜨리지요. 에릭이 화가 났을 때 누군가가 옆에 있다면 에릭은 그 사람을 물고 할퀴려고 한답니다."

"에릭은 자신이 원하는 것을 어떻게 엄마나 아빠에게 알게 하나요?"

"에릭은 자신이 원하는 것은 거의 스스로 해결을 합니다. 음, 만약에 에릭이 원하는 것을 꺼낼 수 없거나 접근할 수 없을 때에만 누구든 상관없이 그저 가까이에 있는 사람의 손을 끌고 원하는 곳으로 갑니다. 그리고 우리 손을 원하는 물건 위에 올려놓고 자기가 원하는 대로 잘 하고 있는지 그 손을 지켜봅니다. 만약 우리가 에릭의 의도를 잘 이해하지 못해 원하는 대로 하게 되지 못할 경우에도 흥분을 합니다."

"그렇다면 에릭을 한마디로 표현한다면 뭐라고 할 수가 있을까요?" 해리스 선생님이 물었다. 오언스 씨는 다정하게 대답했다. "음. 에릭은 아주 순수하다고 할 수 있지요. 에릭은 사회적 뉘앙스(social nuances)를 잘 몰라요. 그래서 만약 누군가가 우리 에릭을 놀리거나 이상하게 보는 것은 에릭보다는 저에게 더 큰 상처가 된답니다. 에릭은 지극히 평범하고 사소한 것들로 인해 놀라죠. 그리고 벌레 소리, 누군가의 억양이나 쓰레기 트럭의 냄새 같은 것들에 매료돼서 빠져들기도 하지요. 에릭은 우리가 살아가면서 그냥 간과하고 넘어가게 되는 아주 사소한 것들을 늘 깨닫게 한답니다. 어머! 에릭의 누나가 에릭이 보는 비디오를 끄는 소리가 들리는군요. 더 큰일이 생기기 전에 저는 가봐야겠네요. 그럼 안녕히 계세요."

2) 아스퍼거 장애

아스퍼거 장애는 간단히 **아스퍼거**라고도 한다. *DSM-IV-TR*에 의하면 아스퍼거 장애는 언어 발달의 지체를 보이지 않으며 의사소통의 결함을 보이지 않는다고 한다. 그러나 아스퍼거 아동의 부모들은 이들 아동들이 아동기 연령에 적합한 언어의 출현과 언어 기술에서 지체를 보인다고 한다(Howlin, 2003). 그래서 이러한 준거의 타당성에 대한 논쟁이 지속되고 있다(Bregman, 2005). 어떤 부모들은 그들의 자녀들이 말을 시작할 때 선호하는 주제에 대해 토론하며 완벽한 문장을 구사하여 끊임없이 말하였다고 한다. 아스퍼거 장애인은 오랜 시간 말을 할 수 있고 많은 어휘를 가지고 있지만(Wing, 1981), 청자가 이야기의 주제에 관심이 있는지는 알고자 하지 않으며 청자에게 무언가를 말할 기회를 주는 것에도 관심이 없다(Ghaziuddin & Gerstein, 1996). 이러한 이유로 인해 아스퍼거 아동 중에 일부 아동들은 '꼬마 교수님'이라고 불리기도 한다(Safran, 2001). 이들은 자신들이 관심이 있는 특정 주제에 대해 엄청나게 많은 정보를 모으고 오랜 시간 동안 그 주제에 관해 강의를 할 수 있다. 이들이 말하는 언어의 양이 엄청나다 보니 아스퍼거인들이 언어 사용 및 이해와 관련하여 여전히 언어적 결함을 가지고 있고 구어와 함께 동반되는 비언어적 양상에서도 결함을 가지고 있다는 사실을 간과하는 경우가 있다(Mayes, Calhoun, & Crites, 2001).

아스퍼거 장애인들은 비언어적 의사소통 사용에서 결함을 가지고 있고 비언어적 메시지를 읽거나 보내는 데 어려움을 보인다(Church, Alisanski, & Amanullah, 2000). 예를 들면, 대부분의 사람들은 누군가가 시계를 자주 힐끔힐끔 본다면 이 사람은 급히 가보아야 할 일이 있음을 표현하고 있다고 인지할 수 있다. 그러나 아스퍼거인들은 그러한 사회적 단서를 인지하지 못하고 심지어는 그 사람이 떠나려고 할 때조차도 그 사람에게 계속해서 말을 할 수 있다. 자폐인들과 마찬가지로 아스퍼거인들도 비문자적 언어를 사용하고 이해하는 것을 어려워한다(Nikolaenko, 2004; Strandburg et al., 1993). 예를 들면, 속담 중 "똥 묻은 개가 겨 묻은 개 나무란다." 등은 아스퍼거인들을 혼란스럽게 할 수 있다. 이는 개는 사람처럼 말을 할 수도 없으며 누구를 나무랄 수도 없다고 생각할 수 있기 때문이다. 비언어적 것에 대한 정확한 해석과 이해의 결함과 더불어 아스퍼거인들은 추상적인 언어의 결함으로 인해 사람들에게 놀림이 되거나 웃음거리의 대상이 되기 쉽다(Heerey, Capps, Keltner, & Kring, 2005; Little, 2001). 자폐인들의 구어 특성과 마찬가지로 아스퍼거인들도 구어 사용에 있어서 억양과 운율이 독특하고 일반적이지 않다.

아스퍼거인들이 보이는 언어의 화용상 어려움은 사회적 상호작용 문제를 더 악화시킬 수 있다. 자폐인과 마찬가지로, 아스퍼거인들도 눈맞춤과 안면표정의 문제를 보이기도 한다. 또한 친구를 만드는 데 관심이 있을 수는 있으나 무의식적으로 친구들을 멀어지게 하는 행동들을 하는 경향이 있다(Morriage, Gordon, & Brand, 1995). 그들은 자신의 의사소통방법이 다른 사람들에게 끼치는 영향에 대해 전혀 고려하지 않기 때문에 다른 사람들은 이들을 잘못에 대해 솔직한 사람이라 인식하기도 한다. 다른 사람에게 자신의 특정 흥미에 관해 말하는 것을 좋아하는 것과 더불어 이러한 특성은 다른 사람과의 관계에 부정적인 영향을 미친다. 또한 자폐인들은 마치 어린이처럼 자신의 특정한 흥미에 관한 지식을 보충시켜 줄 수 있는 사람을 찾기도 한다. 이로 인해 이들은 또래에게 흥미를 적게 보인다(Volkmar et al., 1997). Attwood(2002)는 이러한 특성과 관련하여 아스퍼거 장애인들을 선호하는 자료의 출처로 사람, 책, 컴퓨터, 도서관을 활용하는 지식과 진리를 추구하는 사람들이라는 별명을 붙여주기도 하였다.

흥미 및 활동과 관련하여 아스퍼거인들은 흥미의 범위가 매우 제한되어 있다(Asperger, 1944). 자신의 관심분야에 대해서는 집중적으로 몰두를 하기 때문에 때로는 나이답지 않게 어른스럽게 보이기도 한다(Wing, 1981). 예를 들면, 아스퍼거 아동이 기차에 관심이 있고 생활연령이 비슷한 또래들이 알고 있는 수준 이상으로 엔진과 계량기의 차이로 기차를 구별할 수 있다. 아스퍼거인들은 사실에 입각한 정보를 획득하는 데 다른 사람으로부터 높은 관심을 받게 되면 그러한 사회적 규칙을 획득하고 행하는 모범적인 시민의 모델이 될 수 있다. 그들은 규칙을 학습하면, 그러한 규칙을 깨는 것을 매우 꺼려한다. 예를 들면, 교사가 잠깐 교실을 비우면서, "선생님이 올 때까지 돌아다니지 말고 자리에 조용히 앉아서 과제하고 있어."라고 말했다면 일반적으로 대부분의 학생들은 선생님이 안 계시니 일어나서 돌아다녀도 된다고 생각할 것이다. 그러나 아스퍼거 학생들은 예외이다. 그들은 자리를 떠나 돌아다니지도 않을 뿐만 아니라 누가 규칙을 어기고 돌아다니며 떠들었는지를 적을 것이다. 그리고 선생님이 돌아오자마자 손은 번쩍 들고 "메리가 어항 쪽으로 갔다 왔습니다. 토니는 연필을 깎는다고 돌아다녔고요. 수잔과 리사는 책을 보고 있었습니다."라고 말할 것이다. 아스퍼거 학생은 자신의 이러한 행동을 다른 친구들이 어떻게 느끼고 생각하는지를 알지 못한다. 오직 그가 생각하는 것은 선생님께서 말씀하신 규칙이 지켜지지 않았다는 것이 불편했다는 것이다. 그는 심지어는 다른 친구들도 선생님이 말씀하신 규칙이 지켜지지 않았다는 것에 대해 좋지 않게 느낀다고 믿는다. 그래서 모두가 지켜야 하는 사회적 규범을 지키지 않고 어긴 것에 대해 선생님께 말한 자신의 행동에 대해서 다른 친구들도 박수를 보낼 것이라고 생각하고 있을지도 모른다. 규칙과 일과에 대한 엄격한 집착으로 인해 아스퍼거 아동들은 시간표가 바뀌거나 자리배치가 바뀌거나 계획을 미루는 것을 힘들어할 수 있다. 이러한 규칙과 일상을 지키고자 하는 아스퍼거 증후군의 특성으로 인해 일상적인 계획들이 변화되는 것에 어려워하고 이미 적응되어 있는 자리배치의 새로운 변화에 다시 쉽게 적응하지 못할 수 있으며 때로는 단지 계획이 연기되는 것에도 혼란스러워 할 수 있다. 아스퍼거 장애아동의 어머니가 아들에게 무엇이 가장 힘든지를 물었을 때 아들은 '갑작스러운 돌발 상황'이라고 하였다고 한다(Pyles & Attwood, 2002).

아스퍼거 장애를 판별할 때는 의사소통, 사회적 상호작용, 흥미 및 활동에서의 현저한 결함을 파악하는 것 외에도 인지 발달을 고려해야 한다. *DSM-IV-TR*의 준거를 보면, 아스퍼거 장애인들은 인지 발달 또는 자조 기술에서 어떠한 지체도 보이지 않는다고 되어 있다. 이들은 인지적 기능 수행과는 상호관련이 없는(Dawson & Watling, 2000) 운동 기술에서 자주 어려움을 보인다(Volkmar et al., 1994; Walters, Barrett, & Feinstein, 1990). 소근육을 이용하는 작은 운동의 결함은 알아보기 어려운 필체로 나타나기도 한다(Mayes & Calhoun, 2003). 그들은 또한 공간 개념 문제를 보일 수 있고 자신의 신체의 어느 부분이 다른 사물과 관련하여 감각자극을 받고 있는지를 정확하게 지적하지 못해서 어리석게 보일 수 있다(Asperger, 1944; Wing, 1981).

❖ 해리스 선생님에게 배우기

영어 작문 시간

다음은 7세 때 아스퍼거 장애로 진단을 받은 숀 영이 16세 되던 해, 고등학교 3학년일 때 쓴 글이다. 그는 고등학교를 졸업하고 오하이오 주에 있는 어느 대학의 컴퓨터 공학과에 장학생으로 입학하였다.

"때때로 나는 내가 애벌레였으면 좋겠다는 생각을 합니다. 세상으로부터 동떨어져 나와 아름다운 어떤 세상에서 조용하게 살고 싶으니까요." 나는 나만의 공간이 있었으면 좋겠다고 생각한 어느 날 이 글을 엄마에게 보여 주었다. 아스퍼거 장애인들은 이러한 기분을 종종 갖는다. 아스퍼거 증후군은 뇌신경계 연결에 영향을 미치는 신경학적 증후군이다. 아스퍼거 증후군(Asperger Syndrome : AS) 사람들은 외관상으로는 정상이기 때문에 그냥 보기만 해서는 그 사람이 아스퍼거 증후군의 사람인지 아닌지를 알 수 없다. 그러나 아스퍼거 증후군의 사람들은 사회적 상호작용을 하면서 당황스러울 때가 많다. 그들은 생물학적으로 문제를 자주 보이며 신경학적으로 정상과는 다르게 여겨진다. 그 결과로 아스퍼거인들은 무리에서 제외되는 경험을 자주 하게 된다. 이는 내가 아스퍼거 증후군을 갖고 있기 때문에 잘 안다.

아스퍼거 증후군으로 인해 나는 나의 삶의 사회적 양상들을 제대로 진행되도록 하기 위해 남들보다 더 많이 고군분투한다. 다양한 사회적 상황이 나를 힘들게 하며 나는 왕따 등과 같은 거부로 인한 상처를 갖고 있다. 아스퍼거 증후군의 사람들은 대부분의 사람들이 수용하고 자연스럽게 따르는 사회적 '관습'에 대해 직관적으로 수용하지 못한다. 예를 들면, 사람들의 안면 표정과 신체 언어를 읽는 데 어려움이 있다. 어떤 누군가가 나를 귀찮아하거나 나한테 화를 낸다고 하더라도 나는 그것을 잘 깨닫지 못하기도 한다. 이러한 일들이 그들을 더 화나게 만들기도 한다. 나는 점차로 사람들과 마주할 때 눈을 바라본다거나 다른 사람의 한숨에 바로 반응을 보이기도 하며 내가 관심 있는 주제만 고집하지 않고 다양한 대화 주제에 관해 이야기하는 등 보편적인 사회적 규칙에 점점 더 익숙해져가고 있다. 공감이라는 것 또한 나에게는 큰 과제이다. 나는 다른 사람들의 감정에 대해서는 별로 관심이 없어서 다른 사람들의 감정을 이해하기 위해서는 정말 큰 노력이 필요하다. 만약 어떤 사람이 다치면 나는 그 사람에게 도움을 주기를 원한다. 그러나 문제는 그 사람이 고통을 받고 있는 때를 분별하는 것이 어렵다는 것이다.

또한 아스퍼거 증후군은 다양한 종류의 극복해야 할 생물학적 문제를 가져온다. 나는 다양한 감각자극에 매우 민감하다. 어떤 특정한 소리나 냄새, 촉감을 상당히 혐오스러워한다. 사물에 대고 스티로폼 냉각용기를 긁는 소리, 표백제 냄새, 또는 벨벳의 감촉과 같은 것은 신경계를 과도하게 자극하여 스트레스를 받게 한다. '칠판을 손톱으로 긁는 소리'를 대부분의 사람들이 싫어하는 것처럼 나는 이런 것들을 생각하는 것만으로도 참기 어렵다. 또한 운동 협응 능력이 약하기 때문에 신체적 활동 부분에 있어서도 대단한 노력이 필요하다. 그래서 나는 축구나 야구 등을 배우고 익숙하게 되는 데 오랜 시간이 필요하다. 따라서 나와 같은 팀의 사람들 중 특히 경쟁심이 강한 사람들은 게임을 하는 동안 나를 제외시키려고 한다. 오늘만 하더라도 사이클링이나 도보, 경보 등 혼자 할 수 있는 활동을 더 선호하는 나는 운동 게임에서 제외당했다.

사회적 상호작용이나 생물학적 결함 이외에도 아스퍼거 증후군의 사람들은 다양한 인지적 그리고 정서적 어려움을 가지고 있다. 이러한 부분에 대해서는 명확하지는 않으나 많은 부분 나의 행동에 영향을 주는 부분이기 때문에 매우 중요하다. 나는 불안이나 주의 산만함 때문에 약을 먹고 있다. 나는 사소하고 전문적이며 하찮은 작은 것까지 신경을 쓰는 등 지나치게 섬세하다. 이러한 점이 다른 사람들 특히 나와 함께 그룹작업을 해야 하는 사람들을 힘들게 한다.

또한 사람들이 말한 의미를 문자 그대로만 생각한다. 예를 들면, 작문반에서 선생님께서 몇 개의 단어를 조사해 보라고 하였다. 선생님께서 지시한 대로 나는 인터넷에서 선생님께서 찾아보도록 지시한 단어들의 뜻을 찾아보았으나 그 정의를 종이에 쓰거나 프린트를 하지 않았다. 왜냐하면 선생님께서는 우리에게 그렇게 해 오도록 지시하시지는 않았기 때문이다. 따라서 나의 이러한 문자 그대로의 해석은 종종 오해의 소지가 된다. 보다 잘 적응하기 위해 몇 년 동안 나는 관용적이고 은유적이며 함축적인 문장을 이해하는 것에 집중하여 노력해 왔고 점차 나아지고 있다. 그러나 이러한 문자 그대로의 해석은 여전히 지속되고 있으며 이러한 점이 여전히 나의 일상생활에 혼란을 가져오기도 한다.

일반 사람들은 쉽게 할 수 있는 일일지라도 아스퍼거 증후군 사람들은 사회적, 생물학적, 정서적 어려움으로 인해 상당한 노력을 해야 하는 경우가 많다. 이러한 다양한 종류의 장애를 극복하는 동안 아스퍼거 증후군이라는 것은 나의 한 부분이 될 것이다. 작가인 Tony Attwood(1998)는 "아스퍼거 증후군 사람들은 삶에 있어서 값비싼 비단의 광채 나는 실과 같다. 아스퍼거 증후군의 사람들이 없거나 그들의 가치를 소중하게 여기지 않는다면 우리의 문화는 분명 아주 지루하고 단조로우며 빈약하였을 것이다."라고 말했다. 비록 이 세상으로부터 나를 완벽하게 격리시켜 나 스스로를 가둬둘 수는 없다고 하더라도 나는 아름다운 그 어떤 것 안에서 여전히 자랄 수 있음을 믿는다.

3) 레트 장애*

레트 장애는 자폐 범주에 속하는 다른 장애들과는 확실하게 구별되는 장애로(National Research Council, 2001) 이는 처음 판별 시 단일 유전자 결함과 관련된 유전 장애로 판별이 되기 때문이다(Ellaway & Christodoulou, 1999). 레트 장애인의 행동이 자폐인의 행동과 유사하기 때문에 *DSM-IV-TR*의 분류체계에서는 레트 장애를 전반적 발달장애(PDD)의 한 유형으로 포함시켰다(Lord, et al., 2000). 1966년에 Andreas Rett에 의해 처음으로 설명된 이 장애의 유전적 결함이 남아에게는 치명적이기 때문에 여아에서만 나타난다고 하였다. 일반적으로 생후 6~18개월 동안은 정상 발달을 보이다가 말이나 운동성과 같은 획득한 기술을 갑자기 상실하게 된다. 생후 5~48개월에 머리 성장의 감소와 생후 5~30개월에 손을 사용하는 기술의 상실이 나타난다. 의도를 가지고 자신의 손을 사용하지 못하고 이들 어린 여아들은 두 손을 모아서 비비거나 꼬는 등의 행동을 지속적으로 한다. 걸음걸이나 협응에서 어려움을 보이고, 보행 이동 능력을 상실하기도 한다. 레트 장애는 최소한의 어려움을 보이는 것에서부터 전혀 의도적인 움직임을 할 수 없는 경우에 이르기까지 다양한 정도로 전 생애에 걸쳐서 진행된다. 또한 레트 장애인은 보호를 위해 다른 사람에게 전적으로 의존하게 되고 발달의 특정한 단계에 고착되어 더 이상의 기술 획득이나 상실이 이루어지지 않는다. 레트 장애는 정신지체를 동반하는 경우가 많으며 의사소통 능력의 결함이 있다. 사회적 상호작용의 결함을 보이나 아동이 다른 사람들과 상호작용하는 것에 관심을 보이게 되면 변화가 생기기도 한다. 미국국립보건원(National Institute of Health)에 의하면 레트 장애는 비교적 희귀한 장애로 15,000명당 1명 정도에서 나타난다고 한다. 레트 장애는 전반적 발달장애의 다른 유형의 장애들과 유사성보다는 차이점을 더 많이 보이는 희귀 유전 장애로 간주된다. 그래서 이 책에서는 더 이상 다루지 않을 것이다. Lindberg(1994)는 레트 장애로 진

* 역자 주) 레트 장애는 DSM-5에서는 '자폐스펙트럼장애'에서 제외되었다.

단된 소녀와 젊은 여성 집단을 대상으로 특성을 기술하고 논의하였다. 레트 장애에 관심이 있는 독자는 Lindberg의 연구를 참고하기 바란다.

4) 아동기 붕괴성 장애

아동기 붕괴성 장애는 1908년에 비엔나에서 특수교육을 담당하고 있는 Theoder Heller에 의해 처음으로 기술되었으며 그의 이름을 따서 Heller 증후군이라고 하기도 한다. 아동기 붕괴성 장애는 의사소통, 사회적 상호작용, 관심 및 활동에서의 질적 차이를 판별하기 위한 *DSM-IV-TR*의 진단 준거가 자폐성 장애와 유사하지만, 발생 시기나 발달 단계, 원인에서 차이가 있다. 아동기 붕괴성 장애는 생후 2년간은 정상 발달을 보인다(그러나 10세 이전에는 반드시 아동기 붕괴성 장애로 판별될 수 있어야만 한다)는 점이 만 3세 이전에 증후가 나타나는 자폐와 차이가 있다. 따라서 아동기 붕괴성 장애로 진단이 되려면 만 2세까지는 정상 발달을 보여야만 한다. 대소변 조절, 적응행동, 표현 및 수용 언어, 운동 기술, 사회적 상호작용, 또는 놀이 등과 같은 이미 획득한 기술 중 적어도 두 가지 이상의 영역에서 갑작스럽거나 모르는 사이에 진행되어 상실이 나타나야 아동기 붕괴성 장애로 진단을 받게 된다. Rapin(1965, p.760)은 아동기 붕괴성 장애 아동에 대해 "잘 자라던 유아가 무기력해지고 무뎌지게 된다."며 부모를 인식하던 능력이나 스스로 음식을 먹을 수 있었던 기능 등을 잃어 퇴행하게 된다고 한다.

아동기 붕괴성 장애의 행동 특성이 자폐와 매우 유사하지만 Kanner(1943)는 두 장애 간에 뚜렷한 두 가지 차이를 설명하였다. 자폐는 사회적 상호작용의 결함이 핵심 결함으로 다른 사람들에 의해 인식되어지는 데에 반해, 아동기 붕괴성 장애에서의 핵심 결함은 의사소통이다(Malhotra & Gupta, 1999). 또한 아동기 붕괴성 장애는 발현 시기가 자폐보다 늦지만 나타나는 증상 및 증후는 자폐보다 훨씬 심각하다(Volkmar & Rutter, 1995).

아동기 붕괴성 장애가 전반적 발달장애의 분명한 하위유형이라고 할 수 있는지 또는 우리 사회가 만들어 낸 하나의 소산물임을 반영하는 것인지에 관한 논쟁이 여전히 남아 있다. 아동기 붕괴성 장애가 전반적 발달장애의 하위유형 중 하나임을 지지하는 사람들은 갓 태어난 동물 새끼의 손상된 변연계에서 일정 기간 정상 발달을 보인 후에 현저한 퇴행이 일어난다는 최근 연구에 근거하여 이를 주장하고 있다(다음 장에서 변연계의 손상과 관련하여 보다 자세히 살펴볼 것이다). 전반적 발달장애의 한 형태인 아동기 붕괴성 장애가 우리 사회가 만들어낸 하나의 소산물이라고 주장하는 사람들은 잘못된 예방접종의 한 결과로써 일어난 전반적 발달장애의 한 형태라고 제언한다. 특히 만 2세 경에 접종하게 되는 백신 주사들로 인해 발생할 수 있음을 주장한다. 그러나 이러한 견해는 자폐스펙트럼장애와 예방접종 간의 관계에 관한 연구에서 이들 간의 관계를 입증하지 못함에 따라 설득력을 점차 잃어가고 있다(DeStefano et al., 2004). 아동기 붕괴성 장애의 분명한 이해에 관한 불분명한 설명으로 인해 아동기 붕괴성 장애로 진단을 내리는 전문가들이 없고 전문 연구 문헌 내에서도 이 장애에 관한 연구가 거의 이루어지지 않고 있다.

5) 비전형 전반적 발달장애

아동이 전반적 발달장애의 다른 하위유형의 모든 기준에는 부합하지 않으나 몇 가지 기준에는 맞을 때 **비전형 전반적 발달장애**의 진단 범주가 사용된다. *DSM-IV-TR*에서 몇 가지 장애들에 대해서는 구체적인 분류 기준이 제시되어 있지 않으나 몇 가지 준거는 충족시키는 경우가 있다. 이 경우 비전형(Not Otherwise Specified, NOS)이라는 단서를 사용한다. 비전형 전반적 발달장애가 이러한 경우 포함되는 장애로, *DSM-IV-TR*에서는 비전형성 전반적 발달장애의 구체적인 진단 준거가 제시되어 있지 않다. 비전형 전반적 발달장애는 비전형 자폐증(atypical autism)이라고도 하며, 전반적 발달장애의 하위유형의 특성을 보이지 않거나 경도의 증후를 보일 때 비전형 전반적 발달장애라는 진단이 내려진다. 전반적 발달장애는 의사소통, 사회적 상호작용, 흥미 및 활동에서 결함의 형태가 나타나야 한다. 그러나 반드시 이 모든 영역에서 동시에 다 결함이 나타나야 함을 의미하지는 않는다. *DSM-IV-TR*에 따르면 이 세 영역 중 어느 한 영역에서라도 질적인 차이를 보이면 비전형 전반적 발달장애로 진단될 수 있으며(Volkmar, Klin, & Cohen, 1997), 이러한 요인이 자폐스펙트럼장애의 출현율의 증가에 영향을 미친다고 볼 수 있다(이와 관련해서 제2장에서 보다 심도 있게 다루어질 것이다).

3. DSM-5에 제시된 자폐스펙트럼장애 진단 준거(역자 추가)

미국정신의학회(American Psychiatric Association)는 2013년에 정신장애진단및통계편람(Diagnostic and Statistical Manual of Mental Disorders)의 다섯 번째 개정판(DSM-5)을 발행하였다. DSM-5에서는 전반적 발달장애(PDD)라는 용어 대신에 '자폐스펙트럼

장애(Autism Spectrum Disorders, ASD)'를 공식 진단명으로 제시하고 있다. 또한 *DSM-IV-TR*에 제시되었던 하위유형 중 단일 유전자 결함 관련 유전 장애로 판별된 레트 장애를 ASD에서 분리하고 다른 하위유형의 진단명을 삭제하고 통합하였다.

DSM-5의 자폐스펙트럼장애 진단 준거는 이전 DSM-IV에서의 범주적 접근(categorical approach)에서 차원적 틀(dimensional framework)로 변화되었다. 이는 자폐스펙트럼장애 증후에 대한 지속적 측정을 통해 개인의 결함 및 능력 수준을 기술하고자 하는 것이다. 이를 위해 두 가지 핵심 준거의 수행 결함 정도에 따라 지원을 요구하는 수준(1수준), 실질적인 지원을 요구하는 수준(2수준), 매우 실질적인 지원을 요구하는 수준(3수준)으로 구분하여 제시하고 있다. DSM-IV에서 전형적인 자폐 장애, 아스퍼거 장애 또는 비전형 전반적 발달장애의 기준에 부합하여 진단을 받은 경우에는 DSM-5의 자폐스펙트럼장애로 진단이 된다. 그러나 사회적 의사소통 및 상호작용에서 현저한 결함을 가지고 있다하더라도 자폐스펙트럼장애의 진단 준거에 부합하지 않는다면, 사회적(화용) 의사소통장애[social (pragmatic) communication disorder]로 평가된다(APA, 2013).

DSM-5에 제시된 자폐스펙트럼장애 진단 준거에 대해서는 관련 연구자 및 전문가들뿐만 아니라 자폐스펙트럼장애인과 부모들 사이에서도 현재 많은 논쟁이 있다. 특히 아스퍼거 장애인들의 경우, 진단명 삭제에 대한 반발이 매우 크다. 아스퍼거 장애 또는 비전형 전반적 발달 장애(PDD-NOS)와 같은 기능수행 수준이 높은 자폐스펙트럼장애의 경우, DSM-5의 준거를 적용할 경우 자폐스펙트럼장애로의 재진단 가능성에 대한 의문이 제기되고 있다. 이에 따른 교육 및 치료적 지원 내용 및 지원의 변화에 따른 대책이 요구되고 있다. DSM-5의 구체적인 자폐스펙트럼장애 진단기준은 아래와 같다.

A. 다양한 맥락에서 사회적 의사소통과 사회적 상호작용의 지속적인 결함을 보이며, 이는 다음의 세 가지 모두가 현재 또는 이전부터 지속적으로 나타난다(항목별로 제시된 예는 이해를 돕기 위한 설명이지 반드시 확인되어야 하는 예는 아니며 다양한 범위를 보인다).

1. 사회 및 정서적 상호성에서의 결함(예 : 비정상적인 사회적 접근과 주고 받는 일반적인 대화의 실패, 관심 · 정서 · 애정 등을 다른 사람과 공유하는 데 제한, 사회적 상호작용을 시작 및 반응하는 데 어려움 등)
2. 사회적 상호작용을 위해 사용하는 비언어적 의사소통 행동에서의 결함(예 : 언어 및 비언어적 의사소통을 통합적으로 사용하는 데 어려움, 눈맞춤과 몸짓과 같은

비언어적 행동에서의 비정상성, 몸짓의 이해 및 사용의 결함, 안면표정과 비언어적 의사소통에서의 전반적 결함 등)

3. 사회적 관계를 만들고 유지하고 이해하는데 결함(예 : 다양한 사회적 맥락에 맞게 행동 하는 데 어려움, 상상놀이를 공유하거나 친구를 만드는 데 어려움, 또래에 대한 관심이 없음 등)

B. 제한적이고 반복적인 행동, 흥미, 활동을 보이며, 이는 다음 중 적어도 두 가지가 현재 또는 이전부터 지속적으로 나타난다

1. 상동적이거나 반복적인 동작, 사물 또는 말의 사용(예 : 단순한 상동적인 동작, 장난감을 길게 줄 세우기, 사물 흔들기, 반향어 사용, 특이한 어구의 사용 등)
2. 동일성에 대한 고집, 판에 박힌 일과에의 집착, 언어 또는 비언어적 행동의 의례적(예배의식과 같은) 패턴(예 : 작은 변화에도 과도하게 불안해함, 전이의 어려움, 경직된 사고 패턴, 판에 박힌 인사하기 일과, 매일 동일한 일과 또는 동일한 음식 섭취에 대한 요구 등)
3. 정도나 초점이 비정상적인 매우 제한적이고 한정된 흥미(예 : 특이한 사물에 대한 강한 집착이나 몰두, 과도하게 한정된 흥미에의 몰두 등)
4. 감각 자극에 대한 둔감 혹은 민감 반응 또는 환경의 감각 양상에 대한 특이한 감각적 관심(예 : 고통 또는 온도에 대한 분명한 무감각, 특정 소리나 감각에 대한 혐오적 반응, 과도하게 냄새를 맡거나 과도하게 사물을 만짐, 빛이나 움직임에 대한 시각적 강한 흥미 등)

C. 증후가 초기 발달 시기에 나타나야만 한다(그러나 발달 시기별 사회적 요구가 제한된 능력을 초과할 때까지는 증후가 충분히 나타나지 않을 수도 있다. 또는 이후의 바달 이시에 학습된 전략으로 인해 증후가 가려져서 나타나지 않을 수도 있다).

D. 증후가 사회적, 직업적 또는 현재 기능수행의 다른 중요한 영역에서 임상적으로 유의미한 결함을 유발한다.

E. 이러한 어려움이 지적장애로 보다 더 설명이 되어서는 안 된다. 지적장애와 자폐스펙트럼장애 자주 공존한다. 자폐스펙트럼장애와 지적장애로 동시에 진단이 되려면 사회적 의사소통이 일반적인 발달에서 기대되는 수준보다 낮아야만 한다.

4. 자폐스펙트럼장애의 진단

지난 몇십 년 동안 자폐 범주를 구성하는 장애에 대해 발견하고 정의하기 위한 노력이 계속되어 왔으며 진단 능력은 역동적으로 향상되어 왔다. 그러나 여전히 진단에 대한 수많은 논쟁이 끊임없이 계속되고 있다. 자폐스펙트럼장애 진단을 위한 생물학적 표시 또는 의학적 검사가 현재는 없다(Bristol-Power & Spinella, 1999). 대신 자폐스펙트럼장애는 행동적인 면에 의해 진단되는 장애로 대상자의 행동을 직접 관찰하고 관련인들과 면담한 자료에 근거하여 진단을 하게 된다. 그러나 자폐스펙트럼장애에서만 유일하게 찾아볼 수 있으며 독특하게 나타나는 특이한 행동이 있는 것은 아니다. 자폐와 관련된 많은 행동들은 때로는 자폐가 아닌 일반 사람들에게도 나타나기도 하며(예 : 많은 사람들은 자신이 좋아하는 TV 프로그램이 비정규 프로그램이나 정치적 속보 등으로 인해 갑자기 변경되는 것 또는 직장에서 자신이 항상 주차해 놓는 곳에 다른 사람이 주차를 하는 것과 같은 변화에 흥분한다), 다른 종류의 장애를 가진 사람들에게서도 나타나는 행동들이다(예 : 강박장애인들은 자신이 선호하는 활동에 대한 몰두하고 상동행동을 보인다). 〈그림 1-2〉의 벤다이어그램은 자폐스펙트럼장애에서 나타나는 세 가지 핵심 결함 영역과 관련하여 자폐스펙트럼장애의 하위유형과 다른 장애의 관계를 설명하고 있다.

이 그림이 모든 가능한 관계를 설명하지는 않는다. 예를 들면, 선택적 함묵증을 보이는 사람들은 언어지체인들과 같은 의사소통 결함을 가지고 있다. 학생이 시험을 건성으로 준비하거나 주어진 과제를 대충 끝내려고 하는 경우에 한정된 흥미 및 충동성을 가지고 있다고 기술될 수 있다. 중요한 것은 자폐스펙트럼장애의 진단이 쉬운 일이 아니라는 것이다. 이는 자폐스펙트럼장애 관련 행동과 일반인들이 보이는 행동 간에 유사점이 많기 때문이다. 〈그림 1-3〉은 1991년에 미국자폐인협회에서 발표한 시로 자폐스펙트럼장애인과 일반인들과 간의 유사점과 차이점을 강조하고 있다. 이 시는 장애로 인해 나타나는 행동에 대해 부정적인 왜곡된 시각을 표현하고 있다.

주요 영역에서의 결함과 구별된 특징 외에도, 자폐 범주 내의 사람들 간의 차이는 진단을 보다 복잡하게 만드는 원인이 된다. 앞서 언급되었던 바와 같이, 자폐 아동 중에 정확하게 똑같은 행동을 보이는 아동은 없다. 어떤 사람에게는 자폐스펙트럼장애와 관련이 있는 특성이 분명하게 그리고 심각하게 나타날 수 있는 반면 다른 사람은 거의 같은 행동을 전혀 보이지 않을 수도 있다.

*DSM-IV-TR*에서, 전반적 발달장애의 각 하위 장애들은 비전형 전반적 발달장애를 제

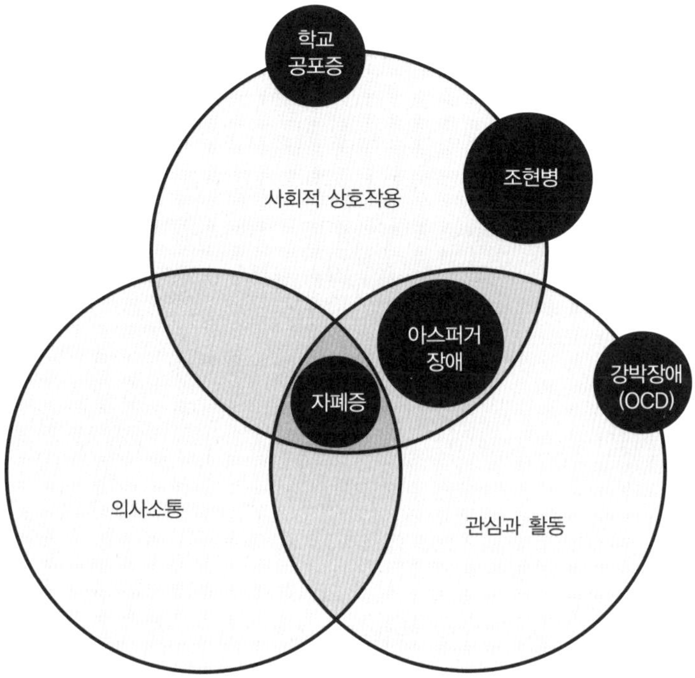

그림 1-2 자폐스펙트럼장애의 세 가지 핵심 차원과 장애 유형의 관계

출처 : Hollander et al., CNS Spectrum, 1998; 3(3): 22-26, 33-39.

외하고는 모두 장애 진단과 관련한 특성이 목록화되어 제시되어 있다. 전문가는 양육자와 면담을 실시하고 아동의 행동을 관찰하여 그 아동이 장애 진단 준거에 해당하는 행동을 보이는지를 결정한다(*DSM* 진단 및 평가자의 자격요건은 미국 내의 주마다 다양하다). *DSM-IV-TR*의 진단 준거에 따른 진단 및 평가 외에도, 진단 전문가는 아동의 발달력에 관한 정보를 수집하여 증후의 발현 시기를 판단해야 한다. 이는 진단에 영향을 미칠 수 있다. 예를 들면, *DSM-IV-TR*의 진단 기준에 따르면 자폐는 생후 초기에 분명히 그 징후가 나타난다. 반면에, 아동기 붕괴성 장애의 경우 일정 기간 정상 발달을 보인 후에 나타난다. 자폐스펙트럼장애의 증후가 경미한 경우에는 장애 진단이 어려울 수 있다. 그래서 전문가들은 증후가 보다 분명해지거나 사라질 때까지는 신중하게 비전형 전반적 발달장애라는 최소한의 진단을 내린다. 진단 전문가는 또한 이후에 아스퍼거로 진단될 수 있는 가능성을 남겨두기 위해 어린 아동들에 대해서는 비전형 전반

'우리'와 '그들'의 언어
– Mayer Shevin

우리는 어떠한 것을 좋아한다.
그들은 사물에만 집착한다.
우리는 친구를 사귀기 위해 노력한다.
그들은 주의를 요하는 행동을 한다.
우리는 쉬는 시간을 갖는다.
그들은 과제 이탈 행동을 한다.
우리는 우리 자신을 보호한다.
그들은 순응하지 않는다.
우리는 취미를 가지고 있다.
그들은 자기자극을 즐긴다.
우리는 친구를 현명하게 선택한다.
그들은 또래관계를 형성하지 못한다.
우리는 견딘다.
그들은 이상한 반복행동을 한다.
우리는 사람들을 사랑한다.
그들은 사람들에게 의존한다.
우리는 산책을 한다.
그들은 도망간다.
우리는 주장한다.
그들은 분노 발작을 한다.
우리는 우리의 마음을 변화시킨다.
그들은 혼란스러워하며 주의집중 시간이 짧다.
우리는 재능을 가지고 있다.
그들은 부분적인 기술을 가지고 있다.
우리는 사람이다.
그들은 ???

그림 1-3 우리와 그들의 언어

출처 : Advocate(1991), 미국자폐협회의 허락을 받아 게재함.

적 발달장애로 진단을 내리기도 한다. 이는 *DSM-IV-TR*과 *ICD-10*의 진단 준거에서 대상자가 자폐성 장애로 진단을 받으면 이후에 아스퍼거로 수정 진단이 될 수 없기 때문이다(Volkmar, Lord, Bailey, Schultz, & Klin, 2004). 반응성 애착 장애(reactive attachment disorder), Cornelia de Lange 증후군, Landau-Kleffner 증후군, 그리고 William's 증후군 등과 같이(Dykens & Volkmar, 1997; Hill & Geher, 2003; Minshew, Sweeney & Bauman, 1997; Mukaddes, Kaynak, Kinali, Besikci, & Issever, 2004) 자폐와 매우 유사한 특성을 보이므로 정확한 진단을 내리기가 어려운 경우도 있지만, 장애 정도가 심각하면 심각할수록 확실한 진단을 내리기가 보다 수월하다.

자폐스펙트럼장애의 진단은 반드시 세 가지의 핵심 결함에 근거해야 한다. 한 가지 영역에서의 결함에만 초점을 두면 안 된다. Freeman(1997)은 그저 분리된 표시가 아니라 자폐스펙트럼장애와 일치하는 패턴을 구성하는 현재 행동의 형태가 있어야만 한다고 주장한다. 진단을 위해서는 일반적인 행동의 결핍뿐만 아니라 이상 행동의 출현이 있어야만 한다(Baranek, 2002; Wetherby et al., 2004). 어머니의 임신기, 출생, 발달력, 일반적인 건강 상태, 수면 특징, 식습관 등과 같은 아동의 전반적인 발달력에 관해 철저하게 수집된 자료에 근거하여 진단이 내려져야 한다. 또한 과거의 기능 수행뿐만 아니라 현재의 기능 수행에 관한 정보도 필요하다(Tidmarsh & Volkmar, 2003).

5. 초기에 나타나는 자폐스펙트럼장애의 징후

조기 중재의 중요성이 강조되면서 가능한 한 어린 시기에 자폐스펙트럼장애를 지닌 아동을 판별하기 위한 노력이 가속화되고 있다. 역사적으로 보면, 많은 장애 아동의 부모들이 정확한 진단을 받는 것이 쉽지 않았다. Howlin과 Moore(1997)는 부모가 자녀들의 문제를 의사와 의논을 할 때 장애를 진단받는 경우는 10% 이하인 것으로 보고하였다. 25%의 부모들은 의사로부터 "걱정하지 마십시오."라는 말을 들었고 부모의 10%는 좀 더 지켜보자며 시간이 지난 후 커서 다시 오라고 하는 이야기를 들었다고 한다. 약 50% 이상의 부모들이 자녀가 생후 일년 안에 눈맞춤이 잘 이루어지지 않고 즐거워하는 감정이 결여되어 있는 등(Young, Brewer, & Pattison, 2003) 다른 아이들과는 무엇인가 다르다는 것을 알았음에도 장애로 진단을 받지 못한 채 이상이 없다거나 시간을 두고 보자는 등의 이야기를 의사로부터 들은 것은 자폐스펙트럼장애 아동들의 부모라면 누구나 흔히 경험했을 일반적인 이야기이다(Hawlin & Moore, 1997). 약 90% 정도의 부모들은 자녀들이 생후 2세 경이 될 때쯤에는 보다 분명하게 고민하게 된다고 보고하였다(De Giacomo & Fombonne, 1998). Young 등(2003)은 부모들을 대상으로 면담을 통해, 평균 34개월(약 3세)이 되면 부모들이 초기에 우려했던 것들에 대해 의사들이 이야기를 들은 후 명확한 진단을 내린다고 하였다.

안타깝게도 *DSM-IV-TR*에 제시된 진단 준거는 전 생애에 걸쳐 그 특징을 제시한 것이 아니기 때문에 자폐스펙트럼장애라는 진단이 유아들에게는 적합하지 않다(Woods & Wetherby, 2003). 의사소통이나 사회적 상호작용의 결함과 관련된 특성은 생후 24개월 이상이 되어야 보다 정확한 측정이 가능하며 제한적이며 상동적인 행동의 양상을 살펴보기 위해서는 유아가 생후 36개월 이상이 되어야 분명하게 살펴볼 수 있다. 예를 들면, 유아들은 자신이 들은 것을 반복하면서 언어를 습득하기 때문에 반향어는 일반 유아들에게서 보편적으로 나타나는 것으로 유아들에게 있어서 비정상적인 것으로 여겨지지 않을 수도 있다. 제한적이고 상동적인 행동의 범주에 포함되는 자기자극 또는 집착 행동은 자폐스펙트럼장애 유아들보다는 발달장애 영유아들에게서 보다 보편적으로 나타나는 행동들이며(Wetherby et al., 2004), 3~4세 이전에는 자폐스펙트럼장애 아동들에게서 보다 우세하게 나타나지 않는다(Lord, 1995).

영아기에는 지체와 결함 간의 구별이 쉽지 않지만(Sigman, Dijamco, Gratier, & Rozga, 2004), 새로운 조사에 따르면 보다 어린 시기에 자폐스펙트럼장애를 판별하는 데 도움이 되는 생애 초기에 나타나는 특징들이 제시되고 있다. 영아들은 매우 사회적인 존재이므로, 사회적 관계의 부재는 사회적 관계와 관련된 문제의 원인이 될 수 있다. Osterling, Dawson, 그리고 Munson(2002)은 영아가 다른 사람을 쳐다보고 다른 사람의 호명에 반응하는 빈도수를 검토해보면 생후 12개월 이전에 자폐스펙트럼장애를 판별할 수 있다고 한다. 감각처리 과정에서의 장애 또한 생애 첫 해에 관찰 가능하다(Dawson et al., 2000). 영아 시기에 공동주의집중(joint attention)을 보이지 않고 사회적 자극에 반응을 하지 않을 경우 이후에 자폐스펙트럼장애 진단을 받을 가능성이 크다(Dawson et al., 2004; Lewy & Dawson, 1992). 영아 시기 자폐스펙트럼장애의 정확한 판별에 관한 연구가 앞으로도 지속되어야 할 것이다.

2000년대에 들어 미국신경학회 소위원회에서는 의료 전문가들이 일단 기다려 보자는 소극적 태도를 버리고 가능한 조기에 자폐스펙트럼장애의 출현을 정확하게 판별하는 데 도움이 되는 실제적인 요소들을 발표하였다(Filipek et al., 2000). 이러한 지침은 미국신경학회의 웹사이트(www.aan.com)에서 그 내용을 확인할 수 있으며 간략한 정보들을 인쇄할 수 있다. 여기서 제공되는 지침 및 정보는 부모와 양육자용과 임상전문가용으로 구분된다. 실제적인 판별 요소에는 다음과 같은 특징들이 포함되어 있다. 이는 조기 증후로 고려되어야 하며 이에 근거하여 보다 포괄적인 평가가 이루어져야 한다.

- 12개월까지 옹알이, 지적하기, 또는 다른 몸짓들이 나타나지 않는다(무엇인가를 요구하기 위해 지적하거나 몸짓 표현을 하기도 하지만 어떠한 것을 공유하기 위해 지적하거나 몸짓 표현을 하지 않는다).
- 16개월까지 한 단어 수준의 발화가 나타나지 않는다.
- 24개월까지 두 단어 수준의 자발적인 발화가 나타나지 않는다(단, 반향어는 제외).
- 어떠한 시점에서 획득한 언어 또는 사회적 기술의 상실을 보인다.

이러한 초기 특성들은 아동이 자폐스펙트럼장애를 가지고 있음을 나타내는 필수적인 특징은 아니다. 그러나 이후의 구체적이고 체계적인 진단 및 평가가 필요함을 나타내는 것이다.

❖ 해리스 선생님에게 배우기

자폐스펙트럼장애 아동(에릭) 부모와의 통화

'자폐스펙트럼장애로 정확하게 진단받는 일은 결코 쉽지 않은 일 같다.' 고 해리스 선생님은 생각했다. 오언스 씨와 통화하는 동안 에릭의 정확한 진단 과정에 대해서는 그리 많은 이야기를 하지 않았다. 해리스 선생님은 에릭의 비디오 시간이 끝날 때까지 기다렸다가 오언스 씨에게 다시 전화를 하였다. 다행히도 오언스 씨의 집은 조용하였으며 그녀도 그동안 겪었던 가족들의 이야기를 들려주는 것을 즐거워하였다.

그녀는 다음과 같이 말했다. "에릭의 신체발달은 오히려 더 빨랐어요. 아이의 누나보다 더 빨리 앉았고요. 첫발도 더 빨리 떼었답니다. 그리고 장시간 자신의 침대에서 만족스러운 듯 누워있어서 꼭 생각이 깊은 아이처럼 보였어요. 그래서 우리는 아이가 천재가 아닌가 하고 이야기하곤 했지요. 한편으로는 우리가 "빠이빠이"하며 손을 흔들어대도 별로 관심을 보이지 않고 오히려 저의 팔이나 음식, 강아지 등 냄새가 나는 것에 더 많은 관심을 보여서 다소 염려하기도 했어요. 두 살이 되어서도 에릭이 말을 못해서 에릭을 데리고 소아과병원에 가 보았어요. 의사가 에릭을 이리저리 검사하고는 에릭은 신체적으로는 잘못된 곳이 하나도 없다고 하셨어요. 그리고 부모와 누나가 에릭이 원하는 모든 것을 다 알아서 해 주기 때문에 굳이 에릭이 말할 필요를 못 느꼈을 뿐이라고 하였죠. 그러면서 더 이상 아기 다루듯이 응석을 다 받아주지 말고 에릭 스스로 할 수 있도록 해 주라고 하였어요. 그러나 얼마 지나지 않아서 저는 하나를 깨닫게 되었어요. 제가 에릭을 불렀을 때 우리 에릭이 단 한 번도 저를 쳐다본 적이 없었다는 거죠. 그래서 저는 에릭의 청력을 검사하기 위해 병원에 데리고 갔는데 그곳에서 아주 엄청난 경험을 하게 되었어요. 검사를 위해서 에릭 머리에 헤드폰을 끼우려고 하자 막무가내로 못하게 하며 흥분을 하고 짜증을 내기 시작하는 거예요. 그때 에릭의 청력을 측정하는 것은 불가능했지만 청력에 이상이 없는 것은 확실했답니다. 왜냐하면 뒤에서 누군가 사탕껍질을 벗기는 소리가 나자 에릭은 그 소리가 나는 방향으로 몸을 홱 돌리더군요. 그 모습을 본 의사는 에릭의 청력에 이상은 없는 것 같다고 했어요."

"우리가 제일 걱정한 것은 에릭이 그 어떤 것도 우리에게 보여 주지 않는다는 거예요. 잘 아시겠지만 아이들은 자기들이 재밌다고 생각한 것을 다른 사람에게 보여 주거나 자신이 갖고 싶은 것을 갖고 있는 사람한테 잘 보여서 얻으려고 하고 그러잖아요. 그러나 에릭은 단 한번도 그런 적이 없었답니다. 사실 에릭은 장난감을 집었을 때 갖고 놀기보다는 이상한 행동들을 더 많이 해요. 에릭은 물건 전체보다는 일부분을 좋아하는 것 같았어요. 에릭이 누나의 바비인형을 분해해 놓아 에릭의 누나는 화를 내곤했지요. 어느 날인가는 누나가 소리를 지르며 인형의 몸통만 들고 저희에게로 왔답니다. 우리는 인형의 머리, 팔, 다리를 찾느라 혼났어요. 그러던 어느 날 저는 TV 뉴스 프로그램에서 자폐증에 대해 방송하는 것을 보게 되었고 에릭과 같은 아이들이 많이 있다는 것을 알게 되었죠. 저는 에릭을 진찰했던 소아과 의사에게 전화를 하였고 그는 우리 지역에 있는 조기중재서비스(Early Intervention Services) 사무실의 전화번호를 알려 주었습니다."

"그들은 우선 선별 검사를 한 후 우리를 자폐증에 대해 잘 알고 있는 심리학자에게 안내해 주었어요. 그녀는 우리에게 에릭에 대해 다양한 질문을 하였고 에릭과 함께 놀이를 시도하였어요. 임상심리학자가 에릭이 자폐증을 가지고 있다고 말하는 데는 그리 오랜 시간이 걸리지 않았답니다. 에릭이 가진 장애의 이름을 알게 되어 편안해지기도 했지만, 곤욕스럽기도 했어요. 우리 모두는 울고 또 울었어요. 왜냐하면 우리는 에릭이 자폐증이 아니기를 바랐으니까요. 에릭의 친할아버지는 에릭이 다른 아이들과 다르다는 것을 여전히 인정하지 않아요. 할아버지는 에릭이 점차 자라면서 여러 문제를 보일 때도 에릭이 다른 아이들처럼 다 잘하게 될 것이라고 이야기하지요. 참으로 이 또한 답답한 일이 아닐 수 없어요. 그렇지만 에릭이 장애라는 진단을 받은 것은 적어도 제게 있어서는 에릭을 보다 잘 이해하고 또 제가 그 아이를 위해 어떻게 노력하고 교육해야 하는지 그 방향을 알게 해 주는 아주 큰 의미가 있는 일이랍니다. 호랑이도 제 말하면 온다더니 지금 꼬마 신사가 주방 냉장고에서 뭔가를 꺼내려고 꼼지락거리고 있네요. 가봐야겠어요."

6. 자폐스펙트럼장애의 사정

자폐스펙트럼장애 아동의 진단과 사정에 관련된 일을 하고 있지는 않더라도 이용 가능한 사정 도구를 다양하게 아는 것은 아동의 교육계획에 유익할 수 있다. 〈표 1-1〉에 자폐스펙트럼장애의 판별과 정도를 선별 또는 진단하기 위해 현재 일반적으로 사용되고 있는 사정 도구들의 개요가 정리되어 있다. 여기에 정리된 도구들 외에도, 각 장별로 주제와 관련이 있는 사정 도구 및 내용들이 교육 프로그램의 계획 및 평가를 목적으로 설명되어 있다.

〈표 1-1〉에 제시된 개별 도구를 가지고 사정을 실시하는 것만으로는 포괄적인 평가가 이루어졌다고 할 수 없다(Campbell, 2005). 그러나 이들 사정 도구들은 아동들의 강약점을 살펴보고 정확한 진단을 내리기 위해 다른 다양한 심리적 · 행동적 · 발달적 평가와 함께 병행하여 사용될 수 있다. 자폐스펙트럼장애 판별을 위해 인위적인 판별 기준점을 사용하는 척도로부터 얻어진 점수를 해석할 때는 신중해야만 한다. 이는 자폐스펙트럼장애와 관련된 사회적 특성이 비장애인들에게서도 지속적으로 나타나기 때문이다(Constantino & Todd, 2003).

7. 부가적인 검사와 평가

아동이 자폐스펙트럼장애의 진단 준거에 부합되는 행동 특성을 보이는 경우 추가적인 다양한 검사를 실시하는 것이 좋다. 이는 자폐스펙트럼장애의 진단을 확인하기 위한 것이 목적이 아니라 또 다른 장애 요인을 확인하고 이를 제외시키고자 하는 것이다(Bauman, 2003). 염색체 또는 DNA 분석은 아동이 레트 장애, 또는 X 결함 증후군과 같은 유전적 장애를 가지고 있는지를 확인하는 데 유용한 검사이다. 이러한 검사에 의해 얻을 수 있는 정보는 대상 아동에게는 크게 의미가 있는 정보는 아니지만 유전적 장애를 갖고 있는 가족들에게는 유용할 수 있다(예를 들면, X 결함의 경우 모계를 통해 유전되는 것으로 어머니가 그녀의 자매나 딸이 그러한 유전인자를 갖고 있을 가능성을 아는 데 도움이 된다). 일반인의 약 15%가 비정상적인 뇌파를 보이며 자폐스펙트럼장애 아동들이 뇌파 검사 결과에서 일관되지 않은 결과를 보이므로 뇌파기록검사(EEGs)는 일반적으로 도움이 되는 검사라 할 수 없다(Canitano et al., 2005). 그러나 발작장애(seizure disorder)가 의심이 되는 경우에는 뇌파 검사를 통해 정확한 자료를 얻을 수 있다. 마찬가지로 종양이 의심되는 것이 아니라면 자기공명영상(MRI)이나 컴퓨터 단층촬영(CT) 등의 검사 또한 정확한 정보를 제공해 주는 검사라고 보기는 어렵다.

이와 마찬가지로 대사(metabolic)장애에 관한 연구에서 이루어지는 혈액이나 소변 분석은 기본적으로 대사장애로 의심되지 않는 한 적합하지 않은 검사이다(Rutter, Bailey, Bolton, & Le Couteur, 1994). 아동이 좋은 프로그램에 참여하고 있음에도 불구하고 진전이 나타나지 않고 쉽게 피곤해 하고 평소와 다르게 보이고 일반적이지 않은 질환을 보인다면, 대사장애 여부를 확인하는 선별 검사를 실시하는 것이 바람직하다(Bauman, 2003). 일반적인 외모와 지능 수준을 보이는 고기능 아동들의 경우 이러한 추가적인 검사를 통해 얻을 수 있는 것은 매우 적다(Skjeldal, Sponheim, Ganes, Jellum & Bakke, 1998). 다시 말하면 이러한 추가적인 검사의 목적은 자폐스펙트럼장애를 확인하는 것이 아니라 다른 처치가 필요한 다른 요인들이 있는지를 알아보기 위한 것이다. 머리카락 분석, 복강 항체 검사, 알레르기 검사, 면역 및 신경화학적 비정상 검사, 무기염류(비타민) 수준 검사, 장투과성 검사, 채변 검사, 소변 검사, 미토콘드리아 장애 검사, 갑상선 기능 검사 등의 다른 검사들은 비싼 경비나 노력에 비해 그에 해당하는 유용한 정보를 얻을 수 있는 효과적인 방법이라고 보기 어렵다(Fillipek et al., 1999).

8. 맞춤형 진단

맞춤형 진단(differential diagnosis)의 시행은 진단 준거에 보다 더 잘 부합되는지를 결정하여 정확한 진단의 가능성을 높이고자 하는 것이다. 자폐스펙트럼장애를 특징짓는 단일한 행동이 없고 동일한 진단 범주에 속한 아동들도 이질적인 특성을 보일 수 있기 때문에, 행동과 학습에서 나타나는 다른 차이와 자폐스펙트럼장애를 구별하는 것은 어려운 문제이다. 자폐스펙트럼장애가 아닌 아동들과 자폐스펙트럼장애 아동을 구별하는 것이 보다 신뢰할 수 있게 되었다 할지라도, 범주 내의 아동들을 구별하는 것은 여전히 어려운 과제라 할 수 있다(Mohoney et al., 1998). 또한 자폐스펙트럼장애는 아니지만 자폐 성향

(autistic-like)을 보이는 아동들의 조건이 다양하므로 자폐스펙트럼장애 아동의 판별은 간단하게 이루어질 수 없는 복잡한 과정이 된다. 자폐 성향의 행동을 유발하는 조건으로는 감각 결함(시각 또는 청각장애), X 결함 증후군, 레트 장애, 정신지체, Landau-Klaffner 증후군, 코넬리아디란지 증후군, 윌리암 증후군, 결절성 경화증, 조현병*, Kluver-Bucy 증후군, 감각통합 장애, 비언어성 학습장애, 강박장애(OCD) 등이 있다(Klin & Volkmar, 1997; Walters, Barrett, & Feinstein, 1990).

자폐스펙트럼장애 유아의 판별 과정은 유아가 반향어(McLaughlin, 1998)와 상동행동(Thelen, 1981)과 같이 일반유아들이 보이는 보편적인 행동을 가지고 있는 경우 그리고 발달수준을 맞춘 다른 발달장애아동과의 행동적 차이를 보이는 경우에 보다 더 어려워진다. 예를 들면 9~12개월의 발달 지체 영아들은 이후에 자폐스펙트럼장애로 진단된 영아에 비해 보다 높은 비율의 자기자극 행동을 보인다(Baranek, 1999). 이후에 자폐스펙트럼장애로 진단되는 유아들 또한 일반 발달을 보이는 또래들처럼 많은 시간 동안 사물을 가지고 놀지만 놀이의 질(quality)에서는 차이가 있다(Baranek et al., 2005). 이들은 일반 또래들만큼이나 빈번히 무엇인가를 가리키는 행동을 하지만, 다른 사람에게 무언가를 보여 주기 위해서 하는 것이 아니라 자신이 원하는 것을 지적할 때에 그러한 행동을 한다(Stone, Ousley et al., 1997).

다른 장애와 자폐스펙트럼장애를 구별하는 것은 대상자의 연령의 증가와 더불어 어려워진다. 특히 아스퍼거 장애와 비전형 전반적 발달장애(PDD-NOS)의 경우 더욱 그러하다. 이들은 대체로 정상 또는 평균 이상의 지적 수준을 보이며 구어 발달이 이루어지므로 11세 이상이 되어서야 정확한 진단을 받곤 한다(Howlin & Asgharian, 1999). 그 전에는 주의력결핍과잉행동장애(ADHD), 비언어성 학습장애(nonverbal learning disabilities, NLD 또는 NVLD), 또는 의미 · 화용 언어장애와 같은 다른 다양한 진단을 받기도 한다(Filipek et al., 1999; Gagnon, Mottron, & Joanette, 1997; Ghaziuddin, Weidmer-Mikhail,& Ghaziuddin, 1998; Klin & Volkmar, 1997; Molina, Ruata, & Soler, 1986; Rourke, 1989; Stein, Klin, & Miller, 2004). Lord와 Bailey(2002)는 강박장애(Obsessive-Compulsive Disorders, OCD) 아동들과 자폐스펙트럼장애의 아동들은 비교적 쉽게 구별이 가능하다고 한다. 자폐스펙트럼장애인들이 보이는 판에 박힌 일이나 의

* 역자 주) 정신분열병(schizophrenia)을 대체하는 용어로 2011년부터 국내에서 공식적인 용어로 사용되고 있음. 현악가의 줄을 고르다는 뜻의 '조현'이라는 용어를 사용함.

식(ritual)과 충동성은 자신들을 당황하게 하는 것도 아니며 예기치 않은 상황에 대비하는 예방 차원으로 나타나는 행동이 아니다. 그러나 이와는 반대로 강박장애인들은 잠재적인 위험으로부터 자신을 보호하기 위해 손을 씻거나, 점검하거나, 숫자를 세는 것과 판에 박힌 일이나 의식을 하며 때때로 이러한 자신들만의 의식을 멈추기를 원한다.

자폐 범주 내에서 맞춤형 진단을 확실하게 한다는 것은 문제가 될 수 있다. 가장 어려운 문제 중에 하나가 아스퍼거 장애와 고기능 자폐를 구별하는 것이다. 역사적으로 아스퍼거는 경도의 자폐증으로 정의되었으며(Gillberg & Gillberg, 1989) 비전형 전반적 발달장애(PDD-NOS)와 동의어로 사용되기도 하였다(Szatmari, Bremner, & Nagy, 1989). 아스퍼거 장애에 대한 다섯 가지의 광범위한 정의와 관련하여 찬반 논쟁이 있으며(Volkmar et al., 2004) *DSM-IV-TR*와 *ICD-10*에서 제시한 분류의 정확성과 관련하여 수많은 논쟁이 있다. Mayes 등(2001)은 *DSM-IV-TR*의 준거에 따라 아스퍼거 장애를 진단하는 것은 불가능한 일이라고 하며, Miller과 Ozonoff(1997)도 Hans Asperger가 기술한 아동은 *DSM-IV-TR*의 진단 준거에 따라 아스퍼거 장애로 판별되지 않을 수 있다고 한다. Woodbury-Smith, Klin, 그리고 Volkmar(2005)는 *DSM-IV*의 진단 준거의 타당성 검증을 위해 사용된 사례를 재분석하였다. 재분석을 통해 아스퍼거 장애 사례의 68%만이 이 진단 준거에 따라 아스퍼거 장애로 판별되었다고 한다. 이는 *DSM-IV* 진단 준거를 사용하여 아스퍼거 장애를 판별하는 것이 불가능하다는 의미가 아니라 보다 정확한 진단을 위해서는 진단 체계에 문제가 있음을 인정해야 함을 의미하는 것이다.

이러한 구별을 하고자 하는 노력의 결과 중에 하나는, 비전형 전반적 발달장애(PDD-NOS)인들은 자폐성 장애인과 아스퍼거 장애인들에 비해 상동행동을 보다 적게 보인다는 것이다(Walker et al., 2004). 연구자들은 PDD-NOS의 세 가지 유형을 제시하고 있다—① 아스퍼거 장애와 유사한 특성을 보이지만 일시적인 언어지체와 경도의 인지적 결함을 가지고 있는 경우, ② 자폐성 장애와 유사한 특성을 보이지만 보다 늦은 연령에서 나타나거나 자폐성 장애의 진단조건을 모두 충족시키기에는 너무 어린 경우, ③ 상동행동과 반복행동을 거의 보이지 않는다는 점에서 자폐성 장애와 차이를 보이는 경우. 이 외에도 지능검사에 근거하여 고기능 자폐와 아스퍼거 장애를 구별하려는 시도가 지속적으로 이루어지고 있다. 동작성 지능에 비해 언어성 지능 지수가 높은 경우는 아스퍼거 장애로, 언어성 지능에 비해 동작성 지능이 높은 경우는 자폐성 장애의 가능성이 크다고 보는 연구도 있으나(Klin, Volkmar, Cicchetti & Rourke, 1995) 이러한 연구 결과는 지속적인 검증이 이루어지지 못하고 있다(Ghaziuddin & Mountain-Kimchi,

2004). 일관된 결과를 얻지 못하는 것은 자폐스펙트럼장애 관련 연구에서 일반적으로 나타나는 것이며(Reitzel & Szatmari, 2003), 영유아들을 다양한 하위유형으로 구별할 수 있는 차이점은 연령의 증가에 따라 없어지기도 한다(Gilchrist et al., 2001). 동작성 지능에 비해 언어성 지능이 낮은 것으로 고기능 자폐와 아스퍼거 장애를 구별할 수 있다는 주장은 인위적인 진단 준거라 할 수 있다(Frith, 2004).

맞춤형 진단은 개별화된 중재를 개발하기 위해 시행되어야 한다(장애를 정확하게 구분하여 진단하고자 하는 맞춤형 진단의 목적은 각 장애에 맞는 적절하게 차별화된 중재를 제공하고자 하는 것이다). 예를 들면 강박장애의 진단을 받게 되면 강박장애에 효과적인 다양한 약물 처방이 가능하다. 아스퍼거 장애인과 비언어성 학습장애인 간의 유사점을 살펴보면 기능 수행 수준이 낮은 자폐성 장애인과의 분명한 차이점을 확인할 수 있으며, 비언어성 학습장애인에게 효과적인 중재는 아스퍼거 장애인에게도 유용할 것이다(Klin et al., 1995).

자폐스펙트럼장애의 잘못된 진단은 사회적 결함을 핵심적인 문제로 살펴보아야 한다는 점을 간과했기 때문일 수 있다(Gagnon et al., 1997; Wing, 1981). 아스퍼거 장애, 비전형 전반적 발달장애, 그리고 고기능 자폐들은 똑똑하고 학문적으로 좋은 성취를 보일 수 있으므로, 오진을 받아 특수교육 서비스를 받을 수 있는 기회를 놓칠 수도 있다(Klin & Volkmar, 2000). 실제로 아스퍼거 장애인의 사회적으로 비정상적이고 집착하는 행동에 대한 중재가 부족하기 때문에 아스퍼거 장애라는 진단을 받는 것은 중재에 대한 낮은 성과를 보이는 사람들로 인식되기가 쉽다(Frith, 2004). 아스퍼거 장애인과 고기능 자폐인은 유사한 성과를 보이기도 한다. 성인기에 속한 이들 두 집단은 친한 친구가 적고, 지원을 받기 위해 가족에게 의지하고, 실업 또는 낮은 취업률을 보인다(Howlin, 2003). Howlin이 발견한 두 집단 간의 유일한 차이는 교육 수준이었다. 아스퍼거 장애인들이 보다 높은 교육 수준을 경험하지만 이것이 높은 고용 성과로 이어지지는 않았다. "아스퍼거 장애는 자폐나 비전형 전반적 발달장애와 차이가 있는가?"라는 질문에 아직까지 명확한 답을 내릴 수 없다(Rinehart, Bradshaw, Brereton & Tonge, 2002; Volkmar et al., 2004).

9. 특수교육 적격성에 대한 결정

*DSM-IV-TR*에 제시된 준거에 따라 전문가에 의해 자폐스펙트럼장애로 진단된다고 해서

이들이 자동적으로 특수교육 서비스의 수혜자가 되는 것은 아니다. 이러한 진단이 아동을 이해하는 데 도움이 될 수는 있으나, 아동이 보이는 교육 수행에 부정적으로 영향을 미치는 조건을 파악하고 이러한 조건이 특수교육 수혜의 대상이 될 수 있는지를 결정하기 위해서 학교 체계는 법 규정에 근거하여(미국 장애인교육개선법 : Individuals with Disabilities Education Improvement Act of 2004, P.L. 108-446) 평가 절차를 실행해야만 한다. 1990년에 자폐증이 특수교육 적용 대상 범주로 법에 포함되었다. IDEA(미국 장애인교육법)에 따르면,

> 자폐증은 언어 및 비언어적 의사소통과 사회적 상호작용에 의미 있게 영향을 미치는 발달장애를 의미한다. 이는 일반적으로 생후 3세 이전에 나타나며 아동의 교육 수행에 부정적으로 영향을 미친다. 자폐증과 관련된 다른 특성들로는 반복행동, 상동행동, 환경 및 일과에서의 변화에 대한 저항, 감각자극에 대한 비정상적인 반응을 들 수 있다. 아동이 정서장애를 가지고 있으므로 인해 아동의 교육 수행에 부정적인 영향을 미치는 경우에는 자폐증이라는 용어가 적용되지 않는다. 〔34 CFR § 300.7 (c)(1)〕

미국의 각 주정부는 자폐스펙트럼장애에 대한 주별 정의를 개발하고 이 장애의 특수교육 적격성을 판단할 수 있는 기준을 결정해야 한다. 정의는 연방 법률에서 규정하고 있는 최소한의 개념을 포함해야 한다. 대부분의 주정부는 아스퍼거 장애, 아동기 붕괴성 장애, 레트 장애, 그리고 비전형 전반적 발달장애가 포함된 세부적인 하위유형별 자폐스펙트럼장애의 정의를 가지고 있다.

특수교육 수혜 적격성을 판단하기 위해, 학교 체계 내의 여러 영역의 담당자들은 다양한 평가를 시행한다. 부모는 가능하다면 *DSM-IV-TR*를 포함하여 개인적으로 받은 검사결과를 학교에 제출할 수 있다. 자폐, 아동기 붕괴성 장애, 비전형 전반적 발달장애, 레트 장애로 진단 받은 많은 어린 아동들이 특수교육을 받고 있다. 아스퍼거 장애는 11세 이전까지는 진단을 보류하는 경우가 많기 때문에(Howlin, 2003) 학교 체계에서는 그러한 진단을 받을 수 있는 문서 자료를 필수적으로 준비해 놓아야 한다. 아동이 별도의 진단을 받지 않았다면, 학교 내의 평가 전문가 또는 관련인이 〈표 1-1〉에 제시된 사정 도구 중에서 몇 가지를 사용하여 자료를 수집할 수 있다.

자폐스펙트럼장애를 판별하기 위한 도구를 사용하여 자료를 수집하는 것 외에도, 학교심리사나 다른 진단 전문가들은 IQ, 인지적 기능 수행, 발달 수준, 학업 수준, 적응 행동 등을 측정할 수 있다. 자폐스펙트럼장애 아동을 대상으로 적절한 평가를 하기 위해서는 특히 IQ, 인지적 기능 수행, 발달 영역과 관련해서는 다양한 사정 도구를 사용해야 한

다(Lord & Bailey, 2002). 이러한 사정 절차를 수행하면서 중요한 점은 아동의 기능 수행을 적절하게 반영할 수 있는 결과를 얻는 것이다(Handleman & Delmolino, 2005). 평가자의 평가 기술과 자폐스펙트럼장애 아동을 대상으로 평가를 해본 경험이 사정 결과의 타당성에 영향을 미친다(Lord, 1997). 언어병리학자 또는 언어치료사는 조음, 구강운동조절, 수용 언어, 표현 언어, 관습적이거나 비관습적인 비언어적 행동 등을 포함한 언어 및 의사소통 능력에 관한 사정을 시행할 수 있다(Weherby & Prizant, 2000). 언어 및 의사소통 평가자가 평가 실시 전에 자폐스펙트럼장애에 관한 이해를 하는 것이 중요하다. 이를 통해 평가자가 언어의 사회적 사용과 화용을 포함한 언어의 질적인 면을 평가하기 위해 자폐스펙트럼장애 아동들 중에서 높은 기능 수행을 보이는 아동들의 언어의 양에 초점을 두지 않는 것이 중요함을 알고 적절한 평가를 시행할 수 있게 된다. 작업 치료사들은 아동의 기능적 적응능력을 사정하고 감각 수행을 평가할 수 있다. 물리 치료사, 교육 전문가, 기타 관련인들이 필요에 따라 평가에 참여할 수 있다. 많은 지역 교육구에는 자폐스펙트럼장애 전문가들이 있으며 이들은 자폐스펙트럼장애의 전문화된 사정을 관리 및 감독하고 있다. 이들 전문가들은 필요한 사정 도구의 유형과 종류를 알고 아동의 현재 수행 수준을 판별하여 적격성을 판단할 수 있는 타당하고 신뢰로운 정보를 제공할 수 있도록 전문적인 훈련을 받는다. 어떠한 평가를 시행할 것인지는 아동의 독특한 요구에 따라 결정되어야 한다. 학교 체계에서의 평가 시행 목적은 특수교육 수혜 적격성을 판단하고 적절한 프로그램을 개발하기 위해 요구되는 영역과 아동의 현재 기능 수행 수준에 관한 가능한 한 정확한 밑그림을 제공하는 것이다.

10. 자폐스펙트럼장애에 관한 사실

자폐스펙트럼장애에 관해 현재 알려진 사실이 그리 많지 않다. 이를 정리하면 〈그림 1-4〉과 같다. 대부분의 내용은 본문에서 이미 설명되었다. 그러나 몇 가지 사실에 대해서는 보충 설명이 필요한 것 같다. 자폐스펙트럼장애는 **발달장애**(developmental disabilities)이다. 이는 개인의 삶에서 발달 시기 특히 출생부터 만 18세까지 장애 특성이 현저하게 나타남을 의미하는 것이다. 따라서 관찰되는 행동은 계속적으로 변화된다. 예를 들면, 현재 화장실 변기에 집착하는 아동이 미래에는 다른 것에 흥미를 가질 수 있다는 것이다. 아동은 동일한 자극에 대해 항상 둔감 또는 민감과 같은 동일한 반응을 보이지는 않을 것이다. 또한 자폐스펙트럼장애는 아동의 발달에 영향을 미친다. 자폐

표 1-1 자폐스펙트럼장애 진단 및 사정 도구의 요약

약자	진단 도구명	저자	설명	진단 시 요구사항
ABC	자폐증행동검목표 (Autism Behavior Checklist)	Krug, Arick, & lmond, 1980	교육 계획을 세우는 초기 단계에서 교사에 의해 이루어진다. 자폐스펙트럼장애와 관련한 관찰 가능한 특징을 강조한다.	특별한 훈련이 필요하지 않으며 아동을 잘 아는 교사가 부모와의 면담 자료에 근거하여 평가할 수 있다.
AAPEP	청장년기 학습 심리 측정 프로파일 (Adult-Adolescent Psychoeducational Profile)	Mesibov, Schopler, Schaffer, & Landrus, 1988	중등도 이상의 지적 기능 수행에 결함을 보이는 자폐인들의 교수 내용을 판별하기 위해 대상자의 현재 및 잠재적 기술을 평가한다.	상호작용을 시도해 보거나 관찰을 수행하는 동안에, 최소한의 언어적 지원을 하며 대략 90분간 직접 관찰한 내용을 기록한다. 가정용과 학교 및 직장용이 있다. 평가는 관련인과의 면담을 통해 이루어진다. 평가는 각각 1시간 정도가 소요된다.
ADI-R	개정판 자폐증 진단 면담지 (Autism Diagnositc Interview-Revised)	Rutter, LeCouteur, & Lord, 2003	진단 도구(자폐증과 전반적 발달장애를 판별하기 위한 도구),반구조화된 부모 면담 도구, 현재 행동에 초점, 문항에서 기술되는 항목이 관찰된 적이 있는지를 질문한다.	평가자는 반드시 면담 시행과 관련하여 훈련을 받아야 한다. 소요시간은 1시간 30분에서 2시간 30분이며 일반적으로 90분이 소요된다.

하위척도	대상	점수체계	활용
57개 문항으로 구성되어 있으며 총 5개 영역(감각, 관계, 신체 및 사물 사용, 언어, 사회적 상호작용 및 자조기술)에서 행동의 출현 또는 부재를 평가한다.	만 3세 이후부터 학령기 까지의 아동	문항별로 가중치가 주어지고 총점수를 합하여 계산이 된다. 총점이 67점 이상이면 자폐의 가능성이 매우 높음을 의미하며 53점 이하일 경우에는 자폐의 가능성이 매우 낮음을 의미한다.	진단을 위해 단독으로 사용해서는 안 된다(다른 도구와 함께 사용될 때 보다 유용한다). 부모에 의한 평가 점수가 교사에 의한 점수보다 더 높게 나오는 경향이 있다. 보다 높은 기능 수행을 측정하기는 어려우며 비언어성의 심각성을 과소평가할 수 있다. 중재를 위한 자료로 활용될 수 있다.
실제 주거 및 작업 환경에서의 수행 및 기술을 직접 관찰을 통해 평가한다. 각 척도는 직업기술, 독립기능 수행, 여가기술, 직업행동, 기능적 의사소통, 대인관계행동의 6개 영역으로 구성되어 있다.	12세 이상	각 문항은 '통과', '실패', '출현'으로 표시하며 언어와 비언어적 반응 모두를 허용한다.	도구개발자들에 의해 대부분의 문항에 대한 충분한 신뢰도와 타당도가 보고되었다.
언어 및 의사소통, 호혜적 사회적 상호작용, 그리고 한정되고 반복적이며 상동적인 흥미 및 활동 영역에서 93개 문항으로 구성, 각 영역별로 개별 점수가 가능하다. 40문항으로 구성된 축소형 평가서가 있다.	정신연령이 만 2세 이상인 아동 및 성인	점수를 매기고 코딩을 하는 절차는 해석을 위한 진단 연산 점수(알고리즘)의 세 가지 광범위한 패턴을 초래한다.	관련 연구에 의해 좋은 도구로 언급되고 있다. 학령전기 아동을 대상으로 자폐 진단을 위한 타당성과 신뢰성이 검증되었다. 18개월 미만의 발달지체 아동들의 경우 과다 포함되기도 하며 고기능 자폐와 PDD-NOS의 일부는 판별되지 못하는 경우도 있다.

약자	진단 도구명	저자	설명	진단 시 요구사항
ADOS	자폐증 진단 관찰 스케줄 (Autism Diagnostic Observation Schedule)	Lord, Rutter, DiLavore, & Risi, 1999	진단 도구, 사회적 행동과 의사소통에 대한 관찰을 위한 표준화된 도구이다.	평가자는 사정을 시행하기 위해 반드시 훈련을 받아야 한다. 평가자는 평가 영역과 사회적 압력의 범위를 정한다. 훈련된 평가자에 의해 평가가 이루어질 때 소요되는 시간은 각 모듈 별로 약 30~45분이다.
ASDS	아스퍼거 장애 진단 척도 (Asperger Syndrome Diagnostic Scale)	Mylesm Bock, & Simpson, 2001	아스퍼거 장애 아동을 판별하고 목표를 설정하고 프로그램을 계획하는 데 도움이 되는 규준 참조 평정척도이다. 학술 연구를 위해 사용될 수 있다.	아동을 잘 알고 적어도 2주 동안 지속적으로 대상 아동과 접할 수 있는 사람이면 누구나 평가자가 될 수 있다. 총 소요시간은 10~15분가량이다.
ASSQ	자폐 범주 선별 질문지 (Autism Spectrum Screening Questionnaire)	Ehlersm Gillberg, & Wing, 1999	보다 전반적인 사정이 필요한지를 결정하기 위한 선별 도구이다. 생태학적 연구에서의 활용을 위해 개발되었다. 규준이 제시되어 있지 않다. 정신지체를 가지지 않은 사람들을 대상으로 고안되었다.	부모용과 교사용이 있다. 소요시간은 대략 10분 정도이다.
ASQ	자폐증 선별 질문지 (Autism Screening Questionnaire)	사회적 의사소통 질문지(Social Communication Questionnaire)로 대체되었다.		
CARS	아동기 자폐증 평정척도 (Childhood Autism Rating Scales)	Schoplerm Reichler, & Renner, 1988	자폐증 선별을 위한 가장 최초의 도구 중 하나이다. 자폐증의 유무를 구별할 수 있으며 장애의 정도 또한 판별이 가능하다.	훈련받은 평가자에 의해 실시되어야 한다(비디오 교육 가능). 평가자는 관련인과의 면담과 관찰 또는 아동과의 상호작용에 근거하여 항목별 점수를 표시한다. 총 소요시간은 30~45분이다.

하위척도	대상	점수체계	활용
네 가지의 모듈로 구성되어 있다. 아동의 수용 언어 수준과 연령에 따라 하나의 모듈만을 사용할 수도 있다. 각 모듈은 네 가지 하위 영역으로 구성되어 있다(의사소통, 사회적 상호작용, 상동행동, 제한된 흥미 및 활동). 모듈1 = 놀이, 모듈 2~4 = 상징/창의성.	유아부터 성인까지 속하며, 언어가 유창하지 않아도 된다.	대상자에게 얻을 수 있는 이용 가능한 점수에 근거하여 항목별로 다양하게 코딩이 이루어진다. 자폐스펙트럼장애를 판별하는 기준 점수는 의사소통과 사회적 상호작용 영역의 점수를 합한 것에 근거한다.	학술 연구에서 대상 선정 시 사용될 수 있는 좋은 도구로 언급된다. 비구어 청소년이나 성인에게는 적합하지 않다.
50개 항목으로 행동이 "나타난다" 또는 "나타나지 않는다"로 표시하게 되어 있다. 다섯 가지 하위 척도로 구분되어 있다 — 언어, 사회성, 부적응, 인지, 감각운동.	5~18세	각 항목 값을 합한 것이 ASQ(아스퍼거 증후군 지수)를 나타낸다(M=100, SD=15). 하위척도별로는 해석을 할 수 없다.	범주 내에서 아동들을 분류할 수 있는지와 표준화와 관련한 문제가 제기되고 있다. 진단을 목적으로 사용할 수 없다.
27개 행동에 대해 3점 척도에 근거하여 평가를 한다. 다섯 개의 영역으로 구분되어 있다 — 사회적 상호작용, 의사소통, 한정되고 반복적인 행동, 서투른 움직임, 증후 관련 영역	6~17세	원점수의 범위가 0~54점이다. 제안되는 선별 기준 점수는 13점이다.	선별 도구로서 적절한 신뢰도가 확보되어 있고 선별 도구의 기능을 수행하는 특수성이 확인되어 있다.
사회적 의사소통 질문지(Social Communication Questionnaire)로 대체되었다.			
총 15개 항목으로 구성되어 있으며 항목별로 1에서 4점까지 평정되며 점수는 0.5점씩 증가한다.	모든 연령	항목 점수의 총점이 30점 이상이면 자폐증으로 진단이 가능하다(30~36.5점은 경도 및 중등도, 37~60점은 중도). 분류 기준 점수는 대상자가 어릴수록 높게 적용될 수 있고 고기능 청장년의 경우 낮게 적용될 수 있다.	선별을 위한 도구로 유용하다. 진단 또는 연구 목적으로는 부적합하다. 높은 신뢰도를 가지고 있으나 기술적 능력과 관련에서는 다소 부정확하다. 2세 이상에게는 과다하게 판별되기도 한다. 구어 능력이 적고 중등도 이상의 정신지체를 가진 경우 30점 이상을 받을 가능성이 크다.

약자	진단 도구명	저자	설명	진단 시 요구사항
CAST	아동기 아스퍼거 장애 검사 (Childhood Asperger Syndrome Test)	Scott, Baron Cohen, Bolton & Brayne, 2002	아스퍼거 장애 아동과 청소년을 선별하기 위해 고안되었다.	부모 보고에 의해 평가된다.
GADS	길리암 아스퍼거 장애 척도 (Gilliam Asperger' s Disorder Scale)	Gilliam, 2001	아스퍼거 장애 학생을 판별하고 목표를 설정하고 프로그램을 계획하는데 도움이 되는 규준 참조 평정척도이다. 학술 연구를 위해 사용될 수 있다.	평가자는 반드시 2주 동안 아동을 관찰하고 상호작용할 수 있어야 한다. 교사, 보조원, 부모, 학교심리사, 또는 관련 전문인들이 참여할 수 있다. 부모 면담 양식이 포함되어 있으나 평가 점수에는 반영하지 않는다. 총 10분 정도 소요된다.
GARS	길리암 자폐증 평정척도 (Gilliam Autism) Rating Scales)	Gilliam, 1995	자폐증의 증후군을 판별하고 장애 정도를 평가하기 위한 도구로 부모, 교사, 관련 전문인들에 의해 사용될 수 있는 검목표이다.	평가를 위해 특별한 훈련 및 요구가 없다.
KADI	크러그 아스퍼거 장애 색인 (Krug Asperger Disorder Index)	Krug & Arick, 2003	아스퍼거 장애 학생을 판별하고 목표를 설정하기 위한 규준참조 평정척도이다. 학술 연구를 위해 사용될 수 있다.	6학년 수준의 읽기 능력을 가지고 몇 주간 일상적인 일과적 만남을 가졌던 대상이어야 한다. 총 소요시간은 5~10분이다.

하위척도	대상	점수체계	활용
총 37개 항목으로 구성되어 있으며 각 항목별로 행동의 출현 또는 부재로 평가한다.	4~11세	31개 항목에 대한 총점이 15점 이상이면 추가적인 평가가 필요한 것임을 나타낸다. 6개 항목은 일반 발달과 관련된 것으로 총점에 포함시키지 않는다.	신뢰도가 보고되어 있지 않다. 아스퍼거 장애의 유무를 구별하는 데 민감하며 특별히 이에 맞게 구성된 것으로 여겨진다. 예언타당도가 낮다.
행동의 빈도를 기록하며 총 32개 항목으로 이루어져 있다. 사회적 상호작용, 제한된 행동 패턴, 인지적 패턴, 화용 기술의 네 가지 하위 척도로 구성되어 있다.	3~22세	척도 점수를 위한 원점수를 합한다(M=10, SD=3). 아스퍼거 장애 지수(ADQ) 산출을 위해 원점수를 합한다(M=100, SD=15).	진단이 입증되지 않았고 인지적 능력이 보고되지 않았지만 적절한 대표성을 띠는 대집단 표본을 대상으로 표준화가 이루어졌다.
상호작용, 의사소통, 상동행동, 현재 행동의 네 가지 하위 척도와 총 56개 항목으로 구성되어 있다.	3~22세	항목의 원점수를 합하여 표준점수로 변환한다(M=10, SD=3). 자폐증의 일반적인 평정(자폐증 지수)을 산출한다(M=100, SD=15). 90점 이상은 자폐증의 가능성이 있음을 시사한다.	자폐인을 판별하는 데 실패할 수도 있다. 저자는 판별 기준점을 80점으로 낮출 것을 제안하고 있다.
32개 항목으로 구성되어 있으며, 먼저 11개 항목에 대해 검사를 실시한 후에 점수가 18점 이상이면 나머지 항목에 대해서도 실시한다.	초등학생용(6~11세)과 중등학생용(12~21세)	원점수를 환산하여 총점을 산출한다(M=100, SD=15). 점수가 높으면 높을수록 아스퍼거 장애의 가능성이 크다.	분명한 신뢰도가 보고되어 있다. 표집 대상에게 진단이 확증되지 않았고 대상자의 인지적 능력이 보고되지 않았다.

약자	진단 도구명	저자	설명	진단 시 요구사항
M-CHAT	영유아기 자폐증 검목표-개정판 (Modifiedr-Checklist for Autism in Toddlers)	Robins, Fein, Barton, & Green, 2001	영유아기 자폐증 검목표(CHAT)에 18~24개월 아동을 대상으로 한 항목을 추가하여 수정하였다.	부모 또는 양육자들의 보고에 의해 이루어진다.
PEP-R	심리교육 프로파일-개정판 (Psychoeducational Profile - Revised)	Schopler, Reichler, Bashford, Lansing, & Marcus, 1990	IEP를 위한 교수 우선순위를 판별하기 위해 발달적 사정 도구로 아동의 진보를 기록하는 데도 사용할 수 있다.	항목 제시의 순서가 정해져 있는 것이 아니므로 다양하게 제시될 수 있다. 또한 지시를 생략하거나 간략히 할 수 있다.
SCQ	사회적 의사소통 질문지 (Social Communication Questionnaire)	Rutter, Bailey, & Lord, 2003	자폐증 진단 면담지(ADI)에 근거하여 개발된 선별 질문지이다. 자폐스펙트럼장애의 증후의 표시가 질문지의 내용이다.	부모 보고에 의해 이루어지는 질문지이다. 기록 시 대략 10분 미만이 소요되며 점수 계산에 5분 정도가 소요된다.
SRS	사회적 반응성 척도 (Social Responsiveness Scale)	Constantino, 2005	자연스런 사회적 상황에서 나타나는 행동을 관찰하여 평가한다. 자폐스펙트럼장애의 정도를 측정하도록 고안되었다. 선별을 위해, 진단에 도움이 되도록, 또는 중재에 대한 반응을 측정하기 위해 사용된다.	부모 또는 교사가 평가를 할 수 있으며 총 소요시간은 15~20분 정도이다.

하위척도	대상	점수체계	활용
23개 항목으로 구성되어 있으며 다음과 같은 행동에 대해 부모는 예/아니오로 답을 한다. 흥미를 표현하기 위해 지적하기, 이름에 반응하기, 또래에게 관심 보이기, 행동을 보이기, 공동주의집중에 반응하기, 사회적 모방을 하기 등의 항목이 있다.	18~30개월의 발달장애의 위험 유아를 판별	예/아니오는 성공/실패로 바꾸어 답할 수 있다. 모범 답안이 제시되어 있다. 아동이 핵심 항목 두세 가지에서 실패하거나 세 가지 항목에서 실패를 하면 부가적인 사정이 요구된다.	예비연구를 통해 적절한 타당도와 관찰자간 신뢰도 그리고 검사 도구의 민감도가 확인되었다.
7가지 영역으로 구성되어 있다—모방, 지각, 눈과 손의 협응, 작은 운동, 큰 운동, 인이적 구어, 인지적 수행. 또한 관계, 자료, 감각, 언어의 네 가지 영역에서 항목 평정 척도를 포함하고 있다.	생후 6월~7세의 학령 전기 이하 기능 수행 아동, 특정 영역의 기술이 초등학교 1학년 이하의 수행을 보이는 7~12세 아동	통과, 실패, 싹틈으로 기록한다. 각 영역별로 점수와 적정 연령 그리고 전체 및 발달 점수가 제시된다.	발달 검사에서 수집된 규준 자료이다. 적절한 신뢰도와 타당도 보고되었다. Merrill-Palmer와 사회성숙도검사(Vineland Social Maturity Scales)와의 상호관련성이 보고되었다.
40개 항목으로 구성되어 있으며 예/아니오로 기록한다. 두 가지 양식이 있다. 하나는 진단 의뢰를 목적으로 전반적인 발달을 평정하는 것이고 다른 하나는 중재 효과의 평가를 목적으로 진보를 평정하는 것이다.	2세 이상의 정신연령을 가진 4세 이상의 아동	하나의 전체 점수가 제시된다. 의뢰 목적 양식에서 15점 이상은 추가적인 사정이 필요함을 시사한다.	결과에 근거하여 진단을 내릴 수는 없으나 선별은 가능하다. 역치 점수가 낮을수록 다른 위험 요인을 가지고 있는 것으로 볼 수 있다(예 : 언어 장애, ASD의 형제).
사회적 결함, 언어적 곤란, 상동 및 반복 행동과 관련하여 65개 항목으로 구성되어 있다. 양적 척도에 따라 평가가 이루어진다.	4~18세	총점과 하위척도별 점수가 제시된다. 부모 보고와 교사 보고에 따라 별개의 규준이 적용된다.	결과에 근거하여 진단을 내릴 수는 없으나 선별은 가능하다. 연구에 활용될 수 있다.

출처 : Synthesized from Bregman(2005); Campbell(2005); Filipek et al.(1999); Handleman & Delmolino (2005); Lord(1997); Lord & Bailey(2002); South et al.(2002); Tidmarsh & Volkmar(2003); Volk, Lord, Bailey, Schultz, & Klin(2004).

- 발달장애
- 500명당 1명 출현 (역자 주 : 2014년 현재, 100명당 1명으로 보고 있음)
- 발달장애 중에서 세 번째로 보편적으로 나타나는 장애
- 남성 대 여성의 비율 = 4(남) : 1(여)
- 인종 또는 사회경제적 요인과 관련 없이 발생
- 정서장애가 아님
- 장애의 특성을 범주화하여 나타냄
- 자폐스펙트럼장애의 진단 준거에 포함된 모든 특성을 보이는 것이 아님 : 어떤 특성은 나타날 수 있고 다른 특성은 안 보일수도 있음
- 완치되지 않는 발달장애

그림 1-4 자폐스펙트럼장애에 관한 사실

스펙트럼장애는 이제는 더 이상 출현율이 낮은 장애가 아니다. 전형적인 자폐성 장애의 경우 현재 600명당 1명의 출현율을, 전체 자폐스펙트럼장애의 경우 200명당 1명의 출현율*이 보고되고 있다(Chakrabarti & Fombonne, 2001).

자폐스펙트럼장애는 여성보다는 남성에게서 보다 많이 나타난다(Gillberg & Coleman, 1992; Lord et al., 2002). Kanner가 초기에 기술할 때 자폐는 부유한 가정에서 더 많이 발생한다고 하였으나 현재 자폐스펙트럼장애는 모든 인종이나 사회경제적 배경에 상관없이 나타나고 있다(Fombonne, Simmons, Ford, Meltzer, & Goodman, 2001). 가족의 문화가 자폐스펙트럼장애 아동 가족구성원의 적응에 어떠한 영향을 미치는지에 대해서는 보다 많은 이해가 필요하다(Dyches, Wilder, Sudweeks, Obiakor, & Algozzine, 2004). 자폐스펙트럼장애는 정서적 장애가 아니다. 안타깝게도 특정 행동에 대해 자폐스펙트럼장애와 직접적인 관련이 있다고 생각하는 사람들이 있다. 그러나 자폐스펙트럼장애와 관련된 어떠한 행동도 이 집단에서만 나타나는 행동이 아니다. 자폐스펙트럼장애와 관련된 행동을 보이면서 다섯 가지 하위유형에는 속하지 않을 수도 있다. 결론적으로 과학자들이 신경학적 이상을 고치거나 유전자를 바꿀 수 있는 능력을 개발하기 전까지는 자폐스펙트럼장애는 완치될 수 있는 장애가 아니다.

11. 결론

자폐스펙트럼장애인은 의사소통, 사회적 상호작용, 제한된 관심 및 활동의 핵심 영역에

* 역자 주) 2014년 현재, 100명당 1명의 출현율이 보고되고 있음

서 결함을 보인다. 이러한 영역에서의 행동의 차이는 본질적으로 양적 측면뿐만 아니라 질적 측면에서도 나타난다. 자폐스펙트럼장애인은 이 영역에서 단순히 적은 능력을 보이는 것이 아니라 그들이 보이는 능력의 본질과 질적인 측면에서 차이가 있다는 것이다. *DSM-IV-TR*에서는 전반적 발달장애의 다섯 가지 하위유형이 기술되어 있다. 이들 유형은 나타나는 행동의 비율과 위계에 따라 일차적으로 다소 차이가 있는 특성으로 기술되어 있다. 역사적으로 의료 전문가들은 조기에 자폐스펙트럼장애로 판별하는 것을 꺼려하였다. 그러나 조기 중재의 효과와 중요성이 입증됨에 따라 조기 진단이 점진적으로 증가되고 있다. 진단 절차는 아동의 발달력(생육사)뿐만 아니라 아동과의 직접적인 상호작용을 통해 수집된 정보에 근거하여 이루어져야 한다. 아동에게 적절한 프로그램을 개발하기 위해 아동의 현재 기능 수행에 관한 정확한 정보가 수집되어야 한다.

12. 토론 질문과 활동

(1) 자폐스펙트럼장애의 세 가지 핵심 결함을 설명하고 있는 〈그림 1-1〉을 살펴본다. *DSM-IV-TR*에 제시된 전반적 발달장애의 다섯 가지 하위유형의 특성에 관해 기술된 내용을 읽고 각 유형의 핵심 결함이 무엇인지 알아본다. 핵심 결함 영역 간의 상호작용이 개인의 기능 수행에 어떻게 영향을 미치는지를 논의한다.

(2) 밴 다이어그램을 그리고 자폐스펙트럼장애의 양극단의 기능 수행을 하는 사람을 표시해 본다(예 : 영화 〈레인맨〉의 주인공과 〈머큐리〉의 주인공의 주된 특성을 생각해 본다). 관찰될 수 있는 행동들을 다이어그램의 적절한 위치의 원 내에 적어본다. 스펙트럼장애의 양극단을 대표하는 사람들이 보이는 행동을 비교하여 뚜렷한 차이를 알아본다.

(3) 자폐성 장애, 아스퍼거 장애, 비전형 전반적 발달장애인의 세 가지 핵심 결함을 비교하여 뚜렷한 차이를 알아본다.

(4) 자폐스펙트럼장애 아동의 가족구성원과 면담을 실시한다. 진단을 받게 된 과정과 일상생활에서의 기쁨 및 어려움에 대해 질문한다.

(5) 연방정부의 법은 아동이 자폐스펙트럼장애에 속하여 특수교육 서비스를 받을 수 있는 대상인지를 결정하기 위한 정의를 규정하고 있다. 각 주는 자폐 아동을 판별하기 위한 보다 자세한 설명을 제시할 수 있다. 자폐 아동의 특수교육 적격성을 판단하기 위한 몇몇 주의 준거를 살펴보고 이들 준거 간에 차이점과 유사점을 찾아본다.

참고문헌

Adrien, J. (1991). Autism and family home movies: Preliminary finds. *Journal of Autism and Developmental Disorders, 21*, 43-49.

Adrien, J. L., Lenoir, P., Martineau, J., Perrot, A., Haneury, L., Larmande, C., et al. (1993). Blind ratings of early symptoms of autism based upon family home movies. *Journal of the American Academy of Child and Adolescent Psychiatry, 33,* 617-626.

Alexander, D. (1995). *The emergence of repair strategies in chronologically and developmentally young children.* Unpublished doctoral dissertation, Florida State University, Tallahassee.

American Psychiatric Association. (2000). *Diagnostic and statistical manual of mental disorders* (4th ed., text revision). Washington, DC: Author.

Asperger, H. (1944/1991). Autistic psychopathy in childhood (Trans). In U. Frith (Ed.), *Autism and Asperger syndrome* (pp. 37-92). Cambridge, UK: Cambridge University Press.

Attwood, T. (1998). *Asperger's syndrome: A guide for parents and professionals.* London: Jessica Kingsley.

Attwood, T. (2000). Strategies for improving the social integration of children with Asperger syndrome. *Autism: The International Journal of Research and Practice, 4,* 85-100.

Baldwin, D. A. (1995). Understanding the link between joint attention and language. In C. Moore & P. J. Dunham (Eds.), *Joint attention: Its origins and role in development* (pp. 131-158). Hillsdale, NJ: Erlbaum.

Baranek, G. T. (1999). Autism during infancy: A retrospective video analysis of sensory-motor and social behaviors at 9-12 months of age. *Journal of Autism and Developmental Disorders, 29,* 213-224.

Baranek, G. T. (2002). Efficacy of sensory and motor interventions for children with autism. *Journal of Autism and Developmental Disorders, 32,* 397-422.

Baranek, G. T., Barnett, C. R., Adams, E. M., Wolcott, N. A., Watson, L. R., & Crais, E. R. (2005). Object play in infants with autism: Methodological issues in retrospective video analysis. *American Journal of Occupational Therapy, 59,* 20-30.

Bauman, M. L. (2003, December). The role of the physician: Diagnosis, management, and treatment. In *Innovative interventions in autism/NVLD: Practical outcomes in home and school.* Symposium conducted at the meeting of the Continuing Education Programs of America, Atlanta, GA.

Boucher, J., & Lewis, V. (1992). Unfamiliar face recognition in relatively able autistic children. *Journal of Child Psychology and Psychiatry, 33*, 843-859.

Bregman, J. D. (2005). Definitions and characteristics of the spectrum. In D. Zager (Ed.), *Austism spectrum disorders* (3rd ed., pp. 3-46). Mahwah, NJ: Erlbaum.

Bristol-Power, M. M., & Spinella, G. (1999). Research on screening and diagnosis in autism: A work in progress. *Journal of Autism and Developmental Disorders, 29,* 435-438.

Bryson, S. D. (1996). Brief reports: Epidemiology of autism. *Journal of Autism and Developmental Disorders, 26*, 165-167.

Campbell, J. (2005). Diagnostic assessment of Asperger's disorder: A review of five third-party rating scales. *Journal of Autism and Developmental Disorders, 35,* 25-35.

Canitano, R., Luchetti, A., & Zappella, M. (2005). Epilepsy, electroencephalographic abnormalities, and regression in children with autism. *Journal of Child Neurology, 20*, 27-31.

Chakrabarti, S., & Fombonne, E. (2001). Pervasive developmental disorders in preschool children. *Journal of the American Medical Association, 285,* 3093-3099.

Charman, T., Taylor, E., Drew, A., Cockerill, H., Brown, J., & Baird, G. (2005). *Journal of Child Psychology & Psychiatry & Allied Disciplines, 46,* 500-513.

Church, C., Alisanski, S., & Amanullah, S. (2000). The social, behavioral, and academic experiences of children with Asperger syndrome. *Focus on Autism and Other Developmental Disabilities, 15*, 12-20.

Constantino, J. N. (2005). *Social responsiveness scale (SRS).* Los Angeles: Western Psychol-ogical Services.

Constantino, J. N. & Todd, R. D. (2003). Autistic traits in the general population: A twin study. *Archives of General Psychiatry, 60*, 524-530.

Cox, A., Klein, K., Chaman, T., Baird, G., & Baron-Cohen, S. (1999). Autism spectrum disorders at 20 and 42 months of age: Stability of clinical and ADI-R diagnosis. *Journal of Child Psychology and Psychiatry, 40*, 719-732.

Dawson, G., Meltzoff, A. N., Osterling, J., Rinaldi, J., & Brown, E. (1998). Children with autism fail to orient to naturally occurring social stimuli. *Journal of Autism and Developmental Disorders, 28*, 479-485.

Dawson, G., Osterling, J., Meltzoff, A., & Kuhl, P. (2000). Case study of the development of an infant with autism from birth to 2 years of age. *Journal of Applied Developmental Psychology, 21,* 299-313.

Dawson, G., Toth, K., Abbott, R., Osterling, J., Munson, J., Estes, A., et al. (2004). Early social attention impairments in autism: Social orienting, joint attention, and attention to distress. *Developmental Psychology, 40,* 271-283.

Dawson, G., & Watling, R. (2000). Interventions to facilitate auditory, visual, and motor integration in autism: A review of the evidence. *Journal of Autism and Developmental Disorders, 30,* 415-421.

De Giacomo, A., & Fombonne, E. (1998). Parental recognition of developmental abnormalities in autism. *European Child and Adolescent Psychiatry, 7*, 131-136.

DeStefano, F., Bhasin, T. K., Thompson, W. W., Yeargin-Allsopp, M., & Boyle, C. (2004). Age at first measles-mumps-rubella vaccination in children with autism and school-matched control subjects: A population-based study in metropolitan Atlanta. *Pediatrics, 113*, 259-266.

Dyches, T. T., Wilder, L. K., Sudweeks, R. R., Obiaker, F. E., & Algozzine, B. (2004). Multicultural issues in autism. *Journal of Autism and Developmental Disorders, 34,* 211-222.

Dykens, E. M., & Volkmar, F. R. (1997). Medical conditions associated with autism. In D. Cohen & F. Volkmar (Eds.), *Autism and pervasive developmental disorders* (2nd ed, pp. 388-407). New York: Wiley.

Ehlers, S., Gillberg, C., & Wing, L. (1999). A screening questionnaire for Asperger syndrome and other high-functioning autism spectrum disorders in school age children. *Journal of Autism and Developmental Disorders, 29*, 129-141.

Ellaway, C., & Christodoulou, J. (1999). Rett syndrome: Clinical update and review of recent genetic advances. *Journal of Paediatrics & Child Health, 35*, 419-426.

Filipek, P. A., Accardo, P. J., Ashwal, S., Baranek, G. T., Cook, Jr., E. H., Dawson, G., et al. (2000). Practice parameter: Screening and diagnosis of autism: Report of the Quality Standards Subcommittee of the American Academy of Neurology and the Child Neurology Society. *Neurology, 55*, 468-479.

Filipek, P. A., Pasquale, J. A., Baranek, G. T., Cook, E. H., Jr., Dawson, G., Gordon, B., et al. (1999). The screening and diagnosis of autistic spectrum disorders. *Journal of Autism and Developmental Disorders, 29,* 439-484.

Fombonne, E. (1999). The epidemiology of autism: A review. *Psychological Medicine, 29*, 769-786.

Fombonne, E., Simmons, H., Ford, T., Meltzer, H., & Goodman, R. (2001). Prevalence of developmental disorders in the British nationwide survey of child mental health. *Journal of the American Academy of Child and Adolescent Psychiatry, 40,* 820-827.

Freeman, B. J. (1997). Guidelines for evaluating intervention programs for children with autism. *Journal of Autism and Developmental Disorders, 27,* 641-651.

Frith, U. (2004). Emanuel Miller lecture: Confusions and controversies about Asperger syndrome. *Journal of Child Psychology and Psychiatry, 4,* 672-686.

Gagnon, L., Mottron, L., & Joanette, Y. (1997). Questioning the validity of the semantic-pragmatic syndrome diagnosis. *Autism, 1,* 37-55.

Ghaziuddin, M., & Gerstein, L. (1996). Pedantic speaking style differentiates Asperger syndrome from high-functioning autism. *Journal of Autism and Developmental Disorders, 26,* 585-595.

Ghaziuddin, M., & Mountain-Kimchi, K. (2004). Defining the intellectual profile of Asperger syndrome: Comparison with high-functioning autism. *Journal of Autism and Developmental Disorders, 34*, 279-285.

Ghaziuddin, M., Weidmer-Mikhail, E., & Ghaziuddin, N. (1998). Comorbidity of Asperger syndrome: A preliminary report. *Journal of Intellectual Disability Research, 42,* 279-283.

Gilchrist, A., Green, J., Cox, A., Rutter, M., & Le Couteur, A. (2001). Development and current functioning in adolescents with Asperger syndrome: A comparative study. *Journal of Child Psychology and Psychiatry, 42*, 227-240.

Gillberg, C. & Coleman, M. (1992). *The biology of the autistic syndromes* (2nd ed.). London: MacKeith Press.

Gillberg, I. C., & Gillberg, C. (1989). Asperger syndrome: Some epidemiological considerations: A research note. *Journal of Child Psychology and Psychiatry and Allied Disciplines, 30*, 631-638.

Gillberg, C., & Steffenburg, S. (1987). Outcome and prognostic factors in autism and similar conditions: A population-based study of 46 cases followed through puberty. *Journal of Autism and Developmental Disorders, 17*, 273-287.

Gilliam, J. E. (1995). *Gilliam autism rating scale (GARS)*. Austin, TX: Pro-Ed.

Gilliam, J. E. (2001). *Gilliam Asperger's disorder scale (GARS)*. Austin, TX: Pro-Ed.

Haith, M. M., Bergman, T., & Moore, M. J. (1979). Eye contact and face scanning in early infancy. *Science, 198*, 853-855.

Hall, S. E. K. & Geher, G. (2003). Behavioral personality characteristics of children with reactive attachment disorder. *Journal of Psychology, 137*, 145-162.

Handleman, J. S., & Delmolino, L. M. (2005). Assessment of children with autism. In D. Zager (Ed.), *Autism spectrum disorders* (3rd ed., pp. 269-293). Mahwah, NJ: Erlbaum.

Heerey, E. A., Capps, L. M., Keltner, D., & Kring, A. M. (2005). Understanding teasing: Lessons from children with autism. *Journal of Abnormal Child Psychology, 33*, 55-68.

Hollander, E., Cartwright, C., Wong, C. M., DeCaria, C. M., DelGiudice-Asch, F., Buchsbaum, M. S., et al. (1998). A dimensional approach to the autism spectrum. *CNS Spectrums, 3*, 22-26, 33-39.

Howlin, P. (2003). Outcome in high-functioning adults with autism with and without early language delays: Implications for the differentiation between autism and Asperger syndrome. *Journal of Autism & Developmental Disorders, 33*, 3-13.

Howlin, P., & Asgharian, A. (1999). The diagnosis of autism and Asperger syndrome: Findings from a survey of 770 families. *Developmental Medicine and Child Neurology, 41*, 834-839.

Howlin, P., & Moore, A. (1997). Diagnosis of autism. A survey of over 1200 patients in the UK. *Autism, 1*, 135-162.

Isager, T., Mouridsen, S. E., & Rich, B. (1999). Mortality and causes of death in pervasive developmental disorders. *Autism, 3*, 7-16.

Kanner, L. (1943). Autistic disturbances of affective contact. *The Nervous Child, 2*, 217-250.

Kientz, M. A., & Dunn, W. (1997). A comparison of the performance of children with and without autism on the sensory profile. *American Journal of Occupational Therapy, 51*, 530-537.

Klin, A. (1992). Listening preference in regard to speech: A possible characterization of the symptom of social withdrawal. *Journal of Autism and Developmental Disorders, 21*, 29-42.

Klin, A., Jones, W., Schultz, R., Volkmar, F., & Cohen, D. (2002a). Defining and quantifying the social phenotype in autism. *American Journal of Psychiatry, 159*, 895-908.

Klin, A., Jones, W., Schultz, R., Volkmar, F., & Cohen, D. (2002b). Visual fixation patterns during viewing of naturalistic social situations as predictors of social competence in individuals with autism. *Archives of General Psychiatry, 59*, 809-816.

Klin, A., Pauls, D., Schultz, R., & Volkmar, F. (2005). Three diagnostic approaches to Asperger syndrome: Implications for research. *Journal of Autism & Developmental Disorders, 35*, 221-234.

Klin, A., Sparrow, S. S., de Bildt, A., Cicchetti, D.V., Cohen, D. J., & Volkmar, F. R. (1999). A normed study of face recognition in autism and related disorders. *Journal of Autism and Developmental Disorders, 29*, 497-507.

Klin, A. & Volkmar, F. R. (1997). Asperger's syndrome. In D. Cohen & F. Volkmar (Eds.), *Handbook of autism and pervasive developmental disorders* (2nd ed., pp. 94-122). New York: Wiley.

Klin, A., & Volkmar, F. R. (2000). Treatment and intervention guidelines for individuals with Asperger syndrome. In A. Klin, F. R. Volkmar, & S. S. Sparrow (Eds.), *Asperger syndrome* (pp. 340-366). New York: Guilford Press.

Klin, A., Volkmar, F. R., Sparrow, S. S., Cicchetti, D. V., & Rourke, B. P. (1995). Validity and neuropsychological characterization of Asperger syndrome: Convergence with nonverbal learning disabilities syndrome. *Journal of Child Psychology and Psychiatry, 36*, 1127-1140.

Krug, D. A., & Arick, J. R. (2003). *Krug Asperger's disorder index*. Austin, TX: Pro-Ed.

Krug, D. A., Arick, J., & Almond, P. (1980). Behavior checklist for identifying severely handicapped individuals with high levels of autistic behavior. *Journal of child Psychology & Psychiatry & Allied Disciplines, 21,* 221-229.

Kuhl, P. K., Coffey-Corina, S., Padden, D., & Dawson, G. (2005). Links between social and linguistic processing of speech in preschool children with autism: Behavioral and electrophysiological measures. *Developmental Science, 8,* F1-F12.

Landa, R. (2000). Social language use in Asperger syndrome and high-functioning autism. In A. Klin, F. Volkmar, & S. Sparrow (Eds.), *Asperger syndrome* (pp. 125-158). New York: Guilford Press.

Langdell, T. (1978). Recognition of faces: An approach to the study of autism. *Journal of Child Psychology and Psychiatry, 19,* 225-238.

Lewis, M. H. & Bodfish, J. W. (1998). Repetitive behavior disorders in autism. *Mental Retardation and Developmental Disabilities Research Reviews, 4,* 80-89.

Lewy, A. L., & Dawson, G. (1992). Social stimulation and joint attention in young autistic children. *Journal of Abnormal Child Psychology, 20,* 555-566.

Lindberg, B. (1994). *Understanding Rett syndrome: A practical guide for parents, teachers, and therapists.* Kirkland, WA: Hogrefe & Huber.

Liss, M., Harel, B., Fein, D., Allen, D., Dunn, M., Feinstein, C., et al. (2001). Predictors and correlates of adaptive functioning in children with developmental disorders. *Journal of Autism and Developmental Disorders, 31,* 210-230.

Losche, G. (1990). Sensorimotor and action development in autistic children from infancy to early childhood. *Journal of Child Psychology and Psychiatry, 31,* 749-761.

Lord, C. (1995). Follow-up of two-year-olds referred for possible autism. *Journal of Child Psychology and Psychiatry, 36,* 1365-1382.

Lord, C. (1997). Diagnostic instruments in autism spectrum disorders. In D. Cohen & F. Volkmar (Eds.), *Handbook of autism and pervasive developmental disorders* (2nd ed., pp. 460-483). New York: Wiley.

Lord, C., & Bailey, A. (2002). Autism spectrum disorders. In M. Rutter and E. Taylor (Eds.), *Child and adolescent psychiatry* (4th ed., pp. 636-663). Malden, MA: Blackwell.

Lord, C., Cook, E. H., Leventhal, B., & Amaral, D. G. (2000). Autism spectrum disorders. *Neuron, 28,* 355-363.

Lord, C., & Magill-Evans, J. (1995). Peer interactions of autistic children and adolescents. *Development & Psychopathology, 7,* 611-626.

Lord, C., & Paul, R. (1997). Language and communication in autism. In D. Cohen & F. Volkmar (Eds.), *Handbook of autism and pervasive developmental disorders* (2nd ed., pp. 195-225). New York: Wiley.

Lord, C., Risi, S., Lambrecht, L., Cook, E. H., Leventhal, B. L., DiLavore, P. C., et al. (2000). The autism diagnostic observation schedule—generic: A standard measure of social and communication deficits associated with the spectrum of autism. *Journal of Autism and Developmental Disorders, 30,* 205-223.

Lord, C., Rutter, M., DiLavore, P., & Risi, S. (1999). *Autism diagnostic observation schedule (ADOS).* Los Angeles, CA: Western Psychological Services.

Maestro, S., Casella, C., Milone, A., Muratori, F., & Palacio-Espasa, F. (1999). Study of the onset of autism through home movies. -*Psychopathology, 32,* 292-300.

Mahoney, W. J., Szatmari, P., MacLean, J. E., Bryson, S. E., Bartolucci, G., Walter, S. D., et al. (1998). Reliability and accuracy of differentiating pervasive developmental disorder subtypes. *Journal of the American Academy of Child & Adolescent Psychiatry, 37,* 278-285.

Malhotra, S., & Gupta, N. (1999). Childhood disintegrative disorder. *Journal of Autism and Developmental Disorders, 29,* 491-498.

Marriage, K. J., Gordon, V., & Brand, L. (1995). A social skills group for boys with Asperger syndrome. *Australian and New Zealand Journal of Psychiatry, 29,* 58-62.

Mayes, S. D. & Calhoun, S. L. (2003). Ability profiles in children with autism: Influence of age and IQ. *Autism, 6,* 65-80.

Mayes, S. D., Calhoun, S. L., & Crites, D. L. (2001). Does *DSM-IV* Asperger's disorder exist? *Journal of Abnormal Child Psychology, 29,* 263-271.

McLaughlin, S. (1998). *Introduction to Language Development.* San Diego, CA: Singular.

Mesibov, G. B., Adams, L. W., & Klinger, L. G. (1997). *Autism: Understanding the disorder.* New York: Plenum.

Mesibov, G., Schopler, E., Schaffer, B., & Landrus, R. (1988). *Adolescent and adult psychoeducational profile (AAPEP).* Austin, TX: Pro-Ed.

Miller, J. N., & Ozonoff, S. (1997). Did Asperger's cases have Asperger disorder? A research note. *Journal of Child Psychology and Psychiatry, 38,* 247-251.

Minshew, N. J., Sweeney, J. A., & Bauman, M. L. (1997). Neurological aspects of autism. In Donald J. Cohen and Fred R. Volkmar (Eds.), *Handbook of autism and pervasive developmental disorders* (2nd ed., pp. 344-369). New York: Wiley.

Molina, J. L., Ruata, J. M., & Soler, E. P. (1986). Is there a right-hemisphere dysfunction in Asperger's syndrome? *British Journal of Psychiatry, 148,* 745-746.

Mukaddes, N. M., Kaynak, F. N., Kinali, G., Besikci, H., & Issever, H. (2004). Psychoeducational treatment of children with autism and reactive attachment disorder. *Autism: The International Journal of Research & Practice, 8,* 101-109.

Myles, B. S., Bock, S. J., & Simpson, R. L. (2001). *Asperger syndrome diagnostic scale (ASDS).* Los Angeles, CA: Western Psychological Services.

National Research Council. (2001). *Educating children with autism.* Committee on Educational Interventions for Children with Autism. Division of Behavioral and Social Sciences and Education. Washington, DC: National Academy Press.

Nikolaenko, N. N. (2004). Metaphorical and associative thinking in healthy children and in children with Asperger syndrome at different ages. *Human Physiology, 30,* 532-536.

Ornitz, E. M. (1985). Neurophysiology of infantile autism. *Journal of American Academy of Child Psychiatry, 24,* 251-262.

Osterling, J., & Dawson, G. (1994). Early recognition of children with autism: A study of first birthday home videotapes. *Journal of Autism and Developmental Disabilities, 24,* 247-257.

Osterling, J. A., Dawson, G., & Munson, J. A. (2002). Early recognition of 1-year-old infants with autism spectrum disorder versus mental retardation. *Development and Psychopathology, 14,* 239-251.

Pyles, L. & Attwood, T. (2002). *Hitchhiking through Asperger syndrome.* London: Jessica Kingsley.

Rapin, I. (1965). Dementia infantilism. In C. H. Carter (Ed.), *Medical aspects of mental retardation* (pp. 760-767). Springfield, IL: Charles C Thomas.

Rapin, I. (Ed.). (1996). Preschool children with inadequate communication: Developmental language disorder, autism, low IQ. *Clinics in Developmental Medicine, No. 139.* London: Mac Keith Press.

Reitzel, J., & Szatmari, P. (2003). Learning difficulties in Asperger syndrome. In M. Prior (Ed.), *Asperger syndrome, behavioral and educational aspects* (pp. 35-54). New York: Guilford Press.

Rincover, A. (1986). Behavioral research in self-injury and self-stimulation. *Psychiatric Clinics of North America, 9,* 755-766.

Rinehart, N. J., Bradshaw, J. L., Brereton, A. V., & Tonge, B. J. (2002). A clinical and neurobehavioural review of high-functioning autism and Asperger disorder. *Australian and New Zealand Journal of Psychiatry, 36,* 762-770.

Rinehart, N. J., Bradshaw, J. L., Moss, S. A., Brereton, A. V., & Tonge, B. J. (2000). Atypical interference of local detail on global processing in high functioning autism and Asperger disorder. *Journal of Child Psychology and Psychiatry, 41,* 769-778.

Robins, D. K., Fein, D., Barton, M. L., & Green, J. A. (2001). The modified checklist for autism in toddlers: An initial study investigating the early detection of autism and pervasive developmental disorders. *Journal of Autism & Developmental Disorders, 31,* 131-144.

Rogers, S. J., Hepburn, S., & Wehner, E. (2003). Parent reports of sensory symptoms in toddlers with autism and those with other developmental disorders. *Journal of Autism and Developmental Disorders, 33,* 631-642.

Rourke, B. (1989). *Nonverbal learning disabilities: The syndrome and the model.* New York: Guilford Press.

Rutter, M., Bailey, A., Bolton, P., & Le Couteur, A. (1994). Autism and known medical conditions: Myth and substance. *Journal of Child Psychology and Psychiatry, 35,* 311-322.

Rutter, M., Bailey, A., & Lord, C. (2003). *SCQ: The social communication questionnaire.* Los Angeles: Western Psychological Services.

Rutter, M., LeCouteur, A., & Lord, C. (2003). *ADI-R: Autism diagnostic interview-revised.* Los Angeles: Western Psychological Services.

Safran, S. P. (2001). Asperger syndrome: The emerging challenge to special education. *Exceptional Children, 67,* 151-160.

Schopler, E., Reichler, R. J., Bashford, A., Lansing, M. D., & Marcus, L. M. (1990). *Psychoeducational profile revised (PEP-R).* Austin, TX: Pro-Ed.

Schopler, E., Reichler, R. J., & Renner, B. R. (1988). *The childhood autism rating scale (CARS).* Los Angeles: Western Psychological Services.

Schuler, A. L., Prizant, B. M., & Wetherby, A. M. (1997). Enhancing language and communication development: Prelinguistic approaches. In D. J. Cohen & F. R. Volkmar (Eds.), *Handbook of autism and pervasive developmental disorders* (2nd ed., pp. 539-571). New York: Wiley.

Schultz, R. T., Gauthier, I., Klin, A., Fulbright, R., Anderson, A., Volkmar, F. R., et al. (2000). Abnormal ventral temporal cortical activity among individuals with autism and Asperger syndrome during face discrimination. *Archives of General Psychiatry, 57,* 331-340.

Scott, F., Baron-Cohen, S., Bolton, P., & Brayne, C. E. G. (2002). The CAST (childhood Asperger syndrome test): Preliminary development of a UK screen for mainstream primary-school-age children. *Autism: The International Journal of Research & Practice, 6,* 9-31.

Shriberg, L. D., Paul, R., McSweeney, J. L., Klin, A., Cohen, D. J., & Volkmar, F. R. (2001). Speech and prosody characteristics of adolescents and adults with high-functioning autism and Asperger syndrome. *Journal of Speech, Language, and Hearing Research, 44,* 1097-1115.

Sigman, M., Dijamco, A., Gratier, M., & Rozga, A. (2004). Early detection of core deficits in autism. *Mental Retardation and Developmental Disabilities Research Reviews, 10,* 221-233.

Sigman, M., & Ruskin, E. (1999). Continuity and change in the social competence of children with autism, Down syndrome, and developmental delays. *Monographs of the Society in Research in Child Development, 64,* 1-114.

Skjeldal, O. H., Sponheim, E., Ganes, T., Jellum, E., & Bakke, S. (1998). Childhood autism: The need for physical investigations. *Brain Development, 20,* 227-233.

Smith, E. A., & Van Houten, R. (1996). A comparison of the characteristics of self-stimulatory behaviors in "normal" children and children with developmental delays. *Research in Developmental Disabilities, 17,* 253-268.

South, M., Williams, B. J., McMahon, W. M., Owley, T., Filipek, P. A., Shernoff, E., et al. (2002). Utility of the Gilliam autism rating scale in research and clinical populations. *Journal of Autism and Developmental Disorders, 32,* 593-599.

Spelke, E. S., Phillips, A., & Woodward, A. L. (1995). Infants' knowledge of object motion and human action. In D. Sperber, D. Premack, & A. J. Premack (Eds.), *Causal cognition: A multidisciplinary debate* (pp. 44-78). Oxford, UK: Oxford University Press.

Stein, M. T., Klin, A., & Miller, K. (2004). When Asperger syndrome and a nonverbal learning disability look alike. *Journal of Developmental & Behavioral Pediatrics, 25,* 190-193.

Stone, W. L., Ousley, O. Y., & Littleford, C. (1997). Motor imitation in young children with autism: What's the object? *Journal of Abnormal Child Psychology, 25,* 475-485.

Stone, W. L., Ousley, O. Y., Yoder, P. J., Hogan, K. L., & Hepburn, S. L. (1997). Nonverbal communication in two- and three-year-old children with autism. *Journal of Autism and Developmental Disorders, 27,* 677-696.

Strandburg, R. J., Marsh, J. T., Brown, W. S., Asarnow, R. F., Guthrie, D., & Higa, J. (1993). Event-related potentials in high-functioning adult autistics: Linguistic and nonlinguistic visual information processing tasks. *Neuropsychologia, 31,* 413-434.

Swettenham, J., Baron-Cohen, S., Charman, T., Cox, A., Baird, G., Drew, A., et al. (1998). The frequency and distribution of spontaneous attention shifts between social and nonsocial stimuli in autistic, typically developing and nonautistic developmentally delayed infants. *Journal of Child Psychology and Psychiatry, 39,* 747-753.

Szatmari, P., Bremner, R., & Nagy, J. (1989). Asperger syndrome: A review of clinical features. *Canadian Journal of Psychiatry, 34,* 554-560.

Thelen, E. (1979). Rhythmical stereotypies in normal human infants. *Animal Behavior, 27,* 699-715.

Thelen, E. (1981). Kicking, rocking, and waving: Contextual analysis of rhythmical stereotypies in normal human infants. *Animal Behavior, 29,* 3-11.

Tidmarsh, L. & Volkmar, F. R. (2003). Diagnosis and epidemiology of autism spectrum disorders. *Canadian Journal of Psychiatry, 48*, 517-525.

Tiegerman-Farber, E. (2002). Autism spectrum disorders: Learning to communicate. In D. K. Bernstein & E. Tiegerman-Faber (Eds.), *Language and communication disorders in children* (5th ed., pp. 510-564). Boston: Allyn & Bacon.

Van Bourgondien, M., & Woods, A. (1992). Vocational possibilities for high-functioning adults with autism. In E. Schopler & G. Mesibov (Eds.), *High-functioning individuals with autism* (pp. 227-242). New York: Plenum.

Van Meter, L., Fein, D., Morris, R., Waterhouse, L., & Allen, D. (1997). Delay versus deviance in autistic social behavior. *Journal of Autism and Developmental Disorders, 27*, 557-569.

Volkmar, F. R., Carter, A., Grossman, J., & Klin, A. (1997). Social development in autism. In D. Cohen & F. Volkmar (Eds.), *Handbook of autism and pervasive developmental disorders* (2nd ed., pp. 173-194). New York: Wiley.

Volkmar, F. R., Cohen, D. J., Bregman, J. D., Hooks, M. Y., & Stevenson, J. M. (1989). An examination of the social typologies in autism. *Journal of the American Academy of Child and Adolescent Psychiatry, 28*, 82-86.

Volkmar, F. R., Cohen, D. J., & Paul, R. (1986). An evaluation of *DSM-III* criteria for infantile autism. *Journal of the American Academy of Child Psychiatry, 25*, 190-197.

Volkmar, F. R., Klin, A., & Cohen, D. J. (1997). Diagnosis and classification of autism and related conditions: Consensus and issues. In D. Cohen & F. Volkmar (Eds.), *Handbook of autism and pervasive developmental disorders* (2nd ed., pp. 5-40). New York: Wiley.

Volkmar, F. R., Klin, A., Siegel, B., Szatmari, P., Lord, C., Campbell, M., et al. (1994). Field trial for autistic disorder in DSM-IV. *American Journal of Psychiatry, 151*, 1361-1367.

Volkmar, F. R., Lord, C., Bailey, A., Schultz, R. T., & Klin, A. (2004). Autism and pervasive developmental disorders. *Journal of Child Psychology and Psychiatry, 45*, 135-170.

Volkmar, F. R., & Nelson, D. S. (1990). Seizure disorders in autism. *Journal of the American Academy of Child and Adolescent Psychiatry, 29*, 127-129.

Volkmar, F. R., & Rutter, M. (1995). Childhood disintegrative disorder: Results of the *DSM-IV* autism field trial. *Journal of the American Academy of Child and Adolescent Psychiatry, 34*, 1092-1095.

Vostanis, P., Smithe, B., Corbett, J., Sungum-Paliwal, R., Edwards, A., Gingell, K., et al. (1998). Parental concerns of early development in children with autism and related disorders. *Autism, 2*, 229-242.

Walker, D. R., Thompson, A., Zwaigenbaum, L., Goldberg, J., Bryson, S. E., Mahoney, W. J., et al. (2004). Specifying PDD-NOS: A comparison of PDD-NOS, Asperger syndrome, and autism. *Journal of the American Academy of Child & Adolescent Psychiatry, 43*, 172-180.

Walters, A., Barrett, R. P., & Feinstein, C. (1990). Social relatedness and autism: Current research, issues, directions. *Research in Developmental Disabilities, 11*, 303-326.

Waterhouse, L., Fein, D., & Modahl, C. (1996). Neurofunctional mechanisms in autism. *Psychological Review, 103*, 457-489.

Wetherby, A. M., & Prizant, B. M. (2000). *Autism spectrum disorders: A developmental, transactional perspective.* Baltimore, MD: Paul Brookes.

Wetherby, A. M., & Prizant, B. M. (2005). Enhancing language and communication development in autism spectrum disorders: Assessment and intervention guidelines. In D. Zager (Ed.), *Autism spectrum disorders* (3rd ed., pp. 327-365). Mahwah, NJ: Erlbaum.

Wetherby, A. M., Prizant, B. M., & Hutchinson, T. A. (1998). Communicative, social/affective and symbolic profiles of young children with autism and pervasive developmental disorders. *American Journal of Speech-Language Pathology, 7*, 77-91.

Wetherby, A. M., Woods, J., Allen, L., Cleary, J., Dickinson, H., & Lord, C. (2004). Early indicators of autism spectrum disorders in the second year of life. *Journal of Autism and Developmental Disorders, 34*, 473-493.

Wimpory, D. C., Hobson, R. P., Williams, J. M., & Nash, S. (2000). Are infants with autism socially engaged? A study of recent retrospective parental reports. *Journal of Autism and Developmental Disorders, 30*, 525-536.

Wing, L. (1969). The handicaps of autistic children: A comparative study. *Journal of Child Psychology and Psychiatry, 10,* 1-40.

Wing, L. (1981). Asperger syndrome: A clinical account. *Psychological Medicine, 11,* 115-129.

Wing, L. (1997). Syndromes of autism and atypical development. In D. J. Cohen & F. R. Volkmar (Eds.), *Handbook of autism and pervasive developmental disorders* (2nd ed., pp. 148-170). New York: Wiley.

Wing, L., & Gould, J. (1979). Severe impairments of social interaction and associated abnormalities in children: Epidemiology and classification. *Journal of Autism and Developmental Disorders, 9,* 11-29.

Woodbury-Smith, M., Klin, A., & Volkmar, F. (2005). Asperger's syndrome: A comparison of clinical diagnoses and those made according to the *ICD-10* and *DSM-IV*. *Journal of Autism & Developmental Disorders, 35,* 235-240.

Woods, J. J., & Wetherby, A. M. (2003). Early identification of and intervention for infants and toddlers who are at risk for autism spectrum disorder. *Language, Speech, & Hearing Services in Schools, 34,* 180-194.

World Health Organization (WHO). (1993). *The ICD-10 classification of mental and behavioural disorders: Diagnostic criteria for research.* Geneva: Author.

Young, R. L., Brewer, N., & Pattison, C. (2003). Parental identification of early behavioral abnormalities in children with autistic disorder. *Autism: The International Journal of Research and Practice, 7,* 125-144.

Young, E. C., Diehl, J. J., Morris, D., Hyman, S. L., & Bennetto, L. (2005). The use of two language tests to identify pragmatic language problems in children with autism spectrum disorders. *Language, Speech, and Hearing Services in Schools, 36,* 62-72.

2

자폐스펙트럼장애의 역사적 조망과 원인론

핵 심 용 어

- 기질장애(organic disorder)
- 발생 빈도가 낮은 장애 (low-incidence disability)
- 복합 가족(multiplex family)
- 습관적 기억(habit memory)
- 신경계 적응성/유연성 (neural plasticity)
- 신경전달물질(neurotransmitters)
- 신경정신 약리학 (psychopharmacological)
- 야생아동(feral children)
- 원인론(etiology)
- 자폐적 정신병(autistic psychopathy)
- 정상적인 신경계(neurotypical)
- 정신적 상해(lesion)
- 출현율(prevalence)
- 표상 기억 (representational memory)
- 형태 간 연합 기억 (cross-modal associative memory)

❖ 해리스 선생님에게 배우기

더 많이 배워야 할 필요가 있다.

해리스 선생님은 자폐스펙트럼장애에 관한 많은 정보를 모으고 있다. 그녀는 오언스 씨로부터 받은 가족의 삶에 관한 통찰을 소중히 생각한다. 또한 오언스 씨와 함께 참여한 부모 지원 모임에서 해리스 선생님은 현재 아동들이 직면하고 있는 일상의 문제들에 대한 부모의 적응력에 놀란다. 해리스 선생님이 자폐스펙트럼장애 전문가들 만큼 잘 알고 있다고 하면 비웃을 수 있으나, 해리스 선생님은 자신이 알거나 만나는 사람들에게 자폐스펙트럼장애에 관해 말을 한다. 그러나 친구들과의 저녁 식사 모임에서 해리스 선생님은 친구들의 대화를 들으며 자신의 지식이 너무 부족함을 깨달았다.

"어떤 아동은 자폐증을 가지고 있고, 다른 아동은 아스버거(Asbergers) 장애를 가지고 있다는 거구나."라고 친구 레아가 말했다. 해리스 선생님은 "아스퍼거야."라며 고쳐 주었다. "그래 좋아. 어쨌든 왜 그렇게 부르는 거지?"라며 레아가 물었다. "그건 내가 알아. TV 드라마 〈St. Elsewhere〉(역자 주 : 미국에서 방영되었던 병원에서 이루어지는 일에 관한 드라마)에서 그런 아이들을 자폐증이라는 이름을 붙여주었지." 프랭클린이 말했다. 그러나 트왈라가 "아니야, 그보다 전에 영화 〈레인맨〉에서 더스틴 호프만에게 그러한 이름이 붙여졌어."라고 말했다. "맞아, 나도 기억해. 더스틴 호프만이 그 영화의 역할을 준비하면서 조셉 설리번이라는 남자를 만났었다고 했어. 조셉이 그 이름(자폐증)을 생각해낸 건가?" 프랭클린이 말했다. "내 생각에는 말이야. 아스퍼거는 무슨 소화제 종류의 이름 같아."라며 레아가 말했다. "나는 아이들이 부모로 인해 자폐가 되었다고 들었어." 트왈라가 말했다.

해리스 선생님은 친구들이 아무 생각 없이 하는 말들로 인해 정신이 없었다. 그녀는 자폐라는 용어가 언제 처음 정의되었으며 언제부터 그렇게 불려지게 되었는지 알지를 못했다. 단지 〈St. Elsewhere〉 드라마에 나왔던 아동들보다 그리고 〈레인맨〉에 나왔던 더스틴 호프만보다 훨씬 앞선 시기에 그러한 용어가 있었다는 그리고 그리스어에 근원을 두고 있다는 대학시절 교수님이 말했던 것이 어렴풋하게 기억이 났다. 부모가 자폐증의 원인이 된다는 생각은 사실일까? 한 주가 시작되는 첫 시간 내내, 해리스 선생님은 자폐스펙트럼장애 외에는 어떠한 생각도 들지 않았고 점심시간 내내 조용히 식사를 하였다.

1. 자폐스펙트럼장애의 역사

자폐증(autism)은 새로운 장애가 아니다. 사람들은 지난 수천 년 동안 자폐스펙트럼장애(Autism Spectrum Disorders, ASD)와 관련된 특징을 보여 왔다. 지금부터 훨씬 이전에 자폐증을 가진 아동들은 아마도 다른 장애를 가지고 태어난 유아들이 경험한 것과 동일한 운명을 경험하였을 것이다. 결함을 가진 것으로 여겨지는 신생아와 아동들은 외딴 곳에 버려져 죽게 내버려 두었었다(Kirk, Gallagher, & Anastasiow, 1993). 실제로, 1799년에 Jean Marc Gaspard Itard는 특수교육의 새로운 역사를 만들었다. 그는 늑대와 함께 삼림에서 살고 있는 빅터라는 소년을 발견하고 자신의 집으로 데려왔다. Itard는 자신이 그 소년을 사회화시킬 수 있을 것이라 생각했다(Itard, 1806/1962; Lane, 1976). 야생에서 혼자 생존할 수 있는 빅터의 능력을 가진 것으로 보아, 그는 신생아 때 버려진 것이 아니라 보다 나이가 들어 버려진 것이라 할 수 있다. 그러나 그의 행동은 통제하기 어려웠다. 이는 자폐증에서 나타나는 것과 일치하는 것 같았다. 대부분의 자폐증은 태어날 때 이미 나타나지만, 많은 아동들, 특히 수세기 이전에 태어난 아동들은 3~4세까지 심지어는 그 이상에까지 현저한 차이가 주변 사람들에 의해 지각되지 못하였다. Itard는 적절한 교수 기법을 통해 이 야생소년 빅터를 가르칠 수 있음을 확인하고 싶었다. 안타깝게도, 빅터는 Itard의 노력에 반대되는 결과를 보여 주었고, Itard는 자신의 실험이 실패했다고 생각했다. Itard의 노력에 대한 빅터의 저항은 빅터가 자폐증을 가지고 있었을 가능성을 높게 해준다.

빅터는 자폐스펙트럼장애의 역사적 출현의 한 예가 아니다. 수많은 **야생아동들**(feral children : 사람과 분리되어 동물들에 의해 양육되어 성장한 아동들, 독일의 Kaspar Hauser, 인도의 2명의 늑대 소녀)을 문헌에서 찾아볼 수 있다(Candland, 1993; MacLean, 1977; Newton, 2003). Frith(2003)는 12세에 독일에서 발견된 피터의 이야기(하노버의 야생소년 이야기)를 자세히 이야기하고 있다. 조지 I 세와 캐롤라인 여왕의 관심으로 생포된 피터는 말하는 것을 전혀 배우지 못했고 심지어는 어떠한 것도 학습하지 못했다. 그러나 피터는 음악을 사랑했고 자신이 들은 음을 허밍하였다.

다른 많은 장애와 마찬가지로 자폐스펙트럼장애도 수세기 동안 사람들에게서 나타났지만, 이들을 교육하고자 하는 노력은 비교적 최근에 나타났다. 특수한 교수 기법과 장애학생들을 위한 학교가 1820년대까지는 미국 내에 없었다. 이후에 설립된 학교들은 처음에는 우선적으로 농(deaf) 또는 맹(blind)과 같은 감각장애를 가진 사람들에게 초점을 두었다(Hallahan & Kauffman, 2003). 19세기 말에 미국에서는 의무교육법이 있었지만, 장애아동이 학교에 다니는 것은 여전히 의무조항이 아니었다. 이로 인해 장애인들은 공공 서비스보다는 사적인 서비스를 통해 교육 및 훈련을 더 많이 받았다.

1) Kanner에 의한 자폐증 용어의 사용

20세기 중반에 존스 홉킨스 대학의 정신병리학자인 Leo Kanner는 진단 및 치료를 위해 자신을 방문한 아동에게서 유사점을 발견하였다. Kanner는 연구 논문을 통해 이들 11명의 아동들이 다른 사람과의 사회화 능력에서 현저한 차이를 보이며 이들의 행동이 매우 경직되어 있음을 보고하였다(Kanner, 1943). 1900년대 초반에 Bleuler가 조현병 환자의 사회화의 결함과 제한된 개인적 관심이라는 특성을 기술하고자 자폐증이라는 용어를 사용하였지만(Bleuler, Frith의 연구에서 재인용, 1991), Kanner는 현저하게 유사한 행동 특성을 보이는 아동 집단에 대한 증후명으로 자폐증이라는 용어를 처음 적용하였다.

자폐증(autism)이라는 용어는 자아(self)라는 뜻의 그리스어 'auto'에 어원을 두고 있다. autos는 외부의 자극에 대한 요구 없이도 독립적으로 기능 수행할 수 있음을 의미하는 '자동적인, 자동의(automatic)'이라는 단어의 어원이다. Kanner는 이들 아동들이 다른 사람과 상호작용하고자 하는 요구가 전혀 없으며, 자기 몰입적(self-absorbed)이며 자기 만족적(self-satisfied)이라고 보았다. 그래서 그는 아동들의 행동을 특징짓기 위해 자폐증이라는 용어를 사용하였다(Volkmar, Carter, Grossman, & Klin, 1997).

Kanner에 의해 기술된 아동들의 특성의 대부분이 현재 고전적(classic) 또는 캐너식의(Kannerian) 자폐증이라는 용어가 적용되는 사람들에 대한 기본적인 설명을 제공하고 있다. 그러나 Kanner가 주장한 것 중에 몇 가지는 부정확한 것으로 판명되었다. 첫째로, Kanner는 아동들이 어떠한 분명한 신체적 차이는 없었다고 기록하였다. 그래서 이들의 증후는 기질적인 것이 아니며(즉 선천적이나 출생의 결함으로 인한 것이 아님을 의미) 의학적 상태와 관련이 없다는 것이었다. 오늘날에는 자폐증이 태어날 때부터 나타나는 **기질장애**(organic disorder)이며, 발작장애(seizure disorders), 코넬리아디란지 증후군(Cornelia de Lange syndrome), 약체 X 결함 증후군(Fragile X syndrome), 윌리암 증후군(William's syndrome), 결절성 경화증(tuberous sclerosis), Landau-Kleffner 증후군과 같은 다른 의학적인 상태와 관련이 있는 것으로 인정되고 있다(Canitano,

Luchetti, & Zappella, 2005; Rutter, Bailey, Bolton & LeCouteur, 1994).

둘째로, Kanner는 자신이 조사한 모든 아동들이 정상 범위의 지능지수(IQ)를 가지고 있었기에 자폐증 아동들은 정상적인 지능을 가지고 있다고 하였다. 오늘날의 연구에서는 자폐증을 가진 대다수의 사람들이 정신지체 수준(IQ<70)의 지능을 보인다고 보고하였다(Fombonne, 1999; Rutter et al., 1994). Kanner는 아동들이 정상적인 지능을 보이면서 비정상적인 기능 수행(dysfunction : 기능장애)을 보이는 것을 언급하고자 '**기능적으로 지체된**(functionally retarded)' 이라는 용어를 사용하였다. 자폐증을 가진 아동들이 정상적인 또는 (나타나지는 않은) 뛰어난 선천적 능력을 가지고 있다는 Kanner의 생각은 반대의 증거들이 있음에도 불구하고 오늘날에도 많은 사람들이 믿고 있다.

마지막으로, Kanner는 정상분포의 표집이 아닌 편향된 대상들을 보았다. 1940년에 존스 홉킨스 대학에 있는 Kanner의 사무실로 자녀를 데리고 온 부모들은 대학교수와 충분한 봉급을 받고 있는 전문직 종사자들이었다. 이로 인해 Kanner는 자폐증이 사회경제적 지위가 보다 높은 가정에서만 나타난다고 보았다. 오늘날에는 자폐증이 사회경제적 지위와 상관없이 어떠한 가정에서도 나타날 수 있음이 확인되었다. 아동보다는 부모의 직업에 관심을 두었기 때문에, Kanner는 부모가 자폐증 발생의 역할을 한다고 가정하였다. 오늘날의 연구에서는 부모는 단지 자폐증 출현의 유전적인 부분에서만 역할을 한다는 것이 확인되었다(Szatmari, Jones, Zwaigenbaum, & MacLean, 1998).

Kanner가 이 아동들을 대상으로 연구를 시작하기 바로 직전인 1908년에 비엔나에서 일하고 있는 특수교사 Theodor Heller는 생후 초기에는 정상적인 발달을 보이다가 이후에 언어와 다른 사람에 대한 흥미 그리고 관계에서의 결함을 보이면서 심각한 퇴행이 나타나는 아동들에 대해 기술하였다. 사회적 위축 외에도, 유아치매('Heller's dementia infantilis')를 가진 아동들은 기괴하고 지속적이며 반복적인 운동 행동과 감각적 회피를 보였다(Yakovlev, Weinberger, & Chipman, 1948). 오늘날 Heller 증후군은 아동기 붕괴성 장애(Childhood Disintegrative Disorder, CDD)라고 불리는 자폐스펙트럼장애의 증후와 유사하다(Malhotra & Gupta, 1999).

2) Asperger에 의해 기술되는 유사한 증후군

Hans Asperger는 Leo Kanner와 동시대에 유사한 대상을 연구하였다. 제2차 세계대전 당시 비엔나에서 의사였던 Asperger는 대학 소아과 병원에 있는 4명의 남자 아동(6~11세)에 관한 글을 썼다. Asperger는 이 소년들 모두 '똑똑한 언어(clever-sounding language)'를 가지고 있고(Frith, 1991, p.10), 비정상적인 눈 응시 · 운율 · 목소리 · 몸짓을 하며, 비언어적 의사소통에서 분명한 차이를 가지고 있다고 하였다. Asperger는 이 소년들이 정상적인 지적 능력을 가지고 있으나 부적절한 사회적 기술을 보인다고 하였고 이 소년들이 학교에서 얼마나 자주 또래들을 괴롭히는지 관심을 가지고 살펴보았다. 또한 이 소년들은 운동상의 문제를 보이고 움직임이 서투르며 이상한 사물을 강박적으로 모으며 매우 한정되고 반복적인 흥미를 보였다. Asperger는 이들의 자기중심성(egocentrism)과 제한된 흥미 및 몰두가 이후에 공격성, 불순응, 부정을 유발한다고 보았다(Asperger, 1944, 1991). 이러한 행동의 차이는 대상 아동들의 생후 2세 때 나타난 것으로 여겨지며, 이들은 그러한 차이와 관련된 가족력을 가지고 있었다. Asperger는 이 소년들의 상태를 가리켜 '**자폐적 인격장애**(autistic psychopathy)'*이라는 용어를 사용하였다. 이 용어가 오늘날의 진단 기준에는 부합되지 않지만, 이는 Asperger가 대상 소년들의 상태가 진행성과는 반대로 안정적이라고 믿었음을 단순히 반영하는 것이다(Frith, 2004).

Asperger의 연구는 Wing(1981)이 증후군을 모아서 일련의 사례연구를 쓰기 전까지는 영어권 국가에서는 상대적으로 알려지지 않았다. **아스퍼거 증후군**(Asperger syndrome : 최근에는 간단하게 아스퍼거 또는 아스퍼거 장애라고 쓰임)이라는 용어가 자폐적 인격장애 대신에 사용되기 시작한 것은 Wing의 글에서이다. Asperger의 연구가 영어로 변역되면서(Frith, 1991), 보다 많은 사람들이 이 증후군이 *DSM-IV*에 정의되어 있는 전반적 발달장애(pervasive developmental disorders)와 유사하다는 것을 알게 되었다. 최근에는 고기능 자폐(high-functioning autism)와 아스퍼거 간의 공통점과 차이점에 관해 연구자들 간에 많은 의견의 불일치를 보이고 있다. 어떤 이들은 차이가 분명하지 않다고 주장하며(Howlin, 2003), 다른 이들은 임상적 그리고 신경학적 독특성이 있다고 주장하고 있다(Rinehart, Bradshaw, Brereton, & Tonge, 2002). Asperger는 자신이 정의내린 증후군이 Kanner의 자폐증과 다르다고 믿었다.

Kanner의 관찰과 마찬가지로, Asperger에 의해 기술되고 아스퍼거 장애와 관련 있는 많은 특성들이 오늘날에도 여전히 정확하게 여겨지고 있다. 또한 Kanner와 마찬가지로 Asperger의 주장 중에도 오늘날에는 정확하지 않는 것으로 판명된 것이 몇 가지 있다(Frith, 2004). 첫째로, Asperger는 그러한 특성을 가진 남자만을 만났기 때문에 이러한

* 역자 주) 독일어 'psychopathy'는 심리병적인 특성을 지칭하는 심리학적 용어로, 영어로는 인격장애로 해석된다.

상태가 남성에게서만 나타난다고 주장하였다. 실제로, 상대적으로 적은 비율이기는 하지만 아스퍼거 증후군은 여성에게서도 관찰이 된다. 둘째로, 1940년대 후반에 Asperger는 이러한 증후군을 가지고 있는 사람들이 비정상적인 지적 능력을 보인다고 하였다. 일부 아스퍼거 증후군 사람들은 경도의 지적장애 범위의 수준을 보이기도 하지만 *DSM-IV-TR*에서는 아스퍼거 증후군의 진단 준거로 정상적인 지능을 기술하고 있다. 마지막으로, Asperger는 자신의 연구 대상인 남성들이 좋은 언어 기술을 가지고 있었다고 보고하였다. 아스퍼거 증후군 사람들은 뛰어난 어휘를 가지고 있으며 끊임없이 말하는 능력을 보이나(Ghaziuddin & Gerstein, 1996), 언어 출현이 지체되어 있고 언어의 화용(사용)에 어려움을 보이며 문자로 표현되지 않은 언어(구어)를 이해하지 못한다는 것이 오늘날 연구를 통해 입증되었다(Ghaziuddin & Gerstein, 1996; Mayes, Calhoun, & Crites, 2001; Minshew, Goldstein, Muenz, & Payton, 1992; Young, Diehl, Morris, Hyman, & Bennetto, 2005).

2. 자폐스펙트럼장애의 원인론

원인론(etiology)은 장애의 원인 또는 근원을 판별하는 것이다. 연구자들이 자폐스펙트럼장애의 보다 광범위한 범주로 기술하고 정의하기 시작하면서, 행동과 학습의 역동적인 차이점을 유발하는 것에 관한 견해가 있었다. 1940년대부터 1960년대 후반까지, 자폐증의 원인과 관련하여 심리학적 요인이 지배적인 이론이었다. 이 이론에 따르면, 건강한 아동이 사랑받고 수용됨을 느끼지 못하는 환경에서 태어난다는 것이다(Rank, 1955). 이러한 애정(affection)의 부재와 관련하여 심한 심리적 스트레스를 받게 되어 아동은 주의를 자신의 내부로 돌리게 되고 외부세계로부터 고립되고 외부세계에 반응하지 않게 된다. 이 이론은 아동의 상태에 대한 책임을 부모에게 지우며, 특히 엄마가 사랑이 없고 냉정하다는 것과 아동에게 보다 많은 감정을 전달하지 않았다는 것을 강조하였다. 실제로 Bruno Bettelheim(1967)은 자폐증의 근본적인 원인을 언급하면서 '냉장고 엄마(refrigerator mother)'라는 용어를 사용하였다. 이 시기 동안 자폐증 아동의 치료는 오로지 부모에 대해서만 이루어졌다. 어머니들은 왜 자녀들을 충분히 사랑하지 못하는지를 알아보기 위해 여러 시간 정신분석을 받았다. 아버지들은 자녀의 상태에 미친 자신의 영향과 단점을 알아보기 위해 정신분석을 받았다.

자폐증 아동의 부모들이 자녀들에게 사랑을 베풀고 최상의 관심을 가졌다는 것이 분명해지면서 자폐증의 원인이 '냉장고 부모' 때문이라는 인식은 점차 사라졌다. 그러나 자폐증의 원인론이 심리적 영역에 있다는 인식은 지속되었다. 강조점이 이전에는 부모의 행위나 말에 있다고 했던 것이 아동의 환경으로 바뀌었다. '불우한' 환경이 자폐증을 유발한다는 이론이 일반적으로 받아들여졌으며 아동들이 비참하다고 여겨지는 자신의 외부 환경에서 도피하기 위하여 주의를 자신의 내부를 돌리게 된다고 제언하였다. 자폐증을 가진 아동들이 태어날 때는 건강하게 태어나고 정상 발달을 할 수 있는 능력을 가지고 태어나지만 부적절한 가정환경으로 인해 이들이 자신의 세계로 빠져들게 된다는 생각이 지배적이었다. 고무적이고 좋은 환경에 근거한 분명한 모순으로 인해(역자 주 : 고무적이고 좋은 환경에서 자란 아동들에게서 자폐증이 나타난다는 것), 불우한 환경 이론은 자폐증의 원인론에 대한 보다 합리적인 이론으로 대체되었다. 그러나 심리적 요인이 자폐증을 유발한다는 잘못된 개념에 근거한 원인론적 오해가 전적으로 부정된 것은 그리 오래 전이 아니다. 자폐증이 태어날 때 나타나며 아동이 본유적으로 가지고 있는 무엇인가에 의해 유발된다고 주장하는 사람들이 항상 있지만, 현재의 많은 연구들은 자폐스펙트럼장애가 밝혀지지 않은 원인이 신경학적 기능장애와 관련 있음을 입증하고 있다.

3. 신경학적 차이

자폐스펙트럼장애가 태아 시기에 나타난 신경발달장애(neurodevelopmental disorder)가 원인이라는 데는 연구자들 간에 연구에 근거한 동의가 이루어져 있다(Bailey, Philips, & Rutter, 1996). 이러한 사실은 좋은 소식이 될 수도 있고 나쁜 소식이 될 수도 있다. 좋은 소식이라 함은 개인의 신경계에서 원인을 찾음으로 심리적 요인을 찾는 무의미한 일을 배제할 수 있다는 것이다. 이러한 소식은 또한 인간의 뇌는 어떠한 결함이나 **손상**을 보상할 수 있는 능력을 가지고 있기 때문에 좋은 소식이라 할 수 있는 것이다. 나쁜 소식이라 함은 과학자들이 비정상적인 뇌의 문제를 가지고 있는 사람들이 뇌의 어느 부분에서 차이가 있는지에 관해 알고 있는 것보다 정상 발달인의 뇌에 관해 알고 있는 것이 상대적으로 적다는 것이다(Lord & Bailey, 2002). 자폐스펙트럼장애인들은 이질적이므로 신경 발달과 신경 기능 수행에 관한 연구에서 다양한 결과를 가져오고 있다(Lord, Cook, Leventhal, & Amaral, 2000).

자폐스펙트럼장애인의 뇌에 관해 알려진 사실의 대부분은 크게 세 가지 조사 방법에 의해 밝혀진 것이다(Lord et al., 2000; Pickett, 2001). 첫째로, 연구자들은 자폐스펙트럼장애인이 죽은 후에 그들의 뇌를 조사하여 평가하거나 살아 있을 때에 신경영상화(neuroimaging) 절차(가장 일반적인 절차가 EEG, ET, PET, MRI, fMRI이다)를 통해 그들의 뇌를 평가한다. 둘째로, 연구자들은 정상 발달인의 뇌를 연구하고 차이에 관해 추론을 한다. 셋째로, 연구자들은 어떻게 행동이 영향을 받는지를 알아보기 위해 동물의 신경계를 바꾸는(예 : 동물 뇌의 한 부분을 제거하는 것) 동물 실험을 한다. 동물 실험의 결과는 종(species) 간의 차이가 있을 수 있으므로 적용에 주의가 요구된다(Lane, 2002). 이러한 세 가지 분석 유형에 걸쳐서 혼란을 일으키는 것은 자폐스펙트럼장애인들 간의 신경학적 차이가 매우 크다는 것이다.

두뇌가 별개의 분명한 용어로 명명될 수 있으나, 두뇌 구성 요소의 상호의존성으로 인해 구성요소가 상호의존적일 때만이 두뇌가 기능 수행을 하게 된다. 예를 들어, 편도체(amygdala)는 뇌의 도식상에서 명명될 수 있다. 신경화학물질인 세로토닌이 측정될 수 있다. 신경영상화를 통해 뇌의 구조와 활동을 볼 수 있다. 그러나 인간의 뇌는 구조적 · 화학적 · 기능적 요소들이 함께 작동하는 결과로서 기능을 하는 것이다. 이들 요소들은 독자적으로는 무용지물이라 할 수 있다. 이러한 점에서 개별적인 요소들에 관해 이루어진 연구 결과를 읽을 때는 주의를 기울이는 것이 중요하다. 분리된 신경양상에 관한 제한된 자료(뇌의 다양한 요소들 간의 상호작용을 살펴보는 것이 아닌 일부 특정 양상만을 살펴본 연구 자료)에서 도출된 단순한 결론을 경계해야 한다(Goodman, 2002). 예를 들면, 화학적 차이는 밝혀지지 않은 구조적, 기능적 차이가 있음을 시사하는 것이다(Santangelo & Tastsanis, 2005).

연구 결과의 과대 일반화에 주의를 기울여야 하며, 유전적 · 약리학적 · 행동적 중재를 개발하기 위해 자폐스펙트럼장애인의 신경학적 차이에 대한 이해를 증진시키기 위한 연구가 필요하다(Pickett, 2001). 여기에서는 신경계의 구조적, 화학적, 기능적 향상에 관한 연구를 종합 요약하였다. 이를 통해 왜 자폐스펙트럼장애인들이 그와 같은 방식으로, 즉 자신들이 하는 방식으로 행동하는지를 이해하고 또한 어떻게 이들의 신경계가 이들이 외부세계와 다르게 상호작용하기 쉽도록 만들어졌는지에 대한 이해를 돕고자 한다.

4. 구조적 차이

두뇌 연구자들은 불편함, 비용 문제, 꺼려함으로 인해 소수의 연구 대상만을 가지고 연구를 하게 된다. 역사적으로 자폐인의 뇌에 관한 연구는 사후 검시(postmortem)의 시행이나 사용하기 어렵고 비싼 장비를 통해 이루어졌다. Kanner(1943)는 자신의 연구 대상인 11명의 머리 크기가 정상에 비해 보다 컸다고 기록하고 있으며 이는 뇌 크기의 차이를 시사한다고 하였다. Kanner의 이러한 막연한 생각은 12세 이하의 자폐아동의 뇌가 연령을 맞춘 다른 통제 집단의 아동들의 뇌에 비해 다소 무겁고 부피가 크다는 연구에 의해 확인되었다(Bailey, Palferman, Heavey, & Le Couteur, 1998). 반면에 자폐 성인의 두뇌 구조에 관한 연구 결과는 다양하게 나타났다(Dekaban & Sadowsky, 1978; Rakic, 1971; Rakic & Sidman, 1970). 이러한 차이는 변연계(limbic system)에서의 정상적인 성숙의 방해, 임신 30주 내에 이루어지는 태내 신경 발달의 변화, 또는 발육불능과 세포 손실에 의한 두뇌의 초기 팽창을 포함한 하나의 요소 또는 그 결함에 의해 영향을 받을 수 있다(Kemper & Bauman, 1998).

Courchesne, Redcay, 그리고 Kennedy(2004)는 이러한 두뇌 크기의 차이에 영향을 미치는 제삼의 요소에 관한 증거를 발견하였다. 연구에 따르면, 자폐 아동들은 태어날 때 머리의 원주가 작지만 생후 6~14개월 사이에 빠른 머리 성장을 보인다고 한다. 이런 빠른 성장이 대뇌 피질(cerebral cortex)과 뇌의 다른 부위를 연계시키는 회색 부분에 비해 흰색 부분의 부피에서의 불균형적인 증가에 영향을 미친다(Filipet et al., 1992). 이 이론은 뇌의 특정한 부분에만 선택적으로 영향을 미치는 갑작스런 성장 시기가 대뇌 반구 간의 연계성을 방해할 수 있고 이러한 방해로 인해 신생아가 환경과 상호작용하는데 어려움을 갖게 된다는 것이다. 과다 성장은 유전 또는 신경독소에의 노출에 의해 영향을 받은 선천적 면역 문제로 인해 뇌가 팽창했기 때문이라 할 수 있다(Vargas, Nascimbene, Krishnan, Zimmerman, & Pardo, 2004). 원인이 무엇이든지 간에 신경 성장에서의 이러한 결함은 대뇌 피질 조직과 학습 관련 뇌의 능력에 영향을 미친다. 과다 성장은 신경계 연계를 보다 적게 하고 두뇌 크기의 감소를 가져올 수 있다(Akshoomoff, Pierce, & Courchesne, 2002). Dementieva 등(2005)은 연구 대상 364명 중에서 35%가 생애 초기 두 달 동안에 급속한 머리 크기의 성장을 보였다고 한다. 그러나 이러한 연구 결과는 적응기능 수행과 사회적 결함과의 관계에서 적응기능 수행 수준이 높을수록 사회적 결함이 적은 것으로 나타났다.

두뇌의 전체 크기뿐만 아니라, 자폐스펙트럼장애인에게 차이가 존재하는지를 알아보기 위해 뇌의 다양한 하부 구조에 관한 연구도 이루어지고 있다. 뇌에는 수많은 구조들이 있다. 대부분의 연구들은 뇌간(brainstem), 변연계(limbic system), 대뇌 피질(cerebrum, cerebral cortex), 소뇌(cerebellum)에 관해 이루어지고 있다. 앞서 언급한 바와 같이, 이러한 연구 결과들은 그저 제언일 뿐이다. 왜냐하면 연구들이 복잡한 뇌의 각기 다른 부분을 분리하고자 했기 때문이다. 그러나 뇌를 이해하는 데 있어서 단순한 접근을 통해 얻어진 초보적인 지식이 자폐스펙트럼장애인에게서 나타나는 신경학적 차이의 함의에 관한 좋은 통찰력을 교육자들에게 제공한다. 〈그림 2-1〉은 앞으로 다루어질 뇌의 주요 구조의 단면을 나타내고 있다.

1) 뇌 간

뇌간(braninstem)은 호흡, 소화, 균형, 반사, 그리고 운동 협응과 같은 기초 기능 수행을 조절한다. 뇌간은 또한 보행, 수면, 각성, 주의집중의 초점(초점 맞추기)에 영향을 미치고 감각자극의 유입과 운동 산출을 조절하는 것을 돕는다. 자폐스펙트럼장애인이 빙빙 도는 것을 좋아하고 다양한 자기자극 행동(self-stimulatory behavior)을 보이는 것은 뇌간에서 보다 많은 자극을 필요로 하는 것으로 보았다(Wong & Wong, 1991). 연구자들은 자폐스펙트럼장애 아동들이 다르게 움직인다고 한다. 예를 들면 머리를 돌리려는 시도가 몸 전체를 돌리는 것으로 나타나는 것이다. 게다가 자폐스펙트럼장애 아동들은 일반 아동보다 더 오래 원시 반사를 보이며 보다 심한 수면장애를 경험한다(Limoges, Mottron, Bolduc, Berthiaume, & Godbout, 2005; Schreck, Mulick, & Smith, 2004; Tani et al., 2004). 또한 자폐스펙트럼장애인들은 감각자극에 대해서도 다르게 반응을 한다. 어떤 이들은 청각 또는 촉각자극에 대해 과민하게 반응하고 다른 이들은 매우 둔감하게 반응한다(Rogers, Hepburn, & Wehner, 2003).

안진증(nystagmus)(일명 눈떨림이라고도 함)에 관한 초기 연구들은 뇌간에서의 차이를 시사하였다. 연구들은 빠르게 회전하는 것을 보여 주었을 때 그리고 갑자기 멈추었을 때의 대상자의 눈을 조사하였다. 대부분의 일반인들은 빠르게 회전하는 것을 볼 때 눈동자가 좌우로 빠르게 흔들리는 증상을 보였다. 그러나 자폐인들에게서는 나타나지 않았다. 자폐인들의 눈은 회전하는 것에 대한 반응으로 흔들리지 않았다. 뇌간의 차이는 자폐증을 가진 여성의 뇌간 조직 샘플에서도 나타났다(Rodier, 2000). 분석을 통해 과학자들은 뇌간이 보다 짧고, 보다 작은 안면핵(facial nucleus)을 가지고 있으며(400 : 9,000

세포단위), 상위 올리브핵(superior olive)이 없어지고 있음을 발견하였다. 안면핵은 안면 표정 관련 근육을 조절하는 역할을 하며, 상위 올리브핵은 청각 정보의 중계소로서의 역할을 한다. 이러한 예비 연구는 자폐 여성의 뇌간이 다르며 안면표정을 조절하고 청각정보를 처리하는 기제(mechanisms)가 사라지고 있거나 소멸되었음을 입증하였다. Rodier의 연구는 Tanguay와 Eduwards(1982)의 연구를 확증하는 것이었다. Tanguay와 Eduwards(1982)는 뇌간의 차이가 청각 정보의 유입을 왜곡시키고, 언어 및 인지 발달에 부정적인 영향을 미칠 수 있음을 시사하였었다. 자폐 범주에서 낮은 기능 수행을 보이는 사람들은 범주 내에서 높은 기능 수행을 하는 사람들에 비해 보다 더 청각 지체를 보일 수 있다(Couchesne, Courchesne, Hicks, & Lincoln, 1985; Wong & Wong, 1991). 그러나 범주 내에서 높은 기능 수행을 보이는 사람들에게서 나타나는 구어 이해의 문제는 청각 자극의 인식 문제만큼 기능 수행의 결함을 초래할 수 있다(Mayes et al., 2001).

2) 변연계

변연계(limbic system)는 자폐적 행동을 보이는 동물 연구에서 동물들이 다른 변연계를 가지고 있다는 결과로 인해 뇌간에 비해 매우 많은 관심을 받고 있다. 해마(hippocampus)와 편도체(amydala)로 구성된 변연계는 사회 및 정서적 행동의 모든 양상에 기초가 된다. 변연계는 사람들로 하여금 사상(일이 일어난 상황)으로부터 심리적 의미를 모으는 것을 할 수 있도록 하고, 충동 · 동기 · 정서에 영향을 미친다. 변연계는 또한 사회 및 정서 관계에 대한 욕구를 만든다(Joseph, 1999). 성숙한 쥐의 해마 복합체에 손상을 입혔을 때 이 쥐는 과다행동과 상동행동을 보였으며 새로운 자극에 비정상적으로 반응하였다(Kimble, 1963; Roberts, Dember, & Brodwick, 1962). 변연계 손상이 있는 일부 동물들은 촉각, 온도 변화, 불빛, 소리에 대해 과민 반응을 보였다(Green & Schwartzbaum, 1968). 편도체에 손상을 입은 원숭이는 어떠한 공포도 보이지 않았으며, 위축되었고, 사물에 대한 강박적이고 무분별한 탐색을 보였으며, 사상(events)에 대한 정서적 의미를 파악하는 데 부족한 능력을 나타냈다(Mishkin & Aggleton, 1981; Vergnes, 1981). 이러한 연구 결과 외에도, 실험 대상 동물들은 **형태 간 연합 기억**(cross-modal associative memory)에서 심각한 결함을 보였다(Murray & Mishkin, 1985). 이는 이전에 만져보거나 맛본 것을 시각을 통해 인지하는 데 문제를 가지고 있어서 일반화 능력의 결함을 보임을 의미한다.

일반화 능력의 문제는 **표상 기억**(representational memory)의 발달에 영향을 미친다

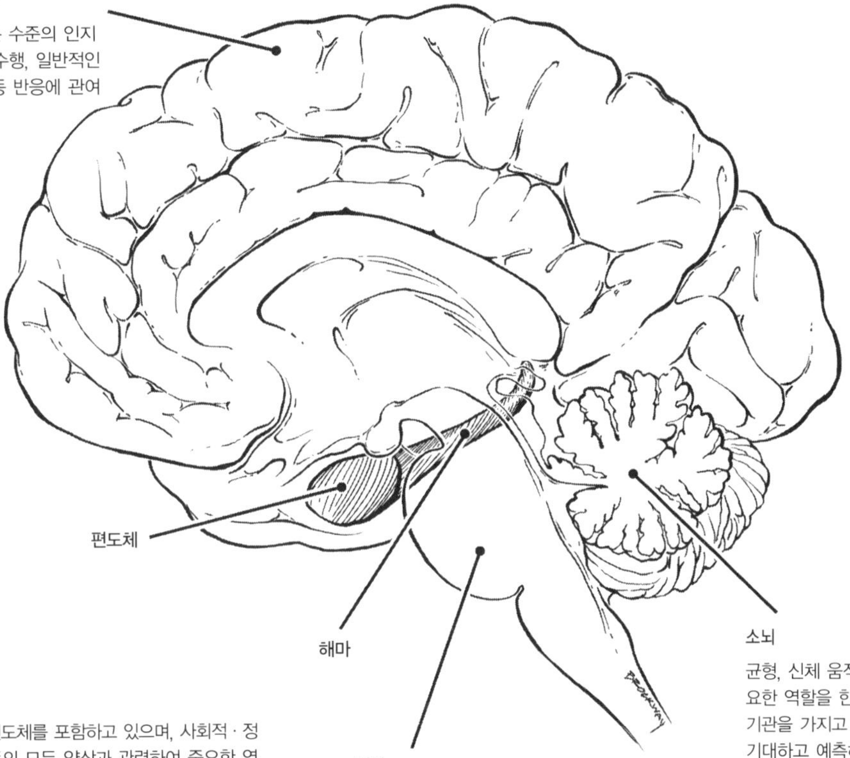

그림 2-1 자폐스펙트럼장애와 관련 있는 것으로 보고된 뇌의 주요 구조

출처 : Brian, Brockway, Brockway의 의학연구

(Mishkin & Appenzeller, 1987; Murray, 1990; Squire & Zola-Morgan, 1991). 표상 기억은 모든 감각 양식을 포함하고 사실 · 경험 · 사상을 처리하는 과정을 전달한다. 표상 기억의 발달은 신경 회로의 발달에 걸리는 시간만큼 소요된다. 그러나 자폐스펙트럼장애인들은 비정상적인 표상 기억을 보인다(Bauman, 1997). 자폐스펙트럼장애를 가진 일부 어린 아동들에게서 나타나는 문제 중에 하나가 바로 표상 기억에서의 비정상성의

출현일 수 있다(Kemper & Bauman, 1998). 기억의 또 다른 유형 중에 하나인 습관 기억(habit memory)은 대뇌 반구 체계 내에 있다. 이 습관 기억에서는 자폐스펙트럼장애인들에게서 비정상성이 나타나지 않았다.

습관 기억은 동일한 자극을 반복적으로 제시함으로 일어나게 되며, 이러한 자극과 기대되는 반응간의 자동적 연계가 이루어지도록 한다. 반복되는 연계로 인해, 습관 기억은 의식적인 과정이 아니게 된다. 예를 들면, 전화벨이 울리면 자동적 반응은 이에 답을 하는 것이다. 운전을 할 때 앞의 차가 갑자기 멈추어 서게 되면 차의 브레이크를 세게 밟는 것이 자동적이다. 습관 기억은 자폐스펙트럼장애인에게서 그대로 나타나며, 비연속 개별시행 훈련(DTT)에서 실시하는 자극-반응의 반복적인 짝짓기가 이러한 사실을 이용하는 것이다. 그러나 습관 기억은 무의식적 과정이며 반복되는 시도의 특성으로 인해, 학습된 기술의 신뢰롭거나 기능적인 사용을 일반적으로 이끌지 못한다. 반면에 습관 기억은 (반복에 의해) 고착된 영역(예 : 피아노 치기, 그림 그리기 등)에서 특별한 기술을 획득하거나 특정한 사실들을 기억할 수 있도록 한다. 뛰어난 기계적 암기 외에도, 표상 기억 없이 습관 기억에의 의존은 제한된 활동 및 흥미에의 몰두와 동일성에 대한 요구를 이끌 수 있다(Kemper & Bauman, 1998).

변연계는 여러 해에 걸쳐서 성숙하며 적절하게 기능 수행하기 위해 생애 초기 몇 해 동안에 사회적 · 정서적 · 환경적 자극을 요구한다(Joseph, 1999). 예를 들면, 변연계는 신생아들이 인간의 얼굴에 대한 선호를 가질 수 있도록 돕는다. 자폐스펙트럼장애로 진단된 아동들은 신생아 시기에 얼굴에 대한 선호를 보이지 않는 반면에(Pascalis, de Schonen, Morton, Deruelle, & Fabre-Grent, 1995), 사물을 보다 더 자주 본다(Dawson, Melzoff, Osterling, Rinal야, & Brown, 1998). 생후 8개월까지 일반 신생아들은 다른 사람의 얼굴보다 자신들의 엄마의 얼굴에 대해 선호를 보이며, 이후에는 자신이 알고 있는 사람의 얼굴과 낯선 사람의 얼굴을 구별한다. 자폐스펙트럼장애 유아들은 엄마의 얼굴과 낯선 사람의 얼굴을 구별하지 못하며(Dawson et al., 2002), 이는 이후의 정서 및 애착 발달에 부정적인 영향을 미칠 수 있다. 일반 신생아들이 생애 초기에 애착을 형성하지만, 일부 자폐스펙트럼장애 아동들은 3~5세 경에 비로소 자신의 양육자에 대한 선호와 애착을 보이는 것으로 나타났다(Sigman, Dijamco, Gratier, & Rozga, 2004). 변연계에 의해 영향을 받는 애착 발달은 정신 연령(mental age)에 의해 영향을 받을 수 있다(Rutgers, Bakermans-Kranenburg, van Uzendoorn, & van Berckelaer-Onnes, 2004). 자폐스펙트럼장애인들은 비정상적인 애착을 보이며(Rogers, Ozonoff, & Maslin-

Cole, 1993) 사물에 대한 강한 애착을 보인다(Volkmar et al., 1994).

초기에 변연계 손상이 성장 이후에도 지속적으로 영향을 주는지를 알아보기 위해 연구자들은 동물 실험을 통해 변연계에 손상을 입혔을 때에 나이 든 동물에게서 어떠한 결과가 나타나는지에 관해 알아보았다. 연구자들은 매우 어린 동물의 변연계에 손상을 입히거나 변연계를 제거하였을 때 행동의 차이가 즉시 나타나지는 않았으나 점진적으로 나타남을 발견하였다(Bachevalier & Vargha-Khadem, 2005). 8개월 후에 실험 대상 동물들은 사회적으로 위축된 행동을 보였고 다른 동물들과 상호작용을 잘 하지 못하였다. 3세가 되었을 때 대상 동물들은 사회적 결함뿐만 아니라 과다행동을 보였다(Thompson, 1981). 인간이 아닌 영장류 (생후 1개월 이내의) 동물의 해마와 편도체 모두에 손상을 입혔을 때 일정 기간 정상 발달을 보인 이후에 비정상적인 행동이 나타났다. 비정상적인 행동으로는 상동행동(몸을 앞뒤로 흔들기, 몸 웅크리기, 재주넘기), 새로운 상황에서 나타나는 분노발작(텐트럼, trantrum), 변함없는 안면 표정, 무표정한 안면 표정, 비정상적인 자세, 비정상적 눈맞춤을 들 수 있다(Bachevalier, 1991, 1994). 성숙한 동물과는 달리, 조기에 손상을 입은 동물들은 공포(fear)를 보이지 않는다(Bachevalier, Málková, & Mishkin, 2001). 뇌의 동일한 영역에 손상을 입었다고 할지라도 행동적 표현(behavioral manifestations)에 있어서는 동물들 간에 다소 차이가 있다. 이 연구의 결과는 태어날 때 나타난 변연계의 문제가 생후 대략 2~3년까지는 두드러지게 나타나지 않음을 시사한다. 뇌에 관한 몇몇 사후 검시 연구에서 변연계 내의 구조적 비정상성이 발견되고 있다(Kemper & Bauman, 1998).

3) 대뇌 피질

컴퓨터 단층촬영을 통해 발견되는 비정상적인 결과는 뇌의 다양한 체계의 상호작용을 방해하는 좌반구 처리 과정의 결함이 있음을 시사하고 있다. 연구자들은 보편적으로 일반인들에게서 나타나는 오른쪽 귀의 우세성(right ear advantage)의 발달이 일부 자폐스펙트럼장애인들에서는 이루어지지 않는다고 한다. 확실하지는 않지만(Rinehart, Bradshaw, Brereton, & Tonge, 2002), 행동 관찰을 통해 일부 연구에서는 자폐증을 가진 사람들(아스퍼거 장애와는 반대로)이 구어 발달의 전무 또는 지체를 보이므로 좌반구의 문제를 가지고 있다고 보기도 하는 반면에(Dawson, 1983; Rumsey, 1992), 아스퍼거 장애인들은 자폐증을 가진 사람들과 비교하여 상대적으로 언어가 손상되지 않았으므로 보다 많은 우반구의 어려움을 가지고 있다고 한다. 게다가 아스퍼거 장애인들 간에 나타나는 뇌 피질의 흰색면의 차이는 비언어성 학습장애(nonverbal learning disabilities)에게서 나타나는 어려움과 유사하다(Rourke, 1989; Tsai, 1992).

4) 소 뇌

연구자들은 자폐스펙트럼장애인들이 소뇌(cerebellum) 크기에서 차이를 보인다고 한다(Courchesne, Yeung-Courchesne, Press; Hesselink & Jernigan, 1988; Miles & Hillman, 2000; Saitoh & Courchesne, 1998). 소뇌는 정서 조절과 높은 수준의 사고를 지원하는 것뿐만 아니라(Kemper & Bauman, 1998), 앞으로 다가올 사상(events)을 예측하고 준비할 수 있도록 학습 연계(learning associations)에서 중요한 역할을 한다(Grafman et al., 1992; Leiner, Leiner, & Dow, 1987). 자폐스펙트럼장애인들은 연합 학습(associative learning)의 부족을 보이지는 않으나, 종종 비정상적인 연합을 보인다. 예를 들면, 자폐 학생의 교사가 손인형을 가지고 학생의 머리를 부드럽게 톡톡 치고 "안녕!"이라 말하면서 일상적인 손인형 활동을 소개하였다. 치료실에서 사정(assessment)을 하는 동안에 학생은 치료실에 있는 손인형을 집어 들고 그것을 자신에 손에 끼고 자신의 머리를 톡톡 쳤다. 평가자는 당황하여 학생이 자해행동을 하는 것으로 생각한다. 다행히도 교사가 일방향 거울이 설치된 관찰실에서 이를 지켜보았고 이에 대한 설명을 하였다.

자폐스펙트럼장애인들은 적절한 연합능력의 발달이 이루어지지 않으며, 다음에 일어날 것이 무엇인지를 예측하는 것이 어렵다. 대부분의 소뇌 활동은 일어나고 있는 것을 파악하고 이해하는 방향으로 이루어지기 때문에 소뇌에서 문제는 앞으로 다가올 사상을 준비하는 것을 어렵게 한다. 연합능력이 발달하면 예측능력은 증가하므로 다른 곳에 주의집중을 할 수 있게 된다. 그러나 일과에 방해를 받게 되면(역자 주 : 예측했던 것이 일어나지 않거나 방해요인이 영향을 미치게 되면), 사람들은 다음에 무엇이 일어날지를 예측하기 어려워지고 이를 결정하고자 집중을 해야만 한다. 예를 들면, 대부분의 사람들은 집에서 학교나 직장을 갈 때 항상 같은 경로로 운전해서 간다. 여행을 준비할 때면 운전자는 운전 경로뿐만 아니라 식사, 숙소, 전화 등과 같은 많은 것들을 생각할 수 있다. 그러나 사고가 나서 운전 경로를 바꾸어야 한다면, 운전자는 주의집중을 하고 목적지 도착을 위한 대안적인 경로를 찾아야만 한다. 이를 위해 운전자는 전화 걸기, 식사, 라디오 듣기 등을 멈추어야 한다. 예측가능성이 감소되면, 집중에 대한 요구가 증대된다. 소뇌의 문제를 가진 학생들이 연합과 예측에서 어려움을 겪게 되는 상황을 생각해 보자. 학생들은 현재 일어나고 있는 것이 무엇인지를 파악하는 데에 많은 에너지를 쏟아야만 한다. 이러한 목적은 모든 것들이 동일한 상태이며, 일정 · 일과 · 심지어는 가구 배치에서 변화가 없을 때에 훨씬 쉽게 이루어진다(Volkmar, Carter, Grossman, & Klin, 1997; Steingard, Zimnitzky, DeMaso, Bauman, & Bucci, 1997). 실제로, 자폐 범주 내에서 높은 수준의 기능 수행을 하는 학생들은 정상적인 운동 실행 능력을 보이지만 하나의 활동을 위해 어떤 운동근육의 움직임이 필요한지를 예측하지는 못했다(Rinehart, Bradshaw, Brereton, & Tonge, 2001). 이는 스포츠에 참여하는 능력을 방해한다.

소뇌는 예측과 대비의 중요 역할뿐만 아니라(Courchesne & Allen, 1997), 푸르킨예(Purkinje) 세포 방식으로 뇌를 정화시키는 체계를 가지고 있다. 일부 자폐인들은 자폐증을 가지지 않은 사람들에 비해 20~30% 작은 소뇌를 가지고 있으며 보다 적은 푸르킨예 세포를 가지고 있다(Arin, Bauman, & Kemper, 1991; Bailey et al., 1998; Kemper & Bauman, 1998; Ritvo et al., 1986). 정화 체계가 없으면, 모든 감각 정보가 동일한 강도와 중요성을 가지고 뇌를 공격하게 된다. 팬이 돌아가는 소리, 비행기 소리, 먼 거리에서 나는 소리와 같은 불필요한 소음을 뇌가 교사의 음성과 같이 중요하게 지각하게 된다(Teder-Salejarvi, Pierce, Courchesne, & Hillyard, 2005). 적절한 감각 정화가 부족하게 되면, 특정한 천의 질감이나 옷에 붙은 상표가 매우 불편하게 느껴질 수 있다. 정화 체계의 부족으로 인한 영향은 제5장에서 보다 더 심도 있게 다루어질 것이다. 발작장애를 보이는 사람들에게서도 푸르킨예 세포의 상실이 나타난다(Dam, 1992). 이는 푸르킨예 세포의 상실과 발작장애 간의 상관관계에 대한 의문을 불러일으키고 있으며 소수의 자폐스펙트럼장애인에게 영향을 미칠 수 있다(Canitano et al., 2005; Volkmar & Nelson, 1990).

또한 소뇌는 시각과 청각 자극 간의 주의를 잡고 유지하고 변화시키는 데에 있어서 중요한 역할을 한다(Courchesne, Akshoomoff, & Townsend, 1992). 일부 자폐스펙트럼장애인들은 새로운 자극에 집중하기 위해 하나의 자극에서 벗어나는데 어려움을 보인다(Townsend, Courchesne, & Egaas, 1996). 이는 생후 2개월 된 일반 유아에서 나타나는 행동과 유사하다(Landry & Bryson, 2004). 교류 자극을 사용한 연구에서, 자폐인과 일반인 모두 하나의 자극에서 다른 자극으로 주의를 전환시킬 수 있었으나 전환이 이루어지는데 보다 많은 시간이 걸렸다(Wainwright-Sharp & Bryson, 1993). 주의 전환(shifting attention)은 단서(예 : 보아야 할 것을 손으로 지적하는 것)가 제공되고(Bryson & Landry, 1994; Townsend, 해리스, & Courchesne, 1994) 충분한 시간이 주어졌을 때(Townsend & Courchesne, 1994) 보다 쉽게 이루어진다. Klin, Jones, Schultz,

Volkmar, 그리고 Cohen(2002a) 등은 자폐스펙트럼장애인들은 영화를 보면서 등장인물의 얼굴을 보지 않고 벽에 있는 그림이나 램프와 같은 비사회적인 자극에 주의집중하는 경향이 있다고 한다. 마찬가지로 자폐인들은 포괄적인 실체보다 부분적인 요소에 보다 더 주의를 두는 경향을 보인다(Boucher & Lewis, 1992; Hobson, Ouston, & Lee, 1988; Langdell, 1978; Tantam, Monaghan, Nicholson, & Stirling, 1989). 일부 자폐스펙트럼장애인들이 비자폐인들에 비해 그림 속에 숨겨져 있는 것을 보다 더 잘 찾을 수 있다는 연구에서 부분적인 것의 지각에 대한 기록이 있다(Mottron, Burack, Iarocci, Belleville, & Enns, 2003). 이들은 의사소통 의도를 이해하기 위해 사람의 눈을 쳐다보기보다는 입을 쳐다보기 때문에, 부분적인 것에 집중하는 경향은 안면 정보를 처리하는 데 있어서의 차이를 이끌 수 있다(Klin, Jones, Schultz, Volkmar, & Cohen, 2002b; Langdell, 1978).

소뇌의 비정상적인 발달은 다른 신경계의 발달을 방해한다. 신경해부학적(neuro-anatomical) 발달의 특정 영역에서의 차이는 뇌의 다른 영역에서 발달에 영향을 미친다(Kemper & Bauman, 1998). 신경계에 관한 몇몇 체계적인 연구에서 개별적으로 기술되고 있지만, 뇌의 하위 체계는 서로 밀접하게 상호관련되어 있으며 설명이 어려운 많은 변인들과 더불어 전체적으로 뇌의 복잡한 기능을 고려하는 것이 중요하다(Bailey, Phillips, & Rutter, 1996).

5. 신경적 적응성

뇌는 존재하고 있는 신경 회로를 수정하고 새로운 신경회로를 만들면서 성숙과 경험으로 인해 변화한다. 손상된 뇌 영역의 기능은 뇌의 다른 영역에 의해 이루어질 수 있다. 특히 한쪽 반구가 손상이 되면 이 손상된 반구와 연계된 특정한 기능을 다른 반구에서 수행하는 책임을 지게 된다(언어와 관련된 예는 Rutter, 2002의 연구 참조). 뇌의 이러한 보상능력을 **신경적 적응성**(neural plasticity)이라 한다(Lenn, 1991; Nass, 2002). 뇌졸중이나 뇌손상을 입은 사람의 경우, 손상된 뇌의 영역을 대체하여 뇌의 적응성을 최대한 가져올 수 있도록 증상이 나타나는 즉시 가능한 한 빨리 재활 기법이 적용되어야 한다. 신경적 적응성은 왜 초기에 동일한 신경학적 원인을 가진 사람들이 다른 기능적 결과를 가질 수 있는지에 대한 설명을 제공한다. 자폐스펙트럼장애 아동을 위한 조기 중재를 강조하는 것은, 조기 중재 전략이 보상적 대뇌 활동의 발달을 용이하게 하고 신경학적 차이에 따른 효과를 완화시킬 수 있다는 희망에 근거하는 것이다. 그러나 연구자들은 자폐스펙트럼장애에서 나타나는 행동 표시들이 한쪽 반구의 정확한 영역에서의 손상이 아니라 뇌의 양쪽 반구에서의 신경 체계의 정보처리의 실패 또는 손상에 의한 결과라는 것을 인지하기 시작하고 있다(Rutter, 2002). 이는 신경적 적응성의 능력을 뛰어넘는 것이다. 중재는 기술 획득과 수행 개선을 가져올 수 있으나 이러한 결함에 상응할 수 있는 신경적 변화를 가져오지는 못한다.

신경적 적응성이 자폐스펙트럼장애에 실질적으로 영향을 미칠 수 있음을 시사하는 견해가 있다(Courchesne et al., 1992). 뇌는 인간의 경험을 통해 발달한다. 자폐스펙트럼장애인의 신경학적 차이는 자신의 경험을 방해하는 경향이 있다. 예를 들면, 변연계에서의 차이는 신생아로 하여금 사람보다 사물에 더 많은 관심을 갖게 할 수 있다(Dawson et al., 1998). 그래서 사람의 안면에 대한 선호와 관련된 신경 발달을 지원하지 않는다(Pascalis et al., 1995; Werner, Dawson, Osterling, & Dinno, 2000). 태어날 때부터 가지고 있는(일정 시간이 지난 후까지는 나타나지 않을 수도 있지만) 신경학적 차이는 아동이 외부 세계를 다르게 경험하도록 할 것이다. 그로 인해 뇌에서 변화를 일으킨다(Kemper & Bauman, 1998). 그러므로 뇌의 적응성에 의해 일어나는 신경계의 재조직화는, 다른 신경계의 기능 수행으로까지 방해를 일으킬 수 있기 때문에 이로운 점보다는 해로운 점이 더 많을 수 있다(Bachevalier et al., 2001). 몇 가지 신경해부학적 차이에 대한 분명한 유전 및 생물학적 요소가 있지만, 사후검시와 신경영상화 연구에서 밝혀진 신경학적 차이가 자폐스펙트럼장애를 일으키는 원인인지 아니면 자폐스펙트럼장애로 인해 나타난 경우인지가 분명하지 않다(Akshoomoff et al., 2002; Bauman & Kemper, 2005).

6. 화학적 차이와 정신약리학적 치료

자폐스펙트럼장애인에게서 의심되거나 조사된 구조적 차이외에도, 신경학 연구자들은 화학적 차이를 발견하였다. 모든 주된 **신경전달물질**들은 뇌에서 신호와 메시지를 전달하는 화학물로, 자폐스펙트럼장애와 관련이 있으나 많은 연구들이 반복 입증되지 못하고 있다(Lord & Bailey, 2002). 뇌의 구조에 관한 연구에서와 같이, 신경전달물질에 관한 연구도 동물 실험연구, 자폐스펙트럼장애인과 다른 비교집단과의 비교 연구, **정신약리적**(psychopharmacological : 심리에 영향을 미치는 요인을 밝히기 위한 약물의 사용) 중재를 모니터하여 신경화학 관련 추론에 의존하고 있다. 약물은 자폐스펙트럼장애를 치료하기 위해 사용될 수는 없다. 그러나 약물은 자폐스펙트럼장애의 몇 가지 행동 증후를 밝혀내기 위해 사용될 수 있다(Palermo & Curatolo, 2004). 예를 들어, 수많은 흥분제(stimulant medications)가 자폐스펙트럼장애인의 과다행동을 치료하기 위해 사용되고 있다(Nicolson & Castellanos, 2000).

많은 자폐스펙트럼장애인들은 중재의 일차적 형태로서 처방된 약물을 복용한다(Aman, Van Bourgondien, Wolford, & Sarphare, 1995). 약물 사용의 문제는 모든 약물들이 부작용을 가지고 있으므로 약물 복용으로 인해 위험요인과 효과요인 간의 균형을 유지하는 것이다. 예를 들면 일부 약물들은 발작을 일으키는 위험 요소를 가지고 있다. 발작 위험이 높은 대상에게는 이러한 약물의 사용이 우선되어서는 안 된다(Canitano et al., 2005). 일부 흥분제는 불안과 상동행동을 증가시킬 수 있다(Aman et al., 1995). 이러한 불안과 상동행동은 많은 자폐스펙트럼장애인들에게서 높은 수준으로 나타나고 있다(Beilini, 2004; Tani et al., 2004). 범주 내 속한 장애인들에게 사용되는 많은 약물들이 진정시키는 부작용을 가지고 있다. 진정제가 문제행동을 감소시키기는 하지만, 사회적 상호작용도 감소시키고 아동의 학습 과제에 대한 주의력도 감소시킬 수 있다(Lord & Bailey, 2002). 그러나 약물을 사용하지 않을 경우 아동의 행동을 중재하는데 있어서 방해 요소가 커질 수 있다. 즉 약물이 자폐를 치료하지는 못하지만 아동이 학습에 참여하는데 도움이 될 수는 있다. 가장 처음 복용한 약물의 부작용이 생기면 추가적인 약물이 주어지게 되고 이로 인해 매일 여러 가지의 약물을 복용해야 하는 경우가 발생할 수 있다. 따라서 약물 사용은 학생들에게 중요한 기술을 가르치는 다른 중재와 더불어 사용되어야만 한다.

자폐스펙트럼장애인의 신경화학적 차이에 관한 많은 연구들이 시행되었으나 결론적인 답을 얻지는 못하고 있다. 이는 연구의 방법론적인 문제뿐만 아니라 다양한 약물 사용에 대한 자폐스펙트럼장애인들의 독특한 반응과도 관련이 있다. 세로토닌은 자폐스펙트럼장애에 가장 지속적으로 적용되고 있는 신경전달물질로 언어 산출(Chandana et al., 2005)뿐만 아니라 감각반응에서의 역할로 인해 관심을 받고 있다. 자폐스펙트럼장애인의 약 3분의 1이 높은 수준의 세로토닌(세로토닌 수준의 상승)을 가지고 있으며 그들의 가까운 친척들에게서도 높은 수준이 보이고 있음이 많은 연구들에서 입증되고 있다(Anderson et al., 1987; Cook, 1990, 1996; Hollander et al., 1998). Chugani, Muzik, 그리고 Rothermel(1997)은 7명의 자폐 소년에게서는 높은 수준의 세로토닌이 발견되었으나 자폐 소녀에게서는 1명도 발견되지 않았다고 한다.

일부 자폐인들에게서 나타난 세로토닌의 높은 수준은 뇌에서의 세로토닌이 비정상적으로 기능함을 시사하지만, 그 원인은 분명하지 않다(Palermo & Curatolo, 2004). 세로토닌의 상승은 일반 아동들에게서도 나타난다. 그러나 만 5세가 되면 점진적으로 수준의 감소가 나타난다. 이러한 감소가 일부 자폐스펙트럼장애 아동에게서는 일어나지 않는 것으로 나타났다(Chugani et al., 1999). 정신지체인의 대략 절반 정도가 세로토닌 수준의 상승을 보인다(Martineu, Barthelemy, & LeLord, 1992). 증가된 세로토닌 수준은 자폐스펙트럼장애의 유전적 위험 요인에 신호가 될 수 있는 가족에 유전하는 표식일 수 있다(Piven et al., 1991).

펜플루라민(Fenfluramine : Pondimin)은 세로토닌 수준의 상승을 줄이기 위해 체계적으로 연구되고 있는 첫 번째 약물 중에 하나였다. 초기에는 긍정적 연구 결과가 있었으나, 이후 과민성과 공격성의 증가와 같은 부작용이 나타났다(Ekman, Miranda-Linne, Gillberg, & Wetterberg, 1989). 이후 펜풀루라민(체중 감소를 위해 사용되는 일부 약물에 보편적인 요소)은 심장 문제와 관련이 있다는 것이 발견되었고(Connelly & Crary, 1997) 세로토닌 수준을 조절하기 위해 더 이상 사용이 권장되지 않는다.

다른 연구자들은 자폐스펙트럼장애인의 세로토닌 수준을 조절하기 위해 선택적 세로토닌 재흡수 차단제(selective serotonin reuptake inhibitors, SSRIs)를 사용하였다. 이 SSRIs는 fluoxetine(Prozac), sertraline(Zoloft), fluzoxamine(Luvox), paraxetine(Paxill)로, 불안 · 강박 · 상동행동 그리고 자기상해 행동을 감소시킬 수 있다(McDougle et al., 1996). Hollander 등(2005)은 자폐스펙트럼장애를 가진 45명의 아동 및 청소년들의 상동행동을 감소시키는 데 위약(placebo)보다 fluoxetine이 더 효과적이었다고 한다. SSRIs에 관한 연구에서 뿐만 아니라 비선택적 세로토닌 재흡수 차단제에 관한 연구(Potenza & McDougle, 1997)를 종합해 보면 약물 사용이 특정한 대상자 내에서 특정한 증후를 개선(상동 및 공격 행동의 감소, 눈맞춤의 향상)하는 데 도움이 되었지만, 특정 대상에게서는 행동 기능의 저하와 예기치 않았던 부작용(예 : 간질)이 나타났다. SSRIs는 불안과 우울의 가족력을 가진 사람에게 보다 큰 긍정적인 영향을 가지고 있으며(DeLong, Teague, & McSwain-Kamran, 1998; Lord & Bailey, 2002), 강박행동을 보이는 사람에게도 긍정적인 반응이 나타날 수 있다(hollander et al., 1998).

세로토닌 수준의 증가뿐만 아니라, 자폐스펙트럼장애인들 중에서는 과잉행동, 상동행동, 주의집중 문제, 인지적 결함과 관련이 있는 도파민(dopamine)의 생성과 회전이 보다 높게 나타났다(Campbell, Small, Anderson, Malone, & Lacascio, 1992). 다른 연구자들은 도파민의 결핍이 자폐스펙트럼장애 아동에게서 보편적으로 나타난다고 한다. 왜냐하면 이들의 수행이 페닐케톤뇨증(Phenylketonuira, PKU) 아동들의 수행과 유사하기 때문이다(Dennis et al., 1999). 도파민은 행동을 계획하는 뇌의 능력을 조절하는 데 중요한 역할을 한다. 도파민에 대항작용을 하는 약물(예 : 할로페리돌, 리스페리돈)을 사용한 치료는 자폐스펙트럼장애인들에게 사용될 수 있으나 몇 가지 주의점이 나타나고 있다. 할로페리돌(Haldol)의 효과에 관한 연구는 이 약물의 사용이 구어 산출과 주의집중의 증가뿐 아니라 과잉행동 감소에도 효과가 있는 것으로 나타났다. 그러나 할로페리돌은 공격행동의 증가와 상동행동의 강화를 초래하기도 했다. 구조화된 교수(structured teaching)와 연계하여 할로페리돌을 사용하는 것이 유용하다는 선행 연구의 제안은 입증되지 않고 있다(Anderson et al., 1989). 할로페리돌의 장기 복용은 위축 이후에 지속적으로 나타나는 무의식적인 움직임의 출현과 관련이 있으며 이로 인해 이러한 약물 사용의 주의가 요구된다(Lord & Bailey, 2002; Palermo & Curatolo, 2004).

비전형 신경이완제로 분류되는 리스페리돈(Risperidone) 또는 리스페달(Risperdal)도 도파민의 생성과 회전을 억제한다. 리스페리돈은 조현병의 증후를 효과적으로 치료하는 데에 사용되고 있다. 자폐스펙트럼장애인을 대상으로 이루어진 연구에서 리스페리돈이 상동 · 공격 · 자해 행동과 같은 방해 행동을 감소시키는데 효과적이고 사회적 인식(social awareness)의 개선을 가져오며 부작용이 없는 것으로 나타났다(McDougle et al., 1998).

일부 자폐인들은 고통을 잊게 해주는 내생 물질 수준의 증가를 보인다(Panksepp & Sahley, 1987). 이 내생 물질은 애착과 신체 활동에 영향을 미칠 뿐만 아니라 고통의 역치가 높아졌을 때 높은 자기 만족 상태에 있게 한다. 내생 물질의 수준이 높아지면 사회적 자극에 대한 반응이 감소하고 사회적 위축이 나타날 수 있다. 세로토닌과 마찬가지로, 정상 발달 신생아에게서는 과도한 내생 물질이 나타나다가 출생 후 몇 달이 지나면 점점 약해지게 된다(Panksepp, 1979). 일부 자폐스펙트럼장애 아동들은 과도한 내생 물질을 지속적으로 경험하며 그로 인해 사회적 자극에 대한 반응에 방해를 받고 있다. 자해행동은 뇌의 내생 물질 수준을 실질적으로 증가시킬 수 있다(Barrett, Feinstein, & Hole, 1989). 내생 물질에 대항작용을 하는 물질(예 : naltrexone, naloxone)을 사용한 치료는 심각한 자해행동이 나타났을 때에만 적용된다. 연구 결과의 불일치(Gillberg, 1995)로 인해 자해행동과 과잉행동의 감소에 미치는 약물의 긍정적인 영향에 관한 분명한 결론을 도출하기 어렵다(Campbell et al., 1993).

옥시토신(Oxytocin)은 애착, 긴밀한 유대, 사회적 행동의 발달에 중요한 신경전달물질이다. 동물 실험에서, 옥시토신이 없는 쥐는 심각한 사회화의 결함을 보였다(Lim, Bielsky, & Young, 2005). 옥시토신이 없는 쥐와 자폐스펙트럼장애인 간의 나타나는 사회적 결함이 유사하여 이러한 신경화학물질에 대한 연구가 이루어지게 되었다. Waterhouse, Fein, 그리고 Modahl(1996)은 30명의 자폐스펙트럼장애인들이 보인 사회적 결함이 옥시토신 수준과 유의미한 관련이 있음을 발견하였다. 자폐스펙트럼장애인의 옥시토신 수준이 옥시토신을 포함하고 있는 피토신(pitocin)의 출생 시의 사용에 의해 체내에 침전될 수 있으므로, Gale, Ozonoff, 그리고 Lainhart(2003)는 정신지체 소년과 비장애 소년을 통제 집단으로 비교하여 41명의 자폐스펙트럼장애 소년들을 대상으로 연구하였다. 이들은 출생 시 피토신의 사용과 자폐스펙트럼장애로의 발전 간에 어떠한 관련도 없음을 발견하였다. 이러한 점에서, 옥시토신의 직접적인 조절은 동물실험에서만 나타나고 있다(Welch et al., 2005).

자폐스펙트럼장애로의 발전 및 유지에 영향을 미치는 신경화학적 차이를 판별하기 위해 많은 연구들이 지속적으로 이루어지고 있다. 두뇌의 상호연계성은 비록 연구들이 개별적으로 이루어지고 기술되고 있으나 뇌의 구조적이고 기능적인 차이를 시사하는 화학적 차이가 몇몇 자폐스펙트럼장애인들에게서 발견되었음을 규정하고 있다 (Santangelo & Tsatsanis, 2005).

7. 기능적 차이

자폐스펙트럼장애의 뇌기능 차이에 관한 연구는 구조적 요소와 화학적 요소들을 함께 다룬다. 살아 있는 사람의 뇌를 분석할 수 있는 기술의 발달로 인해 자폐스펙트럼장애인의 신경학적 기능 수행에 관한 연구에서 현저한 발전이 이루어지고 있다. 기술을 활용한 가장 최초 연구는 뇌파도(electroencephalogram : EEG) 기술을 활용한 것이었다. EEG를 활용하여 살펴본 결과 자폐스펙트럼장애인의 50%가 비정상적인 뇌기능을 보였다(Minshew, 1991). 그 결과가 재입증되지는 않았지만, EEG를 통해 나타난 비정상성은 왜 일반 발달 아동이 자폐스펙트럼장애로 퇴행하는지에 관한 이유가 될 수 있음을 시사하였다(Lewine et al., 1999). 사건관련전위(Event-related pitentials, ERPs) 방법은 일부 자폐 아동들이 자신의 어머니를 쳐다볼 때 전기생리학적(electrophysiological) 활동을 보이지 않으나 자신이 좋아하는 장난감의 그림을 볼 때는 활동의 증가를 보인다는 것을 증명하기 위해 사용되고 있다(Dawson, Osterling, Meltzoff, & Kuhl, 2000). 오랜 시간 동안 사건관련전위(ERPs) 방법은 활동에 참여하는 동안에 두뇌의 기능 수행을 조사하는 유일한 방법이었다. 기술의 문제점은 해독이 어렵다는 것과 모순된 결과를 가져올 수 있다는 것이다(Lord & Bailey, 2002).

두뇌의 기능 수행은 지능 및 성취 검사와 일반적으로 관련된 활동들을 수행하는 동안에 관찰을 통해서 추론되기도 했다. 예를 들면, 회상, 모방, 시공간 처리능력, 문제해결 등을 요구하는 과제에 대해 자폐스펙트럼장애인과 일반인 또는 다른 장애인들을 비교하였다. 이러한 접근을 통해, Minshew 등(1992)은 자폐스펙트럼장애인이 범주화와 같은 전략을 조직화하는 데 있어서 결함을 보였고, 보다 높은 차원의 처리 과정을 포함한 과제에 대해 보다 나은 수행을 할 수 있도록 하는 사고의 유연성에서 결핍을 보였다. 일부 자폐스펙트럼장애인들은 사람 얼굴과 가족 장면에 대한 즉각적이고 지연된 회상에서 문제점을 가지고 있었다(Williams, Goldstein, & Minshew, 2005). 많은 연구들이 수행에 대한 관찰을 통해서, 다양한 연령 범위에서 그리고 다양한 인지적 수준에서 자폐스펙트럼장애인들은 높은 수준의 사고(실행기능 : executive functioning)를 하는 데 결함을 보인다고 보고하였다(Ozonoff, 1997). 그러나 자폐성 장애인들도 보상적 전략을 사용한다는 것을 밝힌 체계적으로 계획된 실험 연구(Klin et al., 2002)가 있으므로, 행동 관찰만을 통해서 '어떠한 신경계가 과제를 수행할 때 활용되는지' 에 대한 답을 얻을 수는 없다.

자기공명영상(fMRI) 기술의 도래로 인해 활동하는 동안에 뇌가 어떻게 기능하는지를 직접 관찰할 수 있게 되었다. 자폐스펙트럼장애인의 뇌 기능상의 차이를 판별하기 위해 많은 연구들이 시행되고 있다. 안면표정을 인식하고 처리하기 위해서 그리고 정서를 판별하기 위해서 자폐스펙트럼장애를 갖지 않은 사람들이 사용하는 뇌의 영역(편도체에 있는 영역)을 자폐스펙트럼장애인은 사용하지 않는다는 것이 많은 연구에서 입증되고 있다(Ashwin, Wheelwright, Baron-Cohen et al., 2000; Pierce, Muller, Ambrose, Allen, & Courchesne, 2001). 자폐스펙트럼장애인들은 안면표정을 처리하기 위해 일반적으로 사물을 인식하기 위해 활용되는 뇌의 영역을 사용하는 경향이 있다(Schultz et al., 2000; Schultz, 2005). 그러나 자폐스펙트럼장애 소년에게 좋아하는 만화 주인공(디지몬)의 그림을 보여 주었을 때 소년은 다른 사람들이 인간의 얼굴을 인식할 때 사용하는 뇌의 부분과 동일한 부분을 사용하였다(Grelotti et al., 2005).

fMRI를 사용하여, 연구자들은 뇌의 다양한 영역들이 어떻게 함께 작용하는지도 알아볼 수 있다. 공포로 가득 찬 얼굴 사진을 처리하기 위해 뇌 영역 중에서 함께 작용해야 할 부분들이 자폐스펙트럼장애인들은 함께 작용하지 않았다(Welchew et al., 2005). Luna 등(2002)은 특정한 정신적 과제를 성취하기 위해 연계된 뇌의 부분들을 알아보기 위해 11명의 자폐스펙트럼장애인과 6명의 일반인들의 뇌 기능을 비교하였다. 연구 결과, 두 집단 모두 과제를 수행하였으나 일반인들은 뇌의 보다 높은 기능 수행을 위한 영역을 사용한 반면에 자폐스펙트럼장애인들은 뇌의 보다 낮은 기능 수행을 위한 영역을 사용하였다. 성숙에 의해 영향을 받는 구조적, 화학적 차이로 인해, 보다 높은 서열의 신경계가 자폐스펙트럼장애인들에게 개발되지 않았다고 볼 수 있다. 유사한 결과가 과학 이해 과제 수행과 관련해서도 보고되었다(Just, Cherkassky, Keller, & Minshew, 2004). 일반인 통제 집단과는 반대로, 17명의 자폐스펙트럼장애 대상자들에게서는 뇌의 기능의 통합된 양식이 적게 나타났고, 뇌의 구어 처리 영역이 보다 적게 활성화되었으며, 낱개의 단어를 처리하는 영역이 보다 많이 활성화되는 것으로 나타났다.

자폐스펙트럼장애인의 뇌 기능 수행에서 차이가 있다는 연구는 이들이 특히 청소년기와 성인 초기(Volkmar & Nelson, 1990)에 발작장애(seizure disorders)로 발전하는 비율이 높다고 한다(Canitano et al., 2005). 발작과 같은 비정상적인 뇌 활동은 더욱이 뇌의 기능 수행을 방해할 수 있다(Vargha-Khadem, Issacs, van der Werf, Robb, & Wilson, 1992).

자폐스펙트럼장애인의 행동적 차이가 뇌 기능 수행(상호 연계된 구조적, 화학적 양상에 의해 영향을 받는 뇌 기능 수행)의 상호적 차이와 관련이 있다는 확실한 증거들이 있다. 자폐 범주에서 높은 기능 수행을 보이는 사람들은 자폐스펙트럼장애를 가지지 않은 사람들을 기술하기 위한 neurotypical(일반적으로 기능 수행하는 뇌를 가진)라는 용어가 실질적으로 사용되고 있으며, 심지어는 '일반 신경 증후군(neurotypical syndrome)'을 진단하기 위한 사정과 이를 다루기 위한 제언들이 웹상에 소개되어 있다(www.autistics.org/isnt/).

새로운 지식이 계속적으로 발견되고는 있지만, 신경계의 차이가 어떻게 행동으로 나타나는지에 대한 기본적인 이해는, 자폐스펙트럼장애 학생들의 행동과 요구를 올바르게 이해하는 데 도움이 될 수 있다. 의심할여지 없이, 자폐스펙트럼장애인에게서 발견되는 신경학적 차이 중에서 몇 가지는 일반인들뿐만 아니라 다른 장애인들에게서도 발견되는 것이다. 요약하면, 자폐스펙트럼장애와 연계된 일부 신경학적 차이로 인해 행동적 차이가 나타날 수 있다는 것이다. 이들이 보이는 행동적 차이는 다음과 같다.

- 감각자극 투입과 운동 산출 조절의 문제
- 보다 높은 수준의 감각자극 요구
- 수면장애
- 원시 반사의 유지
- 상동행동
- 강박행동
- 다른 감각에 의해 경험된 것을 또 다른 감각을 가지고 인지하는데 있어서의 문제(쳐다보고 난 다음에 행동하는 데 실패하는 것)
- 새로운 상황에서 적응상의 어려움
- 눈맞춤의 문제
- 다음에 일어날 사상(events)에 대한 예측을 하지 못하며 상태 유지에 대한 선호
- 감각자극에 대한 동일하고 강한 반응(과장된 감각 : magnified sensation), 감각자극을 차단하고 그밖에 다른 것에 의도적으로 강하게 몰두하면서 보상함
- 관련 없는 부분적인 것에 대한 주의집중
- 주의를 빠르게 변환하는 데 어려움
- 사실(fact)에 대한 기억이 좋음(습관적 기억)
- 기계적인 운동 획득을 잘함
- 일반화(generalization)의 문제
- 보다 높은 수준의 정보 처리를 어려워함

8. 유전적 특질의 역할

자폐스펙트럼장애인이 보이는 행동 및 학습의 차이는 신경계의 차이에 의한 결과임이 분명하다. 그렇다면 그 다음으로 이루어질 수 있는 논리적인 물음은 "무엇이 이러한 차이를 유발했는가?" 이다. Palermo와 Curatolo(2004)는 주요한 견해들을 모아서 간결하게 다음과 같이 진술하였다. "자폐스펙트럼장애는 유전적으로 이질적이며 복합유전

적인 신경발달장애(neurodevelopmental disorder)이다(p. 155).” 자폐스펙트럼장애는 유전의 단순한 우성/열성 또는 성유전(X-linked) 양식이 없으므로 ‘유전적으로 이질적’이다(Szatmari et al., 1998). 또한 자폐스펙트럼장애는 자폐스펙트럼장애를 유발하는 데에 열 가지 이상의 유전자의 상호작용이 나타나므로 ‘복합유전적’이다(Pcikles et al., 1995; Piven & Folstein, 1994; Wassink, Brustowicx, Bartlett, & Szatmari, 2004; Risch et al., 1999). ‘신경발달’이라 함은 유전적 기초가 뇌에서 이루어지는 변화 및 발달 방식에 영향을 미친다는 사실을 역으로 언급하는 것이다.

몇 가지 요인들이 ‘자폐스펙트럼장애가 유전적인 근거를 가지고 있다는 것’에 대한 결론적인 증거를 함께 제시하고 있다. 뇌의 구조적 · 화학적 차이는 자폐스펙트럼장애가 초기 태아의 발달에 영향을 미치는 유전적 또는 생물학적 원인에 의해 나타난다는 생각을 지지하고 있다. 연구자들은 신경 발달이 수태 후 20~24일 만큼 차이가 있음을 제언하고 있다(Rodier, Ingram, Tisdale, Nelson, & Romano, 1996). 소뇌(cerebellum)에서의 차이는 임신 15주 동안에 태아 발달을 조사하여 알아볼 수 있다(Courchesne, 1997). 다른 중요한 신경학적 차이는 임신 12주 전에 나타나며(Bailey et al., 1998; Rodier et al., 1996), 다른 것은 임신 28~30주 전에 나타난다(Bauman, 1997). 행동적 표시(manifestation)는 ‘퇴행적’ 자폐증(약 만 2세 경에 나타남)과 같이 생후 첫 몇 년 동안에 나타난다. 이러한 행동적 표시는 유전성의 잠재적 영향을 반영할 수 있다(Lawier, Croen, Grether, & Van de Water, 2004). 신경학적 차이는 유전적 요소가 중요한 역할을 하는 것을 시사하는 출생 전에 나타나는 결과에 근거한다는 가능성이 있다.

복합 가족(multiplex family) 분석은 자폐스펙트럼장애가 유전에 근거한다는 것을 가장 강하게 입증하고 있다. 복합 가족은 가족구성원 중에 자폐스펙트럼장애를 가진 사람이 1명 이상인 가족을 의미한다. 또한 자폐스펙트럼장애인의 형제 중에서 2~8%가 자폐스펙트럼장애를 가지고 있다. 이는 일반인에게서 발견되는 것보다 유의미하게 높은 비율이다(Chudley, Gutierrez, Jocelyn, & Chodirker, 1998). 이러한 유전적 소인(질병 소질, predisposition)은 쌍생아 연구에 의해 입증되고 있다. 일란성 쌍생아의 경우 한 아동이 자폐증일 때 다른 아동도 자폐증일 확률이 60%이다(Bailey et al., 1995). 그러나 한 아동이 자폐증일 때 다른 아동이 의사소통 및 사회적 장애를 갖게 될 확률은 92%이다. 반대로 이란성 쌍생아의 경우 한 아동이 자폐증일 때 다른 아동이 의사소통 장애를 갖게 될 확률이 0~10%이다. 일란성 쌍생아 간의 유전적 유사성은 자폐스펙트럼장애의 유전적 근거에 대한 분명한 증거를 제공한다. 일란성 쌍생아 모두가 자폐스펙트럼장애를 갖는 비율이 100%가 안 된다는 것은, 유전적 소인 외에도 다른 요인들이 어떠한 영향을 미치는 것이 분명함을 의미하다.

형제와 쌍생아 관련 조건이 높을 뿐만 아니라, 자폐스펙트럼장애 아동의 직계와 방계 생물학적 가계 내에는 언어, 학습, 또는 사회적 문제를 보인 가족력이 있다(Bolton et al., 1994; Dawson et al., 2002; Folstein & Rutter, 1977; Piven et al., 1994). 이에는 강박장애, 우울증, 조현병, 학교 공포증, 조울증, 양극성(bipolar) 장애와 같은 정신병적 문제도 포함된다(DeLong, 1999; Ghaziuddin, 2005; Hollander, King, & Delaney, 2003). Asperger(1944)는 연구 대상 소년들의 부모들이 사회적 고립, 실직, 불완전 고용인 점과 관련하여 대상자의 부모들에 대해 염려하였다. 방계 가족구성원에서도 류머티스 관절염, 낭창(결핵성 피부병), 중이염, 기타 자기 면역 장애와 같은 다른 건강 문제를 보이는 비율이 높게 나타난다는 보고도 있다. 자폐스펙트럼장애 아동의 가계 내에 수많은 건강 문제가 있다는 점은 일반적인 감염에 대한 민감성이 유전적 구조에 근거한 비정상적인 면역 반응의 징후임을 시사하는 것이다. Szamari 등(1998)은 자폐증 사례의 90%가 가계의 유전적 영향과 관련이 있다고 결론지었다.

그 다음 질문은 '어떻게 유전적 요소가 자폐스펙트럼장애의 발생을 촉진 또는 영향을 미치는가?'라는 것이다. 이에 대한 답을 얻기 위해 다양한 방법이 이루어질 수 있다. 최근의 견해는 자폐스펙트럼장애의 특성을 가진 사람이 결혼하여 자녀를 낳았을 때 그 자녀가 자폐스펙트럼장애의 진단 준거에 충족하는 특성을 보다 많이 그리고 분명하게 갖고 있음을 시사하는 것으로 이는 **동류 교배**(assortative mating)의 한 현상이라 볼 수 있다(Constantino & Todd, 2005). Holden(2005)은 이러한 개념에 대한 증거로써, 많은 자폐스펙트럼장애인의 아버지와 할아버지가 기술 전문직에서 일하고 부족한 사회적 기술을 보이는 경향이 있음을 언급하였다. 또 다른 방법은 유전성(genetic inheritance)이 유전적 원인으로 알려진 장애를 초래할 수 있다는 것이다. 페닐케톤뇨증(phenylketonuria, PKU), Cornelia de Lange syndrome, tuberous sclerosis, Angelman syndrome, 그리고 약체 X 결함 증후군(Fagile X syndrome)과 같은 단일 유전인자(gene) 결함을 가진 사람들 중에서 매우 적은 비율의 사람들이 자폐스펙트럼장애를 가지고 있는 것으로 진단되고 있다(Gillberg, Gillberg, & Ahlsen, 1994; Hunt & Shepherd, 1993; Muhle, Trentacoste, & Rapin, 2004; Rapin, 1999). 현재 자폐증과 같은 종류로 여겨지는 레트 증후군(Rett syndrome)은 단일 유전인자와 연계되어 있다(역자 주 : DSM-5에서는 레트 장애가 제외됨)(Ellaway & Christodoulou, 1999). 또 다른 설명은 복합적인 유전인자가 신경학적 손상 또는 파괴를 보다 쉽게 겪을 수 있는 사람들의 상태에 영향을 미칠 수 있다는 것이다. 이는 이러한 체계가 보호 요인을 잃게 되어 면역체계의 약화를 가져올 수 있기 때문이다.

9. 면역체계의 영향

유전적 소인(질병소질 : predispositions)은 면역체계를 손상시킬 수 있다. 자폐스펙트럼장애인 뿐만 아니라 일반인들에게서도 나타날 수 있는 소인은 자기 면역 장애와 면역 체계의 기능장애에 걸리기 쉽게 한다(Lawler et al., 2004). 이는 해부학적으로 뇌를 변화시키거나 행동 변화를 초래할 수 있다. 억제된(suppressed) 면역 체계에 대한 유전적 소인은 태아의 신경 발달 또는 아동의 발달에 영향을 미치는 환경 내의 독소(toxins)에 보다 더 민감하게 만든다(Arndt, Stodgell, & Rodier, 2005). 특정한 독소와 자폐스펙트럼장애의 발생간의 연계에 관해 오랫동안 추측되어 오고 있다. 태아시기에 풍진(rubella)에 감염되는 경우 자폐증을 보일 가능성이 증가된다는 연구 결과가 있다(Chess, Korn, & Fernandez, 1971). 발작약(valporic acid : VPA)을 임신 중에 산모가 복용한 경우 자폐스펙트럼장애의 발생과 관련이 있다고 한다(Moore et al., 2000). 백신(vaccines) 그리고 백신 내의 일부 구성요소(ethylmercury, thimerosal)는 자폐스펙트럼장애의 출현과 관련이 있다. 어떤 관련성은 지속적으로 이의가 제기되고 있으나(Barbaresi, Katusic, Colligan, Weaver, & Jacobsen, 2005; DeStefano, Bhasin, Thompson, Yeargin-Allsopp, & Boyle, Montres, & Jick, 2001), 다른 관련 가능성은 여전히 존재하고 있다(참조 : Rimland, 2004). 백신으로 인한 희귀 합병증이 제외될 수는 없으나(Chen, Landau, Sham, & Fombonne, 2004), 과학자들은 예방접종을 받지 않아서 아동이 치명적인 아동기 질병에 걸릴 가능성은 예방접종을 받고도 자폐증을 보일 가능성보다 훨씬 큼을 시사하고 있다.

어떤 이들은 면역체계의 억제 또는 심지어는 변형에 근거가 되는 유전적 소인이 음식물에 대한 과도한 민감성을 유발할 수 있다고 생각하고 있다. 이 이론을 주장하는 사람들은 자폐스펙트럼장애인의 주된 요인이 글루텐(밀 관련 산물)과 카세인(유제품에서 발견되는 아미노산)이라고 주장한다. 어떤 이들은 이러한 요소들을 식단에서 제거하면 의사소통, 사회성, 독립적 기능 수행에서 향상을 가져올 수 있다고 믿는다(Knivsberg,

Reichelt, Noland, & Hoien, 1995). 이러한 주장에 대해 많은 지지가 있지만, 특정한 음식을 제거함으로 아동이 자폐스펙트럼장애로부터 회복되는 것을 도울 수 있음이 연구를 통해 입증되지 못하고 있다.

10. 환경 독소의 영향

유전적 소인이 면역 체계의 억제를 가져온다면, 개인은 환경적 독소에 보다 쉽게 영향을 받을 수 있다. 직관적 논리학(intuitive logic)은 이러한 견해를 지지하고 있다. 이는 자폐스펙트럼장애인이 지리학적 분포에 따라 고르게 분포되어있지 않다는 점(Rutter et al., 1994)을 인정하기 때문이다. 이러한 현상에는 두 가지 그럴듯한 이유가 있다. 가장 간단한 이유는 가족들이 자녀들을 위한 서비스가 이용 가능한 곳으로 이동을 하는 경향이 있다는 것이다. 그래서 어떤 지역은 다른 지역에 비해서 자폐스펙트럼장애 아동률이 보다 높게 나타난다. 두 번째 이유는 환경적 독소가 신경 발달에 부정적으로 영향을 미쳐서 자폐스펙트럼장애가 나타날 수 있다는 것이다. 그러나 환경 독소가 자폐스펙트럼장애의 발달의 유일한 촉매는 아니다. 보다 더 가능성 있는 시나리오는 환경 독소가 유전적 민감성이 큰 아동들에게만 부정적으로 영향을 미칠 수 있다는 것이다(Lawler et al., 2004). 뇌의 발달에 독소가 되는 병원체를 통한 자폐스펙트럼장애와 환경적 연계에 관한 출판된 문헌 중에서 결론적인 지지가 없지만, 가능성에 대한 추가적인 조사가 이루어져야 한다.

❖ 해리스 선생님에게 배우기

일요일 밤에 TV 앞에서

해리스 선생님은 일요일 저녁에 TV 앞에 앉아서 좋아하는 뉴스 추적 프로그램을 시청하고 있다. 명의도용을 예방하는 방법에 관한 토론 후에 자폐스펙트럼장애 아동이 왜 다른 사람의 입장을 이해할 수 없는지에 관한 프로그램이 이어졌다. 해리스 선생님은 뉴스 매거진에서 비슷한 글을 읽었고 조카의 아들 중에 하나가 자폐로 진단되었으므로 이 프로그램에 빠져 들었다.

해리스 선생님은 '자폐증은 출현율이 낮은 장애라고 대학에서 배웠는데, 왜 내가 속한 모든 곳에서 자폐증을 가진 사람을 알고 있다고 말하는 것일까?' 라고 생각했다.

11. 자폐스펙트럼장애의 출현율

출현율(prevalence)은 얼마나 자주 어떠한 것이 일어나는지에 대한 계산이다. 예를 들면, 한 학급 내의 왼손잡이의 출현율은 왼손잡이 학생의 수를 학급 전체 학생 수로 나눈 것이 된다. 만약 정원이 50명의 학생인 한 학급에 왼손잡이가 12명이 있으면 왼손잡이의 출현율은 .24(12/50) 또는 24%가 된다. 20세기 말까지는, 자폐스펙트럼장애가 아닌 자폐증만(전형적인 자폐장애)의 출현율이 인구 10,000명당 5~15명이었다(Wing & Gould, 1979). 이러한 낮은 출현율로 인해 자폐증은 상대적으로 드물게 나타남을 의미하는 **발생 빈도가 낮은 장애**(low-incidence disability)로 언급되었다.

1966~1997년에 출간된 국제 연구에서 보고된 출현율은 자폐증(자폐스펙트럼장애의 모든 범주를 포함하지 않음)의 출현율이 증가하고 있음을 보여준다(Gillberg, 1999). 이러한 분석의 결과가 〈표 2-1〉에 제시되어 있다.

Fombonne(2003)은 자폐증에 대한 타당한 출현율은 인구 10,000명당 10명 또는 인구 1,000명당 1명이라고 지적하였다. 자폐스펙트럼장애의 모든 범주를 포함할 경우 출현율은 인구 10,000명당 27.5명 또는 364명당 1명으로 높아지게 된다.* 해리스 선생님의 질문에 답을 하자면, 자폐스펙트럼장애는 더 이상 발생 빈도가 낮은 장애가 아니라는 것이다. 자폐스펙트럼장애는 발달장애 중에서 세 번째로 자주 진단되는 장애이다. 정신지체 외 뇌성마비만이 자폐스펙트럼장애보다 아동들에게서 보편적으로 많이 나타나는 장애이다. 자폐스펙트럼장애는 다운증후군, 소아암, 낭포성섬유증, 다발성경화증, 청소년 당뇨병보다 더 자주 나타난다.

왜 자폐스펙트럼장애의 출현율이 그렇게 극적으로 증가되었는지에 대해 몇 가지 설명이 가능하다. 하나는 이전에 발표된 출현율이 상대적으로 매우 낮다는 것이다. 또한 자폐스펙트럼장애에 관한 지식이 증가되고 자폐스펙트럼장애의 증후를 정확하기 판별

* 역자 주) 2014년 현재 100명당 1명으로 보고되고 있음

하는 능력이 증대되면서 출현율의 증가를 가지고 왔을 수 있다(Lord et al., 2001). 그러나 이러한 지식은 자폐스펙트럼장애의 과다 진단의 원인이 될 수도 있으며 과다 진단은 실제로 일어나고 있을 수도 있다. 고기능 자폐인 Temple Grandin(2002)은 컴퓨터 바보(computer nerd)가 어떻게 아스퍼거 장애로 진단되는지에 대해 매우 의아해하고 있다.

자폐스펙트럼장애 출현율 증가 이유의 또 다른 설명 중에 하나는 자폐증을 판별하는 방식에서의 변화와 관련이 있다는 것이다(Fombonne, 1999). 이전에는 자폐증은 단지 고전적 또는 캐너의 관점에서만 다루어졌다. 그러나 현재는 아스퍼거 장애와 비전형 전반적 발달장애(PDD-NOS)를 자폐의 범주에 포함시키는 것에 대한 인식이 보다 넓게 확산되어 있다. 실제로 이 장에서 사용되고 있는 용어(자폐스펙트럼장애)는 공통적인 특성을 가진 장애의 범주를 포함하기 위해 자폐증이 확대되고 있다는 생각을 지지하는 것이다. 자폐스펙트럼장애에 대한 시각의 변화를 분명하게 보여 주기 위해, 1990년대 후반의 미국자폐인협회의 정의를 비교한 것이 〈표 2-2〉에 제시되어 있다.

1996년 말에, 자폐증의 정의는 인구 10,000명당 15명의 출현율을 보이는 '심각하게 무능력한' 장애로 기술되었다. 그 증후를 기술하기 위해 사용된 준거는 사실상 임상적인 것이었으며 *DSM*에서 사용한 준거와 유사한 것이다. 이 정의는 자폐증이 특히 초기에 판별되면 치료할 수 있다고 결론짓고 있다.

1997년 미국자폐인협회에서 발간한 1~2월호 소식지에서 자폐증은 다르게 정의되고 있다. 미국자폐인협회는 자폐증을 '심각하게 무능력한' 장애가 아닌 '발달장애(developmental disability)'로 정의하고 있다. 출현율은 15/10,000이 지속되고 있다. 그러나 증후를 특징짓기 위해 사용되는 준거는 보다 덜 임상적이고 보다 더 광범위하게 정의되고 있다. 이러한 정의를 적용하면 미국 내에 40만 명이 자폐증을 가지고 있다고 볼 수 있다. 자폐증이 치료될 수 있다는 낙관적인 견해도 사라지고 있다. 대신에 이는 자

표 2-1 자폐증의 출현율

연대	출현율
1960년대 후반 / 1970년대 초	4.4 / 10,000
1970년대 후반	4.9 / 10,000
1980년대(*DSM-III*) 준거	7.7 / 10,000
1990년대	9.6 / 10,000 (대략 1 / 1,000)

출처 : Gillberg(1999).

폐증을 가진 사람들과 효과적으로 작업하는 방법을 아는 사람이 전혀 없다는 주장으로 대치되고 있다.

미국자폐인협회의 정의는 또 다시 바뀌었다. 1998년에 발간된 9~10월호 소식지에서 자폐증이 발달장애라는 기술에 수식어 '복잡한(complex)'을 추가하고 있다. 출현율에 대한 보고에서는 인구 500명당 1명으로 미국인 중 50만 명이 자폐증을 가지고 있는 것으로 추산된다(이는 대략 18개월 만에 10만 명이 증가한 것을 의미한다). 행동 증후에 대한 기술은 공격행동과 자해행동과 같은 용어가 삭제되고 보다 부드럽게 묘사되고 있다. 수식어도 지속적으로 사용되고 있다(역자 주 : 1997년 정의에서는 자폐증을 가진 사람으로 기술된 것이 1998년 정의에서는 복잡한 발달장애를 가진 사람으로 표현함을 의미). 복잡한 발달장애를 가진 사람들과 효과적으로 작업하는 방법에 대해서는 알려진 것이 없다. 이 표현에서 볼 수 있는 것처럼, 출현율의 변화는 자폐증의 정의가 확대된 것에 의해 부분적으로 영향을 받을 수 있다. 이는 스펙트럼(spectrum)이라 함이 장애의 가벼운 형태까지 포함하여 확대됨을 의미하기 때문이다.

자폐스펙트럼장애 정의의 확대, 보다 진보된 진단학, 과도한 판별에 의한 영향뿐만 아니라, 출현율은 진단적 대체*에 의해서도 영향을 받았을 수 있다(Volkmar, Lord, Bailey, Schultz, & Klin, 2004). 추가적인 자료와 추후 분석이 필요하지만, 진단적 대체는 캘리포니아 주의 자폐증 출현율을 변화시키는 요소로써 제안되었었다(Croen, Grether, Hoogstrate, & Selvin, 2002). 이 연구에서는 발달서비스 부서(the Department of Developmental Services)의 지역 센터 체계에서 서비스를 제공받고 있는 자폐 아동의 수와 정신지체 아동의 수 간에 부적 상관관계가 있음을 보고하였다. 자폐 아동의 수가 증가하면 정신지체 아동의 수는 감소하였다. 흥미로운 것은 캘리포니아 주정부의 발달서비스부는 자폐 아동으로 새롭게 진단된 아동의 수가 2004년에 처음으로 감소하였다고 보고한 것이다.

분명한 법적 자격 범주로서 자폐증을 학교가 사용할 수 있는 첫해였던 1992~1993학년도 동안에 50개 주와 콜럼비아 그리고 푸에르토리코에서 자폐로 명명된 학생들의 총 수가 12,222명이었다(U.S.DOE, 1995). 대략 10년 후에 자폐 아동의 총 수는 78,717명이었다(U.S.DOE, 2004). 이는 자폐스펙트럼장애를 가지고 있음으로 인해 특수교육을 받

* 역자 주) 진단적 대체(diagnostic substitution)는 다른 장애 대신에 또는 대체되는 해당 조건의 명칭을 붙이는 현상으로, 지적장애 대신에 자폐스펙트럼장애로 진단되는 비율의 증가를 예로 들 수 있다.

표 2-2 미국자폐인협회의 자폐증 정의의 변화

1996년 정의	자폐증(Autism)은 심각한 무능력을 평생 보이는 발달장애이다. 이는 전형적으로 생애 초기 3년 동안에 나타난다. 뇌의 기능, 자폐증, 그리고 행동 증후에 영향을 미치는 신경학적 장애의 결과가 인구 10,000명당 대략 15명 정도에게서 나타난다. 자폐증은 여자보다 남자에게서 4배 정도 더 많이 나타난다. 세계의 모든 인종, 민족, 사회적 배경의 가족에게서 나타난다. 아동의 심리적 환경의 요소가 자폐증을 일으킨다고 밝혀진 것은 없다. 자폐증의 몇 가지 행동 증후는 다음과 같다. 1. 신체적, 사회적, 언어적 기술 양상의 발생 비율이 낮다. 2. 감각자극에 대한 비정상적 반응을 보인다. 다음의 감각 또는 반응 중의 하나 또는 결합이 영향을 받는다. 시각, 청각, 촉각, 균형, 미각, 후각, 고통에 대한 반응, 자세(아동이 자신의 몸을 지탱하는 방식) 3. 구어 및 언어가 전무하거나 지체된다. 반면 특정한 사고 능력은 나타날 수 있다. 4. 사람, 사물, 사상과의 관계에서 비정상적인 방식을 보인다. 자폐증은 독립적으로 나타나기도 하고 바이러스성 감염, 신진대사 장애, 간질과 같은 뇌기능에 영향을 미치는 다른 장애와 함께 나타나기도 한다. 자폐증과 정신지체를 구별하는 것이 중요하다. 진단적 혼란은 부적절하고 비효과적인 중재 기법에의 의뢰를 초래할 수 있다. 증후의 심각한 양상으로는 극단적인 자기상해적이고 반복적이며 매우 비정상적인 공격행동을 들 수 있다. 행동적 방법을 적용한 특수교육 프로그램이 자폐인의 치료에 가장 도움이 되는 것으로 나타나 있다. 자폐증은 치료 가능하다. 조기 진단 및 중재는 아동의 앞으로의 발달에 매우 중요하다. (1996년 10~11월 소식지)
1997년 정의	자폐증은 생애 초기 3년 동안에 전형적으로 나타나는 발달장애이다. 뇌의 기능, 자폐증, 그리고 행동 증후에 영향을 미치는 신경학적 장애의 결과가 인구 10,000명당 대략 15명 정도에게서 나타난다. 자폐증은 여자보다 남자에게서 4배의 출현율을 보이며 인종, 민족, 사회적 배경의 차이가 없는 것으로 나타난다. 가족의 수입, 생활양식, 교육 수준이 자폐증 발생에 영향을 미치지 않는다. 자폐증은 인지, 사회적 상호작용, 그리고 의사소통 기술 영역과 관련된 뇌의 정상적 발

표 2-2 미국자폐인협회의 자폐증 정의의 변화 (계속)

1997년 정의	달을 방해한다. 자폐 아동과 성인은 언어 및 비언어적 의사소통, 사회적 상호작용, 여가 및 놀이 활동에서 결함을 전형적으로 가지고 있다. 이 장애로 인해 자폐 아동과 성인은 다른 사람과 의사소통하고 자신 외의 바깥 세계와 상호작용 하는 데 어려움을 보인다. 이들은 반복적인 몸의 움직임(손 흔들기, 앞뒤로 움직이기), 사람에 대한 비정상적 반응, 사물에 대한 집착, 일과의 변화에 대한 저항을 보인다. 어떤 경우에는 공격행동과 자기상해행동이 나타나기도 한다. 오늘날 미국 내에 대략 40만 명이 자폐증의 몇 가지 양상을 가지고 있는 것으로 조심스럽게 추산된다. 현재 이 출현율은 발달장애 중에서 세 번째로 높은 것으로 다운증후군보다 더 높은 것이다. 그러나 의학, 교육학, 직업 분야의 많은 전문가들을 포함하여 대다수의 대중들은 자폐증이 사람에게 미치는 영향과 자폐인과 효과적으로 작업하는 방법을 여전히 알지 못한다. (1997년 1~2월 소식지)
1998년 정의	자폐증은 생애 초기 3년 동안에 전형적으로 나타나는 복잡한 발달장애이다. 뇌의 기능, 자폐증, 그리고 행동 증후에 영향을 미치는 신경학적 장애의 결과가 인구 500명당 대략 1명 정도에게서 나타난다. 자폐증은 여자보다 남자에게서 4배의 출현율을 보이며 인종, 민족, 사회적 배경의 차이가 없는 것으로 나타난다. 가족의 수입, 생활양식, 교육 수준이 자폐증 발생에 영향을 미치지 않는다. 자폐증의 사회적 상호작용과 의사소통 기술 영역과 관련된 뇌의 정상적 발달을 방해한다. 자폐아동과 성인은 언어 및 비언어적 의사소통, 사회적 상호작용, 여가 및 놀이 활동에서 결함을 전형적으로 가지고 있다. 이 장애로 인해 자폐 아동과 성인은 다른 사람과 의사소통하고 자신 외의 바깥 세계와 상호작용 하는 데 어려움을 보인다. 이들은 반복적인 몸의 움직임(손 흔들기, 앞뒤로 움직이기), 사람에 대한 비정상적 반응, 사물에 대한 집착, 일과의 변화에 대한 저항을 보인다. 오늘날 미국 내에 대략 50만 명 정도가 자폐증의 몇 가지 양상을 가지고 있다. 현재 이 출현율은 발달장애 중에서 세 번째로 높은 것으로 다운증후군보다 더 높은 것이다. 그러나 의학, 교육학, 직업 분야의 많은 전문가들을 포함하여 대다수의 대중들은 자폐증이 사람에게 미치는 영향과 자폐인과 효과적으로 작업하는 방법을 여전히 알지 못한다. (9~10월 소식지)

을 수 있는 법적 자격이 있는 것으로 판별된 아동의 수가 10년 사이에 544% 증가하였음을 나타내는 것이다. 이러한 증가가 보다 광범위한 진단 준거의 적용과 미국 내 인구 증가와 관련이 있지만, 다른 장애 범주에 속했던 장애(다른 법적 자격을 가졌던 장애)가 특수교육 수혜의 법적 자격을 갖게 된 자폐스펙트럼장애로 바뀌었기 때문이라고도 할 수 있다. 즉 자폐로 명명되지는 않았지만 공교육 체계 내에서 서비스를 받고 있던 학생들이 많았다는 것이다. 그래서 보다 정확한 법적 자격이 가능하게 되면서 출현율의 증가를 가져왔다고 볼 수 있는 것이다.

아동에게 영향을 미치는 다른 조건들 또한 놀랄만한 증가를 보이고 있다. 천식(asthma), 제1유형 당뇨병(Type 1 diabetes), 자기면역장애(autoimmune disorders), 그리고 ADHD의 출현율도 급격하게 증가하였다(Lawler et al., 2004). 출현율은 예를 들어 자폐스펙트럼장애와 같은 장애를 다루는 하나의 측정 규준이다. 증후군을 가진 것으로 판별된 사람의 현재 숫자를 단순히 기술하는 출현율과는 반대로, 발생률(incidence rate)은 서비스에 대한 요구를 계획하는 데 중요하다. 발생률은 주어진 시간의 틀 내에 얼마나 많은 사람들이 특정한 조건을 가지고 태어날 것인지를 반영한다. 자폐 발생의 정확한 수치는 파악하기 어렵고, 자폐스펙트럼장애에 대한 발생이 변화하고 있는지를 결정하는 것 또한 가능하지 않다(Tidmarsh & Volkmar, 2003).

12. 결 론

야생소년에 관한 보고는 자폐스펙트럼장애인이 역사적으로 오랜 시간 전부터 있었음을 시사하고 있다. Leo Kanner와 Hans Asperger는 자신들이 연구한 대상들의 행동 특성을 체계적으로 기술하였다. Kanner와 Asperger가 기술한 대상이 연속적인 범주에서 확실히 분명한 끝단인지 또는 정반대의 끝단을 기술하는 것인지 아닌지에 관해서는 논쟁의 여지가 있다.

자폐스펙트럼장애는 그 범주에 속한 사람들의 비정상적인 행동 특성을 이끄는 신경학적 차이의 결과이다. 신경학적 차이의 원인론은 지속적으로 연구되고 있다. 신경학적 차이가 유전적 소인으로 인해 나타난다는 증거가 제시되고 있다. 유전은 생애 전반에 걸쳐서 지속적으로 나타나는 신경학적 차이와 관련된 태아기의 일련의 신경계 발달에 영향을 미친다. 유전은 유전장애, 새로운 돌연변이, 염색체 이상을 통해 뇌의 차이를 불러일으킬 수도 있다. 그래서 자폐스펙트럼장애의 조기 출현 또는 잠재적 출현을 초래할 수 있다. 신경학적 차이 중에 어떠한 것이 자폐스펙트럼장애에 일차적으로 영향을 미치는지 또는 근본적인 문제가 뇌의 다른 체계 내에 그리고 체계 간의 연계에 있는지를 확인하는 연구는 아직 없다. 증후에 효과가 있다고 하는 약물의 부작용도 평가되고 관리되어야 한다. 사회적 상호작용, 의사소통, 인지적 기술에서의 향상은 중재의 효과뿐만 아니라 신경학적 성숙의 영향도 있을 수 있다. 자폐스펙트럼장애는 행동 표현에 근거하여 현재 진단되고 있다. 미래에는 의학 기술을 사용하는 것이 가능할 것이다. 자폐스펙트럼장애 여부를 진단하기 위해 신경영상화와 유전적 선별을 사용하는 것을 예로 들 수 있다.

뇌의 화학적, 구조적 차이를 따로 구분하여 기술하는 방식은 뇌의 복잡하고 상호 연계된 기능 수행을 적절하게 설명하지 못하고 있다. 그러나 신경학적 차이의 가능성에 관한 인식은 적절한 조절과 중재의 개발을 이끌 수 있다. 교실에서 관찰 가능한 신경학적 차이의 표시와 자폐스펙트럼장애 아동뿐만 아니라 다른 장애 아동들의 행동과 연계하여 지원을 제공하기 위한 일반적인 지침이 〈표 2-3〉에 제시되어 있다. 〈표 2-3〉의 오른쪽 열에 제언된 교수 전략은 이 책의 이후의 장에서 보다 구체적으로 다루어질 것이다. 이 표의 내용은 자폐스펙트럼장애 학생들이 보이는 행동 특성에 대한 설명 가능한 이유를 이해하는 데 도움이 될 것이다.

13. 토론 질문과 활동

(1) 자폐스펙트럼장애는 유사한 신경학적 원인에 근거하기도 한다. 그러나 뇌 발달의 적응유연성의 경험과 학습의 영향으로 인해 나타나는 기능 수행의 결과는 매우 상이하고 다양하다. 동일한 진단명(예 : 둘 다 자폐, 아스퍼거, 또는 뇌성마비 등과 같은 동일한 진단명을 받은 경우)을 받았으나 특성과 행동이 다른 두 사람을 찾아본다. 그들의 경험에 영향을 미치는 변인, 즉 그들의 기능 수행 결과의 차이를 설명할 수 있는 변인을 판별하기 위해 그들의 삶에 관한 정보를 수집한다.

(2) 가능한 한 많은 행동 특성의 목록을 작성한다. 자폐인들의 뇌간, 변연계, 대뇌 피질, 소뇌에서 나타나는 차이로 인해 영향을 받을 수 있는 행동 특성들을 기록한다.

(3) 〈레인맨〉, 〈머큐리〉, (역자 주 : 국내의 경우 〈말아톤〉)과 같은 영화를 보고 영화에 나오는 자폐스펙트럼장애 주인공의 특성에 영향을 미치는 신경학적 차이를 추측해 본다.

표 2-3 신경학적 차이를 지원하기 위한 기본 전략

신경학적 차이	관련 행동	교수 전략
뇌간 : 망상활성체계 자극 투입 및 산출 조절	감각에 대한 비정상적 반응 전정계 자극을 증대시키기 위한 자기자극행동	환경 분석 허가된 운동(짧은 시간 동안 허가된 격렬한 운동)
변연계 : 동기와 정서 사상에 부여된 의미 파악	일반적인 자극에 의해서는 동기 부여되지 않음 비정상적 정서/감정 원인 및 효과를 이해하는 데 어려움	동기부여를 위해 아동이 선호하는 것을 활용 사회적 단서를 읽는 법과 사회적 기술을 지도 충분한 반복 연습 기회 제공
대뇌 피질 : 청각 정보처리와 통합	지시에 늦게 반응하거나 반응하는 데 실패함 소리가 나는 곳(발성된 곳)을 향하지 못함	시각 정보 제공 지시를 할 때 구어와 더불어 문자를 활용
소뇌 : 푸르킨예 세포(정화 체계)	감각자극(시각, 청각, 후각, 미각, 촉각)에 민감 감각자극을 차단하기 위한 기제를 활용 • 과다선택 주의집중 • 자기자극행동 • 회피행동	환경 조작 • 자극을 줄이거나 제거 • 경계를 분명하게 함 보상 전략을 지도 • 보다 조용하고 어두운 장소로의 이동 • 낮은 기술을 요하는 장치를 활용 • 정중한 거절 방식 중요한 정보의 강조 • 색, 크기, 음영, 표시 • 가상 템플릿(template) / 지그(jig)
소뇌 : 주의집중 조절(집중, 유지, 전환)	주의집중을 얻는 데 어려워함 쉽게 산만해짐 불필요하거나 틀린 자극에 주의를 둠 주의집중을 바꾸는 데 오랜 시간이 걸림	환경 조작 • 아동의 산만함을 초래하는 요소들을 제거 • 분명한 표시를 지도 주의집중을 이끌 수 있는 시각 단서의 활용 반응을 위한 추가 시간의 제공
소뇌 : 예비 체계	일정한 일과를 원함 변화에 저항함 상동행동 자기자극행동	시각적인 시간표와 활동 진행표 사전 수정 앞으로 있을 전이를 미리 알려 줌 자주 재검토하고 재확인

(4) 〈표 2-3〉을 활용하여 자폐스펙트럼장애 학생을 생각하고 학교 환경에서 학생의 참여를 지원하는 데 도움이 될 수 있는 환경 수정을 고안한다. 동일한 수정을 통해 효과를 본 신경학적으로 정상적인 학생들을 학교 환경에서 찾아본다.

(5) 자폐스펙트럼장애 이해의 발전을 묘사하는 연대표(timeline)를 작성한다. 자폐스펙트럼장애의 정의, 원인, 출현율에서의 변화를 살펴본다.

참고문헌

Akshoomoff, N., Pierce, K., & Courchesne, E. (2002). The neurobiological basis of autism from a developmental perspective. *Development and Psychopathology, 14,* 613-634.

Aman, M. G., Van Bourgondien, M. E., Wolford, P. L., & Sarphare, G. (1995). Psychotropic and anticonvulsant drugs in subjects with autism: Prevalence and patterns of use. *Journal of the American Academy of Child and Adolescent Psychiatry, 34,* 1672-1681.

Anderson, G. M., Freedman, D. X., Cohen, D. J., Volkmar, F. R., Hoder, E. L., McPhedran, P., et al. (1987). Whole blood serotonin in autistic and normal subjects. *Journal of Child Psychology & Psychiatry & Allied Disciplines, 28,* 885-900.

Anderson, L. T., Campbell, M., Adams, P., Small, A. M., Perry, R., & Shell, J. (1989). The effects of haloperidol on discrimination learning and behavioral symptoms in autistic children. *Journal of Autism and Developmental Disorders, 19,* 227-239.

Arin, D. M., Bauman, M. L., & Kemper, T. L. (1991). The distribution of Purkinje cell loss in the cerebellum in autism. *Neurology, 41,* 307.

Arndt, T. L., Stodgell, C. J., & Rodier, P. M. (2005). The teratology of autism. *International Journal of Developmental Neuroscience, 23,* 189-199.

Ashwin, C., Wheelwright, S., & Baron-Cohen, S. (2005). Laterality biases to chimeric faces in Asperger syndrome: What is right about face-processing? *Journal of Autism and Developmental Disorders, 35,* 183-196.

Asperger, H. (1944/1991). Autistic psychopathy in childhood (Trans). In U. Frith (Ed.), *Autism and Asperger syndrome* (pp. 37-92). Cambridge, UK: Cambridge University Press.

Asperger, H. (1977). Problems of infantile autism. *Communication, 13,* 45-52.

Bachevalier, J. (1991). An animal model for childhood autism: Memory loss and socioemotional disturbances following neonatal damage to the limbic system in monkeys. In C. A. Tamminga & S. C. Schultz (Eds.), *Advances in neuropsychiatry and psychopharmacology: Schizophrenia research* (pp. 129-140). New York: Raven Press.

Bachevalier, J. (1994). The contribution of medial temporal lobe structures in infantile autism: A neurobehavioral study in primates. In M. L. Bauman & T. L. Kemper (Eds.), *The neurobiology of autism* (pp. 146-169). Baltimore: Johns Hopkins University Press.

Bachevalier, J., Malkova, L., & Mishkin, M. (2001). Effects of selective neonatal temporal lobe lesions on socioemotional behavior in infant rhesus monkeys. *Behavioral Neuroscience, 115,* 545-559.

Bachevalier, J., & Vargha-Khadem, F. (2005). The primate hippocampus: Ontogeny, early insult and memory. *Current Opinion in Neurobiology, 15,* 168-174.

Bailey, A., Le Couteur, A., Gottesman, I., Bolton, P., Simonoff, E., Yuzda, E., et al. (1995). Autism as a strongly genetic disorder: Evidence from a British twin study. *Psychological Medicine, 25,* 63-78.

Bailey, A., Luthert, P., Dean, A., Harding, B., Janota, I., Montgomery, M., et al. (1998). A clinicopathological study of autism. *Brain, 121,* 889-905.

Bailey, A., Palferman, S., Heavey, L., & Le Couteur, A. (1998). Autism: The phenotype in relatives. *Journal of Autism and Developmental Disorders, 28,* 369-392.

Bailey, A., Phillips, W., & Rutter, M. (1996). Autism: Towards an integration of clinical, genetic, neuropsychological, and neurobiological perspectives. *Journal of Child Psychology and Psychiatry, 37,* 89-126.

Barbaresi, W. J., Katusic, S. K., Colligan, R. C., Weaver, A. L., & Jacobsen, S. J. (2005). The incidence of autism in Olmsted County, Minnesota, 1976-1997. *Archives of Pediatrics and Adolescent Medicine, 159,* 37-44.

Baron-Cohen, S., Ring, H. A., Bullmore, E. T., Wheelwright, S., Ashwin, C., & Williams, S. C. (2000). The amygdala theory of autism. *Neuroscience and Biobehavioral Reviews, 24,* 355-364.

Barrett, R. P., Feinstein, C. B., & Hole, W. (1989). Effects of naloxone and naltrexone on self-injury: A double-blind, placebo-controlled analysis. *American Journal of Mental Retardation, 93,* 644-651.

Bauman, M. L. (1997). The neuroanatomy of autism: Clinical implications. In P. J. Accardo, B. K. Shapiro, & A. J. Capute (Eds.), *Behavior belongs in the brain: Neurobehavioral syndromes* (pp. 69-95). Baltimore: York Press.

Bauman, M. L., & Kemper, T. L. (2005). Neuroanatomic observations of the brain in autism: A review and future directions. *International Journal of Developmental Neuroscience, 23,* 183-187.

Bellini, S. (2004). Social skill deficits and anxiety in high-functioning adolescents with autism spectrum disorders. *Focus on Autism and Other Developmental Disabilities, 19,* 78-86.

Bettelheim, B. (1967). *The empty fortress: Infantile autism and the birth of the self.* New York: Free Press.

Bolton, P., Macdonald, H., Pickles, A., Rios, P., Goode, S., Crowson, M., et al. (1994). A case-control family history study of autism. *Journal of Child Psychology and Psychiatry, 35,* 877-900.

Boucher, J., & Lewis, V. (1992). Unfamiliar face recognition in relatively able autistic children. *Journal of Child Psychology and Psychiatry, 33,* 843-859.

Bryson, S., & Landry, R. (1994). Brief report: A case study of literacy and socioemotional development in a mute autistic female. *Journal of Autism and Developmental Disorders, 24,* 225-232.

Campbell, M., Anderson, L. T., Small, A. M., Adams, P., Gonzalez, N. M., & Ernst, M. (1993). Naltrexone in autistic children: Behavioral symptoms and attentional learning. *Journal of the Academy of Child and Adolescent Psychiatry, 32,* 1283-1291.

Campbell, M., Small, A. M., Anderson, L. T., Malone, R. P., & Locascio, J. J. (1992). Pharmacotherapy in autism. In H. Naruse & E. M. Ornitz (Eds.), *Neurobiology of Infantile Autism* (pp. 235-243). Amsterdam: Excerpta Medica.

Candland, D. K. (1993). *Feral children and clever animals: Reflections on human nature.* New York: Oxford University Press.

Canitano, R., Luchetti, A., & Zappella, M. (2005). Epilepsy, electroencephalographic abnormalities, and regression in children with autism. *Journal of Child Neurology, 20,* 27-31.

Chandana, S. R., Behen, M. E., Juhasz, C., Muzik, O., Rothermel, R. D., Mangner, T. J., et al. (2005). Significance of abnormalities in developmental trajectory and asymmetry of cortical serotonin synthesis in autism. *International Journal of Developmental Neuroscience, 23,* 171-182.

Chen, W., Landau, S., Sham, P., & Fombonne, E. (2004). No evidence for links between autism, MMR, and measles virus. *Psychological Medicine, 34,* 543-553.

Chess, S., Korn, S. J., & Fernandez, P. B. (1971). *Psychiatric disorders of children with congenital rubella.* New York: Brunner/Mazel.

Chudley, A. E., Gutierrez, E., Jocelyn, L. J., & Chodirker, B. N. (1998). Outcomes of genetic evaluation in children with pervasive developmental disorder. *Journal of Developmental and Behavioral Pediatrics, 19,* 321-325.

Chugani, D. C., Muzik, O., Behen, M., Rothermel, R., Janisse, J. J., Lee, J., et al. (1999). Developmental changes in brain serotonin synthesis capacity in autistic and nonautistic children. *Annals of Neurology, 45,* 287-295.

Chugani, D. C., Muzik, O., & Rothermel, R. (1997). Altered serotonin synthesis in the dentatothalamocortical pathway in autistic boys. *Annals of Neurology, 42,* 666-669.

Connolly, H. M., & Crary, J. L. (1997). Valvular heart disease associated with fenfluramine-phentermine. *New England Journal of Medicine, 337,* 581-588.

Constantino, J. N., & Todd, R. D. (2005). Intergenerational transmission of subthreshold autistic traits in the general population. *Biological Psychiatry, 57,* 655-660.

Cook, E. H. (1990). Autism: Review of neurochemical investigation. *Synapse, 6,* 292-308.

Cook, E. H. (1996). Pathophysiology of autism: Neurochemistry. *Journal of Autism and Developmental Disorders, 26,* 221-225.

Courchesne, E. (1997). Brainstem, cerebellar, and limbic neuroanatomical abnormalities in autism. *Current Opinion in Neurobiology, 7,* 269-278.

Courchesne, E., Akshoomoff, N. A., & Townsend, J. (1992). Recent advances in autism. In H. Naruse & E. M. Ornitz (Eds.), *Neurobiology of infantile autism* (pp. 111-128). Amsterdam: Elsevier Science.

Courchesne, E., & Allen, G. (1997). Prediction and preparation: Fundamental functions of the cerebellum. *Learning & Memory, 4,* 1-35.

Courchesne, E., Courchesne, R. Y., Hicks, G., & Lincoln, A. J. (1985). Functioning of the brainstem auditory pathway in non-retarded autistic individuals. *Electroencephalography and Clinical Neurophysiology, 61,* 491-501.

Courchesne, E., Redcay, E., & Kennedy, D. P. (2004). The autistic brain: Birth through adulthood. *Current Opinion in Neurology, 17,* 489-496.

Courchesne, E., Yeung-Courchesne, R., Press, G. A., Hesselink, J. R., & Jernigan, T. L. (1988). Hypoplasia of cerebellar vermal lobules VI and VII in autism. *New England Journal of Medicine, 26,* 1349-1354.

Croen, L. A., Grether, J. K., Hoogstrate, J., & Selvin, S. (2002). The changing prevalence of autism in California. *Journal of Autism and Developmental Disorders, 32,* 207-215.

Dam, M. (1992). Quantitative neuropathology in epilepsy. *Acta Neurology Scandinavia, 137,* 51-54.

Dawson, G. (1983). Lateralized brain dysfunction in autism: Evidence from the Halstead-Reitan Neuropsychological Battery. *Journal of Autism and Developmental Disorders, 13,* 269-286.

Dawson, G., Carver, L., Meltzoff, A. N., Panagiotides, H., McPartland, J., & Webb, S. J. (2002). Neural correlates of face and object recognition in young children with autism spectrum disorder, developmental delay, and typical development. *Child Development, 73,* 700-717.

Dawson, G., Meltzoff, A. N., Osterling, J., Rinaldi, J., & Brown, E. (1998). Children with autism fail to orient to naturally occurring social stimuli. *Journal of Autism and Developmental Disorders, 28,* 479-485.

Dawson, G., Osterling, J., Meltzoff, A., & Kuhl, P. (2000). Case study of the development of an infant with autism from birth to 2 years of age. *Journal of Applied Developmental Psychology, 21,* 299-313.

Dekaban, A. S., & Sadowsky, D. (1978). Changes in brain weights during the span of human life: Relation of brain weights to body heights and body weights. *Annals of Neurology, 4,* 345-356.

DeLong, G. R. (1999). Autism: New data suggest a new hypothesis. *Neurology, 52,* 911-916.

DeLong, G. R., Teague, L. A., & McSwain-Kamran, M. (1998). Effects of fluoxetine treatment in young children with idiopathic autism. *Developmental Medicine Child Neurology, 40,* 551-562.

Dementieva, Y. A., Vance, D. D., Donnelly, S. L., Elston, L. A., Wolpert, C. M., Ravan, S. A., et al. (2005). Accelerated head growth in early development of individuals with autism. *Pediatric Neurology, 32,* 102-108.

Dennis, M., Lockyer, L., Lazenby, A. L., Donnelly, R. E., Wilkinson, M. & Schoonheyt, W. (1999). Intelligence patterns among children with high-functioning autism, phenylketonuria, and childhood head injury. *Journal of Autism and Developmental Disorders, 29,* 5-17.

DeStefano, F., Bhasin, T. K., Thompson, W. W., Yeargin-Allsopp, M., & Boyle, C. (2004). Age at first measles-mumps-rubella vaccination in children with autism and school-matched control subjects: A population-based study in metropolitan Atlanta. *Pediatrics, 113,* 259-266.

Ekman, G., Miranda-Linné, F., Gillberg, C., Garle, M., & Wetterberg, L. (1989). Fenfluramine treatment of twenty children with autism. *Journal of Autism and Developmental Disorders, 19,* 511-532.

Ellaway, C., & Christodoulou, J. (1999). Rett syndrome: Clinical update and review of recent genetic advances. *Journal of Paediatrics & Child Health, 35,* 419-426.

Filipek, P. A., Richelme, C., Kennedy, D. N., Rademacher, J., Pitcher, D. A., Zidel, S., et al. (1992). Morphometric analysis of the brain in developmental language disorders and autism. *Annals of Neurology, 32,* 475.

Folstein, S., & Rutter, M. (1977). Infantile autism: A genetic study of 21 twin pairs. *Journal of Child Psychology and Psychiatry, 18,* 297-321.

Fombonne, E. (1999). The epidemiology of autism: A review. *Psychological Medicine, 29,* 769-786.

Fombonne, E. (2003). Epidemiology of pervasive developmental disorders. *Trends in Evidence-Based Neuropsychiatry, 5,* 29-36.

Frith, U. (Ed.). (1991). *Autism and Asperger Syndrome.* Cambridge, UK: Cambridge University Press.

Frith, U. (2003). *Autism: Explaining the enigma* (2nd ed.). Malden, MA: Blackwell.

Frith, U. (2004). Emanuel Miller lecture; Confusions and controversies about Asperger syndrome. *Journal of Child Psychology and Psychiatry, 4,* 672-686.

Gale, S., Ozonoff, S., & Lainhart, J. (2003) Brief report: Pitocin induction in autistic and nonautistic individuals. *Journal of Autism and Developmental Disorders, 33,* 204-208.

Ghaziuddin, M., & Gerstein, L. (1996). Pedantic speaking style differentiates Asperger syndrome from high-functioning autism. *Journal of Autism and Developmental Disorders, 26,* 585-595.

Gillberg, C. (1995). Endogenous opioids and opiate antagonists in autism: Brief review of empirical finds and implications for clinicians. *Developmental Medicine and Child Neurology, 37,* 239-245.

Gillberg, C. (1999). Prevalence of disorders in the autism spectrum. *Infants and Young Children, 12,* 64-74.

Gillberg, I. C., Gillberg, C., & Ahlsen, G. (1994). Autistic behaviour and attention deficits in tuberous sclerosis: A population-based study. *Developmental Medicine and Child Neurology, 36,* 50-56.

Goodman, R. (2002). Brain disorders. In M. Rutter & E. Taylor (Eds.), *Child and Adolescent Psychiatry* (4th ed., pp. 241-260). Malden, MA: Blackwell.

Grafman, J., Litvan, I., Massaquoi, S., Stewart, M., Sivigu, A., & Hallet, M. (1992). Cognitive planning deficit in patients with cerebellar atrophy. *Neurology, 42,* 1493-1496.

Green, R. H., & Schwartzbaum, J. S. (1968). Effects of unilateral septal lesions on avoidance behavior, discrimination reversal, and hippocampal EEG. *Journal of Comparative and Physiological Psychology, 65,* 388-396.

Grelotti, D. J., Klin, A. J., Gauthier, I., Skudlarksi, P., Cohen, D. J., Gore, J. C., et al. (2005). FMRI activation of the fusiform gyrus and amygdala to cartoon characters but not to faces in a boy with autism. *Neuropsychologia, 43,* 373-385.

Hallahan, D. P., & Kauffman, J. M. (2003). *Exceptional learners: An introduction to special education* (9th ed.). Boston, MA: Allyn & Bacon.

Hobson, R. P., Ouston, J., & Lee, A. (1988). What's in a face? The case of autism. *British Journal of Developmental Psychology, 79,* 441-453.

Holden, C. (2005). Mating for autism? *Science, 308,* 948.

Hollander, E., Cartwright, C., Wong, C. M., DeCaria, C. M., DelGiudice-Asch, F., Buchsbaum, M. S., et al. (1998). A dimensional approach to the autism spectrum. *CNS Spectrums, 3,* 22-26, 33-39.

Hollander, E., King, A., Delaney, K., et al. (2003). Obsessive-compulsive behaviors in parents of multiplex autism families. *Psychiatry Research, 117,* 11-16.

Hollander, E., Phillips, A., Chaplin, W., Zagursky, K., Novotny, S., Wasserman, S., et al. (2005). A placebo controlled crossover trial of liquid fluoxetine on repetitive behaviors in childhood and adolescent autism. *Neuropsychopharmacology, 30,* 582-589.

Howlin, P. (2003). Outcome in high-functioning adults with autism with and without early language delays: Implications for the differentiation between autism and Asperger syndrome. *Journal of Autism & Developmental Disorders, 33,* 3-13.

Hunt, A., & Shepherd, C. (1993). A prevalence study of autism in tuberous sclerosis. *Journal of Autism and Developmental Disorders, 23,* 329-339.

Hviid, A., Stellfeld, M., Wohlfahrt, J., & Melbye, M. (2003). Association between thimerosal-containing vaccine and autism. *Journal of the American Medical Association, 290,* 1763-1766.

Itard, J. M. G. (1806/1962). *The wild boy of Aveyron* (G. Humphrey & M. Humphrey, Trans.). Upper Saddle River, NJ: Prentice Hall.

Joseph, R. (1999). Environmental influences on neural plasticity, the limbic system, emotional development, and attachment: A review. *Child Psychiatry and Human Development, 29,* 189-208.

Just, M. A., Cherkassky, V. L., Keller, T. A., & Minshew, N. J. (2004). Cortical activation and synchronization during sentence comprehension in high-functioning autism: Evidence of underconnectivity. *Brain, 127,* 1811-1821.

Kanner, L. (1943). Autistic disturbances of affective contact. *The Nervous Child, 2,* 217-250.

Kaye, J. A., del Mar Melero-Montes, M., & Jick, H. (2001). Measles, mumps, and rubella vaccine and the incidence of autism recorded by general practitioners: A time trend analysis. *British Medical Journal, 322,* 460-463.

Kemper, T. L., & Bauman, M. (1998). Neuropathology of infantile autism. *Journal of Neuropathology and Experimental Neurology, 57,* 645-652.

Kimble, D. P. (1963). The effects of bilateral hippocampal lesions in rats. *Journal of Physiological Psychology, 56,* 273-283.

Kirk, S. A., Gallagher, J. J., & Anastasiow, N. J. (1993). *Educating exceptional children* (7th ed.). Boston, MA: Houghton Mifflin.

Klin, A., Jones, W., Schultz, R., Volkmar, F., & Cohen, D. (2002a). Defining and quantifying the social phenotype in autism. *The American Journal of Psychiatry, 159,* 895-908.

Klin, A., Jones, W., Schultz, R., Volkmar, F., & Cohen, D. (2002b). Visual fixation patterns during viewing of naturalistic social situations as predictors of social competence in individuals with autism. *Archives of General Psychiatry, 59,* 809-816.

Knivsberg, A., Reichelt, K., Noland, M., & Hoien, T. (1995). Autistic syndrome and diet: A follow-up study. *Scandinavian Journal of Education Research, 39,* 223-236.

Lane, H. (1976). *The wild boy of Aveyron.* Cambridge, MA: Harvard University Press.

Lane, S. J. (2002). Structure and function of the sensory systems (pp. 35-70) & Sensory modulation (pp. 101-122). In A. C. Bundy, S. J. Lane, & E. A. Murray (Eds.), *Sensory integration: Theory and practice* (2nd ed.). Philadelphia: F. A. Davis.

Landry, R., & Bryson, S. E. (2004). Impaired disengagement of attention in young children with autism. *Journal of Child Psychology and Psychiatry, 45,* 1115-1122.

Langdell, T. (1978). Recognition of faces: An approach to the study of autism. *Journal of Child Psychology and Psychiatry, 19,* 225-238.

Lawler, C. P., Croen, L. A., Grether, J. K., & Van de Water, J. (2004). Identifying environmental contributions to autism: Provocative clues and false leads. *Mental Retardation and Developmental Disabilities Research Reviews, 10,* 292-302.

Leiner, H. C., Leiner, A. L., & Dow, R. S. (1987). Cerebrocerebellar learning loops in apes and humans. *Italian Journal of Neurological Science, 8,* 425-436.

Lenn, N. J. (1991). Neuroplasticity: The basis for brain development, learning and recovery from injury. *Infants and Young Children, 3,* 39-48.

Lewine, J. D., Andrews, R., Chez, M., Arun-Angelo, P., Devinsky, O., Smith, M., et al. (1999). Magnetoencephalographic patterns of epileptiform activity in children with regressive autism spectrum disorders. *Pediatrics, 104,* 405-418.

Lim, M. M., Bielsky, I. F., & Young, L. J. (2005). Neuropeptides and the social brain: Potential rodent models of autism. *International Journal of Developmental Neuroscience, 23,* 235-243.

Limoges, E., Mottron, L., Bolduc, C., Berthiaume, C., & Godbout, R. (2005). Atypical sleep architecture and the autism phenotype. *Brain: A Journal of Neurology, 128,* 1049-1061.

Lord, C., & Bailey, A. (2002). Autism spectrum disorders. In M. Rutter & E. Taylor (Eds.), *Child and Adolescent Psychiatry* (4th ed., pp. 636-663). Malden, MA: Blackwell.

Lord, C., Cook, E. H., Leventhal, B., & Amaral, D. G. (2000). Autism spectrum disorders. *Neuron, 28,* 355-363.

Luna, B., Minshew, N. J., Garver, K. E., Lazar, N. A., Thulborn, K. R., Eddy, W. F., et al. (2002). Neocortical system abnormalities in autism: An fMRI study of spatial working memory. *Neurology, 59,* 834-840.

MacLean, C. (1977). *The wolf children.* New York: Hill and Wang.

Malhotra, S., & Gupta, N. (1999). Childhood disintegrative disorder. *Journal of Autism and Developmental Disorders, 29,* 491-498.

Martineau, J., Barthelemy, C., Muh, J. P., & Lelord, G. (1992). Dopamine, serotonin and their derivatives: Biochemical markers in childhood autism? In H. Naruse & E. M. Ornitz (Eds.), *Neurobiology of Infantile autism* (pp. 251-268). Amsterdam: Excerpta Medica.

Mayes, S. D., Calhoun, S. L., & Crites, D. L. (2001). Does *DSM-IV* Asperger's disorder exist? *Journal of Abnormal Child Psychology, 29,* 263-271.

McDougle, C. J., Holmes, J. P., Carlson, D. C., Pelton, G. H., Cohen, D. J., & Price, L. H. (1998). A double-blind, placebo-controlled study of risperidone in adults with autistic disorder and other pervasive developmental disorders. *Archives of General Psychiatry, 55,* 633-641.

McDougle, C. J., Naylor, S. T., Cohen, D. J., Volkmar, F. R., Heninger, G. R., & Price, L. H.

(1996). A double-blind placebo-controlled study of fluvoxamine in adults with autistic disorder. *Archives of General Psychiatry, 53,* 1001-1008.

Miles, J. H., & Hillman, R. E. (2000). Value of a clinical morphology examination in autism. *American Journal of Medical Genetics, 91,* 245-253.

Minshew, N. (1991). Indices of neural function in autism: Clinical and biological implications. *Pediatrics, 87,* 774-780.

Minshew, N., Goldstein, G., Muenz, L., & Payton, J. (1992). Neuropsychological functioning of non-mentally retarded autistic individuals. *Journal of Clinical and Experimental Neuropsychology, 14,* 749-761.

Mishkin, M., & Aggleton, J. P. (1981). Multiple functional contributors of the amygdala in the monkey from the amygdaloid complex. In Y. Ben-Ari (Ed.), *INSERM Symposium, No. 20.* Amsterdam: Elsevier/North Holland Biomedical Press.

Mishkin, M., & Appenzeller, T. (1987). The anatomy of memory. *Scientific American, 256,* 80-89.

Moore, S. J., Turnpenny, P., Quinn, A., Glover, S., Lloyd, D. J., Montgomery, T., et al. (2000). A clinical study of 57 children with fetal anticonvulsant syndrome. *Journal of Medical Genetics, 37,* 489-497.

Mottron, L., Burack, J. A., Iarocci, G., Belleville, S., & Enns, J. T. (2003). Locally oriented perception with intact global processing among adolescents with high-functioning autism: Evidence from multiple paradigms. *Journal of Child Psychology and Psychiatry and Allied Disciplines, 44,* 904-913.

Muhle, R., Trentacoste, S. V., & Rapin, I. (2004). The genetics of autism. *Pediatrics, 113,* e472-e486.

Murray, E. A. (1990). Representational memory in non-human primates. In R. P. Kesner & D. S. Olton (Eds.), *Neurobiology of comparative cognition* (pp. 127-155). Hillsdale, NJ: Lawrence Erlbaum.

Murray, E. A., & Mishkin, M. (1985). Amygdaloidectomy impairs crossmodal association in monkeys. *Science, 228,* 604-606.

Nass, R. (2002). Plasticity: Mechanisms, extent and limits. In S. J. Segalowitz & I. Rapin (Eds.), *Handbook of neuropsychology* (2nd ed., pp. 29-68). Amsterdam: Elsevier Science.

Newton, M. (2002). *Savage girls and wild boys: A history of feral children.* New York: St. Martin's Press.

Nicolson, R., & Castellanos, F. X. (2000). Considerations on the pharmacotherapy of attention deficits and hyperactivity in children with autism and other pervasive developmental disorders. *Journal of Autism and Developmental Disorders, 30,* 461-462.

Ozonoff, S. (1997). Components of executive function deficits in autism and other disorders. In J. Russell (Ed.), *Autism as an executive disorder* (pp. 179-211). Oxford, UK: Oxford University Press.

Palermo, M. T., & Curatolo, P. (2004). Pharmacologic treatment of autism. *Journal of Child Neurology, 19,* 155-164.

Panksepp, J. (1979). A neurochemical theory of autism. *Trends in Neuroscience, 2,* 174-177.

Panksepp, J., & Sahley, T. L. (1987). Possible brain opioid involvement in disrupted social intent and language development of autism. In E. Schopler & G. B. Mesibov (Eds.), *Neurobiological issues in autism* (pp. 357-372). New York: Plenum.

Pascalis, O., de Schonen, S., Morton, J., Deruelle, C., & Fabre-Grent, M. (1995). Mother's face recognition by neonates: A replication and extension. *Infant Behavior and Development, 18,* 79-95.

Pickett, J. (2001). Current investigations in autism brain tissue research. *Journal of Autism and Developmental Disorders, 31,* 521-527.

Pickles, A., Bolton, P., Macdonald, H., Bailey, A., Le Couteru, A., Sim, C. H., et al. (1995). Latent class analysis of recurrence risks for complex phenotypes with selection and measurement error: A twin and family history study of autism. *American Journal of Human Genetics, 57,* 717-726.

Pierce, K., Muller, R. A., Ambrose, J., Allen, G., & Courchesne, E. (2001). Face processing occurs outside the fusiform "face area" in autism: Evidence from functional MRI. *Brain, 124,* 2059-2073.

Piven, J., & Folstein, S. (1994). The genetics of autism. In M. L. Bauman & T. L. Kemper (Eds.), *The Neurobiology of Autism* (pp. 18-44). Baltimore: Johns Hopkins University Press.

Piven, J., Tsai, G. C., Nehme, E., Coyle, J. T., Chase, G. A., & Folstein, S. E. (1991). Platelet serotonin: A possible marker for familial autism. *Journal of Autism and Developmental Disorders, 21,* 51-59.

Piven, J., Wzorek, M., Landa, R., Lainhart, J., Bolton, P., Chase, G. A., et al. (1994). Personality characteristics of the parents of autistic individuals (preliminary communication). *Psychological Medicine, 24,* 783-795.

Potenza, M. N., & McDougle, C. J. (1997). The role of serotonin in autism spectrum disorders. *CNS Spectrums, 2,* 25-42.

Rakic, P. (1971). Neuron-gila relationship during granule cell migration in developing cerebellar cortex: A Golgi and electron microscopic study in macacus rhesus. *Journal of Comparative Neurology, 141,* 282-312.

Rakic, P., & Sidman, R. L. (1970). Histogenesis of the cortical layers in human cerebellum particularly the lamina dissecans. *Journal of Comparative Neurology, 139,* 473-500.

Rank, B. (1955). Intensive study and treatment of preschool children who show marked personality deviations, or "atypical development" and their parents. In G. Caplan (Ed.,), *Emotional problems of early childhood* (pp. 491-501). New York: Basic Books.

Rapin, I. (1999). Autism in search of a home in the brain. *Neurology, 52,* 902-904.

Rimland, B. (2004). Association between thimerosal-containing vaccine and autism. *Journal of the American Medical Association, 291,* 180.

Rinehart, N. J., Bradshaw, J. L., Brereton, A. V., & Tonge, B. J. (2001). Movement preparation in high-functioning autism and Asperger disorder: A serial choice reaction time task involving motor reprogramming. *Journal of Autism and Developmental Disorders, 31,* 79-88.

Rinehart, N. J., Bradshaw, J. L., Brereton, A. V., & Tonge, B. J. (2002). A clinical and neurobehavioural review of high-functioning autism and Asperger's disorder. *Australian and New Zealand Journal of Psychiatry, 36,* 762-770.

Risch, N., Spiker, D., Lotspeich, L., Nouri, N., Hinds, D., Hallmayer, J., et al. (1999). A genomic screen of autism: Evidence for a multilocus etiology. *American Journal of Human Genetics, 65,* 493-507.

Ritvo, E. R., Freeman, B. J., Scheibel, A. B., Duong, T., Robinson, H., & Guthrie, D. (1986). Lower Purkinje cell counts in the cerebella of four autistic subjects: Initial findings of the UCLA-NSAC autopsy research report. *American Journal of Psychiatry, 143,* 862-866.

Roberts, W. W., Dember, W. N., & Brodwick, H. (1962). Alteration and exploration in rats with hippocampal lesions. *Journal of Comparative Psychiatry, 55,* 695-700.

Rodier, P. M. (2000). The early origins of autism. *Scientific American, 282,* 56-63.

Rodier, P. M., Ingram, J. L., Tisdale, B., Nelson, S., Romano, J. (1996). Embryological origin for autism: Developmental anomalies of the cranial nerve motor nuclei. *Journal of Comparative Neurology, 370,* 247-261.

Rogers, S. J., Hepburn, S., & Wehner, E. (2003). Parent reports of sensory symptoms in toddlers with autism and those with other developmental disorders. *Journal of Autism and Developmental Disorders, 33,* 631-642.

Rogers, S. J., Ozonoff, S., & Maslin-Cole, C. (1993). Developmental aspects of attachment behavior in young children with pervasive developmental disorders. *Journal of the American Academy of Child and Adolescent Psychiatry, 32,* 1274-1282.

Rourke, B. (1989). *Nonverbal learning disabilities: The syndrome and the model.* New York: Guilford Press.

Rumsey, J. M. (1992). Neuropsychological studies of high-level autism. In E. Schopler & G. B. Mesibov (Eds.), *High-functioning individuals with autism* (pp. 41-64). New York: Plenum.

Rutgers, A. H., Bakermans-Kranenburg, M. J., van Uzendoorn, M. H., & van Berckelaer-Onnes, I. A. (2004). Autism and attachment: A meta-analytic review. *Journal of Child Psychology and Psychiatry and Allied Disciplines, 45,* 1123-1134.

Rutter, M. (2002). Development and psychopathology. In M. Rutter & E. Taylor (Eds.), *Child and Adolescent Psychiatry* (4th ed., pp. 309-324). Malden, MA: Blackwell.

Rutter, M., Bailey, A., Bolton, P., & Le Couteur, A. (1994). Autism and known medical conditions: Myth and substance. *Journal of Child Psychology and Psychiatry, 35,* 311-322.

Saitoh, O., & Courchesne, E. (1998). Magnetic resonance imaging study of the brain in autism. *Psychiatry and Clinical Neuroscience, 52,* S219-S222.

Santangelo, S. L., & Tsatsanis, K. (2005). What is known about autism: Genes, brain, and behavior. *American Journal of Pharmacogenomics, 5,* 71-92.

Schreck, K. A., Mulick, J. A., & Smith, A. F. (2004). Sleep problems as possible predictors of intensified symptoms of autism. *Research in Developmental Disabilities, 25,* 57-66.

Schultz, R. T. (2005). Developmental deficits in social perception in autism: The role of the amygdala and fusiform face area. *International Journal of Developmental Neuroscience, 23,* 125-141.

Schultz, R. T., Gauthier, I., Klin, A., Fulbright, R., Anderson, A., Volkmar, F. R., et al. (2000). Abnormal ventral temporal cortical activity among individuals with autism and Asperger syndrome during face discrimination. *Archives of General Psychiatry, 57,* 331-340.

Sigman, M., Dijamco, A., Gratier, M., & Rozga, A. (2004). Early detection of core deficits in autism. *Mental Retardation and Developmental Disabilities Research Reviews, 10,* 221-233.

Squire, L. R., & Zola-Morgan, S. (1991). The medial temporal lobe memory system. *Science, 253,* 1380-1386.

Steingard, R. J., Zimnitzky, B., DeMaso, D. R., Bauman, M. L., & Bucci, J. P. (1997) Sertraline treatment of transition-associated anxiety and agitation in children with autistic disorder. *Journal of Child and Adolescent Psychopharmacology, 7,* 9-15.

Szatmari, P., Jones, M. B., Zwaigenbaum, L., & MacLean, J. E. (1998). Genetics of autism: Overview and new directions. *Journal of Autism and Developmental Disorders, 28,* 351-368.

Tanguay, P. E., & Edwards, R. (1982). Electrophysiological studies of autism: The whisper of the bang. *Journal of Autism and Developmental Disorders, 12,* 177-184.

Tani, P., Lindberg, N., Nieminen-von Wendt, T., von Wendt, L., Virkkala, J., Appelberg, B., et al. (2004). Sleep in young adults with Asperger syndrome. *Neuropsychobiology, 50,* 147-152.

Tantam, D., Monaghan, L., Nicholson, H., & Stirling, J. (1989). Autistic children's ability to interpret faces: A research note. *Journal of Child Psychology and Psychiatry, 30,* 623-630.

Teder-Salejarvi, W. A., Pierce, K. L., Courchesne, E., & Hillyard, S. A. (2005). Auditory spatial localization and attention deficits in autistic adults. *Brain Research, 23,* 221-234.

Tidmarsh, L. & Volkmar, F. R. (2003). Diagnosis and epidemiology of autism spectrum disorders. *Canadian Journal of Psychiatry, 48,* 517-525.

Townsend, J., & Courchesne, E. (1994). Parietal damage and narrow "spotlight" spatial attention. *Journal of Cognitive Neuroscience, 6,* 220-232.

Townsend, J., Courchesne, E., & Egaas, B. (1996). Slowed orienting of covert visual-spatial attention in autism: Specific deficits associated with cerebellar and parietal abnormality. *Development and Psychopathology, 8,* 563-584.

Townsend, J., Harris, N. S., & Courchesne, E. (1996). Visual attention abnormalities in autism: Delayed orienting to location. *Journal of the International Neuropsychological Society, 2,* 541-550.

Tsai, L. Y. (1992). Diagnostic issues in high-functioning autism. In E. Schopler & G. B. Mesibov (Eds.), High-functioning individuals with autism (pp. 11-40). New York: Plenum Press.

U.S. Department of Education. (1995). *Seventeenth annual report to Congress on the implementation of the Individuals with Disabilities Education Act.* Washington, DC: Author.

U.S. Department of Education. (2004). *Twenty-sixth annual report to Congress on the implementation of the Individuals with Disabilities Education Act.* Washington, DC: Author.

Vargas, D. L., Nascimbene, C., Krishnan, C., Zimmerman, A. W., & Pardo, C. A. (2004). Neurological activation and neuroinflammation in the brain of patients with autism. *Annals of Neurology, 57,* 67-81.

Vargha-Khadem, F., Isaacs, E., van der Werf, S., Robb, S., & Wilson, J. (1992). Development of intelligence and memory in children with hemiplegic cerebral palsy: The deleterious consequences of early seizures. *Brain, 115,* 315-329.

Vergnes, M. (1981). Effect of prior familiarization with mice on elicitation of mouse killings in rats: Role of the amygdala. In Y. Ben-Ari (Ed.), *The amygdaloid complex.* INSERM Symposium, No. 20. Amsterdam: Elsevier/North Holland Biomedical Press.

Volkmar, F. R., Carter, A., Grossman, J., & Klin, A. (1997). Social development in autism. In D. Cohen & F. Volkmar (Eds.), *Handbook of autism and pervasive developmental disorders* (2nd ed., pp. 173-194). New York: Wiley.

Volkmar, F. R., Klin, A., Siegel, B., Szatmari, P., Lord, C., Campbell, M., et al. (1994). Field trial for autistic disorder in *DSM-IV*. *The American Journal of Psychiatry, 151,* 1361-1367.

Volkmar, F. R., Lord, C., Bailey, A., Schultz, R. T., & Klin, A. (2004). Autism and pervasive developmental disorders. *Journal of Child Psychology and Psychiatry, 45,* 135-170.

Volkmar, F. R., & Nelson, D. S. (1990). Seizure disorders in autism. *Journal of the American Academy of Child and Adolescent Psychiatry, 29,* 127-129.

Wahl, R. U. (2004). Could oxytocin administration during labor contribute to autism and related behavioral disorders? A look at the future. *Medical Hypotheses, 63,* 456-460.

Wainwright-Sharp, J. A., & Bryson, S. E. (1993). Visual orienting deficits in high-functioning people with autism. *Journal of Autism and Developmental Disorders, 23,* 1-13.

Wassink, T. H., Brzustowicz, L. M., Bartlett, C. W., & Szatmari, P. (2004). The search for autism disease genes. *Mental Retardation and Developmental Disabilities Research Reviews, 10,* 272-283.

Waterhouse, L., Fein, D., & Modahl, C. (1996). Neurofunctional mechanisms in autism. *Psychological Review, 103,* 457-489.

Welch, M. G., Welch-Horan, T. B., Anwar, M., Anwar, N., Ludwig, R. J., & Ruggiero, D. A. (2005). Brain effects of chronic IBD in areas abnormal in autism and treatment by single neuropeptides secretin and oxytocin. *Journal of Molecular Neuroscience, 25,* 259-274.

Welchew, D. E., Ashwin, C., Berkouk, K., Salvador, R., Suckling, J., Baron-Cohen, S., et al. (2005). Functional disconnectivity of the medial temporal lobe in Asperger syndrome. *Biological Psychiatry, 57,* 991-998.

Werner, E., Dawson, G., Osterling, J., & Dinno, N. (2000). Brief report: Recognition of autism spectrum disorder before one year of age: A retrospective study based on home videotapes. *Journal of Autism and Other Developmental Disorders, 30,* 157-167.

Williams, D. L., Goldstein, G., & Minshew, N. J. (2005). Impaired memory for faces and social scenes in autism: Clinical implications of memory dysfunction. *Archives of Clinical Neuropsychology, 20,* 1-15.

Wing, L. (1981). Asperger's syndrome: A clinical account. *Psychological Medicine, 11,* 115-129.

Wing, L., & Gould, J. (1979). Severe impairments of social interaction and associated abnormalities in children: Epidemiology and classification. *Journal of Autism and Developmental Disorders, 9,* 11-29.

Wong, V., & Wong, S. N. (1991). Brainstem auditory evoked potential study in children with autistic disorder. *Journal of Autism and Developmental Disorders, 21,* 329-340.

Yakovlev, P. I., Weinberger, M., & Chipman, C. E. (1948). Heller's Syndrome as a pattern of schizophrenic behavior disturbance in early childhood. *American Journal of Mental Deficiency, 53,* 318-337.

Young, E. C., Diehl, J. J., Morris, D., Hyman, S. L., & Bennetto, L. (2005). The use of two language tests to identify pragmatic language problems in children with autism spectrum disorders. *Language, Speech, and Hearing Services in Schools, 36,* 62-72.

3 효과적인 프로그램 개발을 위한 협력

핵심용어

- 공감적 반응하기 (responding with empathy)
- 개별화된 맞춤 프로그램 (individually tailored programs)
- 관계 중심 접근 (relationship-based approach)
- 기술 중심 접근 (skill-based approach)
- 감정 반영하기 (reflective feelings)
- 바꾸어 말하기(paraphrasing)
- 생리학 중심 접근 (physiologically based approach)
- 위약효과(placebo effect)
- 의도의 명료화(clarification of intent)
- 이질적인 집단 (heterogeneous population)
- 적극적 경청(active listening)
- 적극적 경청을 위한 비언어적 행동들 (SOLER)
- 정적 발달곡선(positive trajectory)
- 효과적인 협력(effective collaboration)

❖ 해리스 선생님에게 배우기

한 학교 체계의 경험

해리스 선생님은 흥분되었다. 개학은 한 주가 남았고 스토크스 교장 선생님은 그녀에게 자폐스펙트럼장애 관련 학술대회에 참석할 기회를 주었다. 잘 알려진 여러 자폐스펙트럼장애 전문가들이 그 회의에서 논문들을 발표하고 있었고 해리스 선생님이 읽어왔던 많은 전략들과 아이디어들이 그녀의 마음속에 되살아났다. 특별한 방법론을 장려하는 흥미로운 회의 말미에 발표자와 일부 참석자들 사이에 논쟁이 붙었다. 해리스 선생님은 놀라는 마음으로 학교체계가 소유하게 된 정당한 절차에 대한 특수교육관리자의 설명에 귀를 기울였다. 재미있는 것은 그 논쟁에는 어떤 승자도 없는 것처럼 들렸다는 것이다. 행정가는 학교 교직원이 학교프로그램을 옹호하는 데 쏟아 부은 모든 시간과 열정에 대해서 매우 비판적으로 이야기하고 있었다. 그 사례는 거의 2년 동안이나 지속되었고 관할구는 백만달러 이상의 비용을 소비하였다. 한 우수한 교사는 진행 중 그녀가 질문 받았을 때 참고 있던 스트레스와 괴로움으로 인해 그 자리를 떠났다. 공정한 절차에 대해서 의문을 제기했던 가족은 그 결정에 불만족을 표시하며 이의를 제기하였다.

'어떻게 이렇게 좋지 않게 바뀔 수 있을까?' 해리스 선생님은 매우 의아하게 생각하였다. '자폐스펙트럼장애(ASD)를 갖고 있는 학생들을 어떻게 가르쳐야 하는가는 명확하지 않은가?'

1. 논쟁에 대한 이해

자폐스펙트럼장애 학생들을 위한 프로그램 개발에 참여하였던 모든 사람들은 학생들의 이득을 증진시키고 교수 기회의 상실 및 여러 위험요인으로 인해 야기되는 문제들을 예방하는 데 도움을 제공하고 있다. 프로그램 개발을 위한 협력과정에서 발생하는 갈등 요인들로는 구성원 간의 관점의 차이, 중재 성과의 다양성, 그리고 중재 효과에 대한 과대광고 마케팅의 영향 등을 들 수 있다.

1) 관점의 차이

자폐스펙트럼장애를 갖고 있는 학생을 어떻게 가르칠 것인가, 그리고 무엇을 가르쳐야 할 것인가를 결정하는 것이 명확하지 않고 논쟁의 여지가 크다(Heflin & Simpson, 1998a). 어떤 논쟁은 적절한 교육 프로그램을 개발할 당시에는 하나로 합쳐있었던 두 가지의 뚜렷한 관점들을 되풀이한다. 가족들이 하나의 관점을, 학교체계가 또 다른 관점을 취하고 있다.

자폐스펙트럼장애 아동 가족의 관점을 잠시 생각해 보자. 다른 모든 부모들과 마찬가지로 부모들은 자녀에게 가장 좋은 것을 주기를 원하고 자녀가 행복하기를 원하며 자녀가 스스로 자립할 수 있기를 원한다. 그러나 그들의 자녀는 심각한 도전을 야기하고 극히 단순한 과제 수행도 어려워 하는 신경학적인 장애를 갖고 있다. 가족들은 스트레스를 받고 있으며 안정된 일상을 유지하려고 노력하느라 지쳐 있을 것이다. 이는 마치 가족들이 1년 동안 휴가를 갖지 못하고 돌봐 줄 사람을 찾지 못해서 부모들이 오랫동안 외출을 하지 못한 것과 다름없다. 그리고 이때 부단히 '치료'를 추구하게 된다. 모든 장애 중에서 자폐스펙트럼장애가 '기적적인' 치료의 확산을 가장 많이 보이는 장애이다(Rogers, 1998). 대부분의 주간 매체 기사들과 인터넷 게시물들이 일부 스펙트럼장애 아동의 회복에 대한 내용을 유포함에 따라 부모들은 스스로 낙관론과 회의론 사이에 사로잡혀 있게 된다. 심지어 그들은 비싸고 시간을 소비하고 잠정적으로는 전체 가족에게 해가 될 수 있는 치료들을 시도하도록 가족과 친구들로부터 압력을 받을 수도 있다. 그 치료를 시도하지 않더라도 그것이 자녀의 기능을 회복시키는 것이었을 수도 있지 않았을까 하면서 항상 불안해 할 것이다. 당연히 그래야겠지만 부모들의 초점은 자녀들의 복지이다.

이제는 학교직원들의 관점을 생각해 보자. 학교는 한 학생의 잠재성을 극대화하는 시키는 것이 아니라 모든 학생들의 성취와 복지를 증진시키는 책임을 갖고 있다(*Board of Education of the Hendrick Hudson Central School District v. Rowley*, 1982). 공립이든, 사립이든, 학교는 모든 학생들이 중요하고 결정적인 기술들을 획득하는 데 있어서 발전을 보이고 있음을 증명할 책임이 있다. 또한 교수기술을 위해 효과성이 입증된 교육과정과 교육방법들을 사용하는 것에 대한 책임을 갖고 있다. 학교는 장애의 증상들을 치료하는 프로그램 접근들을 제공하는 것에 대해 통제받지 않는다. 특별한 서비스를 받아야 할 학생들을 돕기 위해서 학교직원들과 가족구성원들로 구성된 팀은 학생에게 유익함을 제공하기 위한 개별화 교육계획을 개발한다. 관계된 모든 사람들은 학생들이 성공하기를 원하면서도 각 구성원들은 개별 학생들에게 성취의 의미가 무엇인지에 대해 다소 다른 관점들을 갖는다.

2) 중재와 성과들

중재와 그 성과를 혼란스럽게 하는 논의들이 또한 논쟁이 된다. '단어훈련게임(Fast For Word) 프로그램' 이나 '감각통합 치료' 와 같이 명칭에 따라 중재를 고려하는 것은 복합적인 프로그램들이 유사한 성과들을 증진시킨다는 사실을 간과하게 될 수 있다. 실제로 비슷한 성과를 증진시키는 대안적 프로그램들은 현재 프로그램 지도를 받고 있는 학생보다는 다른 학생에게 더 효과적일 수도 있다. 명칭에 따라 특별한 치료나 중재가 요구될 때에 IEP팀은 먼저 잠재적인 성과를 고려해야 하고, 그것이 학생들에게 의미가 있는지, 의미가 있다면 그러한 성과를 얻을 수 있는 보다 효과적인 다른 프로그램은 없는지를 살펴보아야 한다. 프로그램의 효과성은 행동 변화와 중재를 연관지을 수 있는 객관적 자료에 의해서 입증되어야 한다.

3) 과대광고 마케팅

자폐스펙트럼장애 학생들을 위한 많은 프로그램들에 대한 대대적인 광고로 인해 빈번히 중재 이름만 듣고 해당 치료와 중재들을 요구하기도 한다. 컴퓨터에서 약초복용에 이르기까지 놀라운 성과들을 약속하는 치료들을 선전하는 광고는 전국지, 미디어 프로그램들, 인터넷 사이트들, 그리고 심지어는 비행기 안의 잡지들에도 실린다. 사람들은 그러한 과대광고 마케팅에 민감하다(이는 대부분의 집에 있는 사용하지 않은 많은 운동기구들의 수를 통해서 알 수 있다). 이에 더해서 중재서비스들을 판매하는 사람들은 많은 주장과 약속(아무리 과장되었다고 할지라도)을 할 수 있다. 왜냐하면 그러한 주장들을 평가할 수 있는 감독절차가 없기 때문이다. 이에 반해 학교는 그들이 하는 어떠한 주장들에 대해서도 책임을 갖는데, 이는 그들이 주장하는 요소들에 대한 증명이 요구되기 때문이다. 실제로 학교는 학생들이 1년 동안 적절한 진전을 보였는지를 결정하기 위해서 매년 평가를 받는다(NCLB, 2001). 대부분의 학교들은 효과적인 교수를 제공하지만 마케팅에 있어서는 전문성이 부족하다(Hart, 1995). 학교가 학생의 성공을 알리려고 할 때에도 신문에서는 이를 잠시 언급만 할 뿐이다. 이는 미디어가 학교에서 일어나는 폭력이나 스캔들에만 관심을 갖는다는 것을 보여 준다.

관심의 차이, 중재와 성과의 다양성, 그리고 불공정한 과대광고 마케팅 등이 존재하기 때문에 자폐스펙트럼장애 학생들을 위한 적절한 프로그램을 개발하려고 시도할 때 논쟁이 발생하는 것은 놀라운 일이 아니다. 안타깝게도 출판문헌에 대한 분석 역시 확실한 답을 제공하지 않는다.

2. 출판문헌의 비판적 분석

자신의 관점들을 통해 사람들에게 영향을 주려는 경향들에 더해서(성과와 중재들을 동시에 보라), 설득력 있는 마케팅 효과의 희생물이 되는 경향, 그리고 합의를 어렵게 하는 다른 논쟁의 불씨들이 나타난다. 지침을 제공해야 할 출판 문헌에 대한 논쟁은 합의의 가능성을 방해할 수 있다. 출판 문헌에 대한 비판적 분석은 연구자들이 효과적인 프로그램의 핵심적 요소들에 대해서 항상 동의하는 것은 아니라는 것을 보여 준다. 이질적 집단으로서의 자폐스펙트럼장애의 특성, 그리고 자폐스펙트럼장애를 갖고 있는 개인들이 역동적으로 발달한다는 사실은 전문적인 연구 문헌들로부터 결론을 도출하려는 시도들을 더욱더 복잡하게 만든다.

1) 모순적인 결론들

전문적인 문헌은 기술 획득을 강화하고 아동과 청년들, 그리고 성인들의 행동에 긍정적인 영향을 미치는 다양한 접근들의 효과를 입증하는 수많은 연구들로 가득하다. 분명히 많은 방법들이 자폐스펙트럼장애 학생들을 위해 효과적으로 이용할 수 있다(NRC, 2001). 논쟁은 어떤 방법들이 서로 모순된다는 것을 깨닫는 순간에 발생한다.

일부 연구자들은 학생들이 많은 시간 집중적인 비연속 개별시행 훈련(DTT)에 참여했을 때에 최대의 진전이 나타난다고 한다(Lovaas, 1987). 다른 연구자들은 학생들이 자연스럽게 발생하는 사상(events)들을 이용하는 교수방법이 사용되는 통합된 환경 내에서 교육을 받을 때에 최대의 효과가 나타난다고 한다(McGee, Morrier, & Daly, 1999). 어떤 이들은 독립적인 과제완성을 지원하는 공학적 환경에 조심스럽게 초점을 맞춘다(Mesibov, 1997). 여전히 어떤 사람들은 학생들이 양육자와 관계를 갖고 특정한 수준의 정서적 성숙에 도달하기 전까지는 학교 중심의 활동들로부터 효과를 얻지 못할 것이라고 한다(Greenspan & Weider, 1997). 연구문헌을 인용하여 제안자들은 동시에 사용할 수 없는 다양한 방법들을 지지하기 위한 논증들을 세울 수 있다.

2) 이질적 집단

일부 모순되는 증거는 연구 설계의 차이에 기초하고 있지만 일부 상충되는 성과들은 자폐스펙트럼장애 학생들이 능력 및 요구의 이질성에 의해 초래된다(Lord, Cook, Leventhal, & Amaral, 2000). 자폐스펙트럼장애를 갖고 있는 사람과 갖고 있지 않은 사람들 사이만큼이나 자폐스펙트럼장애 학생 집단 내에 다양성이 존재하기 때문에 자폐스펙트럼장애 집단은 **이질적인 집단**이라 할 수 있다(VanMeter, Fein, Morris, Waterhouse, & Allen, 1997). 자폐스펙트럼장애의 하위유형을 확인하려는 노력은 어떤 학생들은 특정한 중재로부터 이득을 얻는데, 다른 학생들은 그렇지 못한지 그 이유를 알아야 할 필요를 나타낸다(Rutter & Schopler, 1992).

집중적인 행동치료가 주어지는 것으로 명성이 높음에도 불구하고(예 : Lovaas) 중재가 모든 아동들에게 동등하게 효과적이지 않다는 것은 확실하다. 그렇기에 왜 어떤 사람들은 다른 사람들에 비해서 더 많은 이득을 얻는지를 사정할 필요가 있다(Kazdin, 1993). 제공된 프로그램 시간의 양이나 형태보다 가족의 스트레스 수준 및 발달적 지능지수 점수가 처치 후의 결과에 더 영향을 미친다(Gabriels, Hill, Pierce, Rogers, & Wehner, 2001). Cole, Dale, 그리고 Mills(1991) 등은 사전검사에서 높은 언어점수를 보이는 학생들은 교수적 언어훈련(didactic language training)을 통해서 효과를 보았지만 사전검사에서 낮은 점수를 받은 학생들은 자연적 훈련접근(naturalistic training approach)을 통해서 좀 더 효과를 얻었다고 지적하였다. Harris와 Handleman(2000)은 자폐스펙트럼장애 학생집단에 동일한 중재를 제공하였다. 중재가 시작되었을 때에 더 어리고 더 높은 IQ를 갖고 있던 학생들은 프로그램을 마친 후 일반학급으로 들어갔고 더 나이가 많고 IQ가 더 낮은 학생들은 특수학급으로 갔음을 발견했다. Lovass(1987)는 IQ가 50 미만인 사람의 경우 집중적인 행동치료에도 반응하지 않을 것이라고 하였다.

'왜 어떤 학생들은 특정 치료로부터 이득을 얻고 어떤 학생들은 그렇지 않은가?' 하는 의문은 다양한 사정을 통한 점수뿐 아니라 연구대상들의 의사소통 능력, 기능적 기술, 상호작용 스타일에서의 구체적이고 명확한 설명을 요구하고 있다. 연구대상에 대한 구체적이고 폭넓은 정보는 중재결과에 영향을 미치는 변인들에 대한 주의 깊은 설명을 제공할 것이다. 이러한 것에는 학생의 강점과 교사 및 부모의 특성들도 포함된다(NRC, 2001). 왜냐하면 부모의 특성은 중재 성과에 영향을 미치기 때문이다(Siller & Sigman, 2002).

중재성과들이 이질적인 집단 내의 변인들에 의해서 영향을 받는다는 것은 의심의 여지가 없다. 연구대상자의 사회적 및 환경적 변인뿐 아니라 자폐스펙트럼장애 내의 하위 그룹에 대한 확인에 좀 더 주의를 기울일 필요가 있다(Lord et al., 2000; Rapin, 1987).

3) 발달장애

자폐스펙트럼장애가 발달장애라는 사실 또한 연구 문헌의 해석에 영향을 미친다. 정의에 의하면, 발달장애는 출생부터 18세 사이의 발달기에 나타난다. 발달장애의 하나로서 자폐스펙트럼장애는 개인의 발달에 깊은 영향을 미친다. 예를 들어 사물에 대한 아동의 관심(Dawson, Meltzoff, Osterling, Rinaldi, & Brown, 1998)은 사회적 발달을 방해할 수 있으며 이는 의사소통의 발달에 부정적인 영향을 미친다. 두뇌가 세계와 상호작용 하는 전형적인 패턴을 통해 발달하지 않기 때문에 영유아시기에 뚜렷하게 나타나는 일부 이상 행동들이 좀 더 이상하게 여겨지게 된다(Kemper & Bauman, 1998). 또한 발달장애와 마찬가지로 자폐스펙트럼장애를 갖고 있는 개인이 보여주는 행동들도 시간에 따라서 자연스럽게 변화한다(Campbell, Schopler, Cueva, & Hallin, 1996). 심각한 감각 방어를 보이는 4세의 아동은 신경체계가 발달함에 따라서 특정 감각정보에 대한 문제의 감소를 보일 수 있다. 7세 때에 기차에 완전히 매혹된 학생은 9세가 되면 신비동물학(cryptozoology)에 좀 더 많은 관심을 갖게 될 것이다. 반향어, 위축, 상동행동과 같은 증후들은 연령이 증가함에 따라서 감소한다(Szatmari, Bartolucci, Bremner, Bond, & Rich, 1989).

자폐스펙트럼장애가 발달장애이기 때문에 효과에 대한 결론을 내리기 전에 의미 있는 시간투입을 요구하는 처치들에 대한 신중한 평가가 보장되어야 한다. 사회화, 언어, 인지 발달은 중재에 의한 것일 수도 있고 또는 단순히 신경체계의 성숙에 의한 결과일 수도 있다(Courchesne, Akshoomoff, & Townsend, 1992). 한 예로서 식이요법 조절은 효과가 나타나기 6개월에서 1년 전에 식사조절이 권장된다. 여기서 질문이 생긴다. 행동 변화들이 증진되었던 그 시간 안에 어떤 다른 것들이 일어날 수 있었을까? 자폐스펙트럼장애는 발달에 영향을 미치고 또 발달에 영향을 받기 때문에 효과를 입증하기 위해 많은 시간이 요구되는 중재에 대해서는 (우연의) 일치와 성숙의 영향이 고려되어야 한다.

3. 연구 문헌에 대한 해석의 추가적인 고려사항

모순적인 결과들의 역할과 이질적 집단 안에서 발달장애의 영향에 더해서 다른 요인들이 연구의 해석과 효과적인 프로그램에 대한 논의에 영향을 미친다. 이러한 요인들은 중재와 관련 없이 시간이 지남에 따라 증진되는 개인의 성향(**정적 발달곡선** : positive trajectory), 비무선적 선정과 효과성 결정을 위한 의문스러운 지표와 같은 연구설계의 문제들, 위약효과에 대한 인지, 적절한 프로그램에 대한 논의에서 전체 가족의 요구를 고려해야 하는 필요성 등을 포함한다.

1) 정적 발달곡선

자폐스펙트럼장애를 갖고 있는 개인은 자폐스펙트럼장애를 갖고 있지 않은 개인과 마찬가지로 생리학적으로 발달한다. 개인이 좀 더 많은 사건들을 경험하고 시간이 지나 신경 체계가 변화함에 따라 행동에서 명확한 진전이 나타날 것이다(Kanner, Rodriguez, & Ashenden, 1972). 일반적인 기능수행은 나타나지 않더라도 자폐스펙트럼장애를 갖고 있는 많은 사람들, 특히 정신지체를 갖고 있지 않은 사람들은(Mayes & Calhoun, 1999) 중재의 유무와 상관없이 시간이 지남에 따라 진전을 보인다(Gabriels et al., 2001). 지능지수 68~110의 자폐성 장애인들에 대한 오랜 기간의 추적연구에서 Szatmari 등(1989)은 대학에 다녔거나 다니고 있던 50%는 중재와 상관없이 고용이 되어 독립적인 삶을 살았고 25%는 자폐스펙트럼장애를 갖고 있었다는 것을 확인할 수 없었다고 밝혔다. 연구대상자의 특성(특히 인지기능과 관련하여)은 어떤 중재든 중재의 유형 및 강도에 상관없이 중재에 대한 반응성에 대한 강력한 예측인으로 밝혀진다(Eaves & Ho, 2004; Gabriels et al., 2001).

이러한 정보에도 불구하고 교육자들은 개선 및 향상될 것이라는 희망으로 고기능 자폐스펙트럼장애 학생들에 대한 중재를 철회하지는 않는다. 그러나 결과는 사용된 중재보다는 연구대상자들의 정적 발달곡선에 기초했을 수 있기 때문에 고기능의 대상자들만을 포함하는 조사 연구는 주의 깊게 이루어져야 한다(Mayes & Calhoun, 2003).

2) 비무선적 선정과 결과측정

자폐스펙트럼장애인을 대상으로 한 대부분의 연구는 필요성과 편리성에 따라 연구대상을 확인하였다. 확보 가능하고 중재를 필요로 하는 행동을 보이는 개인들을 대상으로 연구가 이루어졌다. 연구자들은 메일링 리스트와 같은 활용 가능한 자원들을 이용하여 연구대상을 모집하였다. 비무선적 표본들을 사용하는 것은 결과를 감소시킬 수 있는 내재편향(inherent bias)을 일으킨다(Rogers, 1996; Schloss & Smith, 1999). 결과를 해석할 때에 그러한 편향이 고려되어야 한다. 이에 더해 연구자들은 중재 결과를 평가하기 위한 나름의 성공 지표들을 선정하여야 한다.

효과성의 지표로서 IQ 점수와 중재 후 배치를 사용하는 연구들은 다소 의심의 여지가 있다. 중재기간 동안에 IQ 점수의 변화를 효과성의 지표로 사용하는 것은 두 가지 이유에서 제한이 있다. 첫째, IQ 점수의 긍정적인 변화가 반드시 의미 있는 증진을 나타내지는 않는다. 왜냐하면 비언어적 부분들은 자폐스펙트럼장애인이 갖고 있는 상대적인 강점을 활용하기 때문이다(Rogers, 1998). 그러나 IQ 점수는 전체적인 기능의 척도를 제공하지 않을 것이다.

둘째, 학령 전 연령과 학령기 연령 사이에서 보이는 IQ 점수의 변화가 중재에 의한 것이라고 시사하는 연구는 그 두 시기에 검사를 받았을 때에 대부분의 어린이들이 일반적으로 평균 23포인트 증가됨을 보여 준다는 사실을 간과한 것이다(Lord & Schopler, 1989a; Lord & Schopler, 1989b; Sigman, Dissanayake, Arbelle, & Ruskin, 1997). 2년간 2세 아동 49명을 추적한 연구에서 Eaves와 Ho(2004)는 자폐스펙트럼장애 아동의 35%가 제공받은 처치의 유형이나 시간의 양에 관계없이 IQ 측정에서 25~26포인트를 얻었다고 한다. Gabriels(2001) 등은 연구에서 대상자의 52%가 특별한 집중적 처치 없이 높은 IQ 획득을 보여주었음을 언급하였다. 다른 연구자들은 70 이상의 IQ를 갖고 있는 연구대상을 검사하여 평균 15포인트의 IQ 증가를 확인하였다(Freeman, Ritvo, Needleman, & Yokota, 1985; Mayes & Calhoun, 1999). IQ 검사는 검사자에 따라 연구대상의 IQ 점수가 다르게 나타날 수 있다(Koegel, Koegel, & Smith, 1997). 연구자들이 연구대상의 일반적 특성에 관한 자료로서 IQ 점수들을 제시할 수는 있지만, 중재에 대한 효과를 알아보기 위한 자료로서 IQ 점수를 사용하는 것은 바람직하지 않다(NRC, 2001).

유사하게 결과의 측정으로서 중재 후 배치(postintervention placement)의 사용은 참여자의 능력을 반영한다기보다는 행정적 우선권, 서비스들의 유용성, 완전통합에 대한 요구와 같이 학생과 관련되지 않은 변인들을 보다 더 반영한다. 중재 결과로서 학생이 일반 학급에서 서비스를 받는다고 이야기하는 것은 중재효과에 대해 아무것도 말하지 않는 것과 같다.

3) 위약효과

중재 효과에 대한 기대를 갖고 있는 관련인의 관점이나 평가를 사용하는 중재는 **위약효과**의 영향을 받기 쉽다(Schopler, 1987; Shapiro, 1978). 귀에 익숙한 비꼬는 말이 이 점을 가장 잘 묘사한다. “내가 믿지 않았다면, 나는 볼 마음이 없었을 것이다.” 사람들은 행동의 차이들을 본다. 왜냐하면 그들은 중재가 주어진다는 것을 알고 차이를 보기 원하기 때문이다(Kaplan, Polatajko,Wilson, & Faris, 1993). 측정 가능한 증진이 부족함에도 불구하고 가정에서 이루어지는 비연속 개별시행 훈련에 대해서 부모들은 매우 만족스러움을 보고하였다(Boyd & Corley, 2001). 중재를 위한 시간과 에너지 그리고 자원의 투자가 주어질 때에 개인은 경험하는 결과에 대해서 기정(旣定)의 관심을 갖게 된다.

중재의 하나로서 세크레틴(secretin)을 사용하는 것은 극적인 위약효과의 예(특히 자폐스펙트럼장애 학생들의 경우)를 보여 준다. 많은 가족들이 자폐스펙트럼장애 자녀들에게 세크레틴(아미노산 호르몬으로 전형적으로 소화 문제들에 대한 진단과정에 사용되는)을 투약을 했었다. 1990년대 말 텔레비전과 인터넷, 상업지 등에서 세크레틴이 자폐스펙트럼장애에 대해 기적적인 치유 효과가 있는 것으로 선전을 하였었다. 처음에 세크레틴 치료를 받기 위해서 적지 않은 노력과 비용이 요구되었으며 이는 ‘부모들은 그들이 보기 원하는 것을 본다.’라는 사실로 보고된 긍정적인 결과들에 기여하였다(Pollack, 2004, A12). 세크레틴에 대한 가면임상시험(masked clinical trials)을 통해 자폐스펙트럼장애의 증상을 변화에 위약효과 이상의 효과가 없음이 확인되었다(Chez et al., 2000; Molloy et al., 2002; Owley et al., 2001). 실제로 부모나 다른 관찰자들이 어떤 아동에게 세크레틴 혹은 위약이 투여되는지 모르고 있을 때에 그 결과는 모든 아동들이 증진을 나타내는 것처럼 보였다(Sandler et al., 1999). 위약효과는 효과를 판별하고 행동 변화를 기록하기 위한 객관적인 척도의 필요성을 강조하고 중재사실을 모르는 평가자들을 활용하는 데에 큰 영향을 미칠 수 있다(Rogers, 1996).

4) 전체 가족의 고려

중재의 유용성은 가족에게 미치는 중재의 영향을 고려하여야 한다. 가족참여는 적절한 프로그램 구성의 핵심 요소이며(Iovannone, Dunlap, Huber, & Kincaid, 2003), 기능적이고 균형 있는 가족은 자폐스펙트럼장애 아동들에 대한 긍정적인 장기적 성과에 대한 좋은 지표이다. 자폐스펙트럼장애 아동들은 가족구성원들이 가족의 기능과 균형을 유지하는 데에 도전을 제공하면서도 의도치 않게 가족에게 커다란 스트레스를 야기할 수 있다(Harris, 1994). 사춘기나 21번째 생일과 같은 주된 전이들은 가족들로 하여금 자폐스펙트럼장애를 갖고 있지 않은 다른 사람들과 그들 가족구성원들이 보이는 기능 간의 뚜렷한 차이들을 다시 떠올리게 함으로써 스트레스를 더하게 한다(Winkler,Wasow, & Hatfield, 1981). 자폐스펙트럼장애 아동의 부모들은 자녀의 발달에 따라 변화하는 상당한 스트레스를 경험하는데(Domingue, Cutler, & McTarnaghan, 2000) 아마도 다른 장애 아동의 부모들보다 더 많은 스트레스를 경험할 것이다(Dumas, Wolf, Fisman, & Culligan, 1991). 자녀의 낮은 기능수행수준들을 통해서 부모의 스트레스를 예측할 수 있다(Weiss, Sullivan, & Diamond, 2003). 한 연구는 자폐스펙트럼장애 아동의 부모들이 시한부 아동의 부모들보다 더 억압되었다고 주장하였다(Johnson, 2000).

Bromley, Hare, Davison, Emerson 등(2004)은 자폐스펙트럼장애 아동을 양육하고 있는 68명의 어머니들 중 절반 이상이 의미 있는 심리적인 고통을 느끼고 있다고 한다. 이는 흥미로운 질문을 일으킨다. 무엇이 먼저인가? 자폐스펙트럼장애를 갖는 어린이를 두고 있는 것이 심리적 고통을 야기하는가? 그렇지 않으면 정신건강 논쟁들이 아동이 자폐스펙트럼장애를 갖게 될 가능성에 기여하는가? 자폐스펙트럼장애인의 일부 직계 및 확대 가족 구성원들은 강박장애(obsessive-compulsive disorders), 우울증(depression), 조현병(schizophrenia), 사회공포증(social phobia), 그리고 양극성장애(bipolar disorder)와 같은 정신과적인 문제들을 경험하고 있음을 보고한다(DeLong, 1999; Ghaziuddin, 2005; Hollander et ai., 2003). 자폐스펙트럼장애의 유발에 영향을 미치는 유전 역시 비교적 낮은 정도지만 가족에게 영향을 준다. 이러한 이유로 자폐스펙트럼장애 아동의 가족들과 일을 하고 있는 의료 전문가들은 가족에 연관된 증후들에 대한 효과적인 관리를 논의할 것이다(Santangelo & Tsatsanis, 2005).

부모 뿐만 아니라 자폐스펙트럼장애 학생들의 형제들도 효과적인 프로그램 개발 과정에 고려되어야 한다. 자폐스펙트럼장애 아동의 형제들은 장애 형제를 갖고 있지 않은 또래들의 행동에 비해서 좀 더 많은 행동적 문제들과 좀 더 낮은 친사회적 행동들을 경험할 수 있다(Hastings, 2003). 형제들은 장애를 갖고 있는 형제자매를 돌봐 줘야 한다는 책임감과 자폐스펙트럼장애 형제에 대한 부모의 지대한 관심으로 인하여 상대적으로 소외감을 느낄 수 있다.

마지막으로 자폐스펙트럼장애를 갖고 있는 가족구성원을 '결함이 있어서 교정해야 할 필요가 있는' (Dyches, Wilder, Sudweeks, Obiakor, & Algozzine, 2004) 사람으로 보는 관점을 바꿈으로써 치료법을 찾으려는 중압감을 덜 수 있다. 실제로 고기능 자폐스펙트럼장애인 중 일부는 중재보다는 수용을 요구하고 있다(Harmon, 2004).

가족들에게 지원을 제공하는 것은 자폐스펙트럼장애 학생의 예후에 결정적일 수 있고 (NRC, 2001) 상이한 선택들을 평가할 때에 고려되어야 한다. 이는 일부 중재들은 다른 중재들에 비해 가족들에게 더 많은 권한부여를 하는 것으로 보이기 때문이다 (Bristol, Gallagher, & Holt, 1993; Koegel, Bimbela, & Schreibman, 1996).

언급된 모든 요소들을 감안하면 IEP팀의 구성원들이 학생들과 가족들에 대해 긍정적인 결과를 증진시킬 수 있는 접근을 계획하기 위해 협력해야 할 때에 합의를 이루기 용이할 것이다. 그러나 거기에는 중요한 영향을 발휘하는 또 다른 논쟁의 근원이 있다. 논리적, 비논리적, 직관적이며 객관적인 고려는 자폐스펙트럼장애 학생들의 요구를 이해하고 다루기 위한 틀을 제공하는 특별한 관점을 야기한다. 이러한 관점들은 협력과정 안에서 강한 영향을 발휘한다.

4. 동일 집단에 대한 상이한 접근들

상이한 개인적 관점들에 더해서 옹호자들은 자폐스펙트럼장애의 핵심적 결함과 필요한 중재 목표들에 대해 다른 관점들을 갖고 있다. 자폐스펙트럼장애 학생들을 위한 중재접근들은 관계중심, 기술중심, 그리고 생리학 중심 접근이라고 하는 3개의 넓은 범주들로 나누어져 왔다(Heflin & Simpson, 1998a). 일부 치료와 중재 프로그램들은 각 접근들의 여러 견해들을 결합하며 대부분의 옹호자들은 다양한 접근들로부터 나온 전략들을 통합한다. 여기에서는 관점의 차이에 따른 접근들의 배경을 간략히 살펴보고자 한다.

1) 관계 중심 접근

관계 중심 접근은 다른 사람들에 대한 애착과 관계 형성 발달의 실패를 자폐스펙트럼장애의 핵심적인 장애로 간주한다. 이러한 관계의 부재는 이후에 사회적 의사소통과 홍미의 범위가 결합된 장애의 기초가 된다. 자폐스펙트럼장애를 갖고 있는 개인들은 양육자들의 특성이나 행위 때문이 아니라 그들의 신경학적 차이들로 인하여 안정적 애착을 발달시키는 데 실패한다. 관계 중심 접근은 안정적 애착과 관계 형성의 증진에 초점을 둔다. 관계 중심 접근의 옹호자들은 일단 관계가 성립되면 기술들이 발달하고 자폐스펙트럼장애 증상들은 사라진다고 제안한다.

관계 중심 접근은 기술습득이나 생리학적인 변화들을 고려하지 않고 애착과 정서 조절, 그리고 관계성의 발달을 강조한다(Ricks & Wing, 1976; Sigman & Ungerer, 1984).

관계 중심 접근은 다음과 같은 특성을 갖는다.

- 무조건적인 수용
- 지속적인 접촉
- 아동의 주도를 따르기

애착의 기초를 형성하기 위하여 아동의 행동은 무조건적으로 수용된다. 관계 중심 접근에서 아동은 받아들여지지 않는 행동을 한다는 말을 결코 듣지 않는데, 이는 아동의 행동을 부정하는 것은 아동을 부정하는 것이기 때문이다. 어른들이 아동 가까이 다가가 머무르고 아동이 좋아하는 활동들 안에 들어가려고 노력하면 관계 발달이 이루어진다. 가장 빈번하게 논의되었던 관계 프로그램들은 포옹치료(Holding Therapy), 온화한 교수(Gentle Teaching), 자유선택(Options) 그리고 발달적 개별 관계 중심 접근(Developmental Individual Relationship Based approach, 예 : 마루놀이) 등이 있다. 이 프로그램들은 인터넷과 일화적인 보고들을 통해서 대중적으로 널리 알려졌지만 현재 어떤 것도 그 효과성을 입증할 만한 충분한 경험적 근거들을 갖고 있지 못하다. 효과성에 대한 지지를 제공할 수 있는 연구들이 전문적인 논문들 안에 나타나기 시작했지만(Mahoney & Perales, 2005) 중재들의 구성 요소들을 분명히 밝히고 그 요소들을 학생의 행동변화와 명확하게 연결하는 것이 연구과제이다.

2) 기술 중심 접근

기술 중심 접근에서는 자폐스펙트럼장애인들의 장애는 명시적 교수(explicit instruction)를 통해서 최소화할 수 있다고 제안한다. 이 접근에 의하면 학생들은 관계형성 이전에 상호작용, 의사소통 그리고 참여를 위해 필요한 기술들을 획득해야 한다. 기술 중심 접근은 기술의 숙달을 강조하며 접근내에 다음과 같은 요소를 필요로 한다.

- 기술의 결함을 사정
- 기술에 대한 체계적인 지도(교수)
- 자료의 수집

학교는 기술을 교수해야 한다는 책무성을 가지고 있기 때문에 교사들은 기술 중심의 접근들을 주로 사용한다. 효과성을 보여주는 기술 중심의 접근들은 응용행동분석(ABA)의 원리에 기초한다(제6장). 이는 행동과 학습을 결정하는 환경적 사건들(events)을 조사하기 위해 행동적 모델을 사용한다. 모든 응용행동 분석적 중재들이 인식할 수 있는 명칭의 프로그램들로 명확히 표현되어온 것은 아니다. 그러나 기능적 의사소통훈련(FCT), 비연속 개별시행 훈련(DTT), 자연언어 패러다임(NLP), 우연교수(Incidental Teaching), 그림교환 의사소통체계(PECS), 속성배변훈련(Rapid Toilet Training : RTT), 중심 반응훈련(PRT) 등은 모두 응용행동분석의 원리에 기초를 두고 있다. 기술 중심 접근은 자폐스펙트럼장애 학생들에 대한 효과성을 뒷받침하기 위해 많은 양의 다양한 연구들이 이루어졌다. 언급된 것들 전부는 최소한 자폐스펙트럼장애 학생들에 대해 성과가 기대되는 실제로 간주된다(Simpson et al., 2005). ABA의 원리를 사용하는 중재인, DTT와 PRT는 자폐스펙트럼장애 학생들의 긍정적 성과를 촉진하는 과학적 기반의 실제로 간주된다(Simpson et. al., 2005).

3) 생리학 중심 접근

생리학 중심 접근은 행동과 사회적 관계성의 증진을 위해서 감각과 신경학적 기능의 교정을 촉진시킨다. 일부 옹호자들은 신경학체계가 정보를 수용하고 처리하는 방식을 조절한다는 기대를 갖고 자폐스펙트럼장애의 증후들을 치료하기 위해서 생리학 중심 접근을 제안한다. 이 관점에 의하면 내재성의 생물학적이고 신경학적인 손상들을 교정함으로써 자폐스펙트럼장애의 증후들은 완화될 것이고 개인은 관계를 발달시키고 기술을 배울 수 있다. 생리학 중심 접근은 다음과 같은 특징을 갖는다.

- 전문가에 의한 사정
- 치료계획의 개발

사정 전문가들에는 의사, 영양사, 작업치료사 등이 포함된다. 부모와 교사들은 전문가들에 의해서 개발된 치료계획을 주의 깊게 따라야 한다. 동일한 유형의 처치를 받는 사람들일지라도 치료계획은 개인들 간에 다양한 차이를 보일 것이다. 미디어와 인터넷을 통해서 급격하게 확산된 방대한 대부분의 처치들은 생리학에 기반을 두고 있으며 놀라운 결과들을 약속한다.

생리학 중심 접근의 예에는 정신약리학적 식품 보조제, 식이제한(dietary restrictions), 감각통합(SI), 청각치료(AIT à la Tomatis; AIT à la Edelson, Samonas), 시각치료(orthoptics, Irlen lenses), 두개해부치료(cranial-sacral therapy), 음악치료(music theraphy) 그리고 승마치료(hippotherapy) 등이 포함된다. 심지어 인터넷상에서는 자폐스펙트럼장애를 갖고 있는 사람을 위한 치료로서 액막이(귀신물리기)와 엡섬 소금(Epsom salt) 목욕도 찾아볼 수 있다. 신경화학의 변화와 행동변화를 증진시키기 위한 약물치료의 사용(경험적인 유효성을 갖고 있으나 그 자체로 논쟁의 여지가 있는)을 제외하면 어떠한 생리학 중심 접근도 경험적으로 입증되지 않았다. 효과성이 밝혀지지 않았거나 또는 행동변화를 확인할 수도 없고 보고된 변화들을 제공된 치료와 결부할 수도 없는 증명에 전적으로 기초하고 있다. 생리학 중심 접근을 사용하려고 한다면 신중해야 한다.

4) 혼합접근

일부 프로그램들은 다양한 각도에서 성장과 발달을 증진시키는 프로그램들을 만들기 위해 관계 중심, 기술 중심, 생리학 중심 접근의 측면들을 혼합한다. 공립학교들에서 제공되는 프로그램들이 일차적으로는 기술 중심이지만 학생들의 광범위한 요구들을 다루기 위해서 각각 다른 접근들이 갖고 있는 견해들을 혼합한다. 〈표 3-1〉은 세 가지 접근들의 요약과 학교에서 각각의 관점을 어떻게 혼합하는가에 대한 개관을 보여 준다.

5. 효과적인 프로그램 개발을 위한 지침

자폐스펙트럼장애 학생들을 위한 가장 효과적인 프로그램들은 구조화되고, 교육적이며 개별적으로 맞추어진 프로그램이다(Hung, Rotman, Cosentino, & MacMillan, 1983). 프로그램이 구조화되기 위해서는 시간에 따라 유지되고 맥락에 걸쳐 일반화되는 기술들의 발달을 지원하기 위해 명확하게 진술되고 이론적으로 견고한 구성요소들을 포함해야 한다. 환경적 지원을 제공하기 위한 구성요소들은 제4장에서 제시되었다. 이 교재의 여러 장에서 다양한 영역에 걸친 체계적인 교수를 설명한다. 이 교재에서 윤곽이 그려지겠지만, 자폐스펙트럼장애 학생들을 위한 교육 프로그램들은 우선적인 목표들을 상세히 하고, 효과적인 교수전략들을 사용하며 결과들을 전략들과 연결시키고 교수적 결정을 알리기 위한 자료들을 수집한다. **개별적으로 맞추어진 프로그램**들은 학생의 장점들에 기초를 두고 있으며 요구영역들을 확인하는 데 도움을 준다.

개별적으로 맞추어진 프로그램들(individually tailored programs)이 반드시 개별적으로 전달되는 것은 아니다. 실제로 제11장에서 제시된 것과 같이 다양한 교수적 집단화가 학습의 상이한 국면들을 지원하는데 유익하다는 것을 입증한다(Kamps, Walker, Locke, Delquadri, & Hall, 1990). 구조화되고 교육적이며 개별적으로 맞추어진 프로그램들은 결과적으로 개인의 독립과 사회적인 책무능력으로 나타나야 한다.

의심의 여지없이 치료와 기적적인 처치들은 계속 밝혀지고 선전될 것이다. 이러한 이유로 개별적인 옹호자들과 IEP 팀들은 특별한 처치가 학생들의 프로그램들에 혼합되어져야 하는지의 여부를 분석하기 위한 틀을 필요로 한다. 전문가들로 구성된 협력그룹은 합리적이면서 최소한 결과, 평가, 그리고 주어진 처치의 경험주의적 기초를 고려해야 하는 가이드라인을 세울 수 있다. 〈그림 3-1〉은 전문가 협력그룹의 토론을 안내하기 위한 연구로부터 수집된 일련의 질문들을 보여준다(Campbell et al., 1996; Freeman, 1997; Gresham, Beebe-Frankenberger, & MacMillan, 1999; Hart, 1995; Heflin & Simpson, 1998b; Klin & Cohen, 1997; Lehr & Lehr, 1997; NRC, 2001; Nickel, 1996; Rogers, 1999).

이 장에서 언급된 바와 같이 중재 혹은 치료의 장점을 논의할 때에는 여러 요소들이 고려되어야 한다. 치료의 잠재적 가치에 영향을 미치는 일반적인 변인들에 대한 날카로운 인식과 더불어 개별 학생들의 요구들이 프로그램을 통한 효과라고 알려진 것들과 비교되어야 한다. 위약효과의 영향을 방지하기 위한 특별한 고려와 더불어 개별 학생들을 대상으로 한 프로그램의 효과 측정을 위해 사용될 기준들의 장점에 대한 결정들이 이루어져야 한다.

응용행동분석의 원리를 적용하고 있는 몇몇 중재들을 제외하고 자폐스펙트럼장애 학생들에게 효과적인 것으로 장려되어온 많은 중재들이 실제적인 과학적 증거들로부터 나왔다기보다는 현재의 신념들을 확고히 하기 위해 선택된 일화적 보고서들에 의해 지지를 받는 작은 자료 표본들로부터 나왔다(Huebner & Emery, 1998). 긍정적 효과들을 초래하는 중재나 중재의 방향을 확인하기 위해 과학적 방법들을 사용하는 연구들이

표 3-1 학교에 적용된 서로 다른 접근들

관계 우선 (relationship priorities)	
일반적인 특징들	학교에서의 적용
• 교수보다는 애착과 관계의 발전에 초점을 맞춘다. • 아동은 따뜻하고 양육적인 환경 속에서 조건 없이 수용된다. • 활동의 시작과 중지는 아동에 의해서 이루어진다. • 상호작용은 아동과 아동의 행동을 변화시키려고 시도하지 않는다.	• 학교의 환경은 학생의 제작물이나 성취들을 강조하는 학생 중심의 관점을 전달하기 위해서 계획된다. • 교직원은 학생들과 공감적 관계를 발달시키고 공동체 의식을 형성한다. • 교직원은 학생들이 학습에 참여하도록 격려하고 학생들의 적극적 참여 증가를 위해 연구들이 제안한 전략들을 사용한다.
기술우선 (skill priorities)	
일반적인 특징들	학교에서의 적용
• 필요한 기술을 결정하기 위한 사정을 실시한다. • 촉구, 연쇄, 강화, 용암 등과 같은 응용행동분석 원리에 근거한 전략들을 사용하여 기술을 가르친다. • 기술의 획득과 기능의 연속적인 변화들에 대한 자료를 수집한다.	• 교직원은 학생의 성취와 교수적 요구들을 결정하기 위해서 형식적, 비형식적 사정들을 실시한다. • 교직원은 기술들을 제공하기 위한 다양하고 체계적인 교수전략들을 사용한다. • 집중연습은 계획표와 본문과제들의 사용을 포함할 수 있다. • 유지와 일반화를 증진시키기 위해 기술연습이 이루어진다. • 학교는 학교생활을 통해 학생들을 안내하기 위해서 예측 가능한 일과와 상징들을 사용한다. • 읽기는 필수적인 기술로서 여러 가지 방법들을 사용하여 가르친다. • 기술을 가르치고 학습을 강화하고 결과물들을 준비하기 위한 도구로서 컴퓨터를 가르친다.
생리학 우선 (physiologic priorities)	
일반적인 특징들	학교에서의 적용
• 자폐스펙트럼장애와 연관된 행동들을 야기하는 아동의 내부적 요소들에 대한 치료를 강조한다. • 전문가는 최고의 치료계획을 결정하기 위해서 평가를 실시한다. • 부모들과 교직원들은 전문가들이 제시한 안내를 따른다.	• 학습을 방해할 수 있는 소리, 냄새, 그리고 다른 산만한 환경적 요인들을 확인하고 수정한다. • 교직원들은 학생들이 학업활동으로부터 휴식을 취하고 돌아다닐 수 있는 기회들을 허락한다. • 학교 프로그램들은 전형적으로 체육교육처럼 지시받은 움직임 활동들을 포함한다. • 영양사는 건강한 학교식단을 계획한다.

1. 치료를 통해서 기대되는 결과들은 무엇인가?
   - ☑ 이것들은 아동의 목표와 부합하는가?
   - ☑ 그것들은 의미 있는가?
   - ☑ 그 치료는 자폐스펙트럼장애 학생의 독특한 요구들을 고려하는가?
   - ☑ 학생은 그 접근으로부터 이득을 얻었던 다른 사람들과 어떻게 유사한가?
   - ☑ 그것을 사용하는 사람들 모두에게 동일한 결과를 보이는 것으로 기술된 치료들에 주의를 기울여라.

2. 그 치료는 어떻게 평가될 수 있는가?
   - ☑ 그 과정은 어떻게 증명될 수 있는가?
   - ☑ 누가 평가를 하는가?
   - ☑ 얼마나 자주 평가가 실시되는가?
   - ☑ 치료가 지속되어야 하는지를 결정하기 위해 어떤 준거들이 사용될 것인가?

3. 잠재적인 위험들은 무엇인가?
   - ☑ 학생에게 직접적인 위험인가?
   - ☑ 직원/부모들에 대한 위험인가?
   - ☑ 삶의 질에 영향을 미치는가?
   - ☑ 치료가 실패한다면 그것이 나타내는 의미는 무엇인가?

4. 어떤 증거들이 이용될 수 있는가?
   - ☑ 치료는 이론적으로 확실하고, 잘 정의되었고, 객관적이고 반복할 만한가?
   - ☑ 결과들은 저명한 학술지에 실렸는가?
   - ☑ 질 높은 연구들인가?
   - ☑ 다양한 출처들로부터 나온 효과성에 대한 정보가 있는가?
   - ☑ 실험적인 타당성이나 타당한 증명서가 있는가?

5. 이 접근을 취함으로써 우리가 제외하게 되는 것은 무엇인가?
   - ☑ 덜 제한적인 대안들인가?
   - ☑ 더 잘 연구된 대안들인가?

그림 3-1 효과적인 프로그램 개발을 위한 지침

보다 더 수행되어야 한다(Rogers, 1996).

6. 협력 프로그램 개발

자폐스펙트럼장애 학생들은 능력과 요구의 다양성에서 매우 이질적인 집단이다. 효과적인 프로그램은 다양한 분야의 대표자들로 구성된 팀의 처치가 필요하다. 개별 학생의 특성들은 어떤 사람들이 의사결정 과정에 참여되어야 하는지를 말해줄 것이다. 팀이 함께 잘 활동할 때에, 이를 통해 제시된 프로그램은 학생의 기술획득을 향상시키고 독립성을 증진시키며 삶의 질을 높여줄 것이다. 팀이 함께 잘 활동하지 못했을 때에 법관과 판사들은 많은 비용에 비판적인 결정을 내릴 것이다. 이 장을 시작했던 첫 장면은 IEP팀원 간 불일치를 암시하는 극단적인 예를 보여준다.

함께 활동할 필요가 있는 사람들이 직면하게 되는 도전은 협력이 다른 모든 것들처럼 배워야 할 기술이라는 것이다. 노력 없이 자연스럽게 협력이 일어날 것이라고 믿는 것은 잘못된 생각이다. 효과적인 협력을 위해 필요한 기술들을 인식하고 훈련해야만 한다. Bondy와 Brownell(1997)에 의하면, 협력을 위해 중요한 기술들은 다음을 포함하고 있다.

- 적극적으로 경청하기
- 모든 사람들의 아이디어를 구하기
- 다른 사람들의 관점들을 이해하고 존중하기
- 분명하게 의사소통하기
- 공동의 목표를 강조하기

1) 적극적으로 경청하기

효과적인 의사소통은 협력을 위한 가장 중요한 기술로 알려져 왔다(Pugach & Johnson, 1995). 의사소통은 정보의 송신과 수신으로 이루어져 있다. 메시지 수신의 목표는 다른 사람으로 하여금 듣는다고 느끼게 하는 것이다. 사람들은 다른 사람들이 자신의 말을 듣고 있다고 느낄 때에 그들도 좀 더 들으려는 경향이 있다(Dettmer, Dyck, & Thurston, 1999). **적극적 경청**은 의사소통의 언어적, 비언어적 측면들을 포함하고 있다.

비언어적 측면들은 자세, 표정, 몸짓 그리고 눈응시 등을 포함한다. 비언어적 메시지들은 들려지는 것에 대한 화자의 지각에 영향을 줄 수 있다. 듣는 사람이 시계를 보거나 하품을 하거나, 시선을 멀리하거나, 얼굴을 찌푸리면 말하는 사람은 방어적이 되거나 위축될 것이다. 화자로 하여금 정보를 계속 나누도록 하는 비언어적 행동에는 눈 맞춤, 고개 끄덕이기와 공감, 놀라움, 당혹, 감사함을 나타내는 얼굴표정 등이 포함된다. 말하는 사람으로 하여금 듣고 있다고 느끼게 만드는 비언어적 행동들에 대한 일반적인 두문자어(acronym)로 **SOLER**를 들 수 있다(Egan, 1986). SOLER는 듣는 사람이 정면으로 말하는 사람과 대면(Squarely facing)하고 있고 열린 자세(Open posture)를 갖추고 있으며(팔다리를 꼬지 않고), 말하는 사람 쪽으로 가볍게 몸을 향하고(Leaning toward the speaker) 적절한 눈 맞춤(Eye contact)을 하며 긴장을 푸는 것(Relaxed)을 말한다.

다른 사람의 관점을 진심으로 이해하려고 듣는 것이 효과적인 협력에서 결정적이다. 특별한 언어적 기술들은 보내진 메시지들을 이해하는데 유용하다. 여기에는 다음과 같은 것들이 포함된다.

- 명료화하기(clarification) : 가정하기보다는 화자로 하여금 **의도를 명료화하도록** 요구한다. 명료화에 대한 요구는 종종 질문의 형태로 나온다(예 : "말씀하신 것을 정확히 이해하지 못하겠습니다. 한 번 더 말씀해 주시겠습니까?", "~라고 말씀하신 것이 맞습니까?").
  화자를 방어적으로 만드는 경향이 있는 "왜"라는 질문은 피해야 하는데, 이러한 질문은 그들이 그들의 관점에 대해 변명해야 한다고 느끼기 때문이다.

- 바꾸어 말하기(paraphrasing) : **바꾸어 말하기**에서 청자는 어떠한 해석 없이 자신이 들은 주된 내용을 고쳐서 말한다. 바꾸어 말하기는 들은 것을 앵무새처럼 따라하는 것이 아니라 메시지의 내용에 대해 간결하게 재진술하는 것이다.

- 감정반영하기(reflecting feeling): 메시지의 내용을 강조하는 바꾸어 말하기와는 달리 **감정반영하기** 기술은 메시지 안에 포함되어 있는 정서를 반영하여 말하는 것이다.

- 공감적 반응하기(responding with empathy) : **공감적 반응하기** 기술은 바꾸어 말하기와 감정반영하기를 결합한 것이다. 청자는 들은 것 중에서 가장 중요한 것을 결정하고 화자가 느끼는 것이 어떻게 보였는지를 덧붙여 말한다. 공감적 반응하기의 형식은 다음과 같다. "너는 _____라고 느낀다. 왜냐하면 _____하기 때문이다."

문제를 명료화하도록 요구하고, 표현을 바꾸어 말하고, 감정을 반영하며, 공감적 반응을 하기 위해서 개인은 주의 깊게 들어야 한다. 대답을 미리 정해놓는 것은 적극적인 경청을 방해할 수 있음에 유의해야 한다.

2) 모든 사람들의 아이디어를 구하기

협력적인 토론은 한 사람, 혹은 소수의 사람들에 의한 비난이 아니라 대화가 되어야 한다. 적극적 경청을 통해 각 참여자들의 관심과 생각들이 들려지고 이해된다는 것을 확인하는 것이 중요하다(Dettmer et al., 1999). 과묵한 팀성원들이 생각들을 나누도록 격려하는 데 도움이 되는 방법은 적극적인 듣기 과정을 통해서 그들의 공헌을 인정하는 것이다(Turnbull & Turnbull, 2001). 바꾸어 말하기, 감정반영하기, 공감적 반응하기 등은 의견들을 확인하고 좀 더 많은 참여를 조장한다.

3) 다른 사람들의 관점들을 이해하고 존중하기

이 장의 초반에 논의하였듯이 각 개인은 어떤 토론에 대해서 독특한 관점을 제시할 수 있다. 자폐스펙트럼장애 아동을 위한 프로그램을 개발하는 것에 토론이 집중될 때에 부모들은 안건에 대해 필사적인 관점을 제시하는 경향이 있다. 부모들은 엄청난 일상적 도전과제들을 제공하고 전 생애 동안 잠재적 보호를 필요로 할 수 있는 아동에 대해 그들 스스로가 책임이 있다는 것을 알게 된다. 부모들은 자녀가 치료될 수 있다거나 또는 특정한 중재들이 사용된다면 회복이 가능하다고 이야기를 들어왔을 수도 있다. 부모의 관점에서 볼 때에, 학교체계가 필요한 중재를 제공하는 것을 꺼려하는 것은 그들 자녀의 치료에서 유일한 장애물이다. 이에 반해서 학교체계는 과학적 기반의 실제를 사용하라는 법적 요구 아래에 있으며(NCLB, 2001) 학생들이 기술들을 획득하고 있다는 것을 설명할 책임을 갖고 있다. 이에 더해서 팀의 구성원들은 다른 사람들은 잘 모르는, IEP 절차와는 관련되지 않은 문제들을 다룰 수 있는데(Dettmer et al., 1999), 이는 충분히 참여하기 위한 그들의 능력에 영향을 미칠 수 있다. 각 구성원은 효과적인 협력을 방해할 수 있는 관점들에 더해서 확신과 가정을 갖고 있다(Bondy & Brownell, 1997). 또한 그들 각각은 다른 사람들에 의해서 바르게 평가될 수도, 혹은 그렇지 않을 수도 있는 개인적인 의사소통 양식을 갖는다. 개인 간의 기술, 신념, 그리고 개인적 특성 등이 협력의 결과들에 큰 영향을 미친다(West & Cannon, 1988). 성공적인 협력을 위해서는 판단을 보류하고 편견을 멈추고 다양한 관점들에 대한 이해와 존중을 위한 노력이 필요하다.

4) 분명하게 의사소통하기

심지어 말하지 않을 때에도 의사소통을 하지 않는 것은 불가능하다. 비언어적 행동은 많은 메시지들을 보낸다. 팔을 꼬고 있거나 멀리 쳐다보는 것은 다른 사람의 아이디어에 주의를 기울이고 싶지 않다는 것을 전달한다. SOLER 기법을 사용하는 것은 다른 관점들을 고려하는 것에 관심을 갖는다는 것을 말한다. 명확한 의사소통의 특징은 짧게 반응하는 것과 전문 용어 및 약어 사용을 하지 않는 것이다. 명확한 의사소통을 증진시키기 위한 유용한 전략은 말해지는 것을 받아 적는 것이다(Kroth, 1985). 팀 모임에서는 모든 사람들이 토론의 맥락을 볼 수 있도록 OHP나 흰색칠판을 사용한다.

명확한 의사소통을 증진시키기 위한 추가적인 전략들이 있다. 행동은 일반적인, 혹은 판단적 용어가 아니라 객관적이고 상세하게 기술되어야 한다. '그러나' 라는 용어를 피해야 한다. 왜냐하면 그것은 항상 그것 앞에 오는 것을 부정하기 때문이다(예 : Stanley는 좋은 학생이다. 그러나 그는 활동을 완수하지 않는다). 대신에 '그리고' 로 구절을 연결하라(예 : Stanley는 매우 좋은 학생이다. 그리고 그는 활동을 완수하지 않는다). '그러나' 를 뺌으로써 매우 색다르면서도 덜 비난적인 메시지를 전달할 수 있다.

빈번한 의사소통은 관점들의 공유를 증진시키고 회의가 장황해지는 것을 줄여준다. 대부분의 교사들은 지속적인 의사소통을 증진시키기 위하여 매일 학교와 가정 사이에 보내지는 의사소통 일지나 주에 여러 번 보내는 이메일 등과 같은 전략들을 사용한다.

5) 공동의 목표를 강조하기

모든 팀 구성원들은 '특정한 학생의 성공' 이라는 공유된 관심을 갖는다. 다행스럽게도 성공적인 협력의 열쇠는 공동의 목표를 나누는 것이다(Bondy & Brownell, 1997). 토론이 논쟁적으로 되거나 수렁에 빠지게 된다면 그 팀은 토론을 중지하고 "학생의 가장 큰 관심은 무엇인가?" 하는 목표에 대한 초점을 다시 맞추어야 한다. 그리고 그 초점 안에서 동의의 영역들을 찾는다(DeBoer, 1995). 학교직원들은 부모의 어떠한 요구에 대해서도 "아니오." 라고 말해서는 안 된다. 부모의 관점과 아이디어들을 부정하기보다는 누구나 받아들일 수 있고(비록 시범적일지라도) 학생에게 이득이 되는 결정으로 토론을 맞추기 위해 토론 지침 〈그림 3-1〉을 사용한다. 구성원들이 어떤 것을 개별적으로 취하거나 또는 그들 자신의 문제들로 싸우기 시작한다면 협력은 중단될 것이다. 토론이 구성원들 사이에서 힘 싸움이 될 때에 학생들은 더 이상 중심이 아니며 생산적 결과에 대한 희망은 적다. 화가 치밀어 오르거나 시간압박에 부딪힐 때에는 미팅을 중지하거나 연기하는 것이 더 낫다. 〈그림 3-2〉는 성공적인 협력을 증진시킬 수 있는 제안들이다.

- 가족들은 대부분 당신과 개인적으로 아무 관계도 없으며 당신이 알지 못할 관심과 문제를 갖고 있다는 것을 기억한다.
- 언어수준, 어휘, 가족의 배경에 대해서 민감하고 당신의 언어를 맞춘다. 그러나 침착해야 한다.
- 충분한 정보를 얻되 필요한 것 이상은 얻지 않는다. 참견을 좋아하는 사람처럼 보이는 언행을 삼간다.
- 자신이 통제할 수 있는 요소들에 토론의 초점을 맞춘다.
- 전에 어떤 것이 시도되어 왔는지를 찾고 조언을 구한다.
- 가족의 관심사들을 완전히 이해할 수 있도록 적극적인 경청을 한다.
- 기밀을 유지하고 존중하라.
- 새로운 접근들과 제안들에 대해서 열린 태도를 유지한다. 각 가족은 다르다.
- 구체적이고 측정 가능한 목표들을 설정한다. 의사소통은 좀 더 명확해야 하고 성공의 측정은 협력위에서 이루어져야 하며 협력을 증진시켜야 한다.
- 제안을 하기 전에 가족이 도움을 청할 때까지, 혹은 좋은 관계가 형성될 때까지 기다린다.
- 가족들이 그들의 문제를 해결할 수 있도록 돕고 그들로 하여금 자녀들에 대한 사례관리자가 되고 기술을 개발할 수 있도록 한다.

그림 3-2 성공적인 협력을 위한 제안들

출처 : P. Dettmer, N. Dyck, & L. P Thurston,(1999) Consultation, Collaboration, and Teamwork for Students with Special Needs, 3e. Published by Allyn and Bacon, Boston, MA. Copyright by Pearson Education. Reprinted by permission of the publisher.

효과적인 프로그램의 개발은 협력을 요구한다. 이는 자폐스펙트럼장애 학생들을 위한 프로그램 개발에서 특히 그러하다. 자폐스펙트럼장애 학생들을 위한 복잡한 환경들 안에서 독립적인 기능을 증진시키기 위해서는 여러 영역의 전문가들이 학생의 요구를 충족시키기 위해 구조화되고 교육적이며 개별적으로 맞추어진 프로그램 계획에 포함될 필요가 있다. 안타깝게도 협력은 그냥 이루어지는 것이 아니다. 효과적인 협력은 능숙한 의사소통자들이 각각 다른 사람들의 관점들을 이해하고 존중하기 위해서 함께 활동하고 학생의 요구에 지속적으로 초점을 맞출 때에 일어난다.

❖ 해리스 선생님에게 배우기

첫 번째 IEP 모임

해리스 선생님은 잠에서 깨어나자마자 '해야 할 일' 목록에 쇼핑몰 근처의 교육용품점에 들르기를 추가한다. 어제 자폐스펙트럼장애 학생들을 교수하기 위한 전략 회의에 참석한 후 그녀는 발표자가 보여주었던 시각적 일과표를 사용하여 학교생활을 구조화하고, 학생들 간의 사회적 상호작용을 격려하기로 결심한다. 노트를 검토하면서 지난주 맥도널드에서 만난 사랑스럽지만 제멋대로인 7세 소년 에릭을 생각하자 마음이 혼란스럽다. 해리스 선생님은 그녀의 물건들을 챙겼다. 그리고 필립초등학교에서의 새로운 일에 좀 더 전념하기로 결심한다. 그녀는 스토크스 교장 선생님이 이미 그녀의 학급명부를 올리고 교실을 배정했는지를 보기 위해서 교장실에 들르기로 한다. 스토크스 교장 선생님을 기다리는 중에 해리스 선생님은 사무실 비서가 그녀의 교실에 대해서 이야기하며 누구든 그 반을 가르치는 교사는 모든 도움을 받을 가치가 있기 때문에 다른 교사들이 그녀의 8명의 학생들, 두 전문보조원, 그리고 2명의 부모 자원자를 얼마나 부러워하는지에 대해서 이야기하고 있는 것을 듣게 된다. 해리스 선생님이 그들에게 괜찮을 것이니 걱정하지 말라고 말하기 위해 일어나자 스토크스 교장 선생님이 걸어 들어온다. 그리고 그녀를 사무실로 안내한다. 스토크스 교장 선생님은 이야기를 나누기 시작한다. "어디 봅시다, 제가 좋은 뉴스와 나쁜 뉴스를 갖고 있습니다. 어떤 것을 먼저 말씀드릴까요?" 해리스 선생님은 좋은 뉴스를 선택하였다. "좋아요" 스토크스 교장 선생님이 말한다. "선생님이 오랫동안 기다린 학급명부를 이용할 수 있습니다. 그리고 8명의 학생들만 담당합니다." 해리스 선생님은 웃음이 나왔다. "이것 정말 멋지네요. 제가 언제 학생들의 자료철을 받아 검토를 시작할 수 있을까요?" 스토크스 교장 선생님이 폴더를 꺼내면서 이것을 제외한 다른 폴더들을 보기 위해서는 해리스 선생님이 그녀의 특수교육관리자와 약속을 잡아야 한다고 알려 준다.

"자, 여기 있습니다. 선생님은 이 중의 하나를 즉시 검토해 볼 수 있습니다. 이것이 조금 시기상조라는 것을 제가 알고 있습니다. 그러나 당신이 전문가답게 슬기롭게 이 상황을 다룰 수 있으리라 확신합니다. 유감스럽게도 IEP 모임을 반복적으로 미루거나 혹은 모임을 너무 길게 끌어서 종종 다음 날로 연기해야만 하고 결국 우리를 에이버리 씨에게로 가게 하는 가족이 있습니다. 그들은 스티븐의 부모인데, 그들은 변호사와 함께 IEP 모임에 오는 것을 좋아하였고, 학기가 끝날 때까지 모든 사람들의 일정을 조정할 수 없었습니다." 해리스 선생님은 잠시 동안 있다가 말한다. "문제없습니다! 제가 모임일정을 잡을 수 있습니다. 교장 선생님께서 특별히 원하시는 방법이 있으세요? 저는 우체국을 통해서 통지서를 보낼 것입니다. 그리고 이제 여름이기 때문에 그 편지들을 수령증서 반환용으로 보낼 필요가 있습니다." 스토크스 교장 선생님은 해리스 선생님을 보고 큰 웃음을 지으며 해리스 선생님을 고용한 것은 바른 결정이라고 확신한다. 그녀는 해리스 선생님에게 사회사업가가 이미 자료를 정리했고 통지서를 보냈다고 말한다. 자리를 뜨려고 일어나면서 해리스 선생님은 자료철과 통지서 사본을 집어 들고 이야기한다. "이것은 조만간 저에게 가족 중 한 사람을 만나도록 해줄 것입니다."

집에 도착하여 소파에 몸을 던진 그녀는 깊은 한숨을 쉬고는 문서업무를 시작한다. IEP에는 여러 분야가 포함될 필요가 있는데 행정가, 그리고 적어도 부모들 중 1명이 포함되어야 한다. 그녀는 두 부부가 기입되어 있을 통지서 양식을 주목한다. 미팅통지서를 검토하면서 그녀는 초대받은 사람들을 보고 놀랐다. 그리고 만약 이 모든 사람들이 함께 활동하겠다고 스티븐을 빼내 간다면 그녀가 스티븐과 얼마나 많은 시간을 함께 할 것인지에 대해 의구심을 갖는다. 목록에는 언어치료사(SLP), 작업치료사(OT), 미술교사, 행동전문가, 부모대변인, 그리고 그들 뒤에 변호인이라고 적혀 있는 두 이름들이 포함되어 있다. 해리스 선생님이 스티븐의 폴더를 열면서 '이것은 그의 파일이 아니라 그의 자서전이군.' 이라고 생각한다. 해리스 선생님은 최근의 심리검사들, 일반학급에서의 성적, 이전 IEP, 목적과 목표들, 이전 교사의 메모들을 검토하면서 스티븐의 파일로부터 나온 몇가지 특징들을 (빈 IEP 양식에) 메모한다면 도움이 될 것이라고 생각한다.

'어디 보자.' 그녀는 생각한다. '먼저, 서명한 모든 사람들이 서로 알게 하고 에이버리 씨 부부에게 부모의 권리에 대한 사본과 설명을 제공해야 할 필요가 있어. 그런 다음에 방금 끝난 스티븐의 학교 IEP를 검토하고 새 학기를 위한 새로운 IEP를 개발하는 것이 이번 미팅의 목적이라고 말할 거야.' 해리스 선생님은 그날 저녁의 나머지 시간을 그의 파일을 검토하는 데 썼다.

IEP가 도착하는 날이다. 해리스 선생님은 위원회 구성원들이 도착하기를 기다리면서 걱정스럽게 그녀의 문서를 반복해서 조정한다. 적절한 소개와 서명 절차, 그리고 부모의 권리들에 대해서 알린 후에 그녀는 모든 사람들의 주목을 받는다. "좋아요. 스티븐의 현재 수행수준을 검토하는 것으로 시작합니다. 그리고 나는 여러분들 각자가 가능한 한 많은 정보를 제공해 주었으면 합니다." 에이버리 씨가 가로막는다. "해리스 선생님, 당신이 곤란한 위치에 있다는 것을 알고 있습니다. 그러나 당신이 그를 잘 모른다는 것을 생각할 때에 정말로 스티븐에게 적절한 IEP를 개발할 수 있다고 생각하세요?"

해리스 선생님은 실질적으로 IEP의 내용을 얻기도 전에 에이버리 씨가 그녀에 대해 의문을 제기하는 것에 놀란다. 그녀는 대답한다. "에이버리 씨, 당신의 관심이 무엇인지 잘 알고 있습니다. 그러나 저는 제가 새로 온 사람이고 스티븐에 대해서 많은 것을 알지 못한다는 것을 누구보다 잘 알고 있습니다. 그러나 당신과 그 밖의 다른 사람들이 안심을 하셨으면 합니다. 저는 그의 파일을 주의 깊게 검토했습니다. 그리고 제가 스티븐을 이해하기 위해서 여러분들 모두의 도움을 얻으려고 합니다. 이것은 집단적인 노력이고 우리 모두는 그의 가장 큰 관심들을 가슴에 두고 있습니다. 게다가 그의 이전 교사인 그랜트 씨는 다음 해에 스티븐이 활동하기에 적합하다고 느낀 몇몇 목표안들을 남겼습니다." 에이버리 씨가 끼어들어 늘 스티븐의 문제에 초점을 맞추므로 다른 교사들과 그랜트 씨가 추천한 것을 함께 행동하고 지켜보자고 제안을 한다. 해리스 선생님은 동의한다. "만약 당신이 어떤 의문을 갖고 있다면 그것에 대해 물어보세요. 그것은 당신이 스티븐에 대해서 어떤 생각을 하고 있는지 제가 알 수 있는 유일한 방법입니다."

해리스 선생님은 스티븐이 겨우 8세가 되었고, 중도의 자폐스펙트럼장애를 갖고 있으며, 특수학급에서 그의 대부분의 서비스들을 받고 있으나 좀 더 사회적이고 계절에 맞는(학급 파티와 현장학습과 같은) 미술, 음악, 체육, 연중행사, 레크레이션, 컴퓨터, 독서시간, 그리고 모든 다른 활동들을 위해 일반학급 1학년에 재학한다는 것들을 요약하여 말하면서 시작한다.

그녀는 그가 학교개선 프로그램(SIP)으로부터 주 4시간 관련서비스 지원을 받고 있고 직접적인 치료를 위해 주 1회 작업치료, 월 1회 스티븐의 일반학급 담임선생님과 상담, 그리고 스티븐과 그의 가족들과 활동하기 위해 계약된 행동전문가들(가정과 지역사회를 포함하는)과 모든 장면들에 걸쳐서 적어도 주 2회 상담을 받는다고 덧붙인다. 에이버리 씨가 사이에 끼어들어 기록을 위해 그녀가 무엇인가를 진술할 수 있는지 묻는다.

해리스 선생님은 속으로 '내가 무엇을 말할 수 있을까?' 라고 생각한다. 그러나 "물론입니다."라고 대답한다. 에이버리 씨는 비록 스티븐이 야외 활동들에서 일반학급과 함께 한다고 가정될지라도 그들은 엄마의 날, 차와 지구의 날과 같은 때에 의도적으로 그를 남겨 놓았다는 사실을 위원회에 이야기한다. 해리스 선생님은 학교 측에 서 있는 것처럼 보이고 싶지 않았고, 부모들에게 불공평하다는 소리를 듣기를 원하지도 않았기 때문에 어떻게 반응해야 할지를 조심스럽게 생각한다. 생활지도교실 교사가 거기에 없다는 것을 알고 그녀는 대답하기로 한다. "에이버리 씨, 그 교사는 그 모임을 구성할 수 없었고 그녀의 학급에 다시 있지 않을 것이기 때문에 스티븐이 외부활동들에 참여할 수 있는 몇몇 기회들을 잃고 있고 그것이 개선되기를 바란다는 당신의 의견을 제가 기록하면 어떨까 하는데, 괜찮습니까?" 갑자기 에이버리 씨 옆에 조용히 앉아서 기록을 하고 있던 변호사 중의 한 사람이 큰 소리로 말을 하였다. "그것이 좋겠습니다. 그러나 한 가지만 명확히 해주세요. 당신은 이미 스티븐에 대한 배치를 결정했다는 생각이 드는데, 맞습니까?" 해리스 선생님은 자신의 실수를 즉시 알아채고는 대답했다. "물론 아닙니다. 저는 단지 에이버리 씨가 이미 몇몇 관심들을 갖고 있기에 우리는 그를 다른 생활지도교실로 옮기는 것을 가정하는 것입니다." 그 변호사는 매우 만족해하며 그의 머리를 끄덕였다. 그리고 해리스 선생님은 현재의 수행수준을 다 기록할 수 있었다.

그녀는 범주로 분류하고(색, 동물, 모양 등), 그러한 항목들에 이름을 붙이고(그러나 단지 그들이 집단화 되어질 때에만), 유사한 곡들의 콧소리 장단을 원래의 음높이로 짝짓고, 쉬는 동안 말을 끼워 넣어 익숙한 노래, 시 그리고 순서들을 완성하는 능력들을 포함한 스티븐의 강점들을 요약하여 말하였다. 그는 또한 시각적으로 표현한 일정표를 따를 수 있지만 첫 번째 과제를 수행하기 위해서는 촉구를 필요로 한다. 하지만 그 이후에는 아이콘을 갖고 돌아와서 그의 '모두 완성' 바구니에 넣고 순서에 따라 다음 아이콘을 획득하고 재료를 얻고 그리고 활동을 시작하는 식으로 과제를 완수할 수 있다.

해리스 선생님은 이 시점에서 중지한다. "저는 첫 번째 과제를 위해서 촉구를 받아야 한다는 그의 요구를 적어 놓고 싶습니다. 왜냐하면 이것은 다음 해에 우리가 다루기를 원하는 그 무엇일 수 있기 때문입니다. 누가 혹시 이 점에 대해서 더 넣을 것이나 혹은 나누어야 할 다른 정보를 갖고 있습니까?" 미술교사가 의견을 말하였다. "저는 스티븐이 질서를 잘 지킬 수 있게 된다는 것이 머리에 그려지지 않습니다. 나는 좀 더 많은 나의 학생들이 물건들을 있던 제자리에 치우기 위해 그들 스스로 관심을 가졌으면 합니다. 그러나…" 에이버리 씨는 "우리가 간다."라고 중얼거린다. 그리고 미술교사는 그녀의 자세를 바꾼다.

이것을 보고 해리스 선생님이 말한다. "그가 당신의 학급에 대해 부적절하게 한 것이 무엇인지 말씀해 주시겠습니까?" 그 교사는 해리스 선생님을 향해 뒤로 돌아본다. 그리고 계속해서 스티븐이 종종 그가 하던 것을 멈추고 그녀의 눈앞에서(색연필, 마커, 크레용 등) 그가 사용하던 것은 무엇이든지 흔들기 시작한다고 설명한다.

해리스 선생님은 누군가 다른 사람들이 이 행동을 관찰하는지, 그리고 그것이 그의 배우는 능력을 방해하거나 또는 다른 학생들을 방해하는지에 대해서 질문을 한다. 에이버리 씨는 즉시 끼어들어서 "그것들이 어디에 있든 상관없이 그는 그의 눈앞에서 어떤 것이든 그것이 가로질러서 자국이 남을 때까지 흔들어댈 것입니다."라고 말한다. 해리스 선생님은 이것이 그의 감각체계에 대해 무엇인가를 해야 하는 것인지 의구심을 가진다. 그리고 작업치료사에게 어떤 처치를 요구한다. 작업치료사는 그 토론을 거들며 자기자극은 자폐스펙트럼장애 학생들에게 일반적일 뿐 아니라 스티븐은 쓰는 것에 의해 눌려지는 그런 사물들을 갖고 자극을 하기 때문에 그는 아마도 그의 감각체계에 대해서 좀 더 시각적인(혹은 전정기관의) 자극이 필요할 것이라고 제안한다.

해리스 선생님은 그들의 주의를 다시 주제로 돌리게 한 후 단어사용의 제한, 소문자를 대문자와 연결하는 것의 어려움, 질문하기를 위한 주의집중 유지의 부족, 간단한 기하학적 형태모방의 어려움, 필요한 도움이나 좋아하는 물건·활동들을 요구하지 못하거나 불만을 표현하기 위한 빈번한 감정폭발, 그리고 하나의 주요한 활동시간에서 다른 것으로 전환하기의 어려움 등 그의 약점에 대해서 토론을 계속한다.

해리스 선생님은 스티븐의 현재 IEP 목표들에 나타난 진전에 대한 검토 전에 혹시 약물치료나 음식선호 등과 같이 최근 새롭게 수정된, 공유하기를 원하는 정보들을 갖고 있는 사람이 있는지 질문하고 이에 대해 부모들은 새롭게 나타난 것이 없다는 것에 동의한다.

해리스 선생님은 그녀의 위에서 소리가 난다고 느껴져서 시계를 내려다보았다. 그리고 단지 1시간 30분이 지났고 포함해야 할 것들이 더 많다는 것을 생각했다. 그녀는 그녀가 제대로 제출할 수 있기를 희망한다. 그녀는 다섯 가지의 추가적인 요소들이 검토되어야 한다고 설명한다.

그녀는 말했다. "IEP 형식에 대해 첫 번째 추가해야 할 요소는 확대학년 서비스(Extended School Year Services : ESY)와 관련됩니다. 그리고 저는 우리가 현재의 목표들에 대한 그의 진전을 검토한 후에 이를 제시하고 싶습니다. 그러고 나서야 우리는 그가 ESY가 필요한지 필요하지 않은지를 알 수 있을 것이라고 생각합니다. 여러분들은 이 점에 대해서 어떻게 생각하십니까?" 에이버리 씨가 응답한다. "나는 이것이 그 문제를 회피하기 위한 연방주의 수단이 아니기를 희망합니다. 왜냐하면 이것은 우리가 매년 논의한 영역이기 때문이며, 그리고 저는 왜 그런지 이해하지 못하겠습니다. 만약 그들이 연속적인 중재를 받고 일년 내내 학교에 간다면 자폐스펙트럼장애 아동이 좀 더 나은 서비스를 받는다는 것이 사실입니다. 이러한 방법으로 그들은 그들이 1년 동안 배워왔던 것들을 잊지 않고 일반화시키는 활동을 할 수 있습니다."

해리스 선생님의 얼굴표정에는 놀람과 당황스러움이 배어 있다. 왜냐하면 행동전문가들이 그녀를 위하여 끼어들기 때문이다. "나는 그것이 해리스 선생님의 의도가 전혀 아니라고 믿습니다. 그러나 나는 그녀의 논리에 동의합니다. 우리들 누구도 그 주제로 돌아가는 것을 잊지 않도록 하기 위해 그녀는 메모를 할 것입니다." 해리스 선생님은 그 조언자에게 감사의 미소를 보낸다. 그리고 스티븐이 14살이 되었을 때에 그들이 다루어야 할 것이라고 설명한 전환계획에 대하여 계속 토론을 진행한다.

행동중재는 그 다음 요소이다. 그리고 집단으로서 그들은 스티븐이 그의 학습, 또는 다른 아이들의 학습을 방해하는 행동을 보여주었는지에 대해서 논의한다.

행동자문가는 스티븐이 지나치게 공격적인 경향들을 보이지는 않지만 서류상에 스티븐이 학교의 모든 규칙들을 이해하고 따르기 위한 능력을 갖고 있지 않은 것으로 나와 있는 것은 매우 시급한 문제라고 한다. 그래서 교사가 스티븐이 새로운 행동을 배워야 하고 그 행동변화들이 체계적으로 기록되어야 한다는 것을 알게 하기 위해 측정 가능한 목표들을 개발하는 것뿐 아니라 어떤 조정이 착수될 필요가 있을 것이라고 말한다.

해리스 선생님은 모든 사람들이 동의한 것에 놀랐다. 그녀는 '우리들은 잘 하고 있다.' 라고 생각했다. 그녀는 누군가 보조공학의 사용을 고려했는지 물었다. 이때 모든 사람들이 보조공학의 사용은 필요하지 않다는 것에 동의한다. 해리스 선생님은 "IEP가 단지 진행 중인 활동이고 누군가 관심을 갖고 있다면 언제든지 조정될 수 있습니다."라고 위원회에 상기시킨다.

해리스 선생님은 비록 스티븐이 제한적인 언어적 능력을 갖고 있지만 시각장애인도, 청각장애인도 아니기에 추가적인 요소들의 목록을 마무리하고 있다.

에이버리 씨는 "그러나 단지 그가 있기를 원할 때"라고 덧붙여 말한다. 물론 그들 모두는 스티븐의 의사소통이 그의 모든 성취에 영향을 미치는 뚜렷한 요인이라는 것에 동의한다.

스티븐이 지난 1년간 수행해 온 목표들은 인지 · 학업, 사회적 의사소통, 자조 · 적응, 오락, 여가, 그리고 운동의 주요 영역들을 포함하였다. 각각의 주요한 서비스 제공자들은 그들의 목표기록들을 재검토하고 스티븐이 목록화된 각 목표들에 대한 숙달준거를 성취했는지의 여부를 진술한다. 해리스 선생님은 그들 각각의 보고를 들으면서 그녀에게 서비스는 단지 각 부분으로 나누어지는 것으로 설명될 수도 있다는 것이 분명해진다. 해리스 선생님은 에이버리 부부에게 혹시 다른 질문이 없는지 반복적으로 묻는다. 그리고 그들은 "아니오. 없습니다."라고 한다. 그녀는 또한 변호사를 주의 깊게 쳐다본다. 왜냐하면 그는 각각의 사람들이 말하는 모든 것들을 목표(들) 아래에 써넣느라고 바빴기 때문이다.

검토 끝에 해리스 선생님은 말한다. "스티븐이 성공적인 한해를 보냈지만 그는 여전히 그의 좌절(특별히 그가 전환해야 할 때에)을 표현하는데 어려움을 겪고 있습니다. 그럼에도 불구하고 그가 활동에 참여할 때에 그는 계속 복잡한 과제들을 수행할 것입니다. 저는 내년 내내 여러분과 함께 일하게 된 것이 정말 흥분됩니다. 그러나 우리들 모두가 단지 하루 중 특별한 시간대나 특별한 사람들과만이 아니라 그의 하루를 통해서 그의 모든 목표들에 대해서 일을 해야 한다고 말하고 싶습니다."

에이버리 씨는 미소 짓기 시작한다. "그것이 제가 오랫동안 원했던 것입니다. 감사합니다."

하지만 변호사는 약간 회의적인 것처럼 보였다. "당신은 이러한 비율들이 스티븐이 진보를 보였다는 것을 보여주기 위해서 조금 과장되었다고 생각하세요? 당신들 중 누가 내게 스티븐이 하나의 목표를 향해 노력하고 장단기 방학을 갖고 그리고 동일한 목표를 수행하기 위해 복귀하는 것에 대한 자료를 보여줄 수 있습니까? 나는 그가 퇴행한다면(그리고 그랬다면) 그가 그 기술들을 회복하기 위해 얼마나 오래 걸릴 것인가에 관심이 있습니다."

주요 서비스 제공자들은 서로를 쳐다보고 문서들을 이리저리 뒤적거린다. 행동 자문가는 각각의 자료와 자료들이 수집되고 결과들을 보여주는 손으로 그린 선 그래프를 꺼낸다. 또한 그것은 언제 중지가 나타났는지를 보여주는데 그는 스티븐의 행동경향을 보여주기 위해서 자료의 점들을 연결한다. 그가 부모들과 대리인, 그리고 변호사에게 이것을 보여주자 해리스 선생님은 그녀의 행동교실로부터 공자료 용지들을 꺼내고, 자료수집방법과 ABA 전략에 대한 그녀의 기억을 새롭게 하고 학기 시작 전에 스티븐의 새로운 각 목표들을 위한 모형을 준비하기 위해 머릿속에 기록을 한다.

해리스 선생님은 확대학년서비스(ESY)를 설명하기 시작한다. "좋습니다. 스티븐이 잘 수행했다는 것은 좋은 소식이라고 생각합니다. 따라서 이것은 중요하지 않습니다." 에이버리 씨가 급히 끼어든다. "이 문제를 다시 진행하지 맙시다. 서류상으로 스티븐이 확대학년서비스를 필요로 하는 것으로 보이지 않을 수도 있습니다. 그러나 우리 모두는 여러 연구들이 자폐스펙트럼장애를 갖고 있는 학생들에게 지속적인 중재를 제공하는 것을 지지한다는 것을 알고 있습니다. 그리고 나는 그것을 그대로 받아들이겠습니다."

해리스 선생님은 노련한 전문가들을 바라본다. 행동자문가는 부모들에게 동의하며 제출된 독립과 여가활동들을 위해 가장 의미 있는 목표들을(여름이기 때문에) 제시할 것이라고 말한다. 언어치료사와 작업치료사는 고개를 끄덕이며 동의한다. 팀은 작업치료 서비스가 동일하게 이루어질 것이며 학교에 가고 오기 위한 운송수단의 제공이 추가될 것이라고 결정한다. 부모들은 일단 그녀가 스티븐이 실제로 필요로 하는 어떠한 서비스들의 제공을 피하려고 시도하지 않는다는 것을 깨닫자 긴장을 푸는 것처럼 보였다.

3시간 30분이 지났다. 대리인은 일어나서 잠시 자리를 뜬다. 해리스 선생님은 모두가 잠시 쉬는 시간을 갖자고 제안한다. 15분 뒤에 그들은 다시 모여서 (스티븐의 부모들을 포함하여) 팀의 각 구성원들이 다가오는 해를 위해 가져온 목표초안들을 검토하기 시작한다. 그들은 영역들의 각 기술들을 포함하기로 하지만 협력적인 팀접근을 사용할 것을 이야기 한다.

해리스 선생님은 "물론 기술들의 획득을 위해 직접적인, 개별화된 또는 소집단의 교수를 요구하는 어떤 목표들이 있을 것입니다."라고 설명하면서 목표가 적힌 용지를 가리킨다. 에이버리 씨는 논의하기를 원하는 두 가지의 마지막 문제들이 있다고 말한다. 이는 언어치료사(SLP)와 좀 더 많은 시간을 갖고 비연속 개별시행 훈련(DTT)을 훈련받은 사람과 일주일에 20시간, 일대일로 DTT를 받을 수 있도록 스티븐의 인지 · 학업 목표들이 제출되기 바란다는 것이다. 언어치료사는 스티븐에게 필요한 것은 더 많은 시간이 아니라 오히려 언어의 사용을 배우고 또한 행동의 증진을 위해서 그녀의 의사소통 양식을 증진시키는 방법을 찾는 것이 필요하다는 의견을 제시한다.

에이버리 씨가 이 문제에 대해서 논쟁을 하려고하자 해리스 선생님이 말을 가로막는다. "죄송하지만 잠시만요, 에이버리 씨, 좀 더 다양한 사람들과 다양한 장면 안에서의 의사소통에 초점을 맞춘 스티븐의 의사소통 프로그램시간이 더 포함되어야 한다는 당신의 의견에 동의합니다만 언어치료사가 스티븐과의 추가적인 시간을 계획하고, 의사소통을 증진시키기 위해서 적어도 두 명의 다른 또래들과 또래중심 전략을 사용한다면 그것이 좀 더 효과적일 것이라고 생각합니다. 어떻게 생각하세요?"

에이버리 씨는 그의 아내와 해리스 선생님 사이를 앞뒤로 바라보더니 마침내 동의한다!

해리스 선생님은 생각한다. '와, 정말 멋진걸! 스티븐에게 최선이라고 생각하는 것에 내 결정의 기초를 두는 한, 합리적인 것이 모든 것을 말하고 그들은 동의한다. 왜 모든 교사들이 그 원리를 따르지 않을까? 그것은 분명히 그들의 생활을 편하게 할 텐데!'

단결된 한 한 팀으로서 그들은 시간이 다가오고 있다는 신호를 보내기 위해 타이머를 사용하는 폭넓은 활동들 간의 전환, 사물들에 대한 스티븐의 놀이목록 확대, 짧은 시간(예 : 2분) 동안 놀이를 모방할 수 있는 전형적인 또래들에 의해서 촉진되는 상호적 놀이과정에 참여하기 등을 포함하기로 한다.

해리스 선생님은 IEP의 다음 페이지를 본다. 그리고 가장 어려운 과정이라고 들어왔던 배치결정을 위해 스스로 마음의 준비를 한다. 그녀는 협력 및 장애 아동 가족지원에 대해서 배웠던 것을 떠올린다. 그녀는 그녀가 통제할 수 있는 그런 요소들에만 토론의 초점을 맞추려고 한다.

그녀는 그들의, 혹은 그 밖의 다른 사람들의 관점들이 갖고 있는 애매모호함이 없도록 하기 위해 적극적 경청 기술에 의존하려고 한다. 그리고 그녀는 제안들이 스티븐의 가장 큰 관심 안에 있는 한 그것들에 대해서 열려 있으려고 하고 형식적인 틀 밖에 있을 수 있는 여러 선택들을 고려하려고 한다.

해리스 선생님은 위원회에 이제는 스티븐의 배치를 고려할 시간이 되었음을 말하고, 일반학급과 일반교육과정 안에 있는 그의 친구들에 대한 최소 제한적 과정과 함께 어떤 선택을 제공할지를 결정하기 전에 전체 서비스의 연속에 대해서 고려할 필요가 있음을 상기시킨다.

해리스 선생님은 설명한다. "이러한 선택들이 모두 스티븐에게 적당한 것은 아니지만 나는 우리가 적어도 그것들을 언급하고 우리들이 어떤 것도 간과하지 않았다고 우리들 스스로에게 확신할 필요가 있다고 믿습니다. 신중하게 생활시설이나 그에 가까운, 그러나 심리교육시설들이 아닌 가장 제한적인 선택들부터 시작해 봅시다." 그들의 언어적, 비언어적 신호들을 판단하면서 해리스 선생님은 그러한 선택들이 스티븐에게 가장 좋은 모델들을 제공할 수 있는 일반인들에게 접근할 수 있는 기회를 주지 않기 때문에 적절하지 않다고 재빠르게 기록을 하였다. 그 다음에 그녀는 스티븐이 특수학급에서 대부분의 수업을 받는다는 것을 권고하면서 특수학급 또는 자료실 장면들을 소개한다.

해리스 선생님이 특별한 교수 기술들을 사용하는 일반학급과는 다른 교육과정에 대한 스티븐의 개별적 요구들을 말할 수 있는 것은 바로 이때이다. 그러나 그녀는 재빨리 스티븐이 일반학급에서 시간을 보내는 것을 통해서 지속적으로 이득을 얻을 것이라고 적는다. 에이버리 씨, 작업치료사, 행동자문가, 미술교사, 그리고 언어치료사 또한 동의한다. 그리고 그것을 확인할 수 있도록 서류양식 위에 각각의 배치에 대한 시간들을 덧붙이기 시작한다. 에이버리 씨가 "잠시만 기다려 주세요."라고 요구한다. "나는 스티븐이 일반학급에서 주당 5시간 이상을 지도 받았으면 좋겠습니다. 나는 그것이 증가되는 것을 보고 싶습니다." 해리스 선생님은 목표가 적힌 용지들을 들고 일어난다. 그리고 화이트보드 쪽으로 걸어간다. "배치결정이 어떻게 이루어지는지 제 말을 들어보세요. 어떤 장면에서건 확인된 목표들에 따라서 스티븐의 시간이 관리될 필요가 있습니다. 나는 각각을 완수해 나가려고 합니다. 그리고 스티븐이 어디에서 가장 좋은 교수를 받을 수 있는지 결정합시다." 해리스 선생님이 특수교육과 일반교육 사이의 목표들을 도표로 작성하자 특수학급 안에서 기술될 필요가 있는 대부분의 목표들이 명백해진다. 다음 화제로 넘어갈 수 있고 이제 모임을 끝낼 수 있다고 해리스 선생님이 막 생각할 때에 그녀는 가냘픈 목소리를 듣는다. "한 가지 질문이 있습니다."라고 미술교사가 이야기를 한다. IEP 위원회는 자료를 수집 하는데 누가 책임을 질 것이고, 스티븐이 기준을 충족시켰는지의 여부를 누가 결정하는가에 대해 미술교사가 관심을 표현하는 것을 듣는다. 해리스 선생님은 그들이 행동적이고 측정 가능한 용어들로서 목표를 적었을 때에 그 준거들이 수립된 것이고 그녀가 처음에 자료를 수집할 것이나 어떻게 효과적이고 불쾌하지 않게 자료들을 수집할 것인지에 대해서 그녀가 담당하는 모든 학생의 교사들을 훈련시키려는 의도를 갖고 있다고 말함으로써 그녀를 안심시킨다.

서비스의 배치 및 서비스 제공자에 대한 토론 시간을 마친 후에 해리스 선생님은 스티븐에 대해 책임을 지고 있는 모든 교사와 직원들(예 : 방과 후 학교 요원 등)에게 배포될 변경과 조정의 개요를 집단에게 안내한다. 모임을 통해서 해리스 선생님은 언급된 아이디어의 진행 목록을 기입하였고 그것들을 위원회와 함께 검토하였으며 좀 더 이득이 될 수 있는 어떤 다른 것들을 알고 있는지, 또는 제공에 반대하는 것이 있었는지를 질문한다.

'이런, 스토크스 교장 선생님이 나를 회의에 보낸 것은 행운이 아닌가!' 라고 그녀는 생각한다. '그들은 자폐스펙트럼장애 학생들을 도울 수 있는 모든 가능한 수정들을 검토하고 우리들에게 단지 이것이 요약지에 있다는 이유로 반드시 모든 개별 대상들에 적용된다는 것을 의미하지는 않으며 또한 매일 제시되어야 하는 것도 아니라는 것을 기억하라고 말하였다. 그러나 그들은 필요할 때에 이용될 필요가 있다.' 해리스 선생님은 이 지역에 의해 운영되는 것에 관한 구체적인 정보가 알려지는 후일 시점에 시험, 채점 및 그 외의 여러 가지 수정사항에 대해서 논의하자고 제안함으로써 결론을 짓는다. 모든 위원회 구성원이 강하게 동의한다. "마지막 한 가지가 있습니다. 에이버리 씨 부부가 이 회의에 참석했고 스티븐의 IEP 개발과정에 참여하는 기회를 가졌다는 것을 진술하는 마지막 페이지 위에 사인이 필요합니다." 사인을 하는 동안에 에이버리 씨는 위를 쳐다보면서 말한다. "해리스 선생님, 당신은 전혀 새로운 사람으로서 경험이 많은 전문가처럼 이 IEP 회의의 장을 맡았지만 우리나 교사들의 관심사를 배제하지 않은 것처럼 보입니다. 당신이 우리를 비합리적이라고 생각한다는 느낌을 한 번도 받지 않았습니다. 대신에 당신이 진심으로 우리들의 관점들을 존중한다고 느꼈고, 우리들은 단지 스티븐에게 가장 좋은 것을 원하고 있다는 것을 알았습니다. 감사합니다. 그리고 멋진 해를 기대해 봅니다!"

해리스 선생님은 서류들을 모은다. 그리고 봉투 위에 산뜻하게 쌓는다. 그녀는 하루를 회상하면서 평화로운 회의실에 앉는다. 그리고 '정말 많은 시간과 에너지가 필요했어. 그러나 나는 믿어, 나는 정말로 교사가 된 것을 즐기고 있어!' 라고 생각하면서 조용히 미소를 짓는다.

7. 결 론

자폐스펙트럼장애 학생들이 독특한 개인인 것과 마찬가지로 학생의 발달과 기능에 효과적일 수 있는 프로그램을 개발하기 위해서 모인 대변인들도 마찬가지이다. 효과적인 프로그램에 대한 토론을 깨뜨리는 것은 대변인들의 서로 다른 관점들과 결정을 내리는 데 이용될 수 있는 모순적인 정보들이다. 교직원들은 적어도 경험적인 기초를 갖고 있고 실행 가능성이 있는 중재들을 사용해야 한다(Simpson et al., 2005). 이러한 강조는 과학적 기반의 실제를 요구하는 낙오학생 방지법(NCLB)이 충분히 이행됨으로써 좀 더 확고해질 것이다. 증거의 부족은 중재가 비효과적이라는 것이 아니라 단지 효과성이 증명되지 않았다는 것이다(Rogers, 1998). 근거 없는 중재들은 〈그림 3-1〉에서 제시된 것과 같이 동의된 틀 안에서 자세히 조사될 필요가 있다. 실제를 알려 주기 위한 연구의 수행과 확산과정이 진행 중이고 전문가들은 그러한 동향들을 알고 있을 필요가 있다.

대변인 집단은 합리적이고 적절한 대안들 중에서 바람직한 학생의 결과를 증진시키기 위한 선택을 하기 위해 함께 활동해야 한다. 결론은 학생과 작성되어온 문서화 과정이다. 효과적인 프로그램 개발을 위한 협력이 언제나 쉬운 것은 아니지만 그것은 항상 가치가 있다. 연구들이 자폐스펙트럼장애의 수수께끼를 풀고 자폐스펙트럼장애인이 자신의 독특한 장점과 재능들을 공유하면, 상호적인 존중이 나타나서 모든 이들의 삶의 질에 기여할 것이다.

8. 토론 질문과 활동

(1) 자폐스펙트럼장애의 치료법이라는 것이 인터넷상에서 난잡하게 확산되고 있다. 온라인으로 가서 당신이 생각하기에 이상하다고 느껴지는 몇몇 견해들을 평가해 본다. 검색어에 '자폐 치료' 라고 넣어보면 많은 사이트들이 뜰 것이다.

(2) 누군가 "자폐스펙트럼장애가 무엇이고, 그 원인은 무엇인가?" 라고 묻는다면 무엇이라고 이야기하겠는가(표준적인 정의들을 베끼지 마라. 마치 당신이 어떤 사람에게 말하고 있는 것처럼 그 이야기를 적어본다)?

(3) 당신이 자폐스펙트럼장애아의 부모였다면, 자녀의 교사에게 무엇을 기대할 것 같은가?

(4) 자폐스펙트럼장애 학생을 위한 IEP 모임에서 대변인은 지역구가 'Lindamood-Bell' 이라고 불리는 프로그램을 제공해야 한다고 요구하기 시작한다. 당신은 무엇이라고 말하겠는가(힌트 : LMB를 비판하기보다는 효과적인 프로그램 개발 시 고려되어야할 필요가 있는 것에 대한 일반적인 분석을 하도록 토론을 안내한다)?

(5) 자폐스펙트럼장애 학생들을 위한 여러 중재들의 기초가 되는 세 가지 접근들을 조사한 후에 당신의 신념을 가장 근접하게 설명하는 한 가지 접근을 찾아본다. 여러 접근들을 통해서 자폐스펙트럼장애 학생에게 효과적인 프로그램의 개발을 증진시킬 수 있는 요인들을 확인해 본다(자폐스펙트럼장애 학생들을 위한 일반적인 프로그램들은 없기 때문에 당신은 마음속에 특정한 학생을 생각할 필요가 있다).

참고문헌

Board of Education of the Hendrick Hudson Central School District v. Rowley. (1982). 458 U.S. 176, 102 S.Ct. 3034, 73 L. Ed. 2d 690, 5 Ed. Law Rep. 34.

Bondy, E., & Brownell, M.T. (1997). Overcoming barriers to collaboration among partners-in-teaching. *Intervention in School and Clinic, 33,* 112-115.

Boyd, R., & Corley, M. (2001). Outcome of early intensive behavioral intervention for young children with autism in a community setting. *Autism, 5,* 430-441.

Bristol, M. M., Gallagher, J. J., & Holt, K. D. (1993). Maternal depressive symptoms in autism: Response to psychoeducational intervention. *Rehabilitation Psychology, 38,* 3-9.

Bromley, J., Hare, D. J., Davison, K., & Emerson, E. (2004). Mothers supporting children with autistic spectrum disorders. *Autism: The International Journal of Research & Practice, 8,* 409-413.

Campbell, M., Schopler, E., Cueva, J., & Hallin, A. (1996). Treatment of autistic disorder. *Journal of the American Academy of Child and Adolescent Psychiatry, 35,* 134-143.

Chez, M. G., Buchanan, C. P., Bagan, B. T., Hammer, M. S., McCarthy, K. S., Ovrutskaya, I., et al. (2000). Secretin and autism: A two-part clinical investigation. *Journal of Autism and Developmental Disorders, 30,* 87-94.

Cole, K. N., Dale, P. S., & Mills, P. E. (1991). Individual differences in language delayed children's responses to direct and interactive preschool instruction. *Topics in Early Childhood Special Education, 11,* 99-124.

Courchesne, E., Akshoomoff, N. A., & Townsend, J. (1992). Recent advances in autism. In H. Naruse & E. M. Ornitz (Eds.), *Neurobiology of infantile autism* (pp. 111-128). Amsterdam: Elsevier Science.

Dawson, G., Meltzoff, A. N., Osterling, J., Rinaldi, J., & Brown, E. (1998). Children with autism fail to orient to naturally occurring social stimuli. *Journal of Autism and Developmental Disorders, 28,* 479-485.

DeBoer, A. (1995). *Working together: The art of consulting and communicating*. Longmont, CO: Sopris West.

DeLong, G. R. (1999). Autism: New data suggest a new hypothesis. *Neurology, 52,* 911-916.

Dettmer, P., Dyck, N., & Thurston, L. P. (1999). *Consultation, collaboration, and teamwork for students with special needs* (3rd ed.). Needham Heights, MA: Allyn & Bacon.

Domingue, B., Cutler, B., & McTarnaghan, J. (2000). The experience of autism in the lives of families. In A. M. Wetherby & B. M. Prizant (Eds.), *Autism spectrum disorders: A transactional developmental perspective* (pp. 369-393). Baltimore: Paul H. Brookes.

Dumas, J. E., Wolf, L. C., Fisman, S. N., & Culligan, A. (1991). Parenting stress, child behavior problems, and dysphoria in parents of children with autism, Down's syndrome, behavior disorders, and normal development. *Exceptionality, 2,* 97-110.

Dyches, T. T., Wilder, L. K., Sudweeks, R. R., Obiakor, F. E., & Algozzine, B. (2004). Multicultural issues in autism. *Journal of Autism and Developmental Disorders, 34,* 211-222.

Eaves, L. C., & Ho, H. H. (2004). The very early identification of autism: Outcome to age 4-5. *Journal of Autism and Developmental Disorders, 34,* 367-378.

Egan, G. (1986). *The skilled helper: A systematic approach to effective helping*. Monterey, CA: Brooks/Cole.

Freeman, B. J. (1997). Guidelines for evaluating intervention programs for children with autism. *Journal of Autism and Developmental Disorders, 27,* 641-651.

Freeman, B. J., Ritvo, E. R., Needleman, R., & Yokota, A. (1985). The stability of cognitive and linguistic parameters in autism: A five-year prospective study. *Journal of the American Academy of Child & Adolescent Psychiatry, 24,* 459-464.

Gabriels, R. L., Hill, D. E., Pierce, R. A., Rogers, S. J., & Wehner, B. (2001). Predictors of treatment outcome in young children with autism. *Autism, 5,* 407-429.

Ghaziuddin, M. (2005). A family history of Asperger syndrome. *Journal of Autism and Developmental Disorders, 35,* 177-182.

Greenspan, S. I., & Weider, S. (1997). *The child with special needs: Encouraging intellectual and emotional growth*. Reading, MA: Addison-Wesley.

Gresham, F. M., Beebe-Frankenberger, M. E., & MacMillan, D. L. (1999). A selective review of treatments for children with autism: Description and methodological considerations. *School Psychology Review, 28,* 559-575.

Harmon, A. (2004, December 20). How about not "curing" us, some autistics are pleading. *New York Times,* p. A1.

Harris, S. L. (1994). Treatment of family problems in autism. In E. Schopler & G. B. Mesibov (Eds.). *Behavioral issues in autism* (pp. 161-175). New York: Plenum.

Harris, S. L., & Handleman, J. S. (2000). Age and IQ at intake as predictors of placement for young children with autism: A four-to six-year follow-up. *Journal of Autism and Developmental Disorders, 30,* 137-142.

Hart, C. (1995). Teaching children with autism: What parents want. In K. A. Quill (Ed.), *Teaching children with autism: Strategies to enhance communication and socialization* (pp. 53-69). Albany, NY: Delmar.

Hastings, R. P. (2003). Brief report: Behavioral adjustment of siblings of children with autism. *Journal of Autism & Developmental Disorders, 33,* 99-104.

Heflin, L. J., & Simpson, R. L. (1998a). Interventions for children and youth with autism: Prudent choices in a world of exaggerated claims and empty promises. Part I: Intervention and treatment option review. *Focus on Autism and Other Developmental Disabilities, 13,* 194-211.

Hollander, E., King, A., Delaney, K., et al. (2003). Obsessive-compulsive behaviors in parents of multiplex autism families. *Psychiatry Research, 117,* 11-16.

Huebner, R. A., & Emery, L. J. (1998). Social psychological analysis of facilitated communication: Implications for education. *Mental Retardation, 36,* 259-268.

Hung, D. W., Rotman, Z., Cosentino, A., & MacMillan, M. (1983). Cost and effectiveness of an educational program for autistic children using a systems approach. *Education and Treatment of Children, 6,* 47-68.

Iovannone, R., Dunlap, G., Huber, H., & Kincaid, D. (2003). Effective educational practices for students with autism spectrum disorders. *Focus on Autism and Other Developmental Disabilities, 18,* 150-165.

Johnson, C. (2000, July 31). The happy family we set out to be. *Newsweek, 136,* 54.

Kamps, D., Walker, D., Locke, P., Delquadri, J., & Hall, R. V. (1990). A comparison of instructional arrangements for children with autism served in a public school setting. *Education and Treatment of Children, 13,* 197-215.

Kanner, L., Rodrigues, A., & Ashenden, B. (1972). How far can autistic children go in matters of social adaptation? *Journal of Autism and Childhood Schizophrenia, 2,* 9-33.

Kaplan, B. J., Polatajko, H. J., Wilson, B. N., & Faris, P. D. (1993). Reexamination of sensory integration treatment: A comparison of two efficacy studies. *Journal of Learning Disabilities, 26,* 342-347.

Kavale, K. A., & Forness, S. R. (1999). Effective intervention practices and special education. In Gary N. Siperstein (Ed.), *Efficacy of Special Education and Related Services* (pp. 1-9). Washington, DC: American Association on Mental Retardation.

Kazdin, A. (1993). Replication and extension of behavioral treatment of autistic disorder. *American Journal on Mental Retardation, 97,* 377-379.

Kemper, T. L. & Bauman, M. (1998). Neuropathology of infantile autism. *Journal of Neuropathology and Experimental Neurology, 57,* 645-652.

Klin, A., & Cohen, D. J. (1997). Ethical issues in research and treatment. In D. J. Cohen & F. R. Volkmar (Eds.), *Handbook of autism and pervasive developmental disorders* (2nd ed., pp. 828-841). New York: Wiley.

Koegel, R. L., Bimbela, A., & Schreibman, L. (1996). Collateral effects of parent training on family interactions. *Journal of Autism and Developmental Disorders, 26,* 347-359.

Koegel, L. K., Kogel, R. L., & Smith, A. (1997). Variables related to differences in standardized test outcomes for children with autism. *Journal of Autism and Developmental Disorders, 27,* 233-244.

Kroth, R. L. (1985). *Communication with parents of exceptional children: Improving parent-teacher relationships*. Denver, CO: Love.

Lehr, S., & Lehr, B. (1997, November). *Scientists and parents of children with autism: What do we know? How do we judge what is right?* Paper presented at the Autism National Committee and Greater Georgia ASA Conference, Decatur, GA.

Lord, C., Cook, E. H., Leventhal, B., & Amaral, D. G. (2000). Autism spectrum disorders. *Neuron, 28,* 355-363.

Lord, C., Risi, S., Lambrecht, L., Cook, E. H., Leventhal, B. L., DiLavore, P. C., et al. (2000).

The autism diagnostic observation schedule-generic: A standard measure of social and communication deficits associated with the spectrum of autism. *Journal of Autism and Developmental Disorders, 30,* 205-223.

Lord, C., & Schopler, E. (1989a). The role of age at assessment, developmental level, and test in the stability of intelligence scores in young autistic children. *Journal of Autism and Developmental Disorders, 19,* 483-499.

Lord, C. & Schopler, E. (1989b). Stability of assessment results of autistic and non-autistic language-impaired children from preschool years to early school age. *Journal of Child Psychology and Psychiatry, 30,* 575-590.

Lovaas, O. I. (1987). Behavioral treatment and normal education and intellectual functioning in young autistic children. *Journal of Consulting and Clinical Psychology, 55,* 3-9.

Mahoney, G., & Perales, F. (2005). Relationship-focused early intervention with children with pervasive developmental disorders and other disabilities: A comparative study. *Developmental and Behavioral Pediatrics, 26,* 77-85.

Mayes, S. D., & Calhoun, S. L. (1999). Symptoms of autism in young children and correspondence with the DSM. *Infants and Young Children, 12,* 90-97.

Mayes, S. D., & Calhoun, S. L. (2003). Ability profiles in children with autism: Influence of age and IQ. *Autism, 6,* 65-80.

McGee, G. G., Morrier, M. J., & Daly, T. (1999). An incidental teaching approach to early intervention for toddlers with autism. *Journal of the Association for Persons with Severe Handicaps, 24,* 133-146.

Mesibov, G. (1997). Formal and informal measures on the effectiveness of the TEACCH program. *Autism, 1,* 25-35.

Molloy, C. A., Manning-Courtney, P., Swayne, S., Bean, J., Brown, J. M., Murray, D. S., et al. (2002). Lack of benefit of intravenous synthetic human secretin in the treatment of autism. *Journal of Autism and Developmental Disorders, 32,* 545-551.

National Research Council (NRC) (2001). *Educating children with autism.* Committee on Educational Interventions for Children with Autism. Division of Behavioral and Social Sciences and Education. Washington, DC: National Academy Press.

Nickel, R. E., (1996). Controversial therapies for young children with developmental disabilities. *Infants and Young Children, 8,* 29-40.

No Child Left Behind (NCLB) Act, 20 U.S.C. § 6301 et seq. (2001).

Owley, T., McMahon, W., Cook, E. H., Laulhere, T., South, M., & Mays, L. Z. (2001). Multisite, double-blind, placebo-controlled trial of porcine secretin in autism. *Journal of the American Academy of Child and Adolescent Psychiatry, 40,* 1293-1299.

Pollack, A. (2004, January 6). Trials end parents' hopes for autism drug. *The New York Times*, A12.

Pugach, M. C., & Johnson, L. J. (1995). *Collaborative practitioners, collaborative schools*. Denver, CO: Love.

Rapin, I. (1987). Searching for the cause of autism: A neurologic perspective. In D. J. Cohn, A. M. Donnellan, & R. Paul (Eds.), *Handbook of autism and pervasive developmental disorders* (pp. 710-717). New York: Wiley.

Ricks, D. M., & Wing, L. (1976). Language, communication, and the use of symbols in normal and autistic children. In J. K. Wing (Ed.), *Early childhood autism: Clinical, social, and educational aspects*. Oxford: Pergamon.

Rogers, S. J. (1996). Brief report: Early intervention in autism. *Journal of Autism and Developmental Disorders, 26,* 243-246.

Rogers, S. J. (1998). Empirically supported comprehensive treatments for young children with autism. *Journal of Clinical Child Psychology, 27,* 138-145.

Rogers, S. J. (1999). Intervention for young children with autism: From research to practice. *Infants and Young Children, 12,* 1-16.

Rutter, M. & Schopler, E. (1992). Classification of pervasive developmental disorders: Concepts and practical considerations. *Journal of Autism and Developmental Disorders, 22,* 459-482.

Sandler, A. D., Sutton, K. A., DeWeese, J., Girardi, M., Sheppard, V., & Bodfish, J. W. (1999). Lack of benefit of a single dose of synthetic human secretin in the treatment of autism and pervasive developmental disorder. *New England Journal of Medicine, 341,* 1801-1806.

Santangelo, S. L., & Tsatsanis, K. (2005). What is known about autism: Genes, brain, and behavior. *American Journal of Pharmacogenomics, 5,* 71-92.

Schloss, P. J., & Smith, M. A. (1999). *Conducting research*. Upper Saddle River, NJ: Merrill.

Schopler, E. (1987). Specific and nonspecific factors in the effectiveness of a treatment system. *American Psychologist, 42,* 376-83.

Shapiro, A. K. (1978). Placebo effect. In W. G. Clark & J. del Giudice (Eds.), *Principles of psychopharmacology* (2nd ed., pp. 441-528). New York: Academic Press.

Sigman, M., Dissanayake, C., Arbelle, S., & Ruskin, E. (1997). Cognition and emotion in children and adolescents with autism. In D. J. Cohen & F. R. Volkmar (Eds.), *Handbook of autism and pervasive developmental disorders* (pp. 248-265). New York: Wiley.

Sigman, M., & Ungerer, J. A. (1984). Cognitive and language skills in autistic mentally retarded and normal children. *Developmental Psychology, 20,* 293-302.

Siller, M., & Sigman, M. (2002). The behaviors of parents of children with autism predict the subsequent development of their children's communication. *Journal of Autism and Developmental Disorders, 32,* 77-89.

Simpson, R. L., de Boer-Ott, S. R., Griswold, D. E., Myles, B. S., Byrd, S. E., Ganz, J. B., et al. (2005). *Autism spectrum disorders: Interventions and treatments for children and youth*. Thousand Oaks, CA: Corwin Press.

Szatmari, P., Bartolucci, G., Bremner, R., Bond, S., & Rich, S. (1989). A follow-up study of high-functioning autistic children. *Journal of Autism and Developmental Disorders, 19,* 213-225.

Turnbull, A., & Turnbull, R. (2001). *Families, professionals, and exceptionality: Collaborating for empowerment* (4th ed.). Upper Saddle River, NJ: Merrill/Prentice Hall.

Van Meter, L., Fein, D., Morris, R., Waterhouse, L., & Allen, D. (1997). Delay versus deviance in autistic social behavior. *Journal of Autism and Developmental Disorders, 27,* 557-569.

Weiss, J. A., Sullivan, A., & Diamond, T. (2003). Parent stress and adaptive functioning of individuals with developmental disabilities. *Journal on Developmental Disabilities, 10,* 129-135.

West, J. F., & Cannon, G. S. (1988). Essential collaborative consultation competencies for regular and special educators. *Journal of Learning Disabilities, 21,* 56-63.

Winkler, L., Wasow, M., & Hatfield, E. (1981). Chronic sorrow revisited: Parent vs. professional depiction of the adjustment of parents of mentally retarded children. *American Journal of Orthopsychiatry, 51,* 63-70.

4 교수를 위한 맥락 만들기

핵심용어

- 정적 시각자료(static visuals)
- 복합자극(complex stimuli)
- 선택하기(choice-making)
- 시각단서(visual cues)
- 시각단서 교수 (visually cued instruction)
- 시간구조(temporal structure)
- 동적 시각자료(animated visuals)
- 자극통제(stimulus control)
- 전환(transition)
- 정보 미리 주기(priming)
- 참여(engagement)
- 체계적 교수(systematic instruction)
- 프리맥 원리(Premack principles)
- 행동 기대(behavioral expectations)
- 행동 타성(behavioral momentum)

❖ 해리스 선생님에게 배우기

그녀의 방

해리스 선생님은 여름이 끝나갈 무렵 몇 주간 자폐스펙트럼장애에 대해 많은 것을 배웠다. 그녀는 하루 동안 자신의 특수교육 감독관과 만났고 자신의 학급에 배정된 모든 학생들의 파일들을 읽을 수 있었다. 아니, 하나를 제외한 모든 것을. 새로운 학생이 전학 왔고, 그 학생의 원래 학교구의 행정가가 해리스 선생님의 감독관에게 전화를 걸어 그 학생의 목표에 대해 이야기해 주었다. 학생의 파일이 아직 도착하지 않았지만 학생의 목표는 해리스 선생님이 담당한 학생들의 목표와 비슷한 것 같았다(해리스 선생님은 '자신의' 학생들에 대해 생각하는 것을 좋아했다). 해리스 선생님은 하루 종일 파일들을 읽으며 보냈고 감독관의 사무실에 들러 질문을 했다. 그녀는 자신의 학급에 여덟 명의 학생들이 배정될 것이고 학생들 중 세 명은 하루의 일부를 일반학급에서 수업을 받을 것이라는 점을 알고 있었다. 다른 세 명은 음악과 체육수업을 받기 위해 다른 학급으로 갈 것이다. 학생들 중 두 명을 위한 개별화교육계획팀은 그들이 학교에 있는 동안 내내 특화된 교수를 받을 필요가 있다고 결정했다. 공격 행동에 대한 내용을 듣고 해리스 선생님은 다소 긴장했다. 그 이후 그녀의 머릿속에는 모든 학생들을 위한 개별화된 일정들을 어떻게 조절할지에 대한 생각으로 가득찼다. 하지만 먼저 해리스 선생님에게는 방이 필요했다!

초임교사들을 위한 오리엔테이션의 첫날이 끝나갈 무렵 해리스 선생님은 계획을 시작할 수 있도록 어떤 학급에 자신이 배정될 것인지 알기 위해 필립스 초등학교에 들렀다. 학교에 도착했을 때 초임교사 오리엔테이션에는 참가하지 않았던 고참 교사들 중 일부가 이미 자신의 학급을 꾸미고 있었다. 교실 문에는 색색으로 치장된 환영의 글이 붙어 있었고, 해리스 선생님은 아직은 덜 만들어진 게시판이 있는 정돈된 학급들을 훑어보게 되었다. 스토크스 교장 선생님은 많은 서류철에 둘러싸인 채 미소를 띠며 해리스 선생님을 맞아주었고 비서를 통해 교실 열쇠를 건네주고 교실 위치를 알려 주었다. 해리스 선생님은 B-3 교실로 가는 길을 찾아 아무런 장식도 없이 쓸쓸해 보이는 복도 쪽 문 앞에 이르게 되었다. 해리스 선생님은 '여기일 거야!' 라고 생각했다. 매우 흥분된 상태로 해리스 선생님은 교실 문을 열고 안으로 들어갔다. 그녀의 방이다! 그녀는 점점 더해가는 불안한 감정으로 테이블 위에 쌓여있는 의자들을, 교실 구석에 아무렇게나 놓여 있는 책상들을, 그리고 두꺼운 방습지로 덮여 있는 선반들을 둘러보았다. 어디서부터 시작해야 하지?

대부분의 좋은 학습 환경은 그리 두드러지지 않는 가구들이 있는 교실에서 시작된다. 물리적 환경은 학생들의 행동 및 학습에 중요한 영향을 미칠 수 있다. 물리적 환경을 설정하는데 있어 고려하는 것들 중에 많은 교사들에게 가장 부담이 되는 것은 학생들의 책상을 어느 방향으로 놓을 것인가이다. 그 결정에 따라 칠판이나 화이트보드를 어느 벽에 걸지 결정하게 된다.

그러나 해리스 선생님은 자신의 학급에 자폐스펙트럼장애 학생들이 배정될 것을 알고 있었다. 그래서 그녀는 추가 요인들도 고려해야만 했다. 초기 연구들은 자폐증을 지닌 학생들은 구조화되지 않은 환경에 비해 구조화된 교수 상황에서 수행을 더 잘한다는 것을 보여주었다(Schopler, Brehm, Kinsbourne, & Reichler, 1971). 이 장애의 기반을 이루는 신경학적 차이에 대해 잘 이해하고 있는 해리스 선생님은 여러 연구에 의해 지원적인 학습 환경 조성에 도움이 되는 것으로 제안된 여러 가지 요소들에 대해 신중하게 고려할 필요가 있다는 것을 알고 있었다. 이 장에서는 다음과 같은 고려사항들이 논의될 것이다.

- 물리적 환경 배열하기
- 시간구조 확립하기
- 시각적 그리고 구체적 체제 활용하기
- 체계적 교수 제공하기
- 감각적 요구 조절하기
- 참여 촉진하기
- 자극통제 수립하기
- 정보 미리 주기

1. 물리적 환경 배열하기

교실의 물리적 구조는 학습공간의 기본적인 토대를 확립하며 학생의 행동에 엄청난 영향을 미칠 수 있다(Duker & Rasing, 1989; Kozol, 1991). Kanner(1943)는 관찰대상 자폐 아동들이 환경에 대한 일반적이지 않은 반응을 보인다는 점을 알아차렸다. 자폐스펙트럼장애 아동들에게 물리적 구조는 한계를 알리고 참여를 촉진하기 위해 조직될 필요가 있다(Schopler, Mesibov, & Hearsey, 1995). 활동에 대한 기대가 분명해지도록 가구를 배치한다. 공간이 넓다면, 개인적 과제, 소집단 과제, 학급전체 과제를 할 수 있는 특정 영역들을 결정하여 구분할 필요가 있다. 공간이 제한되어 있다면, 다양한 교수형태에 맞도록 가구의 배열을 재조정한다. 사람들이 왕래하는 영역과 산만함의 영향을 최소화하도록 가구를 배치해야 한다. 예를 들어, 학생들이 자신의 개인적인 소지품들을 가져다 놓는 영역(때때로 '작은 장', '사물함', 혹은 '통' 등으로 불리는)은 교사가 왔다 갔다 하는 데 있어 번잡스러움으로 고생하고 싶지 않다면, 교실 문으로부터 떨어진 곳에 배치한다. 학생들의 책상은 가능하다면 창문과 문을 등지는 방향으로 놓는다. 쓰레기통과 연필 깎기 등과 같이 공동으로 사용하는 물건들은 학생들이 과제이탈 행동의 유혹을 받지 않도록 학생들의 책상에서 약간 떨어진 곳에 놓는다. 가능하다면 컴퓨터는 화면부분이 다른 학생들이 과제를 하는 영역에서 보이지 않는 방향으로 놓는다. 가구들을 배치하고 과제영역을 신중하게 배치함으로 학생들의 주의를 흩뜨리는 것을 최소화하는 데 도움이 된다(Rogers, 1999).

가구 및 비품을 놓을 장소에 대한 일반적인 고려에 덧붙여, 시각적 처리에 강점을 지니는 (Minshew, Goldstein, Muenz, & Payton, 1992) 자폐스펙트럼장애 아동들은 명확히 구분된 시각적 경계가 확립된 교실환경에서 이익을 볼 수 있다. 통로의 경계선을 명확히 하고 교실을 구별되는 영역으로 나누기 위해 책장을 배열할 수 있다. 특정한 활동들을 해야 하는 영역들을 분명히 하기 위해 그리고 학생들이 어디에 있어야 하는지 보여주기 위해 색 테이프를 이용할 수 있다. 나이가 어린 학생들을 위해서는 바닥에 테이프로 일종의 도형들을 만들어 선 안에 있게 될 때 어디에 서 있어야 하는지를 알려 줄 수 있다. 페인트, 정사각형 모양의 카펫, 훌라후프, 영역을 시각적으로 나타내 주는 기타 다른 물건들을 활용하면 공간이 어떻게 나누어지는지 자폐스펙트럼장애 학생들이 이해하는 데 도움이 된다.

공간을 나눌 때 학생들의 근접성과 관련된 선호 및 요구를 고려해야 한다. 모든 사람들은 다른 사람들과 아주 가까이 있는 것에 적응해야 하고 개인은 편안함을 느끼기 위해 충분한 공간이 필요하다. 공간 확보에 대한 요구는 문화 및 분위기의 영향을 받는다. 어떤 학생들은 특히 흥분했거나 좌절했을 때, 다른 누군가와 더 멀리 떨어져 있을수록 편안함을 더 느낀다. 교실 내의 경계를 정할 때, 교사는 학생들이 멀리 떨어져 있을 필요가 있는 활동들(예 : 개인과제)과 다른 학생들과 신체적으로 더 가까이 있음을 참아야 할 활동들(예 : 집단 활동들)에 대해서 반드시 생각해야 한다. Wilczynski와

Fusilier, Dubard와 Elliott(2005)는 15세의 자폐스펙트럼장애 아동의 과제집중 행동이 어른이 가까이에 있을 때 감소한다고 한다. Young, Simpson, Myles, Kamps(1997)는 전문보조원이 더 근접해 있을 때 초등학생들 셋 중에 둘에게서 자기자극 행동이 증가하였다고 한다.

교실에는 학생들이 집단을 다시 구성할 때 뒤로 물러서 기다릴 수 있는 공간과 안정을 유지하거나 되찾을 때 이용할 수 있는 공간이 있어야 한다. '진정 영역(cool down area)', '본거지(home base)', '싫어하는 공간에서 떨어져 있는 시간(time away from aversive area)' (Center, 1999), 혹은 '휴양지(vacation spot)' 등으로 다양하게 불리는 이 공간은 어른이 학생들에게 그곳으로 갈 것을 지시하거나 필요한 경우 학생들이 스스로 선택하여 가는 공간이 될 수 있다. 학생들은 반드시 그 공간을 활용할 수 있는 행동에는 어떤 것이 있는가는 물론 쉴 수 있는 시간이 필요함을 의미하는 지표들을 인식할 수 있도록 배워야 한다. 교사들은 학생들이 현재 하고 있는 과제에서 벗어나 그 공간으로 가려고 할까봐 걱정할 것이다. 이러한 일이 분명해지면 이때는 해당 과제가 요구하는 것에 대해 생각해 볼 시간인 것이다. 확실히 어떤 학생이 과제를 회피하기 위해 화를 내는 것보다는 진정 공간으로 가는 것을 선택하는 것이 더 좋은 일일 것이다. 제7장에는 그러한 행동들을 다루기 위해 학생들이 그와 같은 행동 및 전략들을 통해 전달하려는 것이 무엇인지를 탐색하는 데 대한 더 많은 정보들이 포함되어 있다.

교실의 물리적 구조는 특정 행동을 이끌어 내기 위한 전제로 사용될 수 있는 경계를 확립한다. 대부분의 일반인에게 물리적 구조는 행동 기대에 대한 거의 완전한 지침을 제공한다. 예를 들어, 한 개의 커다란 테이블과 그 테이블 주위에 20개 정도의 의자가 놓여 있는 방에 들어갈 때는 그곳에서의 모임이 20여 개의 의자가 줄맞춰 배열되어 있는 방에서보다는 상호작용이 더 활발할 것이라는 기대를 하게 된다. 어떤 방식이든 모임에 참석하는 사람들은 자신이 앉을 자리에 대한 선호도를 지니고 있다. 커다란 테이블과 테이블 주위를 둘러싸고 의자가 놓여있다면, 그 방에 들어가는 사람들은 테이블의 끝 쪽에 있는 자리는 대개 그 모임을 소집한 사람이 앉을 것이기 때문에 그 자리에 앉지는 않을 것이다.

환경적으로 단서가 주어진 기대와 연계된 교수 행동들

자폐스펙트럼장애인들은 예상된 행동들의 사회적인 미묘한 차이를 이해하지 못할 수 있다. 학생들은 책상에서 개인 과제를 할 때, 테이블에서 소집단 활동을 할 때, 바닥이나 책상에서 대집단 활동을 할 때 등 교실의 각 공간에서 기대되는 행동에 대해 반드시 분명하게 학습해야 한다. 교사는 교실의 각 공간에 대한 행동 기대를 명확하게 다듬고 가르치며, 시범을 보이고 학생들과 함께 그 행동을 연습할 뿐 아니라 해당 행동의 적절성에 대한 피드백을 제공해야 한다.

행동 기대(behavioral expectations)는 학생을 위해 서로 연결되어 있는 일련의 일과들로 세분화할 수 있다. 예를 들어, 책상에서 개인 과제를 하는 것에는 많은 기계적인 기법들이 포함되어 있다. 학생들은 반드시 일정을 체크해야 하고, 특정 책상이나 작업 공간으로 가야 하며, 작업 순서를 봐야 하고, 지시된 첫 번째 과제부터 시작해야 하며, 각각의 과제를 마치고 치울 때까지 순서에 따라 옮겨가야 한다. 책상에서 개인 과제를 하는 것에는 또한 보고서에 제목 써넣기, 정확한 과제 찾기, 필요한 경우 도움 요청하기, 완성된 과제를 적절한 장소에 놓기 등과 같은 일과들도 포함된다.

사전에 훈련을 받지 않아도 '과제를 해라'와 같은 지시가 무엇을 의미하는지 아는 자폐스펙트럼장애 학생들은 거의 없다. 각각의 유형의 활동들에 대한 개별적인 일과들은 학생들에게 직접 가르치고 나서 함께 연결시킬 필요가 있다. 어떤 자폐스펙트럼장애 학생들이 개별적인 일과들을 함께 연결시키는 방법을 이해하게 하는 데 **시각단서**(visual cues, 물건들, 기호들, 글이 적혀 있는 라벨 등)를 활용하면 큰 도움이 된다(MacDuff, Krantz, & McClannahan, 1993). 〈그림 4-1〉은 화장실에서 기대되는 행동들을 보여주는 시각적 그림으로, 이는 학생을 도와 개별적인 일과들을 연결하여 원활한 순서가 되게 해 준다.

여러 활동들에 능숙한 학생들도 하나의 일과를 성공적으로 완수하기 위한 단계들을 그림으로 묘사한 시각단서들의 활용으로 이익을 볼 수 있다. 〈그림 4-2〉는 한 학생의 사회공책 안쪽에 테이프로 붙여진, 과제를 완수하는 것과 관련된 단계들을 상기시키기 위한 글로 작성된 지침을 제공하고 있다.

구체적인 경계(예 : 가구, 표시, 테이프 등)는 해당 공간에서 전형적으로 발생하는 활동들에 따라 교실 내의 여러 공간들을 분명하게 규명해 준다. 시각단서의 활용을 통해서 학생들은 다양한 공간에서 기대되는 행동의 일과들을 구체적으로 배우고, 각각의 일과들 내의 여러 단계들을 성공적으로 연결시킬 수 있다.

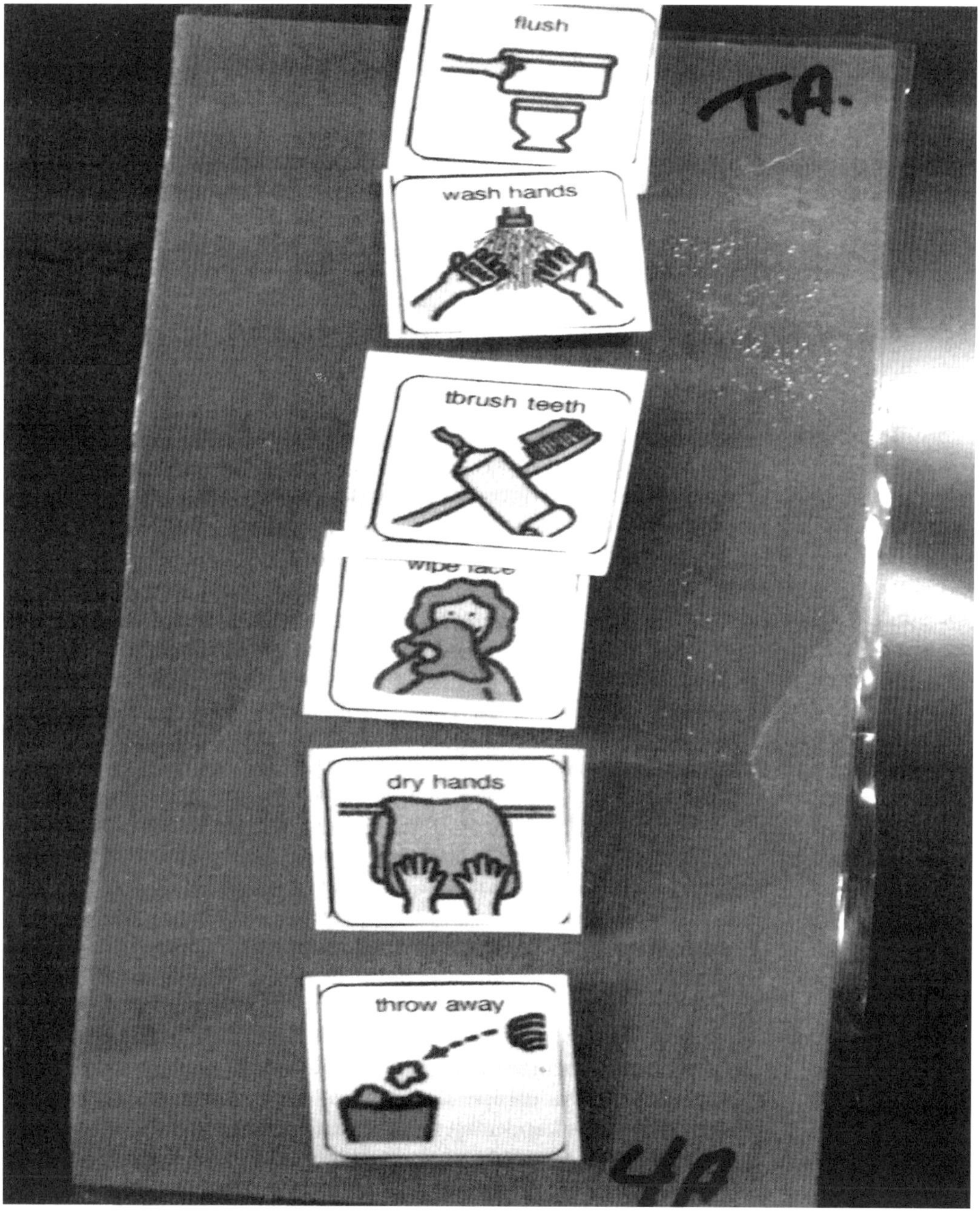

그림 4-1 화장실에서 기대되는 행동

출처 : Heflin & Alaimo

1. 백지를 꺼낸다.
2. 종이의 윗부분 왼쪽 구석에 성과 이름을 적는다.
3. 이름 밑에 날짜를 적는다.
4. 종이의 윗부분 오른쪽 구석에 '사회' 라고 쓴다.
5. 칠판을 보고 오늘의 과제는 몇 페이지인가 알아본다.
6. '사회' 라고 쓴 부분 밑에 페이지 번호를 적는다.
7. 해당 페이지에 제시되어 있는 질문에 대한 답을 적는다.
8. 다 적고 나면 답을 적은 종이를 니젤 선생님의 책상 위에 있는 녹색 함에 놓는다.
9. 자리에 앉아 니젤 선생님이 다른 지시를 하실 때까지 기다린다.

그림 4-2 하나의 과제를 완수하기 위한 기대들

2. 시간구조 확립

교실의 물리적 구조는 기대를 전달하고 적절한 행동을 지원하며, 시간구조는 학습에 대한 동기와 가능성에 영향을 미친다. **시간구조**(temporal structure)는 시간이 어떻게 사용되는지를 일컫는다. 제2장에서 설명된 것처럼 자폐스펙트럼장애인들은 신경학적으로 다를 수 있는데, 이는 사건의 순서를 예견하는 데 어려움을 가져온다. 그들은 일상적으로 발생하는 것에서 벗어나면 불안을 느낄 수 있다(Steingard, Zimnitzky, DeMaso, Bauman, & Bucci, 1997). 사건이 예견하기 어렵거나 혼란스러울 때 발생하는 심리적 불편은 사람들로 하여금 무슨 일이 일어나고 있는지를 알아내려고 하거나 안정감을 되찾기 위해 활동들을 통제하려고 하는데 자신의 인지적 에너지 대부분을 사용하게 만든다. 예상할 수 있는 일과를 확립하는 것은 심리적 불편을 일부 완화시켜줄 수 있고 학생들이 교수에 더 집중할 수 있게 해준다. 설정된 일정으로부터 벗어나는 일은 언제나 있을 수 있지만, 교사들은 예측할 수 있는 일과들부터 시작해야 하고(Rogers, 1999), 점차 일탈의 필요성에 대한 이해를 가르쳐야 한다.

교사들은 먼저 뜻밖의 일이 가져오는 즐거움을 학생들에게 가르침으로써 학생들을 도와 일정에 있어서의 뜻밖의 일에 대한 개념을 이해시킬 수 있다. '뜻밖의 일' 을 예고

하고, 매우 좋아하는 어떤 물건들(예 : 사탕, 스티커 등)을 나눠 주는 것은 일정을 거의 방해하지 않으면서 예기치 않은 일이라는 개념을 매우 긍정적으로 도입할 수 있다. 그러고 나서 일정 중 뜻밖의 일이 발생했을 때, 학생들은 긍정적인 예상을 준비할 것이고 전형적인 일과의 수정을 더 개방적으로 수용하게 될 것이다. 예측 가능한 일과의 확립은 궁극적으로 융통성을 가르치는 능력을 촉진하게 된다. 자폐스펙트럼장애인들에게 예측 가능한 일과를 확립시켜주는데 있어 활동에 걸리는 시간, 활동의 변화, 활동에 대한 묘사 방법, 활동의 시작 및 종료 시기, 전환을 알리는 신호 등을 포함하여 반드시 고려되어야 할 몇 가지 요소들이 있다.

1) 활동에 걸리는 시간

학생의 연령 및 능력에 따른 활동의 유형은 그 활동이 얼마나 오랫동안 지속되어야 하는지를 알려 준다. 일반적으로 어린 아동들은 비교적 짧은 활동들에 더 많이 참여한다 (NRC, 2001). 참여하는데 어려움을 느끼는 학생들은 집단 활동 시간을 줄이고 집중적인 교수의 시간을 늘림으로써 이익을 볼 수 있다. 동일한 학급 내에서조차 학생들의 연령과 능력의 다양성으로 인해 집단 활동 시간을 관리하는 것은 어려운 일이 될 수 있다. 일부 학생들은 20분 동안 통제와 주의를 유지할 수 있는 반면, 일부 학생들은 겨우 몇 분 동안만 집단의 일원으로 활동할 수 있다. 학생을 자신의 능력에 상응하는 활동에 참여시키는 방법을 고려하는데 들이는 노력은 관리가 필요한 문제 행동을 감소시켜 주기 때문에 가치 있는 것이다.

어떤 활동은 매우 빨리 끝날 수 있고, 어떤 활동은 더 많은 시간을 요구한다. 일부 자폐스펙트럼장애 학생들은 자신이 과제를 끝내기 전에 활동이 끝나든 그렇지 않든 개의치 않지만, 일부 학생들은 자신의 맡은 과제 전체를 마칠 때까지 그만두려 하지 않는다. 하나의 활동에 시간이 얼마나 할당되어야 하는가를 계획할 때에는 활동이 요구하는 것은 물론 학생의 능력과 특성을 신중하게 고려해야 한다. 시간의 현명한 활용은 활동들이 성공적인 분위기에서 종결되어야 함을 지시하는데, 이는 어떤 학생들은 집단 활동을 마무리 짓기 위해 남아 있고, 어떤 학생들은 개인과제를 하기 위해 자신의 자리로 돌아갈 수 있음을 의미하는 것이다. 이와 마찬가지로, 어떤 학생들은 과제를 완수하고 다른 과제로 전환하는 데 추가시간을 필요로 할 것이다.

2) 활동의 변화

활동들을 어떻게 순서화할 것인가를 결정할 때, 교사는 하나의 활동을 완수하는 데 필요한 노력의 양과 프리맥 원리(Premack, 1959)를 고려할 수 있다. '후식을 먹으려면 먼저 채소를 먹어라'라는 것처럼 '할머니의 법칙(Grandma's Law)'이라고도 하는 **프리맥 원리**는 활동들을 신중하게 순서화할 것을 권고하고 있다. 어떤 학생을 그 학생이 선호하지 않는 활동에 참여하도록 동기 부여하기 위해 활동을 일정에 넣어 활동이 완수된 후 매우 좋아하는 활동이 뒤따르도록 한다. 어떤 학생의 초기 일정표에는 좋아하지 않는 과제들이 매우 좋아하는 활동에 참여할 기회에 매번 선행한다. 예를 들어, 학습장을 다 마칠 때마다 학생에게는 컴퓨터를 5분 사용할 수 있도록 허용된다. 이 일정표는 점차 수정될 수 있고 학생이 원하는 활동에 참여할 기회에 앞서 더 많은 과제 및 활동을 요구하게 된다.

높은 수준의 에너지와 노력을 요구하는 활동 다음에는 더 적은 에너지와 노력을 요하는 활동이 따라올 필요가 있다. 수동적인 참여를 포함하는 활동은 능동적인 참여를 요구하는 활동들의 중간중간에 배치한다. 쉬운 과제와 어려운 과제들을 섞어 놓는 것은 자폐증을 지닌 학생들(Heckaman, Alber, Hooper, & Heward, 1998)에게도 문제 행동을 감소시키고 참여를 증진시키는 것으로 나타났다(Dunlap, 1984; Ebanks & Fischer, 2003). 특히 운동기능의 활동이 적절한 행동을 촉진할 수 있음을 보여주는 신경학적 연구(Kern, Koegel, & Dunlap, 1984; Kern, Koegel, Dyer, Blew, & Fenton, 1982)를 고려해 볼 때, 학생들은 활동을 하는 동안 혹은 활동과 활동 사이에 허가된 운동(짧은 시간 동안 허가된 격렬한 운동 또는 움직임)을 할 기회를 가져야 한다.

과제를 완수하고자 하는 동기는 행동 타성의 활용을 통해 촉진될 수 있다(Nevin, Mandel, & Atak, 1983). **행동 타성**(behavioral momentum)에서 학생은 빠르고 쉽게 해결할 수 있는 과제 몇 가지를 더 어렵거나 덜 좋아하는 과제를 도입하기 전에 완수하게 된다(Davis, Brady, Williams, & Hamilton, 1992). 먼저 한 과제들을 성공적으로 완수함으로써 학생이 타성을 확립할 것으로 기대되며, 더 어렵거나 덜 좋아하는 과제를 시도하는 데 저항을 덜 하게 된다.

3) 활동들의 묘사

해야 할 일의 순서를 분명하게 전달하기 위해 시간 일정은 반드시 시각적인 방식으로 표현되어야 한다(Schopler et al., 1995). 일정을 나타내기 위해 선택된 시각자료들은 학생 개개인의 특성에 기초해야 한다. 어떤 학생들은, 활동 각각의 일부인 물건들이 첫 번째로, 두 번째로, 세 번째로 일어날 일을 보여주기 위해 순서대로 자리를 잡게 되는 물건 일정(object schedule)을 필요로 한다. 예를 들어, 식사활동을 나타내기 위해 포크가 사용될 수 있고 뒤를 이어 칫솔, 연필, (그네를 나타내는) 쇠사슬 조각 등으로 물건을 활용하여 일정을 제시한다. 다른 학생들은 사진이 활동들을 대표하고, 상징이 활동을 나타내며, 결국 단어가 활동을 보여주는 것이라는 점을 이해할 수 있다. 또 다른 방법으로는 대부분의 성인들이 택하는 것으로 자신이 무엇을 언제 할 것인지 적어 놓는 달력이나 일정표를 활용하는 것이다. 시각적 일정표는 자폐스펙트럼장애를 지닌 학생들의 과제수행 행동들을 증가시키고 어른들이 주는 촉구에의 의존을 감소시키는데 유용한 것으로 나타났다(Dettmer, Simpson, Myles, & Ganz, 2000).

미래의 독립성을 촉진하기 위해 학생들은 자신이 점검하고 조정할 수 있는 개인 일정표를 갖는 것으로 이득을 볼 수 있다. 일정표는 해당 학생이 마음에 들어 하는 형식으로 제시될 수 있다. 예를 들어, 어떤 학생이 유성 연필로 쓰고 이를 지우는 것을 좋아한다면, 일정표는 일단 작성되고 코팅될 수 있다. 모든 활동들이 표시된 이후 해당 학생은 일정표의 모든 표시들을 지울 수 있다. 이 책의 저자인 Heflin은 융판에 붙힌 플라스틱으로 만들어진 문자들(식당의 '오늘의 특별 메뉴'를 보여주기 위해 사용되는 것이나 한 건물 내에 있는 사무실들의 주인 목록 등과 같은)을 보는 것을 좋아하는 학생을 위한 일정표를 만들었다. 그 학생의 일정은 책상 위에 걸려 있는 펠트 천으로 만든 판에 플라스틱 문자들을 붙여 놓는 것으로 표시되었다. 하나의 활동을 마무리할 때마다 학생은 문자들을 떼어내어 35mm 필름 통에 넣었다. 문자들을 떼어낼 기회는 학생에게 활동들을 마무리하도록 동기를 부여했다.

컴퓨터를 활용하여 일정표의 새로운 형태를 제공할 수 있다. 해야 할 일의 순서를 보여주는 파워포인트 파일에 디지털 사진 및 짧은 동영상을 사용할 수 있다(Kimball, Kinney, Taylor, & Stromer, 2003). 컴퓨터가 신호를 주는 일정표에는 다가오는 변화에 대한 경고신호뿐 아니라 소리도 포함시킬 수 있다(예 : "1분 남았습니다."라는 음성, 일정을 체크해야 할 시간이 되었을 때 울리는 소리 등). 컴퓨터를 이용한 기술은 사진이나 그림들을 점차 제거해 줌으로써 학생이 단어에 의해서만 촉구를 받을 수 있게 하는데 사용될 수 있다. 궁극적으로 학생의 일정은 따로따로 체크되고 따를 수 있는, 어떤 예정표에 쓰여 있는 단어들처럼 비설명적인 형식이 될 것이다.

4) 시작하기와 끝내기 가르치기

유성펜과 융판을 활용하는 것은 활동들의 시작과 끝을 전달할 분명한 방식이라는 점에서, 일정표 사용의 주요 특징을 나타낼 수 있다. 일정을 체크하고 "이제 수학시간이에요."라고 알리는 것은 하나의 활동이 곧 시작할 것이라는 점을 전달하는 데 도움이 된다. 교사들은 보조도구를 활용하여 활동이 끝났음을 학생에게 알려줄 수 있다(Newman et al., 1995). 교사가 직접 학생에게 이제 컴퓨터를 그만 사용해야 할 시간이라고 알려 주기보다는 타이머와 같은 보조도구를 활용해서 학생들에게 좋지 않은 소식을 알려 줄 수 있다. 눈으로 볼 수 있는 타이머는 소리만 들을 수 있는 타이머보다 자폐스펙트럼장애 학생들에게 더 유용할 것이다. 어떤 타이머는 시계 문자판에 색깔을 이용하여 시간이 흐르고 있음을 보여 준다. 〈그림 4-3〉은 해당 활동을 할 시간이 15분 남아 있음을 보여주는 시각적 타이머의 한 가지 예이다.

시각적 타이머와 같은 보조도구를 활용하는 것에 덧붙여 활동이 종료되었음을 보여주는 예로는 학생이 해당 활동이 끝났다고 체크할 때, 융판에서 해당 활동의 문자를 떼어낼 때, 활동의 명칭이 쓰여 있거나 그림이 그려져 있는 카드를 넘길 때, 혹은 '끝'이라고 표시된 상자에 일정표를 넣을 때 등을 들 수 있다. 교사들은 하나의 활동이 종료되었음을 알려 주는 반복적인 일과를 활용할 수 있다. 초기 아동기의 학생들에게 교실에서 활용할 수 있는 가장 일반적인 예는 활동이 종료했음을 알려주기 위해서 '청소' 노래를 부르는 것이다.

5) 전 환

전환(transition)에는 하나의 활동에서 다음 활동으로 옮겨 가는 것이 포함되는데, 자폐스펙트럼장애 학생들은 전환의 어려움을 보인다. 교사는 예를 들어, 다섯 손가락을 펼쳐 보이면서 혹은 '5분'이라고 쓰인 카드를 들어 보이면서 "5분 남았어요."라고 말하고, 그 정도의 시간을 타이머에 맞춰 놓는 등 곧 있게 될 전환에 대해 학생들에게 미리 알려 줄 필요가 있다. 자폐스펙트럼장애 학생들은 곧 전환이 있을 것이라는 사전 예고가 부족한 상태에서의 변화에 비해 일과적으로 일어나는 변화에는 덜 당황한다는 주장이 있어왔다(Flannery & Horner, 1994). 순서, 지속시간, 그리고 과제의 결과 등에 대해 분명한 신호가 주어지고 곧 있게 될 전환을 예고 받은 학생들은 문제행동들을 덜 보였다. 대상 학생들에게는 예측가능성(전환을 알리는 신호를 통해서)이 일관성보다 더 중

그림 4-3 시간이 15분 남았음을 보여주는 시각적 타이머
출처 : Time Timer, www.timetimer.com

요하다고 한다.

하나의 활동에서 다음 활동으로의 이동은 시각적 일정표를 통해 촉진될 수 있다. 학생이 자신의 일정을 체크하고 다음 상징(혹은 물건, 그림이나 단어)에 '과제' 라고 표시된 것을 보았을 때, 학생은 자신이 과제를 하는 곳으로 지정된, 학급 내의 영역으로 그 상징을 가지고 간다. 그곳에서 학생은 과제 상징물을 이미 만들어져 있는 장소에 놓는다(예 : 자신의 책상 한 귀퉁이에 놓인, 상징에 해당되는 벨크로). 상징물을 가지고 간다는 것은 학생을 도와 다음에 해야 할 것을 기억하게 하고 전환을 촉진하는 데 있어 유용한 수단이 될 수 있다.

적절한 기간 동안 지속해야 할 활동과 더불어 명확하게 정의되고 표현된 예측 가능한 시간구조를 확립하는 것은 자폐스펙트럼장애 학생들에게는 중요한 일이다. 보조도구를 포함시키고 전환에 도움을 제공하는 것은 참여하는 시간을 극대화하고 문제 행동으로 인해 손실되는 교수시간을 최소화해 준다. 시각적 일정표는 일과에서의 변화와 융통성을 가르칠 수 있다. 예를 들어, 아침에 일정을 검토하면서 점심시간이 대개 11시 30분이지만 오늘은 12시까지 지연될 것이라는 것을 보여 줄 수 있다. 점심을 의미하는 그림이나 상징을 이용해서 점심시간을 표현한 것이 12시 칸으로 옮겨지고, 그 대신 11시 30분 칸에는 또 다른 활동이 놓이게 된다. 말이 매우 유창한 학생들조차 시각적인 방식으로 제시되는 설명으로부터 이익을 얻을 수 있다.

시각적으로 표현된 일정은 학생의 통제 아래 있게 된다(Newman et al., 1995). 학생은 자신이 선호하는 형식으로 자신의 일정을 유지하게 되고 해야 할 일의 순서를 어느 정도 통제하게 된다. 이러한 목적을 달성하기 위해 학교에서의 일정은 학생들이 가능한 한 많은 선택을 할 수 있도록 허용해야 한다. 가능하면 과제를 완수할 순서를 학생이 결정하게 한다(Dunlap et al., 1994). 학생들이 선택을 할 수 있게 허용하는 것의 중요성은 이 장의 후반부에서 더 자세히 설명될 것이다.

3. 시각적 · 구체적 체제

앞선 논의에서는 자폐스펙트럼장애 학생들에게 높은 수준의 시각적 지원을 제공하는 것의 이점을 강조했다(Rogers, 1999). 교수에 시각적 요소를 추가하는 것을 **시각단서 교수**(visually cued instruction)(Quill, 1997, p. 703)라고 한다. 시각단서 교수는 적절한 자극들, 정보의 조직, 개념 및 기대에 대한 이해 등에 주의를 집중하도록 촉진할 수 있다. 주의를 돌리는 데 있어서의 어려움(Wainwright-Sharp & Bryson, 1993)은 그 자리에 있는 단서(예를 들어, 어른이 지적하는 것)를 제공함(Bryson & Landry, 1994; Townsend, 해리스, & Courchesne, 1996)으로써 그리고 주의를 돌리도록 충분한 시간을 줌(Townsend & Courchesne, 1994)으로써 줄일 수 있다. 교실에서의 규칙들은 그림으로 묘사될 수 있고 상징이나 그림을 동반할 수 있다. 구어(spoken language) 능력에 한계가 있는 학생들에게 그 날의 활동들을 종이에 제시되어 학생이 끝마친 활동에 동그라미로 표시하게 할 수 있다. 학생은 "오늘 학교에서 뭐했니?"라는 부모의 질문에 대답하기 위해 그 종이를 살펴보도록 배울 수 있다. 학생이 시각적 상징에 반응하기 시작하면서 다른 사람들에 대한 의존을 줄이고 일반화를 시작할 수 있게 된다(Wacker & Berg, 1983).

'우선 / 그러고 나서' (first / then) 시각자료는 학생에게 선호하는 활동을 시작하기 전에 우선 완수해야 할 것이 무엇인지를 보여 준다. 두꺼운 종이 한 장을 반으로 나눠 왼편에는 현재 활동을 나타내는 상징들이나 단어들을, 오른편에는 학생이 선호하는 활동을 표시한다. 어떤 시각자료는 기대되는 행동과 그 행동의 수행에 따른 피드백을 전달하는 데 사용될 수 있다. 예를 들어, 선호하는 물건이나 활동이 표현되어 있는 카드를 여러 조각들로 자른다. 그러고 나서 학생이 특정 시간 동안 적절한 행동을 할 때(예 : 손을 가만히 둘 때), 학생에게 조각들 중 하나를 준다. 학생이 모든 조각을 얻게 되었을 때, 학생은 선호하는 물건을 갖거나 좋아하는 활동을 할 수 있게 된다. 〈그림 4-4〉는 적절한 행동을 순서화하고 격려하기 위한 시각자료 적용의 예이다.

자폐스펙트럼장애 학생에게 시각단서를 추가하여 제공하면 구어 설명과 시범을 보여준 지시를 따르는 능력의 향상을 이끌 수 있다(Boucher & Lewis, 1989). 시각자료들로 인해 향상된 것에 덧붙여 교수에서 사용되는 언어는 가능한 한 구체적일 필요가 있다(Schpler et al., 1995). 예를 들어, 활동을 시작할 시간이 되면 교사는 "자, 시작하자."라는 말보다는 "앉아서 파란색 공책을 꺼내라."라고 해야 한다. 지시를 할 때 필요한 단어들만 사용하고 주의를 흩뜨리는 말은 피해야 한다. 얼굴표정, 목소리의 높낮이, 몸짓, 모델, 그리고 시각적 촉구 등을 활용하여 구어 지시를 분명하게 할 수 있다(Quill, 1998). 재미있는 목소리를 사용하는 것이 주의를 집중시키는 데 유용하더라도, 일부 자폐스펙트럼장애 학생들은 목소리의 높낮이가 메시지를 전달하는 것임을 인식하지 못할 수 있고(Rhea, Augustyn, Klin, & Volkmar, 2005), 교사들이 때때로 자신의 목소리로 전달하려 하는 '경고' 성 어조를 알아차리지 못할 수 있다. 자폐스펙트럼장애 학생들은 단조로운 목소리로 전달되는 교수에는 반응을 보이지 못할 수 있다(Lamers & Hall, 2003).

교수를 지원하고 기대를 전달하기 위한 구체적인 방법을 활용하는 것은 자폐스펙트럼장애 학생들이 여러 가지 중요한 기술들을 획득하는 데 도움이 된다. Taylor와 Nevin(1998)은 자폐스펙트럼장애를 가진 9세 소년의 주머니에 작은 버퍼와 같은 도구를 넣어 주었다. 정해진 시간간격마다 진동하도록 미리 맞춰서 소년이 자기 또래들에게 의견을 말하도록 상기시켜 주는 구체물로 활용하였다. Shabani 등(2002)은 세 명의

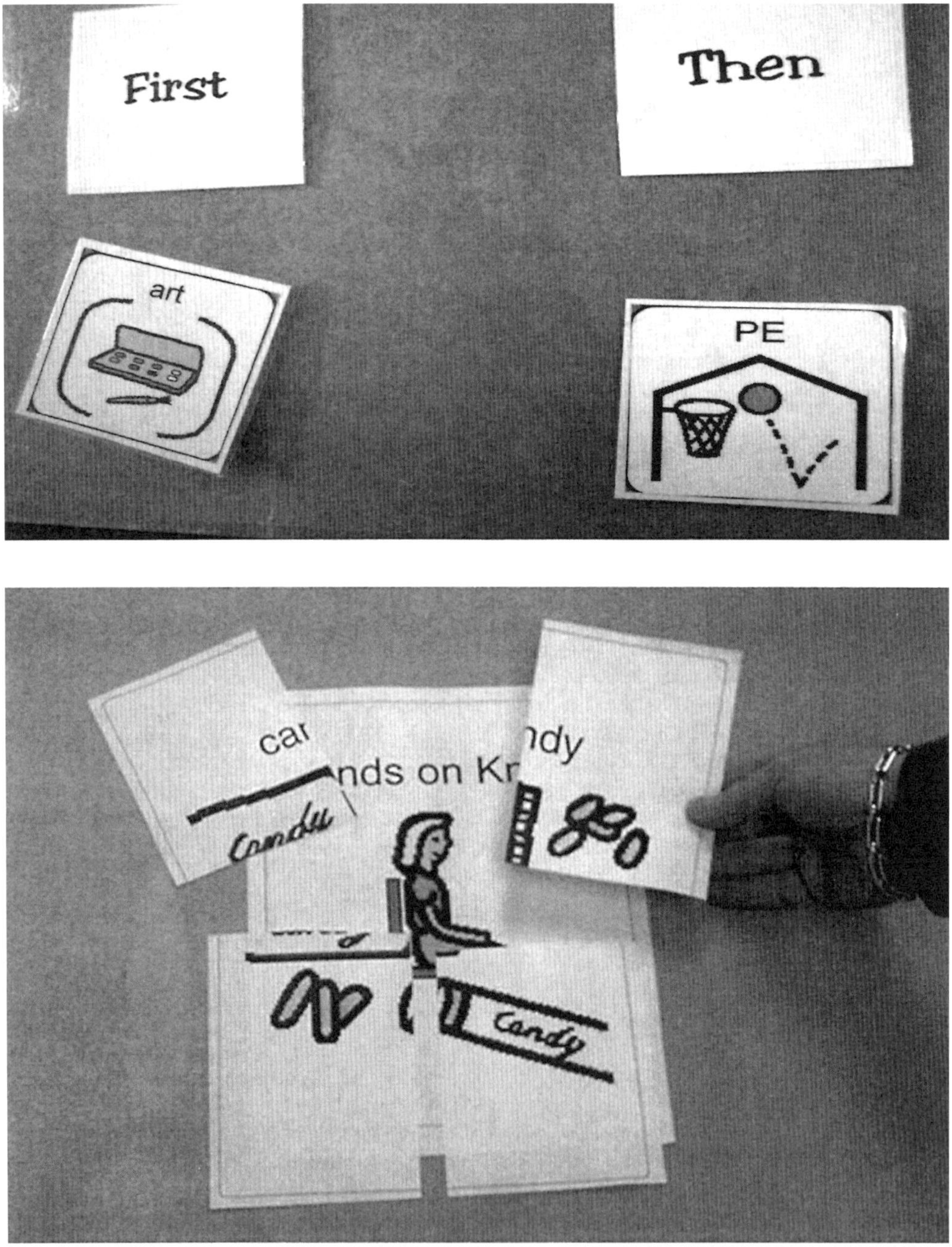

그림 4-4 적절한 행동의 순서 및 격려를 표현하기 위한 시각자료

출처 : Heflin & Alaimo

자폐 아동들을 대상으로 동일한 도구를 적용하여 사회적 상호작용에 향상이 있었음을 확인하였지만, 구체적인 촉각 촉구를 서서히 없애려 노력하는데 어려움이 있었음을 언급하였다. 어떤 자폐 청소년은 과제에 집중하는 행동을 스스로 촉구하기 위해 헤드폰이 달린 녹음기를 사용하였다(Tabor, Seltzer, Heflin, & Alberto, 1999). 테이프에 녹음된 메시지가 청소년이 과제에 집중하도록 단서로 제공되었지만, 테이프의 내용이 부주의로 인해 삭제되었음을 나중에 발견하였다. 그러나 그 청소년은 과제 집중 행동에서 지속적인 향상을 보였다. 헤드폰이, 테이프에 녹음된 지시가 없는 상황에서조차 과제에 집중할 것을 상기시켜 주는 구체물로 작용하였을 것이다.

시각자료 유형의 차이점

자폐스펙트럼장애인들은 자폐스펙트럼장애를 갖지 않은 사람들과 비교할 수 있는 수준에서 그림자극에 초점을 맞추고 주의를 유지할 수 있다(Garretson, Fein, & Waterhouse, 1990). **정적 시각자료**(static visual) 촉구(즉, 물건, 그림, 상징, 단어 등)는 자폐스펙트럼장애인들의 적절한 행동의 획득을 촉진하고(Schwartz, Garfinkle, & Bauer, 1998), 부적절한 행동을 감소시키며(Groden & LeVasseur, 1995), 행동을 스스로 관리할 수 있도록 가르치고(Pierce & Schreibman, 1994), 과제 집중 행동을 유지하게 하는데(Bryan & Gast, 2000) 적용되었다. 동적 시각자료(예 : 비디오테이프 등)가 정적 시각자료와는 다른 효과를 보일 것인가라는 질문이 새롭게 대두되고 있다.

동적 시각자료(animated visuals)는 다른 사람들의 모습을 녹화한 것 또는 기대되는 행동들을 대상자 자신이 수행하는 모습으로 편집한 것(자기 모델링)을 이용한다. 학생들은 대리 학습(vicarious learning)이라는 맥락에서 수행된 행동들을 비디오를 통해 보게 된다(Bandura, 1986). 비디오 모델링은 최중도 정신지체로부터 평균 범위의 지능수준을 보이는 3세에서 41세까지의 사람들에게 여러 가지 기술들을 가르치는 데 활용되어 왔다. 자폐스펙트럼장애인들을 대상으로 비디오 모델링은 물건구입 기술의 일반화(Alcantara, 1994; Haring, Kennedy, Adams, & Pitts-Conway, 1987), 대화 기술의 향상(Charlop & Milstein, 1989; Sherer et al., 2001; Taylor, Levin, & Jasper, 1999), 불안 감소(Luscre & Center, 1996), 조망 갖기 기술지도(Charlop-Christy & Daneshvar, 2003), 요청하기 증가(Wert & Neisworth, 2003), 놀이지도(D' Ateno, Mangiapanello, & Taylor, 2003)를 위해 적용되고 있다. 비디오 모델링을 통해 학습된 행동들은 여러 상황 및 과제들로 일반화되었다. 모델링은 자기관리와 함께 사용될 때 일반화 및 반응 유지를 촉진한다(Apple, Billingsley, & Schwartz, 2005).

정적 혹은 동적 시각자료 체제의 효과를 비교한 연구결과들이 서로 일치하지 않는 결과들을 보이고 있다. Spencer와 Heflin(검토 중)은 자폐스펙트럼장애 아동들 4명 중 3명에게서 그림들이 신체 부분 알기를 가르치는 데 더 효과적인 반면, 네 번째 아동에게서는 비디오가 더 효과적이었다고 한다. 요청하기 기술들을 가르치는 데 있어 정적 시각자료 체제와 동적 시각자료 체제를 비교하였을 때 이와 유사한 불일치가 나타났다(Spencer, 2002). 두 아동들에게서 정적 그림자극들이 비디오 모델링보다 더 효과적인 것으로 나타났고, 한 아동에게서는 정적 시각자료와 동적 시각자료가 동등한 효과를 보였으며, 네 번째 아동은 비디오로 중재를 하는 동안 더 나은 수행을 보였다. 정적 시각자료 체제와 동적 시각자료 체제의 효과에서의 차이에 영향을 주는 학생의 특성을 규명하기 위해 더 많은 연구가 수행될 필요가 있다.

4. 체계적 교수

자폐스펙트럼장애인들이 정보를 우연히 획득하는 경향을 보이지 않는다는 점을 고려할 때, 학습해야 할 기술과 개념을 직접 가르치는 것이 매우 중요하다. **체계적 교수**(systematic instruction)는 응용행동분석의 준거에 부합하는 효과가 검증된 교수기법들을 활용하는 것을 일컫는다. 신중한 계획 아래 예측 가능한 표현방식으로 자료들을 보여주는 것이 자폐스펙트럼장애 학생의 학습에 도움이 된다(Schreibman, 2000). 응용행동분석 교수의 여러 차원들 중 한 가지는 기술들과 개념들이 개별화가족서비스 계획(IFSP)나 개별화교육계획(IEP), 혹은 개별화전환계획(ITP) 팀에 의해 해당 학생에게 우선 필요한 것으로 인정된 것들이라는 점이다. 학생들 개개인의 강점과 약점, 그리고 장기적인 참여를 위한 계획 등을 고려하는 것은 물론 자폐스펙트럼장애인들 모두에게 해당되는 핵심적인 결손을 이해한다는 것은 가장 우선하는 기술들을 결정하는 데 필요하다.

자폐스펙트럼장애 학생들에게 교수를 위한 우선순위 영역은 의사소통과 사회화(Fox, Dunlap, & Philbrick, 1997; Powers, 1992), 특히 학교 바깥의 환경과 성인기에 가장 유용한 기술들(Hurth, Shaw, Izeman, Whaley, & Rogers, 1999)에 초점을 두어야 한다.

Dawson과 Osterling(1997)은 자폐스펙트럼장애 아동들을 위해 우선적으로 지도되어야 하는 기술들로 환경 자극들에 대한 선택적 주의집중, 음성언어 및 운동기술 모방, 수용 및 표현언어, 적절한 장난감 놀이, 사회적 상호작용 기술 등을 제안하였다. National Research Council(2001)은 여기에 기능적 · 자발적 의사소통과 인지발달을 추가하였다. Olley(1999)는 이 목록을 더욱 확대하여 사회적 노력의 시작 및 반응, 여가 및 오락기술, 언어이해 등을 포함시켰다. 의사소통 및 사회화에 필요한 기술들을 가르치는 것을 가장 우선시해야 한다는 점에 모든 사람들이 동의하고 있다.

학생 개개인을 위한 의사소통 및 사회화 기술들 중 가장 기능적인 것이 우선시되어야 한다(Iovannone, Dunlap, Huber, & Kincaid, 2003). 기능성은 해당 기술이 학생을 더 능력 있고 독립적으로 만들며, 자신의 환경에 더 많은 통제력을 행사하게 함으로써 학생 자신의 삶의 질을 향상시킬 수 있게 해 주느냐 그렇지 않느냐에 근거한다(Dunlap & Robbins, 1991). Lou Brown는 기능적 기술을 어떤 사람이 그 기술을 배우지 못했다면 다른 누군가가 그 사람을 위해 수행해 주어야 할 필요가 있는 기술이라고 정의하였다. 예를 들어, 어떤 학생이 주기율표에 있는 원소들의 이름을 댈 수 없을 때 누군가가 그 학생을 위해서 이를 대신해 주는 것은 드문 일이다. 그러나 어떤 학생이 스스로 식사하는 것을 배우지 못했다면 누군가는 그 학생을 위해 이 기술을 수행해 주어야 할 것이다. 장애가 심한 학생들에게 우선시되는 기능적 기술들은 자조(self-help) 기술과 관련이 있다. 경도 장애 학생들을 위한 바람직한 기능적 기술들로는 다른 사람들의 정서를 읽고 사회적인 미묘한 의미들을 이해하는 것 등과 관련된 기술들일 것이다. 고기능(high-functioning) 자폐 및 아스퍼거 장애 학생들에게는 적절한 주제를 선택하는 능력 개발하기, 수용할 만한 방식으로 주제를 시작하고 바꾸기, 정서적 조절에 참여하기 등이 포함되어야 한다(NRC, 2001).

우선시되는 기술들을 가르치는 데 있어 일반적인 실수는 교사들이 별다른 계획 없이 몇 가지 기술들을 혼합하여, 학생들이 혼합된 기술들 중 어떤 것도 학습하기 어렵게 만든다는 것이다. 학생에게 화장실에서 배설하는 것을 가르치는 것과 학생이 화장실에 갈 필요가 있을 때 어른에게 이를 말하는 것을 가르치는 것 사이에는 큰 차이가 있다. 두 가지 기술 모두를 가르치는 것은 학생에게 혼란을 줄 수 있고, 둘 중에 어떤 기술에서는 성공할 기회를 감소시킨다.

교사들은 일반적으로 여러 기술들이 합쳐져야 가능한 일들을 학생들에게 하라고 요구한다. 예를 들어, 교사가 학생에게 철자를 익히기 위한 단어들을 다섯번 쓰라고 요구할 수 있다. 단어를 한 번 쓰는 것은 철자의 정확성을 검증하게 해 준다. 학생에게 단어를 5번 쓰라고 하는 것은 철자의 정확성을 위한 것이 아니라 지시를 이해하고 따르는 능력을 위한 것이다. 교사는 어떤 기술이 목표가 되어야 하는지 결정해야 하고 이에 따라 과제를 수정해야 한다(고기능 자폐스펙트럼장애 학생들은 과제를 여러 번 수행할 것을 요구 받는다면 적극적으로 저항할 수 있다).

체계적 교수에는 또한 기술 획득을 기록하고 프로그램 수정에 대한 의사결정을 알리기 위해 자료들을 수집하는 것이 포함된다. 체계적 교수는 습득한 기술들의 유지 및 일반화도 포함한다. 이러한 실제들은 제6장 응용행동분석 교수전략에서도 기술되어 있다.

Iovannone 등(2003)이 요약한 바와 같이 체계적 교수는 다음과 같은 사항들을 고려하여 신중히 계획되어야 한다.

- 타당한 교육목표 규명
- 수업을 위한 효과적인 교수전략 규명 및 활용
- 교수의 효과 평가
- 자료에 근거한 교수 수정

5. 감각 조절

자폐스펙트럼장애의 신경학적 차이는 감각자극을 받고, 조절하며, 통합하고, 반응하는데 있어서의 어려움을 초래할 수 있다. 감각문제들은 자폐스펙트럼장애 학생들의 학습능력에 심각한 영향을 줄 수가 있다. 이러한 문제가 자폐스펙트럼장애 학생들의 요구를 이해하고 다루기 위해 매우 중요한 주제이기 때문에, 제5장에서 이를 상세하게 다룰 것이다. 그러나 감각조절을 위한 요구를 인식한다는 것은 주요 교수 구성요소이다.

사람들에 따라 감각자극에 대한 요구와 인내력이 다양하다. 같은 사람에게서조차 필요한 감각자극의 양이 하루에도 여러 번 바뀔 수 있다. 스트레스와 피로는 감각자극을 참아내는 능력을 감소시킨다. 많은 사람들은 감각자극을 줄이기 위해 다른 사람 또는 소음으로부터 도망가고 싶었던 경험이 있다. 중요한 일을 하러 운전하고 가면서 CD에서 나오는 노래를 따라 부르고 그날 하루에 대해 생각해 보던 사람이 갑자기 자신이 길을 잃었다는 것을 깨닫게 되면 주위의 감각자극을 감소시킬 필요가 있다. 그 사람은 CD를 끄고 현재 위치가 어디인지 그리고 어디로 가야 하는지에 더 초점을 맞추게 될 것이다. 이에 비해 어떤 사람들은 감각자극이 높은 상황에서 최상의 수행을 보이기도 한다. 어떤 사람들은 감각자극이 없는 상태를 좋아하지 않고 중요한 과제에 집중하면서 대화를 하고 TV를 보기도 한다. 반면 어떤 사람들은 집중할 필요가 있을 때 모든 소음을 없애야만 한다.

어떤 자폐스펙트럼장애 학생들에게는 집중할 수 있도록 교실환경에서의 감각자극을 줄여 줄 필요가 있다. 그러나 다른 자폐스펙트럼장애 학생들은 특정 시간에 주위의 감각자극이 증가하면 더 나은 수행을 보이기도 한다. 학생들 자신이 감각조절이 필요하다는 신호를 보내기도 한다. 예를 들어, 두 눈을 가늘게 뜨고 귀를 막는 학생들은 감각자극을 감소시킬 필요가 있음을 전달하는 것일 수 있다. 시각적 자극이 덜 필요한 학생들은 모자를 쓰거나 빛의 양을 줄이기 위해 윗부분이 덮개로 덮인 개인용 책상에서 과제를 할 수도 있다. 소음의 수준을 줄이기 위해 귀마개를 이용할 수 있다. 교사들은 줄일 수 있는 자극들을 가려내기 위해 모든 청각적·시각적 자극원을 분석해 볼 필요가 있다. 예를 들어, 어떤 학급에 있는 애완동물들은 무엇인가를 긁고 씹는 소리를 낸다. 대부분의 수족관에는 콸콸 소리를 내는 여과기가 달려 있다. 형광등과 컴퓨터는 윙윙거리는 소리를 낸다.

다른 한편으로 불빛을 응시하거나 TV 소리를 크게 한 뒤 TV 가까이에 서 있는 학생들은 감각자극이 증가될 필요가 있음을 표현하고 있는 것일 수 있다. 지속적으로 말을 하거나 소음을 내는 학생들은 자극이 증가할 필요가 있음을 의미하는 것일 수 있다. 책상 가까이 램프를 놓고 자극을 제공하기 위해 헤드폰을 이용하는 것은 청각자극을 증가시킬 수 있다. 자극의 증가를 필요로 하는 학생들의 활동 수준은 더 높으므로 그들에게 돌아다닐 기회를 주는 것은 도움이 될 것이다. 제5장에서는 다양한 감각체계를 규명하고 조절하는 것에 대해 더 많은 정보가 제시될 것이다.

6. 활동에 참여하기

참여(engagement)는 사회적·비사회적 환경에 적극적으로 참여 및 상호작용하는 것으로 정의된다(Dunlap, 1999). 학습과정에 적극적으로 참여하지 않는 학생들은 학습기회를 갖지 못할 수 있다(Hurth et al., 1999). 참여는 학생이 보이는 긍정적인 성과에 대한 최상의 예측인 중 하나이다(Logan, Bakeman, & Keefe, 1997). 자폐스펙트럼장애 학생들과 함께 할 때의 어려움은, 학습을 하는 것이 중요하지만 좋아하지 않는 활동에 학생을 참여하도록 유도하는 방법을 개발하는 것이다. 참여를 촉진하는 방법으로 예를 들어, 명확한 경계 확립하기, 일정을 신중하게 설계하기, 주의집중을 향상시키기 위한 시각적 지원 활용하기, 그리고 감각조절 고려하기 등과 같은 이 장에 설명된 기법들을 들 수 있다.

선호하는 자료 및 활동과 학생들의 특별한 관심 등을 통합하는 것은 참여를 촉진할 수 있다(Grandin & Scariano, 1986; Hurth et al., 1999). 예를 들어, 학생이 지도에 대한 특별히 관심을 갖고 있기 때문에, 사회적 상호작용을 향상시키기 위한 게임에 지도가 포함되었다(Baker, Koegel, & Koegel, 1998). 레고블럭을 갖고 노는 것을 좋아하는 학생은 레고블럭이 사용될 때 색깔 및 양과 같은 개념을 배우는 데 더 동기 부여된다. 미라화(mummification)에 매혹되어 있는 학생들은 미라가 포함된 문장제 문제들을 풀고 싶어 할 것이다. 학습장에 좋아하는 캐릭터의 그림을 붙이는 것조차 학생의 홍미를 끌고 참여를 향상시킬 수 있다.

참여를 높이기 위해 특별한 관심을 통합시키는 것과 더불어, 교수의 제시방법을 적극적인 참여를 권장하는 방향으로 수정할 수 있다. Gray(1996)는 자료들이 시리얼 상자에서 흔히 볼 수 있는 단어들을 활용하여 자료가 주어지면 더 쉽게 주의를 기울일 수 있다고 한다. Gray는 'Dr. Seuss' 책들에서 볼 수 있는 운과 유사한 운율 패턴으로 쓰인 정보들에 더 잘 집중하는 학생에 대해서 설명하고 있다. 자폐스펙트럼장애 학생들은 노래 또는 컴퓨터로 제공된 정보에 집중을 더 잘할 수도 있다(Hagiwara & Myles, 1999; Kinney, Vedora, & Stromer, 2003). 자폐스펙트럼장애 학생들이 전형적인 학습경험에 집중할 것이라고 기대하기보다는 최대한의 참여를 촉진하기 위해 학생의 홍미를 통합하여 활동들을 수정하는 것을 고려해야 한다. 효과적인 전략 중에 하나가 바로 선택하기(choice-making)이다.

선택하기

선택하기는 적극적인 참여 및 환경을 어느 정도 통제할 수 있다는 느낌과 연계되어 있다(Sigafoos, 1998). 사람들은 자신이 선택할 기회를 거부당할 때 다루기 어려운 행동들을 보일 수 있다. 자폐스펙트럼장애 학생들에게 여러 강화제들 중에서 하나를(Mason, McGee, Farmer-Dougan, & Risley, 1989; Newman, Needelman, Reinecke, & Robek,

2002), 또는 여러 과제들 중에서 하나를 선택할 수 있는 기회를 허용하는 것은 긍정적인 성과를 이끌 수 있다(Dyer, Dunlap, & Winterling, 1990; Peterson, Caniglia, & Royster, 2001). **선택하기**는 다음과 같은 사항들을 통해 시행될 수 있다.

학생의 선택 표현을 격려하기

자폐스펙트럼장애 학생들은 선택을 표현하는 데 있어 미묘하거나 이상한 형식을 사용할 수 있다. 교사들은 팔 뻗기, 바라보기, 밀어내기, 혹은 그 자리에서 벗어나기 등과 같은 학생의 행동에 민감해야 한다(Sigafoos & Dempsey, 1992). 이러한 표현들 각각은 좋아하는 것을 가리키고 다른 사람들이 쉽게 알아차릴 수 있도록 구체화되어야 한다(Gothelf, Crimmins, Mercer, & Finocchiaro, 1994). 물건을 갖기 위해 팔을 뻗는 아동들은 어떤 상징을 교환하거나 수화를 사용하도록 배울 수 있다. 많은 사람들은 선택을 표현하기 위해 말로 표현하는 방법을 배울 수 있다.

학생이 선택할 기회 만들기

선택하기를 가르치는 한 가지 효율적인 방식은 어떤 상황이 자연스럽게 발생하는 동안에 지도하는 것이다. 식사시간에는 선택할 기회가 많이 있다. 일반적으로 이용할 수 있는 강화제들 중에서 하나를 선택하는 것은 또 다른 기회를 제공한다(Brigham & Sherman, 1973). 학생들은 과제를 완수하고자 하는 순서나(Dunlap et al., 1994), 그 과제들을 언제 마무리할 것인가(Brown, 1991)를 선택할 수 있다. 학생들이 부적절한 행동들을 보일 때, 행동의 방향을 수정하는 것이 하나의 선택으로 제시될 수 있다. 예를 들어, "종이에 낙서하면 안 돼. 하지만 네가 생각하는 답을 컴퓨터에 입력하거나 Smelling 선생님께 말할 수는 있어." (Taylor, O' Reilly, & Lancioni, 1996) 자폐스펙트럼장애 학생들에게 말보다는 구체적인 표현방식(예 : 그림 등)을 통해 선택기회를 제시한다(Vaughn & Horner, 1995).

학생들에게 선택하는 것을 가르치고 이를 연습할 기회를 제공하는 것은 문제행동을 감소시키고 참여를 증진시킬 수 있다. 또한 학생들은 시간에 관계없이 많은 맥락에서 유용할 기술을 배울 수 있다.

7. 자극통제 수립하기

어떤 행동이 특정 자극이 있는 경우에만 발생한다면, 그 행동은 **자극통제**(stimulus control) 되었다고 할 수 있다(Green, 2001). 예를 들어서 수많은 자극들이 운전자의 행동을 통제한다. 운전자들은 특정 자극(예 : 빨간불, 멈춤 표지판, 목적지에 도착, 길 한 가운데 서 있는 사람 등)이 있을 때 차를 멈춘다. 운전자들은 이러한 자극들이 있지 않는 한 계속 운전해 간다. 때때로 운전자들은 자기 앞에 있는 차와 같은 잘못된 자극에 주의를 기울인다. 잘못된 자극에 주의를 기울이는 운전자들은 교통신호가 노란불에서 빨간불(적절한 자극)로 바뀐 것을 알아차리지 못하고 사고를 당할 수도 있다.

자폐스펙트럼장애 학생들의 행동은 예상하지 못한 자극들의 통제 아래 있다고 알려져 있다. 일련의 동일한 자료들(예 : 색깔을 가르치기 위한 색판지 카드 한 세트)이 개념을 가르치기 위해 사용된다면, 그 자료들이 바뀌었을 때 자폐스펙트럼장애 학생들이 갑자기 색깔을 가려내는 능력을 잃어버리는 것은 드문 일이 아니다. 교사가 깨닫지 못한 것은 빨간색 카드는 모서리가 접혀 있고, 파란색 카드에는 어떤 표시가 되어 있으며, 녹색 카드는 구겨져 있는 것이 해당 학생에게 자극되었다는 것이다. 학생이 '배운 것'은 색깔이 아니고 각각의 카드가 갖고 있는 특이함인 것이다. 비슷한 방식으로 자폐스펙트럼장애 학생들은 많은 구성요소들을 지닌 복합자극(complex stimuli)에 반응하는 데 어려움을 보일 수 있다(Burke & Cerniglia, 1990). 예를 들어, 학생에게 "문에서 가장 가까이에 있고 쿠션이 없는 녹색의자에 가서 앉아라."라고 지시를 하면 학생은 교사가 지시한 행동을 할 수 없다. 자극이 복잡해지면 학생은 그 중 하나의 요소(문에서 가장 가까운)만을 선택하여 이에 따라 행동할 수 있다.

자극통제를 개발하기 위해 학생들은 반드시 자극들을 변별하는 방법(Green, 2001)과 특정 자극이 존재할 때 반응하는 방법을 배워야 한다. 교사들은 복잡하지 않은 단순한 자극들로 시작해서 예기치 않은 측면들이 자극통제의 기반이 되지 않도록 자료들을 순환해야 한다. 자극이 존재할 때(예 : "일렬로 서!"와 같은 언어적 지시) 교수는 발생하고, 학생은 정확하게 반응하도록 기대되는 대로 혹은 도움 받은 대로 행동하도록 강화된다. 연습하고 반응에 대해 강화나 교정을 받을 기회가 반복되는 것은 자극통제를 촉진한다.

8. 정보 미리 주기

정보 미리 주기(priming)는 활동을 연습하고 자료에 미리 익숙해질 수 있도록 기회를 허용함으로써 과제수행을 향상시키는 전략이다. 정보 미리 주기에 대한 연구는 주로 장애인들을 대상으로 수행되었다. 최근의 연구에서는 정보 미리 주기가 자폐스펙트럼장애 학생들에게 과제가 실제로 주어지기 전에 이를 연습할 수 있게 해줌으로써 예측가능성을 향상시키기 때문에 이들에게 효과적일 수 있다고 한다(Schreibman, Walen, & Stahmer, 2000). Zanolli와 Daggett, Adams(1996, p. 408)에 따르면 다음과 같다.

(1) 정보 미리 주기는 동일한 자료를 사용하여 활동 이전에 시행되어야 한다.
(2) 정보 미리 주기 회기에는 학생이 쉽게 완수할 수 있는 과제들이 포함된다.
(3) 그 회기 중에는 높은 수준의 강화를 시행한다.

정보 미리 주기를 활용하여 자폐스펙트럼장애 학생이 학급활동에 참여하기 전에 사회적 상호작용을 시작하는 법을 성공적으로 배울 수 있었다(Kamps et al., 1992; Zanolli et al., 1996). 3세의 자폐스펙트럼장애 유아를 대상으로 용변훈련에 대한 비디오를 시청하게 하여 정보를 미리 주었다(Bainbridge & Myles, 1999). 자폐 아동들은 곧 가게 될 환경을 비디오로 봤을 때, 문제 행동의 효과적 감소를 보였다(예 : 쇼핑몰을 통과하여 걸어가는 길을 보여주는 비디오, Schreibman et al., 2000). 두 명의 학생들에게는 다음 날 수업시간에 완성해야 할 학습지를 검토할 기회가 주어졌다(Koegel, Koegel, Frea, & Green-Hopkins, 2003). 학생들 중 한 명의 부모가 집에서 학습지를 살펴봤다. 다른 학생의 부모는 숙제를 도와줄 수 없었고, 학교의 교직원 한 사람이 학습지를 검토하였다. 정보 미리 주기의 결과는 두 학생 모두에게서 문제행동의 감소와 학업 반응의 증가로 나타났다. 정보 미리 주기는 자폐스펙트럼장애 학생들을 도와 무엇을 예상할 것인지 알게 하고 그들이 교육적 · 사회적 활동들에 더 완전하게 참여하게 하는 효과적인 수단일 것이다.

9. 결 론

물리적 환경을 조직하고, 일정을 수립하며, 시각자료들을 사용하고, 체계적 교수를 제공하며, 감각적 요구를 조절하고, 참여를 촉진하는 것은 모든 자폐스펙트럼장애 학생들을 위한 중요한 교수 구성요소이다. 유능한 교사는 적절한 시간 동안 지속되고 활동 및 감각적 차이를 고려하는 흥미로운 과제들로 하루를 조직한다. 과제는 구체적인 방식으로 표현되고 어떤 과제가 언제 시작하고 언제 끝나는지에 대해 분명하게 표시되어야 한다. 학생들은 선택할 기회들로부터 이익을 얻고, 선택하기는 참여와 동기를 이끌어준다. 학생들은 행동반응에 단서를 주는 자극들을 인식하도록 체계적으로 배운다면 교육받을 기회가 더 많아질 것이다. 정보 미리 주기는 학생이 앞으로 있을 일들에 익숙하게 해 주고 성공하는 데 필요한 기술들을 갖출 수 있게 해준다.

10. 토론 질문과 활동

(1) 학령 전 교육기관, 초등학교, 중학교, 그리고 고등학교 수준의 학급에서 일상적으로 일어나는 활동들과 학습과제들의 목록을 만들어본다. 연령 수준별로 전형적인 길이, 난이도, 활동수준, 학생의 선호도 등과 같은 변수에 따라 각 활동들을 분류해 본다.

(2) 고기능 학생이 학교에서 참여하게 될 일반적인 일과와 기능 수행 수준이 낮은 학생이 학교에서 참여하게 될 일반적인 일과를 과제분석한다. 학생 개개인을 위해 각각의 일정을 시각적으로 제시할 방법을 결정해 본다.

(3) 한 연령집단을 선택하여, 비용은 아무래도 좋은 것처럼 가정하고, 자폐스펙트럼장애 학생들의 학습을 지원하는데 중요한 것으로 간주되는 요소들 모두를 포함하는 학급의 도표를 해당 집단의 연령에 맞게 그려본다. 그릴 수 없는 요소들을 점으로 표시된 목록으로 만든다.

(4) 학생들이 학교에 있는 동안에 선택할 수 있는 기회들에 대해 가능한 한 많은 목록을 만든다. 학생들이 선택할 수 있도록 일상적인 활동들을 어떻게 수정할 수 있는가(예 : 연필 대신 펜을 사용한다)?

(5) 학교에 있는 동안 해야 할 세 가지 서로 다른 활동들에 대한 정보 미리 주기 전략을 개발해 본다.

참고문헌

Alcantara, P. (1994). Effects of videotape instructional package on purchasing skills of children with autism. *Exceptional Children, 61,* 40-55.

Apple, A. L., Billingsley, F., & Schwartz, I. S. (2005). Effects of video modeling alone and with self-management on compliment-giving behaviors of children with high-functioning ASD. *Journal of Positive Behavioral Interventions, 7,* 33-46.

Bainbridge, N., & Myles, B. S. (1999). The use of priming to introduce toilet training to a child with autism. *Focus on Autism and Other Developmental Disabilities, 14,* 106-109.

Baker, M. J., Koegel, R. L., & Koegel, L. K. (1998). Increasing the social behavior of young children with autism using their obsessive behaviors. *Journal of the Association for Severe Handicaps, 23,* 300-308.

Bandura, A. (1986). *Social foundations of thought and action: A social cognitive theory.* Upper Saddle River, NJ: Prentice Hall.

Boucher, J., & Lewis, V. (1989). Memory impairments and communication in relatively able autistic children. *Journal of Child Psychology and Psychiatry, 30,* 99-122.

Brigham, T. A., & Sherman, J. A. (1973). Effects of choice and immediacy of reinforcement on single response and switching behavior of children. *Journal of the Experimental Analysis of Behavior, 19,* 425-435.

Brown, F. (1991). Creative daily scheduling: A nonintrusive approach to challenging behaviors in community residences. *Journal of the Association for Persons with Severe Handicaps, 16,* 75-84.

Bryan, L. C., & Gast, D. L. (2000). Teaching on-task and on-schedule behaviors to high-functioning children with autism via picture activity schedules. *Journal of Autism and Developmental Disorders, 30,* 553-567.

Bryson, S., & Landry, R. (1994). Brief report: A case study of literacy and socioemotional development in a mute autistic female. *Journal of Autism and Developmental Disorders, 24,* 225-232.

Burke, J. C., & Cerniglia, L. (1990). Stimulus complexity and autistic children's responsivity: Assessing and training a pivotal behavior. *Journal of Autism and Developmental Disorders, 20,* 233-253.

Center, D. B. (1999). *Strategies for social and emotional behavior: A teacher's guide.* Norcross, GA: XanEdu.

Charlop, M. H., & Milstein, J. P. (1989). Teaching autistic children conversational speech using video modeling. *Journal of Applied Behavior Analysis, 22,* 275-285.

Charlop-Christy, M. H., & Daneshvar, S. (2003). Using video modeling to teach perspective taking to children with autism. *Journal of Positive Behavioral Interventions, 5,* 12-21.

D'Ateno, P., Mangiapanello, K., & Taylor, B. A. (2003). Using video modeling to teach complex play sequences to a preschooler with autism. *Journal of Positive Behavior Interventions, 5,* 5-11.

Davis, C. A., Brady, M. P., Williams, R. E., & Hamilton, R. (1992). Effects of high-probability requests on the acquisition and generalization of responses to requests in young children with behavior disorders. *Journal of Applied Behavior Analysis, 25,* 905-916.

Dawson, G., & Osterling, J. (1997). Early intervention in autism: Effectiveness and common elements of current approaches. In M. J. Guralnick (Ed.), *The effectiveness of early intervention: Second generation research* (pp. 307-326). Baltimore: Paul H. Brookes.

Dettmer, S., Simpson, R. L., Myles, B. S., & Ganz, J. B. (2000). The use of visual supports to facilitate transitions of students with autism. *Focus on Autism and Other Developmental Disabilities, 15,* 163-169.

Duker, P. C., & Rasing, E. (1989). Effects of redesigning the physical environment and on-task behavior in three autistic-type developmentally disabled individuals. *Journal of Autism and Other Developmental Disorders, 19,* 449-60.

Dunlap, G. (1984). The influence of task variation and maintenance tasks on the learning and affect of autistic children. *Journal of Experimental Child Psychology, 37,* 41-64.

Dunlap, G., dePerczel, M., Clarke, S., Wilson, D., Wright, S., White, R., et al. (1994). Choice making to promote adaptive behavior for students with emotional and behavioral challenges. *Journal of Applied Behavior Analysis, 27,* 505-518.

Dunlap, G., & Robbins, F. R. (1991). Current

perspectives in service delivery for young children with autism. *Comprehensive Mental Health Care, 1,* 177-194

Dyer, K., Dunlap, G., & Winterling, V. (1990). Effects of choice making on the serious problem behaviors of students with severe handicaps. *Journal of Applied Behavior Analysis, 23,* 515-524.

Ebanks, M. E., & Fischer, W. W. (2003). Altering the timing of academic prompts to treat destructive behavior maintained by escape. *Journal of Applied Behavior Analysis, 36,* 355-359.

Flannery, K. B., & Horner, R. H. (1994). The relationship between predictability and problem behavior for students with severe disabilities. *Journal of Behavioral Education, 4,* 157-176.

Fox, L., Dunlap, G., & Philbrick, L. A. (1997). Providing individual supports to young children with autism and their families. *Journal of Early Intervention, 21*(1), 1-14.

Garretson, H., Fein, D., & Waterhouse, L. (1990). Sustained attention in autistic children. *Journal of Autism and Developmental Disorders, 20,* 101-114.

Gothelf, C. R., Crimmins, D. B., Mercer, C. A., & Finocchiaro, P. A. (1994). Teaching choice-making skills to students who are deaf-blind. *Teaching Exceptional Children, 26*(4), 13-15.

Grandin, T., & Scariano, M. M. (1986). *Emergence: Labeled autistic.* New York: Warner Books.

Gray, C. (1996). *Social stories and comic strip conversations: Unique methods to improve social understanding* [video]. Arlington, TX: Future Horizons.

Green, G. (2001). Behavior analytic instruction for learners with autism: Advances in stimulus control technology. *Focus on Autism and Other Developmental Disabilities, 16,* 72-86.

Groden, J., & LeVasseur, P. (1995). Cognitive picture rehearsal: A system to teach self-control. In K. A. Quill (Ed.), *Teaching children with autism: Strategies to enhance communication and socialization* (pp. 287-306). Albany, NY: Delmar.

Hagiwara, T., & Myles, B. S. (1999). A multimedia social story intervention: Teaching skills to children with autism. *Focus on Autism and Other Developmental Disabilities, 14,* 82-95.

Haring, T., Kennedy, C., Adams, M., & Pitts-Conway, V. (1987). Teaching generalization of purchasing skills across community settings to autistic youth using videotape modeling. *Journal of Applied Behavior Analysis, 20,* 89-96.

Heckaman, K. A., Alber, S., Hooper, S., & Heward, W. L. (1998). A comparison of least-to-most prompts and progressive time delay on the disruptive behavior of students with autism. *Journal of Behavioral Education, 8,* 171-201.

Hurth, J., Shaw, E., Izeman, S. G., Whaley, K., & Rogers, S. J. (1999). Areas of agreement about effective practices among programs serving young children with autism spectrum disorders. *Infants and Young Children, 12,* 17-26.

Iovannone, R., Dunlap, G., Huber, H., & Kincaid, D. (2003). Effective educational practices for students with autism spectrum disorders. *Focus on Autism and Other Developmental Disabilities, 18,* 150-165.

Kamps, D. M., Leonard, B. R., Vernon, S., Dugan, E., Delquadri, J. C., Gershon, B., et al. (1992). Teaching social skills to students with autism to increase peer interactions in an integrated first-grade classroom. *Journal of Applied Behavior Analysis, 25,* 281-288.

Kanner, L. (1943). Autistic disturbances of affective contact. *The Nervous Child, 2,* 217-250.

Kern, L., Koegel, R. L., & Dunlap, G. (1984). The influence of vigorous versus mild exercise on autistic stereotyped behaviors. *Journal of Autism and Developmental Disorders, 14,* 57-67.

Kern, L., Koegel, R. L., Dyer, K., Blew, P. A., & Fenton, L. R. (1982). The effects of physical exercise on self-stimulation and appropriate responding on autistic children. *Journal of Autism and Developmental Disorders, 14,* 399-419.

Kimball, J. W., Kinney, E. M., Taylor, B. A., & Stromer, R. (2003). Lights, camera, action! Using engaging computer-cued activity schedules. *Teaching Exceptional Children, 36*(1), 40-45.

Kinney, E. M., Vedora, J., & Stromer, R. (2003). Computer-presented video models to teach generative spelling to a child with an autism spectrum disorder. *Journal of Positive Behavior Interventions, 5,* 22-29.

Koegel, L. K., Koegel, R. L., Frea, W., & Green-Hopkins, I. (2003). Priming as a method of coordinating educational services for students with autism. *Language, Speech, and Hearing Services in Schools, 34,* 228-235.

Kozol, J. (1991). *Savage inequalities: Children in America's schools.* New York: Crown.

Lamers, K., & Hall, L. J. (2003). The response of children with autism to preferred prosody during instruction. *Focus on Autism and Other Developmental Disabilities, 18,* 93-102.

Logan, K. R., Bakeman, R., & Keefe, E. G. (1997). Effects of instructional variables of engaged behavior of students with disabilities in general education classrooms. *Exceptional Children, 63,* 481-497.

Luscre, D. M., & Center, D. B. (1996). Procedures of reducing dental fear in children with autism. *Journal of Autism and Developmental Disorders, 26,* 547-556.

MacDuff, G., Krantz, P., & McClannahan, L. (1993). Teaching children with autism to use pictographic activity schedules: Maintenance and generalization of complex response chains. *Journal of Applied Behavior Analysis, 26,* 89-97.

Mason, S. A., McGee, G. G., Farmer-Dougan, V., & Risley, T. R. (1989). A practical strategy for ongoing reinforcer assessment. *Journal of Applied Behavior Analysis, 22,* 171-179.

Minshew, N., Goldstein, G., Muenz, L., & Payton, J. (1992). Neuropsychological functioning of non-mentally retarded autistic individuals. *Journal of Clinical and Experimental Neuropsychology, 14,* 749-761.

National Research Council. (2001). *Educating children with autism.* Committee on Educational Interventions for Children with Autism. Division of Behavioral and Social Sciences and Education. Washington, DC: National Academy Press.

Nevin, J. A., Mandel, C., & Atak, J. (1983). The analysis of behavioral momentum. *Journal of the Experimental Analysis of Behavior, 39,* 49-59.

Newman, B., Buffington, D. M., O'Grady, M. A., McDonald, M. E., Poulson, C. L., & Hemmes, N. S. (1995). Self-management of schedule following in three teenagers with autism. *Behavioral Disorders, 20,* 190-196.

Newman, B., Needelman, M., Reinecke, D. R., & Robek, A. (2002). The effect of providing choices on skill acquisition and competing behavior of children with autism during discrete trial instruction. *Behavioral Interventions, 17,* 31-41.

Olley, J. G. (1999). Curriculum for students with autism. *School Psychology Review, 28,* 595-606.

Peterson, S. M. P., Caniglia, C., & Royster, A. J. (2001). Application of choice-making intervention for a student with multiple maintained problem behavior. *Focus on Autism and Other Developmental Disabilities, 16,* 240-246.

Pierce, K. L., & Schreibman, L. (1994). Teaching daily living skills to children with autism in unsupervised settings through pictorial self-management. *Journal of Applied Behavior Analysis, 27,* 471-481.

Powers, M. D. (1992). Early intervention for children with autism. In D. E. Berkell (Ed.), *Autism: Identification, education and treatment* (pp. 225-252). Hillsdale, NJ: Erlbaum.

Premack, D. (1959). Toward empirical behavior laws: I. Positive reinforcement. *Psychological Review, 66,* 219-233.

Quill, K. A. (1997). Instructional considerations for young children with autism: The rationale for visually cued instruction. *Journal of Autism and Developmental Disorders, 27,* 697-714.

Quill, K. A. (1998). Environmental supports to enhance social communication. *Seminars in Speech and Language, 19,* 407-422.

Rhea, P., Augustyn, A., Klin, A., & Volkmar, F. (2005). Perception and production of prosody by speakers with autism spectrum disorders. *Journal of Autism and Developmental Disorders, 35,* 205-220.

Rogers, S. J. (1999). Intervention for young children with autism: From research to practice. *Infants and Young Children, 12,* 1-16.

Schopler, E., Brehm, S., Kinsbourne, M., & Reichler, R. J. (1971). The effect of treatment structure on development of autistic children. *Archives of General Psychiatry, 24,* 415-421.

Schopler, E., Mesibov, G. B., & Hearsey, K. (1995). Structured teaching in the TEACCH system. In E. Schopler, & G. B. Mesibov (Eds.), *Learning and cognition in autism* (pp. 243-268). New York: Plenum.

Schreibman, L. (2000). Intensive behavioral/psychoeducational treatments for autism: Research needs and future directions. *Journal of Autism and Developmental Disorders, 30,* 373-378.

Schreibman, L., Whalen, C., & Stahmer, A. C. (2000). The use of video priming to reduce disruptive transition behavior in children with autism. *Journal of Positive Behavioral Interventions, 2,* 3-11.

Schwartz, I. S., Garfinkle, A. N., & Bauer, J. (1998). The Picture Exchange Communication System: Communicative outcomes for young children with disabilities. *Teaching Early Childhood Special Education, 18,* 144-159.

Shabani, D. B., Katz, R. C., Wilder, D. A., Beauchamp, K., Taylor, C. R., & Fischer, K. J. (2002). Increasing social initiations in children with autism: Effects of a tactile prompt. *Journal of Applied Behavior Analysis, 35,* 79-83.

Sherer, M., Pierce, K., Paredes, S., Kisacky, K., Ingersoll, B., & Schreibman, L. (2001). Enhancing conversation skills in children with autism via video technology: Which is better, "self" or "other" as model? *Behavior Modification, 25,* 140-158.

Sigafoos, J. (1998). Choice making and personal selection strategies. In J. K. Luiselli & M. J. Cameron (Eds.), *Antecedent control: Innovative approaches to behavioral support* (pp. 187-221). Baltimore: Paul H. Brooks.

Sigafoos, J., & Dempsey, R. (1992). Assessing choice making among children with multiple disabilities. *Journal of Applied Behavior Analysis, 25,* 747-755.

Spencer, L. G. (2002). *Comparing the effectiveness of static pictures vs. video modeling on teaching requesting skills to elementary children with autism*. Unpublished doctoral dissertation, Georgia State University, Atlanta.

Steingard, R. J., Zimnitzky, B., DeMaso, D. R., Bauman, M. L., & Bucci, J. P. (1997). Sertraline treatment of transition-associated anxiety and agitation in children with autistic disorder. *Journal of Child and Adolescent Psychopharmacology, 7,* 9-15.

Tabor, T. A., Seltzer, A., Heflin, L. J., & Alberto, P. A. (1999). Use of self-operated auditory prompts to decrease off-task behavior for a student with autism and moderate mental retardation. *Focus on Autism and Other Developmental Disabilities, 14,* 159-167.

Taylor, B. A., & Levin, L. (1998). Teaching a student with autism to make verbal initiations: Effects of a tactile prompt. *Journal of Applied Behavior Analysis, 31,* 651-654.

Taylor, B., Levin, L., & Jasper, S. (1999). Increasing play-related statements in children with autism toward their siblings: Effects of video modeling. *Journal of Developmental and Physical Disabilities, 11,* 253-264.

Taylor, I., O'Reilly, M., & Lancioni, G. (1996). An evaluation of an ongoing consultation model to train teachers to treat challenging behaviour. *International Journal of Disability, Development, and Education, 43,* 203-218.

Townsend, J., & Courchesne, E. (1994). Parietal damage and narrow "spotlight" spatial attention. *Journal of Cognitive Neuroscience, 6,* 220-232.

Townsend, J., Harris, N. S., & Courchesne, E. (1996). Visual attention abnormalities in autism: Delayed orienting to location. *Journal of the International Neuropsychological Society, 2,* 541-550.

Vaughn, B., & Horner, R. H. (1995). Effects of concrete versus verbal choice systems on problem behavior. *Augmentative and Alternative Communication, 11,* 89-93.

Wacker, D. P., & Berg, W. K. (1983). Effects of picture prompts on the acquisition of complex vocational tasks by mentally retarded adolescents. *Journal of Applied Behavior Analysis, 16,* 417-433.

Wainwright-Sharp, J. A., & Bryson, S. E. (1993). Visual orienting deficits in high-functioning people with autism. *Journal of Autism and Developmental Disorders, 23,* 1-13.

Wert, B. Y., & Neisworth, J. T. (2003). Effects of video self-modeling on spontaneous requesting in children with autism. *Journal of Positive Behavioral Interventions, 5,* 30-34.

Wilczynski, S. M., Fusilier, I., Dubard, M., & Elliott, A. (2005). Experimental analysis of proximity as a social stimulus: Increasing on-task behavior of an adolescent with autism. *Psychology in the Schools, 42,* 189-196.

Young, B., Simpson, R. L., Myles, B. S., & Kamps, D. M. (1997). An examination of paraprofessional involvement in supporting inclusion of students with autism. *Focus on Autism and Other Developmental Disabilities, 12,* 31-38.

Zanolli, K., Daggett, J., & Adams, T. (1996). Teaching preschool age autistic children to make spontaneous initiations to peers using priming. *Journal of Autism and Developmental Disorders, 24,* 407-422.

5 감각 정보 처리

핵심용어

- 감각 체계(sensory system)
- 감각통합(sensory integration)
- 고유수용계(proprioceptive system)
- 미각 체계(gustatory system)
- 상동행동(stereotypies)
- 습관화(habituation)
- 시각 체계(visual system)
- 이식증(pica)
- 자기자극 행동(self-stimulatory behaviors)
- 자해행동(self-injurious behaviors)
- 작업치료사(occupational therapist)
- 전정계(vestibular system)
- 청각 체계(auditory system)
- 촉각 방어(tactile defensiveness)
- 촉각 체계(tactile system)
- 후각 체계(olfactory system)

❖ 해리스 선생님에게 배우기

해리스 선생님이 당황하다.

해리스 선생님의 교실문은 현관 입구의 문들처럼 밝고 컬러풀하고 들어오는 모든 사람들이 환영받는 느낌을 갖게 한다. 8명의 학생들은 달력과 시간표를 마주하고 책상에 앉아 있다. 해리스 선생님은 한 주 동안 지속적으로 해야 할 일을 시작한다. 그녀는 학생들이 그녀에게 주의를 두고 있지 않음을 바로 알아차렸다. 한 학생은 영화 대본에서 나올법한 소리를 내고 있다. 다른 학생은 자신의 팔과 손을 오므렸다 폈다를 반복하고 있다. 세 번째 학생은 자신의 손가락을 넋을 잃고 응시하고 있다. 네 번째 학생은 책상 아래로 들어가 앉아 있고 다섯 번째 학생은 코듀로이 바지(일명 골덴 바지)를 손으로 계속 문지르고 있다. 나머지 세 학생은 달력이 아닌 다른 곳을 보고 있다. 해리스 선생님은 '월요일'이라고 적힌 카드를 집어 코듀로이 바지를 문지르고 있는 학생에게 요일의 명칭을 말하도록 촉구하였다. 이 학생은 더 빠르게 문지르기 시작하고 의자를 앞뒤로 흔들었다. '무엇이 문제지?' 라고 해리스 선생님은 생각하였다. '나는 학생들이 산만해지는 것을 최소화하기 위해 교실을 주의 깊게 정돈하고, 달력 활동을 하기 위해 시각적인 단서를 활용한 교수를 하고 있어. 그런데 왜 학생들이 과제에 참여하지 않는 걸까?'

해리스 선생님은 학생들의 감각 요구를 도와주고 확인하는 것이 교사에게 있어서 중요한 문제 중 하나임을 알게 되었다. 자폐스펙트럼장애 학생들은 밀려오는 많은 감각정보를 극복하려 노력한다(Grandin, 1996). 자폐스펙트럼장애와 더불어 나타나는 문제행동을 유발하는 신경학적인 차이 때문에 각각의 개인들은 감각정보를 지각하고, 통합하며, 사용하는 데 어려움을 가지고 있다. 이러한 어려움으로 인해 학생들은 적극적 회피에서 전반적인 위축에 이르기까지 다양한 보상 전략(역자 주 : 개인에 따라 다양한 감각 방어 유형을 보인다. 예를 들면, 도망치거나, 과잉 행동을 보이거나, 감각을 추구하는 등의 다양한 유형이 아동에 따라 다르게 나타난다)을 만든다. 해리스 선생님은 ① 감각 체계, ② 감각 체계가 행동에 미치는 영향, ③ 자기자극 및 상동행동의 역할에 관해 알아야 한다. 또한 아동별로 자료에 근거하여 감각적 차이를 살펴보고, 아동의 이러한 감각차이를 적절하게 지원해 주기 위해 교수 환경 및 전략의 수정과 관련된 사항을 고려해야 한다.

1. 자폐스펙트럼장애의 감각적 차이

감각에 근거한 중재 효과에 대해 일치된 경험적 근거는 없지만 자폐스펙트럼장애인 간의 감각적 차이에 관한 설명을 많은 연구에서 찾아 볼 수 있다. 몇십 년 전에 사람들은 자폐스펙트럼장애 아동의 특성을 감각차이와 감각추구로 기술하였다(Kanner, 1943; Wing, 1969). 감각 결함이 *DSM-IV-TR*에서 전반적 발달장애 진단 준거로 제시되지는 않았지만,* 감각 결함과 관련된 상동행동과 판에 박힌 일이나 의식적(ritual) 행동들은 핵심적인 결함으로 정의되어 있다. 자폐스펙트럼장애와 관련된 비정상적인 행동들은 이들이 감각정보의 등록 및 처리에 어려움을 가지고 있음을 보여주는 것이다(Baranek, 2002). 아동의 과거 발달 과정을 녹화한 비디오 분석을 통해, 자폐스펙트럼장애로 진단된 아동들의 감각적 기능 수행이 질적으로 차이가 있음을 알 수 있다(Adrien et al., 1993). 9~12개월의 영아의 비디오를 분석하면, 자폐스펙트럼장애 아동들이 다른 발달지체 및 비 장애 아동들과는 확연한 차이를 보인다. 이들은 주의집중을 이끄는 전략(예 : 호명에 반응하는 것)에 전혀 반응을 보이지 않거나 매우 느린 반응을 보이며, 감각자극에 대해 빈약한 시각적 방향정위와 주의집중을 보이고, 사회적 접촉을 회피하려는 경향을 보인다(Baranek, 1999). 흥미롭게도 발달지체 유아가 자폐스펙트럼장애 유아보다 상동행동, 이상한 자세, 사물에 대한 시선 고정 등을 더 많이 보였고 재미있어하는 표정은 거의 지어 보이지 않았다. 자폐스펙트럼장애인의 42~80%가 비정상적인 감각반응(예 : 손으로 사물의 표면을 문지르기, 손가락 빨기, 몸 흔들기, 독특한 시각 및 청각적 자극에 무반응 등)을 나타내고 있다(Kientz & Dunn, 1997; Rapin, 1996; Volkmar & Cohen, 1989). 발달지체 아동들은 연령을 맞춘 또래 집단과 비교하였을 때, 자신의 환경에서 다른 사람과 사물을 배제하기 위해 보다 많은 대근육 상동행동을 보였다(Simith & Van Houten, 1996). 일반적인 감각 체계 및 기능 수행에 관한 문헌들을 살펴보고 이에 근거하여 자폐스펙트럼장애인들이 어떠한 감각적 차이를 보이며 이러한 차이에 영향을 미치는 것이 무엇인지를 살펴볼 필요가 있다.

---

* 역자 주) DSM-5에서는 감각관련 준거가 포함되어 있음 : "감각 자극에 대한 둔감 혹은 민감 반응 또는 환경의 감각 양상에 대한 특이한 감각적 관심"

2. 감각자극

신경과학자들은 **감각 체계**(sensory systems)가 의식적 과정뿐만 아니라 무의식 과정과 이차적인 행동 조절을 위해 정보를 중추신경계(central nervous system : CNS)에 어떻게 전달하는지를 설명하고 있다(Freeman, 1991; Kandel, Schwartz, & Jessell, 2000). 사람들은 자신의 환경에 관한 모든 정보를 감각 체계에 의존하고 있다. 후각(olfactory), 미각(gustatory), 촉각(tactile), 전정계(vestibular), 고유수용계(proprioceptive), 시각(visual), 그리고 청각(auditory) 체계는 정보 처리를 위해 등록된 정보를 중추신경계로 보낸다. 사람들은 자신이 받은 모든 감각자극을 의식적으로 인식하지 않는다. 예를 들면, 어떤 한 사람이 피부에 옷이 닿는다는 것을 의식적으로 깨닫지 못할 뿐만 아니라 어떤 활동에 몰두하는 경우엔 다른 사람의 이야기를 듣지 못하기도 한다. 감각자극을 등록하는 능력은 ① 개인의 생물학적 특성, ② 감각에 대해 학습된 반응, ③ 신체적, 정신적 상태의 변동(예 : 피곤함, 배고픔, 화남)에 영향을 받는다(Dunn, 2001).

신경학, 생리학, 생물학, 해부학 분야의 과학자들과 장애인의 경험을 이해하는데 관심을 두고 있는 연구자들은 사람이 감각 정보를 어떻게 등록하고 사용하는지를 설명하고 있다. 어떤 사람들은 자극이 등록되기 위해서는 강력한 감각자극을 필요로 하는 높은 역치(threshold)를 가지고 있는 경우도 있다. 이러한 사람들은 추가적인 감각자극을 적극적으로 찾게 된다(Baranek, Foster, & Berkson, 1997). 전반적 발달장애(PDD)를 가진 사람들 중 일부는 감각 탐색자가 되어 자극을 찾기도 한다(Kootz, Marinelli, & Cohen, 1981). 어떤 사람들은 아주 낮은 역치를 가지고 있는데, 이들에게는 경험하는 모든 감각들이 다 등록되며 이들이 편안하게 느끼는 것보다 더 많은 감각자극이 등록된다. 그래서 낮은 역치를 가진 사람들은 자극의 유입을 피하고, 성인의 경우 전형적인 역치나 높은 역치를 가지고 있는 사람들에 비해 보다 많은 불안과 우울을 경험하게 된다(Kinnealey & Fuiek, 1999). 감각 자극을 회피하려는 사람들은 각자 나름의 대처 전략(coping strategies)을 개발한다. 예를 들면, 자극을 피하기, 예측 가능성 유지하기, 정신적으로 준비하기, 상황을 통하여 자기 스스로에게 말하기, 자극과 연계되는 불편함을 감소시키기 위해 무엇인가를 하기 등을 들 수 있다(Kinnealy, Oliver, Wilbarger, 1995). 자극을 추구하는 사람(역치가 높은 사람)에게 새로운 자극은 심장 박동수의 감소를 가져오는 반면에, 자극을 회피하는 사람(역치가 낮은 사람)에게 새로운 자극은 심장 박동수의 증가를 가져온다(Zuckerman, 1994). 대부분의 사람들은 중간 정도의 역치를 가지고 있다. 그래서 관련 있는 감각자극의 중간 수준을 등록하고 관련 없는 감각자극은 걸러낼 수 있다.

감각자극에 대한 민감성은 사람이 자극에 반복적으로 노출되었는가 아닌가에 영향을 받는다. 자극을 보다 많이 경험하면 할수록 자극에 대해 보다 쉽게 둔감해질 수 있다. 예를 들면, 철길이나 교차로 부근에 거주하고 있는 사람의 경우 기차나 자동차의 소리를 자신의 감각 체계에 등록조차 하지 않아 전혀 소음으로 느끼지 못하는 반면에, 그 집에 방문하는 손님은 소음 때문에 전혀 잠을 자지 못 할 수 있다. 감각자극의 인식을 감소시키는 학습된 반응을 **습관화**(habituation)라고 한다(Dunn, 1997). 사람들은 그러한 감각자극을 더 이상 등록하지 않고 익숙한 것으로 받아들이게 된다. X 결함 증후군(Fragile X) 아동들과 감각 조절 장애아동들은 감각자극에 습관화가 잘 안 되는 경향이 있다(McIntosh, Miller, Shyu, Hagerman, 1999). 또한 피곤하거나, 배고프거나, 화가 나거나, 무섭거나 하는 것은 감각자극의 인식에 영향을 미친다. 대부분의 사람들은 신체적으로나 심리적으로 편안하지 않을 때 감각자극에 대해 보다 낮은 역치를 보이고 습관화가 잘 되지 않는 경향이 있다. 이는 그 사람이 소리, 냄새, 움직임에 대해 보다 더 반응적임을 의미하는 것이다.

다른 감각 체계를 통해 정보가 처리되고, 조직되고, 적절한 운동 반응을 산출하기 위해 조합되고 있을 때에는 감각자극의 효과적인 사용이 방해를 받게 된다(Bundy & Murray, 2002). 하나의 감각 수용기(예 : 눈)를 통해 들어온 감각 정보는 다른 감각 수용기(예 : 코, 귀)를 통해 들어온 정보와 조합된다. 중추신경계는 결과물을 조직하고 실행하기 위해서 그러한 정보를 사용한다. 중추신경계에서 자극을 위협적인 것으로 여기면 감각 정보를 보호적인 반응으로 이끌게 된다. 예를 들면, 어떤 사람이 텔레비전 쇼에 열중하고 있을 때 큰 굉음이 들리면 그는 펄쩍 뛰게 된다. 이는 청각자극이 놀람의 반사자극을 이끌어 낸 것이다. 어두운 골목길을 걷고 있는데 무언가가 다리를 스치고 지나가면 자동적으로 도망칠 것이다. 이는 촉각자극이 경고 감각을 만든 것이다.

감각 체계에 의해 제공되는 정보에 대한 보호 반응은 자동적인 반응이다. 자극이 위협적이지 않으면 감각 정보는 조절된 결과물을 만들기 위해 통합된다. 예를 들면 전혀 위협적이지 않은 상황(예 : 쓰기)에서, 한 사람이 글을 쓰고 있을 때는 눈, 관절, 손가락 근육이 감각 정보를 받아들이고 그 결과로 다음 글자를 올바른 형태로 페이지의 정확한 위치에 쓸 수 있게 된다. 글을 쓰는 사람이 갑자기 놀라게 되면, 손이 급격한 동작을 하고 펜이 페이지를 가로질러 미끄러지면서 연필이 부러질 수도 있다. 보호 반응은 신중하게 조절된 결과물(예 : 올바른 형태로 정확한 위치에 적혀진 글자)을 방해하게 된다.

어떤 상황에서는 식별(discrimination)능력이 위협을 초래하는 일반적인 감각 정보에 대한 보호 반응을 억제할 수 있다. 고유수용계를 제외하고 모든 감각 체계는 식별할 수 있는 능력을 가지고 있다. 이러한 능력은 보호 반응을 무효화시킬 수 있는 능력이다. 예를 들면 이상한 냄새가 나는 음식이 제공되면 일상적으로 보호 반응이 나타난다. 사람은 얼굴을 찡그리거나 구역질을 한다. 그러나 주인에게 실례가 되어서는 안 됨을 중요하게 생각하는 사람이라면 이러한 보호 반응을 무효화시킬 수 있는 의식적인 결정을 하고 정중하게 음식을 받아들일 것이다.

자폐스펙트럼장애 아동들이 보이는 사회적 상호작용의 결함은 사회적 대화를 학습하는 데 방해 요인이 된다. 그래서 이들의 반응은 자신이 받아들인 감각 정보에 의해 유도된 보호 반응에 의해 과도하게 영향을 받을 수 있으며, 그 결과 그들의 반응은 사회적 기대(social expectation)에 따라 변화 및 조절되지 않는 것이다. 게다가 감각 정보가 유용하고 조절된 결과물이 되기 위해서는 중추신경계가 정확하고 통합된 방식으로 작동해야만 한다. 자폐스펙트럼장애 학생들은 신경학적인 면에서 서로 다르며(제2장 참조), 사회적 관습(social conventions)의 영향을 전혀 받지 않으므로, 이들이 비정상적인 감각자극 반응을 보인다는 것은 전혀 놀랄 일이 아니다.

사람들은 감각자극에 대한 다양한 요구를 가지고 있다. 또한 자신의 생물학적, 습관적, 신체적, 심리적 상태에 근거하여 감각자극에 대해 다양한 감각반응을 보인다. 어떤 사람들은 특정 유형의 감각자극에 대해 다른 사람 보다 낮은 역치를 가질 수 있다. 실제로, 특정한 감각 체계는 매우 민감하여 중추신경계가 반응을 일으키기 전에 다른 감각체계로부터 들어온 정보를 통합하는 시간적 여유를 갖지 못한다. 예를 들면 어떤 사람이 접촉에 매우 민감하다면 그는 자신을 만지려는 사람이 만지기도 전에 몸을 피할 것이다. 반대로 감각통합 능력이 좋은 사람과 하나의 감각 수용기로부터 들어오는 감각에 그다지 민감하게 반응하지 않는 사람은 몸을 피할지 안할지를 결정하기 전에 만지는 사람을 먼저 볼 것이다.

3. 감각 체계와 행동

감각 체계는 입력자극을 등록하기 위한 감각 등록기를 가지고 있다. 복합적인 중추신경계 내에서의 해석과 사용을 위해, 감각 등록기를 통해 입력된 자극은 전기화학적인 신호로 전환되어 복잡한 신경계의 통로를 거쳐 중추신경계로 전달된다(Lane, 2002). 중추신경계에 정보를 제공하는 7개의 감각 체계는 다음과 같다.

- 후각(olfactory)
- 미각(gustatory)
- 촉각(tactile)
- 전정계(vestibular)
- 고유수용계(proprioceptive)
- 시각(visual)
- 청각(auditory)

1) 후 각

후각 체계에 의해 제공되어지는 냄새의 감각은 뇌의 각성 체계(arousal system)와 매우 직접적으로 연계되어 있다(Kimball, 1999). 이는 '냄새나는 소금'을 아무 의식 없이 사용하게 되는 것과 같다. 쓴 소금에서 나는 자극적인 냄새가 후각 시스템에 등록되면 그 시스템의 방어적인 요소들이 사람을 각성시키는 반응을 자극한다. 냄새에 대한 반응은 개인의 생물학적 요소 및 경험과 관련이 있다. 생물학적으로, 어떤 사람들은 전혀 그렇지 않은데 어떤 사람들은 유난히 냄새에 민감하다. 생물학적 요소와 경험의 결합을 통하여 사람은 어떤 냄새는 좋은 것으로 어떤 냄새는 불쾌한 것으로 길들여지게 된다.

많은 자폐스펙트럼장애 학생들이 냄새에 대해 낮은 역치를 가지고 있다(Dunn, Myler, & Orr, 2002; Kientz & Dunn, 1997). 그래서 냄새에 대해 매우 거부적인 반응을 보인다(Siyssugnan, Schaal, Schmit, & Nadel, 1995). 일부 자폐스펙트럼장애 학생들은 주위 냄새에 따라 활동에 참여할지를 결정한다. 예를 들면 한 학생은 먹기 전에 음식의 냄새를 맡고 또 다른 학생은 활동에 참여하기 전에 페인트 냄새와 같은 사물의 냄새를 맡는다. 자폐스펙트럼장애 학생들은 불쾌한 냄새를 피하기 위해 적극적으로 회피행동을 하기도 한다. 한 학생은 나쁜 냄새가 나는 페인트를 던지고 활동에 가까이 하는 것을 거부한다. 교사는 냄새에 대한 파괴적인 반응을 최소화하기 위하여 학생의 후각적 민감성을 평가해야 한다. 교사는 샤워 코롱이나 로션, 향수 등을 뿌리는 것을 절제해야 한다. 불쾌함을 유발하기 때문에 제거해야 하는 냄새가 무엇인지를 확인하기 위해 환경에 대한 분석을 하거나, 학생이 환경에 참여할 수 있도록 이끄는 전략들을 개발해야 한다. 익숙한 냄새는 일반 신생아들에는 진정의 효과를 보인다(Rattaz, Goubet, & Bullinger, 2005). 그리고 선호하는 냄새는 자폐스펙트럼장애 학생을 위한 긍정적인 환경을 조성하는데 유용하게 사용될 수 있다.

2) 미 각

미각 체계는 맛의 감각이며, 이 체계의 수용기는 혀에 있다. 냄새의 감각만큼은 아니지만 맛의 감각도 직접적으로 각성체계와 연계된다. 냄새와 마찬가지로 미각 체계도 학습된 경험과 생물학의 결합이다. 사람들은 무엇에 노출되었느냐에 근거하여 맛의 감각을 획득하게 된다. 또한 다른 사람들은 맛있다고 하는 음식과 음료수를 유해하다고 여길 수도 있다. 맛 감각은 냄새 감각으로부터 강한 영향을 받는다. 만약 냄새를 맡을 수 없다면 음식과 음료수의 맛을 다르게 느낄 수 있다. 맛은 달고, 짜고, 쓰고, 시고, 매운 감각을 포함한다.

자폐스펙트럼장애 아동은 맛과 냄새에 대해 비정상적인 반응을 보인다(Rogers, Hepburn, & Wehner, 2003). 이는 특정한 음식만을 선호하는 반응을 이끌기도 한다. 그래서 많은 자폐스펙트럼장애 아동들이 '식성이 까다로운 사람(picky eater)'으로 묘사되어진다. 이는 개인의 건강에도 심각한 결과를 가져올 수도 있다. 자폐스펙트럼장애인들은 한정된 종류의 음식을 탐식하고 새로운 음식은 거절한다(Ahearn, 2003; Levin & Carr, 2001). 유동액(예 : 음료수) 섭취에 있어서도 이들은 문제를 보인다(Hagopian, Farrell, & Amari, 1996; Luiselli, Ricciardi, & Gilligan, 2005). 구강투입 약물, 치약, 구강세정제, 침을 묻혀 봉합되는 봉투 등은 특정한 맛을 가지고 있다. 이러한 것에 대한 미각 경험이 불쾌했다면 그 사람은 그것을 피하려는 행동을 할 것이다(Hoch, Babbitt, Coe, Krell, & Hackbert, 1994; Riordan, Iwata, Wohl, & Finney, 1980). 반면에 경험이 유쾌했다면 그것을 접할 수 있는 기회를 강구할 것이다. 먹을 수 없는 것을 강박적으로 먹는 것(**이식증** : pica)은 신경학적 차이의 결과이고 유쾌한 미각적 피드백을 얻었기 때문이라 할 수 있다(Hagopian & Adelinis, 2001; Hirsh & Myles, 1996; Piazza et al., 1998).

3) 촉 각

촉각은 만짐의 감각이라 할 수 있다. 신체의 마지막 부분(끝 부분)과 나머지 세상이 시작되는 부분을 판별하는 감각이다. 피부는 다가오는 감각자극을 등록한다. 그러나 신체의 각 부분은 촉각 수용기의 밀집 정도에 차이가 있다. 손가락, 손바닥, 입 주변에는 감각 수용기가 매우 밀집되어 분포되어 있어서 보다 민감하다. 반면에 감각 수용기가 넓게 분포되어 있는 배와 등 부분은 덜 민감하다(Lane, 2002). 촉각은 태아 시기부터 기능 수행하는 가장 최초의 감각 체계이고, 대부분의 신생아들은 다른 사람이 자신을 만져줌으로 인해 흥분을 진정시키고 양육자에 대한 애착을 발달시킨다(Montagu, 1978). 병원에서 며칠을 지내는 동안 촉각자극(만져주고 마사지해 주는 것)을 받은 미숙아들은 그렇지 않은 통제집단에 비해 보다 빠른 체중 증가와 좀 더 나은 발달을 보인다(Schanberg & Field, 1988). 촉각을 통해 들어온 감각 정보는 시간이 흐르면서 계속 축적되므로 어느 정도 쌓이면 휴지기간을 필요로 하게 된다. 어두운 방에서 불 스위치가 어디에 위치해 있는지 찾을 수 있는 것과 같이 사람은 촉각 체계를 통해 볼 수 없는 사물을 찾고 구별할 수 있다. 또한 우리 피부에 벌레가 기어가는 것이나 뜨거운 물체가 닿는 것을 알 수 있다. 이 같은 상황에서 촉각 체계의 방어기제로 인해 사람은 벌레를 손으로 털어버리거나 뜨거운 것을 멀리 피하는 행동을 하게 된다.

촉각 인식에서 높은 역치를 가지고 있는 학생들은 감각자극에 반응하지 않고, 벌레가 피부 위로 기어가는 것도 느끼지 못한다. 또는 나무 울타리에 손바닥을 대고 훑어가며 달리는 것과 같은 감각자극을 유발시키는 행동(즉, 자극추구행동)을 한다. 또한 꽉 끼는 옷을 입었을 때 이를 느끼지 못하고, 사물을 조작하는 것을 어려워하며 지속적으로 무언인가를 만지려고 한다(Arkwright, 1998). 반대로 촉각 인식에서 낮은 역치를 가지고 있는 학생들은 다른 사람이 자신을 만지는 것이나 몸에 옷이 꽉 끼거나 달라붙는 것, 셔츠 뒷부분에 붙어 있는 상표가 몸에 닿는 것 등에 지나치게 민감하게 반응한다. 이러한 촉각자극에 대해 낮은 역치를 가지고 있는 사람들은 **촉각 방어**(tactile defensiveness : 접촉이나 촉각자극에 민감한 반응을 보이는 것)를 가지고 있다(Ayres, 1979). 이들은 손가락으로 그림 그리기, 글씨쓰기, 손이 더러워지는 등 촉각자극을 필요로 하는 활동을 피하려 한다. 이러한 촉각 방어는 다른 사람이 우연히 자신을 만지게 되는 상황 자체를 피하게 만든다. 또한 특정한 음식이 입안에 들어왔을 때는 불편한 느낌을 피하기 위해 특정 음식을 꺼려하게 된다.

4) 전정계

전정계는 현재의 활동을 조절하고 미래 과제 완수를 이끌기 위해 적절한 자세와 안정된 시야를 유지하는 것을 돕는다(Brooks, 1986). 전정계는 지구의 중력에 적응하여 3차원의 공간에서 움직일 때 자신의 몸이 어디에 있으며 어느 방향으로 움직이고 있는지를 느끼게 하는 역할을 하며, 사람의 회전, 수평, 수직, 직선 움직임을 조절한다. 그래서 중력, 방향, 그리고 움직임에 민감하다. 모든 인간 활동의 대략 60% 정도는 전정계의 자극을 필요로 한다. 전정계의 일차적 수용기는 내이(inner ear)에 있다. 내이의 감염과 내이 구조의 장애는 균형, 조정, 움직임에 문제를 가져온다. 전정계 자극에 대해 낮은 역치를 가지고 있는 사람은 쉽게 차멀미를 하고, 움직임의 속도나 방향의 변화를 힘들어하며, 높이 뛰거나 구르는 것을 두려워하며, 지지해 줄 사람이나 사물에 기댄다. 이렇게 전정계 자극에 대해 낮은 역치를 가지고 있고 매우 민감한 사람은 '중력상태에서 불안정한(gravitationally insecure)' 상태로 표현되기도 한다(Ayres, 1979). 또한 이들은 머리 흔드는 활동을 거부하고, 움직인 후에는 방향 감각을 잃기도 하며, 인내심이 약하다.

전정계 자극에 대해 높은 역치를 가지고 있는 사람은 몸을 앞뒤로 흔들거나, 좌우로 흔들거나, 회전하거나 머리를 흔드는 것과 같은 전정계 자극 추구행동을 한다. 이들은 오래 시간 반복적으로 움직인 후에도 전혀 어지러워하지 않는다. 반면에 움직이는 사물을 잡거나, 몸의 양쪽을 모두 사용하여 활동하거나, 칠판에 있는 것을 똑같이 쓰는 데에 어려움을 보인다. 또한 넘어지려 할 때 자신의 몸의 균형을 잡으려는 노력을 하지 않으며 때로는 매우 어색한 몸짓을 보이기도 한다.

5) 고유수용계

고유수용계는 움직임의 방향과 속도를 감지하며, 사물을 잡고 들어올리는 데 필요한 에너지의 양을 결정한다(Zigmond, Bloom, Landic, Roberts, & Squire, 1999). 고유수용계는 근육의 수축이나 이완, 관절과 뼈 사이에 구부리거나 펴거나 당기거나 할 때 일어나는 감각 정보를 다룬다. 촉각은 외부 세계로부터 자극을 받는 데 반해, 고유수용감각은 신체 내부로부터의 정보가 뇌로 전달된다. 고유수용계 피드백의 일차적 수용기는 근방추(muscle spindles : 근육의 수축상태 등을 감지하고 수용하는 장치), 피부 탄력성의 정도, 힘줄(tendons), 내적 수고 감각(internal sense of effort : 고유수용 감각이 발생하는 것을 알아차리는 인식의 의식적 감각)이다(Schmidt, 1999). 사람이 무거운 사물을 오랫동안 옮기게 되면 그 사물이 점점 무거워지는 것처럼 느껴지는 것이 바로 내적 수고 감각의 예라 할 수 있다. 사물이 실제로 점점 더 무거워지는 것이 아니라 근육의 피로와 관련이 있는 내적 수고 감각이 그 사물을 계속해서 옮기려면 보다 많은 수고가 필요한 것처럼 느끼게 만드는 것이다. 관절 역시 과도한 이완과 수축을 막기 위해 최대의 범위 안에서 고유수용계의 수용기로서의 역할을 한다(Lane, 2002).

고유수용계는 또한 몸의 적절한 긴장수준을 조절하고, 걷기 · 앉기 · 잡기 · 옷 입기 · 쓰기 · 씹기 등과 같은 움직임을 하기 위해 전정계와 함께 작업을 한다. 또한 고유수용계는 사람들이 보지 않고 무언가를 할 수 있도록 한다. 손의 사용을 포함한 대부분의 활동들은 고유수용계의 입력 정보에 근거한다. 고유수용계의 수용기 중에서 가장 민감한 수용기는 측두하악골(temporal mandibular joint, TMJ)로, 이는 씹거나 물을 때 주로 활성화되며 아래턱 관절 부분에 위치해 있다. 씹거나 무는 행동은 발끝으로 걷는 것과 같이 고유수용계의 피드백을 증가시킨다.

고유수용계에 문제가 있는 사람은 대근육과 소근육 운동 모두에 문제를 보일 수 있다. 이들은 자세가 불안정하고, 자주 부딪치며, 과제를 수행하기 위해 해야 하는 과정 및 절차(완성된 것)를 계속 봐야만 하고, 거울을 볼 때 혼동하기도 하며, 의자에 앉거나 일어서는 것을 힘들어하고, 계단을 오르내리거나 등산장비를 조작하는 것을 어려워한다. 고유수용계는 인간의 적극적인 움직임의 결과로 보다 능숙해질 수 있으며(Lane, 2002), 이로 인해 신체 도식(body scheme)의 개발과 움직임을 계획하는 능력의 발달이 이루어지게 된다(Kingsley, 2000). 즉 고유수용계는 신체 도식 개발과 운동계획 발달에 중요한 역할을 한다는 것이다. 그러나 고유수용계 자극을 제공하기 위해 수동적으로 관절 압착(타인에 의해 이루어지는 것)을 하는 것은 비효과적이다(Kalaska, 1988).

6) 시 각

대부분 사람들의 **시각**은 기능 수행과 관련하여 가장 신뢰할 수 있는 감각 중 하나이다(Lane, 2002). 눈의 구조들은 시각 체계의 수용기이다. 이 구조들은 사물을 학습하고, 자세를 유지하며, (타인과의 거리 또는 물체간의 거리를 포함하여) 공간 내의 위치에 관한 정보를 제공하기 위해 사용된다(Fox, 1999). 시각(vision)은 다른 감각 정보의 투입을 확인하는 데도 사용된다. 시끄러운 소리를 들었을 때 무엇이 소음을 내고 있는지를 확인하기 위해 시각을 활용하며, 무언가가 피부에 닿았을 때 무엇이 피부에 와 닿았는지를 확인하기 위해 시각을 사용한다.

대부분의 다른 감각들과 마찬가지로, 시각 체계도 방어 능력과 식별 능력을 가지고 있다(Lane, 2002). 예를 들면, 3D 입체 영화를 볼 때 시각 체계의 방어 능력은 식별 능력에 앞서서 나타난다. 사람들은 영화가 이차원의 평면에서 나타나고 있어서 그들에게 다가올 수 없다는 것을 인지하고 있음에도 불구하고 3D 영화를 보는 동안 영화 속 물체가 가까이 나타난다 싶으면 몸을 피하거나 몸을 굽힌다.

낮은 시각 역치를 가지고 있는 사람들은 시각적 자극에 매우 민감하게 반응한다. 형광등 불빛은 시각 혼란과 같은 자극을 줄 수 있다(Colman, Frankil, Ritvo, & Freeman, 1976). 낮은 역치를 가진 사람들은 시각 자극의 양을 줄이기 위해 눈을 가늘게 뜨거나 눈을 감아버린다. 자폐스펙트럼장애 학생들은 자신의 주변 시야를 사용하는 것을 더 선호한다. 그래서 약간의 시각적 자극을 자동조절하기도 한다(Dawson & Lewy, 1989). 반대로 높은 시각 역치를 가지고 있는 사람들은 밝은 빛을 뚫어지게 쳐다보거나 움직이는 물체를 바라보면서 자극을 찾기도 한다.

자폐스펙트럼장애 아동들은 눈으로 무언가를 응시할 때 시각 체계를 비정상적으로 사용한다. 부모 보고에 따르면 이들은 영유아기에 멍하니 넋 놓고 바라보거나("empty gaze")(Landry & Bryson, 2004), 사물을 자세히 보는 것이 아니라 통과해서 보는 것 같았다고 한다. 주변 시야를 사용하고 곁눈질로 물체를 보는 경향은 응시 각도에 보다 더 반응하는 뉴런(neurons)을 가진(Perrett et al., 1985) 신경계의 차이와 관련이 있을 수 있다(Palermo & Curatolo, 2004). 발달 수준은 눈맞춤(eye contact)과 상호관련이 있다. 이들 자폐스펙트럼장애 아동은 성장하면서 비록 눈 응시(eye gaze)는 여전히 비정상적이지만, 보다 많은 눈맞춤을 하려고 한다(Mundy, Sigman, & Kasari, 1994).

눈 응시의 차이는 일생 동안 지속적으로 나타난다. 자폐스펙트럼장애인들은 상대방의 눈을 똑바로 마주 쳐다보는 것을 피하고, 대신에 상대방의 입이나 신체의 다른 부위(Klin, Jones, Schultz, Volkmar, & Cohen, 2002b), 또는 방안에 있는 다른 사물에 초점을 두는 경향이 있다(Klin, Jones, Schultz, Volkmar, & Cohen, 2002a). 이를 연구한 연구자들은 자폐스펙트럼장애인들이 눈 응시를 어디에 하는지를 알아보기 위해 안구 트래킹 기술(eye-tracking technology)을 이용하였다. 이 기술을 이용한 연구를 통해 자폐스펙트럼장애인들이 상호작용하는 사람들의 눈을 응시하지 않고 상호작용하는 사람들의 대화에 따라 응시가 옮겨지지 않음이 밝혀졌다. 자폐스펙트럼장애인들은 배경의 물리적 특징(예 : 전등 스위치, 램프)에 주의를 두었으나 사회적 특징에는 초점을 맞추지 않았다. 대부분의 자폐스펙트럼장애인들이 시각처리를 잘하는 특징을 가지고 있음(Brian, Tipper, Weaver, & Bryson, 2003)에도 불구하고, 시각적 초점을 상대방의 눈에 두지 않기 때문에 결과적으로 사회적 상호작용을 하는데 어려움을 나타낸다. 대신에 자폐스펙트럼장애인들은 상호작용 기능 수행과는 무관한 환경이나 사물의 물리적인 특징에 초점을 두는 경향이 있다(Bayliss & Tipper, 2005; Rosenblatt, Bloom, & Koegel, 1995). 환경의 구조(structure)와 과제 요구(task demands)가 자폐스펙트럼장애인의 눈맞춤의 양에 영향을 미친다(Volkmar, Carter, Grossman, & Klin, 1997).

7) 청 각

청각 체계는 듣는 감각이다. 귀는 청각자극에 대한 수용기이다. 사람은 들음(hearing)을 통해 관련 없는 자극을 선별할 수 있으며 관련 있는 환경적 소음에 주의를 둘 수 있게 된다. 너무 큰 소음이나 불편할 정도로 높은 소리는 청각 체계로부터 방어 반응을 이끌어 낸다. 자폐스펙트럼장애 유아는 주로 생후 1년 동안 나타나는(Dawson, Osterling, Meltzoff, & Kuhl, 2000) 청각자극에 대한 반응에서 차이를 보인다(Hayes & Gordon, 1977; Rogers et al., 2003). 이들은 사람이 내는 소리보다는 다른 소리를 더 선호하는 것처럼 보이고(Klin, 1992a, 1992b), 소음이 있는 상황에서 사람의 말소리를 구분해 내는 것을 어려워한다(Alcantara, Weisblatt, Moore, & Bolton, 2004). 비록 청력검사에서는 정상으로 결과가 나온다 할지라도 소리 정보를 처리하는 데 있어서 지체를 보인다(Wong & Wong, 1991). 낮은 청각 역치를 가지고 있는 사람은 소리에 매우 거부적인 반응을 하고, 불편한 수준의 소리를 듣거나 이 같은 소음이 만들어질 때 쉽게 불안해한다. 이같이 소리에 매우 민감한 사람들은 상대적으로 조용한 소리에도 방해를 받는다. 반대로 높은 청각 역치를 가지고 있는 사람은 소음을 잘 감지하지 못한다. 이들은 오히려 소리자극(소음)을 찾으려 하고 심지어는 너무 조용한 공간을 자신에게 적절한 상황으로 만들려고 스스로 소음을 내기도 한다.

4. 감각자극의 균형

7가지 감각 체계는 중추신경계에 정보를 제공한다. 이 정보는 우리가 기능 수행하고 살아가는 데 필요한 것이다. 감각 정보의 통합은 목표 지향적인 행동을 이끄는 생리적 반응을 만들어 낸다. 특정한 감각 정보는 반응을 일으키는 각성 상태를 이끈다. 최적의 각성 수준(opitmal levels of arousal)은 각성시키고 진정시키는 감각 정보 사이에 균형이 유지될 때 일어난다(Dunn, 2001). 예를 들면, 공부하던 도중에 졸린 사람은 좀 더 높은 수준의 각성상태를 만들기 위해 음식을 먹거나 껌을 씹을 것이다. 음식을 먹거나 씹는 행위는 촉각, 고유수용계, 미각, 후각 등의 감각을 통합시키고 좀 더 강화된 각성 상태를 만들어 낸다. 반대로 잠자리에 들 때에는 누워서 각성시킬 수 있는 어떠한 감각의 정보도 받아들이려 하지 않는다.

사람들은 자신이 참여하고 있는 활동에 맞는 최적의 각성 수준을 유지하려 노력한다. 최적의 각성 수준을 유지하기는 쉽지 않다. 감각자극에 대해 낮은 역치를 보이는 사람은 최적의 각성상태를 유지하기 위해서 매우 적은 자극을 필요로 할 것이다. 만약 필요 이상의 자극이 있으면 유입된 자극의 양을 줄이기 위해 노력할 것이다(Dunn, 1997). 예를 들면, 소리에 민감한 사람이 아주 소음이 심한 환경에 있다면 그곳을 벗어나려 하거나 귀를 막거나(Tang, Kennedy, Koppekin, & Caruso, 2002), 상대방에게 조용해달라고 부탁할 것이다. 감각 정보에 매우 민감한 사람은 어떤 경우에는 모든 감각적 자극을 줄일 수 있는 보상 전략을 개발할 것이다. 이들은 고의로 감각자극을 무시하거나 다른 것에 주의를 두기 때문에 다른 사람이 볼 때에는 감각자극에 대해 둔감 반응을 보이는 것으로 여겨질 수 있다.

감각자극에 대해 높은 역치를 보이는 사람은 최적의 각성 수준에 도달하기 위해 보다 많은 자극의 유입을 필요로 한다(Dunn,1977). 이들은 감각자극에 대해 둔감 반응을 보이고, 중추신경계에 영향을 미치는 감각자극을 증가시키기 위해 자극 유발(sensory-generating) 행동을 한다. 예를 들면, 후각자극에 둔감한 사람은 감각자극이 지각 역치에 도달할 수 있는 매우 강한 냄새 자극을 찾을 것이다. 좀 더 많은 자극을 필요로 하는 학생들은 무언가를 씹고, 소음을 만들어 내며, 물건을 손에 쥐고, 만지작거리며 안절부절 못할 것이다.

자폐스펙트럼장애 아동들에게 최적의 각성 수준에 도달하는 것은 쉬운 일이 아니다. 감각 정보는 늘 나타나고, 중추신경계는 관련 자극의 등록 · 통합 · 조절을 끊임없이 요구한다. 자폐스펙트럼장애 학생이 최적의 각성 수준에 도달하기 위해서 시도하는 방법 중에 하나가 상동행동이다.

5. 상동행동과 의식적인 행동

상동행동(stereotypies)은 환경에서 분명한 기능적 효과를 가지고 있지 않는 무의미한 반복적인 운동 또는 몸짓 행동으로 정의된다(Baumeister & Forehand, 1973; Lewis & Baumeister, 1982). 일반 유아는 운동 발달의 전조(Thelen, 1981)로 상동행동을 보인다(Schwartz, Gallagher, & Berkson, 1986). 일부 아동들은 신경학적 차이와 발달 지체로 인해 청소년기와 성인기까지 상동행동을 보이며, 한정된 움직임과 보행을 보인다(Dura, Mulick, & Rasnake, 1987; Warren & Bruns, 1970). 자폐스펙트럼장애인들에게는 상동행동이 즐거움의 근원이 되며, 이러한 상동행동은 개인적 즐거움과 강한 감각 피드백 등을 주는 반복적인 움직임 및 음성 행동을 포함한 **자기자극 행동**(self-stimulatory behaviors : stims)이라 할 수 있다(Berkson & Davenport, 1962; Jensema, 1980). 흥미롭게도 9~12개월 정도의 발달 지체 유아는 자폐스펙트럼장애 유아들에 비해 보다 많은 자기자극 행동을 보였다(Baranek, 1999). 자폐스펙트럼장애 유아들은 2~5세경에 상동행동을 두드러지게 보였다(Lord, 1995; Losche, 1990).

의식적인 행동(ritualistic behaviors)은 상동행동과 자기자극 행동뿐만 아니라 같은 음식만을 먹거나, 사물을 일렬로 쌓아올리거나, 양손에 물건을 쥐고 있는 등 판에 박히듯 고정된 일에 집착하는 행동들도 포함한다. 상동행동은 인지적 결함을 가지고 있는 자폐스펙트럼장애 학생들에게서 더 많이 나타나는 반면에, 의식적인 행동은 정상 지능을 가지고 있는 자폐스펙트럼장애 학생들에게서 더 많이 나타난다(Tsai, 1998).

몇 년 전만 해도 상동행동은 자폐스펙트럼장애의 증후며 제거되어야 하는 증후로 여겨졌다(Guess, Helmstetter, Turnbull, & Knowlton, 1987). 그러나 상동행동을 없애려는 시도들은 또 다른 원치 않는 행동들의 출현을 가져왔다(Lovaas, 1981). 요즘은 상동행동과 자기자극 행동, 의식적 행동이 중요한 기능을 수행하고 그 행동이 아동이 속한 환경에서 무엇을 의미하는지를 분석하지 않고 그러한 행동들을 수정하려 해서는 안 된다는 생각이 보편적으로 받아들여지고 있다(Meyer & Evans, 1989). 이러한 생각은 자극이 살아가는 데 꼭 필요하다는 논리에 근거하고 있다. 상동행동과 자기자극 행동은 스트레스를 감소시킬 뿐만 아니라 최적의 각성 수준에 도달할 수 있게 도와준다.

1) 자극에 대한 생물학적 요구

생물체는 자극 없이 살아갈 수 없다(Joseph, 1999). 초창기 동물 연구에서 선택적 감각 체계는 자극에 대해 충분하게 반응할 수 없을 때엔 감각 체계의 기능이 멈추어 버린다고 했다. 예를 들면, 인간을 제외한 고양이와 같은 영장류에 관한 연구를 통해 연구자들은 출생 시엔 두 눈이 잘 보였으나 곧 한쪽 눈의 시력이 감소되는 것을 발견하였다. 이는 시간이 경과되면서 한쪽 눈이 받아들이는 자극이 감소되면서 결과적으로 눈의 신경이 더 이상 작용할 수 없을 정도로 퇴화된 것이다(Hubel & Wiesel, 1963; Joseph & Casagrande, 1980; Wiesel & Hubel, 1963). 만성적이거나 심각한 감각 손상은 발달장애를 가져온다(Cermak & Daunhauer, 1997). 이러한 이유로 인해 선천성 백내장을 갖고 태어나는 아동의 경우 생후 17개월 이전에 백내장의 제거가 적극 권장되고 있다(Robb, Mayer, & Moore, 1987). 백내장이 10세 이전에 제거되지 않으면 영구적인 시각 손상이 될 수 있다(Kandeal et al., 2000). 충분한 자극이 없을 경우, 뇌는 감각자극에 대해 착각(hallucinations)이나 왜곡(distortions)을 한다(Solomon et al., 1961). 다행히도 대부분의 사람들은 자신의 주변 세계로부터 아주 방대한 양의 자극을 받는다. 그러나 자극의 양이 아주 적거나 아주 없을 때엔 스스로가 상동행동이나 자기자극 행동 등을 통해 자극을 만들어 낸다. 실제로 상동행동은 내적으로 조절될 수 있으며(Guess & Carr, 1991a), 신경계와 관련이 있고(Lewis, Baumeister, & Mailman, 1987), 아동의 신경 및 운동 발달 단계의 배경이 될 수 있다(MacLean & Baumeister, 1981; Thelen, 1979). 상동행동과 자기자극 행동은 최적의 발달을 위해 필요한 양의 자극을 제공할 뿐만 아니라 각성시키거나 스트레스를 감소시키는 역할을 한다.

2) 각성상태의 증가

환경이 매우 자극적이지 않다면 사람들은 상동행동을 통해 최적의 수준으로 각성 상태를 이끌어 내려 할 수 있다(Catado & Harris, 1982; Lourie, 1949; Repp, Karsh, Deitz, & Singh, 1992). 예를 들면, 졸린 사람들은 잠을 깨기 위해 각성 수준을 증가시키려 상동행동을 한다(Jason, 1977). 이들은 낙서를 하거나, 머리를 비비 꼬고, 다리를 떨고, 껌을 씹고, 커피를 마시는 등 다양한 행동들을 하여, 난처한 상황에서 벗어나려 하거나, 스스로 집중하거나, 아니면 그냥 잠들어 버린다. 그러나 사회적인 관습(social conventions)을 인지하지 못하는 자폐스펙트럼장애 학생들은 누군가가 말을 할 때 잠에 빠지는 무례를 범한다. 또한 낙서를 하거나 발을 떠는 것과 같은 행동이 사회적으로 용인되는 행동인지를 판단하지 못한다. 게다가 환경으로부터 들어온 감각 정보가 자극적이지 않으면 자극적이거나 개인적으로 만족을 주는 행동을 하려 한다(Guess, 1966; Lovaas, Newsom, & Hickman, 1987). 각성 수준을 증가시키기 위해, 자폐스펙트럼장애인들은 손을 흔들거나, 몸을 앞뒤로 움직이거나 빨대 싸는 종이를 꼬거나 돌리는 행동을 한다. 환경을 보다 자극적으로 만드는 것은 상동행동의 수준을 감소시키며(Brusca, Nieminen, Carter, & Repp, 1989), 자기자극 행동을 통해 얻는 피드백을 수정하는 것은 상동행동의 수준을 감소시키는 데 효과적이다(Rincover, 1978). 이러한 경우 상동행동과 자기자극 행동은 바람직한 균형을 만드는 최적의 각성 수준을 만든다(Leuba, 1955).

3) 스트레스 감소

상동행동은 최적 각성 수준이 중단되었을 때에도 나타난다. 이는 환경이 지나치게 자극적이거나 스트레스를 받았거나 과도하게 각성되었기 때문이다(Howlin, 1998; Zentall & Zentall, 1983). 우리의 몸은 스트레스를 받으면, 중추신경계가 이 상황이 바람직하지 못함을 지각한다. 상동행동은 과다한 자극을 걸러주거나 차단하는 역할을 한다(Hutt & Hutt, 1965). 상동행동은 신체 내에 있는 스트레스 수준을 감소시켜주는 생리적인 반응을 만들어 신체를 효과적으로 진정시킨다(Hirstein, Iversen, & Ramachandran, 2001). 또한 정보 처리 요구도 감소시킨다(Fentress, 1976). 예를 들면, 일반적으로 사람들은 스트레스를 일으키는 나쁜 소식을 들으면, 일어서서 이리저리 걷다가 자신의 목 뒤로 두 손을 감는 행동을 한다. Rago와 Case(1978)는 발표 수업과 관련하여 스트레스를 받고 있는 대학생들이 자신을 진정시키기 위해 다리를 떨거나, 손가락을 움직이거나, 발을 떨거나, 머리를 꼬는 것과 같은 보편적이고 개인적인 독특한 상동행동을 많이 보였다고 한다.

중추 신경계는 스트레스 수준이나 과도한 각성을 줄이기 위해 전정계, 고유수용계, 촉각 체계 활동을 촉진한다. 전정계와 고유수용계를 함께 촉진하는 활동들은 스트레스와 관련된 신경펩티드(neuropeptide)의 감소에 가장 효과적이다. 2세 경의 일반 유아들은 좌절에 대한 반응으로 자주 깨무는 행동을 보인다. 이는 고유수용계의 수용기 중에서 가장 민감한 수용기 중에 하나인 측두하악골이 깨무는 활동에 의해 활성화되어 결과적으로 스트레스와 관련된 신경펩티드가 감소되기 때문이다. 스트레스 받거나 과도하게 각성된 자폐스펙트럼장애 학생들은 상동행동을 하여 스트레스를 감소시키려 하며, 이러한 시도는 중추신경계에 의해 이루어진다. 이때 나타나는 상동행동은 특히 고유수용계과 전정계를 포함한 것으로 몸을 앞뒤로 흔들기, 돌기, 손바닥을 흔들기, 위아래로 뛰기와 같은 행동으로, 이러한 행동은 스트레스를 감소시키는 역할을 한다. 또한 의식적 행동들(ritualistic behaviors)은 스트레스를 감소시키고 최적 각성 수준으로 회복시킨다. 이러한 이유로, 스트레스가 증가하면 상동행동과 의식행동이 증가하게 된다(Hutt & Hutt, 1970). 약물 복용도 과도하게 각성된 사람들을 진정시키기 위해 사용된다(Repp et al., 1992).

4) 환경을 조절하기 위한 상동행동과 자기자극 행동

① 자극에 대한 생물학적 요구에 따른 상동행동의 출현, 그리고 ② 최적 각성 상태를 만들기 위한 상동행동, 자기자극 행동, 의식행동의 사용은, 아동이 속한 환경에서 다른 사람들을 통제하기 위해 사용되기도 한다(Guess & Carr, 1991a). 예를 들면, 원하지 않는 과제 수행을 요구받은 학생들은 과제를 회피하기 위해 상동행동을 할 수 있다(Baumeister, MacLean, Kelly, & Kasari, 1980). 또한 상동행동은 개인이 복잡한 느낌을 갖거나(Barton & Repp, 1981) 어떤 사람들과 상호작용하는 것을 피하기를 원할 때(Repp, Barton, & Gottlieb, 1983) 나타난다. 상동행동은 위협적이거나 자신의 신체에 손상을 입히는(예 : 자신의 얼굴을 때리기, 머리를 부딪치기, 자신의 팔 물기) **자해행동**(self-injurious behaviors : SIBs)으로 나타날 수 있다. 자해행동은 각성 수준을 높이거나 낮추기 위한 극단적인 시도로 나타날 수 있고, 자기자극의 기능을 할 수도 있다(Edelson, 1984). 그러나 대부분의 경우 자해행동은 환경자극에 대한 반응이며 환경에서 다른 사람들을 조절하기 위해 사용된다(Buess & Carr, 1991a). 이러한 이유로, 환경을 통제하기 위해 나타나는 상동행동과 자해행동은 의사소통 기능을 가지고 있다고 할 수 있다. 이는 제7장에서 보다 구체적으로 설명되어 있다.

6. 감각요구 지원

자폐스펙트럼장애 학생들은 감각정보를 정확하게 인지하고 통합하고 처리하는 데 어려움을 가진다. 신경계의 차이로 인해 자폐스펙트럼장애 학생들은 상동행동을 하며 이는 연령이 증가해도 지속되는 경향이 있다. 자폐스펙트럼장애 학생들은 각성과 만족의 최적단계에 도달하기 위해 상동행동과 자기자극행동을 지속적으로 보인다(Fisher &

Murray, 1991; Leuba, 1955).

이러한 상동행동에 대한 이해는 학생들이 어떻게 경험을 다루는지에 관한 견해를 제공해 주며, 중재를 위해 함의를 갖는 신경학적이고 생리학적인 기능 수행에 관한 정보를 제공해 준다(Guess & Carr, 1991b). 상동행동, 자기자극 행동, 의식행동을 보이는 학생들을 위해 교사는 ① 그러한 행동을 증대시키는 변인들을 판별하기 위해 환경 분석(environmental analysis)을 해야 하며, ② 학생들의 감각적 요구들이 보다 사회적으로 수용될 수 있는 형태로 행동들을 조성해야 한다.

1) 환경 분석

자폐스펙트럼장애 학생이 불쾌감을 느껴 결국에는 산만하게 될 수 있는 후각, 시각, 촉각, 청각적 자극을 판별하기 위해, 자폐스펙트럼장애 학생들이 기능 수행해야 하는 환경에 대한 신중하고 상세한 조사가 이루어져야 한다. 학생들이 최적 각성 상태가 되지 못한다면 그들은 효과적으로 수업에 참여할 수 없을 것이다. 자극에 대해 낮은 역치를 가진 학생들은 자극에 의해 쉽게 과다 각성될 수 있는 경향을 가지고 있는 반면에, 높은 역치를 가진 학생들은 어떠한 감각 추구 행동을 하여 감각자극을 더 많이 받아서 최상의 각성 상태를 만들고자 하는 경향을 보인다. 낮은 역치를 가진 학생들은 자신을 불쾌하게 만드는 감각자극으로부터 자신을 보호하기 위해 모든 자극의 유입을 차단하고자 할 것이다. 감각자극에 대한 적정 수준은 학생들 마다 다르며, 좌절이나 피곤함과 같은 심리적 · 생리적 요인들에 의해 영향을 받는다. 표준화되지는 않았지만 〈그림 5-1〉은 환경의 감각자극에 대한 학생들의 반응을 평가하는 데 도움이 되는 검목표(checklist)이다. 이 검목표는 평가도구로서 타당성이 검증되지는 않았지만 행동에 영향을 미치는 감각자극을 고려하기 위한 기초 자료로 활용될 수 있다.

환경 분석을 통해 상동행동을 일으키는 상황 요소가 밝혀지면 상동행동 유발 요소를 수정 및 제거하여 환경을 변화시켜 상동행동의 감소가 이루어질 수 있도록 해야 한다(Guess & Carr, 1991a). 부가적으로, 감각정보에 대한 학생 개개인의 반응이 학생의 감정 상태와 과제요구사항에 따라 하루 동안에도 계속적으로 변화될 수 있음을 명심해야 한다. 그러나 감각자극에 대한 학생들의 역치를 아는 것은 반발행동, 저항행동, 상동행동이 발생하는 상황을 평가하기 위한 매우 중요한 출발점이 된다. 예를 들면, 어떤 사람들은 촉각자극에 너무 민감해서 양말에 있는 봉재선으로 인해 자극을 받고 불쾌해 할 수 있다. 그래서 봉재선이 없는 양말, 소음을 막아주는 헤드폰과 같은 불쾌감을 누

이 름 : ____________ 연령 : ____________ 날짜 : ____________
작성자 : ____________

다음 행동은 학교수행을 위해 감각과 운동 자극을 사용하는 데 문제가 있음을 나타내는 것이다. 대상 아동에게서 관찰되는 행동에 표시를 하시오.

감각 경로	관찰된 행동	
	민감반응 ⇦ (요구⇩투입)	⇨ 둔감반응 (요구⇧투입)
청각 환경 및 개인의 요구에 반응하기 위해 소리나 음성(소리의 세기, 빈도, 리듬, 음의 고저)을 사용한다.	□ 소방연습 사이렌 소리, 수업종소리, 갑작스런 소음에 귀를 막거나 동요한다. □ 교실이나 바깥에서 나는 다른 소리(말소리, 히터소리, 구급차소리 등)로 인해 집중을 하지 못한다. □ 주변이 조용하지 않으면 소리 내지 않고 읽는 활동을 하지 못한다.	□ 큰 소리나 갑작스런 소리를 감지하지 못한다. 소리의 발생 위치를 알지 못한다. □ 이름을 불렀을 때 반응하지 않거나 교사의 지시를 이해하지 못한다. □ 혼잣말을 하거나 입, 손, 발로 소리를 만든다.
시각 색, 크기, 대비와 주변 명암 뿐 만 아니라 2차원 공간(종이와 책과 같은)에 대해 반응한다.	□ 희미한 불빛에서 책 읽는 것을 좋아한다(실내의 구석이나 탁자 또는 책상 아래에서). 선명하게 밝은 불빛을 싫어한다. 실내에서 선글라스 쓰는 것을 좋아한다. □ 시선을 다른 곳으로 돌린다. 특히 다른 사람들이 움직일 때, 게시판, 칠판, 종이의 어느 한부분에 집중할 수 없다.	□ 선반, 책상, 서랍장, 옷장에서 자료나 물건을 찾지 못한다. □ 그림과 사물의 세부적인 부분(색, 크기)에 주목하지 못한다. 이야기, 말, 그림 그리기에서 묘사가 부족하다.
미각과 후각 환경에 반응하기 위해 냄새와 맛을 사용한다.	□ 먹는 것이 정해져 있다. 새로운 음식 먹는 것을 싫어한다. 매일 같은 점심을 먹는다. □ 구내식당과 과학실험실에서 특별히 자극적인 다양한 냄새를 찾아낸다.	□ 민감한 맛(신맛, 단맛)과 자극적인 냄새(바닐라, 식초, 계피 향)를 원한다. 모든 음식의 맛이 같다고 말한다. □ 무엇이든지 냄새를 맡으면서 환경을 탐색한다.
접촉, 압력, 온도 사물의 질감, 형태, 밀도를 구별하기 위해 특히 손과 입을 통해 들어오는 감각 정보를 사용한다.	□ 어깨 위를 가볍게 두드리거나 피부를 가볍게 문지르거나, 사람을 미는 것에 과민한 반응을 보인다. 그룹이나 일렬로선 줄에서 안절부절 못한다(싸울 수도 있다.)	□ 끊임없이 사람과 물체를 만진다. 몸에 어떤 부위가 접촉되었는지를 알지 못한다(어떤 부위가 접촉되었는지를 알아차리기 위해서는 강한 접촉이 요구된다).

환경적 요구와 개인적 요청에 반응한다.	□ 물과 모래놀이 또는 잔디에 앉거나 걷기를 싫어한다. 풀, 페인트, 분필, 반창고를 피부에 붙이는 것을 피한다. □ 항상 옷을 많이 입으려 한다(항상 모자를 쓴다). 또는 옷을 거의 입지 않는다. 심지어 춥거나 더운 날에도 날씨에 맞지 않는 옷차림을 한다. 옷을 고를 때 옷감의 질감을 가지고 고른다. □ 특정 질감의 음식 먹는 것을 싫어한다.	□ 머리카락을 빙빙 꼬거나, 입에 대며 손톱, 연필, 지우개, 셔츠 소매 끝을 물어뜯는다. □ 단정치 못한 옷차림을 보인다(셔츠가 나오거나 단추가 떨어졌거나, 바지가 내려감). 실내온도를 인식하지 못한다. □ 식사할 때 알지 못하는 음식이 입에 있다. 고통이나 상처를 잘 알아차리지 못한다. 갖고 있던 사물이 떨어지는 것을 알아차리지 못한다.
움직임과 몸의 위치 체육수업과 휴식시간을 즐기며, 몸이 공간에서 어디에 있는지 움직임의 위치와 속도 변화를 안다. 활동에 적절한 몸의 자세를 취하거나 바꾼다.	□ 시작 행동과 움직임이 느리다. 움직임을 회피한다. 버스에서 차멀미를 할 수도 있다. □ 높이를 잘못 지각하고 높은 곳을 두려워한다. 벽에 손을 대고 달린다. 계단을 오르내릴 때 난간이나 사람에게 몸을 기댄다. 운동장을 싫어한다. 체육수업동안 쉽게 흥분한다. □ 머리의 움직임이 유연하지 못하고 뻣뻣하게 고정되어 있다. 빠르게 몸의 자세를 바꾸는 것을 싫어한다-(머리를 들고 무릎을 꿇은 채로 바닥에서 사물을 찾는다). 덤블링, 구르기 등을 싫어한다. □ 책상에 굳은 자세로 앉는다. 매우 부자연스럽다(긴장된 상태로 있다). 강하게 움켜쥐어서 연필을 부러뜨릴 수도 있다.	□ 빠른 움직임을 좋아한다. 그네와 회전목마를 좋아한다. 쉽게 어지러워하지 않는다. □ 균형감각이 좋지 않다. 쉽게 넘어진다. 빨리 피곤해 한다. 교실에 있는 사물이나 책걸상에 부딪힐 수 있다. 뛰거나 빠르게 진행되는 게임을 피한다. 앉아서 하는 활동을 좋아한다. □ 끊임없이 움직이거나 안절부절 못한다. 조용히 앉아 있지 못한다. 거꾸로 있는 것(물구나무서기)을 좋아한다. 더 강한 자극을 얻기 위해 발을 구르거나 손으로 두드린다. 연필을 강하게 잡고 압력을 가해 진하게 쓴다. □ 책상에 구부정하게 몸을 기댄다. 팔로 자신을 받치고 선다. 앉을 때 의자를 놓칠 수도 있다.

그림 5-1 학생 행동 및 수행에 대한 감각투입의 영향

출처 : 작업치료사인 Barbara Hanft의 허락을 받고 게재함.
주 : 이 검목표는 사정 도구로서의 타당성이 입증되지는 않았으나 환경 자극에 대한 학생의 반응을 알아보고자 할 때는 유용하게 쓰일 수 있다.

표 5-1 환경 수정을 위한 제안

구분	학생이 민감반응을 보이는 경우 : 감각자극에 대한 역치가 낮은 경우	학생이 둔감반응을 보이는 경우 : 감각자극에 대한 역치가 높은 경우
시각	실내장식물 수를 줄인다. 벽과 같은 색의 종이로 선반을 감싼다. 책상 주변을 개인서재처럼 칸막이를 치고 사용한다(예 : 일반 독서실의 칸막이로 구분된 책상). 햇빛 가리개와 밝지 않은 불빛을 사용한다. 지나치게 강한 빛을 차단할 수 있도록 잠시 동안 눈을 감는 것을 허락하고 햇빛 차단 모자의 착용을 허락한다. 책상 주변에 칸막이를 설치한다.	실내에 시각자극이 많이 있도록 조정한다. 밝은 색, 대비 효과가 큰 색, 칼라 펜, 밝은 불빛, 초점 지점을 가리키는 섬광빔, 컴퓨터게임, 회전 불꽃, 회전등, 태엽으로 움직이고 배터리로 작동하는 모형, 라바램프, 계속해서 움직이는 장난감 등을 사용한다.
청각	소음을 없앤다. 편안한 음악을 사용한다. 식사 때 스테인리스스틸이 아닌 플라스틱 소재의 수저를 사용한다. 귀마개를 사용한다. 소음이 많은 곳을 피한다. 형광등을 끈다.	음악 들을 때 헤드폰을 사용한다. 청각 연습장치 또는 FM 시스템을 활용한다. 소리 내는 또는 소음을 내는 활동을 한다. 과장된 음성의 높이와 크기를 활용한다. 소리를 만들어 내는 게임을 한다.
후각	향이 강한 화장품이나 향수의 사용을 피한다. 교실에서 점심을 먹지 않는다. 교실 내의 냄새를 제거한다. 쓰레기통에서 멀리 떨어진 위치에 아동을 앉힌다. 향이 없는 세탁세재를 사용한다.	강한 냄새가 나는 것을 활용한다. 향이 강한 로션, 공기 정화제, 입술 보호제, 형광펜 등을 사용한다. 박하향이나 강한 냄새가 나는 사탕을 사용한다.
미각	다양한 요리를 하나의 접시가 아닌 개별 접시에 놓고 다른 음식과 섞이지 않은 아동이 좋아하는 음식을 맛보게 한다.	음식에 첨가하는 강한 양념을 사용한다. 하드캔디(끓인 설탕과 콘시럽에 향료를 가미한 사탕)을 사용한다.
촉각	옷에 붙어 있는 라벨을 제거한다. 갑작스런 접촉을 피한다. 장갑을 끼게 한다. 미지근한 음료를 제공한다.	다양한 질감의 직물, 쿠쉬볼(섬모모양의 천 개의 고무줄로 만들어진 부드러운 감촉의 공), 진흙, 점토, 고무찰흙, 꽉 쥐는 장난감, 진동이 있는 연필과 장난감, 손가락 페인팅, 찬 음료를 제공한다.
고유수용계	다음의 활동을 천천히 진행한다—스트레칭하기, 압박(누르기)하기, 꽉 끼는 옷입기, 몸 전체를 넣는 포대 같은 천(body sock) 속에 들어가기, 무게감 있는 조끼나 무릎 묶는 천 사용하기, 근육 이완하기, 무거운 물체 옮기기	씹는 음식 먹기, 껌 씹기, 강한 압박으로 누르기, 무게감 있는 조끼나 무릎 묶는 천으로 강하게 묶기, 양말 사용하기, 무거운 물체 옮기기, 뛰는 게임 하기, 미니 트램블린에서 뛰기, 체조 또는 가라데하기
전정계	같은 방향으로 천천히 구르거나, 돌거나, 흔들기	빠르게 구르거나 돌거나 흔들기, 스쿠터보드 타기, 앉아서 돌기, 체육기구 위에서 거꾸로 매달기, 방향 바꾸기, 덤블링 하기

그러뜨리는 제품들이 출시되고 있다(예 : www.sensorycomfort.com). Hanes 회사는 자폐스펙트럼장애인과 일반인이 편안함을 느낄 수 있도록 상표를 티셔츠에 프린트하여 판매를 하고 있다. 〈표 5-1〉에는 모든 학생들의 학습에 도움이 되도록 환경을 유지하면서 학생들의 개별적인 감각 요구를 보다 더 잘 지원할 수 있도록 환경을 수정하기 위한 제안들이 제시되어 있다.

감각 조절(sensory accommodations)은 환경에서 감각자극에 대한 학생들의 반응 분석에 기초한다. 교사는 학생들이 어떤 특정한 냄새 · 광경 · 소리 · 움직임을 불편해 하는지에 주목해야 한다. 가장 자주 쓰이며 간단한 조절 방법은 감각 문제가 학습을 방해하지 않도록 환경을 수정하는 것이다. 감각 체계에 따른 감각 조절의 예가 〈표 5-1〉에 제시되어 있다. 학생들의 기능 수행이 감각자극에 의해 영향을 받는 때가 언제인지를 확인하는 것이 중요하다. 자폐스펙트럼장애 학생들은 감각자극이 불쾌하게 느껴질 때 교사에게 이를 알리지 않는다. 대신에 이들은 회피나 공격과 같은 행동을 통해 불쾌감과 혐오감을 표현한다. 특정한 사람의 목소리나 특정한 청소세제의 냄새 등과 같은 예기치 않았던 감각자극이 문제가 될 수 있다.

2) 행동 형성

학생들의 감각적 요구에 맞게 변화를 주어야 하는 환경에 대한 주의 깊은 분석과 더불어, 교사는 상동행동과 자기자극 행동이 보다 사회적으로 수용될 수 있는 형태가 되도록 조성하고 다른 적절한 행동을 강화하는 프로그램을 개발할 수 있어야 한다. 이를 위해 교사는 학생의 입장에서 상동행동을 살펴보아야만 한다(Guess & Carr, 1991b). 아동이 그 행동을 함으로 어떠한 형태의 피드백을 제공받았는지를 파악하고 어떤 감각체계가 활성화되는지를 분석하기 위해 교사는 스스로 그러한 상동행동을 해보아야 한다. 다음에 제시되는 해리스 선생님의 경험을 숙지해 보자.

❖ 해리스 선생님에게 배우기

코듀로이 천 만지기

해리스 선생님은 아침에 그녀의 학급에서 일어났던 상황을 생각하면서, 코듀로이 바지를 사기 위해 백화점을 둘러보고 있다. 그녀는 진열대 앞에 잠시 멈춰 서서 코듀로이 바지를 만지며 '부드럽기는 한데, 크레이그의 행동은 도무지 이해할 수가 없네.' 라며 깊은 생각을 한다. 다음 날 해리스 선생님은 학교에 새로 산 바지를 입고 가기로 한다. 그녀는 바지를 입으며 크레이그가 그녀를 좋아할 것이라고 생각하며 미소 짓는다.

차에 앉아서 그녀는 입고 있는 바지를 만지며 코듀로이로부터 얻어지는 느낌에 주목한다. 그녀의 손바닥이 융기를 가로질러 손으로 만지는 것만큼 조금 얼얼해진다. 또한 그녀는 허벅지 사이의 강한 압박을 즐긴다. 그녀는 점점 더 편안해짐을 느끼며 정지신호에 조용히 멈추었다. 여전히 손바닥의 얼얼함을 느낄 수 있다. 뒤차의 경적소리에 놀라며 해리스 선생님은 '나는 크레이그가 왜 코듀로이 바지를 문지르는 것을 좋아하는지 알 수 있어. 크레이그의 촉각자극 추구 행동을 만족시킬 수 있는 대안적인 방법에 관해 작업치료사를 만나 의논해 보아야겠다.' 고 생각한다.

다음 정지신호에서 다른 차들을 보면서, 해리스 선생님은 다른 사람들의 감각 근거 행동(sensory-based behaviors)을 본다. 한 남자는 손가락으로 자신의 입술을 튕기고 있고, 한 여자는 머리를 꼬아 작은 매듭을 만들고 있으며, 다른 남자는 코를 후비고 있다. '아마도 코듀로이 바지를 만지는 것이 그리 나쁜 것은 아닌 것 같아.' 라고 운전하면서 생각한다.

상동행동에 포함된 관련 감각 체계를 판별하고 나면, 교사는 보다 사회적으로 수용될 수 있으면서 동일한 피드백을 얻을 수 있는 대안적 활동들을 확인할 수 있다(Epstein, Taubman, & Lovaas, 1985; Smith & Van Houten, 1996). 시각자극을 즐기는 학생들은 그래픽으로 컴퓨터 작업을 하거나 라바 램프(lava lamp)를 볼 수 있다. 청각자극에 대해 높은 역치를 가진 학생들은 음악을 들을 때 헤드폰을 쓰면 된다. 손가락 사이에 작은 돌을 굴려서 생기는 감각을 좋아하는 학생들은 자신의 등 뒤에 손을 대도록 하여 남에 눈에 띄지 않게 그러한 행동을 할 수 있도록 한다.

Smith(1986)는 항문 주변을 손가락으로 파고 그 냄새를 맡는 행동에 집착하는 사람에게, 특정한 활동과 환경에 참여할 수 있는 기회를 방해하는 이러한 행동에 대해 효과적인 대체 행동을 지도하면서 처음에는 15분마다 대안적인 냄새를 제공하였다. 원하는 감각자극을 얻는 대안적인 방법은 다른 사람들에 의해 수용할 수 있는 행동으로 조성되어야 한다(Lovaas, 2003). 자료나 장난감을 적절하게 사용하도록 가르치는 것도 비정상적인 상동행동에 대한 대안이 될 수 있을 것이다(Smith & Van Houten, 1996).

감각자극을 획득하는 대안적인 수단을 학습하는 것뿐만 아니라, 학생은 특정한 시간이나 특정한 장소에서만 상동행동과 자기자극 행동을 할 수 있음을 배울 수 있다(Lovaas, 2003). 이는 많은 사람들이 경험한 것이다. 대부분의 사람들은 주어진 과제를 완수하기 전까지는 밀려오는 파도나 텔레비전을 쳐다보는 비기능적인 행동에 참여하지 않는다. 대부분의 학생들은 비디오 게임을 하기 전에 숙제를 끝내야만 한다. 성인들은 두 주간의 휴가를 갖기 전에는 일정 분량의 업무를 수행해야만 한다. 자폐스펙트럼장애 학생들이 제시된 과제를 수행하면 그에 대한 보상으로 상동행동과 자기자극 행동을 하게 할 수 있다(Hung, 1978). 그러면 자기자극 행동은 적절한 행동의 강화물로서 역할을 하게 된다(Lovaas, 1981). 학생들은 자기자극 행동을 할 수 있게 되는 것이다. 강화물로서 자기자극 행동의 활용은 다른 환경에서 자기자극 행동의 수준이 증대되지 않았고 제시된 과제에의 참여를 증가시키는 데 효과적이었다(Sugai & White, 1986). Charlop-Christy과 Haymes(1998)는 과제를 완수했을 때 아동들에게 지도책, 치약 뚜껑, 커피 섞는 막대, 풍선과 선호하는 자기자극 행동을 할 수 있는 것을 갖도록 하였다. 대부분의 아동들은 다른 상황에서도 실질적으로 자기자극 행동 수준의 감소를 보였다.

7. 감각 중재 관련 유의사항

1972년에 작업치료사인 Jean Ayres는 "자신의 신체와 환경으로부터 감각을 조직하고 환경 내에서 신체를 효과적으로 사용할 수 있도록 하는 신경학적 과정(neurological process)"(p. 11)이 있음을 이론으로 정립하고, 이를 **감각통합**(sensory integration)이라 하였다. 이후 '감각통합'은 ① 인간의 기능 수행(individual's functioning)(예 : "그 아동은 좋은 감각통합을 가지고 있다.")과 ② 수동 또는 능동적인 참여자로서 인간이 경험하는 활동(activities)(예 : "우리는 그 아동에게 몇 가지 감각통합을 실시하고 있다.")을 설명하기 위한 이론적 구조를 설명하면서 발전되어 왔다. 문제는 Ayres에 의해 기술된 신경학적 과정은 직접적으로 관찰가능하지 않으며 추론되어져야만 한다는 것이다. Ayres가 기술한 신경학적 과정을 처음으로 학습장애학생들에게 적용하였을 때 비판을 받았다(Bundy & Murray, 2002) 그러나 감각 경험이 학습에 영향을 미친다는 결론은 널리 받아들여지고 있다(Baranek, 2002)

자폐인의 감각 관련 논쟁점은 ① 감각적 차이에 근거하여 환경 수정과 행동의 해석을 촉진하는 것과 ② 감각통합이론과 관련된(예 : 감각통합치료, 브러싱, 강한 압력) 그리고 감각 체계와 감각기능 수행의 전달과 관련된(예 : 청각통합훈련, 신경근 반사치료) 많은 검증되지 않은 처치의 함묵적 사용을 피하는 것을 구별하는 것이다.

다양한 감각통합기법을 적용한 지난 십수 년 간의 연구들은 감각통합치료가 다른 형태의 중재보다 더 효과적이지 않을 뿐만 아니라 그만큼 효과적이지도 않다고 결론을 내리고 있다(Baranek, 2002; Bundy & Murray, 2002; Hoehn & Baumeister, 1994; Polatajko, Kaplan, & Wilson, 1992; Vargas & Camilli, 1999; Wilson, Kalpan, Fellowes, Gruchy, & Faris, 1992). 한편으로는 감각통합이론에 근거한 중재가 감각자극에 대해 과민 반응을 보이는 어린 아동들에게는 유용할 수 있음을 시사하고 있는 연구도 있다(Mulligan, 2002). 다양한 감각 관련 접근에 대한 간략한 기술이 〈표 5-2〉에 제시되어 있다.

Kaplan, Polatajko, Wilson, Faris(1993)은 감각통합 중재와 감각통합에 근거한 중재의 경험적 타당성이 부족한데도, "왜 많은 치료사들과 가족들이 여전히 감각통합치료(sensory integration treatment: SIT)에 강하게 몰두하는지(p. 346)" 에 의아해하면서, 감각통합의 인기가 계속되는 이유로 ① 치료사와 아동 간에 형성된 관계(relationship), ② 감각에 근거한 중재를 변화시키고자 하는 의지(willingness), ③ 부모나 아동의 통제가 아닌 신경학적인 차이에서 오는 행동적 결과라는 생각에서 얻어지는 안정감(comfort)을 제시하였다. 청각통합훈련(Auditory Integration Training : AIT) 이외에는 감각 중재의 효과성을 입증하는 증거가 거의 없지만, 감각 접근을 사용한 중재와 관련하여 부정적인 결과가 보고된 것은 없으며(Baranek, 2002), 일화 기록에서는 감각통합 활동 참여자들이 즐겁게 활동에 참여하였다는 기록이 있다(Dempsey & Foreman, 2001).

감각적 차이를 확인하고 이해하며 지원할 수 있도록 **작업치료사**들이 훈련을 받아야 한다. 실제로 **감각통합장애**(sensory integrative dysfunction : SID)라는 용어는 작업치료사들이 일상적으로 쓰는 말이 되고 있다(Mulligan, 2002). 이 용어는 감각 변별, 인식, 조절, 처리 및 운동 계획의 결함과 관련이 있는 다양한 감각 관련 문제들이 있음을 의

표 5-2 감각통합 요약

감각중재	설명	경험적 근거
감각 통합	통제된 감각 경험을 사용하여 아동이 전정계, 고유수용계, 촉각 감각을 통합할 수 있는 적절한 운동 반응을 하도록 고무시키는 중재이다. 아동 중심적이고 활동적인 접근이며 놀이 중심이다. 이는 인지적 행동 전략 또는 반복 훈련과는 반대되는 접근이다. 처음에는 단순한 활동에서 시작하여 점진적으로 복잡한 활동을 경험하게 하는 것이다. 특정 장비 또는 매달린 장치를 활용한다.	감각통합 중재 효과에 관한 일치하지 않는 연구 결과는 다른 중재만큼 효과적이거나 효과가 없을 수도 있음을 시사하는 것이다.
감각통합 응용중재	감각통합이론에 근거하고 있지만 매달린 장치를 사용하지 않고 성인 주도의 중재이며 응용행동분석의 원리를 사용하고 인지적 행동 전략을 활용한다. 감각통합에 근거한 중재의 예로는 다음과 같은 것을 들 수 있다. 지각운동훈련, 감각다이어트(빗질과 관절 압박과 같은 자극을 체계적으로 적용하면서 구체적인 일련의 활동을 하는 것), Alert 프로그램(아동이 각성을 조절할 수 있도록 하는 인지적 전략을 제공하는 것)	중재의 효과를 입증하기 위해 체계적으로 고안되고 실행된 연구가 부족하다.
감각자극	아동에게 감각자극을 제공한다. 이때 아동은 수동적으로 제공된 감각자극을 받는다. 제시되는 감각자극은 신경계에 영향을 미칠 수 있는 것으로 구성된다. 예를 들면 다음과 같다–강한 압박, 마사지, 관절압박, 강한 압박을 주는 Wilbarger 접근, 꽉 눌러주고 안아주는 장치, 압박조끼, 무거운 조끼.	관련 연구도 적고 초기의 선행 연구는 중재 효과를 입증하기 위해 적절한 방법론을 사용하지 않았다. 몇몇 선행 연구에서는 통제 집단에게 접촉압박 방법을 사용하였는데 이 연구 결과는 감각자극 중재가 둔감 반응 아동들보다는 민감 반응 아동들에게 보다 효과적일 수 있음을 시사하고 있다.
청각치료	청각통합훈련(AIT)은 과민성과 청각정보처리를 조절하기 위해 녹음된 메시지와 음악을 조절하거나 여과하는 장치를 사용한다. 이 범주에 속하는 중재 중에서 몇몇 중재는 골전도를 통해 소리를 전달하는 특수 장비를 사용하기도 한다. Porges와 Samonas를 포함한 다양한 변형이 있다.	체계적으로 이루어진 선행 연구에서 AIT의 효과가 입증되지 않았다. 오히려 몇몇 연구에서는 청각치료가 부정적인 부작용과 관련이 있는 것으로 나타났다.
시각치료	시각치료는 시지각 또는 시각 정보처리를 향상시키기 위한 것으로, 눈과 코의 훈련, 인식과 과정을 향상시키기 위한 안구 움직임 훈련, 주위분광렌즈, 색여과장치를 사용한다.	시각치료만의 효과를 알아본 연구가 없으므로 시각치료의 효과가 입증되지 않았다.
감각운동 조작기법	감각운동 조작기법은 움직임을 정상화하고 중추신경계를 재프로그램화하기 위해 고안된 기법으로, 신경발달치료(NDT)와 신경근 반사치료 형식의 기법이 있다. 두개천골요법 치료는 머리의 물리적 조작을 한다는 점에서 감각운동 조작기법과 유사하다.	철저한 심사과정을 거쳐 논문을 게재하는 학회지에서는 자폐인을 대상으로 감각운동 조작기법의 효과를 알아본 연구가 없다.
신체훈련	신체훈련이 스트레스를 감소시킬 것이라는 가정하에 부적응행동과 자기자극 행동에 운동훈련이 어떠한 효과가 있는지를 연구자들은 알아보고 있다.	체계적으로 고안되고 실행된 연구 중 소수의 연구에서 자폐 아동을 대상으로 신체 훈련의 단기 효과가 보고되어 있다. 자기자극 행동의 일시적 감소를 가져오기는 하지만 인지, 운동, 사회적 기술에서의 향상이 동반되어 나타나지 않는 것으로 보고되고 있다.

미한다(Parham & Mailloux, 2001). 이러한 감각통합장애는 *DMS-IV-TR*에서 장애로 규정되어 있지는 않지만, 작업치료사들이 감각 관련 장애 집단의 이질성을 판별하기 위해 비형식적인 관찰 절차 및 사정(assessment)을 하고 있다(Missiuna & Polatajko, 1995).

감각 중재의 과학적 적법성이 확립되지는 않았다(Kaplan et al., 1993; Mulligan, 2002). 실제로 감각통합치료에 대한 경험적 증거가 부족하기 때문에, 작업치료사들은 자연적인 상황에서 바람직하거나 필요한 과제를 성취하기 위해 아동 중심적이며 즐겁게 상호작용에 참여할 수 있도록 하는 시도를 해야 한다(Bundy & Murray, 2002; Mathiowetz & Haugen, 1995). 작업치료사들은 불확실한 가치를 가지고 있는 특정한 중재에 자신의 가치 있는 중재시간을 사용하기보다는, 수업 일과 내에 감각 관련 활동을 통합시키고자 노력해야 한다(Baranek, 2002). 감각운동의 변화만으로도 충분하다는 생각을 하기보다는, 성공적인 중재를 확인하는 것이 중재의 참여와 기능 수행을 증대시킬 것이다(CaseSmith, 1995; Coster, 1998). 일상생활 속에서 기능적인 감각 적응을 지원 및 확인하고 분리된 감각자극을 제공하는 것이 궁극적으로 보다 효과적이다(Parham & Mailloux, 2001).

8. 결론

다른 감각 기초 치료뿐만 아니라 감각통합이론에 근거한 중재들이 감각자극에 다양하게 반응하는 자폐스펙트럼장애인에게 효과적인지에 관한 경험적인 타당성이 입증되지 않고 있다(Rogers et al., 2003). Volkmar, Cohen, Paul(1986)은 자폐스펙트럼장애인의 81%가 소리에 반응하지 않았고, 53%는 큰 소리에 민감한 반응을 보였으며, 62%는 자신의 손이나 손가락의 움직임을 쳐다보았고, 52%는 팔을 위아래로 흔드는 행동을 하였다고 한다. 자폐스펙트럼장애 학생들은 새로운 자극에 대하여 과도한 각성 반응을 보이며(Kootz, Marinelli, & Cohen, 1982), 예측가능성이 부족한 경우 자신의 각성을 조절하는 데 어려움을 더 심하게 보일 수 있다(Dawson & Lewy, 1989). 촉각자극에 대한 매우 민감한 반응은 학생이 자극으로부터 피하고자 시도하는 방어행동을 이끌어 낼 수 있다(Baranek et al., 1997). 감각자극은 공포를 만들어 내며(Matson & Love, 1990), 불안과 관련된 행동을 유발시킬 수 있다(Edelson, Edelson, Kerr, & Grandin, 1999; Muris, Steerneman, Merckelbach, Holdrinet, & Meesters, 1998).

상동행동과 자기자극 행동은 감각자극의 입력을 조절하는데 유용할 수 있다(Koegel & Covert, 1972; Zentall & Zentall, 1983). 또한 이러한 행동은 자폐스펙트럼장애인들뿐만 아니라 모든 사람들에게서도 확인할 수 있다(Lovaas, et al., 1987; Rago & Case, 1978). 자기자극 행동이 학습을 방해할 수 있지만(Koegel & Covert, 1972), 이러한 상동행동과 자기자극 행동을 금지시키게 되면 보다 심화된 기능 수행을 촉진할 수 없다. 상동행동은 학생의 환경 내에서의 경험에 관한 중요한 피드백을 제공해 준다. 이러한 상동행동이 각성을 조절하는데 잠재적인 효과가 있는지에 대한 분석이 이루어져야 한다. 환경 수정이 이루어진 후에는, 교사는 상동행동의 잠재적 효과를 평가할 수 있으며, 그와 같은 효과를 얻을 수 있는 사회적으로 수용 가능한 대안행동을 지도할 수 있다. 학생들은 상동행동을 할 수 있는 적절한 시간과 장소를 학습할 수 있으며, 이때 자기자극 행동이 확실한 동기부여의 기제로 사용될 수 있다. 감각반응 및 행동에 대한 인식(awareness)과 판별(identification)을 통해 주의집중, 탐구, 학습을 조장할 수 있는 상황을 만드는 중요한 정보를 얻을 수 있다(Dunn, 2001).

9. 토론 질문과 활동

(1) 교실의 환경 분석을 실시한다. 후각, 시각, 청각적 자극에 민감반응을 보이는 학생에게 문제가 되는 요소를 판별한다. 환경을 어떻게 수정하고 감각 문제를 적응시키기 위한 전략을 어떻게 수행할 것인지를 논의한다.

(2) 주변의 일반 또래들이 보이는 자기자극 행동을 판별한다. 각성을 증대시키는 행동 다섯 가지와 스트레스를 감소시키는 행동 다섯 가지를 기술한다.

(3) 자폐스펙트럼장애 학생들이 보이는 자기자극 행동을 대체할 수 있는 (보상적) 활동을 각 감각체계별로 판별한다. 이는 아동의 생활 연령 수준(유아, 초등, 중등)에 적합한 것이어야 한다.

(4) 자폐스펙트럼장애 학생을 관찰하고 다른 사람들과는 다른 그 학생만이 보이는 자기자극 행동을 판별한다. 그러한 자기자극 행동에 포함된 모든 가능한 감각 체계를 결정한다. 또한 자기자극 행동을 다소 덜 이상하게 보이도록 조성시키는 프로그램을 개발한다. 기술 습득을 위한 중재에 자기자극 행동을 활용할 수 있는 방법을 모색해 본다.

(5) 과민반응을 보이는 학생들에게는 자극을 줄이기 위해 그리고 둔감반응을 보이는 학생(자극추구행동을 하는 학생)들에게는 자극을 증가시키기 위해 이들의 7가지 감각체계를 고려하고 환경 수정을 실시한다. 각 감각체계별로 감각자극 감소시키기 위한 전략 세 가지와 감각자극을 증가시키기 위한 전략 세 가지를 만든다. 이러한 전략은 학습을 조장하는 환경을 유지하는 데 도움이 될 것이다.

참고문헌

Adrien, J. L., Lenoir, P., Martineau, J., Perrot, A., Haneury, L., Larmande, C., et al. (1993). Blind ratings of early symptoms of autism based upon family home movies. *Journal of the American Academy of Child and Adolescent Psychiatry, 33,* 617-626.

Ahearn, W. H. (2003). Using simultaneous presentation to increase vegetables consumption in a mildly selective child with autism. *Journal of Applied Behavior Analysis, 36,* 361-365.

Alcantara, J. I., Weisblatt, E. J. L., Moore, B. C. J., & Bolton, P. F. (2004). Speech-in-noise perception in high-functioning individuals with autism or Asperger's syndrome. *Journal of Child Psychology & Psychiatry, 45,* 1107-1114.

Arkwright, N. (1998). *An introduction to sensory integration.* San Antonio, TX: Therapy Skill Builders.

Ayres, A. J. (1979). *Sensory integration and the child.* Los Angeles: Western Psychological Services.

Baranek, G. T. (1999). Autism during infancy: A retrospective video analysis of sensory-motor and social behaviors at 9-12 months of age. *Journal of Autism and Developmental Disorders, 29,* 213-224.

Baranek, G. T. (2002). Efficacy of sensory and motor interventions for children with autism. *Journal of Autism and Developmental Disorders, 32,* 397-422.

Baranek, G. T., Foster, L. G., & Berkson, G. (1997). Tactile defensiveness and stereotyped behaviors. *American Journal of Occupational Therapy, 51,* 91-95.

Barton, L. E., & Repp, A. C. (1981). Naturalistic studies of institutionalized retarded persons: Relationship between stereotypic responding, secondary handicaps, and population density. *Journal of Mental Deficiency Research, 25,* 257-264.

Baumeister, A., & Forehand, R. (1973). Stereotyped acts. In N. R. Ellis (Ed.), *International review of research in mental retardation, 6,* 1-329.

Baumeister, A. A., MacLean, W. E., Kelly, J., & Kasari, C. (1980). Observational studies of retarded children with multiple stereotyped movements. *Journal of Abnormal Child Psychology, 8,* 501-521.

Bayliss, A. P., & Tipper, S. P. (2005). Gaze and arrow cueing of attention reveals individual differences along the autism spectrum as a function of target context. *British Journal of Psychology, 96,* 95-114.

Berkson, G., & Davenport, R. K., Jr. (1962). Stereotyped movements of mental defectives: Initial survey. *American Journal of Mental Deficiency, 66,* 849-852.

Brian, J. A., Tipper, S. P., Weaver, B., & Bryson, S. E. (2003). Inhibitory mechanisms in autism spectrum disorders: Typical selective inhibition of location versus facilitated perceptual processing. *Journal of Child Psychology and Psychiatry and Allied Disciplines, 44,* 552-56.

Brooks, V. B. (1986). How does the limbic system assist motor learning? A limbic comparator hypothesis. *Brain Behavior Evolution, 29,* 29-53.

Brusca, R. M., Nieminen, G. S., Carter, R., & Repp, A. C. (1989). The relationship of staff contact and activity to the stereotypy of children with multiple disabilities. *Journal of the Association for Persons with Severe Handicaps, 14,* 127-136.

Bundy, A. C., & Murray, E. A. (2002). Sensory integration: A. Jean Ayres' theory revisted. In A. C. Bundy, S. J. Lane, & E. A. Murray

(Eds.), *Sensory integration: Theory and practice* (2nd ed., pp. 3-33). Philadelphia: F. A. Davis.

Case-Smith, J. (1995). The relationships among sensorimotor components, fine motor skills, and functional performance in preschool children. *American Journal of Occupational Therapy, 49,* 645-652.

Cataldo, M. F., & Harris, J. (1982). The biological basis for self-injury in the mentally retarded. *Analysis and Intervention in Developmental Disabilities, 2,* 21-39.

Cermak, S. A., & Daunhauer, L. A. (1997). Sensory processing in the postinstitutionalized child. *American Journal of Occupational Therapy, 51,* 500-507.

Charlop-Christy, M. H., & Haymes, L. K. (1998). Using objects of obsession as token reinforcers for children with autism. *Journal of Autism and Developmental Disorders, 28,* 189-198.

Colman, R. S., Frankel, R., Ritvo, E., & Freeman, B. J. (1976). The effects of fluorescent and incandescent illuminations upon repetitive behaviors in autistic children. *Journal of Autism and Childhood Schizophrenia, 6,* 157-162.

Coster, W. (1998). Ocupation-centered assessment of children. *American Journal of Occupational Therapy, 52,* 337-344.

Dawson, G., & Lewy, A. (1989). Arousal, attention, and the socioemotional impairments of individuals with autism. In G. Dawson (Ed.), *Autism: Nature, diagnosis, and treatment* (pp. 49-74). New York: Guilford.

Dawson, G., Osterling, J., Meltzoff, A., & Kuhl, P. (2000). Case study of the development of an infant with autism from birth to 2 years of age. *Journal of Applied Developmental Psychology, 21,* 299-313.

Dempsey, I., & Foreman, P. (2001). A review of educational approaches for individuals with autism. *International Journal of Disability, Development and Education, 48,* 103-116.

Dunn, W. (1997). The impact of sensory processing abilities on the daily lives of young children and their families: A conceptual model. *Infants and Young Children, 9,* 23-35.

Dunn, W. (2001). The sensations of everyday life: Empirical, theoretical, and pragmatic considerations, 2001 Eleanor Clarke Slagle lecture. *American Journal of Occupational Therapy, 55,* 608-620.

Dunn, W., Myles, B. S., & Orr, S. (2002). Sensory processing issues associated with Asperger syndrome: A preliminary investigation. *The American Journal of Occupational Therapy, 56,* 97-102.

Dura, J. R., Mulick, J. A., & Rasnake, L. K. (1987). Prevalence of stereotypy among institutionalized nonambulatory profoundly mentally retarded people. *American Journal of Mental Deficiency, 91,* 548-549.

Edelson, S. M. (1984). Implications of sensory stimulation in self-destructive behavior. *American Journal of Mental Deficiency, 89,* 140-145.

Edelson, S. M., Edelson, M. G., Kerr, D. C. R., & Grandin, T. (1999). Behavioral and physiological effects of deep pressure on children with autism: A pilot study evaluating the efficacy of Grandin's Hug Machine. *American Journal of Occupational Therapy, 53,* 145-152.

Epstein, L. J., Taubman, M. T., & Lovaas, O. I. (1985). Changes in self-stimulatory behaviors with treatment. *Journal of Abnormal Child Psychology, 13,* 281-294.

Fentress, J. C. (1976). Dynamic boundaries of patterned behavior: Interaction and self-organization. In P. Bateson & R. Hinde (Eds.), *Growing points in ethology* (pp. 135-169). New York: Cambridge University Press.

Fisher, A., & Murray, E. (1991). Introduction to sensory integration theory. In A. Fisher, E. Murray, & A. Bondy (Eds.), *Sensory integration theory and practice* (pp. 3-27). Philadelphia: Davis.

Fox, C. R. (1999). Special senses 3: The visual system. In H. Cohen (Ed.), *Neuroscience for rehabilitation* (2nd ed., pp. 169-194). Philadelphia: Lippincott, Williams & Wilkins.

Freeman, W. J. (1991). The physiology of perception. *Scientific American, 264,* 78-85.

Grandin, T. (1996). Brief report: Response to National Institutes of Health Report. *Journal of Autism and Developmental Disabilities, 26,* 185-187.

Guess, D. (1966). The influence of visual and ambulation restriction on stereotyped behavior. *American Journal of Mental Deficiency, 70,* 542-547.

Guess, D., & Carr, E. (1991a). Emergence and maintenance of stereotypy and self-injury. *American Journal on Mental Retardation, 96,* 299-319.

Guess, D., & Carr, E. (1991b). Rejoinder to Lovaas and Smith, Mulick and Meinhold, and Baumeister. *American Journal on Mental Retardation, 96,* 335-344.

Guess, D., Helmstetter, E., Turnbull, H. R., & Knowlton, S. (1987). *Use of aversive procedures with persons who are disabled: An historical review and critical analysis*. Seattle, WA: Association for Persons with Severe Handicaps.

Hagopian, L. P., & Adelinis, J. D. (2001). Response blocking with and without redirection for the treatment of pica. *Journal of Applied Behavior Analysis, 34,* 527-530.

Hagopian, L. P., Farrell, D. A., & Amari, A. (1996). Treating total liquid refusal with backward chaining and fading. *Journal of Applied Behavior Analysis, 29,* 573-575.

Hayes, R. W., & Gordon, A. G. (1977). Auditory abnormalities in autistic children. *Lancet, 2,* 767.

Hirsch, N., & Myles, B. S. (1996). The use of a pica box in reducing pica behavior in a student with autism. *Focus on Autism and Other Developmental Disabilities, 11,* 222-225.

Hirstein, W., Iversen, P., & Ramachandran, V. S. (2001). Autonomic responses of autistic children to people and objects. *Proceedings of the Royal Society of London B, 268,* 1883-1888.

Hoch, T. A., Babbitt, R. L., Coe, D. A., Krell, D. M., & Hackbert, L. (1994). Contingency contacting: Combining positive reinforcement and escape extinction procedures to treat persistent food refusal. *Behavior Modification, 18,* 106-128.

Hoehn, T. P., & Baumeister, A. A. (1994). A critique of the application of sensory integration therapy to children with learning disabilities. *Journal of Learning Disabilities, 27,* 338-350.

Howlin, P. (1998). *Children with autism and Asperger syndrome: A guide for practitioners and careers.* Chichester, UK: Wiley.

Hubel, D. H., & Wiesel, T. N. (1963). Receptive fields of cells in striate cortex of very young, visually inexperienced kittens. *Journal of Neurophysiology, 26,* 994-1002.

Hung, D. W. (1978). Using self-stimulation as reinforcement for autistic children. *Journal of Autism and Childhood Schizophrenia, 8,* 355-366.

Hutt, C., & Hutt, S. J. (1965). Effects of environmental complexity upon stereotyped behaviors in children. *Animal Behavior, 13,* 1-4.

Hutt, C., & Hutt, S. J. (1970). Stereotypies and their relation to arousal: A study of autistic children. In S. J. Hutt & C. Hutt (Eds.), *Behavior studies in psychiatry* (pp. 175-204). New York: Pergamon Press.

Jason, L. A. (1977). Preventing accidents: A simple but effective approach toward maintaining driving wakefulness. *Behavior Therapy, 8,* 498-499.

Jensema, C. K. (1980). The use of positive practice to reduce self-stimulatory behaviors. *American Annals of the Deaf, 125,* 524-526.

Joseph, R. (1999). Environmental influences on neural plasticity, the limbic system, emotional development, and attachment: A review. *Child Psychiatry and Human Development, 29,* 189-208.

Joseph, R. & Casagrande, V. A. (1980). Visual deficits and recovery following monocular lid closure in a prosimian primate. *Behavior and Brain Research, 1,* 165-186.

Kalaska, J. F. (1988). The representation of arm movements in postcentral and parietal cortex. *Canadian Journal of Physiology and Pharmacology, 66,* 455-463.

Kandel, E., Schwartz, J., & Jessell, T. (2000). *Principles of neural science.* New York: McGraw-Hill.

Kanner, L. (1943). Autistic disturbances of affective contact. *The Nervous Child, 2,* 217-250.

Kaplan, B. J., Polatajko, H. J., Wilson, B. N., & Faris, P. D. (1993). Reexamination of sensory integration treatment: A comparison of two efficacy studies. *Journal of Learning Disabilities, 26,* 342-347.

Kientz, M. A., & Dunn, W. (1997). A comparison of the performance of children with and without autism on the sensory profile. *The American Journal of Occupational Therapy, 51,* 530-537.

Kimball, J. G. (1999). Sensory integration frame of reference: Theoretical base, function/dysfunction continua, and guide to evaluation. In P. Kramer & J. Hinojosa (Eds.), *Frames of reference for pediatric occupational therapy* (pp. 119-168). Philadelphia: Lippincott, Williams & Wilkins.

Kinnealey, M., & Fuiek, M. (1999). The relationship between sensory defensiveness, anxiety, depression, and perception of pain in adults. *Occupational Therapy International, 6,* 195-206.

Kinnealey, M., Oliver, B., & Wilbarger, P. (1995). A phenomenological study of sensory defensiveness in adults. *American Journal of Occupational Therapy, 49,* 444-451.

Kingsley, R. E. (2000). *Concise text of neuroscience.* Philadelphia: Lippincott Williams & Wilkins.

Klin, A. (1992a). Listening preference in regard to speech: A possible characterization of the symptom of social withdrawal. *Journal of Autism and Developmental Disorders, 21,* 29-42.

Klin, A. (1992b). Listening preferences in regard to speech in four children with developmental disabilities. *Journal of Child Psychology & Psychiatry & Allied Disciplines, 33,* 763-769.

Klin, A., Jones, W., Schultz, R., Volkmar, F., & Cohen, D. (2002a). Defining and quantifying the social phenotype in autism. *The American Journal of Psychiatry, 159,* 895-908.

Klin, A., Jones, W., Schultz, R., Volkmar, F., & Cohen, D. (2002b). Visual fixation patterns during viewing of naturalistic social situations as predictors of social competence in individuals with autism. *Archives of General Psychiatry, 59,* 809-816.

Koegel, R. L., & Covert, A. (1972). The relationship of self-stimulation to learning in autistic children. *Journal of Applied Behavior Analysis, 5,* 381-387.

Kootz, J. P., Marinelli, B., & Cohen, D. J. (1981). Sensory receptor hypersensitivity in autistic children. *Archives of General Psychiatry, 38,* 271-273.

Kootz, J. P., Marinelli, B., & Cohen, D. J. (1982). Modulation of response to environmental stimulation in autistic children. *Journal of Autism and Developmental Disabilities, 12,* 185-193.

Landry, R., & Bryson, S. E. (2004). Impaired disengagement of attention in young children with autism. *Journal of Child Psychology and Psychiatry, 45,* 1115-1122.

Lane, S. J. (2002). Structure and function of the sensory systems (pp. 35-70) & Sensory modulation (pp. 101-122). In A. C. Bundy, S. J. Lane, & E. A. Murray (Eds.), *Sensory integration: Theory and practice* (2nd ed.). Philadelphia: F. A. Davis.

Leuba, C. (1955). Toward some integration of learning theories: The concept of optimal stimulation. *Psychological Reports, 1,* 27-32.

Levin, L., & Carr, E. G. (2001). Food selectivity and problem behavior in children with developmental disabilities: Analysis and intervention. *Behavior Modification, 25,* 443-470.

Lewis, M. H., & Baumeister, A. A. (1982). Stereotyped mannerisms in mentally retarded persons: Animal models and theoretical analyses. In N. R. Ellis (Ed.), *International Review of Research in Mental Retardation* (Vol. 11, pp. 123-161). New York: Academic Press.

Lewis, M. H., Baumeister, A. A., & Mailman, R. B. (1987). A neurobiological alternative to the perceptual reinforcement hypothesis of stereotyped behavior: A commentary on "Self-stimulatory behavior and perceptual reinforcement." *Journal of Applied Behavior Analysis, 20,* 253-258.

Lord, C. (1995). Follow-up of two-year-olds referred for possible autism. *Journal of Child Psychology and Psychiatry, 36,* 1365-1382.

Losche, G. (1990). Sensorimotor and action development in autistic children from infancy to early childhood. *Journal of Child Psychology and Psychiatry, 31,* 749-761.

Lourie, R. S. (1949). The role of rhythmic patterns in childhood. *American Journal of Psychiatry, 105,* 653-660.

Lovaas, O. I. (1981). *Teaching developmentally disabled children: The ME book.* Austin, TX: Pro-Ed.

Lovaas, O. I. (2003). *Teaching individuals with developmental delays: Basic intervention techniques.* Austin, TX: ProEd.

Lovaas, O. I., Newsom, C., & Hickman, C. (1987). Self-stimulatory behavior and perceptual reinforcement. *Journal of Applied Behavior Analysis, 20,* 45-68.

Luiselli, J. K., Ricciardi, J. N., & Gilligan, K. (2005). Liquid fading to establish milk consumption by a child with autism. *Behavioral Interventions, 20,* 155-163.

MacLean, W. E., & Baumeister, A. A. (1981). Effects of vestibular stimulation on motor development and stereotyped behavior of developmentally delayed children. *Journal of Abnormal Child Psychology, 10,* 229-245.

Mathiowetz, V., & Haugen, J. B. (1995). Evaluation of motor behavior: Traditional and contemporary views. In C. A. Trombly (Ed.), *Occupational therapy for physical dysfunction* (pp. 157-185). Baltimore: Williams & Wilkins.

Matson, J. L., & Love, S. R. (1990). A comparison of parents-reported fear for autistic and nonhandicapped age-matched children and youth. *Australia & New Zealand*

Journal of Developmental Disabilities, 16, 349-357.

McIntosh, D., Miller, L. J., Shyu, V., & Hagerman, R. J. (1999). Sensory modulation disruption, electrodermal responses and functional behaviors. *Developmental Medicine and Child Neurology, 41,* 608-615.

Meyer, L., & Evans, I. (1989). *Nonaversive intervention for behavior problems: A manual for home and community.* Baltimore: Brookes.

Missiuna, C., & Polatajko, H. (1995). Developmental dyspraxia by any other name: Are they all just clumsy children? *American Journal of Occupational Therapy, 49,* 619-654.

Montagu, A. (1978). *Touching: The human significance of the skin.* New York: Harper and Row.

Mudford, O. C., & Cullen, C. (2005). Auditory integration training: A critical review. In J. W. Jacobson, R. M. Foxx, & J. A. Mulick (Eds.), *Controversial therapies for developmental disabilities: Fad, fashion and science in professional practice.* (pp. 351-362). Mahwah, NJ: Erlbaum.

Mulligan, S. (2002). Advances in sensory integration research. In A. C. Bundy, S. J. Lane, & E. A. Murray (Eds.), *Sensory integration: Theory and practice* (2nd ed., pp. 397-411). Philadelphia: F. A. Davis.

Mundy, P., Sigman, M., & Kasari, C. (1994). Joint attention, developmental level, and symptom presentation in autism. *Development and Psychopathology, 6,* 389-401.

Muris, P., Steerneman, P., Merckelbach, H., Holdrinet, I., & Meesters, C. (1998). Comorbid anxiety symptoms in children with pervasive developmental disorders. *Journal of Anxiety Disorders, 12,* 387-393.

Palermo, M. T., & Curatolo, P. (2004). Pharmacologic treatment of autism. *Journal of Child Neurology, 19,* 155-164.

Parham, L. D., & Mailloux, Z. (2001). Sensory integration. In J. Case-Smith (Ed.), *Occupational therapy for children* (pp. 329-381). St. Louis, MO: Mosby.

Perrett, D. I., Smith, P. A., Potter, D. D., Mistlin, A. J., Head, A. S., Milner, A. D., et al. (1985). Visual cells in temporal cortex sensitive to face view and gaze direction. *Proceedings of the Royal Society of London Basic Biological Sciences, 223,* 293-317.

Piazza, C. C., Fisher, W. W., Hanley, G. P., LeBlanc, L. A., Worsdell, A. S., Lindauer, S. E., et al. (1998). Treatment of pica through multiple analyses of its reinforcing functions. *Journal of Applied Behavior Analysis, 31,* 165-189.

Polatajko, H. J., Kaplan, B. J., & Wilson, B. N. (1992). Sensory integration treatment for children with learning disabilities: Its status 20 years later. *Occupational Therapy Journal of Research, 12,* 323-341.

Rago, W., & Case, J. (1978). Stereotyped behavior in special education teachers. *Exceptional Children, 44,* 342-344.

Rapin, I. (Ed.). (1996). Preschool children with inadequate communication: Developmental language disorder, autism, low IQ. *Clinics in Developmental Medicine, No. 139.* London: Mac Keith Press.

Rattaz, C., Goubet, N., & Bullinger, A. (2005). The calming effect of a familiar odor on full-term newborns. *Developmental and Behavioral Pediatrics, 26,* 86-92.

Repp, A. C., Barton, L. E., & Gottlieb, J. (1983). Naturalistic studies of institutionalized profoundly or severely mentally retarded persons: The relationship of density and behavior. *American Journal of Mental Deficiency, 87,* 441-447.

Repp, A. C., Karsh, K. G., Deitz, D. E. D., & Singh, N. N. (1992). A study of the homeostatic level of stereotypy and other motor movements of persons with mental handicaps. *Journal of Intellectual Disability Research, 36,* 61-75.

Rincover, A. (1978). Sensory extinction: A procedure for eliminating self-stimulatory behavior in developmentally disabled children. *Journal of Abnormal Child Psychology, 6,* 299-310.

Riordan, M. M., Iwata, B. A., Wohl, M. K., & Finney, J. W. (1980). Behavioral treatment of food refusal and selectivity in developmentally disabled children. *Applied Research in Mental Retardation, 1,* 95-112.

Robb, R. M., Mayer, D. L., & Moore, B. D. (1987). Results of early treatment of unilateral congenital cataracts. *Journal of Pediatric Opthalmology and Strabismus, 24,* 178-181.

Rogers, S. J., Hepburn, S., & Wehner, E. (2003). Parent reports of sensory symptoms in toddlers with autism and those with other developmental disorders. *Journal of Autism and Developmental Disorders, 33,* 631-642.

Rosenblatt, J., Bloom, P., & Koegel, R. L. (1995). Overselective responding: Description, implications, and intervention. In R. L. Koegel & L. K. Koegel (Eds.), *Teaching children with autism: Strategies for initiating positive interactions and improving learning opportunities* (pp. 33-42). Baltimore: Brookes.

Schanberg, S. M., & Field, T. M. (1988). Sensory deprivation stress and suplemental stimulation in the rat pup and preterm human neonate. *Child Development, 58,* 1431-1447.

Schmidt, R. A. (1999). *Motor control and learning: A behavioral approach.* Champaign, IL: Human Kinetics.

Schwartz, S. S., Gallagher, R. J., & Berkson, G. (1986). Normal repetitive and abnormal stereotyped behavior of non-retarded infants and young mentally retarded children. *American Journal of Mental Deficiency, 90,* 625-630.

Simpson, R. L., de Boer-Ott, S. R., Griswold, D. E., Myles, B. S., Byrd, S. E., Ganz, J. B., et al. (2005). *Autism spectrum disorders: Interventions and treatments for children and youth.* Thousand Oaks, CA: Corwin Press.

Smith, M. D. (1986). Use of similar sensory stimuli in the community-based treatment of self-stimulatory behavior in an adult disabled by autism. *Journal of Behavior Therapy and Experimental Psychiatry, 17,* 121-125.

Smith, E. A., & Van Houten, R. (1996). A comparison of the characteristics of self-stimulatory behaviors in "normal" children and children with developmental delays. *Research in Developmental Disabilities, 17,* 253-268.

Solomon, P., Kubzansky, P. E., Leiderman, P. H., Mendelson, J. H., Trumball, R., & Wexler, D. (Eds.). (1961). *Sensory deprivation.* Cambridge: Harvard University Press.

Soussignan, R., Schaal, B., Schmit, G., & Nadel, J. (1995). Facial responsiveness to odours in normal and pervasively developmentally disordered children. *Chemical Senses, 20,* 47-59.

Sugai, G., & White, W. J. (1986). Effects of using object self-stimulation as a reinforcer on the prevocational work rates of an autistic child. *Journal of Autism and Developmental Disorders, 16,* 459-471.

Tang, J. C., Kennedy, C. H., Koppekin, A., & Caruso, M. (2002). Functional analysis of stereotypical ear covering in a child with autism. *Journal of Applied Behavior Analysis, 35,* 95-98.

Thelen, E. (1979). Rhythmical stereotypies in normal human infants. *Animal Behavior, 27,* 699-715.

Thelen, E. (1981). Kicking, rocking, and waving: Contextual analysis of rhythmical stereotypies in normal human infants. *Animal Behavior, 29,* 3-11.

Tsai, L. Y. (1998). Medical interventions for students with autism. In R. L. Simpson & B. S. Myles (Eds.), *Educating children and youth with autism: Strategies for effective practice* (pp. 277-314). Austin, TX: Pro-Ed.

Vargas, D. L., & Camilli, G. (1999). A meta-analysis of research on sensory integration treatment. *American Journal of Occupational Therapy, 53,* 189-198.

Volkmar, F. R., Carter, A., Grossman, J., & Klin, A. (1997). Social development in autism. In D. Cohen & F. Volkmar (Eds.), *Handbook of autism and pervasive developmental disorders* (2nd ed., pp. 173-194). New York: Wiley.

Volkmar, F. R., Cohen, D. J., & Paul, R. (1986). An evaluation of *DSM-III* criteria for infantile autism. *Journal of the American Academy of Child Psychiatry, 25,* 190-197.

Warren, S. A., & Burns, N. R. (1970). Crib confinement as a factor in repetitive and stereotyped behavior in retardates. *Mental Retardation, 8,* 25-28.

Wiesel, T. N., & Hubel, D. H. (1963). Single-cell responses in striate cortex of kittens deprived of vision in one eye. *Journal of Neurophysiology, 26,* 1003-1017.

Wilson, B. N., Kaplan, B. J., Fellowes, S., Gruchy, C., & Faris, P. (1992). The efficacy of sensory integration treatment compared to tutoring. *Physical and Occupational Therapy in Pediatrics, 12,* 1-36.

Wing, L. (1969). The handicaps of autistic children: A comparative study. *Journal of Child Psychology and Psychiatry, 10,* 1-40.

Wong, V., & Wong, S. N. (1991). Brainstem auditory evoked potential study in children with autistic disorder, *Journal of Autism and Developmental Disorders, 21,* 329-340.

Zentall, S. S., & Zentall, T. R. (1983). Optimal stimulation: A model of disordered activity and performance in normal and deviant children. *Psychological Bulletin, 94,* 446-471.

Zigmond, M. J., Bloom, F. E., Landic, S. C.,

Roberts, J. L., & Squire, L. R. (1999). *Fundamental neuroscience.* Boston: Academic Press.

Zuckerman, M. (1994). *Behavioral expressions and biosocial bases of sensation seeking.* New York: Cambridge University Press.

6
응용행동분석 교수전략의 사용

핵심용어

- 기초선 자료(baseline data)
- 물림(satiation)
- 반응 유지(response maintenance)
- 분산 시행(distributed trials)
- 시행 간 간격(intertrial interval)
- 용암(fading)
- 일반화(generalization)
- 자극 일반화(stimulus generalization)
- 집단 시행(collective trial)
- 집중 시행(massed trial)
- 차단(blocking)
- 변별자극(discriminative stimulus)
- 촉구(prompts)
- 촉구 의존(prompts dependency)

❖ 해리스 선생님에게 배우기

넬슨 씨가 발견한 치료법

해리스 선생님이 오늘의 수업을 모두 마치고 학생들의 하교를 지도하기 위해 문 앞에 서 있을 때, 앤디의 어머니 넬슨 씨가 종이 한 장을 흔들며 급히 교실로 들어왔다. "해리스 선생님! 제가 막 인터넷에서 프린트 한 것을 보세요! 제 아들을 위한 치료법에 대한 거예요!" 해리스 선생님은 앤디의 어머니와 인사를 하고 나서, 그 종이를 훑어보고 말문이 막혔다. 많은 공허한 약속들 중에 하나가 아닐까? 그러나 만약 그녀가 자폐스펙트럼장애(ASD) 아동의 부모라면, 그녀는 희망을 줄 수 있는 어떠한 치료법이라도 사용하려고 했을 것이다.

그 웹사이트는 실제로 자폐스펙트럼장애를 위한 치료를 확인하고 있다! 이 특별한 사이트는 'ABA'의 장점을 설명했다. 다만 그 웹사이트 제작자는 응용행동분석의 과학적 원리를 언급하는 용어를 사용하지 않았다. 대신 많은 웹사이트, 서적, 그리고 매일의 논의에서 비연속 시행 훈련(DTT)이라는 용어를 특별하게 언급하고 있었다. 그 종이에는 기적적인 중재를 제공할 수 있는 특별히 훈련된 사람들에 관한 정보와 교육과정 및 기법과 관련한 내용이 기록되어 있었다.

"ABA를 할 수 있습니까?"라고 앤디의 어머니가 물었다. '오, 이런!' 해리스 선생님은 생각했다. '나는 매일 앤디에게 응용행동분석 교수를 사용하고 있다. 나는 ABA와 DTT 간의 차이점을 넬슨 씨에게 어떻게 설명할까?'

자폐스펙트럼장애 학생들을 위한 응용행동분석(ABA)의 적용에 대해 오랜 기간 많은 전문가들 사이에 논쟁이 되어왔다. 이러한 논쟁의 대부분은 ABA 자체보다는 DTT라고 불리는 ABA 전략에 관한 것이다. Lovaas(1987)에 의해 기술된 DTT가 자폐스펙트럼장애 학생의 정상적인 교육 및 지적 기능 수행을 이룰 수 있는지에 관해 논쟁이 있어왔다. ABA의 과학에 기반을 둔 중재의 유효성은 거듭된 연구들에 의해 지지를 받았고, 많은 연구들에 의해 자폐스펙트럼장애 학생들에게 과학적으로 타당한 접근법으로 고려되었다. 그러나 이 중재들은 단지 DTT보다 더 많은 것을 포함하고 있다.

이 장에서는 ABA를 설명하고 정의한 다음에, ABA의 광범위한 맥락 안에서 DTT를 설명한다. 또한 DTT 실행에서의 일반적인 접근법을 다루고, 자폐스펙트럼장애 학생들에게 효과적인 ABA 전략의 예를 제공한다.

1. 응용행동분석의 정의

ABA는 학습 및 발달을 증진시키기 위해 경험적인 접근법을 사용한다. 학습 및 기술 습득에 효과적인 원리와 절차들은 측정 가능한 방식으로 기능수행을 증진시키는 데 사용되고 있다. 수백 년 동안 사회과학자들이 이러한 많은 원리 및 절차들을 인지해 왔지만, 1968년이 돼서야 비로소 한 그룹의 연구자들이 Skinner(1953)가 사회적으로 의미 있는 인간 행동이라고 정의한 원리를 적용하였으며, ABA의 중요한 차원을 설명하였다.

1968년 「*Journal of Applied Behavior Analysis*」 창간호에서 Baer, Wolf, Risley는 ABA를 "특정 행동의 개선을 위하여 행동 원리들을 적용하는 과정, 그리고 적용 과정에서 중요한 변화가 있는지 없는지—만약 있다면, 어느 부분의 과정에 있는지를 동시에 평가하는 것"이라고 묘사했다(p. 91). 이 연구와 1987년의 후속 연구에서, 연구자들은 ABA를 적용한 중재 안에 반드시 포함해야 할 다섯 가지 차원을 정의하였다. 그 차원은 다음과 같다.

- 응용적 및 효과적 차원
- 기법적 차원
- 행동적 차원
- 분석적 및 개념적 차원
- 일반화 차원

1) 응용 및 효과

ABA가 적용되는 동안, 중재를 받는 사람의 삶에는 의미 있는 변화가 있어야 한다. 중재 목표가 개인에게 중요해야 하며, 변화로 인해 삶의 질이 더 높아져야 한다(Wolf, 1978). 응용 및 효과의 차원은 목표, 방법, 그리고 결과를 분석해서 확인한다.

(1) 목표 : 가치 있는 목표

중재의 목표는 처치를 받는 개인에게도, 그 개인의 삶의 질에 대해 결정을 내리는 사람들에게도 가치가 있어야 한다. 목표로는 개인이 혼자서 할 수 있는 것뿐 아니라 사회적 규준에 부합하는 행동을 고려해야 한다.

예를 들어, 학생이 용변 훈련이 안 되고, 사회적 상호작용을 시작하지 못하며, 기초적인 수준만 이해한다면, 3학년 수준으로 해독하는 유치원생에게 4학년 수준의 목표를 설정하는 자체는 의미가 없다. ABA의 응용 및 효과의 차원에 따르면, 이러한 학생들을 위한 목표에는 자조(self-help), 사회적 상호작용의 주도(시작), 그리고 쓰기 자료의 이해 영역을 강조할 필요가 있다. 이러한 목표들은 학생들의 독립심을 증진시키며, 학생들이 광범위한 환경에 접근하려는 행동을 강조한다.

목표와 관련해서 다음과 같은 질문을 가져야 한다. **특정 행동 목표가 학생들에게 유용하며, 지역사회에서 가치 있는가?**

(2) 방 법

중재에 사용된 방법들은 상황별로 보장되는 한도 내에서만 강압적이거나 공격적이어야 한다(Green, 2001). 응용행동분석가들은 결과가 수단을 정당화한다는 의견에 도전을 받는다. 예를 들어, 교사는 학생들이 떠들 때마다 체벌로 떠드는 행동을 멈추게 할 수 있다. 그러나 다른 사람들은 이와 같은 혐오적인 방법을 싫어한다(Durand, 2005). 말하기 전에 손을 들고 기다리는 행동을 학생들에게 형성시키기 위하여 강화를 사용할 수 있다.

일부 학생들은 억제, 혹은 유관 전기 충격과 같은 강압적인 방법의 대상이 된다. 그러나 이러한 상황들은 일반적인 상황보다는 예외적인 상황이다. 혐오적 방법들은 다른 모든 선택 가능한 방법들을 사용한 다음에, 그리고 인권 보호를 위한 허가를 받은 다음에만 사용해야 한다.

윤리적인 것과 더불어, 방법의 비용과 실용성은 합리적으로 만족할 만한 결과를 가져와야 한다. 이러한 방법들과 관련해서 다음과 같은 질문을 가져야 한다. **방법은 가능한 한 덜 강압적인가? 다른 사람들이 결과와 관련해서 방법을 받아들이려 하는가?**

(3) 결 과

성공적인 결과는 모든 것이 가치 있어 보여야 하며, 예상하지 못한 부정적인 결과에 대해서는 인내가 있어야 한다. 예를 들어, 학생에게 지시하여 신체 부위들을 가리키도록 하는 방법은 공격적인 반응을 야기할 수도 있다. 신체 부위 알기가 학생에게 의미 있는 결과가 될지는 모르나, 학생에게 신체 부위를 가리키라고 요구하는 사람을 때리는 것은 용인될 수 없다. 따라서 중재가 이득을 제공하는 반면에, 원하지 않는 결과가 생기지 않도록 대안을 고려하는 것 또한 가치 있는 일이다.

결과의 수용도를 증명하기 위한 가장 일반적인 방법은 사회적 타당도를 고려하는 것이다(Wolf, 1978). 학생과 상호작용한 사람들이 중재에서 사용한 모든 방법 및 결과에 대해 만족도를 측정하는 것이 사회적 타당도이다.

일부 학생들은 결과에 대해 자신들의 만족도를 구두로 표현하지 못하는 경우도 있다. 그러나 행동 분석이 그들의 만족도 지수를 제공할 수 있다. 이와 마찬가지로 가족구성원, 교사, 치료사, 또래 등을 조사하여 방법 및 결과의 만족도 지수를 얻을 수 있다.

중재는 받는 사람보다 제공하는 사람에게 실질적으로 영향을 미치기도 한다. 예를 들어, 중재 기간이 긴 경우에 중재를 제공하기 위해 직장을 퇴직한 부모의 경우처럼, 가족구성원들의 삶을 심각하게 파괴할 수도 있다. 중재를 통해 바람직한 결과를 얻었을지라도 가족이 치룬 비용은 노력한 만큼 가치가 없을 수도 있다. 특히, 다른 방법으로 유사한 결과를 달성한다면 더욱 그러할 것이다.

이러한 결과들과 관련해서 다음과 같은 질문을 가져야 한다. **모든 결과 및 방법이 참여하고 있는 모든 사람들의 삶의 질을 향상시킬 수 있는가?**

출판된 많은 연구들이 자폐스펙트럼장애 학생들에게 응용 및 효과의 차원에 부합될지라도, 수십 편의 연구들 중 일부 연구들만이 목표로 했던 의미 있는 차이를 보였다. 참여 및 사회적 상호작용(Garfinkle & Schwartz, 2002; Kamps et al., 1992; Krantz& McClannahan, 1998; Massey & Wheeler, 2000; Pierce & Schreibman, 1997; Reinhartsen, Garfinkle & Wolery, 2002), 자조, 의사소통, 사회화와 같은 새로운 기술의 학습(Brady, Shores, McEvoy, Ellis, & Fox, 1987; Matson, Taras, Sevin, Love, & Fridley, 1990; Ross & Greer, 2003; Yoder & Layton, 1988), 자기통제 및 관리를 통한 적절한 행동 수준의 유지(Shearer, 1996; Strain, Kohler, Storey, & Danko, 1994), 학습한 기술의 일반화(Koegel, Camarata, Valdez-Menchaca, & Koegel, 1998; O'Neill & Sweetland-Baker, 2001; Ross & Greer, 2003), 환경 안에서 문제행동 발생 횟수 감소(Carr, Dozierm Patel, Adams, & Martin, 2002), 그리고 자해행동, 상동행동, 공격행동, 성질부리기, 이식증, 잡기, 침 뱉기, 부적절한 만짐, 그리고 물건 파괴와 같은 방해 행동의 감소(Carr, Durand, 1985; Wacker et al., 1990) 등에서 의미있는 효과가 나타났다.

2) 기 법

ABA를 적용한 중재에서는 인간과 모든 동물들의 학습 및 행동 변화에 효과를 보여 온 기법(전략)을 사용한다. 이러한 기법을 강조하는 학습 원리는 수백 년 동안 사용되어 왔고, 직관적으로 원리를 사용했던 시기까지 거슬러 올라간다. 물론, 오늘날에도 기법은 지속적으로 정의되고 연구되고 있다.

예를 들어, 고대 로마인들은 과음을 방지하기 위해서 와인 잔 바닥에 뱀장어를 넣었고, A.D. 610년경에 수도승들은 아동에게 기도하는 법을 가르치기 위해 기도하는 손 모양의 작은 반죽 조각(프레첼 : 매듭 또는 막대 형태의 딱딱하고 짭짤한 비스킷)을 구워서 나누어 주었다는 보고가 있다(Alberto & Troutman, 2003). 응용행동분석 접근을 적용한 대부분의 기법은 조작적 학습이론으로부터 유래했으며, 그것은 다음의 사항을 입증했다. 인간의 행동은 행동 발생 전(선행사건)에 의해 일어나고, 행동 발생 후(후속결과)에 의해 영향을 받는다(Skinner, 1953). 타당한 기법을 정의하고 설명하기에는 분량이 많으므로 여기서는 학습과 관련된 세 가지 방법만 설명한다—강화, 촉구, 비연속 개별시행 훈련.

(1) 강 화

조작적 학습이론에서는 강화란 행동의 발생을 유지 또는 증가시키고자 하는 행동 뒤에 따라오는 것이라고 정의한다. 보편적인 강화는 없다. 어떠한 학생들에게는 과제를 증가시키거나, 혹은 완성시키기 위해 칭찬을 한다. 다른 학생들에게는 칭찬을 하지 않지만, 대신에 과제 완성의 수를 줄인다. 칭찬을 좋아하지 않는 학생들에게 칭찬은 강화가 아니라 처벌이다.

중요한 행동적 도전 중 하나는 강화가 '물건'이 아니라 효과라는 것을 인식하는 것이다. 예를 들어, 교사가 지시했을 때, 학생이 의자에 앉아 있는 시간의 양을 늘리기 위해 과자를 사용했다. 그로 인해 학생의 앉아 있는 시간의 양이 증가했다면, 과자는 강화제가 된 것이다. 의자에 앉아있는 시간이 줄었다면, 과자는 강화가 아니다. "내가 학생에게 과자로 강화를 주었는데도 앉아 있는 행동이 늘지 않았다."라고 말하는 사람들은 실제로 강화의 기술을 이해하지 못한 것이다.

자폐스펙트럼장애 학생 대상의 연구 결과들은 자기자극 행동과 강박적으로 사물에 집착하는 행동이 음식물 또는 칭찬만큼 효과적일 수 있으며(Charlop-Christy & Haymes, 1998: Ferrari & Harris, 1981), 심지어는 다른 유형의 강화제보다 더 정확하게 반응 횟수를 증가시킬 수 있다(Rincover & Newsom, 1985)고 한다. 실제로, 다른 상황에서 자기자극 행동의 증가 없이(Charlop-Christy & Haymes, 1998; Wolery, Kirk, & Gast, 1985), 자기자극 행동에 참여하는 기회가 수용 가능한 행동들을 증가시킬 수 있다(자기자극이 강화제로 역할을 함; Hung, 1978). 심지어는 강화제가 자주 전달되지 않았는데도 자폐스펙트럼장애 학생들이 학습한 기술을 계속 사용한다(Dunlap, Marshall, Plienis, & Williams, 1987).

(2) 촉 구

촉구는 행동 반응의 학습 가능성을 증진시키는 부수적인 지원이다. 예를 들어, 아동에게 이름 쓰는 법을 가르칠 때, 교사는 움직임을 통해 그들을 안내하기 위해 아동의 손 위에 교사의 손을 놓는다. 이러한 손 위에 손을 얹어 놓는 안내법이 촉구의 한 예이다.

ABA 기법은 다양한 유형의 촉구를 사용하며, 촉구는 다양한 방식으로 시행될 수 있다. 자폐스펙트럼장애 학생을 위한 촉구에는 말을 시작하도록 하는 데 도움을 주는 촉각 촉구(예 : 종이와 같은 떨리는 장치)(Shabani et al., 2002; Taylor & Levin, 1998), 일과 수행 능력을 증진시키는 그림 촉구(Hall, McClannahan, & Krantz, 1995), 보다 정교한 발화를 증진시키는 설명서 및 녹음된 설명서(Krantz & McClannahan, 1998; Stevenson, Krantz, & McClannahan, 2000), 대화 기술(Charlop & Milstein, 1989) 및 구매 기술(Haring, Kennedy, Adams, & Pitts-Conway, 1987)을 가르치는 데 도움을 주는 비디오 모델링, 그리고 학업 및 직업 과제행동을 증진시키는 자기조작적 청각 촉구(Tabor, Seltzer, Heflin, & Alberto,1999) 등이 있다.

촉구는 기술 습득의 비율과 정확성을 증가시킬 수 있다. 그러나 촉구는 역시 의존성을 야기시킬 수 있다(예 : 학생이 행동하기 전에 촉구를 기다린다). 이러한 이유로 촉구 기법에는 반드시 용암이 포함되어야 한다.

(3) 비연속 개별시행 훈련

시행은 교수의 기본 단위이다. 시행은 특정한 선행사건과 후속결과에 학생이 반응하도록 구조화된 기회를 제시한다. 비연속 개별시행 훈련(Discrete Trial Training, DTT)은 이 장의 후반부에서 보다 자세히 다루겠지만, 비연속 개별시행 훈련이 ABA에서 사용된 기술들 중의 하나라는 것을 강조한다.

3) 행 동

이 차원은 행동의 기능적 관점으로 모든 행동에는 이유가 있으며, 그 이유가 행동의 발생한 환경과 직접적으로 관련이 있다고 본다. 행동의 맥락을 이해하는 것은 환경의 변화(Dunlap, kern, & Worcester, 2001)와 행동의 기능평가(Johnston & O'Neill, 2001)를 포함하는 중재의 개발을 이끈다.

누구든지 획득과 기쁨은 최대화하는 방법으로 행동하며, 손실과 고통은 최소화하는 방법으로 행동한다. 어떤 후속결과는 경험하려고 하며, 다른 후속결과는 피하려고 하는 것은 환경적인 맥락과 직접 관련 있다. 예를 들어, 학생들은 좋은 점수를 받고, 낮은 점수를 피하기 위해 공부와 숙제를 한다. 마찬가지로 사람들은 치아를 보존하고 충치를 피하기 위해 이를 닦는다.

특정한 맥락 안에서 학생이 원하는 것과 원하지 않는 것을 파악하는 것이 효과적인 중재 개발에 중요하다. 기능평가(FBA)의 수행 관련 내용은 제7장에서 더 자세히 기술되어 있다.

4) 분석 및 개념

ABA의 이 차원은 책무성이 요구되며, 사용된 중재가 새로운 기술의 학습과 다른 행동으로의 변화와 관련이 있다는 것을 설명한다. 학생의 결과를 교수 및 중재에 반영시키기 위해서는 관찰 가능하고, 측정 가능한 행동 자료 수집이 요구된다. 그리고 자료는 교수 및 중재를 평가하는 데 유용하도록 충분히 수집되어야 한다.

ABA에서, 교수적 의사결정을 위해 자료 분석에 사용된 방법은 전형적으로 자료로부터 결론을 도출해 내는 단일 대상 설계이다. 단일 대상 설계에는 두 가지 유형이 있다. '교수 설계'는 측정 행동의 변화로부터 결론을 도출하는 것이다. '연구 설계'는 행동의 변화가 중재의 결과로 발생한 것인지를 입증하는 것이다(Kennedy, 2005). 〈그림 6-1〉은 연구 설계 그래프의 예이다.

교수 및 연구 설계에서는 먼저 **기초선 자료**를 제시한다. 이것은 중재 전에 수집된 자료이다(보통 A단계라 부른다). 중재 기간 동안에 자료를 계속 수집하고, B단계라고 기록한다. 두 단계에서는 AB 설계라고 부르는 교수 설계가 사용되었다.

AB 설계를 사용한 예에서 또래와의 상호작용을 전혀 시도하지 않는 학생이 있다. 교사는 점심시간처럼 상호작용 시도가 발생하는 시간을 정한 다음, 상호작용 시도 횟수

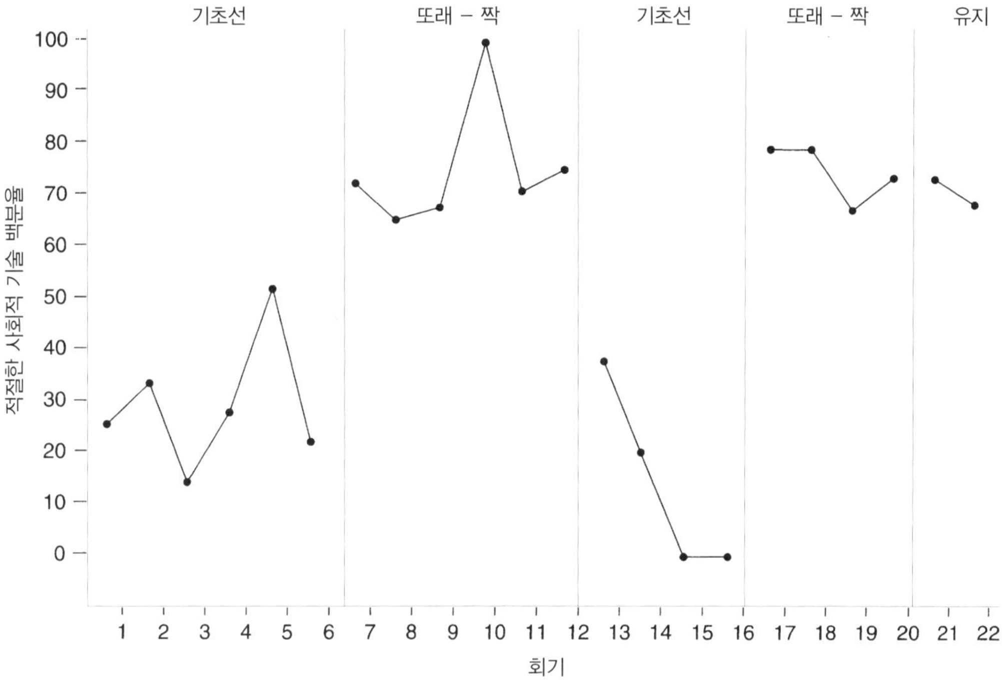

그림 6-1 ABAB 설계 적용의 예

출처 : Kluwer Academic Publishers, Journal of Autism and Developmental Disorders, 30, 2000, p. 189, Enhancing social skills of kindergarten children with autism through the training of multiple peers as tutors, K. M. Laushey & L. J. Heflin, Figure 1, © 2000. With kind permission of Springer Science and Business Media.

가 낮다는 것을 입증하기 위하여 기초선 자료를 수집한다. 학생의 상호작용 시도 횟수는 월요일 점심시간에 0회, 화요일 1회, 수요일 0회, 목요일 0회, 그리고 금요일 2회이다. 같은 학급의 다른 학생들은 점심시간에 평균 12회 상호작용 시도를 하기 때문에 교사는 학생의 상호작용 시도 횟수를 늘리기 위해 중재를 시작하기로 결정한다.

중재 기간 동안 교사가 계속해서 자료를 수집하고 그래프를 그림에 따라, 자료는 상호작용 시도 횟수의 증가를 보여 준다. 비록 행동이 중재 때문에 변화되었다고 결론 내릴 수는 없을지라도(이것은 교수 설계이기 때문이다), 행동적 변화가 있다고는 기술할 수 있다. 상호작용 시도 횟수가 점차 증가하였지만 아직까지 또래들의 평균에 비해 낮다면, 교사는 상호작용 시도 횟수를 더 증가시킬 수 있는 중재를 고려해야 한다. 이 시점에서, AB 설계는 중재를 2번 실시하는 ABC 설계로 바뀐다. 첫 번째 중재는 (B), 그리고 두 번째 중재는 (C)이다.

교수 설계로부터 나온 시각적 그래프는 행동의 변화를 확인할 수 있으나, 그 설계는 중재 때문에 변화가 나타났다고는 볼 수는 없다. 중재로 인해 행동이 변화하였다고 설명하기 위해서는 연구 설계를 사용해야 한다. 〈그림 6-1〉에서 보는 바와 같이, ABAB(중재 제거) 설계에서 선택할 수 있는 몇 가지가 있다.

ABAB 설계에서, 중재가 첫 번째 AB 다음에 원하는 행동 변화가 나타났다면, 행동이 기초선 수준으로 다시 돌아가는지를 보기 위해 중재를 제거한다(두 번째 A). 두 번째 A에서 행동이 기초선 수준으로 돌아갔다면, 행동 수행이 개선되었는지를 결정하기 위해 다시 중재를 한다(두 번째 B). 기초선 단계(A단계)가 이전 A단계와 비슷한 수준의 행동을 보였고, 중재 단계(B단계)도 이전 B단계와 비슷한 수준의 행동을 보였다면, 중재와 수행 수준 사이에는 설명할 수 있는 기능적 관계가 있는 것이다. 이러한 사례가 그래프에 나타나 있다(그림 6-1). 자폐 아동과 일반 유치원 아동이 함께 중재에 참여했을 때, 존은 기초선 상태(중재 없음)보다 적절한 사회적 기술이 높게 나타났다.

이 그래프는 중재의 효과를 시각적으로 보여 줄 뿐 아니라(존의 적절한 사회적 기술의 비율이 또래-짝 중재를 실시한 곳에서 더 높았다), 사회적 기술의 변화를 보여 주었다(중재가 제거되었을 때, 적절한 사회적 기술의 비율이 감소되었다). 다음 학년도 초기 6주 동안에 존의 유지 자료를 수집했을 때, 적절한 사회적 기술의 비율이 기초선 기간보다 더 높은 것으로 그래프에 나타났다. 시간에 대한 유지의 개념은 중요하며, 그리고 ABA의 마지막 차원인 일반화에 관해서는 이 장에서 논의될 것이다.

중재와 행동뿐 아니라 다양한 자료수집 방법들 사이의 기능적 관계를 설명하기 위해 사용되는 다른 연구 설계들을 여기에서는 설명하지 않을 것이다. Kennedy(2005)는 교수 및 연구 단일 대상 설계(teaching and research single-subject designs), 그리고 자료 수집 기법을 잘 설명하고 있다. ABA를 사용한 중재를 위해 자료를 수집하고 분석하여야 한다. 분석이 시각화 된 그래프로 나타나지만, 다른 연구방법들도 중재와 관련된 행동의 변화를 평가하는 데 사용될 수 있다.

집단 설계는 처치를 받은 아동 집단과 처치를 받지 않은 통제 집단의 결과를 비교한다(Kazdin, 2001). 집단 설계는 모집단의 이질성 때문에 자폐스펙트럼장애 학생에게는 잘 사용되지 않는다. 단일 대상 설계의 결과를 사용하든 집단 설계의 결과를 사용하든 간에, 자료 분석은 응용행동분석 중재에 있어서 자기-교정 피드백의 연결고리를 만든다(Anderson & Romanczyk, 1999). 자료가 의도한 대로 행동 변화를 보이지 않는다면, 중재를 중단하거나 수정해야 한다.

5) 일반화

Bear, Wolf, Risley(1968, p. 97)는 "일반화는 저절로 이루어지기보다는 프로그램을 통해 형성된다."라고 기술했다. ABA의 이 차원은 사회적으로 타당한 목표, 행동의 환경적 맥락을 고려한 적절한 기법, 중재를 설명하는 연구 설계가 행동에 변화를 가져왔음에도 불구하고, 교수 상황 외에서 행동이 나타나지 않는다면, 중재는 ABA의 모든 차원에 도달하지 않았다는 것을 의미한다.

일반화는 교수 상황에서 학습한 기술을 교수 상황과 유사한 다른 상황에서 사용하는 것을 의미한다. 예를 들어, "너의 이름은 무엇이니?"라고 묻는 사람에게 학생이 바르게 응답하였지만, 같은 질문을 다른 사람이 물었을 때 응답하지 못한다면, 학생은 그 기술을 일반화하지 못한 것이다. 안타깝게도, 자폐스펙트럼장애인들은 일반화를 하지 못하는 것이 특징이다. 그들은 학급에서 배운 기술을 다른 상황에서 적용하지 못하며, 심지어는 다른 학급에서도 사용하지 못한다. 또한 그 기술을 가르친 사람이 아닌 다른 사람들에게도 적용하지 못한다. 이것은 교수 상황에서 잘하던 행동을 새로운 자극(장소, 사람)에서 하지 못하는 **자극 일반화**(stimulus generalization)의 문제이다(Anderson & Romanczyk, 1999; Heflin & Alberto, 2001). 다행스럽게도, 자극 일반화를 증진시키는 전략들이 많이 있다. 다양한 교수의 활용(예 : 너의 이름은 무엇이니? 누구이니? 너는 스티븐이지?)뿐 아니라 개념을 가르치기 위한 다양한 자료의 사용, 다양한 사람들의 교수 제공, 그리고 다른 상황에서 교수적 상호작용의 수행 등이 이에 포함된다.

자극 일반화는 이미 소개한 촉구를 점진적으로 철회함으로써(**용암**) 증진된다. 자극 일반화는 통제자극이 형성되어서 보다 자연스러운 행동이 바람직한 행동으로 나아가며(예 : "스티븐, 문으로 가서 서라."로부터 "스티븐, 줄을 서라." "모두 줄을 서라." "이제 갈 시간이다."까지 행동이 점차적으로 바뀐다), 자연스러운 환경에서 자연스러운 유관 행동을 연습하는 것을 포함한다(예 : 매점에서 줄을 서서 음식을 살 수 있다).

일반화의 다른 유형은 **반응 유지**(response maintenance)이다. 반응 유지는 학생이 시간과 맥락을 넘어서 기술을 사용할 때, 심지어는 교사가 기술을 자주 사용하도록 가르치지 않았을 때도 발생하는 것이다. 기술은 사용하지 않으면 잃어버리는 것이 보통이다. 자폐스펙트럼장애 학생들은 기술을 잃어버리는 데 걸리는 시간이 짧다. 이러한 이유 때문에 교수 계획에 반응 유지를 증진시키기 위한 방법들을 포함해야 한다.

특정 전략들은 반응 유지 증진에 효과적이다. 여러 날에 걸쳐 다양한 시간에 기술을 연습하는 것이 **반응 일반화**(response generalization)를 증진시킬 수 있다(Anderson, Taras, & Cannon, 1996). 1차 강화제(예 : 음식, 음료수)와 2차 강화제(예 : 칭찬, 미소)을 짝 짓는 것은 2차 강화제의 가치를 가르치는 데 도움이 될 수 있다(Alber, Heward, & Hippler, 1999). 1차 강화제의 사용과 빈도를 점진적이며, 체계적으로 줄임으로써 ('강화의 감소') 시간의 일반화를 증진시킬 수 있다(Skinner, 1969). ABA의 원리를 적용한 교수 중재 개발에 자극 일반화 및 반응 유지를 촉진시키기 위한 전략들이 고려되어야 한다.

2. 응용행동분석의 요약

ABA는 특정한 기법이 아니라 행동의 변화를 증진시키기 위한 이론적 체계이다. ABA의 원리들은 자폐스펙트럼장애 학생뿐만 아니라, 모든 사람을 가르치는 데 효과적으로 적용되어 왔다. 응용행동분석 원리를 적용한 중재들이 많이 있다. 이러한 응용행동분석 중재들을 고려하기 위해서는 Baer, Wolf, Risley(1968; 1987)가 연구한 다섯 가지 차원을 제시해야 한다.

- 효과가 입증된 수용 가능한 기법들을 사용해서 사회적으로 중요한 행동으로 의미 있게 변화되어야 한다.
- 중재는 행동과 관련된 환경의 영향을 고려해야 하며, 다른 사람과 다른 환경에서 기술을 계속 사용할 수 있도록 설계되어야 한다.
- 교수 중재가 행동 변화에 의미 있다는 것을 설명하기 위하여 자료를 수집하여 분석해야 한다.

일부 응용행동분석 중재들은 다섯 가지 차원 중에 일부를 강조할 수 있다. 그러나 ABA를 고려한 중재는 다섯 가지 차원 모두를 제시할 필요가 있다. 사람들이 광범위한 이론적 체계가 아니라 특정 방법론을 언급하기 위하여 *ABA*를 사용했을 때, 혼란을 초래한다. 이러한 것은 이 장 서두의 사례에서 앤디의 어머니가 인터넷과 관련된 용어를 잘못 사용한 예에서 찾아볼 수 있다. 그녀가 찾은 웹사이트에서는 이론적 체계가 아니라, 특정 방법론을 언급하기 위하여 *ABA* 용어를 사용하고 있었다. 해리스 선생님은 넬슨 씨가 그녀에게 ABA를 할 수 있는지에 대해 물었을 때, 매일 그녀의 교수 안에 ABA 차원을 포함하고 있다고 대답해야 한다. 넬슨 씨가 찾은 웹사이트에서 실제로 논의된 것은 ABA라기보다는 비연속 시행 훈련(DTT)이다.

3. 비연속 개별시행 훈련

비연속 개별시행 훈련은 ABA원리를 적용한 기법적 차원에 속하는 기본 교수 단위다. DTT는 특정 기술을 가르치기 위해 구조화된 교수 환경 내에서 'ABA 원리를 강력하게 적용' 하는 것을 말한다(Frea, 2000). 자폐스펙트럼장애 학생들을 대상으로 한 DTT 연구는 표현 언어 지도의 효과를 검증하기 위하여 처음 이루어졌으며(Lovaas, Berberich, Perloff, & Schaeffer, 1966: Lovaas, Freitag, Nelson, & Whalen, 1967). 비연속 시행의 사용을 통해 사물의 이름을 명명하는 데 효과적이었다고 하였다. 출판된 DTT 교육과정에서는 모방, 의사소통, 사회화, 순응 기술 등의 지도에 DTT를 적용하고 있다(Leaf & McEachin, 1999; Lovaas, 2003; Maurice, Green, & Foxx, 2001; Maurice, Green, &Luce, 1996; Sundberg & Partington, 1998). 기계적 학습(rote learning)을 강조하며 신중하게 조정된 시행들이 기술 습득에 효과적일 수 있다. 실제로 대부분의 사람들은 기본적인 '사실' (예 : 구구단, 친구의 이름, 전화번호)을 DTT를 통해 배운다.

DTT의 목표는 학생들이 지시하면 반응하지만, 지시하지 않으면 반응하지 않는 것을 가르치는 것이다['자극 의존성(stimulus dependency)']. 제4장에서는 자극을 특정 반응에 원인이 되는 어떤 것이라고 정의했다. 자극 통제는 자극이 제시될 때마다 같은 행동 반응으로 나타나는 것을 의미한다. 예를 들어, 학생이 자극 통제하에 있다면, "줄 서!" 라는 지시에 가능한 빨리 따라야 할 것이다. 자극 의존성은 교사가 지시하지 않으면, 학생들이 줄을 서지 않는 것을 의미한다. 행동 반응(줄 서기)은 교사의 언어 자극에 의존한다.

DTT에는 많은 변인들이 있다. 방법론을 소개하기 위해서 DTT를 5단계로 나누어 설명할 것이다. DTT를 적게는 3단계, 많게는 8단계로 나누지만 모든 비연속 시행은 동일한 기본적인 구성요소들을 포함한다. DTT 실행을 위한 기본적인 요소들은 다음과 같다.

- 주의집중
- 변별자극의 제시
- 학생 반응
- 피드백
- 시행 간 간격

1) 주의집중

자극 의존성을 배우기 위해, 학생들은 자극에 참여할 필요가 있다. 시행을 시작하기 위해서는 학생의 주의를 끌어야 한다. 그렇지 않으면 학생이 자극을 놓칠 것이다. 일반적으로 교사는 학생에게 가깝게 접근해서 학생들의 이름을 말하고, 눈을 마주치며, 만지거나 학생이 관심을 갖는 물건을 잡는다.

학생의 주의를 끌기 위해서 고려해야 할 중요한 것들이 있다. 무슨 일을 하든지, 처음에는 효과적이어야 한다. 예를 들어, 학생이 말하는 사람의 방향을 알고 있을 때에만 학생의 이름을 부른다. 안타깝게도 성인들은 의도치않게 아동들이 어릴 때부터 말을 무시하도록 가르친다. 밖에서 놀고 있는 아동에게 저녁 식사를 하라고 부르면, 처음에는 거의 들어오지 않는다. 어머니가 이름을 부르고, 또 부르고, 마지막으로 집안 분위기가 두려움을 느낄 정도로 화가 난 어조로 이름을 부를 때까지 아동은 대부분 지시를 무시한다. 오늘날 같은 현상이 많은 교실에서 발생하고 있다. 교사들은 학급의 모든 아동들이 지시에 따르도록 하기 위해서는 말의 어조와 크기를 동시에 바꾸어 사용해야 한다는 것을 알고 있다.

그것은 주의를 끌기 위해 매번 학생의 이름 부르는 것을 피할 수 있는 제일 좋은 방법이다. 실제로 지시는 항상 이름으로 시작하지 않는다. 학생이 이름을 듣지 않는다면, 이름 부르는 것에 학생이 집중하지 않으므로 부적절한 지도이다. 초기의 비연속 시행 기간 동안에는 장난감 혹은 좋아하는 음식물과 같은 학생들이 좋아하는 물건들을 잡게 하여 학생들의 참여를 높일 수 있다.

자극을 선택할 때, 자폐스펙트럼장애 학생들은 거의 눈을 맞추지 않는다는 것을 기억해야 한다. 이전 장에서 언급한 바와 같이, 자폐스펙트럼장애 학생들은 감각 투입에 압도될 수 있다. 자폐스펙트럼장애 학생에게 다른 사람의 얼굴, 특히 눈을 보는 것은 높은 단계의 감각자극이다. 그들은 시각적 투입의 양을 줄이기 위해 주변 시야(peripheral vision; 시선의 바로 바깥쪽 범위)를 더욱 의지함으로써 대신한다. 자폐스펙트럼장애 학생들은 주변 시야를 사용해서 옆에 있는 교사에 주의를 기울이곤 하지만, 눈을 맞추지는 않는다. 실제로 눈을 맞추지 않는 것은 학생 자신이 말하고 있는 것에 더 주위를 기울이고 있을 가능성이 크기 때문이다. 고기능 자폐 성인(high-functioning adult with autism) 1명을 대상으로 한 연구에서 그녀는 눈맞춤이나 듣기를 할 수 있었지만, 감각자극의 양이 너무 많았기 때문에 둘 다 하지 않았다(Grandin, 1996). 자극을 제시하기 전에 먼저 학생들의 주의를 끌 수 있는 전략을 사용해야 한다.

2) 변별자극의 제시

주의를 끈 다음, 교수 혹은 지시를 한다. 교수를 위한 기술적인 용어가 **변별자극**이다. 이것은 특별한 반응의 예상을 학생에게 알리는 것이다. 예를 들어, 대부분의 사람들은 아침 기상을 위한 변별자극이 알람시계 소리라고 말한다. 그러나 알람시계가 고장 났을 때, 많은 사람들이 어떻게 기상하는가? 대부분의 사람들은 기상을 위한 실제적인 변별자극은 알람이 울리는 특정한 숫자, 혹은 시계가 가리키는 특정한 시각이라고 말한다. 비연속 개별시행 훈련에서, 매번 같은 시간에(일관성) 많은 정보를 포함하지 않고(간결성), 행동 발생에 필요한 것을 정확하게 상세화(명확성)한다면, 변별자극은 보다 빨리 학습된다는 것을 기억하면서 학생의 반응에 대한 변별자극을 우선 결정한다.

부적절한 변별자극의 예는 “여기로 와서, 내 옆에 있는 이 파란색 의자에 앉지 않겠니?”라고 교사가 말하는 것이다. 같은 정보이지만, 명확하고 간결함을 제공하는 적절한 변별자극은 “이리 와서 앉아!”이다. 자극 통제를 가르치기 위해서는 이러한 정확한 단어를 매번 사용해야 한다. 변별자극을 무시하면서 학생들을 가르치지 않게 하기 위해서는 다른 말을 일체하지 않고, 단지 한 번만 지시해야 한다.

3) 학생 반응

변별자극을 제시한 다음에 학생 반응을 기다린다. 단지 세 가지 반응이 가능하다—정확한 반응, 부정확한 반응, 또는 무반응. DTT에서, 교사는 학생이 정확하게 반응할 수 있는 가능성을 최대화하는 방법을 신중히 고려해야 한다. 한 가지 방법은 환경을 설계해서 주의가 산만하지 않게 하고, 학생이 학습 공간을 떠나려고 한다면 최대한 가까이 가서 학생에게 다시 지시하는 것이다. 다른 방법은 학생의 행동목록(repertoire) 안에서 시행을 위한 행동을 선택하는 것이다.

예를 들어, 학생이 던지기를 좋아한다면, 교사는 뚜껑 있는 상자를 집어내어 "상자를 열어."라고 말한다. 학생은 다가가서 상자를 던지려고 할 것이다. 그러나 교사는 상자를 단단히 잡아서 학생이 단지 뚜껑만을 잡을 수 있게 한다. 변별자극은 상자를 여는 것이기 때문에, 학생이 정확히 반응한 것이다. 그런 다음에 학생의 행동이 형성되어 뚜껑을 열고, 그 뚜껑을 책상 위에 놓을 수 있다. 중요한 개념은 학생이 수행할 수 있는 행동의 잠재력은 하나이며, 정확한 자극에 참여해서 정확한 행동의 발생 가능성을 높일 수 있도록 자료 제시 방법이 포함된 환경을 조심스럽게 설계해야 한다는 것이다.

행동과 좋은 교수적 통제의 신중한 선택에도 불구하고, 학생이 정확한 행동으로 반응하지 않을 수 있다. 얼굴 앞에서 손을 흔들거나, 좋아하는 영화에 대해 이야기하는 것과 같은 다른 행동을 할 수 있다. 또는 학습공간을 떠나려 하거나 움직이지 않고 의자에 앉아 있을 수 있다. 다음에 설명할 피드백은 학생의 반응 유형과 관련이 있다.

DTT의 한 가지 변형은 오류 없이 학습을 하도록 변별자극과 함께 촉구를 제공하는 것이다. 변별자극을 동반한 촉구의 제공은 학생이 정확하게 반응하도록 도와준다. 예를 들어, "코를 만져봐."라는 변별자극을 주었을 때, 완전한 신체적 촉구를 사용하여 학생의 코에 손가락을 안내한다면, 오류 없이 정확하게 반응하는 결과를 얻을 수 있다.

촉구의 다른 유형들은 오류의 감소, 혹은 제거에 유용하다. 교사는 부정확한 선택의 접근을 제한함으로써 부정확한 반응을 막는 **차폐**(blocking)를 사용할 수 있다. 그것은 학생에게 특정 그림을 찾으라고 요구할 때, 모든 그림이 아니라 정확한 그림만을 다루는 것이다. 자극 내 촉구(within-stimulus prompts)는 학생의 이름을 쓰도록 촉구하기 위해 종이에 '이름'이란 단어를 강조하는 것처럼 자극과 관련된 요소를 강조한다. 청소가 덜 된 지역을 시각적으로 촉구하기 위하여 카펫 청소 세제를 마루에 뿌릴 수 있다. 일부 연구에서는 무오류 학습(errorless learning)의 사용을 옹호하지만(Heckaman, Alber, Hooper, & Heward, 1998), 대부분의 비연속 시행 훈련은 오류수정 절차(err-correction procedure) 안에서 반응한 다음에, 주어진 촉구를 줄여 궁극적으로 어떤 촉구없이 혼자서 수행하도록 한다.

4) 피드백

교사는 학생 반응에 따라 후속결과를 제공한다. 학생 반응이 정확하다면, 피드백으로 강화를 제공한다. 학생이 부정확한 반응을 보이거나 무반응을 보인다면, 지시에 반응하도록 촉구함으로써 피드백으로 오류를 수정한다.

피드백을 전달하기 위해, 학생에게 사용할 수 있는 강화제를 찾아서 사용한다. 변별자극과 반응 사이의 연결을 위하여 강화는 정확한 반응을 보였을 때, 바로 제공해야 한다. 자폐스펙트럼장애 학생에게 맞는 강화제를 찾는 것이 어려울 수 있다. 이 장의 서두에서 언급한 바와 같이, 강화는 '사물'이 아니라 효과이다. 어떤 것이 행동의 발생을 유지, 혹은 증가시킨다면, 그것은 강화를 하고 있는 것이다. 잠재적인 강화제를 찾으려면 학생이 좋아하고 바라는 것을 분석한다. 이것은 건포도 또는 소다처럼 특정 음식물이거나 음료수일 수도 있다. 학생은 음악을 듣고 싶어 하거나 특별한 물건을 갖고 싶어 할 수도 있다.

잠재적인 강화제는 학생만의 독특한 것일 수 있다. 교사들은 자폐스펙트럼장애 학생들이 바닥에 떨어진 스테이플러를 집어 들며, 필름 조각들을 잡으며, 양말 냄새를 맡는 것과 같은 이상한 행동을 좋아한다고 보고했다. Charlop-Christy와 Haymes(1998)는 연구 대상자들이 장갑, 지도책, 치약 뚜껑, 커피를 젓는 막대, 장난감 헬리콥터, 풍선 등을 좋아했다고 한다. 잠재적인 강화제를 계속 나열할 수 있다. 일부 학생들에게는 DTT 상호작용에서 좋아하는 물건들을 제공하지 않았기 때문에 잠재적인 강화제를 찾는 것이 어려울 수 있다. 예를 들어, 일부 학생들은 도보로 걷고 싶어 하거나, 차를 타고 싶어 하거나, 혹은 그네를 타고 싶어 한다. 그러므로 너무 오랫동안 지속되지 않으며, **물림**(만족해서 더 이상 원하지 않음)을 피하기 위해 적은 양으로 제공할 수 있는 잠재적인 강화제를 찾아야 한다.

소량의 음료수 또는 치즈 슈크림처럼 통제된 분량 안에서 줄 수 있는 1차 강화제가 좋다. 단시간 움직이는 태엽을 감는 장난감이나, 살아 있는 듯한 장난감도 좋다. 장난감의 움직임이 멈출 때, 다음 시행에 대해 전환이 된다. 정확한 반응이 발생하고 난 다음에 강화제를 즉시 제공하는 것이 중요하다.

강화제를 선택하고 선택된 항목들이 계속 강화제로 관계가 있는지를 확인하기 위하여, 선호도 평가(preference assessments)를 실시한다(Cannella, O'Reilly, & Lancioni, 2005). 이것은 단순히 2개의 항목으로 구성되어 있고, 학생이 갖고 싶거나, 요구하는 것 하나를 선택한다. 또한 선호도 평가는 더 엄격할 수 있다. 예를 들어, 많은 항목들을 선택한 다음, 상대적인 선호도 순서를 결정하기 위해 체계적으로 둘씩 제공한다. 그러고 나서 학생이 과거부터 무엇을 좋아했는지 고려하고, 동기적 조작(motivating operation)의 효과에 대해 판단한다.

동기적 조작은 최근의 경험을 바탕으로 한 후속결과와 관련 있다(Laraway, Snycerski, Michael, & Poling, 2003). 예를 들어, 학생이 방금 점심을 배불리 먹었다면, 음식은 강화제로서 바람직하지 않을 수 있다. 그러나 학생이 식사를 하지 않았다면, 음식은 학생에게 큰 관심사가 될 수 있다. 강화를 제공하는 데 있어서, 교사는 정확한 반응 이후에 제공하는 후속결과가 학생이 바라는 것인지를 확신할 수 있어야 한다.

학생이 틀리게 반응하거나, 혹은 전혀 반응하지 않는다면, 교정적 피드백을 제공하고 뒤이어 강화를 한다. 타인에 의해 제공되는 촉구는 다음과 같이 개입을 적게 하는 것부터 많이 하는 것까지 위계가 존재한다.

- 시각 : 교사는 학생에게 원하는 반응이 묘사되어 있는 그림, 아이콘, 단어, 또는 사물을 보여 준다.
- 몸짓 : 학생이 해야 할 것을 교사가 몸짓으로 한다.
- 모델 : 교사는 학생에게 보여 주기 위해 예상되는 행동을 실행한다.
- 부분적인 신체적 : 학생이 지시받은 동작을 시작하도록 교사는 학생과 접촉한다.
- 완전한 신체적 : 학생이 활동을 수행하는 동안 교사는 학생을 신체적으로 안내한다.

개입을 적게 하는 촉구 중의 하나인 언어적 촉구가 이 목록에 의도적으로 생략되었다. 언어적 촉구는 변별자극을 다시 설명하는 것이 아니다. 언어적 촉구는 추가 정보를 제공하는 설명이 포함된다. 변별자극인 "줄을 서라!"고 하는 언어적 촉구는 "일어나서 문으로 걸어가라."는 뜻이 포함되어 있다. 대부분의 자폐스펙트럼장애 학생들은 청각 처리과정에 어려움이 있기 때문에, 언어적 촉구는 학생이 언어적 정보를 이해하는 데 더 어렵게 하므로 사용하지 않는 것이 좋다.

처음에는 촉구된 반응에 주는 강화가 독립적인 반응에 주는 강화와 동일해야 한다. 특정 교수(변별자극) 후에 반응했을 때, 원하는 것(강화)이 뒤따라온다는 것을 학생에게 가르쳐야 한다.

촉구는 촉구 의존성을 피하기 위해 조심스럽게 사용되어야 한다. **촉구 의존성**(prompting dependency)은 학생이 반응하기 전에 촉구를 기다릴 때에 발생하며 이를 촉구에 의존하고 있다고 할 수 있다. 촉구 의존성을 피하기 위해서는 촉구를 동반한 몇 차례의 시행을 한 다음에, 강화를 줄이거나 제거한다. 그러나 오류 수정 절차 이후에는 학생에게 강화제를 보여는 주되 주지는 말아야 한다. 다음 번 시행에서 학생이 독립적으로 반응을 수행하고, 강화받는 기회가 주어지게 된다.

비연속 개별시행 교수

학생 : 네빌　　　　　　　　　　훈련자 : JT

목표 : 색 변별을 할 수 있다.
조건 : 네빌과 마주 앉는다. 그리고 그에게 3개의 선택 중 1개를 준다.
말 : "_____ 만져라"(파랑, 빨강, 노랑, 초록을 기입한다.)
기준 : 연속 3회기 동안, 단지 말(촉구 없음)로만 지시했을 때 80%의 정확도
강화 계획 : (1:1)　1:2　1:3　간헐　기타 :

시행 \ 날짜	9/7	날짜	9/8	날짜	9/9	날짜	9/10	날짜	9/13
	촉구		촉구		촉구		촉구		촉구
~~10~~	F	10		~~10~~	G	⑩		10	
~~9~~	F	9		~~9~~	G	~~9~~	G	9	
~~8~~	F	~~8~~	P	~~8~~	G	~~8~~	P	8	
~~7~~	F	~~7~~	P	~~7~~	G	⑦		7	
~~6~~	F	~~6~~	P	~~6~~	P	⑥		6	
~~5~~	F	~~5~~	P	~~5~~	G	~~5~~	P	⑤	
~~4~~	F	~~4~~	F	~~4~~	P	[~~4~~]	G	[④]	
~~3~~	F	~~3~~	P	~~3~~	P	③		③	
~~2~~	F	~~2~~	F	~~2~~	P	~~2~~	G	~~2~~	G
~~1~~	F	~~1~~	F	~~1~~	P	~~1~~	G	①	
0%		0%		0%		40%		80%	
>f 촉구: F 100%		>f 촉구: P 63%		>f 촉구: G/P 50%		>f 촉구: G 66%		>f 촉구: G 100%	

촉구　G = 몸짓
　　　M = 모델
　　　P = 부분적인 신체적
　　　F = 완전한 신체적

표시 : --- 틀림
　　○ = 맞음
　　□ = 회기 중 모두 맞음
＊ 촉구를 사용하면, 시행은 틀림으로 표시함

설명 :

그림 6-2 네빌의 DTT 자료

5) 시행 간 간격

시행 간 간격(intertrial interval)은 학생의 올바른 반응을 위해 강화를 받는 동안의 시행들과 교사가 그 시행 동안에 자료를 기록하는 사이의 짧은 시간 간격을 의미한다. 시행 간 간격은 그 이름 자체가 방법론을 제공한다. (시작과 끝이 따로따로라는 *discrete*와 숨기는 혹은 비밀의 *discreet*와 혼동해서는 안 된다.)

시행 간 간격 후에, 학생이 아직도 참여하고 있는지, 그리고 다른 변별자극(이전과 같거나, 혹은 다른 것)을 제공했는지를 확인한다. 전통적으로, 교사는 시행 간 간격 기간 동안에 교수재료를 제거한다. 그렇게 하면 다음 시행 시작에 다른 교수재료를 제시할 수 있다. 적용 상황에서, 자료가 항상 제거될 수는 없다. 시행 간 간격은 몇 초간 지속될 수 있지만 학생에 따라 더 길어질 수도 있고, 짧아질 수도 있다. 실제로 주의집중 시간이 짧거나, 혹은 휴식 후에 다시 참여하는 데 어려움이 있는 학생은 시행 간 간격을 매우 짧게 해야 한다(Lovaas, 2003). 짧은 시행 간 간격이 정확한 반응을 증가시키고 과제에 불참하는 행동을 줄여 준다(Dunlap, Dyer, & Koegel, 1983).

학생에게 적절한 길이의 시행 간 간격이 주어졌다면, 학생의 반응 정확도를 시행 간 간격 기간 동안에 기록한다. 자료 수집은 학생이 정확하게 반응하면 플러스로 기록하고, 정확하지 않게 반응하면 마이너스로 기록한다. 보다 정교한 자료 수집 양식은 오류 수정 절차 안에서 사용된 촉구의 수준을 기록한다. 〈그림 6-2〉는 과제 및 반응과 관련된 정보를 기록한 자기-그래프(self-graphing) 자료 수집 용지의 예이다. 대부분의 자료 수집 용지들이 10세트로 자료를 수집하도록 구성되어 있는 것은 퍼센트로 자료를 변환할 수 있는 편리함 때문이다.

용지의 열(row) 란에서 학생이 3회 시행 동안 정확하게 반응했다면, 다른 변별자극으로 바꾼다. 이미 몇 차례 정확하게 수행한 반응을 또 다시 요구하면, 학생은 지루해하거나 저항할 것이며, 반응이 지체될 것이다.

❖ 해리스 선생님에게 배우기

가베에게 그림카드 이름 지도하기

IEP 팀은 가베에게 수용 어휘의 증가와 동사의 이해가 필요하다고 결정했다. 가베는 갖고 싶어 하는 물건을 얻기 위해 한 단어 발화(명사)를 사용하고 있다. 동사 학습이 언어 발달에 중요하기 때문에, 해리스 선생님은 다양한 사람이 활동하는 그림들(예 : 먹기, 잠자기, 마시기, 씻기, 뛰기, 수영)을 모았다. 해리스 선생님은 신중하게 환경을 정리한 다음, 가베와 함께 산만하지 않는 장소에 있는 책상에 앉을 수 있었다. 가베의 의자를 벽에 붙였기 때문에 가베가 학습공간에서 벗어나기 어려울 것이다.

해리스 선생님은 가베가 좋아하는 몇 가지 물건들을 갖고 있다. 책상에 앉아서 가베는 사탕 찾기를 시작한다. 해리스 선생님은 책상 위의 모든 물건들을 치우고, 그녀 앞에 사탕만을 놓는다. 해리스 선생님은 가베의 주의를 끈 다음에, 사람이 걷고 있는 그림을 잡고 나서 "걷다를 가리켜 봐."라고 말한다. 가베가 반응을 잘못하면, 해리스 선생님은 변별자극을 반복한다. 그리고 완전한 신체적 촉구를 사용해서 가베가 그림을 가리키도록 돕는다. 그런 다음에 그녀는 가베에게 칭찬하면서 작은 사탕 하나를 준다.

가베가 지시한 그림을 일관성 있게 잘 가리키면, 해리스 선생님은 두 개의 그림을 동시에 제시하며, 가베에게 특정 활동을 묘사하는 그림 하나를 가리키도록 한다. 가베가 두 개의 그림 중에 하나를 정확하게 식별하면, 해리스 선생님은 강화제를 주면서 칭찬한다. 가베가 틀린다면, 해리스 선생님은 변별자극을 반복하며, 가베의 손을 안내해서 정확한 그림을 잡도록 한다. 그러고 나서 그녀는 그에게 몇 개의 사탕을 준다. 그러나 가베가 그녀의 촉구를 기다리지 않도록 주의한다. 그녀는 결코 촉구 의존이 나타나는 것을 원하지 않는다!

잠시 후에, 해리스 선생님은 두 개의 새로운 물건을 잡는다. 그 강화제 중 하나는 가베가 좋아하는 것이다. 가베가 그들 중에 하나를 잡고 나서 이름을 말하지 못하면, 해리스 선생님은 두 개의 다른 강화제로 대체한다. 그녀는 강화에 대한 물림현상을 예방하기 위해 강화제를 다양하게 해야 한다는 것을 안다. 물림은 요구하는 것에 반응하는 동기를 감소시킨다. 가베가 세 개의 그림 장면을 제시하는 과제에서, 2주간 동안 2명의 다른 교사들과 함께 90% 정확하게 동사를 이해할 때까지 일련의 시행들을 계속한다.

6) 변 형

기본적 방법론으로서의 DTT 효과와 관련된 논쟁은 없었다. 그러나 기본적 방법론에서의 변형에 대해서 뿐만 아니라 DTT의 다른 유형에 관한 제안에 대해서는 심각한 논쟁이 있어 왔다.

주된 변형 중의 하나는 촉구를 사용해야 하는 시기와 관련 있다. 일부 사람들은 첫 번째 부정확한 또는 무반응 다음에 학생에게 촉구하지 않도록 권한다. 대신에 부정확한 또는 무반응 다음에, 교사는 멀리서 "안 돼!" 라고 말하며 자료들을 치우거나(Lovaas, 2003; Smith, 2001). 부정확한 또는 무반응 다음에 책상 위에서 학생의 손을 잠깐 동안 잡을 수 있다(Pérez-González & Williams, 2002). Leaf와 McEachin은 학생이 적어도 2회 이상 부정확한 반응을 하면 그때에 교정적 반응 촉구를 제공할 것을 제안했다. 이러한 변형은 DTT가 행동반응을 가르치는 데 있어서 가장 효과적인 방법인지에 대한 의견 대립을 이끌고 있다. 안타깝게도, 아직까지 누구에게 보다 더 효과가 있었는가에 대한 질문에 답하는 연구가 없었다.

비연속 개별시행의 유형에서도 변형이 있다. 비연속 개별시행 훈련에는 집중 시행(massed trials), 분산 시행(distributed trials), 그리고 집단 시행(collective trials)의 세 가지 유형이 있으며, 각각 장점과 단점을 가지고 있다. **집중 시행**에서, 교사는 같은 반응을 끌어내기 위해서 여러 번 같은 변별자극을 연속해서 사용한다. 집중 시행의 한 예로 학생에게 계속해서 10번 코를 만지도록 한다. 집중 시행의 장점은 기술을 빨리 가르치는 데 효과적이라는 것이다. 단점은 정보를 빨리 잃어버리는 경향이 있다는 것이다. 시험을 위한 벼락공부가 집중 시행의 한 예이다. 목요일에 시험을 보는 학생이 수요일 밤에 공부를 시작해도 충분히 공부해서 시험에 합격한다. 그러나 학생은 시험이 지난 후 수주일, 수일, 심지어는 몇 시간도 안 돼 공부한 정보를 잊는다.

집중 시행의 다른 단점은 연속해서 같은 반응을 여러 번 하라고 요구했을 때, 학생이 성질을 부릴 수 있다는 점이다(Koegel & Koegel 1995). 이러한 성질부리기는 불순종, 심지어는 심한 공격행동을 야기할 수 있다. 일부 부모들은 집중 시행으로 인해 아동들에게 문제행동이 나타나며, 심지어는 외상 후 스트레스 장애를 보인다고 불평한다("Open Letter", 1999).

행동 반응의 파지를 증진시키고 저항을 피하기 위하여, 시행을 집중하는 대신에 날짜를 건너뛰어서 분산시킬 수 있다. 연속해서 코를 10번 만지라고 하는 대신에(집중 시행), 학생에게 아침에 이를 닦는 동안에 1번, 노래를 부를 때 1번, 줄서서 기다릴 때 1번 등등, 코를 만지라고 한다(**분산 시행**). 또는 시행을 훈련 회기 동안에 분산할 수 있다.

학생이 분산 시행으로 반응을 학습하는 데 오래 걸릴지라도, 시행이 장면과 사람에 있어 분산되었다면, 학생이 학습한 반응은 시간이 지나도 유지되는 것이 장점이다(Koegel, O' Dell, & Koegel, 1987; McGee, Krantz, & McClannahan, 1984). 앞의 예에서는 학생이 시험을 위해 벼락공부를 하고, 그런 다음에 정보를 잃어버렸지만, 학생이 시험에 앞서 학기 중에 매주 공부하고 복습한다면, 학생은 더 많은 정보를 유지할 것이다. 분산 시행은 집중 시행보다 정보를 유지시키는 데 효과가 있다(Dellarosa & Bourne, 1985; Dempster, 1988; Lee & Genovese, 1988; Reynolds & Glaser, 1964).

비연속 개별시행 훈련의 세 번째 유형은 **집단 시행**으로, 그것은 학생들에게 시행을 분산하는 것이다. 학생은 동일한 과제를 받고, 교사는 학생에게 질문을 권유한다. 교사는 학생에게 첫 번째 질문에 대답하도록 요구한다(관심을 끌고, 변별자극을 제시한다). 교사는 정확한 대답을 알고 있다. 교사는 틀린 대답을 수정하고, 다른 학생을 불러 대답하도록 한다(반응과 후속결과를 제공한다). 그러고 나서 다른 학생에게 다음 질문에 대답하도록 요구한다. 집단 시행의 장점은 스포트라이트를 공유하는 것이다. 집단 시행은 학생이 다른 사람으로부터 배우는 것을 허용하고, 모델링으로 얻는 이익을 허용한다. 단점은 학생에게 직접 질문하지 않으면 주의를 기울이지 않으며, 일부 학생들은 다른 사람이 하는 것을 이해하지 못해서 모델링으로부터 배우지 못한다는 것이다. 분산 시행 및 다른 유형의 시행 사용이 효과적이라는 것을 보여 주고 있다(Egel, Shafer, &Neef, 1984: McMorrow & Foxx, 1986).

4. 비연속 개별시행 훈련의 찬반양론

DTT는 거의 모든 학습 상황에서 사용된다. 아동이 말을 배울 때, 보호자가 고양이를 가리키며 "저것이 무엇이니?"라고 물으면, 아동은 "고양이."라고 답한다. 그러면 "옳지, 맞았어."라고 말한다. (우리는 보호자의 언어적 칭찬이 아동의 말하는 능력을 키워 주고, 그것으로 인해 강화를 받는다고 가정한다)

아동이 나이가 들면서, 다양한 형태의 DTT(예 : 단어 철자와 곱셈)와 더불어 다른 유형의 교수에 노출된다. 여기에서 제시하고 있는 고도로 구조화된 DTT의 유형을 분석하면서 그 방법을 교실에서 어떻게 사용할지를 결정할 때, 고려해야 할 찬반양론이 있다.

찬성 의견은 다음과 같다.

(1) 학생은 반응을 배우고 연습할 수 있는 많은 기회를 갖는다. 시행이 아주 짧기 때문에 학생은 1분에 12번까지 반응할 수 있다(Smith, 2001).
(2) 변별자극을 명확히 정의하고, 다른 모든 산만한 것들을 제거한다. 이는 학생이 관련성 있는 것에 참여하는 것을 돕는다.
(3) 중요한 기술을 독립된 부분으로 나눈다(과제 분석). 따라서 각 요소를 특별히 가

르칠 수 있다.

(4) 정확한 행동을 미리 결정하고, 즉시 강화한다.

(5) 모든 사람들이 똑같은 방법을 사용할 수 있기 때문에, 학생에게 동일한 접근법을 사용한다.

고도로 구조화된 DTT가 주는 장점과 더불어 몇 가지 주의할 점이 있다. 반대 의견은 다음과 같다.

(1) 집중 시행 기간 동안 학습한 기술은 학습에 참여하지 않은 다른 장면이나, 혹은 다른 사람들에게 일반화할 수 없다.

(2) DTT만을 강조하는 것은 학습을 제한하고, 예상치 않은 부작용을 가져 올 수 있다. 일부 학생들은 집중 DTT에 반항한다(Howard, Sparkman, Cohen, Green, & Sranislaw, 2005; Newman, Needelman, Reinecke, & Robek, 2002). 더욱이 DTT의 목표가 자극 의존성을 야기하기 때문에, 독립성과 적응행동 발생을 억제할 수도 있다(Birnbrauer & Leach, 1993; Rogers, 1999).

(3) 자극 의존성(변별자극이 주어질 때에만 반응한다)은 학생들이 스스로 장난감을 가지고 놀기보다, 교사가 장난감을 가지고 놀라고 말하기를 기다리는 것처럼, 학생들이 행동과 관련된 나쁜 단서를 학습하는 결과를 초래한다(Smith, 2001).

(4) 일부 학생은 다른 학생들보다 DTT의 효과가 더 많이 나타난다. IQ 50 이하인 학생들은 IQ 50 이상인 학생들보다 집중 DTT로부터 효과가 적게 나타난다(Anderson et al., 1987; Fenske, Zalenski, Krantz, & McClannahan, 1985; Haris & Handleman, 2000; Lovaas, 1987).

5. 비연속 개별시행 훈련의 요약

강력한 실증적 증거가 응용행동분석의 다양한 중재 효과를 지지한다. DTT의 효용성을 확고히 뒷받침하는 자료는 부족하다(Gresham & Macmillan, 1997). 모든 사람들이 특정 자극 안에서 행동과 연관된 후속결과의 과정을 통해 학습할지라도, 장시간의 집중 비연속 시행은 기술의 일반화를 이끌지 못하며, 적응 기능(adaptive functioning)을 개선시키지 못한다. 연구자들은 DTT가 IQ 50 이상의 어린 아동들(4세 이하)에게 더 효과적이라고 한다(Lovaas, 1987). 1987년의 Lovaas의 연구에서 나타난 결과와 같거나 더 나은 성과가 DTT를 받지 않은 비슷한 집단에서도 나타났다(Eaves & Ho, 2004; Gabriels, Hill, Pierce, Rogers, & Wehner, 2001). 따라서 아동들의 특징이 중재보다 더 큰 영향을 미친다고 볼 수 있다(Lord, Cook, Leventhal, & Amaral, 2000). IQ가 중재보다 반응성에 있어서 최대의 예측인자로 나타났다(Eikeseth, Smith, Jahr, & Eldevik, 2002).

전미연구협의회(National Research Council, NRC, 2001)가 지적한 바와 같이, 아동의 특징과 더불어 가족의 특징이 연구의 결과를 혼란스럽게 하고 있다. Howard 등(2005)은 집중 DTT가 모든 사람에게 효율적이 아니라고 한다. 3개 비교 집단 중에서 일부 학생들만 진보를 보였다. 집중 DTT 집단에 속하는 학생들이 최대의 진보를 보였다. 그러나 그들 가족과 관련해서 차이가 있었다. 연구자들은 3곳의 장소(개인적인 집중 DTT, 공립 특수학급, 공적인 조기 중재 프로그램)에서 중재를 받은 아동 집단을 이용했다. 아동들의 가정환경은 다른 것으로 나타났다. 예상한 바와 같이, 자녀에게 집중 DTT 프로그램을 받게 한 부모들은 다른 두 그룹의 부모들보다 1~2년 더 많은 교육을 시키고 있었다. 집중 DTT 프로그램을 받은 아동들은 조기에 진단을 받고, 일찍 중재를 시작하였다. 연구 초기의 집중 DTT 그룹 아동들 중에 4명이 탈락했다. 두 아동은 중재가 문제행동을 야기해 부모가 중단했고, 한 아동은 부모가 가정 프로그램을 제공할 수 없었기 때문이며, 한 아동은 가족이 이사했기 때문이다. 두 비교 집단에서는 다른 이유로 탈락이 발생했다. 탈락한 4명의 아동 중 한 부모는 추적 조사를 거부했으며, 세 부모는 만날 수 없었다. 이들 세 그룹의 부모들 역시 인종이나 혼인상의 지위가 달랐으며, 공적으로 초기 중재 프로그램을 시작했을 때, 거의 반이 미혼이었다. 가족인구학적 특성이 집중 DTT 프로그램을 포함한 중재에서 반응에 어떤 영향을 미치는가를 결정하기 위해서는 좀 더 많은 분석이 필요하다.

단서 의존성(cue dependency), 자기주도의 결핍, 기계적 반응, 일반화의 실패와 같은(Schreibman, 2000), DTT를 사용한 초기 프로그램에서의 일부 문제점들은 방법론상의 수정을 이끌었다. 예를 들어, Smith, Eikeseth, Klevstrand, Lovaas(1997)는 관련 문제들을 최소화하기 위해 부모 훈련의 요소를 첨부하였다. 학년 말까지 DTT를 받은 학생 집단과 '선택적인(eclectic)' 특수교육 프로그램을 받은 학생 집단 간에 통계적으로 유의한 차이가 나타나지 않았다(Eikeseth et al., 2002). 집중 DTT가 학습을 증진시켰으나, 그들의 자폐 증상의 완화에는 도움이 되지 못한 것으로 나타났다(Rogers, 1998). 따라서 다음과 같은 결론을 내릴 수 있다.

> DTT는 자폐 아동들을 위한 ABA 처치의 필수조건이긴 하나 충분조건은 아니다… 다른 교수 접근법들은〔아동들에게 방법으로 가르치기 위해 필요한 접근들〕 그들이 습득한 기술을 사용하며, 그 기술을 새로운 장면에 전환하며, 그리고 교사의 단서 의존성을 줄이는 것으로 시작한다. (Smith, 2001, p. 91)

6. 다른 효과적인 ABA 중재들

지난 30년 동안, 수많은 연구들이 가정, 학교, 지역사회 장면에서 일반 아동과 장애 아동들의 행동 변화에 응용행동분석 방법이 효과가 있다고 발표해 왔다. 이 방법들의 일부는 자폐스펙트럼장애 학생을 대상으로 연구를 진행해 왔다. 이 책에서는 자폐스펙트럼장애 학생들에게 효과적으로 사용된 응용행동분석 방법들을 많이 제시했다. 제4장에서는 환경 배열 및 조정, 정적 및 동적 시각 전략의 사용, 촉구, 선택하기, 그리고 자극 통제와 관련된 응용행동분석 중재들을 설명하고 있다.

제7장에서는 행동 기능의 결정과 긍정적 행동 지원을 설계함으로써 적응행동 지원을 위한 응용행동분석 접근법들을 설명한다. 또한 ABA의 다섯 가지 차원을 동반한 중심 반응 훈련(PRT) 및 기능적 의사소통훈련(FCT)에 대해 논의한다. 제8장에서는 우연교수, 자연언어 패러다임(Natural Language Paradigm, NLP), 공동행동일과(Joint Action Routines, JARS), 그리고 그림교환 의사소통체계(Picture Exchange Communication System, PECS)와 같은 방법들을 통해서 의사소통 및 언어 행동을 증진시키는 응용행동분석 중재에 대해 논의한다.

제9장에서는 또래 및 성인 중심 접근법 형태 안에서 사회성 개발을 지원하는 응용행동분석 전략들을 설명한다. 제10장과 제11장에서는 학업 기술 습득과 더불어 학업활동 참여를 증진시키는 응용행동분석 중재의 적용에 대해 논의한다.

❖ 해리스 선생님에게 배우기

넬슨 씨에게 보내는 답장

신중하게 숙고한 다음에, 해리스 선생님은 앤디의 어머니에게 다음과 같이 E-mail을 보냈다.

안녕하세요! 앤디가 오늘 하루도 잘 보냈습니다. 집으로 보낸 과제를 보면 확인할 수 있을 겁니다. 학교에 있는 동안, 앤디는 3명의 다른 또래들과 함께 7개의 사물을 교환했습니다.

제가 앤디와 함께 ABA를 할 수 있는지에 대해 물으셨지요? 어머니께서 앤디의 대부분의 일과가 응용행동분석(ABA) 교수로 보낸다는 것을 알면 행복할 것입니다. 심지어 어머니께서 집에서 사용하는 PECS도 응용행동분석 전략입니다(화장실 훈련 프로그램).

어머니께서는 아마도 앤디의 교수 중 일부가 비연속 개별시행 훈련의 형태로 제공된다는 것을 알면 기뻐하게 될 것입니다. 저는 집중 시행을 사용하기보다는 분산 시행과 집단 시행을 사용합니다. 또한 앤디가 다른 상황과 다른 사람들에게 배운 기술을 사용하도록 지원하는 데 이들을 사용하고 있습니다. 우리는 수업 방법이 지루하다는 것을 알았습니다. 제가 앤디에게 몇 번이고 되풀이해서 "너의 이름은 무엇이니?" 라고 물었을 때, 대답을 잘하였지만, 다른 사람에게는 대답하지 못했습니다. 분산 시행은 시간이 지나도 유지되는 것 같았고, 앤디의 적응행동 발달에 방해를 덜 받는 것 같습니다.

우리 모두가 가르치는 데 어려움이 있지만, 지금 가장 효과적인 접근법을 사용하고 있다고 확신합니다. 앤디는 다양한 응용행동분석 전략의 사용을 통해 좋은 진보를 보이고 있습니다!

좋은 주말을 보내시기 바랍니다! 해리스 올림.

7. 결 론

응용행동분석 원리에 기반을 둔 중재는 자폐스펙트럼장애학생에게 효과가 있다는 강한 실증적 자료를 가지고 있다. ABA 접근법을 고려할 때, 중재는 적응행동의 일반화에 영향을 미치는 사회적 중요성 및 맥락적 고려점과 관련된 특정 기준에 부합되어야 한다. ABA에 기초한 중재는 행동 자료를 수집하여 타당도를 입증해야 한다. DTT는 자폐스펙트럼장애 학생들에게 사용된 많은 ABA 중재들 중 하나이다. DTT는 기술 습득을 증진시키는 데 효과적이지만, 자폐스펙트럼장애 학생에게 중요한 기술을 일반화해서 사용하도록 가르치기 위해서는 보다 자연적인 다른 ABA 중재들과 함께 사용하는 것이 바람직하다.

8. 토론 질문과 활동

(1) IEP 회의에서 부모가 당신에게 "나는 선생님이 우리 아이에게 ABA를 실시하기를 원한다!" 라고 말하면, 어떻게 대답할 것인가?

(2) 자폐스펙트럼장애 학생의 행동을 수정한 중재에 관한 연구를 찾는다. ABA의 다섯 가지 차원과 반대되는 중재를 비교해 본다. 그리고 그것이 어떻게 모든 기준에 적절하게 부합되는지를 결정한다.

(3) DTT 활용에서 학습한 다섯 가지 요소를 생각해 본다. 다섯 가지 요소가 당신의 경험에서 어떻게 나타나는지 설명한다.

(4) 대부분의 행동은 강화를 통하여 학습된다. 학생의 강화제 평가에 사용할 수 있는 다양한 전략들을 기술한다.

(5) 교수 기간 동안과 그 후에 학생이 학습한 기술을 일반화할 수 있는 능력을 향상시키기 위해 무엇이 필요한지를 논의한다.

참고문헌

Alber, S. R., Heward, W. L., & Hippler, B. J. (1999). Teaching middle school students with learning disabilities to recruit positive teacher attention. *Exceptional Children, 65,* 253-270.

Alberto, P. A., & Troutman, A. C. (2003). *Applied behavior analysis for teachers* (6th ed.). Upper Saddle River, NJ: Merrill/Prentice Hall.

Anderson, G. M., Freedman, D. X., Cohen, D. J., Volkmar, F. R., Hoder, E. L., McPhedran, P., et al. (1987). Whole blood serotonin in autistic and normal subjects. *Journal of Child Psychology & Psychiatry & Allied Disciplines, 28,* 885-900.

Anderson, S. R., & Romanczyk, R. G. (1999). Early intervention for young children with autism: Continuum-based behavioral models.

Cannella, H. I., O'Reilly, M. F., & Lancioni, G. E. (2005). Choice and preference assessment research with people with severe to profound developmental disabilities: A review of the literature. *Research in Developmental Disabilities, 26,* 1-14.

Carr, J. E., Dozier, C. L., Patel, M., Adams, A. N., & Martin, N. (2002). Treatment of automatically reinforced object mouthing with noncontingent reinforcement and response blocking: Experimental analysis and social validation. *Research in Developmental Disabilities, 23,* 37-44.

Carr, E. G., & Durand, V. M. (1985). Reducing behavior problems through functional communication training. *Journal of Applied Behavior Analysis, 18,* 111-126.

Charlop, M. H., & Milstein, J. P. (1989). Teach-

generalization of unsupervised responding: A descriptive analysis. *Journal of the Association for Persons with Severe Handicaps, 12,* 274-279.

Durand, V. M. (2005). Past, present, and emerging directions in education. In D. Zager (Ed.), *Autism spectrum disorders* (3rd ed., pp. 89-109). Mahwah, NJ: Erlbaum.

Eaves, L. C., & Ho, H. H. (2004). The very early identification of autism: Outcome to age 4-5. *Journal of Autism and Developmental Disorders, 34,* 367-378.

Egel, A. L., Shafer, M. S., & Neef, N. A. (1984). Receptive acquisition and generalization of prepositional responding in autistic children: A comparison of two procedures. *Analysis and Intervention in Developmental Disabilities, 4,* 285-298.

Eikeseth, S., Smith, T., Jahr, E., & Eldevik, S. (2002). Intensive behavioral treatment at school for 4- to 7-year-old children with autism. *Behavior Modification, 26,* 49-68.

Fenske, E. C., Zalenski, S., Krantz, P. J., & McClannahan, L. E. (1985). Age at intervention and treatment outcome for autistic children in a comprehensive intervention program. *Analysis and Intervention for Developmental Disabilities, 5,* 49-58.

Ferrari, M., & Harris, S. L. (1981). The limits and motivating potential of sensory stimuli as reinforcers for autistic children. *Journal of Applied Behavior Analysis, 14,* 339-343.

Frea, W. D. (2000). Behavioral interventions for children with autism. In J. Austin & J. E. Carr (Eds.), *Handbook of applied behavior analysis* (pp. 247-273). Reno, NV: Context Press.

Gabriels, R. L., Hill, D. E., Pierce, R. A., Rogers, S. J., & Wehner, B. (2001) Predictors of treatment outcome in young children with autism. *Autism, 5,* 407-429.

Garfinkle, A. N., & Schwartz, I. S. (2002). Peer imitation: Increasing social interactions in children with autism and other developmental disabilities in inclusive preschool classrooms. *Topics in Early Childhood Special Education, 22,* 26-38.

Grandin, T. (1996). Brief report: Response to National Institutes of Health Report. *Journal of Autism and Developmental Disabilities, 26,* 185-187.

Green, G. (2001). Behavior analytic instruction for learners with autism: Advances in stimulus control technology. *Focus on Autism and Other Developmental Disabilities, 16,* 72-86.

Gresham, F. M., & Macmillan, D. L. (1997). Autistic recovery? An analysis and critique of the empirical evidence on the early intervention project. *Behavioral Disorders, 22,* 185-201.

Hall, L. J., McClannahan, L. E., & Krantz, P. J. (1995). Promoting independence in integrated classrooms by teaching aides to use activity schedules and decreased prompts. *Education & Training in Mental Retardation & Developmental Disabilities, 30,* 208-217.

Haring, T., Kennedy, C., Adams, M., & Pitts-Conway, V. (1987). Teaching generalization of purchasing skills across community settings to autistic youth using videotape modeling. *Journal of Applied Behavior Analysis, 20,* 89-96.

Harris, S. L., & Handleman, J. S. (2000). Age and IQ at intake as predictors of placement for young children with autism: A four- to six-year follow-up. *Journal of Autism and Developmental Disorders, 30,* 137-142.

Heckaman, K. A., Alber, S., Hooper, S., & Heward, W. L. (1998). A comparison of least-to-most prompts and progressive time delay on the disruptive behavior of students with autism. *Journal of Behavioral Education, 8,* 171-201.

Heflin, L. J., & Alberto, P. A. (2001). Establishing a behavioral context for learning with students with autism. *Focus on Autism & Other Developmental Disabilities, 16,* 93-101.

Howard, J. S., Sparkman, C. R., Cohen, H. G., Green, G., & Stanislaw, H. (2005). A comparison of intensive behavior analytic and eclectic treatments for young children with autism. *Research in Developmental Disabilities, 26,* 359-383.

Hung, D. W. (1978). Using self-stimulation as reinforcement for autistic children. *Journal of Autism and Childhood Schizophrenia, 8,* 355-366.

Johnston, S., & O'Neill, R. E. (2001). Searching for effectiveness and efficiency in conducting functional assessments: A review and proposed process for teachers and other practitioners. *Focus on Autism and Other Developmental Disabilities, 16,* 205-214.

Kamps, D. M., Leonard, B. R., Vernon, S., Dugan, E., Delquadri, J. C., Gershon, B., et al.

(1992). Teaching social skills to students with autism to increase peer interactions in an integrated first-grade classroom. *Journal of Applied Behavior Analysis, 25,* 281-288.

Kazdin, A. E. (2001). *Behavior modification in applied settings* (6th ed.). Belmont, CA: Wadsworth/Thomson.

Kennedy, C. H. (2005). *Single-case designs for educational research*. Boston: Allyn & Bacon.

Koegel, L. K., Camarata, S. M., Valdez-Menchaca, M., & Koegel, R. L. (1998). Setting generalization of question-asking by children with autism. *American Journal on Mental Retardation, 102,* 346-357.

Koegel, L. K., & Koegel, R. L. (1995). Motivating communication in children with autism. In E. Schopler & G. B. Mesibov (Eds.), *Learning and cognition in autism* (pp. 73-87). New York: Plenum.

Koegel, R. L., O'Dell, M. C., & Koegel, L. K. (1987). A natural language teaching paradigm for nonverbal autistic children. *Journal of Autism and Developmental Disorders, 17,* 187-200.

Krantz, P. J., & McClannahan, L. E. (1998). Social interaction skills for children with autism: A script-fading procedure for beginning readers. *Journal of Applied Behavior Analysis, 31,* 191-202.

Laraway, S., Snycerski, S., Michael, J., & Poling, A. (2003). Motivating operations and terms to describe them: Some further refinements. *Journal of Applied Behavior Analysis, 36,* 407-414.

Laushey, K. M., & Heflin, L. J. (2000). Enhancing social skills of kindergarten children with autism through the training of multiple peers as tutors. *Journal of Autism and Developmental Disorders, 30,* 183-193.

Leaf, R., & McEachin, J. (Eds.). (1999). *A work in progress: Behavior management strategies and a curriculum for intensive behavioral treatment of autism.* New York: DRL Books.

Lee, T. D., & Genovese, E. D. (1988). Distribution of practice in motor skill acquisition: Learning and performance effects reconsidered. *Research Quarterly for Exercise and Sport, 59,* 277-287.

Lord, C., Cook, E. H., Leventhal, B., & Amaral, D. G. (2000). Autism spectrum disorders. *Neuron, 28,* 355-363.

Lovaas, O. I. (1987). Behavioral treatment and normal education and intellectual functioning in young autistic children. *Journal of Consulting and Clinical Psychology, 55,* 3-9.

Lovaas, O. I. (2003). *Teaching individuals with developmental delays: Basic intervention techniques*. Austin, TX: ProEd.

Lovaas, O. I., Berberich, J. P., Perloff, B. F., & Schaeffer, B. (1966). Acquisition of imitative speech in schizophrenic children. *Science, 151,* 705-707.

Lovaas, O. I., Freitag, G., Nelson, K., & Whalen, C. (1967). The establishment of imitation and its use for the development of complex behavior in schizophrenic children. *Behaviour Research and Therapy, 5,* 171-181.

Massey, N. G., & Wheeler, J. J. (2000). Acquisition and generalization of activity schedules and their effects on task engagement in a young child with autism in an inclusive preschool classroom. *Education and Training in Mental Retardation and Developmental Disabilities, 35,* 326-335.

Matson, J. L., Taras, M. E., Sevin, J. A., Love, S. R., & Fridley, D. (1990). Teaching self-help skills to autistic and mentally retarded children. *Research in Developmental Disabilities, 11,* 361-378.

Maurice, C., Green, G., & Foxx, R. (2001). *Making a difference: Behavioral intervention for autism*. Austin, TX: Pro-Ed.

Maurice, C., Green, G., & Luce, S. C. (Eds.). (1996). *Behavioral intervention for young children with autism: A manual for parents and professionals*. Austin, TX: Pro-Ed.

McGee, G. G., Krantz, P. J., & McClannahan, L. E. (1984). Conversational skills for autistic adolescents: Teaching assertiveness in naturalistic game settings. *Journal of Autism & Developmental Disorders, 14,* 319-330.

McMorrow, M. J., & Foxx, R. M. (1986). Some direct and generalized effects of replacing an autistic man's echolalia with correct responses to questions. *Journal of Applied Behavior Analysis, 19,* 289-297.

National Research Council. (2001). *Educating children with autism*. Committee on Educational Interventions for Children with Autism. Division of Behavioral and Social Sciences and Education. Washington, DC: National Academy Press.

Newman, B., Needelman, M., Reinecke, D. R., & Robek, A. (2002). The effect of providing choices on skill acquisition and competing behavior of children with autism during discrete trial instruction. *Behavioral Interventions, 17,* 31-41.

O'Neill, R. E., & Sweetland-Baker, M. (2001). Brief report: An assessment of stimulus generalization and contingency effects in functional communication training with two students with autism. *Journal of Autism and Developmental Disorders, 31,* 235-240.

"Open letter." (1999). *The Communicator, 10*(1), 4.

Perez-Gonzalez, L. A., & Williams, C. (2002). Multicomponent procedure to teach conditional discriminations to children with autism. *American Journal of Mental Retardation, 107,* 293-330.

Pierce, K., & Schreibman, L. (1997). Using peer trainers to promote social behavior in autism? Are they effective at enhancing multiple social modalities? *Focus on Autism and Other Developmental Disabilities, 12,* 207-218.

Reinhartsen, D. B., Garfinkle, A. N., & Wolery, M. (2002). Engagement with toys in two-year-old children with autism: Teacher selection versus child choice. *Research & Practice for Persons with Severe Disabilities, 27,* 175-187.

Reynolds, R. E., & Glaser, R. (1964). Effects of repetition and spaced review upon retention of a complex learning task. *Journal of Educational Psychology, 55,* 297-308.

Rincover, A., & Newsom, C. D. (1985). The relative motivational properties of sensory and edible reinforcers in teaching autistic children. *Journal of Applied Behavior Analysis, 18,* 237-248.

Rogers, S. J. (1998). Empirically supported comprehensive treatments for young children with autism. *Journal of Clinical Child Psychology, 27,* 138-145.

Rogers, S. J. (1999). Intervention for young children with autism: From research to practice. *Infants and Young Children, 12,* 1-16.

Ross, D. E., & Greer, R. D. (2003). Generalized imitation and the mand: Inducing first instances of speech in young children with autism. *Research in Developmental Disabilities, 24,* 58-74.

Schreibman, L. (2000). Intensive behavioral/psychoeducational treatments for autism: Research needs and future directions. *Journal of Autism and Developmental Disorders, 30,* 373-378.

Shabani, D. B., Katz, R. C., Wilder, D. A., Beauchamp, K., Taylor, C. R., & Fischer, K. J. (2002). Increasing social initiations in children with autism: Effects of a tactile prompt. *Journal of Applied Behavior Analysis, 35,* 79-83.

Shearer, D. D. (1996). Promoting independent interactions between preschoolers with autism and their nondisabled peer: An analysis of self-monitoring. *Early Education and Development, 7,* 205-220.

Skinner, B. F. (1953). *Science and human behavior*. New York: Macmillan.

Skinner, B. F. (1969). *Contingencies of reinforcement*. East Norwalk, CT: Appleton-Century-Crofts.

Smith, T. (2001). Discrete trial training in the treatment of autism. *Focus on Autism and Other Developmental Disabilities, 16,* 86-92.

Smith, T., Eikeseth, S., Klevstrand, M., & Lovaas, O. I. (1997). Intensive behavioral treatment for preschoolers with severe mental retardation and pervasive developmental disorder. *American Journal on Mental Retardation, 102,* 238-249.

Stevenson, C. L., Krantz, P. J., & McClannahan, L. E. (2000). Social interaction skills for children with autism: A script-fading procedure for nonreaders. *Behavioral Interventions, 15,* 1-19.

Strain, P. S., Kohler, F. W., Storey, K., & Danko, C. D. (1994). Teaching preschoolers with autism to self-monitor their social interactions: An analysis of results in home and school settings. *Journal of Emotional and Behavioral Disorders, 2,* 78-88.

Sundberg, M. L., & Partington, J. W. (1998). *Teaching language to children with autism or other developmental delays*. Pleasant Hill, CA: Behavior Analysts.

Tabor, T. A., Seltzer, A., Heflin, L. J., & Alberto, P. A. (1999). Use of self-operated auditory prompts to decrease off-task behavior for a student with autism and moderate mental retardation. *Focus on Autism and Other Developmental Disabilities, 14,* 159-167.

Taylor, B. A., & Levin, L. (1998). Teaching a student with autism to make verbal initiations: Effects of a tactile prompt. *Journal of Applied Behavior Analysis, 31,* 651-654.

Wacker, D. P., Steege, M. W., Northrup, J., Sasso, G., Berg, W., Reimers, T., et al. (1990). A component analysis of functional communication training across three topographies of severe behavior problems. *Journal of Applied Behavior Analysis, 23,* 417-429.

Wolery, M., Kirk, K., & Gast, D. L. (1985). Stereotypic behavior as a reinforcer: Effects and side effects. *Journal of Autism and Developmental Disorders, 15,* 149-161.

Wolf, M. (1978). Social validity: The case for subjective measurement or how applied behavior analysis is finding its heart. *Journal of Applied Behavior Analysis, 11,* 203-214.

Yoder, P. J., & Layton, T. L. (1988). Speech following sign language training in autistic children with minimal verbal language. *Journal of Autism and Developmental Disorders, 18,* 217-230.

7

문제행동 교수 프로그램

핵 심 용 어

- 간접자료 수집 (indirect data collection)
- 감각자극-중심(sensory-based)
- 고통경감(pain attenuation)
- 관심 끌기/접근(attention/access)
- 긍정적 행동지원(Positive Behavior Support, PBS)
- 기능분석(Functional Analysis, FA)
- 기능적 의사소통훈련(Functional Communication Training, FCT)
- 기능평가(Functional Behavior Assessment, FBA)
- 비유관 강화(Noncontingent Reinforcement, NRC)
- 소거 폭발(extinction burst)
- 소거(Extinction, EXT)
- 자기관리(self-management)
- 조작적 정의(operational definition)
- 중심 반응(pivotal response)
- 직접자료 수집(direct data collection)
- 차별강화 (Differential Reinforcement, DR)
- 회피/도피(aviod/escape)

❖ 해리스 선생님에게 배우기

힘들었던 하루

해리스 선생님은 쓰러지듯이 마룻바닥에 주저앉았다. 하루가 아슬아슬하게 지나 마지막 시간이 되었다. 학생들이 모두 귀가한 후, 해리스 선생님은 그날 하루를 돌아보았다. 그녀는 피부에 크게 생긴 타박상을 애처로이 바라보며, 이빨 자국을 제거하기 위해 얼음 팩을 올려놓으면서 각각의 상처를 입게 된 일련의 사건들을 생각해 보았다. 가베는 평소보다 더 흥분된 상태로 학교에 도착했다. 가베의 어머니는 해리스 선생님에게 알림장에 다음과 같은 글을 써서 보냈다. 누군가가 저녁에 VCR을 분해하려고 했으며, 그것이 고장 났다. 가베는 잠들기 전까지 비디오를 볼 수 없었고, 밤새 성질을 부렸고 거의 잠을 자지 못했다. 가베는 아침에 학교가기 전에 평소처럼 비디오를 볼 수 없었다. 가베의 어머니는 가베가 귀가하기 전에 다른 VCR을 구할 것이라고 하면서 해리스 선생님의 행운을 빈다고 했다. 그날 아침 해리스 선생님은 평소처럼 가베를 수업에 참여하도록 했지만, 그는 VCR을 보기 원하면서 "나는 토마스를 원해! 토마스 들어와!" 하고 소리쳤다. 해리스 선생님은 교실에서 VCR을 치우기로 결정했다. 그녀가 비디오를 차로 들고 나갈 때, 가베는 폭력적으로 변해 그녀를 때리고 발로 찼다. 그녀는 피부에 약간의 멍과 큰 타박상을 입었다.

해리스 선생님은 도널드가 과제를 마칠 수 있도록 돕고 있을 때, 팔을 물렸다. 그는 계속해서 책상의 과제물을 뿌리쳐 버렸다. 그리고 해리스 선생님은 도널드의 손 위에 그녀의 손을 얹어 과제를 마칠 수 있도록 돕고 있을 때, 그는 그녀를 향해 몸을 기울여서 그녀를 물었다. 그리고 그때 스티븐이 있었는데 그는 글자를 한 자 한 자 쓸 때마다 그의 눈앞으로 연필을 들어 올려 흔드는 행동을 하기 때문에 쓰기 과제를 마치지 못하고 계속하고 있었다.

해리스 선생님은 자폐스펙트럼장애 학생들이 세상을 이해하는 데 어려움을 주는 신경학적인 차이에 대해 정확히 알고 있었다. 그러나 학생들의 IEP 목표에 진전이 있도록 하기 위해서 그녀는 이러한 문제 행동들을 설명할 무엇인가를 해야만 했다.

모든 교사(일반교육 및 특수교육)들이 직면하는 가장 중요한 논쟁 중의 하나는 교수를 제공하기 위해 학생들의 행동을 관리하는 것이다. 학생들이 보이는 경미한 문제행동들은 학생들에게 가까이 다가가서 '교사의 얼굴표정' 을 보여 주거나, 단호하게 경고를 함으로써 다룰 수 있다. 그러나 많은 자폐스펙트럼장애학생들은 사회화와 의사소통 결함 때문에 얼굴표정이나 목소리 톤을 해석하지 못한다. 구어를 사용하는 학생들뿐만 아니라 사용하지 않는 학생들도 의사소통에 결함이 있으면, 자신의 메시지를 전달하기 위한 확실한 방법이 없기 때문에 학생들은 쉽게 문제행동을 보인다. 이 장에서는 맥락 안에서의 문제행동, 그리고 교사들이 행동이 전하고자 하는 것을 어떻게 해석해야 하는지에 대해 살펴 보고자 한다. 이러한 과정이 기능평가이다. 또한 학생의 행동을 효과적으로 관리할 수 있는 긍정적 행동지원 계획을 개발하기 위해서 기능평가로부터 얻은 정보를 활용하는 과정에 관한 설명을 제공하고자 한다.

1. 무엇이 문제행동을 촉진시키나?

모든 행동에는 이유가 있다. 교사는 학생의 행동이 전하고자 하는 의도를 해석해야 한다(Donnellan, Mirenda, Mesaros, & Fassbender, 1984). 행동은 개인의 내적 상태 및 외적 사상에 개인이 반응하는 정보를 전한다. 내적 상태와 관련해서 행동은 발달적 성숙의 명확한 지표를 제공할 수 있다. 예를 들어, 2세 유아들은 당황했을 때, 일반적으로 무는 행동을 한다. 그러나 나이가 들면서 당황과 관련된 다른 의사소통 방법을 배운다. 11세 아동이 여전히 문다면, 미성숙한 의사소통이 분명하다.

또한 행동들은 신경학적인 근거가 있다. 사람들이 틱 장애 증상으로 고함을 치거나, 경련을 일으키거나, 혹은 갑작스럽게 팔을 움직인다면, 이들은 뇌의 비정상적인 전기적 활동을 보여 주는 것이다. 기면발작(narcolepsy)의 결과로 갑자기 잠이 드는 것도 비정상적인 뇌 기능 때문이다. 그들은 감각자극 피드백을 제공하는 행동을 하며, 그것은 스티븐이 연필을 흔드는 것처럼, 뇌가 필요로 하여 유쾌한 자극으로 감각자극을 추구한다.

신경학적 근거로부터 발생하는 행동 외에 또 다른 예로서 사람들이 배고프거나, 혹은 가베의 경우처럼 매우 피곤하거나 화가 나 있다면, 흥미없이 교수활동에 참여한다(O' Reilly, 1995; Kennedy & Meyer, 1996). 대부분의 사람들은 계절성 알레르기로 고통스럽거나, 혹은 몸이 좋지 않을 때, 일이 잘 안 되는 것을 경험한다. 교사들은 학생의 내적 상태를 알기 위해 학생이 보이는 내적 상태 관련 행동을 조사해야 한다(Romanczyk & Matthews, 1998).

그리고 행동은 개인과 주위 환경 사이의 상호작용에 대한 정보를 전달할 수 있다(Durand & Merges, 2001). 행동은 사상(events)과 관련된 개인의 선호도와 반응을 나타낼 수 있다. 예를 들어, 도널드는 교육활동에 참여하기 싫다는 것을 물건을 던지는 행동으로 전달했으며, 그때 도움을 주려고 하자 무는 행동으로 의사소통을 했다. 사람들은 다른 사람이 그들과 가까이 있거나 주위의 특정한 사람과 같이 있기 원한다는(혹은 피하기 원한다는) 것을 그들만의 방식으로 전달한다. 많은 사람들은 즐거운 일이 일어날 때, 자신의 의사를 전달하기 위해 미소를 짓거나 웃는다. 자폐스펙트럼장애와 같은 사람들은 흥분했을 때, 비명을 지르며, 손뼉을 치며, 펄쩍펄쩍 뛴다. 일부 자폐스펙트럼장애인에게는 웃음이 행복보다는 불편하거나 스트레스로 보인다. 만약 자기 스스로 결정하지 않은 음식이 냄새나 모양에서 변변치 않다면, 보통 사람들은 자연스럽게 얼굴을 찡그릴 것이다. 독특한 소리나 시끄러운 환경에서 어떤 사람들은 그 소리를 듣고 싶지 않다는 의사 표시로 손으로 귀를 막는다. 행동은 환경 안에서 좋아하거나 싫어하는 활동과 사람뿐만 아니라 감각자극에 대한 선호도를 전달한다. 그러므로 행동은 환경과 논리적으로 관련되어 있다(Kern & Dunlap, 1998).

내적 상태 및 외적 사상의 반응과 관련된 의사소통 행동을 분석하는 것과 더불어, 행동은 후속결과와의 관련을 결정하기 위해 세밀하게 조사되어야 한다(Skinner, 1953). 모든 행동에는 이유가 있다. 이유 없는 행동은 없다. 사람들은 상쾌한 호흡과 치과에 가지 않으려고 이를 닦는다. 사람들은 자선단체에 기부를 함으로써 본질적인 즐거움을 얻고 세금 감면 혜택을 받는다. 사람들은 교재를 구입해서 읽음으로써 유용한 정보를 얻을 수 있다. 그리고 필요한 학점을 취득해 학위를 따거나 교사 자격을 얻을 수 있다. 문제행동의 열쇠는 행동 뒤에 숨겨져 있는 이유를 알아내는 것이다(Carr et al., 1999). 이유는 보통 행동의 '목적', 즉 '기능'으로 언급된다.

2. 행동의 기능

행동의 기능에는 크게 네 가지 범주들이 있다(Iwata, Dorsey, Slifer, Bauman, & Richman, 1982/1994).

- 획득(관심 끌기/접근)
- 회피(도피)

- 감각자극
- 고통경감

관심 끌기/접근 범주에서의 행동은 개인이 원하는 것을 얻기 위해 발생한다. 때때로 그것은 타인의 관심을 끌거나 원하는 사물, 음식물, 활동에 접근하기 위해 나타난다. 관심을 끌려는 행동과 접근하려는 행동은 동시에 일어나기 때문에 구별하기 어렵다. 예를 들어, 컴퓨터에 접근하려고 컴퓨터를 사용하고 있는 다른 학생을 때린다면, 그 행동은 보통 관심을 끌게 된다. 교사는 때린 학생을 꾸짖는다. 이 장의 서두에 소개한 사례에서, 해리스 선생님은 가베가 비디오에 접근하지 못하게 하자 가베는 해리스 선생님을 때리고 걷어찼다. 다른 학생들은 수업 중에 소리를 질러 교사나 또래들의 관심을 끌려고 한다. 이러한 광범위한 범주 속에는 개인이 얻고자 하는 것을 얻기 때문에 행동이 발생한다. 그것은 사회적 관심, 혹은 사물이나 활동에 접근일 수 있다.

회피/도피 범주에서의 행동은 개인이 싫어하는 것을 피하려고 할 때 발생한다. 사람들은 너무 어렵고, 지루하고, 재미없는 과제를 피하려고 한다. 도널드는 교사를 물으면 과제가 철회된다는 이전의 경험으로 인해 당황한 상황에서 벗어나려고 해리스 선생님을 물었다. 도널드는 해리스 선생님을 물으면, 과제가 철회되어 그가 원하지 않는 것으로부터 도피할 수 있다는 것을 알았다. 학생은 또래들에게 공격행동을 하여, 교무실로 불려가면 원하지 않는 과제 활동을 피할 수 있다. 학생의 행동은 자신이 관심의 대상이 되거나, 또래들의 접근을 회피하는 것과도 관계가 있다. 또는 학생의 행동은 환경 안에서 원하지 않은 다양한 이유들(예 : 냄새, 소음, 기대)을 회피하거나 제거하려는 것과 관계가 있다.

기능이 **감각자극**이라면, 행동은 즐거운 피드백을 받기 위해 발생한다. 사람들은 감각자극 피드백을 좋아하기 때문에 껌을 씹는다. 사람들은 기분을 좋게 하기 위해서 몸을 흔들거나 인라인스케이트를 탄다. 제5장에서 논의된 바와 같이, 감각자극 피드백은 아마 본능적으로 즐겁거나, 혹은 개인의 내적 조정(internal regulation)을 조절할지도 모른다. 껌을 씹는 것은 아마 즐거운 일일 것이다. 그리고 그것은 각성 수준을 증가시키기 위한 시도로 사용될 수도 있다. 흔드는 것은 아마 즐거운 피드백을 제공하거나, 혹은 그것이 스트레스 수준을 낮추는 고유수용계 및 전정계(proprioceptive and vestibular system)와 관련 있을 수도 있다. 행동이 즐거운 피드백을 제공하거나 피드백을 조절하는 기능으로 작용한다면, 행동의 기능은 감각자극이다.

고통경감은 행동의 가능성 있는 기능으로 고려되어야 하지만, 그것은 교육적 중재를 요구하지 않고, 의학적 중재를 요구한다. 무엇인가를 경감시킨다는 것은 줄이는 것을 말한다. 고통경감의 행동은 고통을 줄이기 위해 나타난다. 예를 들어, 많은 사람들은 모기에 물렸을 때, 가려움을 덜기 위해 긁는다. 그러나 모기에게 물린 곳을 긁는 것은 효과적인 치료법이 아니며, 오히려 염증과 감염의 문제를 야기한다. 많은 사람들은 머리가 아프면, 고통을 덜기 위하여 관자놀이를 문지른다. 다시 말하지만, 이러한 노력은 고통을 치료하지 못한다. 그러나 그것은 일시적으로 고통을 완화시키는 것처럼 보인다. 특히 의사소통에 문제가 있는 사람들은 두통을 경감시키기 위하여 머리를 치는 것처럼, 치통을 경감시키기 위하여 턱을 친다(Fisher & Dunn, 1983; O'Reilly, 1997). 고통경감 행동은 다른 세 가지 기능들보다 자주 발생하지는 않지만, 반드시 고려하여 행동 지원 계획을 수립하기 이전에 제거해야 한다. 행동의 기능이 고통경감이면, 행동은 복합적인 맥락 안에서 계속 발생할 것이며, 외적 환경과는 논리적인 관계가 거의 없을 것이다. 고통경감 행동이 나타나는 사람들에게는 적절한 처치를 처방할 수 있는 의사의 진찰이 필요하다.

행동의 기능을 판별하는 과정에 관해 살펴보기 전에, 몇 가지 주의사항을 언급하고자 한다. 첫째, 행동은 복합적인 기능을 가질 가능성이 있다(Lalli & Casey, 1996). 도널드는 싫어하는 활동을 회피하려고 물었을 것이다. 또한 그는 해리스 선생님의 관심을 끌기 위하여 물었을 수도 있다. 둘째, 몇 가지 행동들이 같은 기능으로 작용할 수 있다. 예를 들어, 도널드는 싫어하는 활동을 도피하기 위해서 무는 행동을 했을 것이다. 또는 싫어하는 활동을 도피하기 위해서 소리를 지르고, 걷어차고, 성질을 부릴 수도 있다. 마지막으로 모든 행동은 역동적이기 때문에 행동의 기능은 시간이 지나면서 바뀔 수 있다(Lerman, Iwata, Smith, Zarcone, & Vollmer, 1994). 피아노와 같은 악기를 연주하는 사람들은 아마도 부모의 인정(관심 끌기/접근)을 얻기 위하여, 또는 부모의 불인정(벌, 도피/회피)을 피하기 위하여 연주를 시작했을 것이다. 시간이 지나면서 그들은 청중의 관심을 끌며 박수갈채를 받기 위하여, 또는 스포츠에 참여하는 것을 회피하기 위하여 연주를 계속한다. 시간이 지나면서 그와 같은 사람들은 합창단과 피아노를 연주하는 것이 지역사회에 공헌한다는 의미를 알았을 때, 기뻐하면서 만족감을 갖고 피아노를 연주한다. 행동의 기능을 고려할 때, 하나의 행동이 복합적인 기능으로 작용할 수 있다는 것을 기억하는 것이 중요하다(보통 맥락과 유관이 있다). 몇몇 행동들은 같은 기능으로 작용할 수 있다. 그리고 행동의 기능들은 시간이 지나면서 변할 수 있다.

3. 행동의 기능 결정하기

교사들은 효과적인 지원 계획을 수립하기 위하여 행동의 기능을 결정해야 한다(Foxx, 1996; Horner & Carr, 1997). 기능평가와 기능분석은 기능을 결정하는 데 사용된다. 기능평가와 기능분석이라는 용어가 종종 서로 대체해서 사용되었으나, 이 두 가지는 다른 과정을 나타낸다. **기능평가(FBA)**는 자료를 수집하는 과정을 말하며, 기능을 추측한 다음 어떤 결론에 도달하는 것이다. **기능분석(FA)**은 전형적으로 문제행동의 전(선행사건)과 후(후속결과)를 조작하여 추측한 기능을 입증하는 과정이다(Horner, 2000). FBA의 수행과정은 3단계로 이루어질 수 있다.

(1) 문제행동의 조작적 정의

(2) 행동에 관한 자료 수집

- 추측한 기능의 아이디어를 얻을 수 있는 간접자료
- 후속결과에 대한 학생의 반응이 포함된 직접관찰 자료

(3) 추측한 기능을 구체화하기 위한 자료 분석

1) 문제행동의 조작적 정의

모든 문제행동을 동시에 설명하기는 어렵다. 그러므로 행동의 우선순위를 결정할 필요가 있다. 우선순위는 행동의 강도나 단계적인 행동연쇄에서 초기에 발생하는 행동을 고려하여 결정할 수 있다. 예를 들면, 어떤 행동들은 심각하여 학생의 안전을 위협하거나(예 : 자해행동), 다른 학생들의 안전을 위협한다(예 : 공격행동). 행동의 강도가 심각할수록 우선순위의 앞에 놓일 수 있다. 어떤 때는 단계적인 행동연쇄에서 초기 발생하는 행동이 우선순위가 될 수 있다. 예를 들어, 공격행동을 하기 전에 학생이 항상 몸을 앞뒤로 흔들기 시작한다면, 행동연쇄의 진행을 막을 수 있는 몸 흔드는 행동이 표적행동으로 될 수 있다. 가장 정확한 FBA 결과로 나온 한 가지 행동, 혹은 몇몇 행동들로 우선순위를 정한다. 한 번에 세 가지 이상을 표적행동으로 정하는 것은 혼란을 야기하거나 일을 더욱 어렵게 만든다.

우선순위 행동을 정한 후에, 우선순위 행동을 조작적으로 정의해야 한다. 행동의 **조작적 정의**는 관찰 가능하고, 측정 가능하고, 누구나 명확하게 이해할 수 있는 용어로 진술해야 한다(Kazdin, 2001). '과제 수행을 거절한다.' 라고 기술하는 것은 조작적 정의가

아니다. 왜냐하면, 그 기술은 다른 사람들에게는 다른 의미로 해석될 수 있기 때문이다. '과제 수행을 거절한다.'의 조작적 정의는 다음과 같다: "로이는 팔짱을 낀 채 교사를 멀리 바라보며 '아니오.' '나는 그것을 할 수 없어요.' 혹은 다른 부정적인 말을 한다." 다른 학생에게는 '과제 수행을 거절한다.'의 조작적 정의가 다르게 정의될 수 있다. '메러디스는 책상 밑을 기어 다니며, 머리를 무릎에 묻는다.' 문제행동의 조작적 정의는 학생 개개인에 따라 구체적이어야 하며, 관찰 가능하고 측정 가능한 행동 용어로 기술해야 한다.

2) 행동에 관한 자료 수집

일단 문제행동이 조작적으로 정의되면, 행동이 발생한 주변의 맥락을 파악하기 위하여 행동을 기술한 자료를 수집한다. 또한 자료 수집은 행동이 전혀 발생하지 않는 맥락도 파악해 두어야 하며, 행동이 발생한 것과 발생하지 않은 것을 비교하고 대조해야 한다(Horner, 2000; Kern & Dunlap, 1998). 기능을 결정짓는 다음의 6개 질문들에 명확히 대답할 수 있는 충분한 자료를 수집해야 한다(O' Neill, et al., 1997).

(1) 행동이 얼마나 자주 발생하고, 얼마나 오래 지속되는가?
(2) 행동이 어디에서 자주 발생하고, 어디에서 발생하지 않는가?
(3) 행동이 누가 있을 때 발생하며, 누가 없을 때 발생하는가?
(4) 행동이 일어났을 때 무엇을 하고 있었으며, 행동이 일어나지 않았을 때 무슨 활동을 했는가?
(5) 행동이 언제 가장 많이 일어났으며, 언제 가장 적게 일어났는가?
(6) 문제행동의 발생 결과에 대해 학생들의 반응은 어떠한가?

이러한 질문과 관련된 명료한 답을 얻기 위해서 교사들은 기술식 자료(descriptive data)를 수집한다. 기술식 자료는 직접자료와 간접자료의 두 가지 형태가 있다. **간접자료 수집**은 학생의 행동을 직접 관찰하지 않고 학생 및 관련인과의 면담 등을 통해 자료를 수집하는 것이다. 간접자료 수집 결과들은 행동과 관련해서 이야기할 수 있는 단서를 제공하고, 행동 기능의 피상적인 느낌을 제공할 수 있다. 간접평가는 기능을 정확하게 파악하지 못할 수 있다(Crawford, Brockel, Schauss, & Miltenberger, 1992; Zarcone, Rodgers, Iwata, Rourke, & Dorsey, 1991). 왜냐하면 주관적인 기억으로 인해 신뢰도가 편포될 수 있기 때문이다(Lennox & Miltenberger, 1998). 이러한 영향 때문에 간접평가는 기능 결정의 시작점은 되지만, 긍정적 행동지원 계획을 수립하기 위해서는 충분하지 못하다.

몇 가지 도구들이 간접자료 수집에 일반적으로 사용된다. 대표적인 도구로는 기능분석 선별도구(FAST; Florida Center on Self-Injury, 1996), 동기평가척도(MAS; Durand & Crimmins, 1992), 그리고 문제행동 질문지(PBQ; Lewis, Scott, & Sugai, 1994)를 들 수 있다. 〈그림 7-1〉은 입 안에 물건을 자주 넣는 나타샤에 대한 동기평가척도의 내용이다.

교사가 완성한 MAS 결과에서 나타샤 행동의 기능은 관심 끌기로 평가되었다. 언어치료사, 전문 보조원, 그리고 어머니가 MAS로 나타샤를 평가하였다. 언어치료사와 어머니는 나타샤 행동의 기능이 도피라고 평가한 반면에, 전문보조원은 관심 끌기로 평가하였다. 간접평가는 행동을 명확하게 조작적으로 정의했을지라도 거의 같은 결과를 도출하지 못한다.

교사들은 문제행동에 관한 대화를 시작하고, 학생들의 행동에 관한 초기 자료를 수집하기 위해 간접평가를 사용한다. 그러나 행동의 기능과 관련 있는 실제적인 관계 진술을 밝히기 위해 직접관찰 자료를 수집할 필요가 있다(Horner & Carr, 1997). Bijou, Paterson, Ault(1968)에 의해 개발된 표준 자료수집 양식은 선행사건, 문제행동, 후속결과를 기록하도록 구성되어 있다. 기능을 결정하기 위하여 이 양식은 행동 발생 후에 수반되는 후속결과에 대한 학생의 반응을 기록하기 위하여 수정되어 왔다. 〈그림 7-2〉는 수백 명의 교사들이 효율적으로 사용해 왔던 **직접자료 수집** 양식이다(adapted from Smith & Heflin, 2001). 이는 직접 관찰을 하는 동안에 기록의 양을 줄일 수 있도록 문자번호 또는 숫자번호를 사용하여 기록의 시간을 줄일 수 있다는 점이 핵심이다.

상황, 선행사건, 후속결과, 그리고 학생의 반응에 대한 선택은 교육환경 안에서 분명하게 예측 가능하다. 〈그림 7-3〉은 미국 내 동일한 주에서 10년 이상 근무한 교사로부터 수집한 자료이다.

얼마나 많은 직접자료를 수집해야 하는가? 충분한 자료는 행동의 기능을 가정하는데 있어 신뢰도를 높인다. 일부 학생들은 상대적으로 자료가 거의 없을 수 있다(예 : 각각 10~15회 사건 발생). 반면에 다른 학생들은 보다 많은 자료를 확보할 수 있다. 앞에 제시한 여섯 가지 질문에 대답하고, 수집한 자료의 패턴을 파악하기 위해서는 충분한 자료를 수집할 필요가 있다.

동기평가척도

학생 : 나타샤　　　　평정자 :　　　　날짜 :

행동 기술(구체적으로) : 물건을 입안에 넣고, 물건을 던지고 표면을 닦는다.

장소 : 교실의 자기 책상

지시사항 : MAS는 개인이 특정한 방식으로 행동하는 상황을 파악하기 위해 고안된 질문지이다. 이러한 정보로부터 얻은 결과를 바탕으로 적절한 대체행동을 선택할 수 있다. MAS를 완성하기 위해서 관심 있는 행동 하나를 선택한다. 그리고 행동을 구체적으로 기술한다. 예를 들어, "공격행동"보다 "다른 사람을 때린다."가 더 좋은 기술 방식이다. 일단, 당신이 관련 행동을 구체적으로 기술했으면 각 질문을 주의 깊게 읽고, 당신이 관찰한 행동을 가장 잘 기술한 것에 원을 그리시오.

질문	대답						
1. 아동이 오랫동안 혼자 있을 때 문제행동을 계속 합니까?	전혀 아님 0	거의 아님 1	(가끔 2)	보통 3	대체로 4	거의 항상 5	항상 6
2. 어려운 과제를 시키면 바로 문제행동을 합니까?	전혀 6 0	거의 아님 1	가끔 2	(보통 3)	대체로 4	거의 항상 5	항상 6
3. 당신이 다른 사람과 이야기를 하면 문제행동을 합니까?	전혀 아님 0	거의 아님 1	가끔 2	보통 3	(대체로 4)	거의 항상 5	항상 6
4. 아동이 갖고 있지 않은 장난감, 음식, 활동을 갖기 위해 문제행동을 합니까?	전혀 아님 0	거의 아님 1	(가끔 2)	보통 3	대체로 4	거의 항상 5	항상 6
5. 아동이 오랫동안 혼자 있을 때 같은 방식으로 반복해서 문제행동을 합니까? (예 : 1시간 이상 의자를 앞뒤로 흔든다.)	(전혀 아님 0)	거의 아님 1	가끔 2	보통 3	대체로 4	거의 항상 5	항상 6
6. 아동에게 과제를 하라고 했을 때 문제행동을 합니까?	전혀 아님 0	거의 아님 1	가끔 2	(보통 3)	대체로 4	거의 항상 5	항상 6
7. 아동에게 다가가는 것을 멈출 때마다 문제행동을 합니까?	전혀 아님 0	거의 아님 1	가끔 2	보통 3	대체로 4	(거의 항상 5)	항상 6
8. 아동이 좋아하는 음식, 장난감, 혹은 활동을 빼앗았을 때 문제행동을 합니까?	전혀 아님 0	거의 아님 1	(가끔 2)	보통 3	대체로 4	거의 항상 5	항상 6
9. 아동이 문제행동을 즐기는 것으로 보입니까? (좋아하는 것을 느끼고, 맛보고, 보고, 냄새 맡고, 소리 듣기)	전혀 아님 0	거의 아님 1	(가끔 2)	보통 3	대체로 4	거의 항상 5	항상 6
10. 아동에게 무엇인가를 하라고 지시할 때 거부하거나 화를 냅니까?	전혀 아님 0	거의 아님 1	(가끔 2)	보통 3	대체로 4	거의 항상 5	항상 6
11. 아동에게 관심을 가지지 않을 때 거부하거나 화를 냅니까? (예 : 당신이 다른 방에서 다른 아동들과 무엇인가를 하고 있다)	전혀 아님 0	거의 아님 1	가끔 2	보통 3	대체로 4	(거의 항상 5)	항상 6
12. 아동에게 음식, 장난감, 혹은 원하는 활동을 주면 바로 문제행동을 멈춥니까?	전혀 아님 0	거의 아님 1	(가끔 2)	보통 3	대체로 4	거의 항상 5	항상 6
13. 문제행동이 일어날 할 때 아동은 주변에서 일어나는 일을 알지 못합니까?	(전혀 아님 0)	거의 아님 1	가끔 2	보통 3	대체로 4	거의 항상 5	항상 6
14. 아동과 함께 작업하던 것을 멈추거나 아동에게 요구했던 것을 멈춘 후(1~5분), 바로 문제행동이 멈춥니까?	전혀 아님 0	(거의 아님 1)	가끔 2	보통 3	대체로 4	거의 항상 5	항상 6 (X)
15. 아동이 당신과 함께 시간을 보내기 위해 문제행동을 합니까?	전혀 아님 0	거의 아님 1	가끔 2	보통 3	대체로 4	거의 항상 5	(항상 6)
16. 아동이 원하는 것을 할 수 없다는 것을 알았을 때 문제행동을 합니까?	전혀 아님 0	거의아님 1	(가끔 2)	보통 3	대체로 4	거의 항상 5	항상 6

그림 7-1 나타샤의 MAS

출처 : *Motivation Assessment Scale and Guide*, Copyright 1992, Monaco & Associates Incorporated, 1-800-798-1309, *www. monacoassociates.com.*

행동관찰 양식

학생 : ______________ 날짜 : ______________ 쪽 : ______________

○ 표 하시오 : 월 화 수 목 금 출석 결석 부분출석 : _______ 부터 _______ 까지

시간/기간	상황/활동	선행사건/배경사건	확인된 표적행동	후속결과/결과	학생반응	확인자
	주요사항 A.	주요사항 A.	주요사항 1.	주요사항 A.	주요사항 A.	
	B.	B.	2.	B.	B.	
	C.	C.	3.	C.	C.	
	D.	D.		D.	D.	
	E.	E.		E.	E.	
	F.	F.		F.	F.	
	G.	G.		G.	G.	
	H.	H.		H.	H.	
	I.	I.		I.	I.	
	J.	J.		J.	J.	
	K.	K.		K.	K.	
	L.	L.		L.	L.	

상황/활동 : 학생들의 주변 환경(사람, 장소, 사상)

선행사건/배경사건 : 표적행동이 나타나기 전에 환경 안에서 발생한 일을 **정확하게** 기술함

행동 : 행동발생 기간 동안에 보인 행동의 유형

후속결과/결과 : 행동 발생 **후에** 환경 안에서 바로 무슨 일이 일어났는가?

학생반응 : 제공 받은 **최초의** 후속결과에 따라 학생이 **바로** 어떻게 반응하였는가?

그림 7-2 직접관찰 자료 수집 양식

출처 : Adapted from Smith & Heflin(2001).

행동평가 양식 : 일반 기재사항				
상황	선행사건	행동	후속결과/결과	학생반응
교실	전환	(표적행동 목록)	무시	멈춤
통학버스	교사가 다른 학생에게 관심을 줌		재 지시	계속
화장실	재 지시		꾸짖음/경고	강함
복도	칭찬		일시격리	후회
사전/직업 활동	교사가 요청함		제지	사과
가사	발작 행동		교무실로 보냄	울음
학업	"아니오."라고 말함		집으로 보냄	다른 행동
컴퓨터보조학습	신체적 접근		의자 일시격리	이동
식당	쉬운 과제 부여		신체적 제지	웃음
실외/운동장	어려운 과제 부여		신체적 도움	졸음
체육관/체육수업	신체적 보조		물건 제거	
음악	음식물 제시		강화 제거	
언어	시간 줄이기/기다리기		또래 관심	
미술	접근 거부		책상에 머리를 박음	
여가활동	개인별 작업시간		활동 교체/지연	
센터	휴식 시간		개인 공간 제공	
이야기 시간	쉬는 시간		자연스런 후속결과	
선택	의사소통 시도		반영	
그룹	구체물 제거		문제해결	
개인	수정된 피드백		정해진 규칙	
컴퓨터실	또래 상호작용		선택권 부여	

그림 7-3 직접관찰 자료 수집의 예

출처 : "Supporting positive behavior in public schools: An intervention program in Georgia" by M. L. Smith, and L. J. Heflin(2001), Journal of Positive Behavioral Intervention, 3, pp. 39-47. Copyright(2001) by PRO-ED, Inc. Reprinted with permision.

행동관찰 양식

학생 : 나타샤　　날짜 : 9-23　　쪽 : 1

○ 표 하시오 : 월 (화) 수 목 금　　(출석)　결석　부분출석 : ______ 부터 ______ 까지

시간/기간	상황/활동	선행사건/배경사건	확인된 표적행동	후속결과/결과	학생반응	확인자
9:15	B	B, I	1	A	A, B	
9:16	B	B	1	A	A,B	
9:18	B	C	1	A, B	A, B	
9:20	B	A	1	D	A, B, C	
9:23	B	D	1	C	A	
9:24	B	D	1	B	A, C	
9:26	B	C	1	A	A, B	
9:27	B	B	1	D	D	
	주요사항	주요사항	주요사항	주요사항	주요사항	
	A. 소집단교수	A. 교사가 떠남	1. 물건을 입안에 넣음	A. 교사가 꾸짖음	A. 멈춤	
	B. 개별---쉬움	B. 교사가 눈길을 돌림	2.	B. 교사가 물건을 요구함	B. 웃음	
	C. 개별---어려움	C. 교사가 다른 학생에게 관심을 줌	3.	C. 재 지시	C. 물건 거부	
	D. 복도	D. 교사가 요청함		D. 무시	D. 계속	
	E. 화장실	E. 신체적 접촉		E. 신체적 보조	E. 강함	
	F. 통학버스	F. 기다림		F. 활동 교체	F. 울음	
	G. 체육관	G. 접근 거부		G. 일시격리	G. 행동변화	
	H. 카페테리아	H. "아니오."라고 말함		H.	H. 이동	
	I. 매점	I. 교사가 물건을 잡음		I.	I.	
	J. 전환	J.		J.	J.	
	K.	K.		K.	K.	
	L.	L.		L.	L.	

상황/활동 : 학생들의 주변 환경(사람, 장소, 사상)

선행사건/배경사건 : 표적행동이 나타나기 전에 환경 안에서 발생한 일을 **정확하게** 기술함

행동 : 행동발생 기간 동안에 보인 행동의 유형

후속결과/결과 : 행동 발생 **후에** 환경 안에서 바로 무슨 일이 일어났는가?

학생반응 : 제공 받은 **최초의** 후속결과에 따라 학생이 **바로** 어떻게 반응하였는가?

그림 7-4 나타샤의 직접관찰 자료

출처 : Adapted from Smith & Heflin(2001).

표 7-1 나타샤의 직접관찰 자료 요약

선행사건	문자	빈도	비율	참여(%)
교사가 떠남	A	9	9/43	21%
교사가 눈길을 돌림	B	14	14/43	33%
교사가 다른 학생에게 관심을 줌	C	8	8/43	19%
교사가 요청	D	11	2/43	4%
신체적 접촉	E	0	0	0%
기다림	F	10	10/43	23%
접근 거부	G	0	0	0%
"아니오."라고 말함	H	0	0	0%

		학생반응			
후속결과	문자	횟수	멈춤	계속	효과(%)
꾸짖음	A	24	22	2	92%
물건 요구	B	5	3	2	60%
재 지시	C	3	3		100%
무시	D	6		6	0%
신체적 보조	E	3	3		100%
활동 교체	F				
일시격리	G	2		2	0%

3) 관계 진술 작성을 위한 자료 분석

행동을 예측할 수 있다면, 행동의 패턴을 이해하고 결정하기 위해 자료를 수집하여 분석할 필요가 있다. 문제행동 발생을 예측하는 능력은 기능을 결정하는 좋은 기초를 제공한다. 〈그림 7-4〉에서 나타샤행동에 관해 수집한 직접관찰 자료의 예를 생각해 보자.

간접평가에서 교사와 전문보조원은 가장 가능성 있는 기능을 관심 끌기로 평가한 반면에 언어치료사와 어머니는 도피로 평가하였다. 직접자료 수집은 행동의 패턴을 정확하게 예측한다. 교사가 나타샤에게 관심을 갖지 않을 때, 나타샤는 물건을 입안에 넣으려 했다. 교사가 꾸짖거나, 혹은 다시 관심을 가진다면, 행동을 멈출 것이다. 교사가 행동을 무시한다면, 나타샤는 행동을 계속 할 것이고, 심지어는 교수 장면에서 바람직하지 않는 다른 행동이 나타날 것이다. 〈표 7-1〉은 나타샤에 관해 수집된 직접관찰 자료를 요약한 것이다.

표 7-2 기능에 따른 일반적인 선행사건과 반응의 요약

기능	선행사건	후속결과에 대한 반응
관심 끌기/접근	· 학생에게 특정한 관심을 기울이지 않거나, 혹은 다른 사람에게 관심을 기울임 · 선호하는 물건/활동에의 접근을 차단함 · 얻고 싶은 물건/활동에 접근함	· 학생이 무시당하면, 행동이 증가함 · 교사/또래로부터 관심을 받는 다면(그 관심이 꾸짖음이나 조롱과 같이 '부정적' 일지라도), 행동이 멈춤 · 행동이 증가함 · 행동이 멈춤
도피/회피	· 선호하지 않는 과제(너무 어려운 과제, 너무 쉬운 과제, 이전에 경험한 과제)를 주거나 완성하라고 요구함. 특히, 학생이 배고프거나, 피곤하거나, 혹은 흥분했을 때 요구함 · 다른 활동을 하기 위해 선호하는 활동을 멈추라고 말함	· 학생에게 추가로 과제를 더 요구한다면, 행동이 증가함 · 과제를 제거하거나, 혹은 활동으로부터 학생을 제거하면, 행동이 멈춤(책상, '타임아웃', 교장실로 보냄)
감각자극	· 의미 없는 활동에 참여하라고 요구하거나, 혹은 아무 하는 일 없이 조용히 기다리라고 요구함 · 스트레스 상황(예 : 시끄러움, 불확실한 기대)을 경험함	· 즐거움/자극을 제공하는 행동에 참여함(예 : 그림그리기, 근육 긴장 및 이완, 비디오 대본 따라 읽기)

나타샤의 문제행동에 대한 가장 일반적인 선행사건은 관심의 결여였으며, 그리고 행동을 멈추게 하려고 하는 후속결과가 주로 꾸짖는 형태로 관심을 받았기 때문에 입속에 물건을 넣는 나타샤 행동의 기능은 관심 끌기일 것이다. 관심을 주지 않았을 때(예 : 무시), 문제행동이 관심을 받을 때까지 증가되었다는 자료는 이러한 가설을 지지하고 있다. 〈표 7-2〉는 특정 기능으로 예측되는 선행사건과 후속결과에 대한 반응을 요약한 것이다.

수집된 자료 분석을 통해 행동과 환경과의 관계에 대한 진술인 가설이 개발된다. 가설기술의 양식은 다음과 같다.

______________________ 상황에서, 학생은 ____________________ 을 위하여
(선행사건) (후속결과/기능)

________________________ 한다.
(문제행동)

나타샤의 경우, 관계 진술(가설)은 다음과 같다. "교사가 나타샤에게 관심을 갖지 않으면, 나타샤는 재 지시, 질책, 또는 신체적 도움과 같은 교사의 관심을 끌기 위하여 입

속에 물건을 넣으려고 한다."

FBA 과정에서 설명한 세 가지 구성요소는 행동이 발생하는 선행사건과 행동을 유지하는 후속결과를 구분할 수 있도록 교사를 돕는다. 이러한 정보를 기초로 하여 개발된 중재 계획은 성공 가능성이 높다. 그러나 가능성은 있지만, 행동의 정확한 기능이 FBA 과정 동안에 밝혀지지 않고 있다. 기능분석(FA)은 정확한 행동의 기능을 평가하는 데 사용될 수 있다.

4. 기능분석

기능분석은 행동의 기능에 대한 가설을 설정하고 입증하기 위하여 엄격하게 통제된 조건하에서 선행사건과 후속결과를 체계적으로 수정하는 것이다(Iwata et al., 1982/1994). 그러나 통제된 조건은 행동에 영향을 미치는 자연스럽게 발생하는 행동들을 수집하는 데 실패할 수 있다(Iwata, Vollmer, & Zarcone, 1990). 실험적 기능분석의 변형들은 시간이 적게 들고, 수업 장면에서 보다 쉽게 수행할 수 있다(Sasso et al., 1992; Zanolli, Daggett, Ortiz, & Mullins, 1999). 그러나 이렇게 수정된 형태들도 교실에서 다루어야 하는 문제행동을 야기할 수 있다. 행동 발생을 예방하기 위해서 교실에서 FA를 실행하는 가장 간단한 방법은 선행사건을 수정하는 것이다. 나타샤의 경우, 기능분석은 나타샤 입에 물건을 넣는 행동을 멈추게 하기 위해서 지정된 시간(예 : 15분) 동안에 교사가 계속해서 주의를 주도록 구성해야 한다. 수학 과제에 성질부리는 학생에게는(도피/회피) 성질부리지 않게 하기 위해서 수학 과제를 주지 않을 수 있다. 이렇게 적용된 상황에서, 교사들은 문제행동을 막기 위해 선행사건을 수정한다. 행동이 발생하지 않는다면, 기능분석은 관계 진술을 증명한 것이다.

5. 긍정적 행동지원

행동의 기능이 결정되면, 문제행동을 다루기 위해 긍정적 행동지원 계획을 개발할 수 있다. **긍정적 행동지원(PBS)** 계획은 교수 환경에서 학생이 성공적으로 수행할 수 있는 것이 무엇인지를 결정하기 전에 학생들에게 보다 더 바람직한 지원을 위해 환경을 어떻게 바꿀 수 있는가를 고려한다(O' Neill et al., 1997). 환경을 바꾸는 것은 문제행동의 발생을 줄이고, 학생에게 필요한 기술을 가르쳐 문제행동의 발생을 더 줄일 수 있다. FBA와 FA 과정을 통해서 파악한 행동의 기능은 행동을 변화시키는 데 유용한 동기가 된다. 행동 변화는 강화에 기반을 둔 세 가지 주요 전략들의 사용을 통해서 발생한다.

- 비유관 강화(NCR)
  (행동 감소)
- 차별강화(DR)
  (행동 대체)
- 소거(EXT)
  (행동 제거)

비유관 강화(NCR)는 학생의 행동에 유관이 없더라도 강화물의 접근을 허락한다. 이것은 문제행동을 줄일 수 있다. **차별강화**(DR)는 바람직하지 않은 행동을 부주의하게 강화하는 대신에 바람직한 행동을 강화함으로써 행동을 증가시키는 데 사용된다. **소거**(EXT)는 앞으로 발생할 행동을 줄이기 위해서 행동이 발생했을 때, 강화를 제거하는 것을 의미한다. 강화가 무엇이든 제거된다면, 행동은 멈출 수 있다. 소거는 주로 차별강화와 함께 사용한다. 바람직한 행동은 차별해서 강화해야 하는 반면에, 바람직하지 않은 행동이 강화받지 못하게 하기 위해서 소거를 사용한다. 이것은 하나의 행동을 제거하고, 대체행동을 증가시키기 위한 매우 강력한 조합이다. 세 가지 주요 전략들에 대한 해리스 선생님의 사례를 살펴보자.

❖ 해리스 선생님에게 배우기

행동 변화에 대한 강의

여전히 약간 절뚝거리며 손등에 상처 딱지가 있는 해리스 선생님은 행동 상담사인 브리그스 씨가 개최하는 현장연수에 참석한다. 현장연수 기간 동안, 브리그스 씨는 행동을 줄이고, 대체하고, 제거하는 데 있어 강화의 힘을 증명하기 위해 자원봉사자를 모집한다. 해리스 선생님은 재빨리 지원하고, 증명하는 절차를 시작한다.

브리그스 씨 : 해리스 선생님은 필립스 초등학교의 교사이다. 우리는 선생님이 학생들의

삶에 변화를 주는 것이 동기부여가 되기 때문에 교직에 종사하고 있다는 것을 알고 있다. 그러나 선생님이 그 일을 하는 또 다른 동기가 있다. 무엇일까? 그렇다. 그것은 월급이다. 돈이 유일한 동기였다면, 선생님은 교직보다 훨씬 더 전문적인 일을 하였을 것이다. 그러나 돈에 대한 동기부여가 아니었기 때문에 선생님은 현재 일을 계속 열심히 한 것이다. 해리스 선생님의 직무 행동이 월급을 받기 위한 기능이라고 설명한다면, 그것의 강화제는 돈이다. 내가 선생님의 직무행동을 줄일 수 있는지 살펴보자. 해리스 선생님은 2,400만 달러에 당첨된 로또복권을 손에 쥐고 있다. 그것은 당신의 것이다. 지금 선생님은 자신이 찾는 강화제인 돈을 많이 가지고 있고, 그것은 자신의 행동과 유관성이 없다.

브리그스 씨 : 당신은 다음 월요일에 어디에 있을까?

해리스 선생님 : 아마도 타히티요.

브리그스 씨 : 맞다. 나는 당신이 돈을 받기 위해 어떤 직무 행동을 했는지 확인도 하지 않고 당신에게 많은 강화제를 제공함으로써 당신의 직무 행동을 줄일 수 있다. 그것을 비유관 강화라고 부른다. 그것은 당신의 가르치는 행동을 완전히 중단시킬지도 모른다. 결국 당신은 월급 때문에 교직생활을 한 것이다. 선생님은 심지어 자신의 학교를 설립해서 학생들과 함께 일하기 위해 수백만 달러의 돈을 사용할지 모른다. 혹은 돈을 탕진해서 돈이 필요하다면 교직으로 다시 돌아올 것이다. 비유관 강화는 단지 행동의 수준만을 줄여준다. 그것은 행동을 완전히 중단시키지 못한다.

내가 선생님의 행동을 대체할 수 있는지 알아보자. 현재 당신은 필립스 초등학교에 근무하고 있다. 당신은 계속 그 곳에서 일할 수 있는 선택권이 있다. 학급은 잘 운영되고, 학생들이 당신을 좋아하고, 다른 교사들도 당신을 좋아하고, 교장 선생님도 당신을 좋아한다. 그러나 당신이 월요일에 심슨 초등학교에 나타나지 않는다면, 월급을 받을 수 없다. 모든 것이 필립스 초등학교와 같지만, 단지 월급을 받을 수 없게 된다는 것을 기억하라. 당신이 심슨 초등학교로 간다면, 월급을 받을 수 있다. 당신은 월요일에 어디에 가 있을까?

해리스 선생님 : 추측컨대 나는 심슨 초등학교에 가 있겠죠!

브리그스 씨 : 나는 해리스 선생님에게 차별강화를 사용해서 선생님의 직무 행동을 대체할 수 있다. 그 결과 선생님은 필립스 초등학교가 아닌 심슨 초등학교에서 가르치고 있다. 나는 당신의 행동을 중지시키지 못하고 있다—나는 단지 강화의 조건을 변경함으로써 다른 장소에서 행동이 발생하도록 이끈다. 그것이 차별강화이다.

지금 내가 선생님의 행동을 완전히 중단시킬 수 있는지 살펴보자. 해리스 선생님, 나는 나쁜 소식을 전하는 사람이 되어 유감이지만, 교육청은 많은 예산 삭감을 해 왔다. 1년차 교사에 대한 모든 예산을 모두 다 지출했다. 그러나 당신 학급은 잘 운영되고, 당신의 학생들도 좋은 향상을 보이고, 교장 선생님도 당신이 필립스 초등학교에서 근무하는 것을 좋아하고 있다. 당신은 월급을 받을 수 없게 될 것이다. 그리고 다른 어떠한 보상할 돈도 없다. 그래서 당신이 무엇을 하든지 돈에 대한 보상은 없다. 그러나 당신이 계속해서 가르치는 일을 한다면, 그것은 대단한 일이 될 것이다. 당신은 계속 그렇게 할 수 있나?

해리스 선생님 : 글쎄요, 월급이 아예 없다고요? 오오... 나는 차라리 식료품 가게 점원으로 지원하러 가겠어요.

브리그스 씨 : 물론 당신은 강화 받지 않은 행동을 계속하지 않을 것이다. 강화를 제거함으로써(이것이 소거의 정의이다) 나는 당신의 직무 행동을 완전히 제거할 수 있다. 당신은 행동을 변화시키기 위한 세 가지 중요한 전략을 가지고 있다–행동을 줄이기 위한 비유관 강화, 행동을 대체하기 위한 차별강화, 그리고 행동을 제거하기 위한 소거.

비유관 강화, 차별강화, 소거의 세 가지 중요한 전략을 효과적으로 사용하기 위해서 교사들은 무엇이 학생들을 강화하는지를 파악해야 한다. 가장 강력한 강화제는 행동 기능으로 나타난다. 문제행동을 줄이고 대체하기 위해서 비유관적 접근을 하거나, 행동의 기능을 차별적으로 수용해야 한다. 문제행동을 없애기 위해서 행동의 기능은 제거되어야 한다. 〈표 7–3〉에 제시된 바와 같이, 행동의 기능에 대한 강화의 사용과 제거를 참고해 본다.

주의점 : 소거를 적용하면 일반적으로 행동이 일시적으로 증가한다. **소거 폭발**(Kazdin, 2001, p.250)은 행동 기능을 달성하기 위해 계획된 행동의 수준이 증가하는 것이다. 음료수 자판기에 동전을 넣은 후 음료수가 나오지 않는다면, 어떤 사람들은 미친 듯이 버튼을 누르거나 심지어는 자판기를 칠 것이다. 강화제(음료수)이 제거되면 음료수를 얻기 위한 행동이 상승한다. 교사들이 소거를 사용할 때, 문제행동의 일시적인 증가를 다룰 수 있도록 준비해야 한다.

행동의 기능을 파악하고 있으면, 가장 유용한 강화제를 제공해 줄 수 있다. 예를 들어, 행동의 기능이 과제 회피라면, 과제 회피는 보다 더 적절한 행동을 보여주는 것에

표 7-3 기능에 의한 강화와 소거

기능	강화	소거(강화 제거)
관심 끌기/접근	관심 얻기 접근하기	관심 제거하기(무시) 접근을 거부하기
도피/회피	활동으로부터 벗어나기 원하지 않는 것을 회피하기	원하지 않는 것으로부터 벗어나려고 하거나, 혹은 회피하는 것을 허락하지 않기
감각자극	눈으로 보이는 감각적 피드백 받기	감각적 피드백을 차단하기(예 : 흔드는 행동 멈추기, 눈 감기, 소리를 차단하기)

대한 부적 강화제로 사용될 수 있다.

6. 긍정적 행동지원 계획 개발

후속결과(강력한 강화제)의 유지를 결정하기 위해 행동의 기능을 파악한 다음에 문제행동에 대한 지원 계획을 개발해야 한다. 행동지원 계획은 문제행동을 설명할 뿐만 아니라 환경을 변화시키고 학생의 기술과 능력을 향상시킨다(Guess & Carr, 1991b). 다음의 두 가지에 유의해야 한다.

(1) 문제행동은 주위 환경과 관련된 피드백을 제공한다. 물리적 환경, 일정 및 움직임, 상호작용, 교육과정, 그리고 교수 양식과 같은 변인들에 관한 학생의 관점을 이해하기 위해서 문제행동을 평가할 수 있다.
(2) 학생 관리가 아니라, 환경을 관리할 필요가 있다. 비록 강력한 유관성을 준비할 수 있을지라도, 부정적인 영향 없이 누군가에게 어떤 일을 시키는 것은 거의 불가능하다. 그러므로 그 힘은 교사들이 어떻게 학생들을 '변화' 시키는 것이 아니라, 바람직하지 않은 행동을 줄이고 바람직한 행동을 증가시키기 위해 어떻게 환경을 관리하는 것이다(Horner, 2000).

이러한 유의사항들을 생각하면서 긍정적 행동지원 계획 개발 단계를 고려해 본다.

(1) 선행사건의 수정을 고려한다.
(2) 문제행동과 동등한 기능으로 작용하는 수용 가능한 행동을 가르친다.
(3) 문제행동에 대한 후속결과를 평가하고, 문제행동 증가에 대한 비상 지원대책(back-

up plan) 즉, 위기관계계획을 개발한다.
(4) 일반화 계획을 수립한다.

1) 선행사건 수정

행동은 보통 주어진 환경과 관련 있기 때문에 첫 번째 단계에서는 문제행동을 줄일 수 있는 환경적 조정을 신중하게 고려해야 한다. 자폐스펙트럼장애 학생들에게 이것은 감각자극을 조사하며, 시각에 기반을 둔 방법을 사용해서 나타나는 예상되는 행동과 연속적인 행동을 고려하고 판에 박힌 행동들을 평가하는 것을 의미한다. 자폐스펙트럼장애 학생들에게 유용한 환경 수정에 대해서는 제4장과 제5장에서 설명되어 있다.

또 다른 예방적/순행적(proactive) 방안으로서 새로운 기술의 습득은 학생들이 환경에 대처하는 능력을 증진시킬 수 있다. 가장 중요한 기술 중의 하나는 의사소통 능력이다. 요구하고, 원하고, 바라는 것을 표현할 능력이 없는 학생들은 중요한 물건들을 얻기 위해 문제행동을 사용하려고 한다(Donnellan et al., 1984; Horner, 2000). 의사소통 개발에 효과가 있는 중재들을 사용해서(제8장 참조) 학생들에게 그들이 원하고, 선호하는 것을 표현할 수 있도록 가르칠 필요가 있다. 주위의 환경의 소음수준이 짜증을 유발할 때 귀마개를 꼽거나 또래에게 자리를 조금만 내어달라고 정중하게 요청하는 것과 같은 보상전략이 지도될 수도 있다.

중심 반응 훈련(PRT)은 전형적인 환경에서 자극에 대한 반응과 기능을 증진시키는 기술을 가르치기 위해 사용되는 종합프로그램이다(Koegel, Koegel, & McNerney, 2001). **중심 반응**은 자연스럽게 발생하는 후속결과에 의해서 다른 행동으로 일반화되고, 유지되는 행동이다(Koegel & Koegel, 1995). 응용행동분석의 원리를 사용한 선택된 중심 반응은 아동이 시도한 것을 보다 자연스럽게 강화하기 위해 아동이 좋아하는 물건들을 섞어 놓는 비연속 개별시행을 자연스러운 상황에서 사용하도록 체계적으로 가르친다(Koegel, Koegel, & Carter, 1999). PRT는 "아동이 선택하기, 다양한 단서에 반응하기, 이전에 학습한 과제를 새로 획득한 과제로 변화시키기, 자연적인 강화제 사용하기, 아동의 시도에 강화하기, 그리고 상호작용을 하는 동안에 차례 지키기 등"을 포함한다(Koegel, Koegel, Harrower, & Carter, 1999, p.178).

중심 반응으로는 동기(Koegel, O'Dell, & Kogel, 1987), 다양한 단서에 대한 반응(Schreibman, Charlop, & Koegl, 1982), 자기주도(Koegel, Koegel, Shoshan, & McNerney, 1999), 언어 기술(Pierce & Schreibman, 1997), 상징놀이 기술(Stahmer, 1995),

표 7-4 중심 반응 교수 전략

중심 반응	중재	예
동기	아동에게 선택권을 제공한다.	아동이 과제의 순서를 선택한다. 아동이 쓰기 도구들을 선택한다. 아동이 학급에서 읽을 책을 선택한다.
	과제를 다양하게 하고, 유지 과제를 같이 제시한다.	미술 시간에 짧은 기간 동안 짧은 읽기 시간을 자주 가져 과제를 다양하게 한다. 쉬는 시간을 자주 가져 과제의 양을 다양하게 한다. 학생의 반응과 다음 지시까지의 시간을 줄여 과제의 속도를 수정한다. 화폐 학습과 같은 새로운 과제와 돈 세기와 같은 이미 학습한 과제를 같이 제시한다.
	시도에 대해 강화한다.	질문에 대한 모든 응답을 말로 칭찬한다. 숙제와 다른 과제에 대해 칭찬의 글을 써 준다.
	자연스러운 강화를 사용한다.	시간 말하기를 배울 때, 아동이 좋아하는 활동의 시간을 배우게 한다. 화폐를 가르칠 때, 아동이 좋아하는 작은 물건을 사게 한다.
복합 단서	복합단서 학습과 반응을 격려한다.	미술 시간에 종이, 크레용, 연필 등을 다양하게 준비하고, 아동이 좋아하는 것을 요구하게 한다. 이야기 시간에 아동이 복합 단서를 사용해서 답할 수 있는 질문을 한다. 수학 과제나 한글쓰기 연습을 위해 다양한 쓰기 도구들(예 : 파랑 연필, 검정 연필, 노란 연필 등)을 준비한다. 그리고 아동이 좋아하는 도구를 요구하게 한다.
자기주도 반응	질문하는 것을 가르친다.	물건의 이름과 위치에 대해 질문하는 것과 같은 정보-찾기 시도를 가르친다. 도움을 요청하는 도움-찾기 시도를 가르친다.
자기관리	자신의 행동을 식별하고, 행동이 발생하는 것과 발생하지 않는 것을 기록하는 방법을 아동에게 가르친다.	아동이 이야기 시간에 조용히 앉아서 책장을 넘길 때마다, 종이에 표시하게 한다. 교실에서 수학이나 다른 과제를 하는 동안에 과제 행동을 자기평가할 수 있도록 알람시계를 사용하게 한다.

출처 : Koegel, R. L., Koegel, R. L. K., & Carter, C. M. (1999). Pivotal teaching interactions for children with autism. *School Psychology Review*, 28, pp. 588-589. Copyright 1999 by the National Association for school Psychologist, Bethesda, MD. Reprinted with permission of publisher.

그리고 자기관리(Koegel & Koegel, 1990)가 포함된다. 중심 반응훈련은 전통적인 비연속 개별시행 훈련 방법들보다 행동을 일반화하는 데 더 효과적이었다(Koegel, Camarata, Koegel, Ben-Tall, & Smith, 1998). 〈표 7-4〉는 PRT 교수 전략을 요약한 것이다.

Koegel, Camarata, Valdez-Menchaca, 그리고 Koegel(1998)이 기술한 단계를 사용해서 질문하기라는 중심 기술을 학생에게 가르치기 위해 PRT가 어떻게 사용되었는지를 생각해 본다.

❖ 해리스 선생님에게 배우기

크레이그와 함께 PRT 사용하기

크레이그는 구어를 사용해서 의사소통하고, 나이에 맞는 표현 어휘를 사용하지만, 거의 질문을 하지 않는다. 해리스 선생님은 크레이그가 자발적으로 질문을 할 수 있도록 가르치기 위해 PRT를 사용하기로 했다. 먼저, 교사는 크레이그가 좋아하는 것 중의 하나인 공룡 장난감을 종이 가방 속에 넣었다. 다음으로, 가방 속에 있는 것을 크레이그가 볼 수 있도록 봉투 입구를 살짝 벌려 놓고, 크레이그가 "저것이 무엇이예요?" 라고 질문하도록 촉구하였다. 크레이그가 질문을 하면 그에게 공룡 장난감을 주어 공룡을 몇 분간 만질 수 있게 해주었다. 해리스 선생님은 그날 하루 동안 종이 가방을 몇 차례 제시하였다(가방 안에 넣은 물건은 크레이그가 좋아하는 물건들로 바꾸어가며 넣어 두었다). 크레이그가 가방을 보고 "저것이 무엇이예요?" 라고 자발적으로 질문하도록 하기 위해 점진적으로 촉구를 줄여나갔다. 시간이 지난 후에 해리스 선생님은 크레이그가 좋아하는 물건을 그가 아주 관심없어 하지만 일상에서 흔히 볼 수 있는 물건들(예 : 연필)과 아동이 이름을 알지 못하는 물건들(예 : 수동 캔따개)로 대체하였다. 종이 가방의 크기도 점차 줄여서 작게 하였다. PRT 전략을 통해 크레이그는 이름을 알지 못하는 물건을 보았을 때 "저것이 무엇이예요?" 라고 자발적으로 질문하기 시작하였다, 심지어는 부모님에게도 질문을 하기 시작하였다. 익숙하지 않은 것에 대해 알맞게 질문하는 방법을 배운 것과 더불어, 크레이그는 더 많은 사물의 이름을 익혀 어휘의 증가도 보였다.

긍정적 행동지원 계획의 개발에서 중요한 고려사항은 부적절한 행동에 대한 요구를 줄이기 위해 선행사건을 수정하는 방법과 학생의 기술을 증진시키는 방법을 결정하는

- 혐오적이거나, 혹은 산만하게 할 수 있는 자극을 수정하기 위해 환경을 평가한다.
- 예측 가능성, 활동의 길이 및 계열을 위해 일정을 평가한다. 학생의 요구에 기초해서 학생이 선호하는 활동들을 일정에 반영한다.
- 기다리는 시간의 양을 줄인다.
- 학생에게 제공하는 과제가 너무 쉬운지, 너무 어려운지, 너무 지루한지 등을 고려한다.
- 학생이 선택할 수 있는 기회를 더 준다.
- 학생이 제시한 것을 수정하고, 특별한 관심을 갖고 참여할 수 있는 방법으로 가르친다.
- 행동의 기능에 바탕을 둔 비유관 강화를 추가한다.
- 의사소통 기대와 정보 제시를 위해 시각적인 방법을 사용한다.
- 전환 및 자기통제를 지원하기 위해 추가적인 도움을 제공한다.
- 보상 전략을 가르친다.
- 다음 활동에서 예견되는 주요 행동들을 사전에 수정한다.
- 분명한 사회적 기대를 만들고 이러한 기대에 부응하거나 위배되는 것에 대해 일관성 있게 유관을 사용한다.
- 적절한 행동에 동기를 부여하기 위해 강력한 유관을 사용한다.
- '먼저/그러고 나서' 와 같은 시각적 상기제(visual reminders)를 사용한다.
- 도움을 요청하는 방법을 포함하여 적절한 의사소통 기술을 가르친다.
- 중심 반응을 가르친다.

그림 7-5 예방적 수정 전략

데 있어서 예방적 접근이어야 한다는 점이다. 이러한 예방적 전략은 과제 요구의 다양화와 교수방법의 다양화와 같은 선행사건의 수정을 포함할 수 있다. 환경 안에서 산만한 것을 찾아내 단순하게 할 수 있다. 예방적 수정 전략의 중요한 면은 학생들에게 신뢰할 수 있는 의사소통 방법을 가르치는 것이며, 환경 안에서 학생들의 능력을 증진시키기 위해서 PRT와 같은 기법을 사용하는 것이다. 〈그림 7-5〉는 예방적 수정 전략의 예이다.

2) 문제행동과 동등한 기능으로 작용하는 수용 가능한 행동 가르치기

예방적 수정 전략이 실행되면, 긍정적 행동지원 계획의 교육적 요소를 설계한다. 교육적 요소 안에서, 학생들은 문제행동과 동등한 기능으로 작용하는 대체행동을 배운다(Durand & Crimmins, 1987). 대체행동은 문제행동처럼 충분하고 동등한 효과를 가져오며, 똑같은 결과를 가져와야 한다(Horner & Day, 1991). 쉬는 시간 요구가 성질부리기보다 쉽다. 그러나 이 두 행동은 도피라는 같은 기능으로 작용할 수 있다. 문제행동 경로 분석(O' Neill et al., 1997)은 단기목표와 장기목표를 세우는 데 도움을 준다.

↗ 바람직한 행동
선행사건 → 대체행동 ↘ **동등한 기능**
↘ 문제행동 ↗

많은 교사들은 대체행동과 바람직한 행동이 동등하기를 바란다. 예를 들어, 해리스 선생님은 도널드가 무는 행동 대신에 그의 과제를 마치는 것을 더 좋아할 것이다. 그러나 도널드의 무는 행동은 그를 과제로부터 벗어나게 한다. 결국, 혼자서 작업하기를 원하는 행동이 형성될 것이고, 자연스럽게 발생하는 후속결과에 의해 계속 유지될 것이다. 그러나 먼저, 무는 행동(이 예에서는 도피행동)과 동등한 기능으로 작용하는 수용 가능한 대체행동을 가르쳐야 한다. 이것을 **기능적 의사소통훈련(FCT)**이라고 한다. 학생은 동등한 기능(결과)을 달성하지만, 사회적으로 수용 가능한 대체행동을 배운다(Carr & Durand, 1985). 학생에 따라 언어적인 또는 비언어적인 방법으로 의사소통 방법을 지도한다. 언어적인 방법은 특정한 문장을 가르치는 것이다(예 : "쉬고 싶어요." "나에게 말하세요."). 비언어적인 방법은 수화를 가르치고, 아이콘(icons)을 교환하고, 음성 산출 도구(speech-generating devices; SGD)의 사용을 포함한다(Durand, 1993; Wacker et al., 1990).

학생이 대체행동을 배울 때, 항상 성공을 경험을 해야 한다. 그렇지 않으면 학생은 원하는 결과를 얻기 위해 원래 했던 바람직하지 않은 행동으로 되돌아 갈 것이다. 예를 들어, 학생이 과거에는 컴퓨터를 사용하기 위해서 다른 학생들을 때렸지만, 행동이 효과적이고, 효율적이라는 것을 안다면, 그 학생은 친구에게 자기 차례라고 공손하게 요

표 7-5 FCT 사용의 고려사항

고려 사항	설 명
반응 일치 (행동의 초기 감소를 위함)	대체행동이 문제행동의 기능과 일치하는가?
반응 숙달 (초기 감소, 일반화, 유지를 위함)	대체행동이 바람직한 결과를 얻는가? 다음을 고려한다. ① 반응 효율성 : 새로운 행동은 문제행동보다 빠르고(효율성) 쉽게(효과성) 원하는 결과를 얻어야 한다. ② 반응 수용성 : 새로운 행동은 주변 환경 안에서 다른 사람들이 받아들여야 한다. ③ 반응 인식성 : 새로운 행동은 친근한 사람이나 생소한 사람들이 쉽게 알아야 한다.
반응 환경	대체행동은 다른 환경에서도 문제행동과 동등한 기능으로 작용할 수 있는가? 이러한 환경에서 학생이 선택할 수 있는 기회가 있는가?
문제행동에 대한 결과	반응 결과를 개별적으로 사용하고 있는가?(예 : 마치 문제행동이 일어나지 않은 것처럼 학생과 함께 과제를 계속한다.) 문제행동이 주변 환경 안에서 기능으로 작용하지 않는가?

출처 : Adapted from Durand & Merges(2001).

구할 것이다(또는 자기가 컴퓨터를 사용하고 싶다는 것을 교사에게 알린다). 만일 그렇지 않다면, 학생은 컴퓨터를 사용하기 위해서 친구를 때릴 것이다. 그러므로 대체행동은 효과적으로 계획되어야 하며, 학습 단계 기간 동안에 항상 그 기능을 달성해야 한다. 학생이 대체행동을 분명하게 보이면, 지연 전략은 관심 끌기, 접근, 도피, 혹은 감각자극과 같은 학생의 요구와 바라는 결과가 실제로 제공되는 때의 사이에서 시간간격을 체계적으로 늘려 사용할 수 있다(Dunlap, Koegel, Johnson, & O' Neill, 1987; Fisher, Thompson, Hagopian, Bowman, & Krug, 2000).

이 장의 서두에서 언급한 바와 같이, 문제행동은 차별강화와 소거의 결합을 통해서 보다 수용 가능한 대안 행동으로 대체될 수 있다. 강화(기능의 달성 : 관심 끌기, 접근, 도피, 감각자극)는 대체행동에 대해 사용하며, 반면에 소거(강화의 제거)는 문제행동에 대해 사용한다. 〈표 7-5〉는 기능적 의사소통훈련(FCT) 사용의 고려사항이다(Durand & Merges, 2001).

❖ 해리스 선생님에게 배우기

도널드를 위한 FCT

해리스 선생님은 도널드가 계속해서 작은 근육운동이 요구되는 과제 수행을 회피하기 위해 무는 행동을 한다고 판단했다. 〈그림 7-6〉은 해리스 선생님이 도널드의 문제행동에 대한 경쟁행동 모형(competing behavior model)을 그린 것이다.

해리스 선생님은 도널드가 자기 자신 또는 다른 사람들을 무는 위험한 행동보다 짧은 휴식 시간을 요구하는 것이 더 좋은 방법이라고 결정했다. 선생님은 도널드에게 사회적으로 수용 가능한 방법으로 거절하는 법을 가르치는 것이 결국에는 더 유익하다는 것을 알았다. 작은 근육운동 과제에 대한 대안을 찾고, 과제에 도널드의 관심을 추가하는 방법으로 선행사건을 수정한 다음에, 해리스 선생님은 도널드에게 대체행동을 가르칠 준비를 하였다.

그녀는 '쉬는 시간' 이라는 단어가 포함된 카드 목록을 만들어 도널드 가까이에 놓았다. 그리고 나서 도널드가 덜 싫어하는 작은 근육운동 과제 중의 하나를 책상 위로 가져왔다. 그녀가 책상 위에 과제를 놓기 전에, 도널드가 '쉬는 시간' 카드를 자신에게 주도록 촉구했다. 그녀는 "너는 쉬기를 원하니? 그렇지!" 라고 말하면서 카드를 책상에 내려놓았다. 그리고 즉시 작은 근육운동 과제를 그만두었다. 도널드가 잠시 동안 만족스럽게 책상에 앉아 쉬도록 허락한 다음에, 해리스 선생님은 과제를 가지고 그에게 다가갔다. 그녀는 다시 쉬는 시간 카드를 자신에게 주도록 촉구하며, 같은 방법으로 반응하도록 하였다. 더 많은 시간이 경과한 다음에 도널드는 해리스 선생님이 다가왔을 때, 휴식 시간 카드를 집어서 그녀에게 주기 시작했다. "더 이상 무는 행동은 안 돼!" 해리스 선생님은 항상 쉬는 시간 카드를 사용하도록 하였다.

해리스 선생님은 행동 형성이 이루어지도록 하였고, 그 결과 도널드가 좋아하지 않는 과제도 마칠 수 있게 하였다. 그녀는 도널드가 휴식을 요청해서 실제로 그것이 받아들여질 때까지의 시간을 점진적으로 지연시켰다. 그녀는 "너는 쉬기를 원하니? 그렇지. 먼저 파란색을 집어 봐." 라고 말하기 시작했다. 그리고 따라했을 때, 과제로부터 벗어나도록 해서 도널드의 도피를 허락했다. 점진적으로 그녀는 도널드로부터 많은 과제를 기대했다. 그가 무는 행동을 다시 한다면, 해리스 선생님은 강화(도피)를 제거해야 하며, 과제를 계속 제시하면서 도널드가 그녀에게 쉬는 시간 카드를 줄 수 있도록 촉구해야 한다. 그녀는 도널드가 대체행동을 보일 때까지 적절한 행동은 차별해서 강화했고, 도피 행동은 제거했다.

선행사건	행동	후속결과
선행사건 혼자서 10분 이상 작은 근육운동 과제를 하도록 요구한다.	바람직한 행동 혼자서 작업을 마친다.	칭찬하며, 다음 활동으로 이동한다.
	대체행동 '쉬는 시간' 카드를 가리킨다.	과제에서 벗어난다.
	문제행동 문다.	

그림 7-6 도널드의 도피 - 중심 행동에 대한 경쟁행동 모형

3) 문제행동의 후속결과 평가 및 비상 지원대책 개발

효과적인 선행사건 수정과 함께 수용 가능한 대체행동을 체계적으로 가르쳤음에도 불구하고 문제행동이 발생할 수 있다. 문제행동이 나타나면, 학생이 대체행동을 수행하도록 격려해야 한다. 문제행동이 증가하면, 문제행동 발생을 줄일 수 있도록 계획된 유관행동을 개발할 필요가 있다. 선행사건 수정 및 대체행동처럼, 유관행동도 문제행동의 기능에 근거해야 할 필요가 있다. Kazdin(2001), Magg(2004), 그리고 Miltenberger(2001)의 연구에 자세하게 기술된 행동감소 전략들(behavior reduction strategies)은 다음과 같은 후속결과들을 포함한다.

- 소거(강화의 제거)
- 반응대가(특권 또는 토큰의 상실)
- 과잉교정(올바른 행동의 연습, 또는 환경 복원)
- 일시격리

일시격리는 일반 학생들과 장애 학생들에게 후속결과로 자주 사용되어 왔지만, 자폐스펙트럼장애 학생들에게는 문제행동에 대한 우연한 강화가 될 수 있다. '강화로부터의 일시격리' 의 개념은 학생이 현재 참여하고 있는 활동을 강화하며, 그 활동으로부터의 이동이 고통스러운 것을 말한다. 그러나 많은 자폐스펙트럼장애 학생들은 그들이 싫어하는 활동을 하는 것보다 그룹으로부터 멀리 떨어지는 것을 더 좋아한다. 행동의 기능이 도피라면, 일시격리는 강화가 되며, 행동은 계속되거나 증가하게 된다. 더욱이 문제행동의 기능이 감각자극이라면, 일시격리는 아무 방해 없이 자기자극 행동을 할

수 있는 기회를 학생에게 허락하게 된다. 그러므로 일시격리는 행동의 기능이 관심 끌기, 즉 접근일 때만 신중하게 사용해야 한다(Nelson & Rutherford, 1983; Yell, 1990).

문제행동이 증가하면, 교수를 제공하는 것보다 위험을 최소화하기 위한 계획을 개발할 필요가 있다. 위기관리 계획(plan for crisis management) 수립 시기는 행동 발생 전이다. 행동을 증가시키는 부주의한 강화를 주지 않기 위해 조심해야 한다. 그렇지 않으면, 학생은 관심 끌기, 도피, 접근, 또는 감각자극을 얻기 위해 행동의 증가를 보일 것이다(Guess & Carr, 1991a; Sigafoos, 1998). 예를 들어, 교사의 관심을 얻기 원하는 학생은 말하기가 책 던지기만큼 효율적이지 않다는 것을 배우게 된다. 교사는 학생이 말을 하면 무시하고, 책을 던지는 것에 대해 꾸짖는다. 학생은 교사의 관심을 끌기 위해 말하기보다 책 던지기가 더 효율적이라는 것을 배운다.

행동감소 전략을 사용하기 전에, 모든 IEP 팀 구성원들의 협력과 행동 전문가(IEP 팀의 구성원이 아님)의 투입이 중요하다. 일부 행동감소 전략을 확장하며, 다른 전략을 선택할 때, 모든 사람의 동의가 필요하다. 구성원들은 확장 전략(invasive strategies)을 점검하기 위해 요인들을 설정할 필요가 있다. 구성원들이 학생의 특별한 행동으로 인해 수업 장면으로부터 분리시켜야 한다고 결정했다면, 교육청의 행정가들은 따라야 한다. 구성원들은 학생의 위험한 행동이 나타나는 사상과 관련된 구체적인 단계를 수립해야 한다. 학생이 자신이나 다른 사람에게 해를 끼칠 때, 신체적 관리(제지)는 매우 조심스럽게 사용해야 하는 마지막 선택이다(Ryan & Peterson, 2004). 직원들은 오직 그들이 훈련받았던 지역에서만 신체적 관리 기법을 사용해야 한다. 종종 재연수 과정이 신체적 관리를 실시하는 직원들에게 필요하다. 학생이 기물파괴를 하더라도, 신체적 제재는 해를 주거나 받을 가능성이 있기 때문에, 사용하지 말아야 한다. 기물은 교체될 수 있다. 또한 일부 자폐스펙트럼장애학생들은 다양한 강화를 받는 신체적 관리로부터 감각자극 피드백을 찾으며, 성인들이 잡을 것을 알고 그러한 방식으로 행동하게 된다(Favell, McGimsey, & Jones, 1978).

4) 일반화 계획

긍정적 행동지원 계획 과정에, 일반화 증진 계획을 수립하여 학생들이 다양한 환경에서 독립적으로 기능할 수 있게 해야 한다. 일반화는 외적 지원을 용암(fading)시키는 것과 행동 통제의 책임을 학생에게 전이하는 것이다. 외적 지원의 용암은 피드백 횟수를 줄이고, 강화 계획을 줄이는 것이다. 사용할 수 있는 강화를 줄이는 것보다, 교사는 강화를 사용하기 전에 바람직한 행동이 더 많이 나타나기를 기대해야 한다. 예를 들어, 학생이 1개 토큰을 얻기 위해서 세 가지 질문에 대답하고, 5개 토큰을 얻어야 컴퓨터를 사용할 수 있도록 하는 대신에 요구조건을 수정해서 1개 토큰을 얻기 위해서 다섯 가지 질문에 대답하게 하거나 계획을 수정해서 7개 토큰을 얻어야 컴퓨터를 사용할 수 있게 한다. 강화는 완전히 제거할 수 없지만, 피드백의 강도를 점진적으로 줄여 자연스럽게 유관행동이 발생하도록 해야 한다.

학생에게 행동을 관리하고 평가하는 과정을 전이할 수 있다. 통제 전이는 학생이 자신의 행동을 자기관리하도록 가르치는 것을 포함한다(Maag, 2004). 학생에게 가르치는 자기관리는 다음과 같다.

- 수용할 수 있는 행동과 수용할 수 없는 행동을 변별한다.
- 예상되는 행동의 설명을 기록한다.
- 예상되는 준거에 부합하는 강화제를 받는다(Koegel, Koegel, & McNerney, 2001).

학생들은 모델링과 예시를 이용하여 수용할 수 있는 행동과 수용할 수 없는 행동을 변별할 수 있도록 배운다. 올바른 반응은 강화를 받는다. 올바른 행동과 올바르지 못한 행동을 시각적으로 묘사하는 것은 도움이 될 것이다. 학생들이 자신의 행동을 기록하도록 가르치는 데 모델링과 예시를 사용한다. 또한, 정확한 기록을 위해 강화를 사용한다. 기록된 행동들이 수립된 준거(예 : 증가가 필요한 행동이 증가했거나, 혹은 감소가 필요한 행동이 감소한 경우)에 도달했을 때, 학생들은 미리 결정된 강화제를 요구할 수 있다. 제6장에서 설명한 것처럼, 자폐스펙트럼장애 학생들은 일반적인 강화제보다 강력한 강화제를 선호한다.

자기관리는 활동에 참가하는 시간을 증가시키고, 파괴행동을 감소시키며, 사회화를 향상시키는 행동에 긍정적인 영향을 미친다(Callahan & Rademacher, 1999; Koegel, Harrower, & Koegel, 1999; Koegel, Koegel, Hurley, & Frea, 1992; Koegel, Koegel, & Surratt, 1992; Mancina, Tankersley, Kamps, Kravits, & Parrett, 2000; Newman et al., 1995; Shearer, 1996; Stahmer & Schreibman, 1992; Strain, Kohler, Storey, & Danko, 1994). 자기관리는 다양한 연령과 작업현장(Hughes & Scott, 1997), 그리고 지역사회 상황(Koegel Koegel, 1990)뿐만 아니라 학교에서 사용되고 있으며, 행동의 일반화 증진에 효과적인 전략이다.

❖ 해리스 선생님에게 배우기

협력적인 문제해결

현직 연수 후에 해리스 선생님의 과제 행동이 이론적으로 감소되었고, 대체되었으며, 제거되었다. 해리스 선생님은 고등학생들에게 지역사회중심교수(CBI)를 가르쳤던 친구와 저녁 식사를 하러 갔다. 친구 교사는 학생이 혼자서 수행할 수 있는 직업 과제 완성과 같은 높은 수준의 개인지도를 원하는 학생이 있다고 하소연하였다. 해리스 선생님은 학생이 자신의 행동을 관리하는 전략을 친구에게 알려 주었다. 그들은 식탁용 냅킨을 사용하여 다음과 같은 계획을 구상하였다.

(1) 토마스가 작업현장에서 완성해야 하는 7가지 과제의 목록을 작성한다. 각 과제 앞에 사각형 하나를 그린다. 페이지 하단에 '사이다' 라고 쓴다. 자주색 클립보드(토마스가 좋아하는 색임) 위에 그 종이를 올려놓는다.
(2) 작업현장에서, 토마스에게 그 목록을 보여 준다. 그가 첫 번째 과제를 부분적으로 완성하도록 돕는다. 그에게 클립보드를 보여 주고, 1단계를 마쳤는지를 물어본다. "아니오." 라고 대답하면, 과제를 마칠 때까지 기다리고, 과제를 마쳤는지 다시 물어본다. "예."라고 대답할 때, 사각형 안에 표시하는 방법을 보여 준다. 다음 과제 목록을 그에게 보여 주고 시작하도록 돕는다.
(3) 그가 두 번째 과제를 거의 마쳤을 때, 중지시키고 나서 그에게 종료되었는지를 물어본다. 그가 "아니오."라고 대답할 것이다. 그러면 당신은 그에게 "오, 그러면 너는 사각형 안에 표시할 수 없어!"라고 말한다. 그가 일을 마치도록 격려하며, 그가 사각형 안에 표시할 수 있도록 요구한다. 세 번째 과제로 가서 위의 과정을 반복한다. 사각형 안에 표시할 때, 그가 확실히 이해하도록 한다.
(4) 일단 토마스가 모든 사각형 안에 표시했다면, 사이다가 어디에 있는지 보여 주고, 그에게 사이다를 마시면서 즐길 수 있는 시간을 준다.
(5) 토마스와 함께 며칠 동안 이러한 과정을 연습한다. 그에게 클립보드를 어디에 놓아두었는지 알려주고, 과제를 마친 다음에만 클립보드에 있는 사각형 안에 표시할 수 있도록 한다. 토마스가 모든 과제를 마치고, 혼자서 강화제(사이다)를 얻을 때까지 점진적으로 촉구의 양을 줄인다.

해리스 선생님과 친구교사는 잠재적인 고용주들이 자기관리 기술을 선호하기 때문에 토마스에게 직업 행동과 관련된 자기관리를 가르치는 것에 대해 기뻐했다.

일반화 증진 노력은 협력을 통해서 증가한다. 특정한 지원들이 환경 안에서 사용되어 왔다면, 그러한 환경 안에 포함된 모든 것들을 지원의 수준에 맞게 체계적으로 변경할 필요가 있다. 예를 들어, 학생이 5분마다 작업을 마친 다음에 토큰 1개를 받았는데, 10분으로 피드백의 빈도를 점차 줄이려고 한다면, 이 시스템을 사용하는 환경 내 모든 사람들은 10분 후에 학생에게 토큰을 줄 필요가 있다. 환경 안에서 성인이 학생에게 자신의 일정을 체크하도록 촉구해 왔는데, 언어적 촉구를 몸짓 촉구로 수정하기로 결정했다면, 환경 내 모든 사람들은 학생에게 몸짓 촉구를 사용해야 한다. 피드백의 빈도를 서서히 용암시키며, 외적 통제를 제거하는 것이 기술의 사용과 행동을 일반화시킬 수 있다. 지원과 동기의 외부 체계를 만들 때, 학생과 관련되는 모든 성인들은 지원과 동기가 결국에는 용암이 되게 계획해서 가능한 한 학생들이 혼자서 기능하도록 해야 한다. 그러나 앞에서 언급한 바와 같이, 모든 외적 강화가 용암이 될 수 있다는 생각은 비현실적이다(해리스 선생님이 현장연수 기간 동안 배운 것처럼, 봉급을 받을 수 없게 된다면 거의 모든 교사들은 출근을 하지 않을 것이다). 그러나 강화는 줄어들 수 있으며, 보다 더 자연적인 후속결과에 가깝게 형성될 것이다.

7. 결 론

모든 행동에는 이유가 있다. 행동의 이유를 파악하는 것이 문제행동을 줄이는 도구가 된다. 네 가지 일반적인 기능들이 행동을 유발시키는 데 작용한다—관심 끌기/접근(획득), 도피/회피, 감각자극, 고통경감. 행동의 기능을 고려한다면, 문제행동을 적응행동으로 변화시키는 데 보다 더 효과적일 수 있다. 기능평가(FBA)는 행동기능을 판별하기 위하여 행동에 대한 자료를 수집하는 과정이다. 설문지와 면접과 같은 간접자료 수집 방법은 직접관찰 자료의 수집과 분석을 통하여 기능에 대한 일반적인 인상을 줄 수 있다. 자료 조사는 행동과 환경 사이의 관계를 설명하는 데 사용된다. 기능분석은 행동의 기능을 찾거나 확인하는 데 사용된다. 일단 그러한 관계를 이해하면, 교사들은 변화가 필요한 환경의 맥락 안에서 통찰력을 갖게 되고, 효율적인 교수 지원에 사용할 수 있는 강력한 원동력을 갖게 된다.

긍정적 행동지원은 문제행동을 제거하는것이 목적이 아니다(Iovannone, Dunlap, Huber, & Kincaid, 2003). 문제행동의 감소는 참여를 증진시키고, 학생들이 수용할 수 있는 방법으로 그들의 목적을 달성하게 하는 교수 기술을 사용하도록 지원 환경을 만들어 내는 전략 사용에서의 부수적인 효과이다. 기술 습득의 일반화는 중심 반응 훈련(PRT)과 자기관리와 같은 행동분석 전략의 사용을 통하여 증진될 수 있다. 긍정적 행동지원은 개인의 활동 범위와 인간관계 뿐만 아니라 개인이 선택할 수 있는 독립성을 증가시킨다(Horner, 2000).

8. 토론 질문과 활동

(1) 니키가 침을 뱉는다. 왜 이런 행동을 할까? 이 행동을 설명하기 위하여 가능한 한 많이 당신이 생각할 수 있는 의사소통적인 의도(기능은 필수적이 아님)를 나열한다.

(2) 아래의 학생들에서 문제행동과 동등한 기능을 갖는 대체행동을 찾는다. 당신이 어떻게 학생에게 대체행동을 가르칠 수 있는지 설명한다. 또한 학생들이 궁극적으로 배워야 할 바람직한 행동을 찾는다. 바람직한 행동은 자연스럽게 발생하는 후속결과에서도 유지되어야 한다.

- 세실은 다른 학생들을 때린다. 그 결과로 인형을 얻을 수 있다(기능 = 접근).
- 로버타에게 과제를 완성하라, 앉아라, 움직여라, 멈춰라 등과 같이 요구할 때, 매번 성질을 부린다(기능 = 도피).
- 한스는 수업 도중에 그가 좋아하는 과목의 교사와 토론하기 위해서 갑자기 일어나서 교실을 배회한다. 그는 교사가 앉으라고 하면 할수록 더 좋아한다(기능 = 관심 끌기).

(3) 자폐스펙트럼장애학생들이 포함된 학급을 관찰한다. 〈표 7-4〉에 제시한 중심 반응 중에서 한 가지를 배우기에 알맞은 학생 1명을 선택한다. 그 학생의 중심 반응 교수 계획을 개발한다.

(4) 당신의 행동이 비유관 강화로 수정되었다면, 자신의 삶에서 예를 생각해 본다. 당

신의 행동이 차별강화로 형성되었다면, 다른 예를 찾는다. 마지막으로, 행동이 소거로 제거된 때를 기술한다.

(5) 다음의 간단한 예에서 가능한 행동의 기능을 추측해 본다(주의 : 각각의 예는 단일한 자료이다. 기능에 대하여 확신을 갖기 위해서는 더 많은 자료가 필요하다.).

선행사건	행동	후속결과	학생반응	기능
학생에게 작업을 하라고 말한다.	성질을 부린다.	일시격리 시킨다.	성질 부리기를 멈춘다.	
학생이 혼자 있다.	손으로 자극행동을 한다.	자극이 증가한다.	자극을 계속한다.	
교사가 다른 학생들과 말하고 있다.	소리를 지른다.	교사가 학생에게 다가간다.	소리 지르는 것을 멈춘다.	
컴퓨터에 다른 학생이 있다.	때린다.	다른 학생이 교사에게로 뛰어 간다.	학생이 컴퓨터를 얻는다.	
체육 수업시간이다.	소리를 지른다.	체육 수업을 빼준다.	학생이 조용해졌다.	
시계가 9시 59분을 가리킨다.	책상 밑을 기어 다니며, 머리를 감춘다.	10시에 벨 소리를 듣지 못한다.	10시 1분에 책상 아래에서 나온다.	

참고문헌

Bijou, S. W., Peterson, R. F., & Ault, M. H. (1968). A method to integrate descriptive and experimental field studies at the level of data and empirical concepts. *Journal of Applied Behavior Analysis, 1,* 175-191.

Callahan, K., & Rademacher, J. A. (1999). Using self-management strategies to increase the on-task behavior of a student with autism. *Journal of Positive Behavior Interventions, 1,* 117-122.

Carr, E. G., & Durand, V. M. (1985). Reducing behavior problems through functional communication training. *Journal of Applied Behavior Analysis, 18,* 111-126.

Carr, E. G., Horner, R. H., Turnbull, A., Marquis, J., Magito-McLaughlin, D., McAtree, M. L., et al. (1999). *Positive behavior support as an approach for dealing with problem behavior in people with developmental disabilities: A research synthesis.* Washington, DC: American Association on Mental Retardation Monograph Series.

Crawford, J., Brockel, B., Schauss, S., & Miltenberger, R. G. (1992). A comparison of methods for the functional assessment of stereotypic behavior. *Journal of the Association for Persons with Severe Handicaps, 17,* 77-86.

Donnellan, A. M., Mirenda, P. L., Mesaros, R. A., & Fassbender, L. L. (1984). Analyzing the communicative functions of aberrant behavior. *Journal of the Association for Persons with Severe Handicaps, 9,* 201-212.

Dunlap, G., Koegel, R. L., Johnson, J., & O'Neill, R. E. (1987). Maintaining performance of autistic clients in community settings with delayed contingencies. *Journal of Applied Behavior Analysis, 20,* 185-191.

Durand, V. M. (1993). Functional communication training using assistive devices: Effects on challenging behavior and affect. *Augmentative and Alternative Communication, 9,* 168-176.

Durand, V. M., & Crimmins, D. B. (1987). Assessment and treatment of psychotic speech in an autistic child. *Journal of Autism and Developmental Disorders, 17,* 17-28.

Durand, M. V., & Crimmins, D. (1992). *Motivation Assessment Scale (MAS).* Topeka, KS: Monaco & Associates.

Durand, V. M., & Merges, E. (2001). Functional communication training: A contemporary behavior analytic intervention for problem behaviors. *Focus on Autism & Other Developmental Disorders, 16,* 110-119.

Favell, J. E., McGimsey, J. F., & Jones, M. L. (1978). The use of physical restraint in the treatment of self-injury and as positive reinforcement. *Journal of Applied Behavior Analysis, 11,* 225-241.

Fisher, A. F., & Dunn, W. (1983). Tactile defensiveness: Historical perspectives, new research: A theory grows. *Sensory Integration Special Interest Section Newsletter, 6,* 1-2.

Fisher, W. W., Thompson, R. H., Hagopian, L. P., Bowman, L. G., & Krug, A. (2000). Facilitating tolerance of delayed reinforcement during functional communication training. *Behavior Modification, 24,* 3-29.

Florida Center on Self-Injury. (1996). *Functional analysis screening tool (FAST).* Author.

Foxx, R. M. (1996). Twenty years of applied behavior analysis in treating the most severe problem behavior: Lessons learned. *Behavior Analyst, 19,* 225-235.

Guess, D., & Carr, E. (1991a). Emergence and maintenance of stereotypy and self-injury. *American Journal on Mental Retardation, 96,* 299-319.

Guess, D., & Carr, E. (1991b). Rejoinder to Lovaas and Smith, Mulick and Meinhold, and Baumeister. *American Journal on Mental Retardation, 96,* 335-344.

Horner, R. H. (2000). Positive behavior supports. *Focus on Autism and Other Developmental Disabilities, 15,* 97-105.

Horner, R. H., & Carr, E. G. (1997). Behavioral support for students with severe disabilities: Functional assessment and comprehensive intervention. *Journal of Special Education, 31,* 84-104.

Horner, R. H., & Day, H. M. (1991). The effects of response efficiency on functionally equivalent competing behaviors. *Journal of Applied Behavior Analysis, 24,* 719-732.

Hughes, C., & Scott, S. V. (1997). Teaching self-management in employment settings. *Journal of Vocational Rehabilitation, 8* 43-53.

Iovannone, R., Dunlap, G., Huber, H., & Kincaid, D. (2003). Effective educational practices for students with autism spectrum disorders. *Focus on Autism and Other Developmental Disabilities, 18* 150-165.

Iwata, B. A., Dorsey, M. F., Slifer, K. J., Bauman, K. E., & Richman, G. S. (1982/1994). Toward a functional analysis of self-injury. *Journal of Applied Behavior Analysis, 27* 197-209.

Iwata, B. A., Vollmer, T. R., & Zarcone, J. R. (1990). The experimental (functional) analysis of behavior disorders: Methodology, applications, and limitations. In A. Repp & N. Singh (Eds.), *Perspectives on the use of nonaversive and aversive interventions for persons with developmental disabilities* (pp. 301-330). Sycamore, IL: Sycamore.

Kazdin, A. E. (2001). *Behavior modification in applied settings* (6th ed.). Belmont, CA: Wadsworth/Thomson.

Kennedy, C. H., & Meyer, K. A. (1996). Sleep deprivation, allergy symptoms, and negatively reinforced problem behavior. *Journal of Applied Behavior Analysis, 29* 133-135.

Kern, L. & Dunlap, G. (1998). Curricular modifications to promote desirable classroom behavior. In J. K. Luiselli & M. J. Cameron (Eds.), *Antecedent control: Innovative approaches to behavioral support* (pp. 289-307). Baltimore: Paul H. Brooks.

Koegel, R. L., Camarata, S., Koegel, L. K., Ben-Tall, A., & Smith, A. (1998). Increasing speech intelligibility in children with autism. *Journal of Autism and Developmental Disorders, 28,* 241-251.

Koegel, L. K., Camarata, S. M., Valdez-Menchaca, M., & Koegel, R. L. (1998). Setting generalization of question-asking by children with autism. *American Journal on Mental Retardation, 102,* 346-357.

Koegel, L. K., Harrower, J., & Koegel, R. L. (1999). Support for children with developmental disabilities participating in full-inclusion classrooms through self-management. *Journal of Positive Behavioral Interventions, 1,* 26-34.

Koegel, R. L., & Koegel, L. K. (1990). Extended reductions in stereotypic behavior of students with autism through a self-management treatment package. *Journal of Applied Behavior Analysis, 23,* 119-127.

Koegel, L. K., & Koegel, R. L. (1995). Motivating communication in children with autism. In E. Schopler and G. B. Mesibov (Eds.), *Learning and cognition in autism* (pp. 73-87). New York: Plenum.

Koegel, R. L., Koegel, L. K., & Carter, C. M. (1999). Pivotal teaching interactions for children with autism. *School Psychology Review, 28,* 576-594.

Koegel, L. K., Koegel, R. L., Harrower, J. K., & Carter, C. M. (1999). Pivotal response intervention I: Overview of approach. *Journal of the Association for Persons with Severe Handicaps, 24,* 174-185.

Koegel, L. K., Koegel, R. L., Hurley, C., & Frea, W. D. (1992). Improving social skills and disruptive behavior in children with autism through self-management. *Journal of Applied Behavior Analysis, 25,* 341-353.

Koegel, R. L., Koegel, L. K., & McNerney, E. K. (2001). Pivotal areas in intervention for autism. *Journal of Clinical Child Psychology, 30,* 19-32.

Koegel, L. K., Koegel, R. L., Shoshan, Y., & McNerney, E. (1999). Pivotal response intervention II: Preliminary long-term outcome data. *Journal of the Association for Persons with Severe Handicaps, 24,* 186-198.

Koegel, R. L., Koegel, L. K., & Surratt, A. (1992). Language intervention and disruptive behavior in children with autism. *Journal of Autism and Developmental Disorders, 22,* 141-152.

Koegel, R. L., O'Dell, M. C., & Koegel, L. K. (1987). A natural language teaching paradigm for nonverbal autistic children. *Journal of Autism and Developmental Disorders,* 17, 187-200.

Lalli, J. S., & Casey, S. D. (1996). Treatment of multiple controlled problem behavior. *Journal of Applied Behavior Analysis, 29,* 391-395.

Lennox, D. B., & Miltenberger, R. G. (1989). Conducting a functional assessment of problem behavior in applied settings. *Journal of the Association for Persons with Severe Handicaps, 14,* 304-311.

Lerman, D. C., Iwata, B. A., Smith, R. G., Zarcone, J. R., & Vollmer, T. R. (1994). Transfer of behavioral function as a contributing factor in treatment relapse. *Journal of Applied Behavior Analysis, 27,* 357-370.

Lewis, T. J., Scott, T., & Sugai, G. (1994). The Problem Behavior Questionnaire: A teacher based instrument to develop functional hypotheses of problem behavior in general education classrooms. *Diagnostique, 19,* 103-115.

Maag, J. W. (2004). *Behavior management: From theoretical implications to practical applications* (2nd ed.). Belmont, CA: Wadsworth/Thomson.

Mancina, C., Tankersley, M., Kamps, D., Kravits, T., & Parrett, J. (2000). Brief report: Reduction of inappropriate vocalizations for a child with autism using a self-management treatment program. *Journal of Autism and Developmental Disorders, 30,* 599-606.

Miltenberger, R. G. (2001). *Behavior modification: Principles and procedures* (2nd ed.). Belmont, CA: Wadsworth.

Nelson, C. M., & Rutherford, R. B., Jr. (1983). Timeout revisited: Guidelines for its use in special education. *Exceptional Education Quarterly, 3*(4), 56-67.

Newman, B., Buffington, D. M., O'Grady, M. A., McDonald, M. E., Poulson, C. L., Hemmes, N. S. (1995). Self-management of schedule following in three teenagers with autism. *Behavioral Disorders, 20,* 190-196.

O'Neill, R. E., Horner, R. H., Albin, R. W., Sprague, J. R., Storey, K., & Newton, J. S. (1997). *Functional assessment and program development for problem behavior: A practical handbook.* Pacific Grove, CA: Brooks/Cole.

O'Reilly, M. F. (1995). Functional analysis and treatment of escape maintained aggression correlated with sleep deprivation. *Journal of Applied Behavior Analysis, 28,* 225-226.

O'Reilly, M. F. (1997). Functional analysis of episodic self-injury associated with otitis media. *Journal of Applied Behavior Analysis, 30,* 165-167.

Pierce, K., & Schreibman, L. (1997). Using peer trainers to promote social behavior in autism: Are they effective at enhancing multiple social modalities? *Focus on Autism and Other Developmental Disabilities, 12,* 207-218.

Romanczyk, R. G., & Matthews, A. L. (1998). Physiological state as antecedent: Utilization in functional analysis. In J. K. Luiselli & M. J. Cameron (Eds.), *Antecedent control: Innovative approaches to behavioral support* (pp. 115-138). Baltimore: Paul H. Brooks.

Ryan, J. B., & Peterson, R. L. (2004). Physical restraint in school. *Behavioral Disorders, 29,* 154-168.

Sasso, G. M., Reimers, T. M., Cooper, L. J., Wacker, D., Berg, W., Steege, M. W., et al. (1992). Use of descriptive and experimental analyses to identify the functional properties of aberrant behavior in school settings. *Journal of Applied Behavior Analysis, 25,* 809-821.

Schreibman, L., Charlop, M. H., & Koegel, R. L. (1982). Teaching autistic children to use extra stimulus prompts. *Journal of Experimental Child Psychology, 33,* 475-491.

Shearer, D. D. (1996). Promoting independent interactions between preschoolers with autism and their nondisabled peers: An analysis of self-monitoring. *Early Education and Development, 7,* 205-220.

Sigafoos, J. (1998). Choice making and personal selection strategies. In J. K. Luiselli & M. J. Cameron (Eds.), *Antecedent control: Innovative approaches to behavioral support* (pp. 187-221). Baltimore: Paul H. Brooks.

Skinner, B. F. (1953). *Science and human behavior*. New York: Macmillan.

Smith, M. L., & Heflin, L. J. (2001). Supporting positive behavior in public schools: An intervention program in Georgia. *Journal of Positive Behavioral Interventions, 3,* 39-47.

Stahmer, A. C. (1995). Teaching symbolic play to children with autism using pivotal response training. *Journal of Autism and Developmental Disorders, 25,* 123-141.

Stahmer, A. C., & Schreibman, L. (1992). Teaching children with autism appropriate play in unsupervised environments using a self-management treatment package. *Journal of Applied Behavior Analysis, 25,* 447-459.

Strain, P. S., Kohler, F. W., Storey, K., & Danko, C. D. (1994). Teaching preschoolers with autism to self-monitor their social interactions: An analysis of results in home and school settings. *Journal of Emotional and Behavioral Disorders, 2,* 78-88.

Wacker, D. P., Steege, M. W., Northrup, J., Sasso, G., Berg, W., Reimers, T., et al. (1990). A component analysis of functional communication training across three topographies of severe behavior problems. *Journal of Applied Behavior Analysis, 23,* 417-429.

Yell, M. L. (1990). The use of corporal punishment, suspension, expulsion, and timeout with behaviorally disordered students in public schools: Legal considerations. *Behavioral Disorders, 15,* 100-109.

Zanolli, K., Daggett, J., Ortiz, K., & Mullins, J. (1999). Using rapidly alternating multiple schedules to assess and treat aberrant behavior in natural settings. *Behavior Modification, 23,* 358-378.

Zarcone, J. R., Rodgers, T. A., Iwata, B. A., Rourke, D., & Dorsey, M. F. (1991). Reliability analysis of the Motivational Assessment Scale: A failure to replicate. *Research in Developmental Disabilities, 12,* 349-360.

8

의사소통 및 언어 행동 격려하기

핵심용어

- 맨드(mand)
- 보완 · 대체 의사소통(augmentative and alternative communication)
- 비언어적 의사소통 (nonverbal communication)
- 언어(language)
- 전언어적(prelinguistic)
- 유도하기(leading)
- 의도 전(preintentional)
- 의도적 의사소통 (intentional communication)
- 의사소통(communication)
- 의사소통 능력 (communicative competence)
- 공동주의집중(joint attention)
- 택트(tact)
- 현학(pedantic)
- 화용론(pragmatics)

❖ 해리스 선생님에게 배우기

말하기와 의사소통하기 사이의 차이

해리스 선생님은 자폐스펙트럼장애 학생들이 의사소통에 문제가 있음을 알고 있다. 해리스 선생님은 학생들의 개별화 교육계획을 읽었고, 언어치료사인 파텔 씨를 만나 자신이 음운론과 운율의 차이를 이해하고 있음을 분명히 했다. 학생들의 파일에 적혀 있는 임상 용어들이 교실에서 어떻게 의미를 갖게 되는지 보는 것은 그녀에게는 놀라운 일이다. 밀로를 예로 들어 보자. 밀로는 준비기술이 갖춰져 있음을 보여주고 있고 응용행동분석 방법에 근거한 교수에 반응을 잘 한다. 그러나 밀로는 또래들이나 성인들과의 상호작용을 절대로 먼저 시작하는 법이 없으며, 이는 정말로 좋아하고 갖고 싶어 하는 것을 상대방이 갖고 있다고 하더라도 마찬가지이다. 때때로 밀로는 우울함에서 벗어나려고 그러는 것 같지만, 어떤 분명한 이유도 없이 공격적인 행동을 보이고 갑자기 튀어나와 다른 사람들의 물건을 빼앗는다. 해리스 선생님은 밀로가 단어를 말할 수 있음을 알고 있다. 해리스 선생님과 파텔 씨는 밀로가 현재 말하는 단어의 목록과 어느 상황에서 말을 하는지에 대해 기록하고 있다. 사실 그들은 밀로가 디즈니 영화에 나오는 노래 전체를 부르는 것을 들은 적이 있고 인기 있는 만화에서 약 15분 정도의 분량을 그대로 따라하는 것을 본 적도 있다. 해리스 선생님은 밀로가 컴퓨터, 간식, 혹은 그네에 탈 차례를 자신이나 급우들에게 말할 수 있도록 격려하기 위해 무엇을 해야 할지 생각하고 있다. 밀로는 탐구 학습시간에는 올바른 행동을 보이고, 이야기를 듣는 시간에는 일반학급 학생들과 함께 자리에 조용히 앉아 있지만 누구와도 말을 하지 않는다. 밀로가 다른 사람들과 의사소통을 해야 할 때인 것이다!

자폐스펙트럼장애 학생들의 의사소통 기술을 촉진시키는 접근방식을 찾을 때, 교육자들은 종종 활용할 수 있는 접근방식을 놓고 난처해 한다(Diehl, 2003; Gerber, 2003; Heflin & Simpson, 1998a). 특정 유형의 중재에 초점을 맞춰야 할 것인가 아니면 다양한 전략들을 통합해 볼 것인지를 고려해야 한다. 보통 생애 첫 3년 동안 나타나는 발달장애 중 하나(APA, 2000)로서 자폐스펙트럼장애는 사회적 상호작용과 놀이는 물론 언어적 · 비언어적 의사소통에도 영향을 미친다(Wing, 2001; Wolfberg, 2003). 발달에 있어 매우 중요한 시기에 언어가 나타나고 아동들은 자신이 사용하는 단어들이 다른 사람들에게 의도 및 정보를 전달한다는 것을 인식한다(Bernstein & Levey, 2002; Prizant, Wetherby, Rubin, & Laurent, 2003). 구어(spoken language)의 획득은 자폐스펙트럼장애 학생들의 장기적인 긍정적 성과의 예측인이라 할 수 있다(Gillberg, 1991; Lord & paul, 1997). 이 장에서는 의사소통 발달, 언어 획득, 그리고 이러한 것들이 자폐스펙트럼장애 학생들 사이에서 보이는 차이 등을 살펴 보고 의사소통 및 언어 행동을 발달시키기 위한 다양한 중재들을 설명하고자 한다.

1. 초기 의사소통 발달

의사소통 능력은 가족 및 지역사회 내에 참여하기 위해 핵심적인 것으로 간주된다. **의사소통**은 언어적, 비언어적, 그리고 그림 상징 체계의 개념을 받아들이고, 보내며, 처리하고 이해하는 능력으로 정의된다. 의사소통을 하지 못한다는 것은 듣기, 언어, 말(speech) 등의 과정에서 명백히 드러나게 될 장애의 결과일 수 있고, 정도가 가벼운 것에서부터 심한 것에 이르기까지 다양할 수 있다. 사람들은 하나의 의사소통장애 또는 여러 의사소통장애가 복합된 형태의 장애를 보일 수 있는 것이다(ASHA, 1997). 초기 의사소통 발달은 유아들이 자신의 눈을 활용하고 목소리를 내며, 몸짓을 사용하는 방식과 직접적으로 관련되어 있다.

1) 눈 응시

유아는 신체 및(혹은) 눈 응시(eye gaze)와 같은 얼굴의 움직임을 통해 의사소통한다. 생후 3개월 반 정도가 되면 유아의 시각·운동기능 체계가 완전히 성숙하고 유아들은 자신의 흥미 및 감정을 보이기 위해서 뿐 아니라 물건들, 사람들, 사건들 사이의 관계에 대해 배우기 위해 눈 응시를 활용한다(Tiegerman & Primavera, 1984).

자폐스펙트럼장애 유아의 눈 응시 행동은 대개 일반 또래들의 행동과는 다르다. 자폐스펙트럼장애 유아들은 특정한 물체들에 시선을 고정해서 응시하고 주위의 시각적 자극들을 통합해서 보지 않을 수 있다(Dawson, Meltzoff, Osterling, Rinaldi, & Brown, 1998; Rincover & Ducharme, 1987). 그들은 물체 전체보다는 그 일부에 열중할 수 있고(Snow, Hertzig, & Shapiro, 1987), 인간의 얼굴보다는 기하학적 패턴을 보는 것을 더 좋아할 수도 있다. 또는 어떤 사람이 있는 방향을 응시하지만, 그 사람이 없는 것처럼 보는 행동을 보일 수 있다. 눈 응시에서의 이상은 세상을 이해하는 데 있어 문제가 있음을 알려 주는 것일 수 있으며, 의사소통 발달에 부정적인 영향을 미칠 수도 있다. Baron-Cohen과 Baldwin, Crowson(1997)은 자폐스펙트럼장애 영아들이 화자(speaker)가 눈 응시하는 방향에 주의를 기울이지 않아서 화자가 언급하고 있는 것이 무엇인지 알지 못한다고 한다. 눈 응시의 문제점들은 자폐스펙트럼장애 유아들의 의사소통 발달을 저해한다.

2) 옹알이

의사소통은 생후 6, 7개월 경의 유아가 옹알이(말소리 같은 소리를 냄)를 시작할 때 진화한다. 빠르면 생후 7개월 정도에 유아들은 자신이 처해 있는 환경에 존재하는 언어를 분석하고 그 언어를 인식하고 있음을 보일 수 있다. 유아들은 자신의 의사소통 상대가 내는 억양과 말소리를 대응시키기 시작한다. 일반 유아들은 옹알이를 하여 다른 사람들에게서 흥미 있다고 발견한 것을 함께 나누려 한다. 생후 2년째 이러한 발성의 빈도는 증가한다(Baron-Cohen, Wheelwright, & Jolliffe, 1997; Lederberg, 2003).

이에 비해 자폐스펙트럼장애 아동들은 자신이 처해 있는 환경에서 들을 수 있는 언어를 인식하고 있다는 것을 보여주지 못한다. 부모들은 자녀들이 마치 '농(deaf)인 것처럼 행동'하고 자신에게 말을 거는 혹은 심지어 자신의 이름을 부르는 사람 쪽으로 시선을 돌리지 않기 때문에 청각장애 여부를 확인하기도 한다(Werner, Dawson, Osterling, & Dinno, 2000). 자폐스펙트럼장애 아동들은 말소리보다는 말소리가 아닌 소리를 더 좋아한다고 알려져 왔다(Kuhl, Coffey-Corina, Padden, & Dawson, 2005). 일부 어린 자폐스펙트럼장애 아동들이 반향어(echolalia)를 하는 동안 화자의 억양과 언어를 대응시키기는 하지만, 옹알이는 다르거나 아예 하지 않을 수 있으며 관심을 공유하기 위해 옹알이가 활용되는 예는 극히 드물다. 생후 12개월이 될 때까지 옹알이를 하지 않거나 옹알이가 부족한 것은 자폐스펙트럼장애를 포함한 발달지체의 가능성을 더 평가해 보라는 '경고신호들' 중 하나라 할 수 있다(Filipek et al., 2000).

3) 몸 짓

일반 유아들은 생후 9개월이 되면 자신의 의도를 나타내기 위해 팔을 뻗는 것처럼 몸짓을 활용하고, 어른들은 보통 이 의사소통 시도에 반응을 한다(Bates, Benigni,

Bretherton, Camaioni, & Volterra, 1979). 유아들은 약 12, 13개월이 되면 가리키기(pointing) 행동을 보일 수 있으며, 약 17개월이 되면 몸짓과 손짓을 사용할 수 있다. 의미 있는 몸짓의 발달과 함께 영아들은 대화에서 차례를 지킬 수 있게 되고 자신의 양육자들과 물체에 초점을 둔 상호작용을 할 수 있게 된다(심지어는 그들이 실제 단어를 사용해서 말하기 전에도). Bates 등(1979, p. 328)은 영유아들은 소리를 내거나 몸짓을 하는 동안에도 성인과 물체 사이에 '조정된 주의(coordinated attention)'를 활용한다고 보고하였다. 성인들의 주의를 끄는데 활용되고, 바라는 물건이나 사건에 주의를 유도하는 몸짓과 소리내기는 **의도적 의사소통**(intentional communication)으로 일컬어진다.

자폐스펙트럼장애 유아들은 바라는 물건을 얻기 위해 몸짓보다는 **유도하기**(leading)라고 불리는 기법을 사용할 수 있다(Wetherby & Prizant, 2005). 예를 들어, 아동이 무엇인가를 얻기 위해 도움을 바랄 때 그 물건 쪽으로 어른의 손이나 팔을 밀쳐내기도 한다. 유도하기가 어떤 욕구를 의미한다 하더라도 이는 상호작용적인 의사소통은 아니다. 아동은 성인과 상호작용을 하는 것이 아니고, 다만 그 성인을 하나의 도구로 사용할 뿐이다. 또한 자폐스펙트럼장애 아동들은 자신이 무엇인가를 원하고 있다는 것을 보여주기 위해 가리키기를 이용할 수도 있다. 그러나 그들은 누군가 무엇을 보게 하려고 가리키기를 사용하지는 않는 경향이 있다(Baron-Cohen et al., 1996).

다른 사람의 주의를 끌기 위해 가리키기를 활용하지 못할 뿐만 아니라 자폐스펙트럼장애 아동들은 보여주기, 손 흔들기, 혹은 몸짓 손짓하기 등과 같은 동작을 사용하지 못할 수 있다(Luyster et al., 2005; Rogers, Bennetto, McEvoy, & Pennington, 1996; Stone, Ousley, Yoder, Hogan, & Hepburn, 1997). 참조적인 몸짓의 부족은 자폐스펙트럼장애가 있음을 알려 주는 예측인이 될 수 있다(Vostanis et al., 1998). 자폐스펙트럼장애 유아들과 정신지체 유아들은 의사소통과 관련된 몸짓보다는 무의미한 몸짓(반복적인 움직임)을 더 자주 보이는 경향이 있다(Osterling, Dawson, & Munson, 2002). 아동들의 몸짓이 메시지를 전달하지 못하기 때문에 아동들이 의도를 전달하는 데 있어 좌절하게 되면 점차 문제행동을 보일 수 있다(Keen, 2005).

2. 언어 발달의 기본

의사소통은 보내고 받는 메시지를 일컫는다. 언어는 의사소통을 하는데 활용되는 하나의 매개체이다. '**언어**는 일련의 자의적인 상징들로, 의사소통을 목적으로 생각들을 전달하는 개인적인 문화에 의해 정의된다' (Stone & Yoder, 2001, p. 341). 이러한 자의적인 상징들은 구어와 수화, 그리고 쓰기 표현(written expression) 등에서 분명하게 나타난다. 광범위한 청중들과 효과적으로 의사소통하기 위해 개개인은 어느 정도 '언어'를 지니고 있어야 한다. 장애 여부와 관계없이 아동들의 구어발달의 예측인으로 운동기능 모방(motor imitation), 공동주의집중(joint attention), 사물 놀이(object play) 등의 변인들이 규명되었다(Mundy, Sigman, & Kasari, 1990; Stone, Ousley, & Littleford, 1997).

1) 운동기능 모방

Stone과 Yoder(2001)에 따르면, 운동기능 모방은 모방이 가능하도록 아동이 다른 사람에게 주의를 기울이고 그 사람이 하는 행동에 대한 정신적 표상을 형성할 것을 요구하고 있다고 한다. 모방 기술은 다른 사람이 말한 언어를 처리하는 것으로, 자신의 주위에 있는 사람들의 언어를 획득하고 발달시킬 수 있는 아동의 능력을 촉진한다(Stone & Yoder, 2001). 자폐스펙트럼장애 아동들은 발달수준에 따라 다양한(Receveur et al., 2005) 모방하기에 대한 어려움을 지니고 있는 것으로 알려져 있다(Williams, Whiten, & Singh, 2004). 모방이 일어날 때, 어떤 자폐스펙트럼장애인들은 그들이 본 그대로 행동을 모방함으로써, 예를 들어 누군가 자신에게 손을 흔드는 것을 모방할 때 손바닥을 자신의 얼굴 쪽으로 향하게 하는 것과 같은 이상한 오류를 범한다(Ohta, 1987). 하나의 모델을 모방하지 못하고 적절한 자극에 주의집중하지 못하는 것은 의사소통 및 언어발달에 상당히 부정적인 영향을 미칠 수 있다(Smith & Bryson, 1994).

2) 공동주의집중

공동주의집중은 아동들이 다른 사람이 주의를 기울이는 대상을 가려낼 수 있을 때 발생하고, 아동 자신의 흥미를 끄는 무엇인가에 다른 사람이 주의를 기울이게 하는 능력에서도 볼 수 있다(Prizant et al., 2003). 공동주의집중 행동의 수는 나중의 표현언어 발달을 예측할 수 있게 해 주는 것으로 밝혀졌다(Mundy et al., 1990; Prizant & Wetherby, 1993; Sigman & Ruskin, 1999). 연구자들은 공동주의집중이 언어 획득과 상관관계가 있는 세 가지 이유를 제안하고 있다. 첫째, 공동주의집중은 상호작용에 대한 아동의 욕구를 표시하는 것으로 상대자의 반응이 주어진다면 공동주의집중은 그 아동의 언어 발달과 연계된다(Koegel, Camarata, Valdez-Menchaca, & Koegel, 1998). 이는 예를 들어,

어떤 아동이 어떤 물건을 내밀면 어머니가 그 물건을 'Barney' 라고 부를 때 일어난다. 그 아동은 물건의 이름을 배우기 시작한다.

둘째, 공동주의집중은 언어를 발달시킬 목적으로 아동들이 다른 사람들로부터 언어를 이끌어 내도록 돕는다(McCathren, Yoder, & Warren, 1999). 예를 들어, 한 아동이 냉장고를 만지며 어머니를 바라보고, 어머니가 "우유를 마시고 싶구나."라고 말하며 반응을 보이면, 그 아동은 자신이 찾는 것에 대한 단어의 시범을 보게 된다. 마지막으로 아동들은 언어 발달을 더 뒷받침하도록, 자신이 처해 있는 환경에서 어른들과 자신의 경험을 나누기 위해 공동주의집중하게 된다(Mundy, 1995).

자폐스펙트럼장애 아동들은 공동주의집중에 문제가 있고 이러한 문제는 아마도 자폐스펙트럼장애의 가장 큰 특성들 중 하나일 것이다(Wetherby, Prizant, & Schuler, 2000). 자폐스펙트럼장애 학생들은 공동주의집중을 끌어내기 위한 다른 사람들의 시도에 반응할 가능성이 낮고, 사회적인 목적을 위해 다른 사람들로 하여금 어떤 물건이나 사건을 바라보게 하려 하지 않는다(McArthur & Adamson, 1996). 공동주의집중 능력의 부재는 사회적, 인지적, 언어적 발달에 여러 의미를 지니고 있다. 공동주의집중에는 다른 사람과 물건이나 사건 사이에 관계를 맺어주는 것은 물론 정서적 상태를 공유하는 것도 포함된다. 고기능 자폐스펙트럼장애 학생들은 시선으로 사람과 물건 사이를 연결시킬 수 있고 어떤 긍정적 정서를 함께 할 수 있으나 공유를 목적으로 다른 사람의 주의를 얻으려고 하지 않는 경향이 있다(Wetherby et al., 2000).

3) 사물놀이

아동이 사물을 가지고 노는 방법은 발달에 대한 귀중한 정보를 제공한다. Piaget(1962)에 따르면 상징놀이 및 언어의 발달을 위한 기초는 다른 무엇인가를 대표하기 위해 하나의 물건을 이용하는 아동의 능력에 달려 있다고 한다. 일반 아동들은 자신이 처해 있는 환경 내에서 물건들이나 사람들을 반복적으로 탐색하고 조작하면서, 행동들을 변화시키고 결합시키는 방법을 자발적으로 학습한다. 아동이 물건들과 다른 사람들, 그리고 자기 자신을 이용하여 상상놀이(imagenative play) 대본을 만들어 감에 따라 상징놀이(symbolic play)나 가장놀이(pretend play)는 점점 더 복잡하게 발달한다(Boucher, 1999). 아동이 자신의 직접적인 환경 외에서 관찰되는 행동들을 모방하게 됨에 따라 기능적 놀이(functional play)는 점점 더 복잡해지고 자주 나타나게 된다.

자폐스펙트럼장애 아동들은 기능적 놀이는 물론 상징놀이에도 어려움을 보인다(Dawson & Adams, 1984). 자폐스펙트럼장애 아동들은 하나의 물건을 다른 물건으로 가장하지 못할 수 있고, 상상놀이에도 참여하지 못할 수 있으며 심지어 자신이 의도하는 대로 장난감들을 이용하지 못할 수도 있다. 예를 들어, 어떤 자폐스펙트럼장애아동은 마치 장난감 동물들이 동물원에 있는 것처럼 배치하거나 그 장난감들이 상호작용하는 것으로 가장하는 대신, 그 장난감들을 일렬로 늘어놓을 수 있다. 상징놀이나 기능적 놀이의 부재는 수용 및 표현언어에 부정적인 영향을 미친다(Sigman & Ruskin, 1999).

3. 언어 획득

아동의 첫 단어는 보통 생후 10개월에서 13개월 사이에 나타난다. 아동들이 공동주의집중와 다른 사람 및 사물과 놀이를 하는 데 점점 더 많은 시간을 보냄에 따라 이들은 새로운 단어들로 자신이 지니고 있는 어휘의 숫자를 늘려간다(Wolfberg, 2003). 일반 유아들은 4세 경에 말을 하고 질문을 하는 반면, 발달이 늦거나 장애가 있는 아동들은 다른 사람들의 지시를 따르게 될 가능성이 더 높다. 일반 유아들은 자신을 표현하기 위해서 더 많은 단어들을 사용할 수 있게 됨에 따라 몸짓은 덜 사용하게 된다.

익숙한 활동과 일과에 참여하는 것은 아동의 인지 및 언어 발달에 기여한다(Tomasello, 2002). 아동은 친숙한 성인과의 일상적인 대화를 바탕으로 새로운 단어들을 배우고(Masur, 1997), 의도 및 자신이 속한 문화에 특징적인 사회적 단서에 의존한다(Tomasello, 1992). 새로운 단어들의 학습은 타인의 의도를 추측하는 사람의 능력에 달려 있다(Bloom & Markson, 1998). 사회적 상호작용 및 익숙한 일과의 중요성에 덧붙여, 익숙한 소리의 반복은 언어 및 어휘발달을 뒷받침한다(Gray, 2003; Storkel & Morrisette, 2002).

자폐스펙트럼장애 아동들에게 있어 공동주의집중, 놀이, 그리고 사회적 상호작용의 부재는 언어 발달, 특히 다른 사람들과의 상호작용을 위해 활용되는 언어의 발달을 저해한다. 이처럼 이 아동들은 다른 사람들의 의도나 생각을 추측하는 데 어려움을 보이는 경향이 있고, 이는 의사소통 및 언어의 발달을 더욱 더 방해할 수 있다. 아동이 ① 생후 12개월이 되도록 어떠한 옹알이도 하지 않고, ② 생후 12개월이 되어도 몸짓을 사용하지 않으며, ③ 생후 16개월이 될 때까지 단어 하나를 말하지 못하고, ④ 생후 24개월

이 될 때까지 두 단어로 이루어진 문장을 말하지 못하며, ⑤ 어떤 연령에 이르러 언어 및 사회적 기술에서 퇴행을 보인다면, 그 아동은 자폐스펙트럼장애를 포함하여 언어 발달지체의 위험을 가지고 있는 것이다. 이러한 특성들 중 어떤 것이 관찰된다면 사정이 더 필요하다(Filipek et al., 1999; Filipek et al., 2000). 여러 연구결과들은 아동들이 조기에 진단받고 적절한 중재를 조기에 받을수록 더 나은 성과를 이룰 수 있다고 한다(NRC, 2001; Woods & Wetherby, 2003).

1) 언어의 구성요소

언어는 내용(의미론), 형식(문법), 그리고 사용(화용론) 등에 따라 특징지어진다(Lahey, 1988). 언어는 음성으로, 손으로, 그리고 그림으로 표현될 수 있다. 가장 기본적인 수준에서 언어의 의미론은 어휘를 일컫는 것이고 수용 및 표현 형식 모두를 포괄한다. 특정 언어의 문법 규칙들은 그 형식이 정확해지기 위해 단어들이 어떤 순서를 갖고 수정되느냐에 영향을 미친다. 아동들이 문법적으로 더 정확해지기 위해 단어들의 순서를 조작하기 시작할 때, 이들은 다른 사람들의 앞으로의 그리고 현재의 행동들을 지시할 수 있고 동사의 적절한 과거시제를 활용함으로써 과거에 일어났던 사건들을 표현할 수 있게 된다. **화용론**에는 어휘가 사용되는 방법, 화자가 자신의 메시지의 시기 및 전달에 대해 내리는 결정, 그리고 그 메시지에 수반되는 비언어적 특징들이 포함되는데 이는 모두 메시지를 전달하려는 시도 안에서 사용된다(Prutting & Kirchner, 1987). 화용론은 사회적 상호작용을 통해 학습하게 되고 문화에 따라 바뀔 수 있다(Mundy & Markus, 1997). 언어 활용의 한 가지 예는 생후 15개월된 유아가 팔을 들고 진지하게 바라보며(화용론) 간청하는 듯한 어조로 "엄마, 인나(Mommy, up)."(의미론)라고 말할 때 생기는데, 이는 아마도 무엇인가 바라는 행동을 위한 요청을 의미하는 것으로 보인다. 완성된 문장으로서 문법적으로 정확하지는 않다 하더라도 그 어린 아동의 문법은 자신의 연령에 적절한 것이다. 만일 15세 청소년이 어머니가 서 있는 것을 묘사하기 위해 "엄마, 인나(Mommy, up)."라는 문장을 사용했다면 문법에 대한 우려가 생길 것이다.

자폐스펙트럼장애 아동들에게 내용(어휘), 형식(문법), 그리고 사용(화용론) 등은 매우 어려운 영역일 수 있다. 이러한 영역들에서의 발달 지체는 아동의 이해 및 구어 발달에 영향을 줄 것이다(Gerber, 2003). 자폐스펙트럼장애인들의 약 35~40% 정도가 어떠한 기능적 또는 의사소통적 언어를 발달시키지 못하고 있다(Mesibov, Adams, &

Klinger, 1997). 구어가 발달된 자폐스펙트럼장애인들은 어휘 면에서 진보된 언어를 사용할 수 있으나 눈 응시, 신체 언어(body language), 그리고 얼굴 표정 등과 같은 화용론적 요소들에는 계속해서 어려움을 보일 것이다(Loveland & Tunali-Kotoski, 1997; Safran, Safran, & Ellis, 2003; Young, Diehl, Morris, Hyman, & Bennetto, 2005).

부모들은 자폐스펙트럼장애 자녀가 빠르면 생후 18개월경부터 가리키기, 공동주의집중, 다른 사람 모방하기, 혹은 사람들이나 물건들과 적절하게 놀기 등을 하지 못할 때 언어기술에 문제가 있음을 알아차리게 된다고 보고하고 있다(Stone & Lemanek, 1990; Wolfberg, 2003). 자폐스펙트럼장애 아동들이 성장함에 따라 그들은 목소리의 질, 강도, 억양 등에서 문제를 보인다(Lord & Paul, 1997). 자폐스펙트럼장애인들은 소리의 높이 및 음량(예 : 높고 날카로운 목소리로 말하거나 매우 크게 또는 매우 작게 말하기), 목소리의 질(예 : '헐떡거리는 듯한' 목소리 사용하기), 억양(예 : 마치 로봇이 말하듯 단조롭게 말하기), 그리고 운율(예 : 잘못된 음절을 강조하기, 문장의 끝을 올리는 억양을 사용하여 모든 소리를 질문하는 것처럼 만들기, 아기에게 말하는 것과 어른들에게 말하는 것 사이를 구별하지 못하게 하기)에서 차이를 보일 수 있다(Shriberg et al., 2001). 또한 자폐스펙트럼장애 아동들은 일관성 없는 눈 응시(Tiegerman-Farber, 2002), 최소한의 공동주의집중 행동(Baron-Cohen, Baldwin, & Crowson, 1997), 그리고 청자(listener)로부터 너무 멀리 떨어져 있거나 너무 가까이에 있기 등을 포함하는 **비언어적 의사소통**에서의 이상을 보일 수도 있다.

2) 의사소통의 수준

구어 능력이 제한되어 있거나 없는 아동들은 의사소통의 의도 전 그리고 언어 전 수준에서 기능한다고 묘사되고 있다(Schuler, Prizant, & Wetherby, 1997). **의도 전**(preintentional)이란 다른 사람들과 의사소통하는 것의 중요성을 깨닫지 못하는 학생들을 나타내는 것이고, **전언어적**(prelinguistic)이란 의사소통의 수단으로서의 구어가 아직 발달되지 않은 학생들을 일컫는 것이다. 그러므로 마실 것을 달라고 하는데 대해 신경 쓰지 않는 것처럼 보이는 학생들은 구어를 획득하고 사용하는데 의도 전이고 동기화되지 않은 것이다. 이는 그들의 전반적인 의사소통에 부정적인 영향을 줄 수 있다. 그들은 소리 지르기나 자해행동 보이기, 혹은 다른 사람들의 말을 따르지 않거나 싸우려고 하는 것 같은 부적절한 행동으로 나타날 수 있고(Carr & Durand, 1985; Tiegerman-Faber, 2002;

Wetherby & prizant, 2000), 부적절한 사회적 상호작용 기술을 보일 수 있다. 그리고 이 모든 것들이 교수-학습을 방해할 수 있다.

3) 반향어

언어 전인 학생들도 의사소통을 하지만 이들의 의사소통은 단어나 문장을 반복함으로써 그리고 단어보다는 몸짓을 사용함으로써, 더 제한된 의사소통 기능의 범위 내에서 작용하는 경향이 있다. 과거에는 반향어(echolalia)가 아무런 의미 없는 소리로 간주되었다(Tiegerman-Faber, 2002). 그러나 즉각 반향어(immediate echolalia)는 무엇인가 이해를 한다는 증거를 제공하고 있으며 기능적 목적으로 사용된다(Prizant & Duchan, 1981). 지연 반향어(delayed echolalia)는 다양한 방식으로 사회적 상호작용을 도울 수 있다(Prizant & Rydell, 1984). 다른 사람들이 학생의 반향어로 표현된 의도를 이해하고 메시지에 적절하게 반응한다면 그 학생은 수단과는 관계없이 의사소통 능력을 보여 준 것이다(Rydell & Prizant, 1995). 〈표 8-1〉에는 반향어의 형태 및 가능한 기능들에 대한 설명이 제시되어 있다.

자폐스펙트럼장애 학생들은 단어들을 관습적이지 않은 방식으로 사용하기도 한다. 예를 들어, Baron-Cohen과 Baldwin, Crowson(1997, p. 49)은 자폐증에 대해 Leo Kanner가 1973년에 제시한 설명으로부터 2세 소년의 '비관습적인', '무의미한', 그리고 '부적절한' 표현의 예를 보고하였다. 이 자폐증으로 진단받은 2세 소년의 어머니는 전에 'Peter, Peter, Pumpkin Eater' 라는 동요(nursery rhyme)를 되풀이하는 동안 스튜 냄비를 떨어뜨린 적이 있었다고 말했다. 그 시점부터 아들이 스튜 냄비만 보면 그것을 'Peter eater' 로 말한다는 것이다. 이는 일부 자폐스펙트럼장애 학생들이 청자에게는 부적절하게 보이는 단어들이나 문장들을 어떻게 사용하는지를 보여주는 한 가지 고전적인 예이다. 비록 그 연계가 해당 아동에게는 의미가 있는 것일 수 있으나 이러한 일이 발생한다면 어휘발달이 늦어질 수 있다.

4) 아스퍼거 장애에 대한 추가적인 고려사항들

아스퍼거 장애(Asperger syndrome)는 자폐증과 동일한 임상적 분류(전반적 발달장애, Pervasive Developmental Disorders, PDD)에 속하지만 다른 것으로 제시되고 있다. 아스퍼거 장애는 그 특성들이 덜 심하고 *DSM-IV-TR*에 따르면, 언어는 지체되지 않은 것

표 8-1 즉각 및 지연 반향어의 기능

즉각 반향어의 기능적 범주 (Prizant & Duchan, 1981)	
범주	설명
상호작용적	
차례 지키기	번갈아 가며 언어를 교환하는 데 있어 화자가 바뀔 때 사용되는 말
진술	물건들이나 행동들, 혹은 장소를 명명하는 말(겉으로 드러나는 몸짓이 수반됨)
긍정 대답	이전에 나왔던 말을 확인한다는 것을 보여주는 데 사용되는 말
요청	물건이나 다른 사람들의 행동을 요청하는 데 사용되는 말, 보통 가벼운 형태의 반향어가 포함됨
비 상호작용적	
분명치 않음	분명한 의도 없이 산출되는 말, 종종 두려움이나 고통 등 각성수준이 높은 상태에서 하게 됨
시연	처리를 위한 보조도구로 사용되는 말로 반향된 말을 이해했음을 가리키는 말이나 행동이 뒤따름
자기조절	자신의 행동들을 조절하는 데 사용하는 말, 운동기능을 이용한 행동과 동시에 산출됨
지연 반향어의 기능적 범주 (Prizant & Rydell, 1984)	
범주	설명
상호작용적	
차례 지키기	번갈아 가며 언어를 교환하는 데 있어 화자가 바뀔 때 사용되는 말
언어의 완료	다른 사람들이 시작한, 익숙한 언어 일과를 완성하는 말
정보 제공	상황에 따른 맥락에서 분명하지 않은 새로운 정보를 제공하는 말
명명하기(상호작용적)	주위에 있는 물건들이나 행동들을 명명하는 말
항의	다른 사람들의 행동에 항의하는 말, 다른 사람들의 행동을 막는 데 사용될 수도 있음
요청	물건들이나 행동들을 요청하는 데 사용되는 말
부름	자신에게 주의를 돌리게 하거나 상호작용을 수립/유지하게 하기 위해 사용되는 말
확인	이전에 나왔던 말을 확인함을 가리키는 데 사용되는 말
지시	다른 사람들의 행동을 지시하는 데 사용되는 말(종종 명령)
비 상호작용적	
분명치 않음	분명한 의사소통 의도가 없거나 상황에 따른 맥락에 적절하지 않은 말
상황 연계	분명한 의사소통 의도가 없는 말로 어떤 물건이나 사람, 상황, 혹은 활동에 의해 촉발되는 것으로 보임
자기지시	자신의 행동을 조절하는 데 사용되는 말, 운동기능을 이용한 행동과 동시에 산출됨
시연	낮은 소리로 산출되는 말로 더 커다란 상호작용적 음성 산출이 뒤따름, 후속 산출을 위한 연습일 수 있음
명명(비 상호작용적)	분명한 의사소통 의도가 없이 주위에 있는 물건들이나 행동들을 명명하는 말, 언어를 학습하기 위해 연습하는 것일 수 있음

출처 : Barry Prizant

으로 나타난다. 아스퍼거 장애인들이 보이는 사회적 의사소통의 어려움에는 호혜적 대화, 작은 범위의 주제 및 관심들로 제한된 대화, 대화를 시작하거나 유지하는 능력의 결핍, 그리고 청자와 '함께' 말을 하는 것으로 보이기보다는 다른 사람들에게 '말을 하는' 것처럼 보이는 것 등이 있다(Landa, 2000). Wing(1981)은 아스퍼거 장애인의 **현학적인**(pedantic) 말을, 화자가 구어체나 덜 형식적인 말에 의존하기보다는 형식적이고 모호한 단어들을 사용하는 '학자처럼 행동하는(bookish)' 기질로 묘사하였다. Ghaziuddin과 Gerstein(1996)은 대다수의 아스퍼거 장애인이 지능의 수준과는 관계없이 현학적인 말을 구사하였다고 한다.

많은 자폐성 장애 학생들과는 달리 아스퍼거 장애 학생들은 또래들에게 수용되기를 바라는 것처럼 보이지만 이러한 목적을 효과적으로 달성하기 위한 기술들은 갖지 못하고 있다(Attwood, 1998). 이들은 관습적인 사회 규칙들을 이해하지 못하기 때문에 감정이입 능력이 부족한 것으로 보일 수 있고, 사람들의 숨겨진 계획을 인식하지 못하며, 진짜가 아니거나 비유적인 표현들(즉, 유머, 풍자, 관용어 등)을 오해한다(Myles, & Simpson, 2001; Myles & Southwick, 1999; Safran et al., 2003). 그들이 어른들이나 다룰 다양한 주제들을 집요하게 되풀이하고 그러한 주제들에 대해 잘 알고 있는 것처럼 보인다 하더라도, 아스퍼거 장애 학생들은 다른 사람들과 대화하는 데 있어 전혀 적합하지 않은 단편적인 정보들(예 : 변기 제조업자들에 대한 자세한 내용 등)을 저장하기 위해 뛰어난 기계적인 암기기술을 사용한다. 아스퍼거 장애 학생들은 또래들보다는 어른들처럼 이야기하는 경향이 있고(Attwood, 1998), 억양 및 운율이 부족하며(Safran et al., 2003), 흥분한 상태에서는 목소리의 극단적인 높낮이를 보일 수 있다.

4. 의사소통에 있어서의 문제 및 교정 전략

의도적 의사소통(언어 전 및 언어)은 의사소통 행위가 효과적이어서 그러한 효과를 얻기 위해 지속적인 노력을 하게 되는 인식으로 특징지어진다(Bates, 1979; Wetherby & Prizant, 1989). 다른 사람들과 의사소통하려는 모든 시도가 다 성공적인 것은 아니다. 메시지가 받아들여지지 않거나 이해되지 않기 때문에 의사소통을 하려는 시도는 실패할 수 있다. 심지어는 다른 사람들이 메시지를 듣고 이해할 때조차, 반응을 하지 않거나 주제를 바꿔 반응할 수도 있다(Halle, Brady, & Drasgow, 2004). 의사소통에서의 문제는 ① 외부 배경의 소음, ② 지나치게 복잡한 의사소통 신호나 언어, ③ 매우 복잡한 사회적 맥락, ④ 의사소통 상대가 메시지를 명확하게 해 줄 것을 요청하지 못함, 그리고 ⑤ 호혜적인 방식으로 의사소통하려는 동기 부족 등의 결과로 발생할 수 있다(Prizant, 2002).

의사소통에 결함이 있는 장애인들은 알아들을 수 있게 말을 하지 못하거나 비관습적인 혹은 이상한 의사소통 수단을 사용하여 의사소통에 있어서의 문제를 초래할 수 있다(Yont, Hewitt, & Miccio, 2000). Geller(1998)는 자폐성 장애 아동들의 언어를 이해하는 능력 및 듣는 능력의 부족이 의사소통을 위한 시도를 방해한다고 한다. 그러나 이 아동들의 의사소통 문제의 원인은 의미론에 있어서의 문제들(어떤 물건들을 참조할 때 구체성의 부족)과 공동주의집중 결여 등이었다. 어린 장애학생들은 의사소통을 하기 위한 초기 시도에서 매우 낮은 성공률을 경험할 수 있다(Wetherby, Alexander, & Prizant, 1998).

의사소통의 문제가 발생한 동안 화자는 대화를 통한 의사교환을 다시 확립하기 위해 언어적 및 비언어적 전략들을 사용할 가능성이 높다. 이러한 교정 전략들은 일반적인 사회적 관습에 대한 인식을 기반으로 한다(Rubin & Lennon, 2004). 생후 8개월 이상인 영아들과 만 2세 정도의 유아들도 의사소통에서의 문제를 교정하려 한다(Alexander, 1995; Ferrier, Dunham, & Dunham, 2000). 의사소통 문제 교정의 정교함은 서로 다르다. 나이가 어릴수록 몸짓에 의존한다. 생후 27개월에서 33개월 정도가 되면 일반 영아들은 자신들의 메시지를 되풀이하거나 원래 메시지를 수정함으로써 문제를 교정할 수 있다.

Geller(1998)의 연구에서, 언어를 사용하는 5명의 자폐성 장애 아동들은 자신의 의사소통의 문제 중 73%를 교정하려 하여 의사소통 시도를 지속하려 함을 보여주었다. 사용된 교정은 그들의 발달수준에 맞지 않았고, 언어 정보를 추가하는 데 어려움을 보였다. Keen(2005)의 연구에 참여한 6명의 자폐성 장애 아동들은 메시지를 전달하기 위해 반복 및 대체 등의 교정전략들을 사용하였다. 사용된 몸짓 및 발성에는 증가된 강조 및 억양이 수반되는 경향이 있고, 어떤 사람들은 이것이 바람직하지 않은 행동으로 발전해 간다고 지각할 수 있다.

의사소통의 문제를 교정하는 것은 의사소통 기술 및 어떤 메시지가 받아들여지지 않았다는 사회적 인식을 필요로 한다(Alexander, 1995). 사회적 결손으로 인해 자폐스펙트럼장애인들은 문제가 발생했음을 인식하는 데 어려움을 보일 수 있다. 의사소통에서의 결손은 문제를 겪고 있을 때 명확히 해 줄 것을 요청하는 능력과 의사소통 문제를 교정하려 할 때 메시지를 수정하는 능력 또한 방해할 수 있다. 〈그림 8-1〉에는 학생들이 자신의 의사소통 시도를 지속하도록 격려하기 위한 제안들은 물론, 교육자들이 의사소통 문제가 일어나는 것을 예방하면서 학생들과 의사소통할 때 활용할 수 있는 제안들이 제시되어 있다.

학생이 이 영역에서 약점을 보이자마자 의사소통 문제를 규명하고 교정하기 위한 전략들을 지도해야 한다. 교사가 직접 교정해 주는 대신, 학생들로 하여금 의사소통에서의 문제를 교정하도록 격려할 필요가 있다(Geller, 1998). 동기를 부여하는 활동 중에 학생들이 교정하도록 교사는 잠시 멈추고 기다릴 수 있다. 일반 아동들이 의사소통 문제를 교정하려는 초기 시도에서 몸짓을 사용하는 경향이 있기 때문에, 중재는 학생들이 몸짓을 이용한 교정을 활용하도록 가르치는 데 초점을 맞출 필요가 있다(Alexander, 1995). 관습적인 몸짓 및 말을 통한 의사소통을 가르치기 위해 명시적 교수를 제공하는 것은 학생들이 경험하는 문제의 수를 줄이는 데 도움이 될 수 있다(Halle et al., 2004). 학생들은 전형적인 형태의 교정(예 : 자신이 원하는 것 가리키기, 이해하지 못했을 때 "뭐라고?" 라고 말하기 등)도 배울 수 있다.

아동기 후기 및 청소년기 동안 자폐스펙트럼장애 아동들은 특히 의사소통에서의 문제에 취약할 수 있다. 일반 또래들은 비꼬는 말, 글자 그대로 해석할 수 없거나 비유적인 언어, 그리고 대답할 때 약 올리는 듯한 의견 등을 이 시기 동안 더 많이 사용한(Rubin & Laurent, 2004). 그 결과 자폐스펙트럼장애 학생들은 이러한 반응들을 잘못 읽고 감정적으로 대응할 수 있다. 의사소통 문제의 인식 및 교정전략들의 사용 등을 목표로 하는 직접교수는, 지원적인 또래집단 내에서 수행된다면 더 이로울 것이다. 또래들은 의사소통할 때 글자 그대로의 언어를 더 사용하고 자신의 의도를 명확히 하도록 훈련될 수 있다(Rubin & Laurent, 2004). 제9장에서는 또래 중재 전략들에 대한 정보가 더 자세히 다루어질 것이다.

'교사'가 학생'에게' 말할 때 발생하는 문제들을 줄이고 교정하기 위해 :

- 신호를 보내거나 말을 하기 전에 항상 학생의 주의를 확보한다.
- 이해를 했는지에 대한 징후를 모니터한다.
  –학생이 적절한 행동을 하거나 제공된 여러 가지 선택권들을 유심히 살펴본다.
  –학생이 언어 행동이나 보완체계와 함께 적절하게 반응하게 한다.
- 학생이 이해했는지 확실치 않다면 메시지를 반복해서 말해 주고, 반응할 시간을 주며, 그러고 나서 그 메시지에 대해 부연 설명을 한다.
- 학생이 주의를 기울이고 이해한 것처럼 보이지만 여전히 반응을 하지 않는다면, 학생에게 그 메시지를 다시 한 번 들어보겠냐고 물어본다.
- 학생에게 이해를 잘 못했음을 표현하도록 그리고 적절한 경우 명확히 해줄 것을 요청하도록 가르친다(예 : "잘 모르겠어요." 혹은 "다시 한 번 말씀해 주시겠어요?"라고 말하도록 가르친다).

학생이 의사소통을 성공적으로 시작하지 못했을 때 의사소통을 지속하도록 지원하기 위해 :

- 잘 들어준다. 학생의 수준에 맞춰 기대하는 태도로 기다린다.
- 학생에게 의사소통을 하기 전에 다른 사람들의 주의를 확보하도록 가르친다.
- 메시지가 완성되지 않았을 경우, 학생이 한 말을 되풀이하고 기다린다.
- 메시지를 알아들을 수 없을 경우, 비언어적 신호와 함께 "잘 못 알아들었거든. 다시 한 번 말해 주렴."라고 말한다.
- 학생이 반응하지 않는다면 교사를 보라고 하고("여기를 봐.") 그러고 나서 적절한 언어모델을 제공한다.
- 성공적으로 말하지 못한다면 보완장비나 글로 쓰인 단어들을 활용하도록 격려한다.
- 이 모든 것이 실패한다면, 학생의 반응 방법에 대해 최상의 예측을 하고 학생이 반응을 점검한다.

그림 8-1 의사소통 문제 교정하기

출처 : Prizant. (2002).

5. 의사소통 기술의 사정

특수교육 서비스에 적합한지를 결정하는 요소들 중 하나로서 대다수의 자폐스펙트럼장애 학생들을 대상으로 포괄적인 의사소통 사정을 시행한다. 언어치료사는 학생들의 의사소통 능력을 결정하는 데 숙달되어 있으며 개별화 교육계획팀의 중요한 구성원이다(Wetherby, Prizant, & Hutchinson, 1998). 언어치료사는 사정을 통해 의사소통을 위한 기회, 의사소통 상대와의 상호작용 형태, 특정 활동에 있어서의 구조의 수준, 그리고 대화에 대한 비계설정(scaffolding)을 돕기 위해 이용할 수 있는 자원의 유무 등을 규명해야 한다(Schuler et al., 1997). 의사소통 속도, 의사소통 교정 전략이 있음을 증명하는 것들, 그리고 사회적 신호의 사용 또한 사정의 내용이 된다.

구어 발달에 영향을 주는 운동기능 계획 결손(motor-planning deficit)이 해당 학생에게 있는지 결정하는 데 도움이 될 수 있는 음성산출 및 구강 운동기능 등에 대한 검사들이 있기는 하지만, 형식적인 언어사정 도구를 자폐스펙트럼장애 학생들의 의사소통 결함을 평가하기 위해 사용하기에는 제한이 있다(Wetherby et al., 2000). 질문지와 체크리스트는 해당 학생의 언어 발달 및 현재 의사소통 수준에 대한 정보를 제공해 준다(Bailey, McWilliam, Winton, & Simeonsson, 1992). 언어치료사들은 자폐스펙트럼장애 학생들의 의사소통 능력 및 언어를 평가하기 위한 다양한 자원들을 이용할 수 있을 것이다.

언어의 전통적인 구성요소들 및 놀이 수준에 대한 평가는 마찬가지로 중요하다. 언어를 거의 상호작용적으로 활용하지 못하는 학생들에 대해서는, 교사는 해당 학생이 사용하는 단어 목록을 만들고, 그 단어들이 사용되는 상황들을 판별해야 한다(Sundberg & Michael, 2001). 언어치료사들은 교사들을 도와 학생들의 수용 언어를 사정하고, 놀이 · 주의집중 · 모방 · 일과에 대한 이해 등과 같은 언어관련 인지 기술들은 물론 그들의 이해수준 · 비언어적 반응 · 처리 등을 평가할 수 있다(Bailey et al., 1992; Crais, 1993; Schuler et al., 1997). 사정은 다양한 환경에서 다양한 집단의 의사소통 상대들과 함께 시행된다면, 더 믿을 수 있고 유용한 정보를 제공할 것이다. 사정은 그 결과가 의사소통을 향상시키기 위해, 목적 및 전략에 대한 성과 중심의 측정을 개발하기 위해 활용될 수 있어야 그 가치가 있는 것이다(Wetherby & Prizant, 2005).

❖ 해리스 선생님에게 배우기

반향어에 대한 통찰

해리스 선생님은 파텔 씨가 수행한 의사소통 사정에서 도출된 결과가 실질적으로 의미하는 것에 대해 더 잘 이해하게 되었다. 밀로는 자신이 주의에 있는 사람들과 상호작용하기 위해 의사소통을 활용할 수 있다는 것을 인식하지 못하는 것 같다고 해리스 선생님은 생각하고 있다. 해리스 선생님은 밀로가 꽤나 많은 어휘를 알고 있지만, 그것은 반향어와 같은 반복의 맥락에서만 적용된다는 것을 알고 있다. 해리스 선생님은 반향어의 기능에 대해 공부하였고 이제 밀로가 무엇인가가 일어나게 하기 위해 어떤 사건과 연계시키는 단어들을 사용할 때와 진정하거나 스스로 즐기고자 단어들을 반복할 때를 구분하기 시작했다. 예를 들어, 바로 어제 해리스 선생님은 밀로가 가지고 놀던 장난감을 치워버렸고, 밀로는 매우 화가 났다. 그는 화를 내면서 해리스 선생님을 바라봤고 "밧줄을 가져와!"라고 말했다. 그러고 나서 몇몇 카우보이들이 요리에 화를 내면서 위협적인 어조로 "밧줄을 가져와!"라고 말하는 장면이 나오는, 인기 있는 핫소스의 TV 광고에서 사용된 그 문장("밧줄을 가져와!")을 반복하는 것이었다.

해리스 선생님은 밀로가 주위에서 듣는 단어들 중 많은 부분을 이해하지 못하고 있고, 이것이 의미 있는 어휘들을 조립하는 그의 능력을 상당히 방해하고 있음을 확신하고 있다. 그녀는 의사소통 발달을 지원하는 전략들에 대해 읽었고 자신의 생각을 이해하기 위해 파텔씨와 이야기를 나눴다. 그들은 밀로가 다른 사람들과 의사소통하도록 가르치고 격려하기 위해 함께 계획을 세우고 있다.

6. 언어 행동 격려하기

일반적인 언어 발달은 의사소통 능력의 획득을 위한 다양하고 통합된 구성요소들의 존재에 달려 있다. 자폐스펙트럼장애인들의 언어는 일반적인 발달을 보이지 못한다. 공동주의집중 · 운동기능 모방 · 몸짓 등의 부족은 물론 이상한 눈 응시와 놀이 등은 발달을 저해한다. 자폐스펙트럼장애 학생들의 의사소통은 일반 학생들과 양적으로, 질적으로 다르다. 다른 임상상황에 있는 사람들과 비교해 봤을 때 언어 발달 및 활용이 다르고, 이는 유전적인 근거를 암시한다(Kjelgaard & Tager-Flusberg, 2001). 자폐스펙트럼장애인들의 언어에서의 차이는 IQ에 의해서만 설명될 수는 없다(Chan, Cheung, Leung, Cheung, & Cheung, 2005). Skinner(1957)가 제시한 언어 행동(즉, 언어)의 분석은 자폐스펙트럼장애 학생들에게 의사소통하도록 가르치는 데 있어 지침을 제공하고 있다.

Skinner(1957)는 언어 행동의 성과를 환경과의 관계에 비추어 고려하는 것이 중요하다고 한다. **맨드**(mand)는 언어 행동으로 그 뒤에 구체적인 강화제가 따라온다(예 : 학생이 '과자' 라고 말하면, 과자 1개를 준다). **택트**(tact)는 언어 행동으로 그 뒤에 구체적이지 않은 강화제가 따라온다(예 : 그림을 보여 줬을 때 학생이 "과자"라고 말하면, "잘했어."라고 말하거나 건포도를 준다). 일반적으로 말해서 맨드는 요청으로, 택트는 명명(label)으로 생각할 수 있다. Skinner의 분석은 언어의 분화를 넘어서 명사, 동사 등으로 이어질 수 있다. 언어분석에 따르면 '과자' 는 명사이지만, 언어 행동에 대해 학생이 과자를 명명하는 것이라면 '과자' 는 택트이고 학생이 과자를 달라고 하면 이는 맨드인 것이다.

전형적인 언어 획득은 학생들이 물건이나 활동의 이름(택트)을 배운다면 그러한 물건이나 활동이 없어도 말할 수 있을 것이라는 생각에 기초하고 있다. 자폐스펙트럼장애인들은 이렇게 하는데 극심한 어려움을 보인다. 언어 행동이라는 구인(construct)을 적용하는 것은 언어 발달을 촉진하는 데 있어 이로울 수 있다.

전미연구협의회(National Research Council, 2001)는 모든 자폐스펙트럼장애인들에게 효과적인 단 하나의 특정 중재는 없으며 여러 접근방식들을 통합하는 것이 더 낫다고 보고하였다. 뒤이어 제시되는 것은 자폐스펙트럼장애 학생들의 의사소통 및 언어 행동을 계발하기 위해 사용되어 왔던 접근방식들에 대한 설명이다. 각각의 접근방식은 처음에는 택트나 맨드를 목표로 하고 의사소통을 위해 두 가지 모두를 사용하는 방향으로 나아간다. 어떤 접근방식들은 특히 구어 구사능력이 없는 학생들을 위해 개발되었고, 또 다른 접근방식들은 이제 막 시작되거나 이미 존재하는 언어를 강조한다. 언어 및 의사소통의 계발에 초점을 맞추고 있는 두 가지 접근방식들이 다른 장에 설명되어 있다. 그 접근방식들은 '비연속 개별시행 훈련' (Discrete Trial Training : DTT)과 '기능적 의사소통 훈련' (Functional Communication Training : FCT)이다. 여기에서는 간략히 기술하고자 한다. 더 많은 정보들을 각각의 장들을 참조하기 바란다.

1) 비연속 개별시행 훈련

제6장에서 설명된 비연속 개별시행 훈련은 택트의 계발을 목표로 하고 있다. 비연속 개별시행 훈련은 몸짓을 이용한 의사소통(Buffington, Krnatz, McClannahan, & Poulson, 1998)부터 문장과 같은 점점 더 복잡해지는 구어 기술(Krantz, Zalewski, Hall, Fenski, & McClannahan, 1981)에 이르기까지 의사소통의 모든 범위를 가르치는 데 사용되어왔다. 훈련상황에서 학습된 기술들을 전이하는 데 있어 실망스러운 결과는 비연속 개별시행 훈련이 어떻게 하면 언어 발달을 촉진시키기 위해 가장 잘 사용될 수 있는가에 대한 재구조화를 이끌었다. 연구자들은 시행을 여기저기에 배치하고 하루 전체에 훈련 시행을 끼워 넣음으로써 언어기술의 일반화를 촉진하고 있다(Egel, Shafer, & Neef, 1984; Secan, Egel, & Tilley, 1989). 비연속 개별시행 훈련에 대한 구체적인 설명은 제6장에 제시되어 있다.

2) 기능적 의사소통 훈련

제7장에서 설명된 기능적 의사소통 훈련은 행동에서의 문제를 줄이기 위해 맨드의 계발을 목표로 하고 있다. 기능적 의사소통 훈련은 다루기 힘든 행동은 어떤 사람들이 자신의 주위에서 일어나는 일들을 통제해야 하고 그러한 행동이 전달하려 하는 것에 기반을 두고 분석되어야 하는 유일한 수단임을 반영하고 있을 것이라는 시각에 근거하고 있다(Carr & Durand, 1985). 기능적 의사소통 훈련은 의사소통 기술을 증진시키면서 문제행동을 감소시킨다(Buckley & Newchok, 2005; Durand & Merges, 2001). 다양하고 자연스러운 맥락에서 문제행동과 기능적으로 동등한 것들을 활용하도록 가르치는 것은 일반화를 촉진시키고 더 장기적인 효과를 산출한다(Durand & Carr, 1992). 기능적 의사소통 훈련에 대한 구체적인 설명은 제7장에 제공되어 있다.

이 장에서 설명될 응용행동분석 접근방식은 다음과 같다.

- 보완 · 대체 의사소통
- 수화
- 그림교환 의사소통 체계
- 자연언어 패러다임
- 공동행동일과
- 우연교수

3) 보완 · 대체 의사소통

보완 · 대체 의사소통(augmentative and alternative communication : AAC)은 그림이나 글 중심의 플래시 카드, 혹은 음성 녹음 등과 같은 서비스 및 장비를 사용하여 개개인의 의사소통을 증진시킨다. 보완 · 대체 의사소통의 궁극적인 목적은 기능적이고 효과적인 의사소통 체제를 확립하는 데 있다. 보완 · 대체 의사소통 사용자들이 자신의 교육이나 직업 용어들을 포함시키기 위해 어휘를 확장하는 방식은 물론, 자신의 표현 및 수용언어 기술을 보여주는 어떤 체제를 지니고 있는 것은 마찬가지로 중요한 일이다. 그 용어가 의미하는 것처럼 보완 · 대체 의사소통 체제는 기존의 의사소통 형태를 보완하거나 대체할 수 있다. 이 체제는 쉽게 얻을 수 있거나, 만들기에 간단한, 혹은 비싸지 않은 장비들(예 : 그림, '예' 라는 글자가 인쇄된 카드, 'Touch Talk 4®' 등)을 일컫는 '공학이 별로 필요하지 않은' (low-tech) 것이거나 보통 더 복잡하고 더 비싼 '공학의 수준이 높은' (high-tech) 것(예 : 'Dynawrite®', 'Dynavox®', 'Leberator®' 등)일 수 있다. 공학의 수준이 낮은 체제와 공학의 수준이 높은 체제에는 그림(그림과 글), 수신호(신호와 몸짓), 음향(녹음된 것), 혹은 촉각을 위한 물품들(예 : 목표를 적는 판 등) 등의 활용이 포함된다.

어떤 학생이 단추를 누를 때 메시지를 말하는 음성산출 장비(speech-generating device : SGD)를 사용한다면, 그 학생의 언어는 보조를 받은 것으로 간주된다. 이에 비해 만일 그 학생이 주로 몸짓과 신호를 사용한다면, 그 학생의 의사소통은 보조받지 않은 것으로 간주된다. 게다가 음성산출 장비나 의사소통 판에 상징들이 있고, 다른 일련의 상징들을 이용하도록 원래의 상징들을 바꾸는데 다른 사람들의 도움이 필요하다면 그 상징들은 고정된 것이다. 그러나 어떤 학생이 스크린에 접근할 때 그 스크린이 자동적으로 변환되는 음성산출 장비를 사용한다면, 그 상징들은 동적인 것으로 간주된다. 대다수의 사람들은 여러 가지 형태의 의사소통을 사용한다. 전형적인 음성 및 언어기술을 지닌 사람들은 구어 및 비언어적 몸짓, 신체언어, 음성의 고저, 그리고 다양한 억양 등을 사용하여 의미를 전달한다. 그러므로 보완 · 대체 의사소통을 사용하는 사람들이 동일한 기회를 갖는다는 것은 매우 중요한 일이다. 예를 들면, 메시지를 녹음할 수 있는 음성산출 장비를 사용한다면, 보완 · 대체 의사소통 사용자와 같은 성별 및 연령 집단의 누군가에게 적절한 억양을 사용하여 메시지를 녹음하게 한다.

일부 자폐스펙트럼장애학생들은 보완 · 대체 의사소통의 사용으로 이익을 본다. 보완·대체 의사소통은 택트와 맨드, 그리고 심지어는 상호적인 언어적 행동들(예 : 질문에 답하기, 의견 제시하기 등)을 목표로 할 수 있다. 오랫동안 시험적으로 이용할 수 있는 시각적 자극들을 활용한 보완 의사소통은, 많은 자폐스펙트럼장애인이 보이는 시각적 처리에 있어서의 강점을 강조한다(Mirenda & Schuler, 1988). 의사소통 발달을 촉진하는데 유용한 시각적 자극들의 예로는 그림들, 상징들, 물건들, 그리고 글이 써있는 카드들 등이 있다. 예를 들면, 3명의 자폐스펙트럼장애 아동들은 "놀아도 돼요?"라는 질문이 들어 있는 카드를 사용하여 놀이 활동을 함께 할 욕구를 성공적으로 전달하는 방법을 배웠다(Johnston, Nelson, Evans, & Palazolo, 2003).

자폐스펙트럼장애 학생들을 대상으로 음성산출 장비 사용의 효과에 대한 연구가 많이 이루어지지 않았지만, 다른 장애인들에 대한 음성산출 장비에 관한 연구는 상당히 이루어지고 있다(Schlosser & Blischak, 2001). 음성산출 장비의 효과적인 활용은 훈련 상황에서 자폐증을 지닌 12세 소년의 가정으로 일반화되었다(Sigafoos et al., 2004). 또한 음성산출 장비는 몸짓을 통한 의사소통의 시작을 다른 사람들이 알아차리지 못했을 때 발생하는 의사소통에서의 문제들을 교정하도록 2명의 발달장애학생들을 가르치는 데 사용되었다(Sigafoos et al., 2004). 학생의 요구에 가장 잘 맞는 보완·대체 의사소통을 가려내기 위해 의사소통 체제에 대한 포괄적인 사정이 필요하다. 게다가 보완·대체 의사소통 체제는 모든 맥락(상황, 화자, 과제)에서 사용되어 해당 학생이 항상 의사소통 수단을 지니고 있어야 한다. 해당 학생과 상호작용하는 모든 사람들은 반드시 그 보완·대체 의사소통 체제를 동시에 사용해야 한다. 보완·대체 의사소통 체제가 지속적이고 효과적으로 사용되기 위해서는 해당 학생에게 서비스를 제공하는 팀에게는 유지, 지속성, 그리고 일반화 등을 위한 계획이 필요할 것이다.

Schepis와 Reid, 그리고 Behrman(1996) 등은 보완·대체 의사소통과 같은 음성산출 장비를 사용하는 것의 몇 가지 잠재적인 이점을 설명하고 있다. 음성산출 장비는 이해되지 않을 수 있는 수화나 명칭은 제공하지만 바라는 행동을 보여 줄 수 없는 그림에 비해 청자에게 전형적이고 알아들을 수 있는 메시지를 제공한다. 음성산출 장비는 청각 신호를 제공함으로써 다른 사람들의 주의를 끄는데 사용할 수 있고, 의사소통을 시작하려 한다는 점이 인식된다. 이는 학생이 원하는 것을 위해 몸짓을 사용하지만 아무도 그 행동을 보지 않을 때 맞닥뜨리게 되는 문제들을 완화해 줄 수 있다. 마지막으로 음성산출 장비는 매우 정확한 메시지를 제공하기 위해 프로그램화 될 수 있으므로 청자는 화자의 의도를 추측하지 않아도 된다. 주의를 끌기 위해 청자에게 직접 주도록 학생들이 학습되어 있는 한, 상징들과 인쇄된 단어들은 메시지를 전달하는 데 효과적이다.

자폐스펙트럼장애 학생들을 위해 보완·대체 의사소통을 고려할 때 알고 있어야 할 몇 가지 제한점들이 있다. 첫째, 지나치게 되풀이되는 경향으로 인해 어떤 학생들은 소리를 듣기 위해 음성산출 장비의 단추들을 누르거나 벨크로로 붙어 있는 그림들을 떼었다 붙였다 하는 데 병적으로 집착하기도 한다. 둘째, 보완·대체 의사소통을 사용하든 구어를 사용하든 학생들은 공동주의집중을 확립하고 의도를 보여주는 방법을 배워야 한다. 이는 대부분의 자폐스펙트럼장애 학생들에게 있어 선천적인 결손 영역이므로, 보완·대체 의사소통 장비의 적절한 활용을 가르치는 것은 매우 중요한 일이다. 어떤 학생들에게는 매개체로서의 기능을 하는 음성산출 장비를 갖는다는 것은 의사소통 행동의 사회적 측면이라는 부담을 덜어준다. 말을 하지 못하거나 말을 하는 데 있어 극히 제한되어 있는 자폐스펙트럼장애 학생들에게 보완·대체 의사소통 체제의 활용은 하루 중 특정 시간에만 사용된다고 하더라도 이로울 수 있다. 예를 들어, 공동주의집중 과제를 하는 동안 보완·대체 의사소통 체제를 사용하는 것은 자폐스펙트럼장애 학생이 또래들과 상호작용하도록 격려하는데 이상적이다. 그 학생이 하는 모든 것이 단추를 누르는 것에 집착하는 것이라 하더라도, 그 단추는 연령에 적합한 다양한 주제나 또래들이 흥미 있어 하는 물건들을 반영하도록 프로그램화 될 수 있다. 자연스러운 상황에서 학생이 그 단추를 누를 때 또래들은 반응을 할 것이고 상호작용의 맥락이 만들어진다.

4) 수 화

구어를 사용할 능력을 갖춘 사람들에게 수화는 구어와 함께 사용된다면 공학의 수준이 낮고 보조를 받지 않는 형태의 보완 의사소통으로, 구어를 사용하지 않는 상태에서 활용된다면 대체 의사소통으로 간주된다. 자폐스펙트럼장애인에게 보완·대체 의사소통으로 수신호(manual sign)를 사용하게 가르친다는 것은 주목받을 만한 논란의 여지가 있다. 수십 년간의 연구 결과 자폐스펙트럼장애인들은 다른 사람들과 의사소통을 하기 위해 수신호를 성공적으로 사용할 수 있다는 점이 일관되게 밝혀져 왔다(Goldstein, 2002; Seal & Bonvillian, 1997). 학생들에게 신호를 가르치는 것에 대한 초기의 망설임은 수신호의 사용이 구어 능력의 발생을 다소 억제시킬 것이라는 걱정으로부터 생겨난 것이다. 사실은 그 반대인 것이 진실로 입증되었다. 종합적 의사소통(total communication) 접근방식 내에서 수신호를 사용하는 것(구어+수화; Barrera & Sulzer-Azaroff, 1983)은 수화를 배우는 것이 구어 능력의 발생을 촉진시킬 수 있다는 점을 보여주었다(Layton & Watson, 1995; Tincani, 2004). 그러나 어떤 사람들은 구어를 발달시키지 못하고 다른 사람들과 의사소통하기 위해 수신호의 사용에 의존하게 될 것이다(Layton, 1988).

논의를 하게 만드는 또 다른 쟁점은 자폐스펙트럼장애인들이 수신호를 배우기 위한 모방 및 운동기능 능력을 갖고 있느냐에 관한 것이다. Seal과 Bonvillian(1997)은 비록 자폐스펙트럼장애인들의 수화 획득에 있어서의 다양성이 자폐스펙트럼장애인들이 구어 획득에서 보이는 다양성과 유사하기는 하더라도, 연구 대상인 14명의 자폐스펙트럼장애인들의 빈약한 운동기술로 인해 신호 어휘의 규모와 신호 정보의 정확성이 부정적인 영향을 받고 있다는 것을 발견하였다. Mirenda와 Erickson(2000)은 학생들이 자신이 원하는 것을 가리키는 것이 근육운동의 측면에서 힘이 덜 들고, 따라서 더 이로울 수 있을 상징체계의 사용을 제안했다. 더욱이 그림들 및 상징들은 수화보다는 더 일반적으로 인식될 것이다(Rotholz, Berkowitz, & Burberry, 1989). 운동능력과 관련된 우려 및 통역자의 필요 가능성 등은 몇몇 사람들로 하여금 수화가 자폐스펙트럼장애 학생들에게 실용적인 선택이 아니라고 결론짓게 만들었다.

이에 비해 어떤 사람들은 수신호를 가르치는 것의 이점이 그러한 우려보다 더 크다는 점을 강조해 왔다. 수화는 손의 사용을 필요로 하고, 이는 항상 이용 가능한 것이다. 수화가 구어보다는 가르치기에 더 쉬울 것이다(신호는 촉구하기가 더 쉽기 때문이다). 그리고 수화는 구어와 밀접하게 관련되어 있고 구어보다는 더 장기적인 수단을 통해 시각체제를 이용하여 받아들일 수 있다(Goldstein, 2002; Shafer, 1993; Sundberg, 1993). 여러 경험적 연구들이 보완·대체 의사소통의 한 가지 대안적 선택으로 자폐스펙트럼장애인들에게 수화를 가르치는 것의 효과를 뒷받침하고 있다. 교사들은 수화가 생각해 볼 가치가 있는 선택인지 결정하기 위해 언어치료사 및 가족들과 협력할 필요가 있다. 수신호는 의사소통 능력이 더 제한되어 있는 학생들에게 더욱 효과적일 수 있으므로 종합적 의사소통 접근방식의 일부로 활용되어야 한다(즉, 말소리를 동반하지 않는 수신호의 사용은 모순이다)(Goldstein, 2002). 팀은 서로 협력하면서 '먹다', '마시다' 등과 같은 실제 행동이나 물건을 더 유사하게 대표하는 신호들(Mirenda & Erickson, 2000)이나 과자를 표현할 때 'cookies' 대신 'treat'와 같이 근육운동 측면에서 산출하기 더 쉬운 비슷한 용어(Seal & Bonvillian, 1997)를 가르칠 생각을 할 수 있다. 수화 사용에 대한 결정을 내리는 데 있어 학생의 소근육 통제 및 모방능력이 고려될 필요가 있다(Tincani, 2004).

발달장애인들은 요청을 시작하기 위한 수화의 사용을 성공적으로 배웠고(Duker, Kraaykamp, & Visser, 1994; Tincani, 2004) 정신연령에 맞는, 전형적으로 발달하는 통제뿐 아니라 신호를 산출하고 이해할 수 있다(Soorya, 2004). 자폐증을 지닌 2세 유아는 비연속 개별시행 훈련 접근방식(제6장 참조)을 이용하여 수신호를 빨리 배울 수 있었고 자발적으로 신호를 사용하기 시작했다(Bartman & Freeman, 2003).

보완 · 대체 의사소통의 활용을 통해 의사소통 능력을 계발하는 데 있어서의 어려움은 학생들의 현재 의사소통 기능을 보완하거나 대안을 제공하기 위해 어떤 방법이 더 효과적일 것인가를 결정하는 것이다. 언어치료사들은 성공적인 활용 가능성이 가장 높은 체제나 체제들이 어떤 것인가를 결정하기 위해 학생들을 평가하는 훈련을 받았고 경험을 갖고 있다(Diehl, 2003). 열악한 언어 모방능력을 지닌 학생들은 자신의 표현언어를 지원하기 위해 보완 · 대체 의사소통을 사용하는 것으로부터 이익을 볼 수 있다(NRC, 2001). 그러나 의사소통에 결함을 지닌 모든 학생들에게 보완 · 대체 의사소통의 잠재적 효용에 대한 고려가 주어질 필요가 있고(Beukelman & Mirenda, 1998), 보완 의사소통을 활용하는 것은 심지어 5세 이상의 학생들에게서조차 구어 발달을 향상시킬 수 있다(Romski & Sevcik, 1996). 자폐스펙트럼장애 학생을 위한 궁극적인 목적은 그 학생을 도와 학생이 지니고 있는 의사소통 체제의 활용을 계발하고 유지하는 데 있다. 이는 의사소통이 구어를 통해 발생하든 보완된 그리고 대안적인 수단을 통해 발생하든 학생이 의사소통을 활용하기만 하면 원하는 강화제를 지속적으로 받게 되는 상황들을 배치함으로써 성취될 수 있다.

5) 그림교환 의사소통 체계

전 생애에 걸쳐 사용될 수 있는 보완 · 대체 의사소통에 비해 그림교환 의사소통 체계(Picture Exchange Communication System, PECS)는 의도적인 의사소통을 가르치기 위해 고안된 전략이고 이는 어떤 학생들에게는 용암되어 궁극적으로 PECS없이 의사소통할 수 있다. 그림교환 의사소통 체계는 Delaware Autistic Program의 Bondy와 Frost(1994)가, 주위에 있는 다른 사람들에게 자발적으로 시작하고 그로 인해 자신의 의사소통 의도를 표현하는 구어를 갖추지 못한 사람들을 가르치기 위해 개발한 것이다. Skinner의 구조에 영향을 받은 그림교환 의사소통 체계는 학생들이 바라는 항목이나 활동을 위해 어떤 그림 혹은 물건을 교환할 때 맨드를 확립하게 된다(Bondy, Tincani, & Frost, 2004). 다른 의사소통 접근방식들에 비해 학생은 의사소통 상대를 찾고 그림이나 물건을 교환함으로써 의사소통을 시작할 것으로 기대된다.

언어를 사용하지 못하거나 최소한의 정도로만 사용하는 학생들에게 그림교환 의사소통 체계를 이용하는 것의 이점은 바로 융통성이다. 그림교환 의사소통 체계가 매우 보편적 언어인 그림을 이용하기 때문에, 학생은 어떤 상황에서든 누구와도 의사소통할 수 있다. 그림교환 의사소통 체계는 말 훈련 및 수화가 그러한 것처럼 학생들에게 구어나 운동기능의 움직임을 모방하도록 요구하지 않는다. 또한 학생들에게 눈 맞춤을 유지하도록 요구하지도 않는다. 눈 응시는 교환의 과정에서 자연스럽게 나타난다.

그림교환 의사소통 체계 훈련은 6단계로 구성되어 있다(Bondy & Frost, 1994). 1단계에는 그림이나 물건의 교환과 함께 항목이나 활동의 요청이 포함된다. 2단계에서는 해당 학생과 의사소통을 위한 공책이나 판, 혹은 그림 사이의 거리가 멀어지고 학생은 그 그림이나 물건을 찾아서 주위에 있는 누군가와 그것을 교환함으로써 의도 및 자발성을 표현하도록 배운다. 3단계에서 학생들은 더 많은 선택권을 가질 수 있도록 그림들 사이의 차이를 변별하도록 배운다. 4단계에는 그림을 이용하여 문장을 만들어 요청하기를 학습한다. 5단계에는 '뭘 원하니?' 라는 질문에 대답하기가 포함된다. 그리고 6단계에서는 질문에 대한 반응에 의견을 말하게 된다. 새로운 어휘를 획득하고, 자발적인 의견을 말하며, 질문에 '예/아니오' 로 반응할 기회들도 있다(Bondy & Frost, 1994). 〈그림 8-2〉는 그림교환 의사소통 체계에서 4단계를 위한 의사소통판 정렬 방식의 한 가지 예를 보여주고 있다. 그림의 아랫부분에 문장 띠(sentence strip)가 놓여 있다. 의사소통판에는 해당 학생에게 의미가 있고 사용하기에 간편하도록 분류된 그림카드들이 붙여 있다.

그림교환 의사소통 체계가 지니고 있을 수 있는 단점으로는 초기 훈련단계에서는 2명의 교수자가 필요하다는 것이다. 목적이 자발적인 의사소통의 시작이기 때문에 의사소통 상대자는 해당 학생에게 그림을 교환하도록 촉구하는 사람과 같은 사람일 수 없다. 예를 들어, 1단계에서 의사소통 상대자는 해당 학생이 정말로 좋아하는 무엇인가를 들고 있게 된다. 그것을 나타내는 그림카드가 의사소통 상대자와 학생 사이에 놓인다. 학생의 뒤에 있으면서 의사소통의 교환에는 참여하지 않는, 촉구를 제공하는 사람은 해당 학생이 그림을 집어 들어 의사소통 상대자의 손에 놓도록 말없이 도와준다. 그러

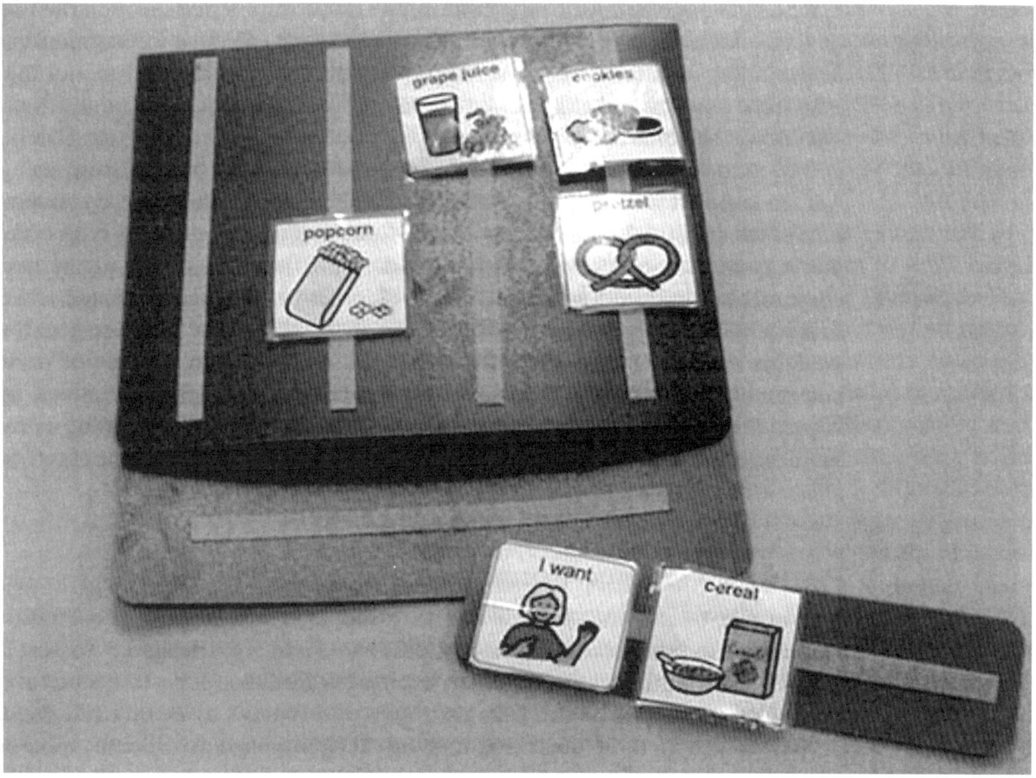

그림 8-2 그림교환 의사소통판

출처 : Heflin & Alaimo

고 나서 의사소통 상대자는 즉시 학생이 그림을 교환하는 것에 열심히 반응하면서, 그 물건의 이름을 부르고 그것을 학생에게 건네준다(즉, "치즈볼, 치즈볼이 먹고 싶어요."). 만일 의사소통 상대자가 "뭘 갖고 싶니?"라고 말하면서 의사소통 교환을 시작했다면, 이는 자신이 무엇을 원할 때 누군가 자신에게 물어보도록 기다리는 것만을 가르칠 뿐이다.

초기 단계에서만 두 사람이 필요하지만 동시에 활용할 수 있는 두 사람을 찾는다는 것은 때때로 어려운 일이 된다. 그러나 그림교환 의사소통 체계의 목적이 다양한 상황에서 다양한 사람들과의 자발적 의사소통이기 때문에 그 두 사람은 항상 같은 사람일 필요는 없다. 버스 운전사들은 일과를 마친 후 기꺼이 학교로 돌아와서는 일주일에 두

세 번 20~30분 동안 훈련하는 것을 도와줄 수 있다. 훈련이 특정 반응 수나 구체적인 반응시간에 의존하는 것이 아니므로 임상가들이나 관리인들 또한 항상 즐겁게 도와준다. 모든 학급에서처럼 부모나 자원봉사자들도 도움이 될 수 있다. 교사는 그림교환 의사소통 체계 훈련에 있어 과제를 다른 학생들보다 일찍 끝냈거나, 학교에 일찍 등교했거나, 혹은 방과 후에 남아 있게 된 학생들 중 의사소통 상대로 기꺼이 참여할 학생들의 이름을 알려 줄 수 있다. 해당 지역의 고등학교에서 봉사활동을 제공할 수 있는 학생명단을 얻을 수 있다. 직업 기술 프로그램에 등록되어 있는 고등학생들이나 지역사회중심교수(Community-Based Instruction)에 참여한 학생들 또한 매우 유능한 그림교환 의사소통 체계 훈련자가 될 수 있다.

앞서 언급한 바와 같이 그림교환 의사소통 체계의 가장 큰 이점은 언어적 촉구 없이도 자발적으로 의사소통을 시작하는 것에 초점을 맞추고 있다는 것이다. 초기에는 아동을 훈련하기 위해 손을 펼쳐 보이는 신호를 사용하기는 하지만, 이러한 해당 학생이 촉구에 의존하게 될 가능성을 줄이기 위해 촉구는 체계적으로 점점 용암된다(Bondy & Frost, 1994). 훈련 시작단계에서는 절대로 언어적 촉구를 해서는 안된다.

그림교환 의사소통 체계는 구어를 사용하지 못하는 학생들은 물론, 언어를 거의 사용하지 않거나 반향어를 사용하거나, 혹은 알아들을 수 없는 말을 사용하는 학생들에게 효과적으로 사용되어 왔다. 의사를 교환하는 동안 이용되는 언어에는 '나'(I)가 들어 있는 문장이 뒤따라 나오는 어떤 물건을 명명하는 것이 포함되는데 이로 인해 해당 학생은 자신에 대한 적절한 대명사를 듣게 된다. 그림교환 의사소통 체계는 어휘를 향상시켜 주고, 일반적인 의사소통 기능을 개선해 주며, 다양한 상황들 및 사람들에 대한 자발성을 증가시켜 준다(Schwartz & Garfinkle, 1998).

교사들이 자폐스펙트럼장애 학생들이 삶의 질을 향상시키도록 돕는 방법을 찾고 있음에 따라 기능적 의사소통을 다루는 전략들을 깊이 생각해 봐야만 한다. 그림교환 의사소통 체계가 자발적으로 말을 시작하도록 훈련하고, 구어를 획득하도록 격려하며, 문제행동을 감소시키고, 놀이나 공부를 하는 상황에서 의사소통 행동들을 증가시키기 위해서는 더 많은 경험적 연구들을 통해 밝혀진 그 효과성에 근거를 두어야, 이러한 요구를 충족시킬 수 있을 것으로 보인다(Charlop-Christy, Carpenter, Le, LeBlanc, & Kellet, 2002). 어떤 학생들은 그림교환 의사소통 체계를 신속하게 숙달할 것이고(Magiati & Howlin, 2003), 이러한 학생들은 간단한 소리를 쉽게 모방할 수 있다(Cummings & Williams, 2000). 그림교환 의사소통 체계의 활용은 사회적 상호작용을 용이하게 할 수 있고(Kravits, Kamps, Kemmerer, & Potucek, 2002), 구어의 발생을 촉진할 수 있다(Ganz & Simpson, 2004; Tincani, 2004). 자폐스펙트럼장애를 지닌 66명의 아동들(5세 이하)을 대상으로 한 연구에서 73%가 그림교환 의사소통 체계를 사용한 지 1~5년 후에 기능적 구어를 보인 것으로 나타났다(Bondy & Frost, 1995).

❖ 해리스 선생님에게 배우기

밀로가 치즈볼을 달라고 한다.

밀로의 엄마, 해리스 선생님, 그리고 언어치료사는 하나의 팀으로 밀로에게 자신이 원하는 것을 얻을 수 있게 의도적인 의사소통을 하도록 가르치기로 결정하였다. 해리스 선생님과 언어치료사는 Boardmarker 컴퓨터 프로그램을 이용하여 밀로가 가장 좋아하는 것들 중 몇 가지를 표현한 흑백 그림카드를 만들었다. 그들은 밀로가 치즈볼을 너무나 좋아하는 것으로 보였기 때문에 치즈볼로 시작하기로 했다. 밀로의 엄마는 촉구를 제공하는 사람과 의사소통 상대자의 역할을 번갈아 맡기로 했다. 그들은 다음과 같은 주요 정보들을 강조한 색인카드를 작성했다.

(1) 강력한 강화 체제를 제공한다.
(2) "뭘 갖고 싶니?" 라고 말하지 않기로 한 것을 명심한다(이러한 질문은 4단계에서 하게 된다).
(3) 즉시 반응한다(기다리게 만드는 것이 목적이 아니라면).
(4) 구체적인 목표들을 생각하며 일반화 및 유지를 위한 계획을 세운다.
(5) 촉구하면서 시작한다(의사소통 상대자가 손을 펴서 팔을 뻗고, 촉구를 제공하는 사람은 밀로가 카드를 집어 의사소통 상대자의 손에 그 카드를 놓게 도와주기 위해 온몸을 이용하여 촉구한다).
(6) 가능한 한 빨리 촉구를 용암시킨다.

밀로는 치즈볼이 그려진 그림카드를 찾아내서 치즈볼 그릇 근처에 있는 어떤 어른에게 그 카드를 건네주는 데 매우 능숙해졌다. 그는 매우 적절한 방식으로 분명한 요청을 자발적으로 시작하고 있다. 밀로의 엄마는 매우 기뻐했고, 해리스 선생님과 함께 밀로가 집에서 사용할 그림카드 한 세트를 복사했다.

'자연언어 패러다임' (Natural Language Paradigm : NLP)과 '공동행동일과' (Joint Action Routines, JARs), 그리고 '우연교수' (Incidental Teaching) 등 다음에 제시될 세 가지 의사소통 전략들은 응용행동분석 접근방식과, 동기를 부여하기 위한 강화제를 활용하면서 성인과 학생 사이의 상호작용을 강조하는 자연스러운 맥락을 결합시킨 것이다. '환경교수' (milieu teaching)의 개념 내에서 고려되고(Goldstein, 2002), 자연언어 패러다임과 공동행동일과, 그리고 우연교수 내에 통합된 이 전략들은 주로 맨드를 목표로 하고 있다. 이 전략들은 파트너들 사이의 순서 바꾸기, 자연스러운 결과, 그리고 친숙한 물건들 및 활동들의 활용 등을 권장한다는 일반적인 특징을 공유하고 있다(Koegel, O' Dell, & Koegel, 1987). 자연언어 패러다임과 공동행동일과, 그리고 우연교수 등은 보통 일상적인 활동들에 통합되어 일반화를 위한 프로그램의 필요성을 감소시켜 주고 있다(Koegel et al., 1998).

6) 자연언어 패러다임

자연언어 패러다임은 아동이 먼저 시작하는 전략(Green, 2001)으로 성인은 의견을 말하거나 요청하거나 혹은 원하는 반응을 촉구하기 전에 학생이 어떤 물건이나 활동에 주의를 기울이고 흥미를 보일 때까지 기다리게 된다. 자연언어 패러다임에서 성인들은 말하기를 체계적으로 촉구하고, 기대되는 반응들을 시범보이며, 놀이나 학교에서의 활동에 있어 근접한 모든 반응들을 강화해 주는 등의 분명한 역할을 지니고 있다(Laski, Charlop, & Schreibman, 1988). 그러나 학생이 어떤 물건이나 활동을 요청하기 위해(언어나 비언어 수단을 통하여) 맨드를 사용한 후에만 교수가 가능한 순간이 발생한다(Detrich, 1999). 학생이 맨드를 사용하지 않는다면 교사는 그 학생이 반복할 수 있도록 언어 행동을 시범보일 수 있다. 교사는 해당 학생이 의사소통하고 싶어 하도록 기회를 제공할 환경을 마련하여, 그로 인해 해당 학생이 상호작용을 지속하려 할 동기를 끌어올리게 된다.

자연언어 패러다임의 활용을 통한 의사소통 향상에 유용한 네 가지 변인들이 있다(Koegel et al., 1987).

- 자극항목 : 학생이 자신의 주의 및 흥미를 보이기 위해 언어적 혹은 비언어적 수단을 통해 선택한 물건들을 말한다. 해당 아동의 관심에 따라 교환될 수 있도록 여러 가지 자극항목들을 이용할 필요가 있다.

- 촉구 : 학생과 함께 어떤 물건을 가지고 놀이를 하는 성인이 제공하는 언어 모델을 일컫는다. 해당 학생이 반응하지 않는다면 그 성인은 다시 한 번 시범을 보인다.
- 반응 : 비슷한 모든 것들을 수용하는 것을 말한다. 학생이 그 항목을 바라보거나 팔을 뻗거나, 만진다면 혹은 항목의 이름과 비슷한 것이나 항목의 이름 자체를 언어로 표현한다면, 학생은 강화제를 받게 된다.
- 결과 : 물건을 가지고 놀 기회를 통하여 그리고 사회적 칭찬을 받음으로써 해당 학생을 강화하는 것을 말한다.

자연언어 패러다임의 효과는 장난감을 같이 통제하고 번갈아 가지고 노는 것을 통하여 언어적 시도들을 직접 강화하는 것에 달려 있다. 교사는 또한 다양한 과제들을 준비하고, 어휘발달을 촉진하기 위해 많은 예들을 제공한다(Laski et al., 1988).

자연언어 패러다임이 구어를 촉진하는 데 효과가 있음을 보여주는 연구들이 있다. 언어적 행동을 전혀 보이지 않았던 자폐스펙트럼장애 학생들이 언어를 모방하는 경우가 증가하였으며, 뒤이어 자신들이 훈련을 받은 곳 이외의 환경에서도 자발적으로 언어를 사용했다(Koegel et al., 1987). 자연언어 패러다임을 실시하도록 훈련받은 부모들의 자녀들이 더 많은 반응을 보였고, 반향어의 사용이 감소하였으며, 자신의 언어기술들을 집에서 형제자매들에게 일반화시켰다(Laski et al., 1988).

학생의 주도에 따르고 이에 반응하는 것이 더 어렵기 때문에 자연언어 패러다임을 일반학급에서 실시하는 것이 어렵기는 하지만(Detrich, 1999), 자연스럽게 발생하는 상황 내에서 응용행동분석 기법들을 사용하는 것은 궁극적으로 학생의 사회적 능력 및 의사소통 능력을 끌어 올린다(Quill, 2000). Ogletree(1998)는 자연언어 패러다임 기법들이 종종 공동활동일과 내에서 활용된다고 진술하였다.

7) 공동행동일과

Snyder-McLean과 Solomonson, 그리고 McLean과 Sack(1984)은 중도장애학생들의 언어발달을 지원하기 위해 공동행동일과를 계발하였다. 공동행동일과는 학생들이 새로운 반응들을 획득하거나 받아들인 반응들을 적절한 시기에 사용하도록 단서들을 제공하는 친숙한 일과들의 일관성 및 신뢰도에 의존한다(Earles, Carlson, & Bock, 1998). 이 일과가 되풀이 될 때 사건은 더 의미 있게 되고 학생은 무엇인가 통제하고 있다는 느낌을 얻게 되며, 활동의 인지적 과제에 참여한다(Stremel, Bixler, Morgan, & Layton,

2002). 학생들의 맨드, 택트, 반향 행동, 그리고 결국에는 상호적인 언어적 행동의 사용을 장려하기 위한 여러 상황들이 마련된다. 일과의 반복성은 획득, 유지, 그리고 일반화 등을 촉진하는 의사소통 전략들을 연습하기 위한 빈번한 기회를 제공한다. 일과는 자연스러운 환경에서 발생하기 때문에, 그 상황에 있는 다른 사람들은 일과에 대해 알고 있고, 쉽게 시작하며 이에 따라 반응할 수 있다. 가정에서 사용할 수 있는 일상적인 일과의 몇 가지 예로는 침대 정리하기, 양치질하기, 청소하기 등이 있다. 학교에서 사용하는 일과에는 간식시간, 일정에 따라 활동하는 시간, 그리고 안내된 구조적 놀이 등이 포함된다.

다음은 공동행동일과를 실시하기 위해 고려해야 하는 사항들을 요약한 것으로 Earles 등(1998) 그리고 Snyder-McLean 등(1984)의 연구를 정리한 것이다.

(1) 일과의 주제를 선정할 때 그것이 참여자 모두에게 의미 있으며 친숙한 것임을 확실히 한다.
(2) 다른 사람들과 상호작용하고 의사소통할 수 있는 많은 기회들과 함께, 하루 종일 빈번하게 일과를 제시한다.
(3) 성과를 구체화한다.
(4) 일과가 시작과 끝이 분명한 상태에서 순서를 따르고 있다는 것을 확실히 한다.
(5) 일과의 시작 및 끝을 나타내는 명확한 신호들을 규명한다.
(6) 즉시 숙달할 것으로 기대하지 말고 자신의 역할이 있는 학생들을 돕기 위해 언어 및 일과를 시범보일 준비를 한다.
(7) 일과를 매일 반복할 계획을 세우고 점차 변화를 추가한다.
(8) 학생들을 도와 역할들을 구별하게 하고 성인의 언어적 촉구의 필요성을 줄이도록 일과에 소도구들을 포함시킨다.

일단 주제가 정해지면, 참여자 개개인이 그 상황에서 어떻게 반응해야 하는지는 물론 말할 것으로 기대되는 것들을 목록화한 대본을 만든다(Earles et al., 1998). 대본의 형태와 내용은 해당 학생이 자신의 언어사용을 넓히게 격려할 수 있도록 그 학생의 현재 언어 및 능력들을 반드시 고려하여야 한다. 마지막 구성요소인 일과들은, 매 시간 동일하게 유지되고 참여자들 사이에서 쉽게 바뀔 수 있는 자연스럽고 분명한 역할들을 가지고 있어야 한다(Snyder-McLean et al., 1984). 아마도 이 역할들은 치과의사와 환자가 될 수도 있을 것이다. 학생이 치과의사 역할을 할 때 그 학생은 양치질하는 단계들을 강화하게 되고, 학생이 환자의 역할을 한다면 양치질을 연습하고 "당신은 양치질을 이렇게 하나요?" 와 같은 질문을 할 것이다. 양치질에 대한 정신적 표상과 언어를 짝짓는 것은 언어와 사건 모두를 면밀히 계획하는 것이다(Snyder-McLean et al., 1984).

Drew 등(2002)은 공동행동일과에 기반을 둔 접근방식에 장애를 지닌 학령 전 아동들을 참여시키도록 부모들을 지도하였다. 비록 그 결과는 신중하게 해석되어야 하지만 부모들은 이해된 단어, 언어로 표현된 단어, 그리고 사용된 모든 몸짓 등에 대해 자녀의 언어기술이 향상되었다고 보고하였다. 자폐스펙트럼장애 학생들에 대한 공동행동일과의 효과를 입증할만한 경험적 증거가 거의 없지만 동기를 부여하고 예측 가능한 경험을 제공함으로써 학생들로 하여금 의사소통을 시도하도록 격려한다는 구인(construct)은 이 접근방식에 안면 타당도(face validity)를 부여하고 있다(Simpson et al., 2005).

❖ 해리스 선생님에게 배우기

밀로를 위한 공동행동일과 / 자연언어 패러다임

해리스 선생님은 일과를 시작하려고 학급에 있는 학생들을 달력 영역으로 불렀다. 그들은 몇 달 동안 달력 활동을 해왔으며 그 일과는 항상 같았다. 해리스 선생님은 밀로의 언어 발달을 더 격려하기 위해 변형된 공동행동일과와 자연언어 패러다임을 사용하기로 결정했다. 그녀는 "오늘 아침에는 밀로가 선생님이 될 거예요!" 라고 말했다.

밀로는 급우들 앞에 서서 해리스 선생님을 바라보았다. 해리스 선생님은 밀로를 달력 쪽으로 돌려 세우며 밀로에게 "(그녀가 일과를 시작할 때 항상 사용하는 문장인) '오늘이 몇 일인지 보자' 라고 말해라." 고 했다. 밀로는 달력 쪽으로 걸어가 해리스 선생님이 여러 번 했던 동작을 흉내 내면서 이 문장을 되풀이했다. 그는 갑자기 멈추고는 주위를 둘러보기 시작했다. 밀로가 달력을 가리킬 때 사용하는 막대기를 찾고 있다는 것을 알고 있는 해리스 선생님은 밀로에게 무엇이 필요한지를 물어보았다. 그는 팔을 뻗기는 했지만 아무런 말도 하지 않았다. 해리스 선생님은 그 막대기가 감춰져 있는 뒤쪽으로 팔을 뻗고는 "막대기를 찾고 있니? '막대기' 라고 말해봐." 라고 했다. 밀로는 '막대기' 라고 말했고 그 막대기를 받았다. 그는 달력 쪽으로 돌아서서 셀 때마다 해당 숫자를 가리키며 날짜를 세기 시작했다. (해리스 선생님은 밀로가 실제로 얼마나 자신과 비슷한 목소리를 내는지 놀랐다) 밀로는 그 날의 날짜가 채워져야 할 빈 칸을 반복적으로 가리키면서 하던 행동을 멈췄다. 그는 달력 옆에 쌓여있는 숫자 더미를 샅샅이 찾기 시작했고, 해리스 선생님은 빈 칸에 해당되는 정확한 카드를 손에 쥐고서는 '숫자가 필요하니?' 라고 물어보았다. 밀로가 그 카드를 잡으려고 팔을 뻗었지만 해리스 선생님은 뭔가 기대하는 표정으로 밀로를 바라보면서 그 카드를 뒤쪽으로 뺐다. 그가 '숫자' 라고 말하자 해리스 선생님은 그 카드를 밀로에게 주었다. 그는 숫자를 달력에 붙였고 연도와 계절, 그리고 날씨로 진행했다.

해리스 선생님은 밀로가 부족한 부분을 요구하거나 요청해야만 하도록 각각의 일과에서 무엇인가를 일부러 방해했다. 무엇보다도 중요한 것은 밀로가 달력 일과를 진행하는 동안 '교사의 역할' 을 매우 잘했다는 것이다. 심지어 밀로는 해리스 선생님이 했던 것과 동일한 질문들을 다른 친구들에게도 했다. 가장 좋았던 것은 밀로가 이를 즐기는 것 같았고 많은 언어를 사용하고 있다는 점이다!

8) 우연교수

일반 아동들은 하나의 상황에서 획득한 기술들을 비교적 쉽게 다른 상황으로 전이한다. 마이클 선생님이 아동들에게 자리에 앉아 조용히 하라고 말했기 때문에 이들은 레슬리 선생님의 수업에서도 그렇게 해야 한다고 추론한다. 자폐스펙트럼장애 학생들은 자신이 지닌 기술들을 계속해서 사용하는데 어려움을 보이고(Carr, 1985) 하나의 환경에서 학습된 기술들을 다른 환경으로 일반화하는데 어려워한다. 자연언어 패러다임 및 공동행동일과와 비슷하게 우연교수도 이러한 차이를 경감하기 위해 자연스러운 환경에 구조를 제공한다. 원래 빈곤한 환경에서 사는 아동들의 언어 발달을 돕는 것(Hart & Risley, 1968)으로 정의되었던 우연교수는 좋아하는 물건들을 갖거나 좋아하는 활동들을 하도록 학생들을 유인하기 위해 학생의 자연스러운 환경을 의도적으로 조직할 때 발생한다. 성인이 학생의 관심에 칭찬으로 반응하고, 그러고 나서 생각을 확장하도록 그 관심을 자극한다.

우연교수는 의사소통을 하기 위해 구어를 사용하고(하거나) 언어에 한계가 있는 다양한 학생들의 요구를 충족시키는 데 있어 성공적으로 사용되어 왔다. 우연교수는 학생들을 도와 그들의 직업기술을 개선시키면서 동시에 수용언어 기술을 향상시켰으며(McGee, Krantz, Mason, & McClannahan, 1983), 또래들과의 상호작용을 증가시켰고(McGee, Almeida, Sulzer-Azaroff, & Feldman, 1992), 적절하게 요청하고 반응하는 능력을 끌어 올렸으며(Farmer-Dougan, 1994), 공동주의집중, 놀이, 및 사회적 의사소통 기술들을 증진시켰다(McGee, Morrier, & Daly, 1999; Mundy & Crowson, 1997; Oswald & Lignugaris, 1990).

McGee 등(1983)은 더 쉬운 촉구 순서를 포함하기 위해 Hart와 Risley가 제안한 형태를 수정해서 분리된 맥락(예 : 놀이)에서 이 전략을 사용했다. 미리 계획을 하는 것은 학생들과의 교수시간을 최적화하는 데 도움이 되고 다양한 목적들이 동시에 다뤄질 수 있도록 한다(McGee et al., 1999; Krantz, 2000). 이에 대한 예로는 서로 다른 형태의 탈것을 대상으로 하는 놀이 활동들을 포함시키기 위한 교실 내 센터 조직하기, 학생이 좋아하는 차를 보이기는 하지만 만질 수 없는 곳이 놓아두기 등이 포함된다. '차'의 /ㅊ/ 발음을 정확하게 조음할 수 있도록 하기 위해, 근처에 있는 교수 탁자에서 로또 게임을 할 수 있도록 준비한다. 교실에서 우연교수를 실시하기 위한 몇 가지 제안들(McGee et al., 1999)이 〈표 8-2〉에 제시되어 있다.

Ostrosky와 Drasgow, Halle(1999) 등은 의사소통에서의 문제들을 교정하도록 학생들

표 8-2 우연교수 실시하기

교육과정적 목표	표현 언어 장난감을 가지고 참여 성인에 대한 사회적 반응 또래들에 대한 사회적 인내/제한 일상생활에서의 독립수행
환경 수정	자연스러운 활동들에 끼어 있는 목적들 자연스러운 맥락에서의 보충적 일대일 교수 아동이 선택한 교수자료 장난감의 체계적 제시 및 순환
우연교수 절차	강력한 구어 조성 적극적인 사회적 교수 기다리기-요청하기-말하기-보여주기-실제로 하기 참여 촉진 체크리스트를 중심으로 한 수행 평가

출처 : McGee, G. G., Morrier, M. J., & Daly, T. (1999). An incidental teaching approach to early intervention for toddlers with autism. *Journal of the association for persons with severe handicaps*, *24*, 133-146.

을 가르치는 데 유용할, 수정된 우연교수의 한 가지 형태를 설명하고 있다. 일반적인 일과들 내에서 빈번한 의사소통 문제로 특징지어지는 상황들을 규명한(혹은 그와 같은 기회들을 능숙하게 처리한) 후에 교사는 학생들의 기능에 적절하고 대부분의 환경에서 유용한 교정을 산출해 내도록 그들에게 촉구를 제공한다. 동기가 부여되는 순간에 교수를 끼워 넣는 것은 해당 아동이 교정전략과 의사소통 맥락 사이의 관계를 형성할 가능성을 높여준다.

앞서 언급했듯 아동의 의사소통 능력을 향상시켜주기 위해 단 하나의 전략만을 사용한다는 것은 이상한 일이다. 흔히 바람직한 결과를 산출하기 위해서는 여러 접근방식들을 결합하는 심지어 혼합하는 것이 필요하다. 이 장에서 설명된 전략들은, 그 유용성을 입증하기 위해 이용할 수 있는 경험적 뒷받침의 양에 있어서는 다양하지만 모든 전략들이 최소한 안면 타당도는 지니고 있다. 이 접근방식들은 또한 그 목적 및 과정에 있어서도 다양하다. 자폐스펙트럼장애 학생들에게 사용되는 의사소통 전략들의 내용이 〈표 8-3〉에 간략히 제시되어 있다.

표 8-3 의사소통 및 언어 교수전략 비교

교수전략	수업 통제	제시 유형	목표(들)
직접교수(예 : 비연속 개별시행 훈련 등)	교사 주도	많은 연습 기회 제공 구조화되어 있음	택트
활동 중심(예 : 자연언어 패러다임, 공동행동일과 등)	교사 주도	주제 구조에 삽입됨	맨드 택트 반향 행동 상호적인 언어적 행동
우연교수	아동 주도	의사소통 시범보이기 및 의사소통 촉구를 위한 모든 기회 활용	맨드 택트 반향 행동 상호적인 언어적 행동
기능적 의사소통 훈련	교사의 촉구	기능적 행동과 유사한 것으로 학생을 다시 인도하고 이에 따라 반응하게 함	맨드

의사소통 및 언어 중재들을 결합한 것을 사용하는 것은 시작하기, 융통성, 그리고 자발성을 위한 기회들을 제공하는 것이고, 이는 의사소통 과정에서 중요한 것이며 자폐스펙트럼장애 학생들에게 이로운 것으로 입증되었다(Frea, 1996; Gerber, 2003; Olley & Reeve, 1997). 언어지체 및 언어장애를 지닌 모든 사람들을 위한 궁극적인 목적은 의사소통 능력을 계발하는데 있다. **의사소통 능력**(communicative competence)에는 효과적으로 표현하기 위해 언어적 그리고 비언어적 의사소통 모두를 활용하는 것이 포함된다(Rollins, 1999). 전반적인 의사소통 능력은 긍정적인 성과가 나올 것이라는 좋은 예상을 할 수 있게 해 준다(Garfin & Lord, 1986; McEachin, Smith, & Lovaas, 1993).

학생을 유능한 의사소통자로 만드는 것이 무엇인지를 규명한 결과, 효과적인 의사소통 전략들은 문제 행동들을 줄이기 위해 가르쳐질 수 있고(Buschbacher & Fox, 2003; Durand & Carr, 1991; Fisher, Thompson, Hagopian, Bowman, & Krug, 2000; Reichle & Johnston, 1993), 적절한 사회성 기술들을 권장할 수 있다(Frea, 1996; Koegel, 1996; Sasso, Garrison-Harrell, McMahon, & Peck, 1998; Quill, 2000, 1995). 또한 기능적 의사소통 기술을 가르칠 수 있고(Carr & Durand, 1985; Fisher et al., 2000; Kahng, Hendrickson, & Vu, 2000; Keen, Sigafoos, & Woodyatt, 2001), 학생이 여러 상황에 걸쳐 또래들 및 성인들과 사회적 의사소통을 하는 능력을 강화하고자 하는 교육적 목적을 확립할 수 있으며(Wetherby & Prizant, 2000), 교과 내용에 대한 학생들의 이해를 향상시킬 수 있다(Chen & Bernard-Optiz, 1993; National Research Council, 2001).

7. 결 론

의사소통 및 언어의 전형적인 발달에 대해 아는 것은 교사가 자신이 담당하고 있는 자폐스펙트럼장애 학생들에게 부족할 수 있는 몸짓, 공동주의집중, 모방, 그리고 사물 놀이 등과 같은 기초 기술들을 규명할 수 있게 해 준다. 이러한 기초 기술들의 활용을 직접적으로 가르치고 격려하는 것은 긍정적인 의사소통 성과를 촉진할 것이다(Jones & Carr, 2004). 수많은 전략들이 자폐스펙트럼장애 학생들의 언어적 행동을 증가시키는데 효과적인 것으로 나타났다. 음성을 내고, 몸짓을 하며, 신호를 하고(혹은), 물건들이나 그림들을 지적하게 하거나 교환하는 방법들을 가르침으로써 구어를 발달시키지 못한 자폐스펙트럼장애 학생들의 의사소통을 촉진할 수 있다. 수신호를 포함하여 시각에 근거한 의사소통 수단들의 활용은 구어 발생을 막는 것으로는 보이지 않는다. 언어적 행동을 하는 자폐스펙트럼장애 학생들의 일반적인 특성들 중 하나인 반향어는 맥락에 따라 다양한 이유로 발생한다. 교사들은 반향어의 기능을 판별하고 이를 보다 관습적인 언어적 행동으로 조성(형성)시켜야 한다.

의사소통 발달을 향상시키기 위한 중재들 중 많은 부분에서 공통으로 나타나는 전략들에는 다음과 같은 것들이 포함된다(Buffington et al., 1998; McCathren, 2000; Wetherby & Prizant, 2005; Woods & Wetherby, 2003):

- 학생이 자신이 좋아하는 물건이나 활동을 이용하기 위해 의사소통을 할 필요성을 느끼도록 환경을 배치한다.
- 학생이 의사소통을 할 동기를 부여받도록 그 학생이 매우 좋아하는 활동을 하는 동안 자주 중단시키거나 일과를 방해한다.
- 시범보이기, 학생이 반응할지 보기 위해 기다리기('시간 지연'), 그리고 촉구하기 등과 같은, 효과가 있는 것으로 나타난 교수 전략들을 사용한다.
- 학생의 몸짓 및 음성을 모방한다.
- 학생이 관심을 표현한 물건이나 활동에 접근할 수 있게 해줌으로써 자연스러운 강화를 제공하고, 학생이 저항한다면 원치 않는 물건들을 치우거나 활동을 중단한다.

Goldstein(2002, p. 393)이 요약한 것처럼, '의사소통을 위한 효과적인 중재는 다양한 활동영역들에 대해 적절한 의사결정을 하는데 달려 있다. 예를 들어, 유용한 목표들을 선택하고, 의미 있는 의사소통을 할 수 있는 상황을 설정해 주는 환경을 제공한다. 그리고 자연스러운 환경에서 규칙적으로 이용할 수 있는 기능적 강화제들을 부여하고, 독립적이고 자발적인 의사소통을 촉진하기 위해 서서히 용암되는 비계들(모델, 촉구, 교정, 그리고 격려 등)을 제공하도록 신중한 프로그램 편성이 요구된다.' 교사들은 학생들의 의사소통 요구를 판단하고, 의사소통 능력의 발달을 촉진하는 체계적인 중재들을 실시하는데 있어 가족들과 밀접한 관계를 맺으며 일하고 언어치료사가 지닌 전문지식에 의존할 필요가 있다. 의사소통은 역동적인 과정이고 학생들의 요구는 계속해서 바뀔 것이기 때문에, 교사, 가족들, 그리고 언어치료사는 가장 긍정적인 의사소통 성과를 보장하기 위해 협력할 필요가 있다.

8. 토론 질문과 활동

(1) 일반 아동들이 있는 공원이나 운동장으로 간다. 아동들을 관찰하고 그들이 눈 응시, 몸짓, 옹알이, 그리고 운동기능 모방 등을 어떻게 하는지 살펴본다. 공동주의집중 및 협응적 주의집중 등에 대한 증거들을 찾아보고 그 아동들이 사물을 가지고 어떻게 노는지도 관찰해 본다.

(2) 그림교환 의사소통 체계와 시각단서 교수(제4장 참조)의 차이점과 공통점을 설명한다.

(3) 그림교환 의사소통 체계 훈련의 1단계를 실시하는 방법을 기술한다.

(4) 〈표 8-1〉을 보고 즉각 반향어와 지연 반향어에서 각각 범주 하나씩을 선택하여 각각을 반향어와 비슷한 패턴을 보이는 학생과 관련시켜 본다. 반향어를 같은 범주에 속하는 기능적 언어 행동으로 조성(형성)시켜 나아가기 위해 어떤 방법을 사용할 것인지 설명한다.

(5) 일과를 확인하고 이 장에서 제공한 지침에 따라 자연언어 패러다임을 실행할 방법을 토론해 본다.

참고문헌

Alexander, D. (1995). *The emergence of repair strategies in chronologically and developmentally young children.* Unpublished doctoral dissertation, Florida State University, Tallahassee.

American Psychiatric Association. (2000). *Diagnostic and statistical manual of mental disorders* (4th ed., text revision). Washington, DC: Author.

American Speech-Language-Hearing Association Ad Hoc Committee on Service Delivery in the Schools (1997). Definitions of communication disorders and variations. *ASHA, 35* (Suppl. 10), 108-108a).

Attwood, T. (1998). *Asperger's syndrome: A guide for parents and professionals.* London: Jessica Kingsley.

Bailey, D., McWilliam, P., Winton, P., & Simeonsson, R. (1992). *Implementing family-centered services in early intervention: A team-based model for change.* Cambridge, MA: Brookline.

Baron-Cohen, S., Baldwin, D. A., & Crowson, M. (1997). Do children with autism use the speaker's direction of gaze strategy to crack the code of language? *Child Development, 68,* 48-57.

Baron-Cohen, S., Cox, A., Baird, G., Swettenham, J., Drew, A., Nightingale, N., et al. (1996). Psychological markers of autism at 18 months of age in a large population. *British Journal of Psychiatry, 168,* 158-163.

Baron-Cohen, S., Wheelwright, S., & Jolliffe, T. (1997). Is there a "language of the eyes"? Evidence from normal adults, and adults with autism or Asperger syndrome. *Visual Cognition, 4,* 311-331.

Barrera, R. D., & Sulzer-Azaroff, B. (1983). An alternating treatment comparison of oral and total communication training programs with echolalic autistic children. *Journal of Applied Behavior Analysis, 16,* 379-394.

Bartman, S., & Freeman, N. (2003). Teaching language to a two-year-old with autism.

Journal on Developmental Disabilities, 10, 47-53.

Bates, E. (1979). Intentions, conventions, and symbols. In E. Bates, L. Benigni, I. Bretheron, L. Camaioni, & V. Volterra (Eds.), *The emergence of symbols* (pp. 33-42). New York: Academic Press.

Bates, E., Benigni, L., Bretherton, I., Camaioni, L., & Volterra, V. (1979). *The emergence of symbols: Cognition and communication in infancy.* New York: Academic Press.

Bernstein, D. K., & Levey, S. (2002). Language development: A review. In D. K. Bernstein & E. Tiegerman-Faber (Eds.), *Language and communication disorders in children* (5th ed., pp. 27-94). Boston: Allyn & Bacon.

Beukelman, D. R., & Mirenda, P. (1998). *Augmentative and alternative communication.* Baltimore: Paul H. Brookes.

Bloom, P., & Markson, L. (1998). Capacities underlying word learning. *Trends in Cognitive Sciences, 2,* 67-73.

Bondy, A. S., & Frost, L. A. (1994). The picture exchange communication system. *Focus on Autistic Behavior, 9*(3), 1-20.

Bondy, A., & Frost, L. (1995). Educational approaches in preschool: Behavior techniques in a public school setting. In E. Schopler & G. Mesibov (Eds.), *Learning and cognition in autism* (pp. 311-333). New York: Plenun.

Bondy, A., Tincani, M., & Frost, L. (2004). Multiply controlled verbal operants: An analysis and extension to the picture exchange communication system. *Behavior Analyst, 27,* 247-261.

Boucher, J. (1999). Editorial: interventions with children with autism—methods based on play. *Child Language Teaching and Therapy, 15*(1), 1-6.

Boucher, J., & Lewis, V. (1992). Unfamiliar face recognition in relatively able autistic children. *Journal of Child Psychology and Psychiatry, 33,* 843-859.

Buckley, S. D., & Newchok, D. K. (2005). Differential impact of response effort within a response chain on use of mands in a student with autism. *Research in Developmental Disabilities, 26,* 77-86.

Buffington, D. M., Krantz, P. J., McClannahan, L. E., & Poulson, C. L. (1998). Procedures for teaching appropriate gestural communication skills to children with autism. *Journal of Autism and Developmental Disorders, 28,* 535-545.

Buschbacher, P. W., & Fox, L. (2003). Understanding and intervening with the challenging behavior of young children with autism spectrum disorder. *Language, Speech, & Hearing Services in Schools, 34,* 217-228.

Carr, E. G. (1985). Behavioral approaches to language and communication. In E. Schopler & G. B. Mesibov (Eds.), *Communication problems in autism*. New York: Plenum, 37-57.

Carr, E. G., & Durand, V. M. (1985). Reducing behavior problems through functional communication training. *Journal of Applied Behavior Analysis, 18,* 111-126.

Chan, A. S., Cheung, J., Leung, W. W. M., Cheung, R., & Cheung, M. (2005). Verbal expression and comprehension deficits in young children with autism. *Focus on Autism and Other Developmental Disabilities, 20*(2), 117-124.

Charlop-Christy, M. H., Carpenter, M., Le, L., LeBlanc, L. A., & Kellet, K. (2002). Using the Picture Exchange Communication System (PECS) with children with autism: Assessment of PECS acquisition, speech, social-communicative behavior, and problem behavior. *Journal of Applied Behavior Analysis, 35,* 213-231.

Chen, S. H., & Bernard-Optiz, A. V. (1993). Comparison of personal and computer-assisted instruction for children with autism. *Mental Retardation, 31,* 368-376.

Crais, E. (1993). Families and professionals as collaborators in assessment. *Topics in Language Disorders, 14,* 29-40.

Cummings, A. R., & Williams, W. J. (2000). Visual identity matching and vocal imitation training with children with autism: A surprising finding. *Journal on Developmental Disabilities, 7,* 109-122.

Dawson, G., & Adams, A. (1984). Imitation and social responsiveness in autistic children. *Journal of Abnormal Child Psychology, 12,* 209-226.

Dawson, G., Meltzoff, A. N., Osterling, J., Rinaldi, J., & Brown, E. (1998). Children with autism fail to orient to naturally occurring social stimuli. *Journal of Autism and Developmental Disorders, 28,* 479-485.

Detrich, R. (1999). Increasing treatment fidelity by matching interventions to contextual variables within the educational setting. *School Psychology Review, 28,* 608-620.

Diehl, S. F. (2003). The SLPs role in collaborative assessment and intervention for children with ASD. *Topics in Language Disorders: Children and Young Adults with Autism Spectrum Disorder, 23,* 95-115.

Drew, A., Baird, G., Baron-Cohen, S., Cox, A., Slonims, V., Wheelwright, S., et al. (2002). A pilot randomized control trial of a parent training intervention for preschool children with autism. *European Child & Adolescent Psychology, 11,* 266-272.

Duker, P. C., Kraaykamp, M., & Visser, E. (1994). A stimulus control procedure to increase requesting with individuals who are severely/profoundly intellectually disabled. *Journal of Intellectual Disability Research, 38,* 177-186.

Durand, V. M., & Carr, E. G. (1991). Functional communication training to reduce challenging behavior: Maintenance and application in new settings. *Journal of Applied Behavior Analysis, 24,* 251-264.

Durand, V. M., & Carr, E. G. (1992). An analysis of maintenance following functional communication training. *Journal of Applied Behavior Analysis, 25,* 777-794.

Durand, V. M., & Merges, E. (2001). Functional communication training: A contemporary behavior analytic intervention for problem behaviors. *Focus on Autism & Other Developmental Disorders, 16,* 110-119.

Earles, T. L., Carlson, J. K., & Bock, S. J. (1998). Instructional strategies to facilitate successful learning outcomes for students with autism. In R. L. Simpson & B. S. Myles (Eds.), *Educating children and youth with autism: Strategies for effective practice* (pp. 55-105). Austin, TX: Pro-Ed.

Egel, A. L., Shafer, M. S., & Neef, N. A. (1984). Receptive acquisition and generalization of prepositional responding in autistic children: A comparison of two procedures. *Analysis and Intervention in Developmental Disabilities, 4,* 285-298.

Farmer-Dougan, V. (1994). Increasing requests by adults with developmental disabilities using incidental teaching by peers. *Journal of Applied Behavior Analysis, 27,* 533-544.

Ferrier, S., Dunham, P., & Dunham, F. (2000). The confused robot: Two-year-olds' responses to breakdowns in conversation. *Social Development, 9,* 337-348.

Filipek, P. A., Accardo, P. J., Ashwal, S., Baranek, G. T., Cook, Jr., E. H., Dawson, G., et al. (2000). Practice parameter: Screening and diagnosis of autism: Report of the Quality Standards Subcommittee of the American Academy of Neurology and the Child Neurology Society. *Neurology, 55,* 468-479.

Filipek, P. A., Pasquale, J. A., Baranek, G. T., Cook, Jr., E. H., Dawson, G., Gordon, B., et al. (1999). The screening and diagnosis of autistic spectrum disorders. *Journal of Autism and Developmental Disorders, 29,* 439-484.

Fisher, W. W., Thompson, R. H., Hagopian, L. P., Bowman, L. G., & Krug, A. (2000). Facilitating tolerance of delayed reinforcement during functional communication training. *Behavior Modification, 24,* 3-29.

Frea, W. D. (1996). Social-communicative skills in higher-functioning children with autism. In R. L. Koegel & L. K. Koegel (Eds.), *Teaching children with autism: Strategies for initiating positive interactions and improving learning opportunities* (pp. 53-66). Baltimore: Paul H. Brookes.

Ganz, J. B., & Simpson, R. L. (2004). Effects on communicative requesting and speech development of the picture exchange communication system in children with characteristics of autism. *Journal of Autism and Developmental Disorders, 34,* 395-409.

Garfin, & Lord, C. (1986). Communication as a social problem in autism. In E. Schopler & G. Mesibov (Eds.), *Social behavior in autism* (pp. 237-261). New York: Plenum.

Geller, E. (1998). An investigation of communication breakdowns and repairs in verbal autistic children. *The British Journal of Developmental Disabilities, 44,* 71-85.

Gerber, S. (2003). A developmental perspective on language assessment and intervention for children on the autistic spectrum. *Topics in Language Disorders, 23,* 74-94.

Ghaziuddin, M., & Gerstein, L. (1996). Pedantic speaking style differentiates Asperger syndrome from high-functioning autism. *Journal of Autism and Developmental Disorders, 26,* 585-595.

Gillberg, C. (1991). Outcome in autism and autistic-like conditions. *Journal of the American Academy of Child and Adolescent Psychiatry, 30,* 375-382.

Goldstein, S. (2002). Review of the *Asperger Syndrome Diagnostic* scale. *Journal of Autism and Developmental Disorders, 32,* 611-614.

Gray, S. (2003). Word-learning by preschoolers with specific language impairment:

What predicts success? *Journal of Speech, Language, and Hearing Research, 46,* 56-67.

Green, G. (2001). Behavior analytic instruction for learners with autism: Advances in stimulus control technology. *Focus on Autism and Other Developmental Disabilities, 16,* 72-86.

Halle, J., Brady, N. C., & Drasgow, E. (2004). Enhancing socially adaptive communicative repairs of beginning communicators with disabilities. *American Journal of Speech-Language Pathology, 13,* 43-54.

Hart, B. M., & Risley, T. R. (1968). Establishing use of descriptive adjectives in the spontaneous speech of disadvantaged preschool children. *Journal of Applied Behavior Analysis, 1,* 109-120.

Heflin, L. J., & Simpson, R. L. (1998a). Interventions for children and youth with autism: Prudent choices in a world of exaggerated claims and empty promises. Part I: Intervention and treatment option review. *Focus on Autism and Other Developmental Disabilities, 13,* 194-211.

Johnston, S., Nelson, C., Evans, J., & Palazolo, K. (2003). The use of visual supports in teaching young children with autism spectrum disorder to initiate interactions. *AAC: Augmentative & Alternative Communication, 19,* 86-103.

Jones, E. A., & Carr, E. G. (2004). Joint attention in children with autism: Theory and intervention. *Focus on Autism & Other Developmental Disabilities, 19,* 13-26.

Kahng, S. W., Hendrickson, D. J., & Vu, C. P. (2000). Comparison of single and multiple functional communication training responses for the treatment of problem behavior. *Journal of Applied Behavior Analysis, 33,* 321-324.

Keen, D. (2005). The use of nonverbal repair strategies by children with autism. *Research in Developmental Disabilities, 26,* 243-254.

Keen, D., Sigafoos, J., & Woodyatt, G. (2001). Replacing prelinguistic behaviors with functional communication. *Journal of Autism and Developmental Disorders, 31,* 385-398.

Kjelgaard, M. M., & Tager-Flusberg, H. (2001). An investigation of language impairment in autism: Implications for genetic subgroups. *Language and Cognitive Processes, 16,* 287-308.

Koegel, L. K. (1996). Communication and language intervention. In R. L. Koegel & L. K. Koegel (Eds.), *Teaching children with autism: Strategies for initiating positive interactions and improving learning opportunities* (pp. 17-32). Baltimore: Paul H. Brookes.

Koegel, L. K., Camarata, S. M., Valdez-Menchaca, M., & Koegel, R. L. (1998). Setting generalization of question-asking by children with autism. *American Journal on Mental Retardation, 102,* 346-357.

Koegel, R. L., O'Dell, M. C., & Koegel, L. K. (1987). A natural language teaching paradigm for nonverbal autistic children. *Journal of Autism and Developmental Disorders, 17,* 187-200.

Krantz, P. J. (2000). Commentary: Interventions to facilitate socialization. *Journal of Autism and Developmental Disorders, 30,* 411-413.

Krantz, P. J., Zalewski, S., Hall, L., Fenski, E., & McClannahan, L. (1981). Teaching complex language to autistic children. *Analysis & Intervention in Developmental Disabilities, 1,* 259-297.

Kravits, T. R., Kamps, D. M., Kemmerer, K., & Potucek, J. (2002). Brief report: Increasing communication skills for an elementary-aged student with autism using the picture exchange communication system. *Journal of Autism and Developmental Disorders, 32,* 225-230.

Kuhl, P. K., Coffey-Corina, S., Padden, D., & Dawson, G. (2005). Links between social and linguistic processing of speech in preschool children with autism: Behavioral and electrophysiological measures. *Developmental Science, 8,* F1-F12.

Lahey, M. (1988). *Language disorders and language development.* New York: Macmillan.

Landa, R. (2000). Social language use in Asperger syndrome and high-functioning autism. In A. Klin, F. Volkmar, & S. Sparrow (Eds.), *Asperger syndrome* (pp. 125-158). New York: Guilford Press.

Laski, K. E., Charlop, M. H., & Schreibman, L. (1988). Training parents to use the natural language paradigm to increase their autistic children's speech. *Journal of Applied Behavior Analysis, 21,* 391-400.

Layton, T. (1988). Language training with autistic children using four different modes of presentation. *Journal of Communica-*

tion Disorders, 21, 333-350.

Layton, T., & Watson, L. (1995). Enhancing communication in nonverbal children with autism. In K. A. Quill (Ed.), *Teaching children with autism: Strategies to enhance communication and socialization* (pp. 73-101). New York: Delmar.

Lederberg, A. R. (2003). Expressing meaning: From communicative intent to building a lexicon. In M. Marshark & P. Spencer (Eds.), *Oxford handbook of deaf studies, language, and education* (pp. 247-260). New York: Oxford University Press.

Lord, C., & Paul, R. (1997). Language and communication in autism. In D. Cohen & F. Volkmar (Eds.), *Handbook of autism and pervasive developmental disorders* (2nd ed., pp. 195-225). New York: Wiley.

Loveland, K. A., & Tunali-Kotoski, B. (1997). The school-age child with autism. In D. J. Cohen & F. R. Volkmar (Eds.), *Handbook of autism and pervasive developmental disorders* (2nd ed., pp. 283-308). New York: Wiley.

Luyster, R., Richler, J., Risi, S., Hsu, W. L., Dawson, G., Bernier, R., et al. (2005). Early regression in social communication in autism spectrum disorders. *Developmental Neuropsychology, 27,* 311-326.

Magiati, I., & Howlin, P. (2003). A pilot evaluation study of the Picture Exchange Communication System (PECS) for children with autistic spectrum disorders. *Autism: The International Journal of Research & Practice, 7,* 297-321.

Masur, E. F. (1997). Maternal labeling of novel and familiar objects: Implications for children's development of lexical constraints. *Journal of Child Language, 24,* 427-439.

McArthur, D., & Adamson, L. B. (1996). Joint attention in preverbal children: Autism and developmental language disorder. *Journal of Autism and Developmental Disorders, 26,* 481-496.

McCathren, R. B. (2000). Teacher-implemented prelinguistic communication intervention. *Focus on Autism & Other Developmental Disabilities, 15,* 21-29.

McCathren, R. B., Yoder, P. J., & Warren, S. F. (1999). Prelinguistic pragmatic functions as predictors of later expressive vocabulary. *Journal of Early Intervention, 22,* 205-216.

McEachin, J. J., Smith, T., & Lovaas, O. I. (1993). Long-term outcome for children with autism who received early intensive behavioral treatment. *American Journal on Mental Retardation, 97,* 359-372.

McGee, G. G., Almeida, M. C., Sulzer-Azaroff, B., & Feldman, R. S. (1992). Promoting reciprocal interactions via peer incidental teaching. *Journal of Applied Behavior Analysis, 25,* 117-126.

McGee, G., Krantz, P. J., Mason, D., & McClannahan, L. E. (1983). A modified incidental teaching procedure for autistic youth: Acquisition and generalization of receptive object labels. *Journal of Applied Behavior Analysis, 16,* 329-338.

McGee, G. G., Morrier, M. J., & Daly, T. (1999). An incidental teaching approach to early intervention for toddlers with autism. *Journal of the Association for Persons with Severe Handicaps, 24,* 133-146.

Mesibov, G. B., Adams, L. W., & Klinger, L. G. (1997). *Autism: Understanding the disorder.* New York: Plenum.

Mirenda, P., & Erickson, K. (2000). Augmentative communication and literacy. In A. M. Wetherby & B. M. Prizant (Eds.), *Autism spectrum disorders: A transactional developmental perspective* (pp. 333-367). Baltimore: Paul H. Brooks.

Mirenda, P., & Schuler, A. L. (1988). Augmenting communication for persons with autism: Issues and strategies. *Topics in Languge Disorders, 9,* 24-43.

Mundy, P. (1995). Joint attention and social-emotional approach behavior in children with autism. *Development and Psychopathology, 7,* 63-82.

Mundy, P., & Crowson, M. (1997). Joint attention and early social communication: Implications for research on intervention with autism. *Journal of Autism and Developmental Disorders, 27,* 654-676.

Mundy, P., & Markus, J. (1997). On the nature of communication and language impairment in autism. *Mental Retardation and Developmental Disorders Research Reviews, 3,* 343-349.

Mundy, P., Sigman, M., & Kasari, C. (1990). A longitudinal study of joint attention and language development in autistic children. *Journal of Autism and Developmental Disorders, 20,* 115-129.

Myles, B. S., & Simpson, R. L. (2001). Understanding the hidden curriculum: An essential social skill for children and youth with

Asperger syndrome. *Intervention in School & Clinic, 36,* 279-287.

Myles, B. S., & Southwick, J. (1999). *Asperger syndrome and difficult moments: Practical solutions for tantrums, rage, and meltdowns.* Shawnee Mission, KS: Autism Asperger.

National Research Council. (2001). *Educating children with autism.* Committee on Educational Interventions for Children with Autism. Division of Behavioral and Social Sciences and Education. Washington, DC: National Academy Press.

Ogletree, B. T. (1998). The communicative context of autism. In R. L. Simpson & B. S. Myles (Eds.), *Educating children and youth with autism* (pp. 141-172). Austin, TX: Pro-Ed.

Ohta, M. (1987). Cognitive disorders of infantile autism: A study employing the WISC, spatial relationship conceptualization, and gesture imitation. *Journal of Autism and Developmental Disorders, 17,* 45-62.

Olley, J. G., & Reeve, C. E. (1997). Issues of curriculum and classroom structure. In D. J. Cohen & F. R. Volkmar (Eds.), *Handbook of autism and pervasive developmental disorders* (2nd ed., pp. 484-508). New York: Wiley.

Osterling, J. A., Dawson, G., & Munson, J. A. (2002). Early recognition of 1-year-old infants with autism spectrum disorder versus mental retardation. *Development and Psychopathology, 14,* 239-251.

Ostrosky, M. M., Drasgow, E., & Halle, J. W. (1999). "How can I help you get what you want?" A communication strategy for students with severe disabilities. *Teaching Exceptional Childen, 31,* 56-61.

Oswald, L. K., & Lignugaris, B. (1990). The effects of incidental teaching on the generalized use of social amenities at school by a mildly handicapped adolescent. *Education and Treatment of Children, 13,* 142-153.

Piaget, J. (1962). *Play, dreams, and imitation in childhood.* New York: Norton.

Prizant, B. M., Wetherby, A. M., Rubin, E., & Laurent, A. C. (2003). A transactional, family-centered approach to enhancing communication and socioemotional abilities of children with autism spectrum disorder. *Infants and Young Children,* 16, 296-316.

Prizant, B. M. (2002, February). The SCERTS model: Enhancing communicative and socioemotional competence in young children with autistic spectrum disorders. Presentation given in Charlotte, NC.

Prizant, B. M., & Duchan, J. F. (1981). The functions of immediate echolalia in autistic children. *Journal of Speech and Hearing Disorders, 46,* 241-249.

Prizant, B. M., & Rydell, P. J. (1984). An analysis of the functions of delayed echolalia in autistic children. *Journal of Speech and Hearing Research, 27,* 183-192.

Prizant, B. M., & Wetherby, A. M. (1993). Communication in preschool autistic children. In E. Schopler, M. van Bourgondien, & M. Bristol (Eds.), *Preschool issues in autism* (pp. 95-108). New York: Plenum.

Prutting, C., & Kirchner, D. M. (1987). A clinical appraisal of the pragmatic aspects of language. *Journal of Speech and Hearing Disorders, 52,* 105-119.

Quill, K. A. (1995). *Teaching children with autism: Strategies to enhance communication and socialization.* New York: Delmar.

Quill, K. A. (2000). *DO-WATCH-LISTEN-SAY: Social and communication intervention for children with autism.* Baltimore: Paul H. Brookes.

Receveur, C., Lenoir, P., Descombre, H., Roux, S., Barthelemy, C., & Malvy, J. (2005). Interaction and imitation deficits from infancy to 4 years of age in children with autism. *Autism: The International Journal of Research & Practice, 9,* 69-83.

Reichle, J., & Johnston, S. (1993). Replacing challenging behavior: The role of communication intervention. *Topics in Language Disorders, 13,* 61-76.

Rincover, A., & Ducharme, J. M. (1987). Variables influencing stimulus overselectivity and "tunnel vision" in developmentally delayed children. *American Journal of Mental Deficiency, 91,* 422-430.

Rogers, S. J., Bennetto, L., McEvoy, R., & Pennington, B. F. (1996). Imitation and pantomime in high-functioning adolescents with autism spectrum disorders. *Child Development, 67,* 2060-2073.

Rollins, P. R. (1999). Early pragmatic accomplishments and vocabulary development in preschool children with autism. *American Journal of Speech-Language Pathology, 8,* 181-190.

Romski, M. S., & Sevcik, R. A. (1996). *Breaking the speech barrier: Language development through augmented means.* Baltimore:

Paul H. Brookes.

Rotholz, D., Berkowitz, S., & Burberry, J. (1989). Functionality of two modes of communication in the community by students with developmental disabilities: A comparison of signing and communication books. *Journal of the Association for Persons with Severe Handicaps, 14,* 227-233.

Rubin, E., & Laurent, A. C. (2004). Implementing a curriculum-based assessment to prioritize learning objectives in Asperger syndrome and high-functioning autism. *Topics in Language Disorders, 24,* 298-315.

Rubin, E., & Lennon, L. (2004). Challenges in social communication in Asperger syndrome and high-functioning autism. *Topics in Language Disorders, 24,* 271-285.

Rydell, P. J., & Prizant, B. M. (1995). Assessment and intervention strategies for children who use echolalia. In K. A. Quill (Ed.), *Teaching children with autism* (pp. 106-132). Albany, NY: Delmar.

Safran, S. P., Safran, J. S., & Ellis, K. (2003). Intervention ABCs for children with Asperger syndrome. *Topics in Language Disorders, 23,* 154-165.

Sasso, G. M., Garrison-Harrell, L., McMahon, C. M., & Peck, P. (1998). Social competence of individuals with autism: An applied behavior analysis perspective. In R. L. Simpson & B. S. Myles (Eds.), *Educating children and youth with autism* (pp. 173-190). Austin, TX: Pro-Ed.

Schepis, M. M., Reid, D. H., & Behrman, M. M. (1996). Acquisition and functional use of voice output communication by persons with profound multiple disabilities. *Behavior Modification, 20,* 451-468.

Schlosser, R. W., & Blischak, D. M. (2001). Is there a role for speech output in interventions for persons with autism? A review. *Focus on Autism and Other Developmental Disabilities, 16,* 170-178.

Schuler, A. L., Prizant, B. M., & Wetherby, A. M. (1997). Enhancing language and communication development: Prelinguistic approaches. In D. J. Cohen & F. R. Volkmar (Eds.), *Handbook of autism and pervasive developmental disorders* (2nd ed., pp. 539-571). New York: Wiley.

Schwartz, I. S., & Garfinkle, A. N. (1998). The Picture Exchange Communication System: Communicative outcomes for young children with disabilities. *Topics in Early Childhood Special Education, 18,* 144-160.

Seal, B., & Bonvillian, J. (1997). Sign language and motor functioning in students with autistic disorder. *Journal of Autism and Developmental Disorders, 27,* 437-466.

Secan, K. E., Egel, A. L., & Tilley, C. S. (1989). Acquisition, generalization, and maintenance of question-answering skills in autistic children. *Journal of Applied Behavior Analysis, 22,* 181-196.

Shafer, E. (1993). Teaching topography-based and selection-based verbal behavior to developmentally disabled individuals: Some considerations. *The Analysis of Verbal Behavior, 11,* 117-133.

Shriberg, L. D., Paul, R., McSweeney, J. L., Klin, A., Cohen, D. J., & Volkmar, F. R. (2001). Speech and prosody characteristics of adolescents and adults with high-functioning autism and Asperger syndrome. *Journal of Speech, Language, and Hearing Research, 44,* 1097-1115.

Sigafoos, J., Drasgow, E., Halle, J. W., O'Reilly, M., Seely-York, S., Edrisinha, C., et al. (2004). Teaching VOCA use a communicative repair strategy. *Journal of Autism and Developmental Disorders, 34,* 411-422.

Sigafoos, J., O'Reilly, M. F., Seely-York, S., Weru, J., Son, S. H., Green, V. A., et al. (2004). Transferring AAC intervention to the home. *Disability and Rehabilitation, 26,* 1330-1334.

Sigman, M., & Ruskin, E. (1999). Continuity and change in the social competence of children with autism, Down syndrome, and developmental delays. *Monographs of the Society in Research in Child Development, 64,* 1-114.

Simpson, R. L., de Boer-Ott, S. R., Griswold, D. E., Myles, B. S., Byrd, S. E., Ganz, J. B., et al. (2005). *Autism spectrum disorders: Interventions and treatments for children and youth.* Thousand Oaks, CA: Corwin Press.

Skinner, B. F. (1957). *Verbal behavior.* Upper Saddle River, NJ: Prentice Hall.

Smith, I. M., & Bryson, S. E. (1994). Imitation and action in autism: A critical review. *Psychological Bulletin, 116,* 259-273.

Snow, M. E., Hertzig, M. E., & Shapiro, T. (1987). Expressions of emotion in young autistic children. *Journal of the American Academy of Child and Adolescent Psychiatry, 27,* 647-655.

Snyder-McLean, L. K., Solomonson, B., McLean, J. E., & Sack, S. (1984). Structuring joint action routines: a strategy for facilitating communication and language development in the classroom. *Seminars in Speech and Language, 5,* 213-225.

Soorya, L. V. (2004). *Evaluation of motor proficiency and apraxia in autism: Effects on sign language acquisition.* Unpublished doctoral dissertation, State University of New York at Binghamton.

Stone, W. L., & Lemanek, K. L. (1990). Parental report of social behaviors in autistic preschoolers. *Journal of Autism and Developmental Disorders, 20,* 513-522.

Stone, W. L., Ousley, O. Y., & Littleford, C. (1997). Motor imitation in young children with autism: What's the object? *Journal of Abnormal Child Psychology, 25,* 475-485.

Stone, W. L., & Yoder, P. J. (2001). Predicting spoken language level in children with autism spectrum disorders. *Autism, 5,* 341-361.

Stone, W. L., Ousley, O. Y., Yoder, P. J., Hogan, K. L., & Hepburn, S. L. (1997). Nonverbal communication in two- and three-year-old children with autism. *Journal of Autism and Developmental Disorders, 27,* 677-696.

Storkel, H. L., & Morrisette, M. L. (2002). The lexicon and phonology: Interactions in language acquisition. *Language, Speech, and Hearing Services in Schools, 33,* 24-37.

Stremel, K., Bixler, B., Morgan, S., & Layton, K. (2002). *Communication fact sheet for parents.* Eric Document Reproduction Service No. ED 475 791.

Sundberg, M. (1993). Selecting a response form for nonberbal persons: Facilitated communication, pointing systems, or sign language? *The Analysis of Verbal Behavior, 11,* 99-116.

Sundberg, M. L., & Michael, J. (2001). The benefits of Skinner's analysis of verbal behavior for children with autism. *Behavior Modification, 25,* 698-724.

Tiegerman-Farber, E. (2002). Autism spectrum disorders: Learning to communicate. In D. K. Bernstein & E. Tiegerman-Faber (Eds.), *Language and communication disorders in children* (5th ed., pp. 510-564). Boston: Allyn & Bacon.

Tiegerman, E., & Primavera, L., (1984). Imitating the autistic child: Facilitating communicative gaze behavior. *Journal of Autism and Developmental Disorders, 14,* 27-38.

Tincani, M., (2004). Comparing Picture Exchange Communication System (PECS) and sign language training for children with autism. *Focus on Autism and Other Developmental Disabilities, 19,* 152-164.

Tomasello, M. (1992). The social bases of language acquisition. *Social Development, 1,* 67-87.

Tomasello, M. (2002). Things are what they do: Katherine Nelson's functional approach to language and cognition. *Journal of Cognition and Development, 3,* 4-19.

Vostanis, P., Smithe, B., Corbett, J., Sungum-Paliwal, R., Edwards, A., Gingell, K., et al. (1998). Parental concerns of early development in children with autism and related disorders. *Autism, 2,* 229-242.

Werner, E., Dawson, G., Osterling, J., & Dinno, N. (2000). Brief report: Recognition of autism spectrum disorder before 1 year of age: A retrospective study based on home videotapes. *Journal of Autism and Other Developmental Disorders, 30,* 157-167.

Wetherby, A. M., Alexander, D. G., & Prizant, B. M. (1998). The ontogeny and role of repair strategies. In A. M. Wetherby, S. F. Warren, & J. Reichle (Vol. Eds.), *Communication and language intervention series: Vol. 7. Transition in prelinguistic communication* (pp. 135-161). Baltimore: Paul H. Brookes.

Wetherby, A. M., & Prizant, B. M. (1989). The expression of communicative intent: Assessment guidelines. *Seminars in Speech and Language, 10,* 77-91.

Wetherby, A. M., & Prizant, B. M. (2000). *Autism spectrum disorders: A developmental, transactional perspective.* Baltimore: Paul H. Brookes.

Wetherby, A. M., & Prizant, B. M. (2005). Enhancing language and communication development in autism spectrum disorders: Assessment and intervention guidelines. In D. Zager (Ed.), *Autism spectrum disorders* (3rd ed., pp. 327-365). Mahwah, NJ: Erlbaum.

Wetherby, A. M., Prizant, B. M., & Hutchinson, T. A. (1998). Communicative, social/affective and symbolic profiles of young children with autism and pervasive developmental disorders. *American Journal of Speech-Language Pathology, 7,* 77-91.

Wetherby, A. M., Prizant, B. M., & Schuler, A. L. (2000). Understanding the nature of communication and language impairments. In A. M. Wetherby & B. M. Prizant (Eds.), *Autism spectrum disorders: A transactional developmental perspective* (pp. 109-142). Baltimore: Paul H. Brookes.

Williams, J. H. G., Whiten, A., & Singh, T. (2004). A systematic review of action imitation in autistic spectrum disorder. *Journal of Autism and Developmental Disorders, 34,* 285-299.

Wing, L. (1981). Asperger's syndrome: A clinical account. *Psychological Medicine, 11,* 115-129.

Wing, L. (2001). *The autistic spectrum: A parents' guide to understanding and helping your child.* Berkeley, CA: Ulysses Press.

Wolfberg, P. J. (2003). *Peer play and the autism spectrum.* Shawnee Mission, KS: Autism Asperger.

Woods, J. J., & Wetherby, A. M. (2003). Early identification of and intervention for infants and toddlers who are at risk for autism spectrum disorder. *Language, Speech, & Hearing Services in Schools, 34,* 180-194.

Yont, K. M., Hewitt, L. E., & Miccio, A. W. (2000). A coding system for describing conversational breakdowns in preschool children. *American Journal of Speech-Language Pathology, 9,* 300-309.

Young, E. C., Diehl, J. J., Morris, D., Hyman, S. L., & Bennetto, L. (2005). The use of two language tests to identify pragmatic language problems in children with autism spectrum disorders. *Language, Speech, and Hearing Services in Schools, 36,* 62-72.

9 사회화와 사회적 능력의 확장

핵심용어

- 위장(masquerading)
- 개념숙달(concept mastery)
- 또래개입 교수 및 중재(Peer-Mediated Instruction and Intervention, PMII)
- 사회적 기술 교수 (social skills instruction)
- 사회적 능력(social competence)
- 사회적 도해(social autopsies)
- 사회적 호혜성(social reciprocity)
- 상황 이야기TM(social storiesTM)
- 성인개입 교수 및 중재(Adult-Mediated Instruction and Intervention, AMII)
- 수행결함(performance deficits)
- 습득결함(acquisition deficits)
- 연재만화대화TM (comic strip conversationsTM)
- 유도된 반응(elicited responses)
- 잠재적 사회적 교육과정 (hidden social curriculum)
- 행동 표집(behavior sampling)

❖ 해리스 선생님에게 배우기

크레이그가 끼어듦으로 인하여 발생된 난감함

해리스 선생님은 1년 내내 학급 학생들을 어떻게 지도하여 왔는지 그 모든 과정을 기록하였다. 즉 시간계획의 수정과 환경의 변화, 학교의 규칙과 일과 준수, 교과학습시간에 주의집중하기, 일반교육에서의 활동수업과 내용수업의 참여 등에 관한 기록이다. 이 기록을 통하여 자발적인 시도, 조정, 요청의 빈도가 증가했음을 알 수 있었다. 응용행동분석의 원리를 적용한 중재를 통해 학급 내에서 학생들의 기능 수행이 향상되었음을 확인할 수 있었다.

해리스 선생님은 교실을 둘러보고 또 버스를 기다리고 있는 학생들을 바라볼 때까지만 해도 만족스러웠다. 5명의 남학생들이 한쪽에서 자신들의 머리 위에 공책을 올려놓고 누가 그 공책을 떨어뜨리지 않고 균형을 유지한 채 걸을 수 있는지 장난을 치고 있었다. 크레이그가 그 모습을 지켜보고 있기에 해리스 선생님은 크레이그에게 너도 그것이 하고 싶으면 하라고 말하였다. 이 말에 흥분하여 뛰어들던 크레이그는 2명의 친구와 부딪히는 바람에 그 친구들의 노트가 머리에서 떨어졌다. 화가 난 친구들은 크레이그에게 당장 떨어진 공책들을 자기 머리 위에 올려놓으라고 소리를 질렀다. 승차지도원의 지도를 받고 있던 한 무리의 학생들은 그 고함치는 소리를 듣고 일제히 크레이그 주변으로 모였고, 함께 균형 잡기 놀이를 하던 친구들도 그곳으로 모였다. 이 광경은 승차지도원의 입장에서는 분명한 충격이었고, 크레이그가 그 같은 어리석은 행동을 중지하고 원래의 줄섰던 자리로 되돌아오지 않은 것에 대하여 화가 났다. 해리스 선생님은 승차지도원이 크레이그에게 처벌을 하기 전에 재빨리 그곳으로 뛰어갔다.

자폐스펙트럼장애 학생들은 크레이그의 사례에서 볼 수 있었듯이 행동을 조절하는데 도움이 되는 사회적 단서를 인식하고 해석하는 능력의 결함을 가지고 있다. 그래서 이들은 사회적 고립을 겪게 되고 또 이로 인한 부정적인 결과들이 연이어 발생된다. 일반 학생들은 사회적 이해가 자연스럽게 이루어지는 반면에 자폐스펙트럼장애 학생들에게는 사회적 이해가 매우 어려운 것이다. 자폐스펙트럼장애 학생들의 일부는 사회적 상호작용에 흥미를 전혀 느끼지 않고, 일부는 과도할 정도로 관심을 가지기는 하지만 성공적으로 참여하지는 못한다. 이 장에서는 자폐스펙트럼장애 학생들이 보이는 사회적 차이와 사회적 능력에 관하여 살펴보고, 이러한 능력의 평가와 사회화를 증진시키는 방안에 논의하고자 한다.

1. 자폐스펙트럼장애의 사회적 측면에서의 차이

Kanner(1943)와 Asperger(1944)의 연구에 의하면 그들이 연구대상으로 삼았던 아동과 청소년들은 사회적 상호작용을 하는 능력에 있어서 현저한 차이를 가지고 있었다. 대부분의 자폐스펙트럼장애 학생들은 또래들과는 전혀 관련이 없고 상반되는 특정 사물에 과도하게 집착한다(Dawson, Meltzoff, Osterling, Rinaldi, & Brown, 1988; Volkmar et al., 1944). 3~5세까지 유아들은 낯선 사람 보다는 자신의 양육자에 대해 강한 선호를 보일 수 있지만(Sigma, Dijamco, Gratier, & Rozga, 2004), 이들이 보이는 선호의 방식은 독특할 수 있다(Rogers, Ozonoff, & Maslin-Cole, 1993) 대부분의 자폐스펙트럼장애 아동들은 이른 연령 때부터 다른 사람들과는 차이가 나는 행동을 보인다. 자폐스펙트럼장애 아동들은 언어적이거나 비언어적인 시도가 적기 때문에 자발적인 요청이 적고, 특정 주제나 장난감을 과도하게 좋아하여, 집단에 섞이기보다는 그들 주변에 머물러 있게 되어 종국에는 고립되는 결과를 낳는다. 따라서 이들에게서는 **사회적 호혜성**(social reciprocity, 상호작용 내에서 일어나는 주고받음)이 거의 나타나지 않는다(Kohler, Strain, & Shearer, 1992; Wolfberg, 2003).

일부 자폐스펙트럼장애 학생들의 사회적 수용(social acceptance)은 감정과 지각의 표현 및 이해 능력의 부족으로 인하여 더욱 악화되어(Attwood, 1998; Myles & Adreon, 2001; Myles & Simpson, 1998), 바람직하지 않한 행동(Myles, Barnhill, Hagiwara, Griswold, & Simpson, 2001; Prizant, Wetherby, Rubin, Laurent, & Rydell, 2002)이나 반복적이고 기계적인 행동(Schpler & Mesibov, 1985)의 표출로 이어지기도 한다. 그래서 이들의 의사소통 능력과 감정조절 능력은 더욱 떨어지게 되어 궁극적으로 친구관계를 맺고 또 이를 유지해 나갈 수 있는 기회를 가지지 못하게 되고(Boucher, 1999), 또래집단에 참여도 못하게 된다(Kohler et al., 1992). 결국 이들은 또래관계를 맺으려는 시도에서부터 차단되어 상호작용 기회조차 가지지 못하게 되므로 대부분의 시간을 고립된 채 지내게 되는 것이다.

이 책의 제1장에서는 자폐스펙트럼장애 아동들에게서 나타나는 가장 중요한 세 가지

능력에서의 결함, 즉 의사소통, 사회화, 그리고 흥미와 활동의 범위에서의 문제에 대하여 기술한 바 있다. 정신장애진단 및 통계편람(The Diagnostic and Statistical Manual of Mental Disorders 4th ed., text revision: 〔DSM-IV-TR〕; APA, 2000, pp. 70~71)에 의하면 자폐성 장애의 외현적 진단 준거로서 '발달수준에 적합한 다양한 가장놀이 또는 사회적 모방놀이 능력의 결함'과 '발달수준에 적합한 또래관계의 발달 실패'를 들고 있다. 자폐스펙트럼장애 아동들이 사회화 과정에서 많은 문제점을 보이는 것은 그들에게는 대인 간 의사소통에서 어려움을 보이고 융통성이 없으며 문해 능력이 없고 조직적이지 못하며 일반화 능력이 결핍되어 있기 때문이다(Lewis & Boucher, 1995; Libby, Powell, Messer, & Jordan, 1977; Terpstra, Higgins, & Pierce, 2002).

일부 자폐스펙트럼장애 학생들은 사회적 관습(social convention)과 사회적 기대(social expectation)를 이해 하지 못한다. 일반 학생들은 특정 학생과의 관계에서 행동하는 방법, 그 학생과의 관계에서 문제를 일으키지 않는 방법과 이상하게 비쳐지지 않도록 행동하는 방법을 쉽게 학습한다. 이와 관련된 기술들은 직접적으로 가르치지는 않지만 시행착오를 통하여 유추되고 학습되는 것이기에 **잠재적 사회적 교육과정**(hidden social curriculum)이라고 한다(Myles & Simpson, 2001). 자폐스펙트럼장애 학생들은 신경학적 차이로 인해 이러한 잠재적 사회적 교육과정에 접근하는 것에서 어려움을 갖게 된다. 그래서 이들 학생들은 사회적으로 수용되지 않는 행동을 보일 수 있다. 예를 들면, 주변에 다른 사람들이 있음에도 불구하고 그들을 전혀 의식하지 않은 채 자신의 코를 후비는 행동을 한다. 자폐스펙트럼장애 학생들은 상황에 따라 그곳에 맞게 기대되는 행동들이 따로 있다는 개념을 이해하지 못하기 때문에 적절치 못한 자신들의 행동을 제어하지 못한다.

고기능 자폐스펙트럼장애 학생들은 사회적 상황에 적용할 수 있는 특정 어휘나 규칙들을 기억 속에 저장해 둘 수는 있지만 이를 회상하여 사용하고 다른 상황에서까지 적절히 활용하지는 못한다(Kunce & Mesibov, 1998; Wolery & Garfinkle, 2002). 안타깝게도 많은 자폐스펙트럼장애 학생들은 사회적 규칙에 관한 내용을 말 그대로 반복해서 말할 수는 있기 때문에, 이것을 본 교사들은 그들이 언젠가는 이 규칙들을 인출하여 사용할 수 있을 것으로 가정할 수 있다. 예를 들면, 한 학생이 이집트 미라에 관한 이야기를 회상하여 이를 반복적으로 이야기할 수 있다 하더라도 사람들이 모여 있는 한가운데로 갑자기 끼어들어가 자기만의 방식으로 이에 관한 이야기를 한다면 그것은 매우 부적절한 행동이다. 이러한 행동은 대화의 틈새를 알아차려 적절히 끼어들거나 토론의 주도권을 잡아가는데 실패한 것이다(Attwood, 1998; Myles & Adreon, 2001). 자폐스펙트럼장애에 대한 이해가 없는 교사들은 이들이 무엇을 하여야 하는지 분명히 알고 있다고 말하는 것으로 보아 이들은 무례하고 건방지게 비춰질 수 있다(Tsatsanis, Foley, & Donehower, 2004).

다른 사람에게 규칙을 지키는 방법을 말해주는 일부 고기능 자폐스펙트럼장애 학생들은 오히려 상대방 또래나 교사들로부터 이기적이고 건방지며 으스대는 존재로 인식되기도 된다. 교사들은 비록 실수였었다고 하더라도 학생들 앞에서 지적을 받는 것을 좋아할 교사들은 거의 없다. 이러한 고의적이라고 느끼는 행동으로 말미암아 일부 자폐스펙트럼장애 학생들은 불필요한 훈육을 받거나 또래나 교사들로부터 배척의 대상이 되기도 한다. 자폐스펙트럼장애 학생들은 사람들의 숨은 의도를 모르고(Myles & Simpson, 2001; Myles & Southwick, 1999), 문서화되지 않거나 비유적인 표현들(예 : 유머, 풍자, 속담 등)에 대해서도 잘못 이해 할 수 있다(Safran, Safran, & Ellis, 2003). 자폐스펙트럼장애 학생들이 보이는 취약한 사회적 통제력, 다른 사람들에게 막돼먹은 행동으로 비춰지는 행동, 타인의 사회적 행동에 대한 잘못된 해석 등으로 인해 이들은 무시 받고 나쁘게 생각되어 집단 괴롭힘의 대상이 되기도 한다(Heerey, Capps, Keltner, & Kring, 2005; Little, 2001). 또래들로부터 배척을 당할 뿐만 아니라 사회적 행동에 대한 불필요한 훈육으로 인해 자폐스펙트럼장애 학생들은 불안과 우울을 보이고(Bellini, 2004; Myles & Simpson, 1998; Tantam, 2000), 나아가 사회적 기술의 학습 및 사용에 대한 동기의 감소를 보일 수 있다.

자폐스펙트럼장애 학생 중에는 ADHD에 기인된 행동이나 결합된 형태의 행동을 보이는 경향이 있는데(Gillberg & Ehlers, 1998; Loveland & Tunali-Kotoski, 1997), 이들 행동 역시 사회적 발달에 영향을 미친다. 또한 ADHD에 기인한 부주의하고, 충동적이며, 과잉행동을 보이는 학생은 사회적 관계에서 어려움을 보인다(Frick & Lahey, 1991; Marthys, Cuperus, & van Engeland, 1999; McFadyen-Ketchum & Dodge, 1998). ADHD 학생의 약 50% 정도가 대인 간 상호작용에서 어려움을 가지고 있는 것으로 보고하고 있는데, 이에 비해 동년배 일반 학생들은 이들 중 15~30% 정도가 사회적 상호작용의 어려움을 보였다(Guevremont & Dumas, 1994). 사회적 결함을 보이는 학생들은 친구가 거의 없다든지, 사회적 활동에 거의 참여를 하지 못한다든지(Barkley, Anastopolous, Guevremont, & Fletcher, 1991), 학교성적이 저조하다든지(Eccles & Roeser, 1999; Ladd, 1990; Robin, 1998; Zeigler-Dendy, 2000), 그리고 성인기에서 낮은 자존감을 보인다든지(Wheeler & Carlson, 1994) 향후에 많은 어려움을 겪을 수 있다.

2. 사회적 능력

한 개인의 사회적 능력은 일반적으로 그 개인에 대한 타인의 인식에 의해서 정의된다(Dodge, Pettit, McClaskey, & Brown, 1986). 즉, 다른 사람이 그 사람의 행동이 적절하다고 보면 그 사람은 사회적으로 유능한 것이다. **사회적 능력**이 있다는 것은, 사회적 지표의 변화에 따라 다른 사람과의 관계의 방향을 그 지표에 근거하여 성공적으로 설정해 나가는 지식과 기술을 가지고 있다는 것이다. Crick과 Dodge(1994)는 학생의 사회적 능력에 대한 세 가지 예측인을 판별하였다. (1) 또래에 의해 수용되는 범위, (2) 또래에 대한 공격성의 정도(싸움, 때림, 밀침, 또는 협박), 그리고 (3) 또래와의 상호작용 과정에서의 위축 정도(또래와 함께 놀기보다는 혼자서 노는 행동). 연구자들은 부모와 아동 간의 열악한 상호관계, 타인의 정서적 상태를 이해하는 능력의 부족과 문제해결력의 부족, 학업실패, 사회적 배척, 그리고 단체행동을 지속하는 능력의 결함, 친구관계를 만드는 능력의 결함이 사회적 기술의 습득 및 수행을 방해하는 결정적 요소라고 한다.

3. 사회적 기술의 훈련

1) 사정

교사는 학생에게서 발달상에 무엇인가 잘못된 것이 나타날 때 이를 분별할 수 있는 내적 감각(inner sense)을 가지고 있다. 그러나 학생의 사회적 능력의 강점과 사회적 기술의 결함을 기록하여 객관적인 자료를 수집할 필요가 있다. 사회적 결함은 다양한 맥락(예 : 사람, 장소, 과제)에 걸쳐서 학생의 능력에 부정적인 영향을 미친다. 교사들은 사회적 기술의 결함을 평가하기 위해 생태학적으로 타당한 사정 방법과 도구를 사용하여야 한다. 이를 위해서는 아래의 요소들을 고려하여야 한다(Prizant, 2002; Quill, 2000; Tsatsanis, 2004).

- 비교 자료로서 일반 학생의 사회적 기술
- 대상 학생이 유사한 기술을 성공적으로 수행한 증거

- 다양한 상황에서의 학생수행에 대한 사정
- 대상 학생과 일상적으로 상호작용하는 관련인
- 사정도구의 유형

사회적 기술의 사정에는 자연스러운 환경에서의 관찰, 행동 표집, 유도된 반응, 부모와 교사의 보고, 학생의 자기 보고, 그리고 표준화된 검사의 결과 등이 포함된다(Prizant, 2002; Quill, 1995; Tsatsanis, 2004). 사회적 기술을 사정하는데 있어 간섭의 최소화가 가능한 방법은 부모와 교사의 보고인데, 그것은 학생과의 직접적인 접촉이 없이 이루어질 수 있기 때문이다. 그러나 부모나 교사가 없는 상황하에서 학생의 사회적 행동이 일어나는 경우가 많으므로, 이들이 학생의 사회적 행동에 대하여 잘 모를 수 있다. 표준화된 검사법이 가장 간섭을 많이 받는 방법으로서, 믿을 만한 사정을 이끌어 내기가 쉽지 않다. 자연스러운 환경에서의 관찰, 행동 표집, 그리고 유도된 반응들도 정도에서 차이는 있겠으나 나름대로의 가치 있는 정보들이다.

- **자연스러운 환경에서의 관찰**은 활동이나 일과를 바꾸지 않고 친숙하지 않은 성인이나 또래와 상호작용하는 상황에 있게 하지도 않는다.
- **행동표집**은 평가자가 임의로 상황을 설정한 후 그 상황에서 학생으로 하여금 상호작용을 하도록 한다. 이는 학생이 행동 전략의 목록을 가지고 있는지에 관한 정보와 정상 발달척도와 관련지어 학생에 관한 정보를 제공한다.
- **유도된 반응**은 육하원칙에 따른 질문, 추론 및 사실적 질문, 동작성 과제를 포함한 다양한 과제에 반응하는 학생의 능력을 사정한다.

Quill(1995)은 기록과 사례사를 살펴보면 영역 전반에 걸쳐서 학생 발달과정(발달속도와 위계)에 관한 배경 정보를 얻을 수 있다고 한다.

타당하고 신뢰로운 사정도구들은 다음과 같다.

- *The Autism Diagnostic Observation Schedule*(ADOS)는 Lord, Rutter, DiLavore, Risi(1999)에 의해 개발되었다. 이 도구는 자폐 연구에서 표준이자 임상 평가분야에서 명성을 얻고 있는 도구이다. 이 도구는 관찰기법을 통하여 자폐스펙트럼장애의 사회적 행동과 의사소통 능력을 기록하기 위한 것이다. 그러나 이 도구에서 요구하는 과제는 일정하지 않고 다양하며 구조화되어 있지도 않고, 학생이 속한 자연스러운 사회적 상황하에서 발생하는 것이다. 이 도구는 훈련을 받아 자격을 갖춘 전문가

가 사용해야 한다. ADOS는 약 40~60분 정도의 검사시간이 소요된다. 이 검사를 통하여 비언어적 의사소통 행동, 공동주의집중, 상호 호혜성, 공격성, 억제능력 부재, 또는 자기자극에 관한 질적 정보를 얻을 수 있다.

- *The Social Skills Rating Scale*(SSRS)는 Gresham과 Elliot(1990)에 의해 개발되었으며, 친사회적 행동에 대한 표준화된 검사도구이다(Farmer-Dougan & Kaszuba, 1999). 이 검사도구는 5개의 발달영역에서의 행동을 그 발생 빈도의 정도와 중요성의 정도에 따라 표시하도록 되어 있다. 5개의 발달영역으로는 협조, 자기주장, 내재화 행동, 외현화 행동, 학교 관련 행동이 있다(Farmer-Dougan & Kaszuba, 1999). ADOS와 마찬가지로 SSRS도 각기 다른 상황에서, 각기 다른 연령층의 대상에게 사용할 수 있다(예 : 놀이상황에서의 유치원생 대상, 여가시간에서의 고등학생 대상).
- *School Social Behavior Scale, 2nd edition*(SSBS-2; Merrell, 2002a)은 유치원에서 고등학생까지를 대상으로 한 검사도구로서 대상 학생의 교사나 그 학생을 아는 학교 관계자가 약 10분 안에 할 수 있는 검사도구이다. 이 검사의 결과는 또래관계, 자기관리/순종, 교과학습행동, 반항/파괴, 적대감/과민성, 공격성 등과 같은 영역에서의 사회적 능력과 반사회적 행동에 관한 표준 규준과 비교하게 된다.
- *The Home & Community Social Behavior Scales*(HCSBS; Merrell, 2002b)는 SSBS-2와 상대적인 검사도구로, 부모나 상담자, 그룹 홈 감독자, 또는 학생을 잘 아는 가정이나 지역사회 관련 인사가 실시하는 평정척도이다. 이 검사의 결과는 5~18세의 아동과 청소년을 위한 사회적 능력과 반사회적 행동에 관한 표준 규준과 비교하게 된다.

이들 검사도구는 학생의 사회적 능력을 측정할 뿐만 아니라 그들이 반드시 갖추어야 할 사회적 기술 영역을 판별하는 데에도 활용할 수 있다. 교사와 전문가들은 이 검사도구들의 결과에 근거하여 학생들의 중재계획을 세우고 목표를 개발할 수 있다. Quill(2000), McGinnis와 Goldstein(1997, 2003)은 이 검사들과 관련지어 구체적인 프로그램과 활동을 제시하였다. 다음에 소개하는 자료는 학생들의 특정 사회적 기술을 습득시키는 데 따른 구체적인 안을 설정하는 것과 관련된 목표설정과 절차의 상세화 작업에 도움을 줄 것이다.

- *DO-WATCH-LISTEN-SAY Assessment of Social and Communication Skills with Autism*은 중재 프로그램에 상응하는 것으로서, 하기-보기-듣기-말하기(Quill,

2000)는 자폐스펙트럼장애 아동의 탐색적이고 비언어적인 사회적 상호작용, 모방, 조직적이고 고립적인 놀이, 사회적 놀이, 집단기술, 그리고 지역사회 사회적 기술과 같은 사회적, 의사소통적, 그리고 의식적 행동을 사정한다.

- *The Skillstreaming series*에는 학령전기 아동용(McGinnis & Goldstein, 1997), 초등학생용(Goldstein & McGinnis, 1997), 그리고 중 · 고등학생용(Goldstein & McGinnis, 1997)이 있다. 교사들은 시범, 역할놀이, 수행결과 피드백, 전이 훈련(숙제) 등을 활용하여 이 내용을 지도 할 수 있다. 이 프로그램에는 광범위한 사회적 기술을 사정할 수 있는 비형식적인 발달 척도와 더불어 교과지도서가 포함되어 있다. 이에 더하여 저자들은 프로그램 양식, 학생지침서, 역할놀이와 가정용 과제를 위한 기술 카드 그리고 중재 회기별 비디오자료 등이 포함되어 있다. 학령전기 아동용에는 사회적 기술들을 사정하거나 지도할 수 있도록 40개의 친사회적 기술을 사회적 기술의 시작, 학교관련 기술, 친구 맺기 기술, 감정 다스리기, 공격성의 대안, 그리고 스트레스 관리하기로 나누어 다루고 있다. 아울러 부모와의 긍정적인 관계 맺기 전략과 어린 아동의 문제 행동을 관리하는 전략들도 포함되어 있다. 초등학생용에는 사회적 기술들을 사정하거나 지도할 수 있도록 60개의 사회적 기술들을 교실활동에 적응하는 기술, 친구 맺기 기술, 감정 다스리기, 공격성의 대안, 그리고 스트레스 관리하기로 구분하여 다루고 있다. 중 · 고등학생용에도 사회적 기술들을 사정하거나 지도할 수 있도록 50개의 친사회적 기술을 사회적 기술의 시작, 사회적 기술의 심화, 감정 다스리기, 공격성의 대안, 스트레스 관리하기, 그리고 계획 세우기 기술들로 구분하여 다루고 있다.

평가는 연중행사나 3년마다 시행하는 행사여서는 안 된다. 학생에 관한 자료는 가정, 학교, 지역사회 상황 모두에 걸쳐서, 지속적인 상호적 지원이 가능하도록 하는 데 기본이 되는(Quill, 1995) 사회적 기술 및 의사소통 기술, 행동조절 기술에 관하여 수집되어져야 한다(Prizant, 2002).

2) 습득, 수행, 그리고 일반화

지난 20여 년간 많은 연구자들은 어떤 학생들은 사회적 기술을 직접교수로 가르쳐야 하고, 어떤 학생들은 단지 이를 수행할 수 있도록 지원만 해주면 된다는 것을 알게 되었다. Gresham(1997)은 학생들이 보이는 사회적 기술결함의 유형을 습득결함, 수행결함, 그리고 일반화결함 세 가지로 구분하였다. 그리고 Wolery와 Garfinkle(2002)는 이들 세 가지 유형에 대한 개요를 제시한 바 있다. 습득이란 학생들에게 사회적 기술을 가르치는 초기단계이자 도입부이다. 따라서 습득결함을 보이는 학생은 이 기술들을 학습하지 않은 것이다. 수행결함은 자신이 습득한 기술을 행동으로 나타낼 수 없는 경우이다. 기술의 수행은 두 단계로 시험해 볼 수 있는데, 그것은 유창성(fluency)과 유지(maintenance)이다. 유창성이란 습득한 기술을 주저함 없이 큰 힘을 들이지 않고 행하는 것이다. 유지란 교수를 실시한 이후에도 배운 기술을 계속해서 수행할 수 있는 능력이다. 일반화란 배운 기술을 어떤 상황에서나, 어떤 행동을 요하거나, 어떤 과제라도 적용할 수 있는 능력을 말한다. 효과적인 사회적 기술 훈련을 위해서는 학생의 요구가 습득, 수행, 또는 문제 행동을 감소 시키는 것 중에서 무엇에 해당하는지를 파악하여 이를 목표로 해야 한다. 학생들은 이러한 세 가지 영역이 잘 조합되어 있는 사회적 기술 훈련을 필요로 할 것이다.

4. 사회화와 사회적 능력 신장을 위한 전략

사회적 기술 훈련전략을 자폐스펙트럼장애 학생들에게 소개하기에 앞서 전제조건과 의사소통 기술을 충분히 고려해야 한다. 일부 자폐스펙트럼장애 학생들은 사회적 기술 훈련을 통하여 발달에 도움이 될 수 있는 모방, 놀이, 참여와 같은 전제조건이 매우 부족 할 수 있다(National Research Council, 2001; Wolery & Garfinkle, 2002). 이러한 기술 결함에 대한 직접적인 지도와 중재가 이루어져야 한다.

제8장에서 언급된 의사소통 접근 중의 일부를 사회화 증진을 위해 사용할 수 있다. 예를 들어, 그림교환 의사소통체계(PECS)를 활용할 경우 이들의 사회화를 촉진할 수 있다. 이는 학생이 의사소통 시도를 자발적으로 하고 부수적으로 발생하는 행동들을 감소시키며 놀이나 수업상황에서 상호적 행동을 증가시키는 데 효과적이기 때문이다(Charlop-Christy, Carpenter, Le, LeBlanc, & Kellet, 2002). 구어 발달을 전혀 보이지 않거나 제한적인 자폐스펙트럼장애 학생들을 대상으로 공동행동일과(JARs)를 시행하면서 보완대체의사소통체계(AAC)를 사용하게 하면, 학생들의 또래와의 상호작용을 촉진할 수 있을 것이다. 자폐스펙트럼장애 학생들이 AAC의 목적을 잘 이해하지 못하는 것 같아도 이를 계속해서 활용하여야 하고, 연령에 가장 적합하고, 가장 흥미로운 주제로 활

용할 수 있도록 이를 구성하여야 한다. 교실이나 놀이장소와 같은 자연스러운 환경에서 자폐스펙트럼장애 학생들이 음성산출장비의 버튼을 누를 경우, 또래들은 자폐스펙트럼장애 학생들에게 반응을 할 수도 있고 상호작용을 할 수도 있다.

제7장에서 언급된 기능적 의사소통훈련(FCT)은 대화 시도하기, 질문하기, 거절하기, 조언하기, 그리고 도움 요청하기와 같은 다양한 의사소통의 기능을 활용하는 것으로서 의사소통과 사회적 기술을 통합시킨다. 동년배의 또래들은 심각한 의사소통 문제와 문제행동을 보이는 학생들을 피한다. 따라서 이러한 것이 사회적 친구관계를 발달시키는데 방해가 된다(Fox, Dunlap, & Phibrick, 1997). FCT는 사회적 상호작용뿐만 아니라 작업 관련 과제에 대해서도 사용할 수 있다. 이를 사용함으로써 바람직하지 못한 행동을 감소시킬 수 있고, 적절한 기능적 의사소통을 증진시킬 수 있으며, 사회적 의사소통을 지원할 수도 있다. 또한 FCT는 학생들에게 다양한 상황하에서의 의사소통 기회를 제공한다.

제8장에서 기술된 자연언어 패러다임(NLP), 공동행동일과(JARs), 우연교수는 부모로 하여금 친숙한 사물과 활동을 번갈아 가며 사용할 수 있도록 한다(Koegel, O'Dell, & Koegel, 1987). 우연교수는 또래 상호작용을 증진시키며(McGee, Almeida, Sulzer-Azaroff, & Feldman, 1992), 적절한 방식으로 요구하고 반응할 수 있는 기회를 가지도록 하고(Farmer-Dougan, 1994), 공동주의집중, 놀이, 사회적 의사소통 기술도 개선시켜 준다(McGee, Morrier, & Daly, 1999; Mundy & Crowson, 1997; Oswald & Lignugaris, 1990).

비연속 개별시행 훈련(DTT)은 자극과 반응의 제시 사이의 관계를 통제하는데 효과적인 전략임이 입증되었고, 성인들이 아동의 사회화를 위한 격려를 이끌어 내도록 하는데 있어 높은 동기적 가치가 있는 강화제를 사용한다. 그러나 사회적 기술을 훈련시키는데 있어 비연속 개별시행을 사용하는 데 따르는 단점으로는 배운 기술을 다른 사람이나 다른 상황, 그리고 또래관계에서 일반화 하지 못한다는 것이다. 자연스럽게 발생하는 맥락에서 응용행동분석에 원리에 근거한 기법들을 활용하면 궁극적으로 아동의 사회적 능력과 의사소통 능력을 신장시킬 수 있다(Delprato, 2001; Quill, 2000).

5. 또래개입 교수 및 중재

많은 자폐스펙트럼장애 학생들은 사회화 촉진을 위하여 일반학급에서 생활하고 있다(Eckerman & Stein, 1990; Escalona, Field, Nadel, & Lundy, 2002). 교사들은 이들이 일반학급에 배치되어 있으므로 자동적으로 사회화가 될 것으로 기대해서는 안 된다(Sontag, 1997). 학급 내 또래들은 자폐스펙트럼장애 학생들의 사회화를 위한 동반자로서 이와 관련된 내용을 훈련받아야 하고, 그들을 돕는 전략을 연습할 기회를 가져야 한다. 자폐스펙트럼장애 학생들의 사회적 수행능력을 높이기 위한 한 가지 방법은 또래개입 사회적 기술 교수를 하면서, 동연배의 일반 또래 동맹을 만들어 주는 것이다(Newcomb & Bagwell, 1995). 1970년대 Strain과 동료들은 일반 학생과 자폐스펙트럼장애 학생들이 함께 연속적인 활동을 하는 과정에서 또래 동맹을 구성하여 함께 하도록 한 후 사회적 상호작용으로 분석한 결과 이들 간의 상호작용의 빈도가 증가하였다고 한다(Newcomb & Bagwell, 1995).

또래개입 교수 및 중재(Peer-mediated Instruction and Intervention, PMII)는 응용행동분석, 완전학습, 반두라의 사회학습이론, 그리고 효과적 교수를 위한 과정 · 산출연구에 근거한다(Utley & Mortweet, 1997). PMII는 학생들간의 사회적 상호작용을 통해 학급생활에 필요한 지식이 강화되는 과정이다. 원래 이 중재는 어떤 교실 환경에서든 학생들의 다양한 요구를 확인하기 위해 사용되었었다(Utley & Mortweet, 1997).

PMII에서는 또래로서의 자격을 갖춘 사람을 선발하여 훈련시킴으로써 그들이 자연스러운 환경 내에서 자폐스펙트럼장애 학생과 함께하면서 교사가 지시하는 목표를 자폐스펙트럼장애 학생들이 습득하고 수행하도록 격려하도록 한다(Kamps et al., 1997). 사회적 상호작용과 의사소통 능력을 증진시키기 위해서는 일반 또래교수자를 대상으로 훈련이 이루어져야 한다. 즉, 장애 학생들로 하여금 적절한 학업 및 사회적 반응과 놀이 기술을 잘 수행 할 수 있도록 또래들이 도움을 주기 위해, 또래들은 시범, 촉구, 강화를 통해 장애 학생과의 상호작용을 시작하고 유지하는 것을 훈련받아야 한다(Hundert & Houghton, 1992; Odom et al., 2003; Peck & Sasso, 1997). 대부분의 경우 또래들은 눈맞춤하기, 놀이 활동하기, 대화 시작하기, 도움을 제공하거나 요청하기, 사회적 상호작용의 주제를 유지하기, 사회적 상호작용의 내용을 확장하기, 감정을 보여주기에 관한 일을 한다(Utley & Mortweet, 1997). 또래들도 의사소통 양식의 표준과 비표준을 배우게 된다. 교사는 훈련받은 또래들에게 분명하고 직접적인 지원을 제공한다

(Quill, 2000). 또래개입 전략(Newcomb & Bagwell, 1995; Quill, 1995)을 활용함으로써 자폐스펙트럼장애 학생들의 사회적 행동이 교사나 또래들로부터 수용될 수 있을 정도로 향상될 수 있을 것이다(Gresham, 1997). 사회적 수용은 학업 성취와 친구관계의 발달에도 기여를 할 수 있다.

또래개입은 구체적인 접근의 모음을 특징짓는 용어로 사용될 수 있다. 예를 들어, 또래개입 교수 및 중재에는 또래교수(Kavale & Forness, 1999), 또래시범(Werts, Caldwell, & Wolery, 1996), 학급차원 또래교수(classwide peer tutoring, CWPT)(Kamps, Barbetta, Leonard, & Delquadri, 1994; Mitchem, Young, West, & Benyo, 2001), 협력집단(Dugan et al., 1995; Hill, 1999), 우연교수(McGee et al., 1992), 또래지원 학습전략(peer assisted learning strategies, PALS)(Baker, Dersten, Dimino, & Griffiths, 2004; Fuchs, Fuchs, & Burish, 2000; Gersten & Dimino, 2001), 그리고 또래주도 훈련(Haring & Lovinger, 1989)이 포함될 수 있다. PMII를 선택한다 하더라도, 교사는 교수 제공을 하거나, 또래 활동을 점검하거나, 또래교수 활동을 지원 및 개선시켜야 한다.

조력자로서 또래의 긍정적인 영향에 대해서는 오래전부터 입증된 바 있다. PMII는 어떤 내용, 기술, 연령, 그리고 장애이든 관계없이 학생의 성과를 증진시키는 데 효과적이다(Utley & Mortweet, 1997). 이 접근은 경도장애아동에게는 일반화 능력을 돕는 데 도움이 되지만, 중도장애아동에게는 별다른 도움이 되지 못한다. 이 접근의 주된 단점은 프로그램의 성공을 위해서는 상당한 교사훈련이 요구된다는 점이다.

6. 성인개입 교수 및 중재

성인개입 교수 및 중재(Adult-Mediated Instruction and Intervention : AMII)에서, 성인은 학생들에게 사회적 기술 교수를 직접적으로 제공한다. 이는 주로 소집단 상황에서 이루어진다. 자폐스펙트럼장애 학생들을 대상으로 활용하는 방법으로는 '놀이행동 지도', '사회적 기술의 직접지도', '상황 이야기™', '연재만화대화™', '개념숙달', 그리고 '사회적 도해'가 있다. AMII는 자폐스펙트럼장애 학생들이 새로운 기술을 습득하는 데 도움이 되며, PMII는 이들 기술을 일반화시키는 데 도움을 줄 수 있다.

1) 놀이행동 지도

놀이는 언어습득에 직접적으로 영향을 미치는 것은 물론이거니와 사회적 발달에도 영향을 미친다. 따라서 자폐스펙트럼장애 학생들에게 놀이행동을 가르치는 일은 매우 유용하다. 놀이는 사회화 과정에서 매우 중요하고 정상적인 언어발달과도 깊은 연관성이 있다(Rettig, 1994; Siller & Sigman, 2002; Stahmer, 1999; Terpstra, et al., 2002; Thorp, Stahmer, & Schreibman, 1995).

Terpstra 등(2002)은 놀이를 상징 놀이(symbolic play), 기능적 놀이(functional play), 그리고 사회극 놀이(sociodrama)라는 세 가지 유형의 위계를 기술하였다. 놀이의 전형적인 발달과정을 보면, 아동들은 반복적인 탐색과정이나 자기 주변의 놀이기구나 사람을 다루는 과정에서 놀이 활동을 어떻게 다양화하고 조합하는지를 자연스럽게 학습한다. 그러나 자폐스펙트럼장애 아동들은 특정 사물만을 반복적으로 다루거나 장난감 또는 사물을 부적절하게 조작하기도 하며 특정 사물에 과도하게 집착하는(예 : 공룡인형을 특정형태로 유지하며 일렬로 쌓아 올리는 행위) 등, 반복적이고 기계적인 행동(예 : 줄을 잡아당기는 장난감의 줄을 가지고 놀기)을 고집하는 것을 볼 수 있다(Boucher, 1999; Lewis & Boucher, 1995; Wolfberg, 2003). 이들이 보이는 탐색행동은 마치 어린 아동의 전형적 발달과정(Baranek et al., 2005)처럼 보일 수 있으나 나이가 들면서도 이들 행동이 좀처럼 변하지 않고 그대로 나타나 오히려 특이하게 보이기까지 한다. 이를 위한 중재는 행동전략을 활용하게 되는데, 이 방법은 적절한 대상물을 가지고 놀 수 있도록 가르치는 데 효과적이다(Stahmer, Ingersol, & Carter, 2003). 이러한 전략에는 비연속 개별시행 훈련, 중심반응훈련, 적절한 사물 놀이에 대한 차별강화, 그리고 비디오 모델링이 포함된다.

아동들은 상징놀이나 가장놀이를 할 수 있을 정도가 되면, 사물이나 상대방, 또는 자신들을 활용하여 상상놀이 스크립트를 만들어낼 수 있다(Boucher, 1999). 일부 자폐스펙트럼장애 학생들은 상징놀이나 가장놀이를 매우 어려워한다(Lewy & Dawson, 1992; Libby et al., 1997; Rettig, 1994). Jarrold, Boucher, Smith(1993)는 자폐스펙트럼장애 아동들을 대상으로 상징놀이에 대한 실증적 연구 분석을 한 결과, 자폐스펙트럼장애 아동들은 자발적이지는 않았지만 상징놀이를 할 수 있는 역량을 가지고 있다고 한다. 또 다른 연구에서도 자폐스펙트럼장애 아동들이 구조화된 환경에서 나타낸 행동이기에 일반화할 수 있는 결과는 아니지만 상징놀이를 할 수 있는 능력을 가지고 있다고 한다

(McDonough, Stahmer, Schreibman, & Thompson, 1997). 가장놀이를 증진시키기 위한 전략에는 활동일과표, 그림단서, 그리고 비디오 모델링과 같은 시각적 지원의 활용이 포함된다(Dauphin, Kinney, & Stromer, 2004).

기능적 놀이(functional play)는 아동들이 아주 가깝게 접하는 환경 내에서 관찰한 행동을 모방하는 것에서부터 시작된다. 자폐스펙트럼장애 학생들은 너무도 단순한 놀이 구조를 보이며, 현재의 환경 내에서 관찰한 것들에 국한된다(Baranek et al., 2005; Terpstra ey al., 2002; Wolfberg, 2003). 예를 들면, 각각 15명의 자폐스펙트럼장애 아동, 다운증후군 아동, 그리고 일반 아동을 대상으로 기능적 놀이 특성을 비교한 연구에서, 자폐스펙트럼장애 아동들의 기능적 놀이행동의 빈도가 다른 집단에 비해 적지 않은 것으로 나타났다. 다만 그 행동이 너무 제한적이며 독특한 것이 특징이었다. 자폐스펙트럼장애 아동들이 보이는 기능적 활동은 단일한 사물에만 집착하여 나타나는 단순한 것이었다(예 : 장난감 자동차를 반복적으로 밀거나 컵을 반복적으로 입으로 가져가는 행동). 그들에게서 기능적 놀이의 발전이 있었다는 연구보고는 거의 없지만 촉구를 통한 훈련으로 기능적 놀이행동이 나타나기는 하였다(Charman & Baron-Cohen, 1997).

2) 사회적 기술의 직접지도

사회적 기술 결함에 대한 사정 및 중재는 장애 학생, 특히 행동장애 학생들을 위한 프로그램에서 수십 년간 시행되어 왔다(Gresham, Cook, & Crews, & Kern, 2004). 이러한 사정 및 중재가 이들의 사회적 행동을 수정하는데 도움이 되지만, 새로운 기술을 습득하여 이를 일반화하고 유지시키는 데 보다 더 많은 관심이 주어지고 있다(Gresham, 1997). 그로 인해 사회적 기술 교수의 효과에 영향을 미치는 요인에 관한 연구의 필요성이 대두되고 있다(Kavale, Mathur, Forness, Quinn, & Rutherford, 2000). 일부 연구자들은 자폐스펙트럼장애 학생들의 사회적 상호작용의 양적, 질적 향상을 기대하며 직접적으로 사회적 기술을 지도하는 것에 관한 연구를 시행하고 있다. 일반적으로 사회적 기술 교수(사회적 기술에 대한 설명, 사회적 기술의 모델링, 그리고 학생을 대상으로 한 사회적 기술의 연습으로 구성)는 구조화된 환경에서 제공된다. 강화계획을 조정하여 사회적 기술 교수를 통해 학습된 사회적 기술을 다른 상황에서도 보일 수 있도록 촉구한다(McConnell, 2002). 이러한 형식을 통하여 자폐스펙트럼장애 학생들은 구체적인 사회적 기술을 학습하고 사회적 상황에서 그 기술을 보일 수 있도록 촉구와 강화를 받는다.

자폐스펙트럼장애 학생의 사회적 기술에 대한 효과적인 지도는 강화 또는 교정적 피드백에 이어 시범과 연습을 활용한다(Barnhill, Cook, Tebbenkamp, & Myles, 2002; Jahr & Eldevik, 2002). 정보 미리주기(priming) 전략도 사회적 기술 시연에 도움이 된다(제5장 참조). Sawyer, Luiselli, Ricciardi, Gower(2005)는 다른 사람과 함께 나누는 공유 능력을 신장시키기 위하여 정보 미리주기 전략을 활용하였다. 또래들과 함께 하는 장소로 가기 전에 4세의 자폐스펙트럼장애 유아는 또래 1명 그리고 성인 1명과 공유하기를 연습하였다. 놀이를 하는 동안 대상 유아는 또래와 공유를 하도록 촉구를 받고 공유 행동을 보이면 칭찬을 받았다. 교수 결과로, 대상 유아의 또래들과 공유하는 행동이 빈번하게 나타났다. Sontag(1997)는 촉구(prompt)가 장애 학생들의 사회적 기술을 증진시키는 데 매우 중요한 요소 중 하나라고 한다.

자폐스펙트럼장애 학생에게 사회적 기술을 직접 지도할 때 시각적 지원(visual support)을 활용하면 지도가 보다 수월하다. 3명의 자폐스펙트럼장애 유치원생들을 대상으로 그림상징과 연계하여 "나도 같이 놀자!" 라는 요청하기를 지도하였다. 유아들은 시범, 촉구, 연습, 그리고 강화를 통해서 이 기술을 학습하였다. 그 결과, 이들 모두 놀이 활동에의 참여 동의를 구하는 요청하기 기술을 학습할 수 있었다. Thiemann과 Goldstein(2004)은 5명의 자폐스펙트럼장애 초등학생들을 대상으로 글로 작성된 단서를 활용하여 세 가지 사회적 기술을 지도하였다. 그 결과 또래를 통하여 사회적 기술을 이끌어 내는 방법보다 글로 된 단서를 활용하는 것이 더 효과적이었다. Krantz와 McClannahan(1998)은 그림으로된 활동 일과표를 활용하여 "여기를 보아라." 또는 "들어 보아라."는 촉구를 병행할 때, 성인과의 상호작용이 증가하였다고 한다.

그림과 글자뿐만 아니라 비디오 형식으로 시각적 단서를 활용하여 사회적 기술에 대한 구체적인 지도를 할 수 있다. 문자로 제시된 교재와 더불어 비디오 피드백을 사용한 자기 평가를 통해, 5명의 자폐스펙트럼장애 학생들의 사회적 상호작용 기술이 향상되었다(Thiemann & Goldstein, 2001). Nikopoulos와 Keenan(2004)은 일반 또래와 성인이 장난감 놀이를 하기 위해 상호작용하는 모습을 담고 있는 비디오 자료를 활용하였다. 비디오 모델링을 통해, 3명의 자폐스펙트럼장애 아동들은 사회적 시작행동의 향상과 호혜적인 놀이 기술을 보였으며 이러한 향상은 3개월 이후에도 유지되었다. 자폐스펙트럼장애 학생들에게 적절한 사회적 행동과 부적절한 사회적 행동을 변별하는 것을 지도하기 위해 비디오 클립(짧게 녹화된 동영상)을 활용할 수 있다(Simpson, Langone,

& Ayres, 2004). 4명의 자폐스펙트럼장애 학생은 일반 또래가 사회적 기술의 바른 예와 바르지 않은 예를 보여주는 비디오 클립이 삽입된 컴퓨터 보조 프로그램에 참여하였다. 이들 4명의 학생들 모두 훈련을 받은 후에 자연적인 환경에서 사회적 기술의 향상을 보였다.

다른 사람과의 상호작용을 위해 필요한 기술을 습득시키는 데에는 사회적 기술을 직접적으로 지도하는 것이 효과적이다. 또한 시범, 연습, 촉구, 정보 미리주기, 그리고 강화도 자폐스펙트럼장애 학생들에게 사회적 기술을 지도하는 데 효과적이다. 구체적인 사회적 행동의 발생을 촉구하는 시각적 전략을 활용하는 것이 사회적 기술 습득에 도움이 된다. 학생들에게 행동에 대한 자기 기록 방법을 지도하면 사회적 기술의 유지와 일반화를 증진시킬 수 있다(Koegel, Koegel, Hurley, & Frea, 1992).

3) 상황 이야기™

상황 이야기™와 연재만화대화™(comic strip conversation™)는 자폐스펙트럼장애인의 사회화 증진을 위해 보편적으로 사용되는 전략이다. 그러나 중재 효과에 대한 실증적 연구가 매우 부족하다. 이러한 실증적 연구 부족으로 인해, 상황 이야기의 개발자인 Carol Gray가 설정한 준거에 부합하지 않는데도 상황 이야기라는 용어를 사용하는 연구들이 발표되고 있다. 예를 들어, Agosta, Graetz, Mastropieri, Scruggs(2004)의 연구에서 사용된 이야기는 Gray(2004)이 강조한 상황 이야기의 지침에 위배된다. 그러나 이 연구에서 사용한 상황 이야기가 6세의 자폐스펙트럼장애 소년의 오전 이야기 나누기 활동 시간 동안에 소리 지르는 행동의 감소에 효과적이었다고 한다.

상황 이야기를 활용하여 중재교육을 실시한 결과 효과적이었다는 일화는 수없이 많다. 이에 더하여 자폐스펙트럼장애 학생의 행동 변화를 위해 글로 쓰여진 교재를 활용하는 것이 효과적임을 지지하는 연구에서, 이야기가 Gray의 상황 이야기의 지침에 부합하지 않더라고 학생들의 기능수행 향상을 이끌 가능성이 있을 수 있다고 시사 하였다(Crozier & Tincani, in press). 그러나 방법론적 효과성에 대한 결론을 내리기에 앞서, 실제 지침에 따라 개발된 상황이야기를 활용한 보다 많은 연구가 필요하다(Sansosti, Powell-Smith, & Kincaid, 2004).

Gary(2004)에 의하면, **상황 이야기**는 학생의 행동을 변화시킬 목적으로 쓰인 것이 아니라 사회적 상황과 다른 사람들의 관점에 대한 이해를 돕기 위해 쓰여진 것이다. 상황 이야기는 사건과 기대를 설명하는 정보를 제공하고 학생의 수준에 따라 삽화가 포함되기도 한다. 모든 상황 이야기는 사회적 이해를 돕기 위해 작성된다. Gray는 성취를 인식시킬 목적으로 이야기가 쓰여질 수도 있다고 한다. 상황 이야기는 구체적인 설명을 하기 위해 육하원칙에 따른 질문(누가, 언제, 어디서, 무엇을, 어떻게, 왜)에 대한 답을 한다. 상황 이야기는 일반적으로 1인칭(학생의 입장) 관점에서 쓰이는데, 간혹 학생에 따라 3인칭 관점으로도 작성된다. 상황 이야기를 작성할 때 다음과 같은 6가지 문장 유형을 사용한다.

- 설명문(descriptive sentences) : 상황, 사건, 또는 기대(누가, 언제, 어디서, 무엇을, 왜)를 설명하는 문장
- 지시문(directive sentences) : 학생의 기대 행동을 기술하는 문장
- 조망문(perspective sentences) : 사람들의 느낌, 믿음, 또는 알고 있는 것을 기술하는 문장
- 확정문(affirmative sentences) : 학생이 중요한 개념을 판별하는 것을 돕는 문장
- 협조문(cooperative sentences) : 해당 상황에서 다른 사람이 수행하는 역할에 대한 정보를 학생에게 알려주는 문장
- 통제문(control sentences) : 학생들의 기억을 돕기 위해 쓰여진 문장

대부분의 상황 이야기들은 상황을 기술하기 위해 개발되는 것으로, 학생들이 해야 할 행동을 기술하기 위해서 쓰인 것이 아니다. 이러한 초점을 유지하기 위해서, Gary(2004)는 이야기의 적절성을 평가하기 위한 비율을 개발하였다. 설명문 중심의 상황 이야기가 되기 위해, 설명문, 조망문, 협력문, 확정문의 수를 지시문과 통제문의 수로 나누어 그 지수가 2와 같거나 그보다 커야 한다. 상황 이야기에 대한 더 많은 정보는 www.thegraycenter.org/에서 이용가능하다.

상황 이야기를 활용하든지 아니면 이야기책을 활용하든지, 자폐스펙트럼장애 학생이 새로운 사건을 준비하는 데 도움을 주기 위해(Ivey, Heflin, & Alberto, 2004), 가정에서 숙제를 하는 상황에서 좌절감을 줄이는 데 도움을 주기 위해(Adams, Gouvousis, VanLue, & Waldron, 2004), 그리고 선택의 기회에 선택을 하는 데 도움을 주기 위해(Barry & Burlew, 2004), 방법에서의 일부 변화를 줄 수 있다. 상황 이야기는 컴퓨터를 통하여 제공될 수 있고(Hagiwara & Myles, 1999) 학생의 가정에서도 실행될 수 있다(Lorimer, Simpson, Myles, & Gantz, 2002).

〈그림 9-1〉은 체육시간에 하는 게임을 이해하지 못하는 자폐스펙트럼장애 초등학생을 위한 상황 이야기로서, 학생이 보이는 문제행동과 폭발적 공격성에 근거하여 만들어진 것이다.

4) 연재만화대화TM

전통적인 이야기 접근과 더불어, 연재만화대화TM(Comic Strip ConversationsTM)(Gray, 1994)는 학생이 대화 중에 주고 받는 문자적이이고 비문자적인 정보를 이해하는 데 도움을 주는 효과적인 방법이다. 연재만화대화에서, 교사는 학생이 만화 형식으로 그린 그림에서 구체적인 대화의 상황적 특징을 고려하도록 촉구하고 격려한다(Gray, 1994). 연재만화대화는 상황에 대한 대안을 찾는 데 유용하다. 또한 많은 자폐스펙트럼장애 학생들이 보이는 시각적 강점을 활용하여 사회적 행동에 대한 시각적 표상(visual representation)을 제공한다. 지면 신문의 연재만화와 같은 형식을 사용하여 작은 장면으로

체육 시간에 얼음집 놀이를 할때 무슨 일이 일어나지요?

나는 매주 월요일과 화요일에 체육 수업을 한다. 체육 선생님은 Ruff 선생님과 Gain 선생님이다. (설명문)

대부분의 친구들은 큰 낙하산을 가지고 노는 놀이를 좋아한다. 나도 낙하산 놀이를 좋아한다! (조망문)

체육 시간에 얼음집 놀이도 한다. 얼음집 놀이를 할 때는 낙하산 아래로 들어간다. (설명문)

체육 선생님은 낙하산 밖에 있다. 선생님이 우리의 발을 잡는데 언제 잡을지는 우리도 모른다. (설명문)

선생님은 우리를 잡으려고 곰인척 행동한다. (협조문/설명문)

우리 모두는 안전하다. 선생님은 진짜 곰이 아니기 때문이다. (조망문과 확정문)

선생님이 내 발을 잡지 않기를 원하면, 나는 선생님에게 "제발 내 발을 잡지 말아주세요"라고 말해야 한다. (지시문)

나는 낙하산을 가지고 노는 것이 매우 즐겁다. (조망문)

그림 9-1 체육시간의 게임 이해를 돕기 위한 상황 이야기

나누어 제시되기 때문에, 학생이 대화의 과정을 보다 쉽게 할 수 있다.

일반적인 연재만화대화에는 8컷의 기본적인 '생각 풍선'과 '말 풍선'이 포함된다. 그림 9-2에서 보는 바와 같이, 이러한 상징은 생각 또는 질문과 같은 전형적인 대화의 기술을 표현한다. 이러한 시각적 표상을 통해, 자폐스펙트럼장애 학생들은 다른 사람들이 실제로 생각하거나 느끼는 것이 무엇인지 그리고 그들에게 동기를 부여하는 것이 무엇인지에 초점을 맞출 수다.

연재만화대화는 공통적인 언어를 사용하며 간단한 재료만을 필요로 한다(Gray, 1994). 학생과 교사 모두 전문 예술가가 될 필요가 전혀 없다. 막대기 그림(머리를 동그라미로 몸을 선으로 나타내는 것으로 일명 봉선화라고 함)은 빠르고, 그리기 쉽고, 알아보기 쉽다(Moyes, 2001). '감정의 팔레트(emotional palette)' (Gray, 1994)나 '느낌 온도계(feeling thermometer)' (Attwood, 1998)와 같이 감정을 이해하는데 시각적 기초로 색깔을 활용할 수 있다. 학생과 교사는 특정한 감정을 표상하는 색깔을 스스로 정하여 사용하거나 연재만화대화 지침서에서 제시하고 있는 특정한 감정과 연계된 색깔을 사용할 수 있다.

감정에 대한 시각적 표상을 제공하는 색깔을 사용한 것이 초등학교 1학년의 아스퍼거 장애를 가진 토미에게 많은 도움이 되었다. 토미는 자료실 내의 작은 공간에서 하루에 30분씩 공부하였다. 교수-학습 활동 시간에, 토미의 선생님은 책상의 한 가운데에 여러 가지 색깔의 칼라펜을 올려놓고 토미에게 선생님이 특정 감정(예 : 미친, 행복한, 슬픈)을 유발할 것으로 이미 알고 있는 특정 물건이나 사람을 연상하게 하는 색깔을 선택하도록 요청하였다. 토미는 컬러펜으로 무지개를 그리고 각각의 색깔 띠에 감정의 명칭을 붙였다. 다음날 토미는 선생님에게 가까이 다가가서 나는 지금 '갈색의 느낌(feeling brown : 미친)'이라고 말했다. 왜냐하면 선생님은 아직 토미에게 '기분 좋은' 느낌의 색깔을 고르도록 하지 않았기 때문이다. 그래서 선생님은 토미에게 '기분 좋은' 느낌의 색(토미는 녹색으로 알고 있음)을 고르도록 하였다. 그래서 토미는 무지개에 녹색을 추가하였다. 선생님은 토미가 그린 무지개 그림을 컬러 복사하여 토미가 수업을 받는 각 교실에 붙여두었다. 몇 주 후에, 토미가 자신이 어떤 감정인지를 말하면서 '나'라는 문장 표현을 할 수 있도록 지도하는 데 토미가 그린 무지개를 활용하였다. 〈그림 9-3〉은 토미가 그린 무지개의 사본이다.

Rajendran과 Mitchell(2000)에 의해 제시된 '풍선대화(Bubble Dialogue)' 프로그램은 연재만화대화의 변형으로, 컴퓨터 활용 프로그램이다. 이 프로그램에는 두 주인공이

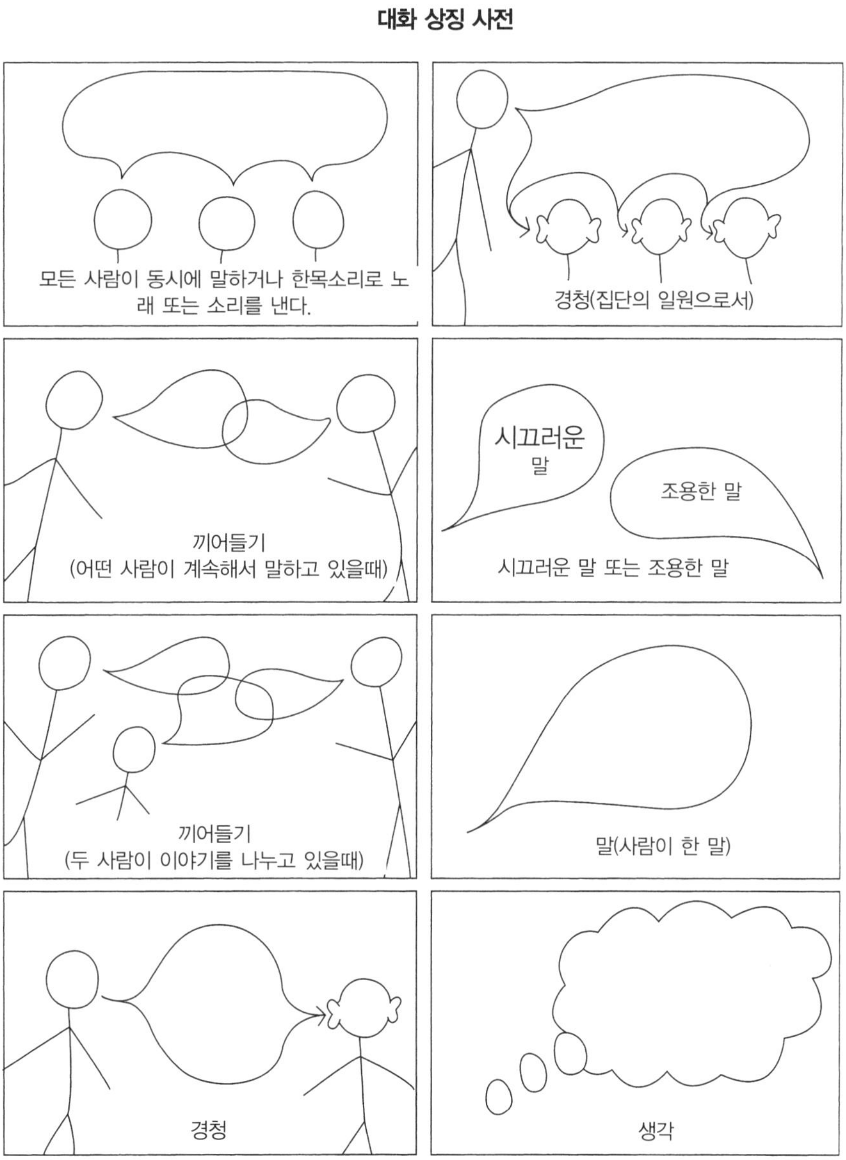

그림 9-2 연재만화대화의 상징

출처 : Gary, C.(1994). Comic Strip Conversations. Arlington, TX: Future Horizons. Future Horizon으로부터 복사사용 허가.

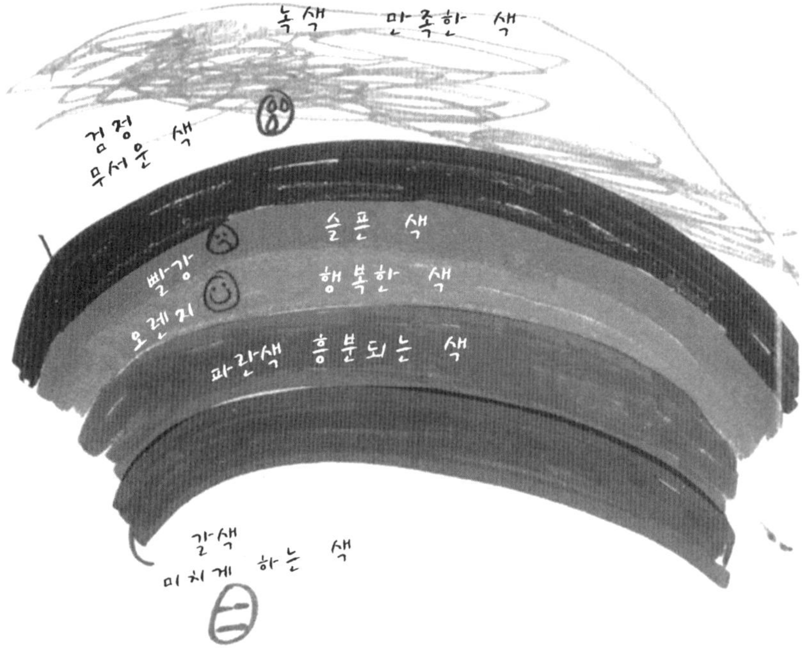

그림 9-3 토미의 감정 무지개

출처 : Heflin & Alaimo

등장하여 활동한다. 생각은 생각 풍선에, 말은 말 풍선에 담긴다. 생각하기가 말하기에 앞서 시각적으로 제시된다. 자폐스펙트럼장애 학생들은 생각이 말에 어떠한 영향을 미치고 말을 다르게 수정해서 하면 생각에 어떤 영향을 미치게 되는지를 경험하여 일반 학생들과 상호작용할 수 있다. 이 프로그램을 활용하여, 자폐스펙트럼장애 학생들은 자신을 뒤돌아보고 앞으로의 결과에 영향을 미치기 위해서는 어떻게 말해야 하는지를 알게 된다. 이 방법은 자폐스펙트럼장애 학생들의 사회적 기술 발달을 지원하는 기법으로서 성과가 기대되고 있다.

5) 개념숙달

개념숙달은 교과학습과 더 밀접한 관계가 있지만 자폐스펙트럼장애 학생들의 사회화 촉진에도 효과가 있다. **개념숙달**(concept mastery)은 학생이 핵심 정보를 조직, 이해, 회상, 적용하는 데 교사들이 도움을 줄 수 있는 구조(structure)를 제공하는 일련의 체계적인 교수이다(Bulgren & Lenz, 1996; Bulgren, Schumaker, & Deshler, 1988). 개념도식(concept diagram)이라고 불리는 그래픽 조직자(graphic organizer)가 대표적인 개념숙달의 한 방법인데, 이는 교사와 학생 간의 개념숙달 절차를 구성하는 세 가지 주된 요소, 즉 ① 개념의 정의, ② 개념의 특성, ③ 개념의 예시를 익혔을 때 생성되는 것이다(Deshler & Bulgren, 1998; Shaw, Thomas, Hoffman, & Bulgren, 1995).

개념도식을 구성하기 위해서는, 교사가 학생들로 하여금 해당 개념에 '항상' 나타나는 특성과 '전혀' 나타나지 않는 특성을 구분할 수 있도록 도움을 주어야 한다. 또한 교사는 '가끔' 나타나는 특성도 함께 찾아 본다. 교사와 학생은 해당 개념의 '바람직한 예'와 '바람직하지 않은 예'를 함께 만들어낸다. 다음은 개념도식을 만드는 7단계 절차를 'CONCEPT'의 머리글자에서 따온 것이다(Bulgren, Schumaker, & Deshler, 1993).

단계 1 : C – 개념을 제시한다(convey the concept)
단계 2 : O – 큰 개념의 이름을 제시한다(offer the overall concept name)
단계 3 : N – 핵심어를 기록한다(note key words)
단계 4 : C – 특성을 분류한다(classify the characteristics)
단계 5 : E – 예시를 찾는다(explore examples)
단계 6 : P – 새로운 예를 연습한다(practice with a new examples)
단계 7 : T – 개념의 정의를 내린다(tie down a definition)

개념숙달은 학생들에게 일반교육을 통하여 수학(Shaw et al., 1995), 과학, 사회, 그리고 언어수업을 하는 데 효과적이다(Bulgren et al., 1988). 개념숙달의 활용은 학습장애 학생들에게도 효과가 있는 것으로 나타났다(Deshler & Bulgren, 1998). 개념숙달을 활용하여 자폐스펙트럼장애 학생에게 사회적 기술을 지도한 연구도 있다(Laushey, 2002).

개념도식이 분명한 행동적 기대에 대한 시각적 표상을 제시하기 때문에, 개념숙달은 자폐스펙트럼장애 학생들에게도 성과가 기대되는 접근이다. 이러한 시각적 표상은 자폐스펙트럼장애 학생들이 자신의 학습 속도에 맞추어 정보를 처리할 수 있도록 해 주고(Myles & Southwick, 1999), 요구가 생길 때는 언제든지 자료를 살펴볼 수 있게 해

준다. 개념숙달 절차는 사회적 기술을 강화하는 또래개입 접근과 사회적 기술에 대한 성인개인의 직접적인 지도와 연계하여 시행할 수 있다. 이는 자폐스펙트럼장애 학생들이 사회적 기술을 습득하고 일반화 하는 데 도움이 될 것이다(Laushey, 2002). 〈그림 9-4〉는 4명의 자폐스펙트럼장애 초등학생의 사회적 기술을 향상시킨 개념도식의 예이다.

〈그림 9-4〉에서 보는 바와 같이, 개념도식은 캔자스대학의 학습연구센터에서 개발되고 연구된 교수도구이다(Bulgren, Schumaker, & Deshler, 1988). 이것은 다양한 능력의

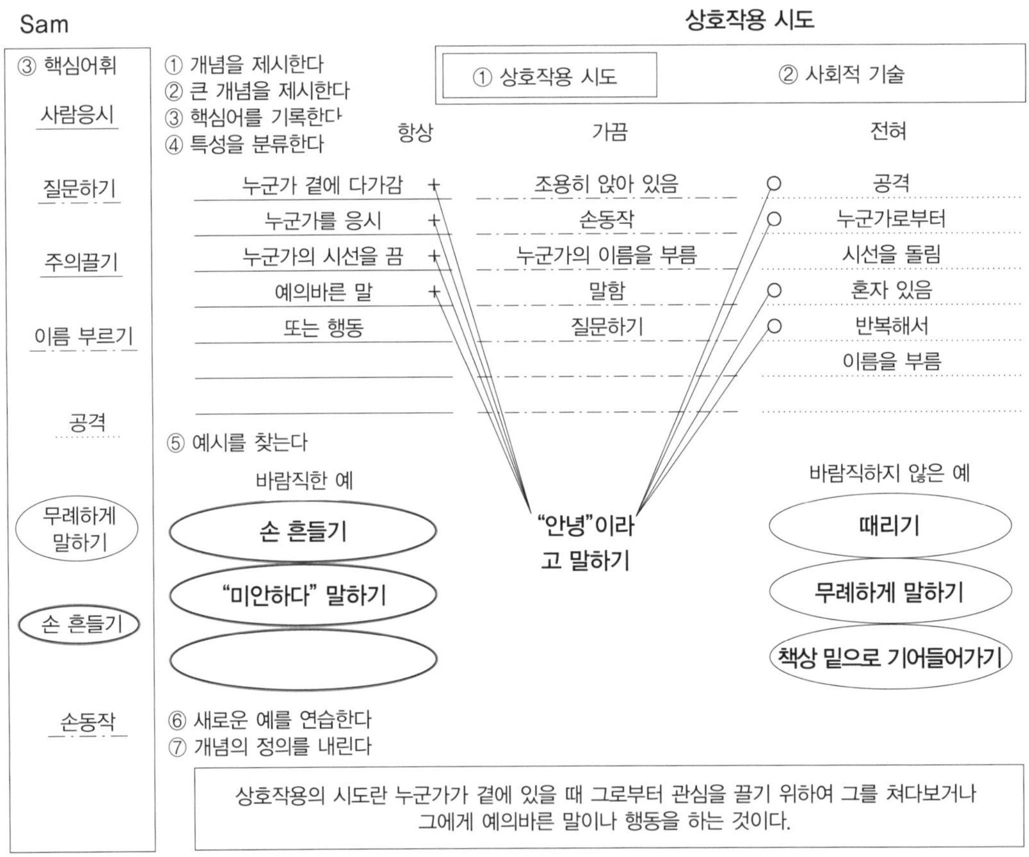

그림 9-4 상호작용 시도를 지도하기 위한 개념도식

출처 : Laushey, K. M. (2002) and Bulgren, J. A., & Deshler, D. D. (1993). *The concept mastery routine.* Lawrence, KS: Edge Enterprises. Reprinted with permission.

이 책을 활용하여 워크숍을 실시하는 과정에서 더 많은 정보를 얻고자 하는 경우 캔자스대학의 학습연구센터의(J. R. Pearson Hall, Lawrence, KS 66049 or call 785-864-4780) J. R. pearson에게 연락 바람

학생들로 구성된 학습에서 교수내용을 지도할 때 교사가 활용할 수 있는 교수도구들 중의 하나이다. 자료에 근거한 교수도구는, 그것이 ① 교수에 관한 단서, ② 내용에 대한 특화된 전달 방법, ③ 학생의 인지과정에서의 참여, ④ 학습과정과 내용에 대한 고찰을 결합하여 교수 계획 및 실행 과정에서 사용될 때 효과적이다(Bulgren, Deshler, & Schumaker, 1993). 단지 학생들에게 이 도구를 단순히 배포하는 것만으로는 효과를 기대할 수 없다.

6) 사회적 도해

사회적 도해(social autopsy)는 경도장애 학생들이 자신의 행동에 나타난 사회적 실수를 이해하도록 돕는 성인개입 전략 중의 하나이다(Myles & Adreon, 2001). 앞으로 일어날 사회적 갈등을 줄이기 위해 고안된 상황 이야기(social stories)와는 달리, 이 방법은 학생들이 사회적 실수를 저지른 다음에 시행한다. 삶의 공간에서의 위기 중재*(Life Space Crisis Intervention, LSCI; Long & Fecser, 1996)와 유사하게 이 방법도 회고적인 형식을 취한다. 학생과 교사는 ① 실수를 하게 된 주변 환경에 대하여 기술하고, ② 사회적 실수가 무엇인지 판별하며, ③ 사회적 실수로 인하여 상처를 받았을 사람을 찾아보며, ④ 문제해결책을 고려하고, ⑤ 향후 이러한 사회적 실수를 하지 않기 위한 계획을 함께 수립한다(Myles & Adreon, 2001).

사회적 도해를 활용하는 데 따른 이점 중에 하나는 사회적 행동과 그 행동의 후속사건 간의 인과관계를 수립하는 데 도움이 된다. 또 다른 이점은 사회적 행동에 대한 즉각적인 피드백을 통하여 바람직한 행동을 강화시킬 수 있다는 점이다. 〈그림 9-5〉는 사회적 도해 연습의 틀을 제시하고 있다.

글쓰기 과제를 수행하는 데 어려움을 보이는 학생들에게는 사회적 도해 연습장을 전자파일 형태로 제공하면, 학생들이 반응을 직접 타이핑 할 수 있다. 또 다른 대안으로는 자신의 반응을 녹음기에 대고 말하거나 또는 학생의 구어적 반응을 필경사가 대필하게 하는 것이다.

---

* 역자 주) LSCI는 만성적 문제행동을 보이는 아동 및 청소년을 대상으로 위기상황을 학습기회로 만드는 상호작용적인 치료 전략을 의미한다.

사회적 도해 연습지

무슨 일이 발생하였는가? ______________________

____

____

____

사회적 실수는 무엇인가?	사회적 실수로 인하여 누가 상처를 받았는가?
______________	______________
______________	______________
______________	______________
______________	______________

실수를 고치기 위해서는 어떻게 해야 하는가? ______________________

____

____

____

____

다음에는 어떻게 해야 하는가? ______________________

____

____

____

____

그림 9-5 사회적 도해 연습지

출처 : Myles, B. S., & Adreon, D. (2001). *Asperger syndrome and adolescence: Practical solutions for school success*. Shawnee Mission, KS: Autism Asperger Publishing. Reprinted with Permission of Autism Asperger Publishing Company.

7. 친구관계 증진을 위한 전략들

자폐스펙트럼장애 학생들이 보이는 특성 중 일부는 친구를 사귀는 데 있어서 자신의 능력에 부정적인 영향을 미칠 수 있다. 자폐스펙트럼장애 학생들은 상호호혜적인 대화를 하는데 어려움이 있고, 자신이 좋아하는 주제에만 대화의 초점을 맞추는 경향이 있으며, 대화를 시작하고 유지하는 데 어려움이 있고, 다른 사람과 함께 이야기 하기 보다는 상대방에게 일방향적으로 말하는 것 같은 행동을 보인다. 이러한 행동들 중 그 어느 것도 다른 사람의 마음을 끌 수 있는 특징이 아니다. 일부 자폐스펙트럼장애 학생들은 친구들로부터 수용되는 것을 원하고 있지만 이러한 목표를 효과적으로 달성할 수 있는 기술을 가지고 있지 않다(Attwood, 2002).

이들에게 사회적 능력을 신장시켜줄 수 있는 기술을 지도는 것뿐만 아니라 친구 맺기를 격려하는 전략을 구상하는 것이 효과적일 수 있다. 세심하게 배려만 할 수 있다면 PMII를 활용하는 것이 '함께 하여, 놀고, 대화하기(Stay, Play, & Talk)' 를 통하여 자연스럽게 친구와 함께 시간을 보내는 방법을 배움으로써 친구관계를 발전시키는 일을 도울 수 있다.

1) 함께 하여, 놀고, 대화하기

함께 하여, 놀고, 대화하기(English, Goldstein, Shafer, & Kaczmarek, 1997)는 자폐스펙트럼장애 학생들과 일반 학생들 간의 친구관계를 맺도록 도움을 주기 위한 전략이다. 이 방법은 성인중재와 또래중재 방법을 효과적으로 조합한 방법임을 알 수 있다. 성인에 의한 사회적 기술의 체계적인 교수와 더불어 적절한 사회적 행동을 이끌어 내는 사회적 조력자로서의 역할을 하는 훈련받은 또래개입 중재가 함께 적용되는 것이다. 학령전기 장애 유아들은 다음과 같은 사회적 기술을 학습해야 한다. ① 사물을 요구하고 의사소통 상대방의 대답에 반응하기, ② 상대방의 이름을 부르거나 어깨를 살짝 건드리며 상대방의 주의를 이끌기, ③ 자신의 차례를 기다리기, ④ 자신에게 말을 하고 있는 상대방을 향하거나 쳐다보기(Laushey & Heflin, 2000).

일정 수로 또래동맹 선발을 제한하기보다는, 자연적인 환경(예 : 자유놀이시간, 점심시간 등) 내에서 대상학생의 목표로 하는 사회적 기술을 사용하도록 학급의 전체 학생들을 훈련시킬 수 있다. 교수가 진행되는 동안 모든 학생들이 지도의 대상된다.

- 친구관계를 유지한다는 것은 같은 공간에서 놀이를 하고, 하고 싶어 하는 놀이를 번갈아 가며 함께 놀이를 하는 것이며 어떠한 일이 있더라도 친구 관계를 지속하는 것이다.
- 친구와 함께 논다고 하는 것은 동일 공간 안에서 동일한 장난감이나 게임을 하면서 함께 놀이는 하는 것이다. 또한 친구의 놀이에 참여할 수 있고 자신의 장난감을 친구에게 가져다주거나 친구에게 자신 장난감 또는 게임에 와서 함께 놀자고 요청할 수 있는 것이다.
- 친구와 함께 대화한다는 것은 함께 있고 함께 놀며 함께 이야기를 나누는 것이다. 또한 자신이 놀고 있는 것을 말하거나 가장놀이를 하면서 놀이에 대해 이야기를 나누는 것이다. 또한 친구가 자신에게 대답을 하지 않더라도 친구에게 말을 하려는 것이다.

장애 학생과 일반 학생이 친구 관계를 유지하고 함께 놀고 함께 대화를 나눌 때 학생들에게 강화제를 제공한다(English et al., 1997). 일반 학생이 자폐스펙트럼장애 학생과 함께 하고 놀고 이야기하면, 사회적 상호작용을 하고 사회적 기술을 연습할 수 있는 기회가 더 많아져서(Laushey & Heflin, 2000), 친구관계로의 발전을 기대할 수도 있다.

2) 친구관계 발전을 위한 추가적인 고려사항

자폐스펙트럼장애 학생들의 일부는 친구가 있든지 없든지 상관이 없는 듯 보이는 반면에, 어떤 학생들은 친구를 사귀기 어려운 것을 고민한다. 고기능 자폐스펙트럼장애 학생들은 일반 학생에 비해 더 많은 외로움을 경험하여(Bauminger & Kasari, 2000), 과도한 불안과 우울을 보이기도 한다(Bellini, 2004; Ghaziuddin, Ghaziuddin, & Greden, 2002; Ghaziuddin, Weidner-Mikhail, & Ghaziuddin, 1998). 아스퍼거 장애 청소년과 성인 235명을 대상으로 한 연구에서, Orsmond, Krauss, Seltzer(2004)는 이들 중 50%는 사전에 미리 조성된 장소(예 : 학교, 직장) 외에서는 단 1명의 친구도 가지고 있지 않다고 한다. 또한 자폐스펙트럼장애인들의 친구관계는 컴퓨터 게임과 같은 이들의 특별한 관심과 관련해서만 발전되는 경향이 있다(Barnhill et al., 2002; Carrington, Templeton, & Papinczak, 2003).

자폐스펙트럼장애의 정도와 연령은 친구관계의 발전과 관련이 있다. 사회적 결함이 비교적 적고 연령이 어릴수록 친구를 가질 가능성이 크다(Orsmond et al., 2004). 아스퍼거 증후군의 청소년들은 실제보다 친구가 많다고 할 수 있는데(소위 위장이라고 한다)(Carrington & Graham, 2001), 이는 친구들에게 맞추고 자신의 결함을 위장하는 것이다(Carrington et al., 2003). 친구관계라는 것이 강요될 수 있는 것은 아니지만, 학생의 사회적 능력을 향상시키는 사회적 기술을 지도하고 이러한 기술을 다양한 상황에서 연습할 수 있는 기회를 준다면 친구관계를 발전시키는 데 있어서 다리 역할을 할 수는 있을 것이다. 자폐스펙트럼장애 학생들과 그들의 친구들이 서로의 특별한 관심을 공유할 수 있도록 연결시켜 준다면 이 또한 친구관계 발전의 기회가 될 수 있을 것이다(Barnhill et al., 2002). 고기능 자폐스펙트럼장애 학생들은 사회적 상호작용에서 말의 미묘한 차이를 이해하는 것을 학습하고 괴롭힘을 당하는 상황에서 자신을 옹호하는 방법을 학습하는 것이 매우 중요하다. 어떠한 중재도 친구관계 발전을 보장할 수는 없다. 그러나 교사는 친구관계를 원하는 자폐스펙트럼장애 학생들의 친구관계로의 발전 가능성을 높여주는 사회적 기술을 지도하고 사회적 기대를 설명하며 이를 연습하는 동안 피드백을 제공할 수 있다.

8. 결 론

자폐스펙트럼장애 학생들은 영유아 시기부터 다른 사람과 상호작용하는 방식에서 차이를 보이며 사회적 결함은 자폐스펙트럼장애의 가장 두드러진 특징이다. 사회적 결함은 앞서 논의된 바와 같이 의사소통의 결함과 직접적으로 관련이 있다. 의사소통의 결함은 사회적 상호작용의 기회에 부정적인 영향을 미치고 이러한 부정적 영향은 의사소통 기술 개발의 기회를 감소시킨다. 자폐스펙트럼장애 학생들의 일부는 행동에 영향을 주는 사회적 관습을 알지 못한다. 이들은 다른 사람들이 볼 때 이상하거나 괴짜로 여기는 행동을 하여 다른 사람들이 이들과 함께 하려 하지 않을 수 있다. 어떤 자폐스펙트럼장애 학생들은 또래들과 상호작용하고 친구관계 맺기를 원하지만 그들은 잠재적 사회적 교육과정을 알지 못하고 대부분의 상호작용에서 나타나는 중요한 사회적 단서를 판별 및 해석을 하지 못하기 때문에 친구관계를 갖기 어렵다. 이들 학생들은 심지어 또래들로부터 배척을 당하거나 괴롭힘을 당해서 심각한 불안과 우울을 보일 수 있다. 결국 사회적 호혜성은 발달하지 못하고 친구관계를 형성할 수 없게 된다.

사정을 통해, 사회적 결함 여부를 확인하고 가장 문제가 되는 사회적 맥락을 판별해야 한다. 자폐스펙트럼장애 학생들을 위해 사회적 기술을 지도하는 것은 이들의 사회적 능력에 기초가 된다. 사회적 능력과 사회화 증진을 위한 요리법과 같은 정해진 접근은 없지만, 사회적 기술 발달을 도모하는데 효과적이라고 검증된 전략들이 많이 있다. 이들 전략에는 사회적 기술의 시범을 보일 수 있는 사회적으로 유능한 또래를 활용하는 또래개입 교수 및 중재(PMII)가 포함된다. 성인개입 교수 및 중재(AMII)는 명시적 교수를 사용하고 기술 습득에 대해 강화를 제공한다. 최근 실증적 연구에 의해 입증된 일부 성인개입 교수 및 중재 전략들로, 놀이 행동의 촉진, 사회적 기술의 직접 지도, 상황 이야기™, 연재만화대화™, 개념숙달, 사회적 도해 등을 들 수 있다. 자폐스펙트럼장애 학생들은 학습한 기술의 일반화에 많은 어려움이 있으므로 다양한 상황, 다양한 사람, 그리고 다양한 활동에 사회적 기술을 연습할 수 있어야 한다. 다양한 접근을 조합하여 융통성 있게 활용하면 보다 좋은 성과를 기대할 수 있다.

사회적 기술이 확실하게 학습되더라도, 습득이 자동적으로 친구관계를 발전으로 이어지는 것은 아니다. 보다 나이가 어린 자폐스펙트럼장애 학생들에 대해서는, AMII와 PMII를 조합한 '함께 하여, 놀고, 대화하기(Stay, Play, & Talk)'를 활용하여 친구관계의 발전을 증진 시킬 수 있다. 보다 나이가 있는 자폐스펙트럼장애 학생들에 대해서는, 다른 사람에게 자신이 어떠한 인상을 주는지를 알도록 지도를 하면서 또래가 사회적 기술과 사회적 이해를 지도하는 AMII를 활용하면 사회적 상호작용을 향상 시킬 수 있다. AMII와 더불어 PMII를 제공하면, 학생들은 다른 사람과 상호작용할 수 있는 구조화된 기회를 갖게 되고 이는 친구관계로의 발전에 기초가 될 수 있다. 자폐스펙트럼장애 학생이 보이는 특별한 관심과 같은 관심을 공유할 수 있는 학교 안팎의 소모임을 찾거나 만들면, 이는 친구관계로의 발전을 이룰 수 있는 좋은 기회가 될 수 있을 것이다.

자폐스펙트럼장애 학생들을 위한 증거 기반의 교수적 접근을 활용하면, 학생들은 보다 사회적으로 유능한 사람으로 여겨져서 또래 및 성인들에게 보다 더 수용될 수 있을 것이다. 사회적 수용은 학습의 기회를 제공하고 사회적 기술을 개선시켜줄 뿐만 아니라 일부 자폐스펙트럼장애 학생들이 바라는 사회적 관계로의 발전 가능성을 높여줄 것이다.

9. 토론 질문과 활동

(1) 구조화되어 있지 않은 비교과 시간(예 : 점심시간, 체육시간)에 학교를 방문하거나 특별활동시간(예 : 스포츠 행사, 댄스)에 참여하라. 일반 학생들이 서로 어떻게 상호작용하는지를 관찰하라. 이들 상호작용을 이 책의 제1장과 제9장에서 기술된 자폐스펙트럼장애 학생들을 위한 사회화 프로파일과 비교하라.

(2) 당신이 가르칠 수 있는 연령군을 선정하라. 해당 연령군의 학생들을 위한 잠재적 사회적 교육과정에서의 행동 목록을 작성하라. 이것을 가장 적합하게 적용할 수 있는 부분은 무엇인가? 행동에 대한 불문율(성문화되지 않은 합의, 일명 사회적 관습)은 무엇인가? 또래집단으로부터 배척을 당하게 만드는 행동은 무엇인가? 자폐스펙트럼장애 학생들에게 잠재적 사회적 교육과정을 어떻게 가르칠 것인가?

(3) 당신이 알고 있는 자폐스펙트럼장애 학생에 대하여 생각하라. 그 학생이 현재 보이지 않는 중요한 사회적 기술을 판별하라. 그 학생에게 사회적 기술을 직접 가르치는 과정을 기술하라. 이때 사회적 기술의 일반화 증진을 위한 전략도 계획해야 함을 기억하라.

(4) 14세의 남학생 브래들리는 자폐스펙트럼장애로 진단되어 특수교육을 받고 있다. 브래들리는 언어적 시도를 하지는 않지만 적절한 수용 및 표현 언어 수준을 보인다. 그러나 우울하거나 감정이 격해지거나 토론 시간에 새로운 정보가 주어지면 감정조절을 전혀 하지 못한다. 그의 주치의는 최근에 그에게 약물처방을 내려 하루에 두 번씩 약을 복용하고 있다. 브래들리는 약 먹기를 거부한다. 브래들리의 엄마는 음식속에 약을 숨겨 넣어 보았다. 브래들리는 음식을 입에 넣고는 약만 뱉어낸다. 약을 으깨어 음료나 음식에 넣어 주면, 브래들리는 이를 알아차리고 음식 섭취를 거부한다. 브래들리는 하루에 두 번씩 일정 기간 동안 약을 복용해야만 한다. 브래들리의 약물복용과 관련하여 상황 이야기를 작성하라.

(5) 사회적인 실수를 용인해줄 친구를 찾아라. 친구와 함께 사회적 도해 연습지(〈그림 9-5〉참조)를 활용하여 사회적 도해 작업을 해보라.

참고문헌

Adams, L., Gouvousis, A., VanLue, M., & Waldron, C. (2004). Social story intervention: Improving communication skills in a child with an autism spectrum disorder. *Focus on Autism and Other Developmental Disabilities, 19,* 87-94.

Agosta, E., Graetz, J. E., Mastropieri, M. A., & Scruggs, T. E. (2004). Teacher-researcher partnerships to improve social behavior through social stories. *Intervention in School & Clinic, 39,* 276-287.

American Psychiatric Association. (2000). *Diagnostic and statistical manual of mental disorders* (4th ed., text revision). Washington, DC: Author.

Asperger, H. (1944/1991). Autistic psychopathy in childhood (Trans). In U. Frith (Ed.), *Autism and Asperger syndrome* (pp. 37-92). Cambridge, UK: Cambridge University Press.

Attwood, T. (1998). *Asperger syndrome: A guide for parents and professionals.* London: Jessica Kingsley.

Attwood, T. (2002, December). *How to teach social understanding: A one-day workshop*. Paper presented at the Southeastern Super Conference on Autism/Asperger's sponsored by Future Horizons, Atlanta, GA.

Baker, S., Gersten, R., Dimino, J. A., & Griffiths, R. (2004). The sustained use of research-based instructional practice. *Remedial and Special Education, 25,* 5-24.

Baranek, G. T., Barnett, C. R., Adams, E. M., Wolcott, N. A., Watson, L. R., & Crais, E. R. (2005). Object play in infants with autism: Methodological issues in retrospective video analysis. *The American Journal of Occupational Therapy, 59,* 20-30.

Barkley, R. A., Anastopolous, A. D., Guevremont, D. C., & Fletcher, K. E. (1991). Adolescents with ADHD: Patterns of behavioral adjustment, academic functioning and treatment utilization. *Journal of the American Academy of Child and Adolescent Psychiatry, 30,* 752-761.

Barnhill, G. P., Cook, K. T., Tebbenkamp, K., & Myles, B. S. (2002). The effectiveness of social skills intervention targeting nonverbal communication for adolescents with Asperger syndrome and related pervasive developmental delays. *Focus on Autism and Other Developmental Disabilities, 17,* 112-118.

Barry, L. M., & Burlew, S. B. (2004). Using social stories to teach choice and play skills to children with autism. *Focus on Autism and Other Developmental Disabilities, 19,* 45-51.

Bauminger, N., & Kasari, C. (2000). Loneliness and friendship in high-functioning children with autism. *Child Development, 71,* 447-456.

Bellini, S. (2004). Social skill deficits and anxiety in high-functioning adolescents with autism spectrum disorders. *Focus on Autism and Other Developmental Disabilities, 19,* 78-86.

Boucher, J. (1999). Editorial: Interventions with children with autism—Methods based on play. *Child Language Teaching and Therapy, 15*(1), 1-6.

Bulgren, J. A., & Lenz, B. K. (1996). Strategies instruction in the content areas. In D. D. Deshler, E. S. Ellis, & B. K. Lenz (Eds.), *Teaching adolescents with learning disabilities: Strategies and methods* (pp. 409-474). Denver, CO: Love.

Bulgren, J. A., Schumaker, J. B., & Deshler, D. D. (1988). Effectiveness of a concept teaching routine in enhancing the performance of LD students in secondary-level mainstream classes. *Learning Disability Quarterly, 11,* 3-17.

Bulgren, J. A., Schumaker, J. B., & Deshler, D. D. (1993). *The concept mastery routine*. Lawrence, KS: Edge Enterprises.

Carrington, S., & Graham, L. (2001). Perceptions of school by two teenage boys with Asperger syndrome and their mothers: A qualitative study. *Autism, 5,* 37-48.

Carrington, S., Templeton, E., & Papinczak, T. (2003). Adolescents with Asperger syndrome and perceptions of friendship. *Focus on Autism and Other Developmental Disabilities, 18,* 211-218.

Charlop-Christy, M. H., Carpenter, M., Le, L., LeBlanc, L. A., & Kellet, K. (2002). Using the Picture Exchange Communication System (PECS) with children with autism: Assessment of PECS acquisition, speech, social-communicative behavior, and problem behavior. *Journal of Applied Behavior Analysis, 35,* 213-231.

Charman, T., & Baron-Cohen, S. (1997). Brief report: Prompted pretend play in autism. *Journal of Autism and Developmental Disorders, 27,* 325-332.

Crick, N. R., & Dodge, K. A. (1994). A review and reformulation of social information-processing mechanisms in children's social adjustment. *Psychological Bulletin, 115,* 74-101.

Crozier, S., & Tincani, M. J. (in press). Using a modified social story to decrease disruptive behavior of a child with autism. *Focus on Autism and Other Developmental Disorders, 20*(3).

Dauphin, M., Kinney, E. M., & Stromer, R. (2004). Using video-enhanced activity schedules and matrix training to teach sociodramatic play to a child with autism. *Journal of Positive Behavior Interventions, 6,* 238-250.

Dawson, G., Meltzoff, A. N., Osterling, J., Rinaldi, J., & Brown, E. (1998). Children with autism fail to orient to naturally occurring social stimuli. *Journal of Autism and Developmental Disorders, 28,* 479-485.

Delprato, D. J. (2001). Comparisons of discrete-trial and normalized behavioral language intervention for young children with autism. *Journal of Autism and Developmental Disorders, 31,* 315-325.

Deshler, D. D., & Bulgren, J. A. (1998). Redefining instructional directions for the gifted students with learning disabilities. *Learning Disabilities, 8,* 121-132.

Dodge, K. A., Pettit, G. S., McClaskey, C. L., & Brown, M. M. (1986). Social competence in children. *Monographs of the Society for Research in Child Development, 51* (2, Serial No. 213).

Dugan, E., Kamps, D., Leonard, B., Watkins, N., Rheinberger, A., & Stackhaus, J. (1995). Effects of cooperative learning groups during social studies for students with autism and fourth-grade peers. *Journal of Applied Behavior Analysis, 28,* 175-188.

Eccles, J. S., & Roeser, R. W. (1999). School and community influences on human development. In M. H. Bornstein & M. E. Lamb (Eds.), *Developmental psychology: An advanced textbook* (4th ed., pp. 503-554). Hillsdale, NJ: Lawrence Erlbaum.

Eckerman, C. O., & Stein, M. R. (1990). How imitation begets imitation and toddlers' generation of games. *Developmental Psychology, 26,* 370-378.

English, K., Goldstein, H., Shafer, K., & Kaczmarek, L. (1997). Promoting interactions among preschoolers with and without disabilities: Effects of a buddy skills-training program. *Exceptional Children, 63,* 229-243.

Escalona, A., Field, T., Nadel, J., & Lundy, B. (2002). Imitation effects on children with autism. *Journal of Autism and Developmental Disorders,* 32, 141-144.

Farmer-Dougan, V. (1994). Increasing requests by adults with developmental disabilities using incidental teaching by peers. *Journal of Applied Behavior Analysis, 27,* 533-544.

Farmer-Dougan, V., & Kaszuba, T. (1999). Reliability and validity of play-based observations: Relationship between the PLAY behaviour observation system and standardized measures of cognitive and social skills. *Educational Psychology, 19,* 429-440.

Fox, L., Dunlap, G., & Philbrick, L. A. (1997). Providing individual supports to young children with autism and their families. *Journal of Early Intervention, 21*(1), 1-14.

Frick, P. J., & Lahey, B. B. (1991). The nature and characteristics of attention-deficit hyperactivity disorder. *School Psychology Review, 20,* 163-174.

Fuchs, D., Fuchs, L. S., & Burish, P. (2000). Peer-assisted learning strategies: An evidence-based practice to promote reading achievement. *Learning Disabilities Research & Practice, 15,* 85-91.

Gersten, R., & Dimino, J. (2001). The realities of translating research into classroom practice. *Learning Disabilities Research & Practice, 16,* 120-130.

Ghaziuddin, M., Ghaziuddin, N., & Greden, J. (2002). Depression in persons with autism: Implications for research and clinical care. *Journal of Autism and Developmental Disorders, 32,* 299-306.

Ghaziuddin, M., Weidner-Mikhail, E., & Ghaziuddin, N. (1998). Comorbidity of Asperger syndrome: A preliminary report. *Journal of Intellectual Disability Research, 42,* 279-283.

Gillberg, C., & Ehlers, S. (1998). High-functioning people with autism and Asperger syndrome. In E. Schopler, G. B. Mesibov, & L. J. Kunce (Eds.), *Asperger syndrome or high-functioning autism?* (pp. 79-106). New York: Plenum.

Goldstein, A. P., & McGinnis, E. (1997). *Skill-streaming the adolescent: New strategies and perspectives for teaching prosocial skills* (Rev. ed.). Champaign, IL: Research Press.

Gray, C. (1994). *Comic strip conversations*. Arlington: TX, Future Horizons.

Gray, C. (2004). Social Stories™ 10.0: The new defining criteria & guidelines. *Jennison Autism Journal, 15*(4), 2-21.

Gresham, F. M. (1997). Social competence and students with behavior disorders: Where we've been, where we are, and where we should go. *Education and Treatment of Children, 20,* 223-249.

Gresham, F. M., Cook, C. R., Crews, S. D., & Kern, L. (2004). Social skills training for children and youth with emotional and behavioral disorders: Validity considerations and future directions. *Behavioral Disorders, 30,* 32-46.

Gresham, F. M., & Elliot, S. N. (1990). *Social Skills Rating System*. Circle Pines, MN: American Guidance Service.

Guevremont, D. C., & Dumas, M. C. (1994). Peer relationship problems and disruptive behavior disorders. *Journal of Emotional & Behavioral Disorders, 2,* 164-173.

Hagiwara, T., & Myles, B. S. (1999). A multimedia social story intervention: Teaching skills to children with autism. *Focus on Autism and Other Developmental Disabilities, 14,* 82-95.

Haring, T. G., & Lovinger, L. (1989). Promoting social interaction through teaching generalized play initiation responses to preschool children with autism. *Journal for the Association for Persons with Severe Handicaps, 14,* 58-67.

Heerey, E. A., Capps, L. M., Keltner, D., & Kring, A. M. (2005). Understanding teasing: Lessons from children with autism. *Journal of Abnormal Child Psychology, 33,* 55-68.

Hill, S. (1999). Perspectives on cooperative learning. In L. E. Berk (Ed.), *Landscapes of development: An anthology of readings* (pp. 267-277). Stamford, CT: Thomson-Wadsworth.

Hundert, J., & Houghton, A. (1992). Promoting social interaction of children with disabilities in integrated preschools: A failure to generalize. *Exceptional Children, 58,* 311-320.

Ivey, M., Heflin, L. J., & Alberto, P. (2004). The use of social stories to promote independent behaviors in novel events for children with PDD-NOS. *Focus on Autism and Other Developmental Disabilities, 19,* 164-176.

Jahr, E., & Eldevik, S. (2002). Teaching cooperative play to typical children utilizing a behavior modeling approach: A systematic replication. *Behavioral Interventions, 17,* 145-157.

Jarrold, C., Boucher, J., & Smith, P. (1993). Symbolic play in autism: A review. *Journal of Autism and Developmental Disorders, 23,* 281-307.

Kamps, D. M., Barbetta, P. M., Leonard, B. R., & Delquadri, J. (1994). Classwide peer tutoring: An integration strategy to improve reading skills and promote peer interactions among students with autism and general education peers. *Journal of Applied Behavior Analysis, 27,* 49-61.

Kamps, D., Royer, J., Dugan, E., Kravits, T., Gonzalez-Lopez, A., Garcia, J., et al. (2002). Peer training to facilitate social interaction for elementary students with autism and their peers. *Exceptional Children, 69,* 173-187.

Kanner, L. (1943). Autistic disturbances of affective contact. *The Nervous Child, 2,* 217-250.

Kavale, K. A., & Forness, S. R. (1999). Effective intervention practices and special education. In G. N. Siperstein (Ed.), *Efficacy of special education and related services* (pp. 1-9). Washington, DC: American Association on Mental Retardation.

Kavale, K. A., Mathur, S. R., Forness, S. R., Quinn, M. M., & Rutherford, R. B. (2000). Right reason in the integration of group and single-subject research in behavioral disorders. *Behavioral Disorders, 25,* 142-157.

Koegel, L. K., Koegel, R. L., Hurley, C., & Frea, W. D. (1992). Improving social skills and disruptive behavior in children with autism through self-management. *Journal of Applied Behavior Analysis, 25,* 341-353.

Koegel, R. L., O'Dell, M. C., & Koegel, L. K. (1987). A natural language teaching paradigm for nonverbal autistic children. *Journal of Autism and Developmental Disorders,* 17, 187-200.

Kohler, F. W., Strain, P. S., & Shearer, D. D. (1992). The overtures of preschool social skill intervention agents. *Behavior Modification,* 16, 525-542.

Krantz, P. J., & McClannahan, L. E. (1998). Social interaction skills for children with autism: A script-fading procedure for beginning readers. *Journal of Applied Behavior Analysis, 31,* 191-202.

Kunce, L., & Mesibov, G. B. (1998). Educational

approaches to high-functioning autism and Asperger syndrome. In E. Schopler, G. B. Mesibov, & L. J. Kunce (Eds.), *Asperger syndrome or high-functioning autism?* (pp. 227-291). New York: Plenum.

Ladd, G. W. (1990). Having friends, keeping friends, making friends, and being liked by peers in the classroom: Predictors of children's early school adjustment? *Child Development,* 61, 1081-1100.

Laushey, K. M. (2002). *Using a Concept Mastery routine to teach social skills to elementary children with high-functioning autism in order to facilitate acceptance.* Unpublished doctoral dissertation, Georgia State University, Atlanta.

Laushey, K. M., & Heflin, L. J. (2000). Enhancing social skills of kindergarten children with autism through the training of multiple peers as tutors. *Journal of Autism and Developmental Disorders, 30,* 183-193.

Lewis, V., & Boucher, J. (1995). Generativity in the play of young people with autism. *Journal of Autism and Developmental Disorders, 25,* 105-121.

Lewy, A. L., & Dawson, G. (1992). Social stimulation and joint attention in young autistic children. *Journal of Abnormal Child Psychology, 20,* 555-566.

Libby, S., Powell, S., Messer, D., & Jordan, R. (1997). Imitation of pretend play acts by children with autism and Down syndrome. *Journal of Autism and Developmental Disorders,* 27, 365-383.

Little, L. (2001). Peer victimization of children with Asperger spectrum disorders. *Journal of the American Academy of Child and Adolescent Psychiatry, 40,* 995-996.

Long, N. J., & Fecser, F. A. (1996). *Life space crisis intervention.* Minneapolis, MN: N. A. K. Production.

Lord, C., Rutter, M., DiLavore, P., & Risi, S. (1999). *Autism Diagnostic Observation Schedule (ADOS).* Los Angeles, CA: Western Psychological Services.

Lorimer, P. A., Simpson, R. L., Myles, B. S., & Ganz, J. B. (2002). The use of social stories as a preventative behavioral intervention in a home setting with a child with autism. *Journal of Positive Behavior Interventions, 4,* 53-60.

Loveland, K. A., & Tunali-Kotoski, B. (1997). The school-age child with autism. In D. J. Cohen & F. R. Volkmar (Eds.), *Handbook of autism and pervasive developmental disorders* (2nd ed., pp. 283-308). New York: Wiley.

Matthys, W., Cuperus, J., & van Engeland, H. (1999). Deficient social problem-solving in boys with ODD/CD, with ADHD, and with both disorders. *Journal of the American Academy of Child and Adolescent Psychiatry, 38,* 311-322.

McConnell, S. R. (2002). Interventions to facilitate social interaction for young children with autism: Review of available research and recommendations for educational intervention and future research. *Journal of Autism and Developmental Disorders, 32,* 351-372.

McDonough, L., Stahmer, A., Schreibman, L., & Thompson, S. J. (1997). Deficits, delays, and distractions: An evaluation of symbolic play and memory in children with autism. *Development and Psychopathology, 9,* 17-41.

McFadyen-Ketchum, S. A., & Dodge, K. A. (1998). Problems in social relationships. In E. J. Mash & R. A. Lamb (Eds.), *Treatment of childhood disorders* (2nd ed., pp. 338-365). New York: Guilford Press.

McGee, G. G., Almeida, M. C., Sulzer-Azaroff, B., & Feldman, R. S. (1992). Promoting reciprocal interactions via peer incidental teaching. *Journal of Applied Behavior Analysis, 25,* 117-126.

McGee, G. G., Morrier, M. J., & Daly, T. (1999). An incidental teaching approach to early intervention for toddlers with autism. *Journal of the Association for Persons with Severe Handicaps, 24,* 133-146.

McGinnis, E., & Goldstein, A. P. (1997). *Skillstreaming the elementary school child: New strategies and perspectives for teaching prosocial skills.* Champaign, IL: Research Press.

McGinnis, E., & Goldstein, A. P. (2003). *Skillstreaming in early childhood: New strategies and perspectives for teaching prosocial skills* (rev. ed). Champaign, IL: Research Press.

Merrell, K. W. (2002a). *School Social Behavior Scales,* 2nd ed. Eugene, OR: Assessment-Intervention Resources.

Merrell, K. W. (2002b). *Home & Community Social Behavior Scales.* Eugene, OR: Assessment-Intervention Resources.

Mitchem, K. J., Young, K. R., West, R. P., & Benyo, J. (2001). CWPASM: A classwide peer-assisted self-management program for general education classrooms. *Education and Treatment of Children, 24,* 111-140.

Moyes, R. A. (2001). *Incorporating social goals in the classroom.* London: Jessica Kingsley.

Mundy, P., & Crowson, M. (1997). Joint attention and early social communication: Implications for research on intervention with autism. *Journal of Autism and Developmental Disorders, 27,* 654-676.

Myles, B. S., & Adreon, D. (2001). *Asperger syndrome and adolescence: Practical solutions for school success.* Shawnee Mission, KS: Autism Asperger.

Myles, B. S., Barnhill, G. P., Hagiwara, T., Griswold, D. E., & Simpson, R. L. (2001). A synthesis of studies on the intellectual, academic, social/emotional and sensory characteristics of children and youth with Asperger syndrome. *Education and Training in Mental Retardation and Development Disabilities, 36,* 304-311.

Myles, B. S., & Simpson, R. L. (1998). *Asperger syndrome: A guide for educators and parents.* Austin, TX: Pro-Ed.

Myles, B. S., & Simpson, R. L. (2001). Understanding the hidden curriculum: An essential social skill for children and youth with Asperger syndrome. *Intervention in School & Clinic, 36,* 279-287.

Myles, B. S., & Southwick, J. (1999). *Asperger syndrome and difficult moments: Practical solutions for tantrums, rage, and meltdowns.* Shawnee Mission, KS: Autism Asperger.

National Research Council. (2001). *Educating children with autism.* Committee on Educational Interventions for Children with Autism. Division of Behavioral and Social Sciences and Education. Washington, DC: National Academy Press.

Newcomb, A. F., & Bagwell, C. L. (1995). Children's friendship relations: A meta-analytic review. *Psychological Bulletin, 117,* 306-347.

Nikopoulos, C. K., & Keenan, M. (2004). Effects of video modeling on social initiations by children with autism. *Journal of Applied Behavior Analysis, 37,* 93-96.

Odom, S. L., Brown, W. H., Frey, T., Karasu, N., Smith-Canter, L. L., & Strain, P. S. (2003). Evidence-based practices for young children with autism: Contributions for single-subject design research. *Focus on Autism and Other Developmental Disabilities, 18,* 166-175.

Orsmond, G. I., Krauss, M. W., & Seltzer, M. M. (2004). Peer relationships and social and recreational activities among adolescents and adults with autism. *Journal of Autism and Developmental Disorders, 34,* 245-256.

Oswald, L. K., & Lignugaris, B. (1990). The effects of incidental teaching on the generalized use of social amenities at school by a mildly handicapped adolescent. *Education and Treatment of Children, 13,* 142-153.

Peck, J., & Sasso, G. M. (1997). Use of the structural analysis hypothesis testing model to improve social interactions via peer-mediated intervention. *Focus on Autism and Other Developmental Disabilities, 12,* 219-231.

Prizant, B. M. (2002, February). The SCERTS MODEL: Enhancing communicative and socioemotional competence in young children with autistic spectrum disorders. Charlotte, NC.

Prizant, B. M., Wetherby, A. M., Rubin, E., Laurent, A. C., & Rydell, P. (2002). The SCERTS model: Enhancing communication and socioemotional abilities of children with autism spectrum disorder. *Jenison Autism Journal, 14,* 2-19.

Quill, K. A. (1995). *Teaching children with autism: Strategies to enhance communication and socialization.* New York: Delmar.

Quill, K. A. (2000). *DO-WATCH-LISTEN-SAY: Social and communication intervention for children with autism.* Baltimore: Paul H. Brookes.

Rajendran, G., & Mitchell, P. (2000). Computer mediated interaction in Asperger syndrome: The bubble dialogue program. *Computers & Education, 35,* 189-207.

Rettig, M. A. (1994). Play behaviors of young children with autism: Characteristics and interventions. *Focus on Autistic Behavior, 9*(1), 1-7.

Robin, A. L. (1998). *ADHD in adolescents: Diagnosis and treatment.* New York: Guilford Press.

Rogers, S. J., Ozonoff, S., & Maslin-Cole, C. (1993). Developmental aspects of attachment behavior in young children with pervasive developmental disorders. *Journal of the American Academy of Child and Ado-*

lescent Psychiatry, 32, 1274-1282.

Safran, S. P., Safran, J. S., & Ellis, K. (2003). Intervention ABCs for children with Asperger syndrome. *Topics in Language Disorders, 23,* 154-165.

Sansosti, F. J., Powell-Smith, K. A., & Kincaid, D. (2004). A research synthesis of social story interventions for children with autism spectrum disorders. *Focus on Autism and Other Developmental Disabilities, 19,* 194-204.

Sawyer, L. M., Luiselli, J. K., Ricciardi, J. N., & Gower, J. L. (2005). Teaching a child with autism to share among peers in an integrated preschool classroom: Acquisition, maintenance, and social validation. *Education & Treatment of Children, 28,* 1-10.

Schopler, E., & Mesibov, G. B. (1985). Introduction to communication problems in autism. In E. Schopler & G. B. Mesibov (Eds.), *Communication problems in autism* (pp. 1-13). New York: Plenum.

Shaw, J. M., Thomas, C., Hoffman, A., & Bulgren, J. (1995). Using concept diagrams to promote understanding in geometry. *Teaching Children Mathematics, 2,* 184-189.

Sigman, M., Dijamco, A., Gratier, M., & Rozga, A. (2004). Early detection of core deficits in autism. *Mental Retardation and Developmental Disabilities Research Reviews, 10,* 221-233.

Siller, M., & Sigman, M. (2002). The behaviors of parents of children with autism predict the subsequent development of their children's communication. *Journal of Autism and Developmental Disorders, 32,* 77-89.

Simpson, A., Langone, J., & Ayres, K. (2004). Embedded video and computer based instruction to improve social skills for students with autism. *Education and Training in Developmental Disabilities, 39,* 240-252.

Sontag, J. C. (1997). Contextual factors affecting the sociability of preschool children with disabilities in integrated and segregated classrooms. *Exceptional Children, 63,* 389-404.

Stahmer, A. C. (1999). Using pivotal response training to facilitate appropriate play in children with autistic spectrum disorders. *Child Language Teaching & Therapy, 15,* 29-40.

Stahmer, A. C., Ingersoll, B., & Carter, C. (2003). Behavioral approaches to promoting play. *Autism: The International Journal of Research & Practice, 7,* 401-413.

Tantam, D. (2000). Psychological disorder in adolescents and adults with Asperger syndrome. *Autism, 4,* 47-62.

Terpstra, J. E., Higgins, K., & Pierce, T. (2002). Can I play? Classroom-based interventions for teaching play skills to children with autism. *Focus on Autism and Other Developmental Disabilities, 17,* 119-126.

Thiemann, K. S., & Goldstein, H. (2001). Social stories, written text cues, and video feedback: Effects on social communication of children with autism. *Journal of Applied Behavior Analysis, 34,* 425-446.

Thiemann, K. S., & Goldstein, H. (2004). Effects of peer training and written text cueing on social communication of school-age children with pervasive developmental disorder. *Journal of Speech, Language & Hearing Research, 47,* 126-144.

Thorp, D. M., Stahmer, A. C., & Schreibman, L. (1995). Effects of sociodramatic play training on children with autism. *Journal of Autism and Developmental Disorders, 25,* 265-282.

Tsatsanis, K. D. (2004). Heterogeneity in learning style in Asperger syndrome and high-functioning autism. *Topics in Language Disorders, 24*(4), 260-270.

Tsatsanis, K. D., Foley, C., & Donehower, C. (2004). Contemporary outcome research and programming guidelines for Asperger syndrome and high-functioning autism. *Topics in Language Disorders, 24,* 249-259.

Utley, C. A., & Mortweet, S. L. (1997). Peer-mediated instruction and interventions. *Focus on Exceptional Children, 29*(5), 1-24.

Volkmar, F. R., Klin, A., Siegel, B., Szatmari, P., Lord, C., Campbell, M., et al. (1994). Field trial for autistic disorder in *DSM-IV. The American Journal of Psychiatry, 151,* 1361-1367.

Werts, M. G., Caldwell, N. K., & Wolery, M. (1996). Peer modeling of response chains: Observational learning by students with disabilities. *Journal of Applied Behavior Analysis, 29,* 53-66.

Wheeler, J., & Carlson, C. (1994). The social functioning of children with ADD with hyperactivity and ADD without hyperactivity: A comparison of their peer relations and social deficits. *Journal of Emotional & Behavioral Disorders, 2,* 2-13.

Williams, E., Reddy, V., & Costall, A. (2001). Taking a closer look at functional play in children with autism. *Journal of Autism and Developmental Disorders, 31,* 67-77.

Wolery, M., & Garfinkle, A. N. (2002). Measures

in intervention research with young children who have autism. *Journal of Autism and Developmental Disorders, 32,* 463-478.

Wolfberg, P. J. (2003). *Peer play and the autism spectrum*. Shawnee Mission, KS: Autism Asperger.

Zeigler-Dendy, (2000). *Teaching teens with ADD and ADHD*. Bethesda: MD, Woodbine House.

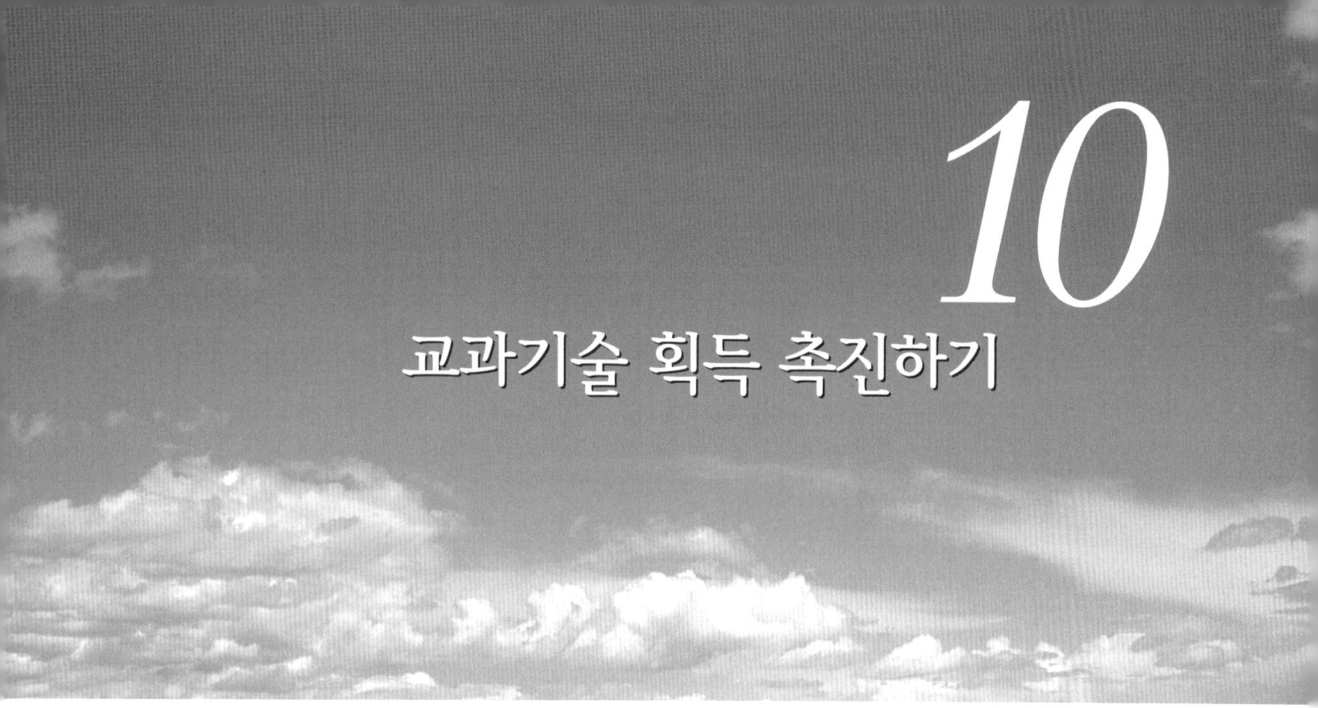

10 교과기술 획득 촉진하기

핵심용어

- 글쓰기 소프트웨어(authoring software)
- 다독증(hyperlexia)
- 그래픽 조직자(graphic organizer)
- 개별 음성 시스템(discrete speech system)
- 보조공학(assistive technology)
- 시간 지연(time delay)
- 쓰기 전 전략(prewriting strategies)
- 음성인식소프트웨어(speech recognition software)
- 일대일 대응(one-to-one correspondence)
- 연속 음성 시스템(continuous speech system)
- 차별화된 교수(differentiated Instruction)
- 청각 처리 격차(auditory processing lag)
- 초기 문해 활동(early literacy activities)
- 컴퓨터 보조교수(computer-assited instruction)
- 해독(decoding)

❖ 해리스 선생님에게 배우기

일반교육 환경에서의 성공

응용행동분석에 근거한 전략들을 사용하면서 해리스 선생님은 자신이 담당한 학생들의 의사소통 및 사회성 기술을 향상시키는 데 있어 진전을 보았다. 일반교육 학급 자치회를 담당하는 교사들이 해리스 선생님에게 학생들의 행동에 향상이 있었음에 놀랐다고 말했다. 일반학급의 또래들은 복도와 학생식당에서 해리스 선생님을 찾아 해리스 선생님이 담당하고 있는 학생들 중 몇몇을 말하며 언제 그 아이들과 놀 수 있는지 물어보았다. 해리스 선생님은 직접 그 학생들에게 물어보게 하기 위해 그 또래의 아이들을 머릿속에 담아 두었다. 자신이 담당하고 있는 자폐스펙트럼장애 학생들이 점점 더 사회적인 능력을 갖춰가고 있다는 것을 보여주는 이러한 피드백은 항상 기쁜 일이었다.

해리스 선생님은 매주 교사들 한 사람 한 사람을 만나 학생의 발전에 대해 논의하고, 학생들 개개인의 개별화교육계획에 구체화되어 있는 기술들에 대한 진전을 기록하기 위해 수집된 자료들을 그들과 공유했으며, 걱정거리도 함께 나누었다. 나쁜 일은 한꺼번에 온다는 말을 증명하듯이 어떤 주에는 마치 모든 교사들이 걱정거리를 안고 있는 듯 했다. 분명히 크레이그는 작문숙제를 거부하고 있었다. 크레이그는 교사들에게 답을 말하고 심지어는 문장을 만들기도 하였지만 그것을 글로 쓰지는 않았다. 로라는 자신의 읽기능력을 향상시키기 위한 프로그램의 일부인 책들을 읽으려 하지 않았다. 챈의 선생님은 그가 숙제를 제대로 할 수 있을 것이라는 점을 믿어 의심치 않았으나 챈은 어떠한 주의도 기울이지 않는 것 같았다. 수학 선생님은 안토니가 곰이 몇 마리인지 세지 못하게 한다면 결코 덧셈을 할 수 없을 것 같다는 걱정을 말해 주었다. 해리스 선생님은 일반교사들에게 학생들의 성공 및 교사 자신의 성취감을 증진시키기 위해 자신이 제안할 수 있는, 쉽게 실행할 수 있는 전략들을 생각해 보기 시작했다.

자폐스펙트럼장애 학생들에 대해서는 전통적인 교수기법들만을 적용하는 것은 적절하지 않다. 연령 및 기능수준은 교수의 이용 가능성에 영향을 줄 수 있다. 자폐스펙트럼장애 학생들의 핵심적인 결손 세 가지와 관련된 문제들은 교사들의 인내심과 이해의 한계를 검사하게 할 수 있다. 제4장에서는 학습에 도움이 되는 교수환경을 교사들이 어떻게 확립할 수 있는지에 대한 설명이 제공되었다. 이 장에서는 의미 있는 학습목표들을 수립하는 개별화교육계획팀의 중요성과 자폐스펙트럼장애의 특징들에 따른 차별화된 교수의 필요성에 대한 논의가 있을 것이다. 교과내용 영역에 대한 고려사항들이 추가로 탐색될 것이다.

1. 교과 목표 결정하기

교육 프로그램 편성의 성공은 '어떻게' 가르칠 것인지를 아는 것만큼 '무엇을' 가르칠 것인지를 아는 것에 의해서도 영향을 받는다. 효과적인 교수전략들이 많이 연구되어 있지만 그 전략들이 의미 없는 혹은 쓸모없는 기술들을 가르치는 데 사용된다면, 그 노력은 가치 없는 것이다. 응용행동분석의 핵심적인 측면들 중 한 가지는 행동에 있어 어떠한 변화도 그 사람에게 가치가 있는 것이어야 한다는 점이다. 학습은 행동에 있어서의 변화로 구성된다. 그러므로 교사들은 어떤 기술들을 가르쳐야 할 것인지 신중하게 고려해야 한다(Olley & Reeve, 1997). 특수교육 서비스에 적합할 학생들에게 교수될 일련의 기술들은 보통 개별화교육계획을 작성하기 위한 모임에서 결정된다.

자폐스펙트럼장애 학생들은 일반 학생들과 동일한 기술들 중 많은 부분을 획득해야 할 필요가 있다. 그러나 그들은 장애로 인해 독특한 교수적 요구를 가지고 있다. 자폐스펙트럼장애 학생들이 교사들 및 또래들과의 상호작용으로부터 이익을 얻고 일반학급에서 성공을 거두기 위해서는 일반교육을 받는 학생들과 자폐스펙트럼장애 학생들은 비슷한 기술 목표들에 대해 학습을 해야 한다. 이 목표들은 발달적으로 적절하고 교육과정에 근거해야 할 것이다(Rubin & Laurent, 2004). 예를 들어, 색깔을 가려내고 보통의 가재도구들을 분류하는 것(대다수의 학령 전기 일반 아동들이 하는 것)은 학령 전기 자폐스펙트럼장애 아동의 연령에 적합할 것이다. 이러한 목표들은 언어발달에 중요한 목표들일 뿐 아니라 통합 환경에서 발생하는 활동들에도 적합하다. 학령 전기 자폐스펙트럼장애 아동이 곱셈문제를 푸는 것은 같은 연령의 또래들과 비교해보면 분명한 차이가 있을 것이다.

중학교와 고등학교에서도 합리적이고, 성취 가능하며, 연령에 적합한 학습목표를 설정하는 것은 매우 중요한 일이다. 중학교 2학년 일반학급의 역사시간에 자폐스펙트럼장애 학생들을 전문보조원과 함께 자리에 앉혀, 다른 학생들은 미국 독립전쟁에 대해 공부하는데 이 학생들에게는 학령 전기 아동들 수준의 미국지도에 대해 공부하게 하는 것은 바람직하지 않다. 개별화교육계획은 현실적인 성과를 달성하는 방향으로 교수를 이끌기 위해 작성된다. 배치 결정은 그러한 성과들을 달성하는데 있어 가장 적절한 수단을 제공하는 것에 근거하여 내려진다.

일반학급에서의 교수 기대와 자폐스펙트럼장애 학생들에게 그 기대를 적용하는 것을 고려하는데 덧붙여, 교수에서 일반 또래들은 그렇지 않지만 자폐스펙트럼장애 학생들은 습득할 필요가 있는 기술들을 강조해야 한다. 이 경우 개별화교육계획팀은 아마도 소규모 환경에서의 집중적인 중재가 해당 학생을 일반학급의 뒷줄에 앉혀 놓고 다른 학생들은 『로미오와 줄리엣』을 배우는 동안 해독(decoding) 기술을 배우게 하는 것보다 더 이롭다고 결정할 것이다. 그러므로 많은 자폐스펙트럼장애 학생들을 위한 학습목표들은 사회적 상호작용 기술, 기능적 · 자발적 의사소통, 언어 · 비언어 사용, 인지발달, 그리고 여가 기술 등을 대상으로 한다(NRC, 2001; Olley, 1999).

2. 차별화된 교수

자폐스펙트럼장애 학생들의 다양한 학습특성은 교수의 유형 및 방식을 결정하는 데 영향을 미친다. 학습특성은 어떤 교수 유형이 가장 효과적일 것인가에 영향을 줄 수 있다(Tsatsanis, 2004). **차별화된 교수**(differentiated instruction)에는 학생들 개개인의 학습특성에 전략들과 기대를 맞추는 것이 포함된다. IQ 점수가 일반적인 기능에 대한 개략적인 지표를 제공하기는 하지만, 교수를 위한 결정은 해당 학생의 인지특성에만 그 근거를 두어서는 안 된다(Myles, Barnhill, Hagiwara, Griswold, & Simpson, 2001). 더욱이 교사들은 언어 기술보다는 더 나은 비언어 기술을 지닌 학생들의 기능수준이 반드시 더 낮은 것이 아니라는 점을 염두에 둘 필요가 있다(Loveland & Tunali-Kotoski, 1997). 이와 유사하게 어휘를 많이 알고 있기 때문에 매우 영리하게 말을 하는 학생들이 다른 사람들이 말하는 것을 이해하는 데 많은 어려움을 지니고 있을 수 있다(Mayes, Calhoun, & Crites, 2001). 인지특성은 학업성취에 영향을 줄 수 있으나, 다른 사람들과의 상호작용을 시작하는 데 있어서의 어려움, 현재 말하고 있는 주제를 유지하거나 적절한 의견을 제시하는 데 있어서의 문제, 상상놀이 능력의 부족, 감각통합에 있어서의 어려움, 의식 및 틀에 박힌 일과의 필요성, 그리고 전이와 관련된 어려움 등과 같은 자폐스펙트럼장애와 연계된 다른 특성들 또한 학업성취에 영향을 줄 수 있다.

자폐스펙트럼장애 학생들이 나이가 들어감에 따라 그들에게서는 성공할 수 있는 능력을 방해하는 다른 조건들이 규명될 수 있다. 대다수의 자폐스펙트럼장애 학생들이 특히 초등학교 시기에 주의력결핍과잉행동장애(ADHD)로 진단될 수 있다(Ghaziuddin, Weidmer-Mikhail, & Ghaziuddin, 1998). Church와 Alisanski, Amanullah(2000) 등은 6~11세의 자폐스펙트럼장애 학생들 중 20%가 주의력결핍과잉행동장애로 진단된다고 한다. 자폐스펙트럼장애 학생들은 연령이 증가함에 따라 우울을 경험할 가능성이 높고(Ghaziuddin, Ghaziuddin, & Greden, 2002), 중학생이 되면 행동장애(보통 적대적 반항장애나 품행장애)를 지니고 있는 것으로 확인될 수 있다(Church et al., 2000). 아스퍼거 장애 학생들은 그들의 인지에서의 강점 및 언어능력으로 인해 반항적이고 불복종적인 것으로 보일 수 있는데 이는 그들의 사회적 결손이 반응을 조절하는 능력에 부정적인 영향을 미칠 수 있기 때문이다(Tsatsanis, Foley, & Donehower, 2004). 대면을 통한 상호작용은 우울과 불안을 더 악화시킬 수 있다(Bellini, 2004). 고기능 학생들 중 대다수는 강박장애(obsessive compulsive disorder)를 공존장애로 갖고 있어서 이에 대한 약물을 복용한다(Church et al., 2000). 공존하는 상태들 및 약물의 부작용 등은 교수를 계획할 때 고려할 필요가 있다.

학생의 연령 또한 교수내용 및 자료에 의미를 지니고 있다. 연령은 두 가지 중요한 방식으로 교수계획에 영향을 미친다. 첫째, 장애 정도가 심한 학생들은 장애 정도가 경도인 학생들에 비해 더 어린 연령에서 장애 진단을 받게 된다(Howlin, 2003). 고기능 학생들은 그들이 지닌 장애가 덜 명확하기 때문에 나이가 더 들 때까지 진단되지 않을 수 있다(Baird et al., 2001). 고기능 학생들은 초등학교 고학년이나 중학생이 될 때까지, 심지어는 성인이 될 때까지도 장애가 있는 것이 확인되지 않을 수 있다(Williams, 1992). 그러므로 진단 시 연령은 장애 정도에 대한 통찰을 제공할 수 있고, 고등학교 교사들조차 아직 자폐스펙트럼장애로 진단받지 않은 학생들과 함께하는 것이 가능하다.

둘째, 학생의 연령을 고려하여 교수를 위해 활용될 자료들 및 활동들을 규명해야 한다. 이는 특히 기능 수행 수준이 낮은 학생들이 나이가 들어갈 때 중요하다. 더 나이가 든 학생들이 어린 학생들에게나 맞는 장난감들을 갖고 있는 것을 다른 사람들이 볼 때, 그 학생들은 사회적 오명을 더 많이 받게 된다. 그러나 어떤 학생들은 어린 학생들과 관련된 자료들을 더 좋아하는 것 같다. 예를 들어, 개인적인 상황에 있을 때에만 자신의 'Little Golden Books'를 볼 수 있는, 자폐스펙트럼장애 청소년을 가르치는 일은 신중해야 할 것이다.

규칙, 일과, 그리고 의식의 동일성에 대한 학생들의 고집은 외적인 지원(예 : 시각적 일과표, 글로 작성된 그날의 일정 등)을 활용하여 다루어질 수 있다. 일정상 곧 있게 될 변화들이 미리 충분하게 검토될 수 있다. 또래들이 학급의 규칙을 위반했을 때 신경질을 부리는 학생은 이와 같은 상황에서는 자신의 정서적 행동을 점검하고 조절할 필요가 있다. 고기능 학생들에게 교사들은 해당 내용을 숙달하는 것이 자신의 삶에 어떻게 그리고 왜 적합한지에 대해 분명하게 설명해 줘야 한다(Myles & Simpson, 2001).

고등학교에 다니는 동안 교수 및 배치유형을 위한 선택권은 신중하게 고려될 필요가 있다. 고등학교까지, 가능한 경우 해당 학생을 포함한 개별화교육계획팀은 이미 학교를 졸업한 이후의 현실적인 성과에 대해 많은 논의를 했어야 한다. 그 성과를 성취하기 위해 해당 학생에게는 다양한 교수 프로그램들이 필요할 수 있다. 선택권은 일반 학교 프로그램(일반교육 통합, 자료실, 혹은 전일제 특수학급)부터 기본적인 교과 수업을 받기 위해 하루의 절반은 일반 학교에 출석하고, 나머지 절반은 직업훈련 프로그램에 출석하는 프로그램에 이르기까지 다양할 수 있다. 전통적인 과정과 학교 내에서 행해지는 독립과정을 결합한 형태를 통한 교과 교수받기나 대안적인 상황(예를 들어, 야간학교)에 출석하기, 혹은 지역의 전문대학에 설치된 상위 과정에 등록하기 등은 이러한 선택권의 또 다른 변형에 포함된다(Church et al., 2000). 온라인 교수를 이용하는 선택권은 일부 자폐스펙트럼장애 학생들에게 학습에 대한 사회적 장애물을 완화시켜줄 수 있고, 상위 과정에 등록하는 것은 해당 학생의 능력에 더 잘 맞을 수 있다.

개별화교육계획팀은 독립적 기능 및 성공적 수행을 촉진할 적절한 목적을 세우고 이를 점검해야 한다. 자폐스펙트럼장애 학생들의 특성은 교수 전달에 영향을 미칠 것이다. 자폐스펙트럼장애 학생을 위한 차별화된 교수에는 듣기를 촉진하고 학습동기를 향상시키며, 보조공학(컴퓨터 보조교수 포함)을 활용하여 참여를 증진시키는 전략들이 포함될 수 있다.

1) 듣기 촉진하기

제공되고 있는 교수에 주의를 기울이는 것 같지 않은(예 : 교사가 과학에 대해 강의하는 동안 해당 학생은 책상 위에 엎드려 눈을 감는다) 자폐스펙트럼장애 학생들은 실제로는 듣고 있고 학습하고 있을 수 있다. 이와는 반대로 주의를 열심히 집중하는 것이 그 학생이 수업에 귀를 기울인다거나 교사가 말하는 것을 듣고 있다는 것을 의미하지 않을 수 있다. 많은 자폐스펙트럼장애인들은 다른 사람들만큼 청각정보를 신속하게 처리하지 못하기 때문에 언어로 전달되는 교수를 해석하기 위해 별도의 시간이 필요한 **청각 처리 격차**(auditory processing lag)(Wong & Wong, 1991)를 지니고 있을 수 있다. 또한 자폐스펙트럼장애 학생들은 청각정보와 시각정보가 동시에 주어졌을 때 이를 처리하는데 어려움을 겪을 수도 있다(Myles & Simpson, 1998). 학생들에게는 청각정보를 처리하기 위해 시간이 주어져야 하고, 교사들은 해당 학생이 언어를 이용한 설명과 교수를 이해하고 있는지 확인해야 한다. 수업의 결과를 설명하고 기대를 일깨워주기 위한 장치로 이를 칠판에 적어 놓는 것이 도움이 될 수 있다. 설명과 지시, 그리고 교수가 끝난 후에 교사들은 해당 자료에 대한 학생들의 이해를 판단할 수 있다. 학생들의 이해를 확인하기 위한 다양한 평가도구들(예 : 표준 시험이나 퀴즈, 프로젝트, 반성기록, 발표, 혹은 포트폴리오를 편집한 것 등)이 있다.

듣기는 학생들에게 내용과 관련된 유형의 물건들을 제공함으로써 보완될 수 있다. 낮은 기능수준을 보이는 학생들은 토론과 관련이 있는 물건들을 가질 필요가 있다. 교사들은 자신의 음성 높낮이에 변화를 주고 해당 학생이 흥미 있어 하는 억양 및 운율을 활용할 수 있다. 자폐스펙트럼장애 학생들은 단조로운 음성으로 전달되는 정보에는 잘 반응하지 않을 수 있다(Lamers & Hall, 2003). 고기능 학생들은 학습 자료의 개요를 미리 아는 것이 도움이 된다. Koegel과 Koegel, Frea와 Green-Hopkins(2003)는 수업이 시작되기 전에 학습지들을 검토함으로써 미리 정보를 주는 것이 2명의 자폐스펙트럼장애 학생들의 학업수행을 향상시켰다고 한다. 이와 유사하게 교사들은 주요 용어들과 문장들을 삭제한 정보의 개요를 준비해서(cloze 절차와 비슷함) 해당 학생으로 하여금 적절한 시간에 빈 칸을 채워 넣게 촉구할 수 있다.

고기능 학생들에게는 수업이 진행되는 동안 필기하기에 일반적으로 사용되는 두 가지 선택권이 있는데, 이는 강의내용을 기록했다가 나중에 옮겨 적거나 필기한 것을 다른 사람이 옮겨 적게 하는 것(Myles & Adreon, 2001)으로 예를 들어 또래와 같은 다른 누군가가 필기해 주는 것 등이다. 학생의 개별화교육계획팀이 다른 누군가가 필기를 해주는 방법을 권한다면, 필기하는 사람은 탄소가 함유되지 않은 NCR 용지(RIT Campus Connections에서 구할 수 있는 National Cash Register 용지)를 활용할 수 있다(Hastings et al., 1997). 이 종이는 또래가 필기하고 2장을 나누어 해당 학생에게 강의내용을 즉석에서 복사한 것 1장을 줄 수 있게 해 준다. 여러 부분으로 이루어진 수업들에서는 노트필기를 잘하는 학생이 첫 부분이 진행되는 동안 필기를 하고 필기한 내용을 자폐스펙트럼장애 학생에게 복사해주면, 이 학생은 다음 부분을 필기하는 등 번갈아 할 수 있다. 주요 단어들을 감추기 위해 '수정액'을 활용하는 것은 자폐스펙트럼장애 학생이 그 지워진 부분을 채우기 위해 수업내용을 잘 듣게 만들 수 있다. 수정액의 촉각적 특징은 단어들이 감춰져 있다는 추가적인 단서로 이용된다.

시각적 단서들 및 수업내용의 청각적 제시에 수반되는 보충자료들은 교수가 이루어지는 동안 참여를 촉진할 수 있다. 교사들은 혼란을 줄이고 주의를 유지하기 위해 간결하고 구체적인 언어를 사용해야 한다(Myles et al., 2001). 추상적인 개념에 대한 설명은 학생들이 개념을 이해하도록 돕기 위해 직접적이고 현실적인 적용을 함께 해야 할 필요가 있다.

2) 학습동기 향상시키기

교사들은 학생이 과제들에 지속적으로 참여하고 완성하도록 동기를 부여할 수 있는 방법을 계획한다. 이는 학습의 사회적 측면들에 노력을 들이지 않고 성적이나 칭찬에 관심이 없을 수 있는 자폐스펙트럼장애 학생들에게는 특히 어려운 일이 될 수 있다. 특별한 관심 및 주제를 통합하는 것은 동기를 상당히 향상시킬 수 있다. 고기능 학생들에게 특별한 관심이나 특별한 기술과 관련된 교수는 그 학생뿐 아니라 학급 전체에도 이롭다(Safran & Safran, 2001). 수족관에 관심이 있는 학생은 물고기가 포함된 단어문제를 완성하는 것을 더 좋아할 것이다. 물에 매혹되어 있는 학생은 기꺼이 물이 가득 차 있는 용기에서 특정 색깔의 블록을 꺼내 들 것이다. 모든 학생들과 교사들은 고대 이집트에 대한 역사 단원이나 분해에 대한 과학 단원의 수업을 진행하는 동안 자폐스펙트럼장애 학생이 제시한 미라화(mummification)를 주제로 한 발표에서 무엇인가를 배울 것이다.

가장 창의적인 교사조차도 자폐스펙트럼장애 학생들의 특별한 관심을 지속적으로 통합시키는 것이 매우 어렵다고 느낄 것이다. 그럼에도 불구하고, 학생이 자신의 과제를 완수한다는 조건으로 특별한 관심거리에 접근하는 것을 허용한다면 그 관심은 학생에게 동기를 부여하는 데 활용될 수 있다(Charlop-Christy & Haymes, 1996). 벽돌에 많은 관심을 갖고 있는 학생에게는 과제 하나를 끝낸 후 복도로 가서 벽돌로 만들어진 벽을 볼 수 있게 해줄 수 있다. 기계에 마음이 끌리는 학생들이 교사의 교정을 받지 않고 하루를 보냈다면, 개조자동차경기연맹이 주최하는 자동차 경주나 집수리 쇼를 몇 분 동안 볼 수 있게 해줄 수 있다. 교수활동에 특별한 관심을 끼워 넣는다는 것은 동기를 향상시키고 학업성취를 촉진시킬 수 있다.

3) 보조공학 통합하기

공학을 활용하는 중재들은 자폐스펙트럼장애 학생들의 학습 형태에 잘 맞고(Heimann, Nelson, Tjus, & Gillberg, 1995), 활동들을 완수하도록 동기를 향상시켜줄 것이다(Chen & Bernard-Opitz, 1993). 개별화교육계획팀은 모임을 갖고 자폐스펙트럼장애 학생을 위한 보조공학 장비와 보조공학 서비스에 대해 논의를 해야 한다. 장애인교육법(Individuals with Disabilities Education Act : IDEA) 1990년 개정판에서 **보조공학**(assistive technology)은 다음과 같이 정의되어 있다.

'장애 아동들의 기능적 능력을 증진시키거나 유지하게 하는 데, 혹은 개선시키는 데 사용되는 것으로 상업적으로 획득되거나, 즉시 구입되는, 혹은 개조되거나 주문제작되는 모든 물건들이나 장비의 일부, 혹은 생산체제' (34 CFR 300.16)

보조공학에는 경사판과 연필을 잡을 때 쓰는 보조도구 등과 같이 공학수준이 낮은 것은 물론 개인 휴대용 정보단말기(personal digital assistant, PDA)와 읽기 · 스캔하기 소프트웨어(예 : Kurzweil, 2004) 등과 같은 첨단제품들도 포함된다. 읽기와 작문에 결손을 보이는 학생들은 보조공학을 통합한 교수에서 이익을 볼 수 있다.

가장 유용한 장비 및 서비스를 결정하기 위해, 학생들은 의미 있고 일상적인 과제들을 수행하는 동안 다양한 보조공학 체제에 대해 평가받아야 한다. 자폐스펙트럼장애 학생들의 학습특성이 매우 이질적이기 때문에(Tsatsanis, 2004; Wing, 1997), 보조공학을 활용한 방법들은 다학문적(multidisciplinary)이고 간학문적(interdisciplinary)일 필요가 있다(Hutinger, 1996). 작문에 있어 심각한 문제를 보이는 학생을 위한 보조공학 평가를 하는 동안 언어치료사 및 작업치료사가 협력할 수 있다. 내용교과 전반에 걸쳐 손으로 하는 글씨쓰기, 키보드 다루기, 그리고 음성인식 활동 샘플 등을 비교하면서 언어치료사는 구조, 철자 및 어휘에, 그리고 작업치료사는 운동기능 계획 및 실행은 물론 조직에 초점을 맞출 수 있다(Diehl, 2003).

보조공학은 사회성 기술, 의사소통, 그리고 학업수행을 향상시키는 데 사용된다. 비디오테이프 형태의 보조공학은 학령 전기 자폐스펙트럼장애 아동들의 연극형식의 놀이를 격려하는 데 활용되었다(D' Ateno, Mangiapanello, & Taylor, 2003). 이 아동들은 비디오테이프에서 놀이의 순서와 기술들을 보았고 상상놀이 상황에 성공적으로 참여하였다. 비디오테이프를 보조공학으로 사용하는 것은 자폐증과 관련된 강점(즉, 시각적 학습자)을 이용하고 매우 자극적인 비디오라는 매개체를 통합한다.

중도 자폐스펙트럼장애 학생들에게는 시각적 촉구와 청각적 촉구 모두 제공하기 위해 개조된 보완 · 대체 의사소통 장비에 그림단서들을 결합해서 제공한다. Mechling과 Gast(1997)는 시각 및 청각적으로 스스로를 촉구하는 두 가지 전략들을 결합하는 것이 학생들을 도와 서로 다른 학교환경에서 다양한 과제들을 완수하게 하는데 성공적이었다고 한다. 더 중요한 것은, 학생들이 청각-시각 촉구 장비의 이용을 더 좋아했고, 이는 동기를 촉진했다는 것이다.

구어를 사용하지 못하면서 그림교환 의사소통 체계를 활용하여 점점 더 자발적으로 상호작용을 시작하게 되었지만, 자신의 의사소통 노트에는 상징만 적어 넣을 수 있었던 한 학생은 자신이 사용할 수 있는 언어를 확장시키기 위해 음성산출 장비를 활용할 수 있을 것이다. 고기능 학생은 철자에서의 문제로 인해 쓰기과제를 완성하는 데 지속적으로 어려움을 보일 수 있다. 이러한 어려움은 음성산출 기능을 갖추고 철자에 대한 도움을 제공하는 워드프로세서를 이용함으로써 완화될 수 있다(Blischak & Schlosser, 2003).

보조공학은 교사의 강의를 대체하기 위한 것으로 사용되어서는 안 되지만 독립성을 위한 추가적인 경험 및 기회들을 제공하는 수단으로서는 활용될 수 있다. 어느 날 어떤 학생이 사용한 보조공학은 그 다음 날에는, 혹은 2년 후에는 성공적이지 않을 수 있다. 교사들이 공학수준이 낮은 그리고 공학수준이 높은 다양한 보조공학에 대한 자신의 지식기반을 확장시켜감에 따라, 학생들에게 성공을 위한 더 많은 기회들을 보장할 수 있게 된다. 교사들이, 학생들이 점점 더 많은 과제들을 만들어 갈 것이라는 기대를 높여가고, 쓰기 활동들을 더 빨리 완수하도록 요구하며, 쓰기과제를 더 신속하게 끝내기를 주장함에 따라 보조공학 장비의 이용은 자폐스펙트럼장애 학생들로 하여금 교수에 성공적으로 참여하게 할 수 있다(Attwood, 1998).

4) 컴퓨터 보조교수 활용하기

공학을 통합하는 또 다른 방법에는 컴퓨터 보조교수의 활용이 포함된다(NRC, 2001). 컴퓨터는 사용자가 모니터에 주의를 집중할 것을 요구하기 때문에, 컴퓨터는 주변적인 감각정보들을 가려내는 데 어려움을 겪는 자폐스펙트럼장애인들에게 특히 잘 맞을 것이다(Schlosser & Blischak, 2001). 컴퓨터는 예측할 수 있고, 이는 자폐스펙트럼장애 학생들의 요구와 잘 맞는다. 대다수의 자폐스펙트럼장애 학생들은 컴퓨터에 흥미를 갖고 있는 것으로 보이는데, 이는 아마도 컴퓨터가 제공하는 시각적 자극과 독특한 청각적 자극 때문일 것이다. 컴퓨터는 학습, 동기, 주의집중, 반응률, 그리고 문제해결 등의 수준을 향상시키는데 활용될 수 있다.

컴퓨터 활용의 이점들 중 한 가지는 컴퓨터가 즉각적인 피드백과 강화를 제공한다는 것이다. 또한 컴퓨터는 교사 및 보조교사들이 필요로 하는 감독의 양을 줄여 준다 (Frank, Wacker, Berg, & McMahon, 1985). 더욱이 컴퓨터는 학생의 수행수준에 맞춰 주문 제작될 수 있고 학생의 교수 속도에 맞춰 조정될 수도 있다. **컴퓨터 보조교수** (computer-assisted instruction : CAI)는 철자 및 수학 성취를 촉진하고(Baumgart & Van Walleghem, 1987; Podell, Tournaki-Rein, & Lin, 1992; Scruggs & Mastropieri, 1997; Stromer, Mackay, Howell, McVay, & Flusser, 1996), 문제해결 기술을 향상시키는 데(Lancioni, VandenHof, Furniss, O' Reilly, & Cunha, 1999) 효과적이다.

3. 차별화된 교수 요약

자폐스펙트럼장애 학생들은 독특한 학습 형태와 선호도를 지니고 학교에 온다. 교사들은 단순한 것(예 : 강의를 시각자료로 보완)에서 더 복잡한 것(예 : 적절한 보조공학을 위해 학생이 평가받도록 하기)에 이르기까지 다양한 전략들을 사용할 수 있다. 〈그림 10-1〉에는 자폐스펙트럼장애 학생들의 참여를 증진시키고 이들의 중요한 학업 및 기능 기술들을 개선시키는 데 효과적인 것으로 알려져 활용이 권장되는 전략들이 제시되어 있다.

안타깝게도 자폐스펙트럼장애 학생들의 교과영역 성취를 향상시키기 위한 다양한 전략들의 효과를 검토하기 위해 실행된 연구는 거의 없다. 낮은 수준의 기능을 보이는 학생들을 위한 기초 문해(literacy)와 수 확인에 대해 몇 개의 연구들만이 수행되었을 뿐이다. 고기능 특히 아스퍼거 장애 학생들을 위한 교수기법들의 학습 효과를 평가하기 위해 상대적으로 더 많은 연구들이 수행되어 왔다. 그 뒤를 이은 것이 다른 장애를 지닌 학생들뿐 아니라 자폐스펙트럼장애 학생들을 대상으로 수행된 연구들로부터 교수를 위한 함의를 추출한 것이다. 자폐스펙트럼장애 학생들에게는 쓰기 및 작문, 읽기, 철자, 그리고 수학 등 4개의 핵심적인 내용영역들이 어렵기 때문에 다음 절에서 이에

- 학생 개개인에게 개별적인 자료를 사용한다.
- 언어 상호작용(토의 형식)과 매체를 함께 사용한다.
- 매체/개념 발표를 위해 5분 간격으로 순환한다.
- 각각의 개념을 가르치기 위해 최소한 3세트의 자료들을 활용한다.
- 집단반응을 자주 사용한다.
- 빠른 속도의 무작위 반응을 이용한다.
- 학생 1명당 3개에서 5개 정도를 빠르게 반응하게 하는 연속 반응을 활용한다.
- 학생과 학생의 상호작용을 자주 활용한다.
- 전달방식을 20분에서 30분마다 바꾼다(학년 수준에 따라).
- 청각 처리 결손을 보충하기 위해 시각적 지원을 포함시킨다.
- 협력학습 집단을 통합한다.
- 보조공학을 사용할 수 있게 한다.

그림 10-1 자폐스펙트럼장애 학생들의 교수를 차별화하기 위한 부가적인 아이디어들

출처 : Kamps, Dugan, Leonard, & Daoust(1994); Kamps, Leonard, Dugan, Boland, & Greenwood(1991)

대해 구체적으로 알아보고자 한다.

4. 핵심적인 내용영역

1) 쓰 기

쓰기가 포함된 과제의 완수를 지도할 때 자폐스펙트럼장애 학생들은 종종 좌절과 불안을 보이고, 이는 불복종 및 반항으로 나타날 수 있다(Church et al., 2000). 학습장애학생들이 쓰기과제에 대해 비슷한 어려움을 보인다(Gaskins, 1998; Graham, Harris, & Larsen, 2001; Isaacson & Gleason, 1997). 고등학교에 다니는 한 자폐스펙트럼장애 학생은 쓰기를 '신체적으로 힘든' 것으로 묘사하고 있다(Church et al., 2000, p. 19). 쓰기 행동은 문자들을 어떻게 구성하는지에 대한 지식을 기억으로부터 끄집어내는 능력은 물론, 종이 위에 문자의 형상을 만들기 위한 운동기능적 움직임의 실행도 요구한다. 자폐스펙트럼장애 학생들은 시각-운동기능 협응 및 소근육 움직임의 통제 등에 어려

움을 겪고 있고 이는 연필을 잘 사용할 수 없게 만든다(Myles et al., 2001). 많은 자폐스펙트럼장애 학생들은 소근육 결함을 다루기 위해 작업치료사의 서비스를 어린 나이부터 학령기 동안 지속적으로 받는다. 자폐스펙트럼장애 초등학생들 중 약 58% 정도가 잡기, 글씨쓰기, 가위 다루기, 혹은 도구의 사용 등과 관련된 소근육 결함을 다루기 위해 작업치료를 받고 있는 것으로 나타났다(Church et al., 2000).

글자를 읽기 쉽게 쓰는 학생들의 능력을 저해하는 또 다른 요인은 쓰기 도구이다. 크레용은 종이에 거칠게 남기 때문에 이를 이용해서 쓰는 것은 더 어렵다. 대신 화이트보드에 마커로 쓰는 것은 학생들이 해내기에 더 쉬울 것이다. 어떤 학생들은 닳아버린 껍질 같은 촉감 때문에 구식 노란색 연필은 사용하기 싫다고 말한다(Myles, Cook, Miller, Rinner, & Robbins, 2000). 이러한 특이성을 보상하기 위해 교사들은 굵은 연필, 샤프펜슬, 연필잡기(pencil grip), 혹은 천연 삼나무 연필 등을 줄 수 있다. 샤프펜슬을 사용할 때 자폐스펙트럼장애 학생들은 때때로 그들이 가해야 하는 압력의 양을 조절하는 데 어려움을 갖고 있다는 점에 주의해야 한다. 그러므로 심이 얇고 끝이 뾰족한 샤프펜슬은 자주 부러지고 해당 학생에게는 더 많은 좌절을 안겨줄 수 있다. 매직펜은 사용하기에 더 쉽다고 한다. 매직펜의 잉크는 쉽게 흘러나오고 게다가 매직펜은 단어들이 배경에서 도드라져 보이도록 뚜렷한 차이를 제공한다.

일부 학생들은 종이 위치 때문에 알아볼 수 있게 글을 쓰는 데 어려움을 겪는다. 경사판에 종이를 단단히 고정시키는 것은 학생들이 과제를 완수하는 데 영향을 준다(Myles et al., 2000). 한 부분이 올라가있는 경사진 판에 종이를 놓는 것은 시야가 더 확보되고 종이에 쓰인 글을 읽는 데 방해가 될 수 있는 번들거림을 감소시켜줄 뿐 아니라 쓰기과제를 수행하는 동안 정확성을 촉진시켜 줄 수 있다. 어린 학생들에게는 작업치료사가 다른 곳으로 옮길 때 접을 수 있는 경사판이 장치된 테이블을 줄 수 있다. 학생들의 연령이 증가함에 따라 클립보드와 비슷한 상업적으로 제조되는 경사판을 구입할 수 있다. 〈그림 10-2〉는 고등학교에 다니거나 지역사회중심교수를 받는 학생들의 연령에 적합한 경사판의 예이다.

각각의 문자 사이에서 연필을 뗄 필요가 없기 때문에, 일부 자폐스펙트럼장애 학생들에게는 인쇄체보다는 필기체로 글쓰기가 더 쉬울 수 있다. 또한 필기체는 각각의 문자가 연결되어 별개의 단위가 되기 때문에 단어들 사이의 공간을 적절히 떼놓는 방법을 배우는 데 있어 생기는 문제들을 예방할 수 있게 도와준다.

쓰기도구, 자료, 지원, 그리고 글씨 형태를 바꾼 후에도 글씨쓰기 기술이 향상되지 않는다면, 자폐스펙트럼장애 학생들에게 키보드 다루는 기술을 획득하게 하고 이를 향상시키는 것으로(Brown, 2004), 그리고 공학을 활용하여 글을 쓰게 하는 것으로(MacArthur, 2000) 이익을 볼 수 있다. 개인 워드프로세서(예 : Alphasmarts, 노트북 컴퓨터, 개인 휴대용 정보단말기 등), 음성인식 소프트웨어, 그리고 글쓰기 소프트웨어 등은 고기능 학생들이 기능하는 데 있어 그 중요성이 점점 더 높아질 수 있다. Diehl(2003)은 키보드를 활용하는 것이 손으로 써서 완성된 것보다 더 일관성 있고 더 긴 글을 쓰게 했다고 한다.

교사가 학생을 도와 글로 쓰인 결과물을 산출하는 데 대한 어려움을 보상하는 다른 방법들로는 대필자로 하여금 반응들을 쓰게 함(Attwood, 1998; Church et al., 2000)으로써, 요구되는 쓰기의 양을 줄여주는 것(Mayes & Calhoun, 2003)이 있다. 학생들에게는 개요(Myles & Simpson, 1998)나 글쓰기 소프트웨어를 활용하여 필기하는 것이 허용될 수 있다.

글쓰기 소프트웨어(authoring software)는 과제를 작성하거나 키보드 다루는 법을 숙달할 필요성을 피하게 해주면서도 인쇄된 결과물을 얻을 수 있게 해준다. 'Dragon Dictate™', 'Dragon Naturally Speaking™', 그리고 'Voice Express™' 등과 같은 **음성인**

그림 10-2 경사판

출처 : Heflin & Alaimo

식 소프트웨어(speech recognition software)는 경도장애학생들, 소근육 결함을 지닌 학생들, 그리고 시각 · 운동기능 협응에 어려움을 겪고 있는 학생들의 쓰기기술을 효과적으로 향상시켜줄 수 있다. 음성인식 소프트웨어는 정보를 컴퓨터에 직접 입력하는 전통적인 방식을 피할 수 있게 해준다. 키보드를 치는 대신 마이크를 통해 말을 하면 컴퓨터가 그 음성을 디지털화된 형태로 변환시켜 준다. **연속 음성 시스템**(continuous speech system)가 연결된 대화형식의 말을 허용하는 반면, **개별 음성 시스템**(discrete speech system)는 글을 쓰는 사람에게 단어 사이에서 잠시 쉴 것을 요구한다(Cavalier & Ferretti, 1996). 개별 음성 시스템은 각각의 단어를 말하고 잠시 쉬도록 요구함으로써 말소리의 속도가 더 느리기 때문에 표준적이지 않은 말소리 패턴에 더 잘 맞고 가벼운 형태의 구강 · 운동기능 결손이나 조음을 하는 데 어려움이 있는 학생들에게 보상을 제공할 수 있다(Higgins & Raskind, 2000). 음성인식 소프트웨어를 이용함으로써 이익을 볼 수 있을 자폐스펙트럼장애 학생들은 최소한 3학년 수준에 해당되는 단어 판별(word identification) 기술들을 지니고 있고 대부분의 단어들의 첫 번째 문자나 첫 두 문자를 가려내기에 충분할 만큼의 철자를 구사할 수 있는 학생들이다.

음성인식 체제는 학생들이 작성된 대로 그 글을 읽을 수 있게 해준다. 이는 오류들을 발견하고 그 오류들을 교정하는 데 더 쉬울 수 있다는 이점이 있다. Paz(1999, p. 181)는 한 고등학생이 '음성인식 체제를 통해 과제를 작성하는 것은 더 나은 성적을 받는 데 도움이 되지는 않지만, 과제를 더 쉽게 끝낼 수 있게 하기 때문에 더 많은 과제를 완성하도록 동기를 부여해 준다.' 고 진술한 것을 보고하였다. 음성인식 소프트웨어를 사용하는 것은 소근육 결손으로 인한 어려움을 덜어 주고 쓰기과제에 더 많이 응하게 해준다.

아이디어를 종이에 옮기는 데 어려움과 더불어 자폐스펙트럼장애 학생들은 무엇을 써야 할지를 구성하는 데 어려움을 보일 수 있다. 고기능 자폐스펙트럼장애 학생들은 영어를 종종 어려운 교과로 묘사한다. 학생들은 쓰기과제들로 인해 곤란을 겪고(Church et al., 2000), 자신의 아이디어를 조직하고 계발하기 위해 고생한다. 아스퍼거장애 학생들은 일반 또래들과 동일한 양의 쓰기(비록 훨씬 더 알아보기 힘들지만)를 하지만, 쓰기 결과물에서는 눈에 띄게 차이를 보인다(Myles et al., 2003). Diehl(2003)은 학생들이 초등학교에서 배웠던 이야기식 글쓰기 형태에서, 상위 학년에서 더 가치를 인정받는 설명식 글쓰기 형태로 옮겨가는 데 어려움을 갖고 있는지에 대해 면밀히 조사했다.

쓰기 전 전략들(예 : 개별화 시각 조직자, 색깔에 의해 부호화된 과제장, 계획 차트 등)을 사용하도록 학생들을 가르치는 것은 쓰기과제를 하는 동안 학생들의 아이디어를 구조화하고 지원하는 데 도움이 될 것이다(Fullerton, Stratton, Coyne, & Gray, 1996). 예를 들어, 학생들은 시각적 웹(visual web)과 같은 **그래픽 조직자**(graphic organizer)로 자신이 쓸 것의 개요나 초고를 조직하고 제출할 수 있다(Safran, Safran, & Ellis, 2003). Bedrosian과 Lasker, 그리고 Speidel과 Politsch(2003)는 '이야기 문법 지도'(Story Grammar Map)(〈그림 10-3〉 참조)가 이야기를 쓰는 능력을 촉진할 수 있다고 한다. 이 기법은 간단하게 따라할 수 있는 시각적 개요를 토대로 하고 있다. 나중에 학생들은 그래픽 조직자를 사용하여 자신이 쓴 것을 이야기식이나 설명식 텍스트로 더 완전하게 발전시킬 수 있다. 핵심적인 용어들/개념들로 된 단어은행(word bank)을 제공하는 것은 작문을 지원할 수 있다(Moyes, 2002). 관련된 자료를 종합하고 통합하는 학생의 능력을 평가하기 위해 부가적인(관련이 없는) 단어들이 단어은행에 추가될 수 있다. 작문 기술은 일생동안 계발되어 가는 것이고, 텍스트 산출 기술 및 고등사고 과정 등을 포함한 다양한 기술들을 요구한다(Hunt-Berg, Rankin, & Beukelman, 1994).

2) 읽 기

초기 문해 경험은 읽기, 쓰기, 그리고 언어에서의 아동의 발달에 영향을 줄 수 있다(Hetzroni & Schanin, 2002). **초기 문해 활동**(early literacy activities)은 유아들이 다양한 읽기 자료들의 인쇄물을 접하면서 시작된다. 어렸을 때 이야기들을 듣는 데 들인 시간의 길이는 읽기기술 발달에 영향을 준다. 발현적 문해(emergent literacy)의 중요한 구성요소들에는 인쇄물 이용, 이야기를 듣고 인쇄된 텍스트를 접할 기회들, 그리고 읽는 동안 생기는 호혜적 상호작용의 질 등이 포함된다. 발현적 읽기 활동의 예로는 그림책 보기, 학생들에게 어떤 이야기를 들려주고 이를 기억해서 다시 말하게 하기, 그리고 지역사회에서 볼 수 있는 표지의 인기 있는 상표 '읽기' 등이 있다. 발현적 문해 활동은 자폐스펙트럼장애학생들에게 이로운 것이다(Koppenhaver & Erickson, 2003; Skoto, Koppenhaver, & Erickson, 2004).

문해 활동에 학생들을 참여시키는 또 다른 방법은 쌍방향 컴퓨터 소프트웨어 프로그램(예 : Interactive Living Books™ 등)을 활용하는 것이다. 이 형태의 컴퓨터 보조교수는 발현적 읽기 및 쓰기과제들을 위한 이야기들과 그림 · 쓰기도구들을 활용함으로써

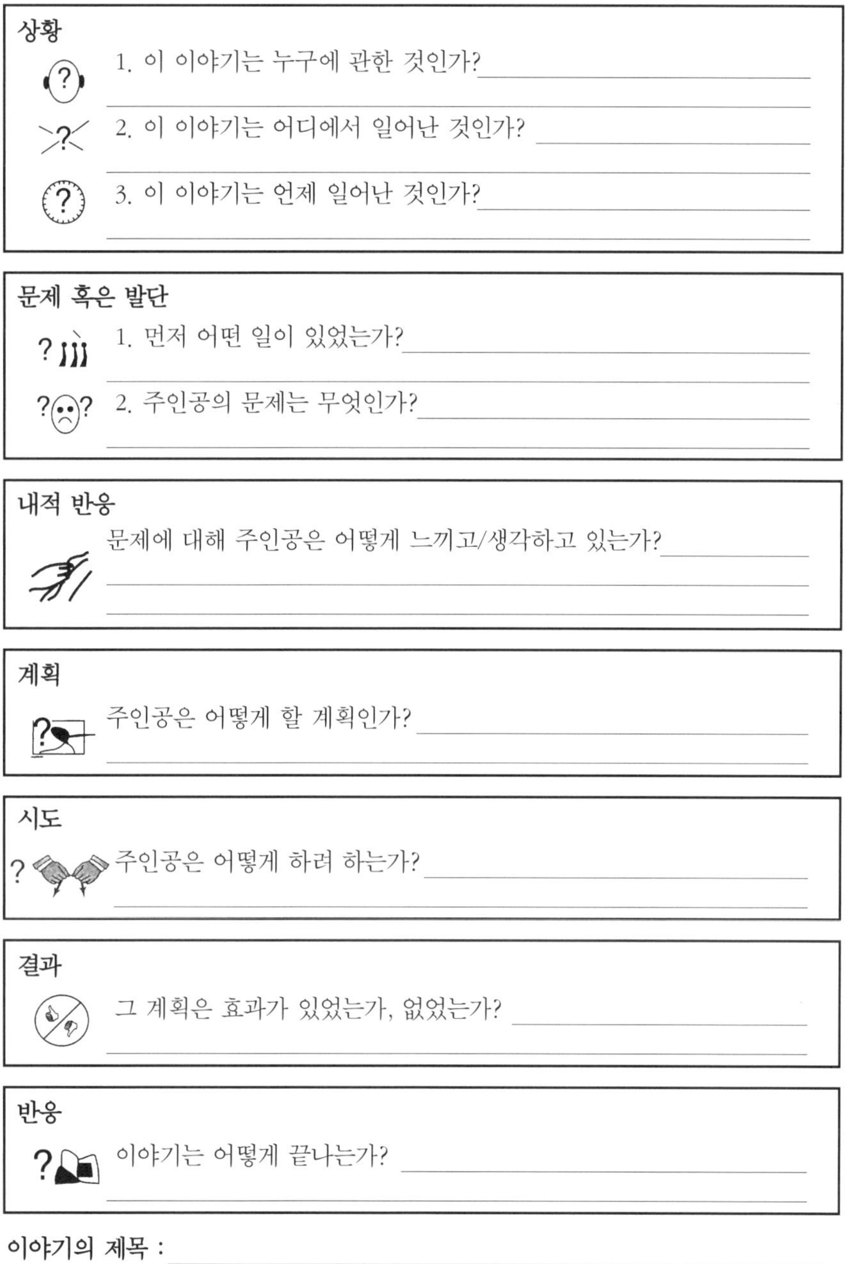

상황

1. 이 이야기는 누구에 관한 것인가? ____________

2. 이 이야기는 어디에서 일어난 것인가? ____________

3. 이 이야기는 언제 일어난 것인가? ____________

문제 혹은 발단

1. 먼저 어떤 일이 있었는가? ____________

2. 주인공의 문제는 무엇인가? ____________

내적 반응

문제에 대해 주인공은 어떻게 느끼고/생각하고 있는가? ____________

계획

주인공은 어떻게 할 계획인가? ____________

시도

주인공은 어떻게 하려 하는가? ____________

결과

그 계획은 효과가 있었는가, 없었는가? ____________

반응

이야기는 어떻게 끝나는가? ____________

이야기의 제목 : ____________

그림 10-3 이야기 문법 지도

출처 : Bedrosian, J., Lasker, J., Speidel, K., & Poitsch, A. (2003). Enhancing the written narrative skill of an AAC student with autism: Evidence-based research issues. *Topics in language disorders, 23*, 305-324.

학생들의 상호작용을 촉진할 수 있다(Hetzroni & Schnin, 2002). 학생들이 음성산출 장비나 말하는 워드프로세서 프로그램을 사용하기 좋아하는 것으로 보인다면, 이들이 문해에서도 더 많은 이익을 얻고 있음을 보여주는 것이다(Blischak & Schlosser, 2003).

또한 컴퓨터는 낮은 수준의 기능을 보이는 자폐스펙트럼장애 아동들에게 자극이 점점 사라지는 절차를 통하여 단어인식을 가르치는데 활용되어 왔다(Hetzroni & Shalem, 출판 중). 구어를 사용하지 못하는 6명의 자폐스펙트럼장애 학생들이 선호하는 음식물들이 가려졌다. 음식물 포장지에 있는 상표가 보통의 그래픽 상징(인쇄된 것)으로 변형되었는데, 이 그래픽 상징은 7단계로 나뉘어 단계가 증가할 때마다 더 완성되는 형태를 띠고 있다. 컴퓨터는 여러 수준의 절차를 제시한다. 학생들 개개인은 8개의 좋아하는 음식물의 단어들을 학습했고 그들 중 대다수는 자연스러운 환경에서 그 단어들을 알아볼 수 있었다.

환경 및 활동의 변화는 나중의 학업수행에 대한 발현적 문해 활동의 영향을 극대화하는 데 도움을 줄 수 있다. 이에 대한 제안은 다음과 같다.

- 학급 내의 문해 도구 및 자료들의 양과 다양성을 늘린다.
- 책들을 쉽게 볼 수 있게 하고 컴퓨터에 워드프로세서 프로그램을 항상 열어 놓는다.
- 문해 도구 및 자료들을 하루 종일 쉽게 이용할 수 있게 한다.
- 혼자서 탐색할 시간을 준다.
- 적절한 문해 행동의 시범을 보인다.
- 학생들이 발현적 읽기 및 쓰기 문해 활동을 하는 동안 그들과 상호작용을 한다.

학생들은 인쇄된 텍스트를 접하고 이야기책 읽어 주는 것을 듣는 것으로부터 그림을 바탕으로 한 간단한 이해 질문에 반응하는 것으로 진전을 보인다. 학생들은 해독을 하는 과정에서 문자와 소리를 짝짓는 능력을 입증함으로써 음운인식(phonological awareness)을 보일 것으로 기대된다.

(1) 해 독

Lord와 Paul(1997, p. 215)은 **해독**(decoding)을 '글로 쓰인 단어들을 의미에 대한 어떠한 조건도 없이 발음하는 것' 이라고 간결하게 정의하고 있다. 많은 자폐스펙트럼장애 학생들은 그들의 경이로운 해독 및 철자 기술로 교사들을 놀라게 한다. 이러한 학생들은 불가사의할 정도로 글로 쓰인 텍스트를 정확하게 읽는 **다독증**(hyperlexia)을 보여 준다

(Grigorenko et al., 2002; Mayes & Calhoun, 1999; Needleman, 1982). 다독증을 보이는 학생들은 종종 철자를 잘 알고 있기도 한다. 다독증 학생들에게서 볼 수 있는 이 놀라운 해독 및 철자 능력은 그들이 지닌 낮은 이해기술과 뚜렷하게 대비된다. 이 학생들에게 해독은 문제가 되지 않고, 이해를 향상시키기 위한 전략들이 우선순위를 차지한다.

낮은 수준의 기능 수행을 보이는 학생들은 시각적 강점을 통해 해독하는 방법을 배울 수 있다(Brown, 2004). 통 단어(whole word)를 활용하여 일견단어(sight word) 인식을 가르치는 것은 학생들의 청각 처리 능력에 대한 요구를 줄여준다. 이는 단어를 분할하여 해독하는 데 필요하다. 개인적인 어휘와 의미 있는 어휘를 통합하는 것은 학생들을 도와 텍스트를 생활경험과 관련시킬 수 있게 한다. 형태와 그림 등을 이용하여 과제들을 단순히 짝짓는 것은 대응을 이해하기 위한 무대를 마련하고 초기 인지기술의 발달을 촉진할 수 있다. 일반화를 촉진하기 위해 일견단어 인식과 짝짓기 과제는 반드시 여러 환경에서 수행되어야 한다.

기능적 일견단어 어휘를 확립하는 것은 기능 수행 수준이 낮은 자폐스펙트럼장애 학생들에게 중요한 것이다. 인쇄된 단어들을 그 의미와 연계시키는 것을 학습하면(Mirenda, 2003), 학생들은 졸업 이후 성공에 긍정적인 경로를 창출하는 지역사회 중심 교수에서 더 독립적으로 활동하게 된다.

직접교수는 자폐스펙트럼장애 학생들에게 해독을 가르치는 데 유용하고 이해기술을 강화하는 데 사용할 수 있다. 효과적인 교수 실제로 인정받고 있는 직접교수(Kavale & Forness, 1999)는 장애유무와 관계없이 학생들의 읽기학습에 성공적으로 활용되어 왔다(Wilson, Martens, Arya, & Altwerger, 2004). 직접교수는 대본처럼 되어 있는 일련의 교수자료들과 교사들이 사용할 행동절차들을 포함하고 있다. 이 절차들은 교사들의 준비, 교수, 교육과정, 그리고 학급경영 등을 위한 청사진을 제공하며, 기능적 읽기기술들의 숙달을 촉진하는 데 효과적일 수 있다(Brown, 2004). 자폐스펙트럼장애 학생들에게 효과적인 것으로 경험적 연구에 의해 입증되지는 않았어도 직접교수에는 이들에게 이로울 수 있는 수많은 구성요소들이 포함되어 있다. 예를 들어, 직접교수는 구조화되어 있고 예측이 가능하다. 다양한 간단한 활동들이 제시되고 학생들은 빈번하게 반응해야 한다. 직접교수 절차와 훈련기회 등에 대한 설명은 www.nifdi.org에서 찾아볼 수 있다.

(2) 읽기이해

자폐스펙트럼장애 학생들은 일반적으로 읽기이해의 문제를 보인다. 고기능 자폐스펙트럼장애 학생들이 특정 주제, 등장인물, 그리고 공상에 대해 지나치게 매혹되기도 하지만, 이들은 사실적 정보를 이해하는 데 있어 강점을 보인다(Myles et al., 2001). 자폐스펙트럼장애 학생들은 컴퓨터 보조교수를 활용한 소리-상징 표현을 통해 읽기이해와 음운인식에서 향상을 보인다(Heimannet al., 1995). 컴퓨터 보조교수는 자폐스펙트럼장애 학생들에게 효과적인 것이고(Chen & Bernard-Opitz, 1993), 읽기과제에 계속 참여하려는 동기를 부여한다. Stein과 Klin, Miller(2004) 등은 읽기자료를 테이프에 녹음하거나 녹음된 책들과 상호작용할 기회를 제공하는 것이 자폐스펙트럼장애 학생들이 읽기과제들을 독립적으로 완수하는 데도 도움을 줄 수 있다고 한다.

자폐스펙트럼장애 학생들에게 이들의 실제 해독 및 단어인식 수준보다 1, 2학년 낮은 수준의 이야기들을 활용하면 이들의 읽기 이해에 대한 더 정확한 사정이 가능하다(Brown, 2004). 예/아니오, 참/거짓, 그리고 선다형 문제들은 언어처리에서의 추가적인 어려움의 영향을 최소화해 주기 때문에 이러한 문제들을 활용하면 보다 신뢰할 수 있게 측정할 수 있다. 학생이 질문에 언어로 반응하는 데 어려움을 보이면 자신이 생각하는 답을 지적하거나 그 답에 동그라미 표시하고(Brown, 2004), 선택한 것에 맞는 그림을 이용하고 그림을 그리는 것으로 질문에 답하게 할 수 있다(Kluth, 2004).

소리 내서 읽을 때, 고기능 자폐스펙트럼장애 학생들은 교수수준, 듣기수준, 그리고 좌절수준에서 학년수준과 동등한 수행을 보인다. 그러나 독립적으로 소리 내지 않고 읽는 기술은 학년수준에 미치지 못한다(Myles et al., 2002). 초등학교 고학년 학생들은 앞으로 다른 사람의 도움 없이 읽을 것으로 기대되기 때문에(Matropieri et al., 2001), 자폐스펙트럼장애 학생들을 위해 자료들을 개작하도록 일반교사들에게 권유할 필요가 있다.

❖ 해리스 선생님에게 배우기

로라와 매체 전문가

로라는 학교에서 '읽기 영재' 프로그램에 참여해 왔고, 일반학급에서의 짝과 일주일에 한 번 미디어센터에 가는 것을 좋아한다. 매체 전문가는 지난 한 달 동안 로라를 주의 깊게 살펴보았고 해리스 선생님 반에서 다른 사람들과는 거의 말하지 않으면서 하루의 일부를 보내는 이 소녀가 왜 항상 자신의 학년 수준을 넘는 동물에 관한 책을 고르는지에 대해 생각하고 있다. 이 전문가는 로라가 참여한 프로그램에서 수집된 자료들을 검토하고 로라가 시험에서 매우 좋은 성적을 거두고 있음을 확인했다. 이 매체 전문가는 교직원 회의를 하는 동안 해리스 선생님에게 로라에 대해 물어보기로 했다. 회의에서 이 전문가와 해리스 선생님은 로라가 다른 내용의 책을 읽어봄으로써 이익을 볼 수 있다고 판단했다. 매체 전문가는 로라가 Amelia Bedelia의 이야기들 중에서 하나를 고르게 하는 방향으로 이끌기로 했다.

그 다음 회기에 로라가 미디어센터로 갔을 때, 매체 전문가는 Amelia Bedelia의 이야기들 중에서 하나를 고르라고 했다. 그 즉시 로라의 호흡이 눈에 띄게 가빠졌고, 매체 전문가와 약간 떨어진 곳에서 날카로운 목소리로 "싫어, Kodiak bear를 볼거야."라고 반복해서 말했다. 이 전문가는 자신이 로라를 불안하게 만들었고, 말을 하는 것이 이 아이를 진정시키지 못할까봐 걱정하였다. 매체 전문가는 해리스 선생님을 오도록 했다.

해리스 선생님이 미디어센터로 들어서자 해리스 선생님은 로라의 불안수준이 높아졌음을 알아차리고 로라의 주의를 끌기 위해 동물 책들 중 한 권을 집어 들었다. 해리스 선생님은 그 책을 로라에게 주었고, 로라는 책을 꼭 끌어안았다. 해리스 선생님은 어떤 자폐스펙트럼장애 학생에게 말을 건네는 것은 불에 기름을 끼얹는 것과 마찬가지라는 것을 알고 있었으므로 절충을 위한 토론을 시작하기 전에 로라가 진정하기를 기다렸다. 로라와 해리스 선생님은 로라가 Amelia Bedelia의 책 한 권을 고르고 그 책에 대해 읽기 영재 시험을 본다면, 로라는 동시에 Kodiak bear에 대한 책도 볼 수 있게 될 것이라는데 합의했다.

로라가 돌아왔을 때, 매체 전문가는 로라가 읽기 영재 시험에서 어떻게 하는지 살펴보았다. 이 소녀는 다시 그 전문가를 놀라게 했다. 로라는 자신의 학년수준에 맞는 Amelia Bedelia 시험을 망쳤지만, 자신의 학년수준 이상의 책들에 대해서는 두드러지게 수행을 잘했다. 전문가는 점심시간에 해리스 선생님을 찾아갔다. 해리스 선생님은 로라가 사실적이지 않은 읽기자료, 특히 그 자료가 은유적인 언어(예를 들어, Amelia Bedelia의 책에서 사용하는 것과 같은 말장난 및 관용어 등)를 쓰는 경우에는 더 어려움을 겪는다고 알려 주었다. 로라가 글과 그 의미가 일치하는 책을 기꺼이 읽으려 하는 것으로 보이기 때문에, 매체 전문가는 글자 그대로 해석되지 않는 언어의 이해를 촉진시키는 책들을 가려내기로 했다. 아마도 이러한 목적을 달성하게 할 수 있는 곰에 대한 책도 있을 것이다!

3) 철 자

철자 학습에는 문자·소리 관계를 규명하고 구성하는 능력이 포함되는데, 이는 청각과 음성의 통합을 위한 완전한 음운론적 체제를 요구한다. 이러한 요구조건을 가정해 볼 때 자폐스펙트럼장애 학생들이 단어의 철자를 대는데 어려움을 갖고 있다는 것은 그리 놀랄 일이 아니다. 다독증에 대해 앞서 언급한 바와 같이 일부 자폐스펙트럼장애 학생들은 철자에 대해 두드러진 적성을 보인다. 그러나 다른 자폐스펙트럼장애 학생들은 소리·상징관계 및 철자의 개념을 이해하는 데 어려움을 보인다.

학생들의 철자 전략들은 그들이 보이는 오류가 규칙에 근거한 것인지, 예측 가능한지, 발달에 따른 것인지, 아니면 불규칙한 것인지 등을 결정하도록 평가되어야 한다(Attwood, 1998). 그러고 나서 획득을 위한 적절한 교수 접근방식들(예 : 직접교수, 또래교수 등)이나 교정을 위한 적절한 접근방식들(학생들이 5개의 보기 중에서 정확한 철자를 골라내는 표준화 검사들과 유사한 단어들에 대한 검사를 구두 형태나 재인 형태로 다시 하기 등)이 규명될 수 있다(Myles & Simpson, 1998). 어떤 학생들은 보상전략들(예 : 말하는 워드프로세서, 전자 철자기 등)을 활용함으로써 이익을 볼 수 있다.

시간지연 절차(Touchette, 1971)는 자폐스펙트럼장애 학생들을 위한 철자 및 수학교수에 효과적이다(Ault, Wolery, Gast, Doyle, & Eizenstat, 1988; Wolery, Ault, & Gast, 1988). 오류가 없는 학습전략으로 알려진 **시간지연**(time delay)은 자극이 정확한 반응의 원인이 되기 시작하도록 자극과 촉구 사이의 시간을 체계적으로 더 두는 기법이다. 예를 들어, 교사가 "cat의 철자를 써."라고 말하고 즉시 'c-a-t'라는 촉구를 제공한다. 점진적 시간지연에서는 학생들이 정해진 횟수만큼 정확하게 답을 한 뒤 자극과 촉구 사이의 시간이 점점 더 길어진다. 지속적 시간지연에서는 자극과 촉구 사이의 시간간격이 보통 약 3~5초로 매번 같다. 시간지연은 처음에는 정확한 반응을 제공하고, 그리고 나서 학생들이 해당 기술에 능숙함을 보일 때 촉구를 점차 철회한다. 부적절한 반응이나 무반응 뒤에는 매번 동일한 형태의 교정절차가 주어진다(Hughes, Fredrick, & Keel, 2002).

컴퓨터 보조교수는 학생의 기능적 단어들에 대한 철자 능력을 향상시키는 데 이용할 수 있다(Baumgart & VanWalleghem, 1987). 단어들을 짝짓고, 문장구성을 완성하며, 철자를 바꿔 새로운 단어를 만드는 능력을 향상시키는 데 덧붙여, 발달장애 및 청각장애 학생들은 컴퓨터 보조교수의 활용 이후에 쓰기에서의 향상도 보여 줄 수 있다

(Stromer et al., 1996). Blischak과 Schlosser(2003)는 자폐스펙트럼장애 학생들이 (시각적 피드백과 함께 쓰기방식을 제공하는) 컴퓨터와 (청각적 피드백을 제공하는) 음성산출 장비를 이용하여 철자를 배웠다고 한다. 시각 및 청각적 피드백이 철자수행을 강화한 것이다. 기능적 음성을 산출하지 못하는 자폐스펙트럼장애 학생들 4명을 대상으로 한 추수연구에서 Schlosser와 Blischak(2004)은 한 학생은 음성과 인쇄된 형태가 결합된 조건하에서 수행을 더 잘 한 반면, 나머지 3명의 학생들에게는 인쇄된 형태의 피드백이 더 효과적이었다고 한다. 학생 특성에서의 차이는 이러한 결과를 설명해줄 수 있는데, 이는 중재의 효과에 대한 학생 특성의 영향을 다시 한 번 강조해주고 있다.

또래교수 또한 경도 지적장애 학생들의 철자를 향상시키는 데 효과적인 방법으로 제안되고 있다(Peach & Moore, 1990). 또래교수자는 다음과 같은 훈련과 강의를 받는다.

① 단어의 철자를 부른다.
② 다른 학생이 그 단어를 쓰도록 기다린다.
③ 그 단어의 철자를 함께 소리 내어 읽는다.
④ 상대 학생이 그 단어를 정확하게 쓴 경우 점수를 준다.
⑤ 상대 학생이 그 단어를 정확하게 쓰지 못했을 경우 단어를 다시 한 번 소리 내어 읽는다. 상대 학생에게 그 단어를 정확히 쓰게 하고 점수를 기록하기 전에 그 단어의 철자를 소리 내어 읽는다.

또래교수에서 강화절차는 철자를 정확하게 쓴 단어들에 점수를 주는 것이 될 수 있다. 학생은 계획된 시간 동안 얻은 점수들을 특정 상품과 교환할 수 있다(Peach & Moore, 1990). 자폐스펙트럼장애학생들이 매우 좋아하는 상품을 주는 것은 철자의 정확성, 참여, 그리고 동기 등이 향상될 수 있도록 자연스럽게 도와준다.

4) 수 학

일부 자폐스펙트럼장애인들은 복잡한 계산을 암산으로 하거나(정말로 그들은 계산기 사용법을 모른다) 어떤 날짜의 요일을 판단하기 위해 어떤 무의식적인 연산 능력을 사용하는 등 두드러진 수학기술들을 보인다(Cowan, O' Connor, & Samella, 2003). 이러한 증거들은 흥미로운 것이지만 수학개념의 기능적 적용과는 연계되어 있지 않을 수 있다. 자폐스펙트럼장애 학생들의 수학기술 향상을 위한 효과적이고 효율적인 교수 실제를 규명하고자 하는 연구기반은 아직 부족하다(NRC, 2001). 일상적인 수학문제들을 적절하게 해결하는 능력은 학생이 지역사회 중심 프로그램, 협동학습 프로그램, 중등학교 졸업 이후의 교육, 그리고 일상생활 등에서 성공을 거두는 데 직접 영향을 미친다. 수학에서 성공적인 수행을 위해 학생들은 숫자 상징 및 처리 등을 이해하고, 연산을 기억으로부터 인출하며, 그 연산들을 실행해야 한다(Berry, 2004).

기본적인 수학기술에는 양(블록이 몇 개가 되어야 5인가?)과 수 인식에 대한 이해가 포함된다. 대부분의 초기 교육과정들은 물체를 세고 학생에게 **일대일 대응**(학생이 각각의 블록을 만질 때마다 셈은 하나씩 증가한다)을 가르치는 것으로 시작된다. 일반 아동들은 종종 한 번에 한 개의 블록을 세는 것으로 시작하고, 그러고 나서는 다음 블록을 만지기 전에 몇 개의 부가적인 숫자들을 명명하게 된다. 그들에게는 일대일 대응 개념이 없는 것이다. 숫자 확인 또한 어떤 학생들에게는 획득하기 어려운 기술이 될 수 있다. 학생들에게 숫자를 명명하는 방법을 가르치는 데 사용할 수 있는 두 가지 방법으로는 지속적 시간지연과 최소 촉구 체제 등이 있다(Ault et al., 1988). 이 두 가지 교수 접근방식 모두 숫자 명명에 있어 학생들의 능력을 향상시키는 반면, Ault 등(1988)의 연구에 참여한 대상자들은 지속적 시간지연을 사용했을 때 더 빨리 배우고 오류를 덜 범하는 것으로 나타났다.

또래교수 접근방식은 철자 뿐만 아니라 기능적 수학기술을 가르치는 데도 효과적일 수 있다. 호혜적 또래교수(reciprocal peer tutoring)를 활용하여 중등도 지적장애 청소년들은 next-dollar 전략을 학습할 수 있었고 지역사회 생활에 더 완전한 형태로 참여할 수 있었다(Schloss & Kobza, 1997).

시각 및 촉각적 단서의 사용은 자폐스펙트럼장애 학생들을 도와 수학개념을 학습하고 이해할 수 있게 해 준다(Griswold, Barnhill, Myles, Hagiwara, & Simpson, 2002). *TouchMath*™(www.touchmath.com)는 자폐스펙트럼장애 학생들의 시각 및 구체적 특성을 강조하는 수학 프로그램 중 하나이다. *TouchMath*™는 연산, 분류, 받아올림 및 받아내림, 시간, 화폐, 그리고 문장제 문제들 등을 포함하는 수학기술들을 획득하기 위해 일대일 대응 촉각단서들을 필요로 하는 다감각 접근방식을 활용한다(Berry, 2004; Scott, 1993). 교수 순서는 구체적인 형태로부터 시작하여 표현적 형태로, 그리고 마지막으로 학습 및 일반화를 촉진하기 위해 추상적 아이디어로 옮겨간다(Berry, 2004).

처음에 학생들은 소리 내어 세면서 '고유점*'(touch point)을 만짐으로써 숫자 각각의 가치에 대해 배운다(일대일 대응을 이해해야 할 필요가 있다). 이 프로그램이 자폐스펙트럼장애 초등학생의 유창성(Berry, 2004)뿐 아니라 경도장애학생들의 덧셈 및 뺄셈의 분류 및 받아올림과 받아내림(Scott, 1993)에서 상당한 효과가 있었음이 보고되었다. 게다가 두 집단 모두 새로운 문제들이 제시되었을 때 이를 일반화할 수 있음을 입증하였다. next-dollar 전략을 가르치는 데 있어 *TouchMath*™와 또래교수 접근방식 모두, 연습할 때 쉽게 이용할 수 있고 여러 상황에 용이하게 일반화될 수 있는 만질 수 있는 물건들(예 : 동전, 지폐 등)을 활용함으로써 추가적인 이익을 거두었다.

일부 자폐스펙트럼장애 학생들이 보이는 기계적 암기에서의 강점은 덧셈, 뺄셈, 곱셈, 그리고 나눗셈 등의 기본사실들을 학습할 때 이로울 수 있다. 계산문제에 숨겨져 있는 연산에 대한 이해는 획득하기에 더 어려울 것이다. 많은 학교에서 시간제한이 있는 시험들을 이용하여 수학 계산에 있어서의 정확성을 판단하고 유창성의 속도를 증가시킨다. 일부 자폐스펙트럼장애학생들은 처리속도에서의 어려움을 지니고 있는데 이 어려움은 시간제한이 있는 과제에 대한 수행을 저해한다. 학생들이 덧셈 및 뺄셈문제들을 더 빨리 완수하게 하기 위해, 유창성을 증가시키기 위한 지필과제에 대한 대안으로 컴퓨터 보조교수를 활용할 수 있다(Podell et al., 1992). 여러 연구결과들이 경도 지적장애를 지닌 학생들이 준거에 도달하기 위해서는 추가로 시도해야 한다는 것을 보여주고는 있지만, 컴퓨터 보조교수는 기계적인 수학과제에 있어 여전히 지필 형태보다는 더 효과적인 것으로 나타났다.

나눗셈은 순서에 따라 행동을 취해야 할 필요가 있기 때문에 자폐스펙트럼장애 학생들에게는 문제가 될 수 있다. 긴 나눗셈의 경우 교사들은, 이 과제들을 완수할 순서를 학생들이 기억할 수 있게 돕도록 기억술 등과 같은 전략을 가르쳐야 한다.

전형적인 교육과정에서는 간단한 덧셈, 뺄셈, 곱셈, 그리고 나눗셈 등을 학생들이 숙달한 다음 문장제 문제가 나온다. 문장제 문제들은 학생이 적절한 그리고 적절하지 않은 세부사항들을 가려내야 하기 때문에 더 어려운 것으로, 많은 자폐스펙트럼장애 학생들이 힘들어하는 과제이다. 다른 교과기술들과 마찬가지로 움직이는 교수용 컴퓨터 프로그램들이 문장제 문제에 있어 수학적 문제해결 기술들을 향상시키는 것으로 나타났다(Scruggs & Mastropieri, 1997).

열을 맞춰야 하는 수학문제들을 쓸 때의 어려움을 보완하기 위해 학생들에게 그래프 용지의 각각의 네모 칸에 숫자 하나하나를 쓰게 할 수 있다. 이러한 활동은 학생들이

* 역자 주) 숫자에 대한 수 개념을 나타내는 것으로, 숫자 1에는 고유점 1개가, 숫자 2에는 고유점 2개가 표시된다.

숫자들을, 특히 소수를 계산할 때 범하는 오류의 발생 기회를 줄여 준다(Moyes, 2002). 이에 대한 대안은 학생들이 열의 폭 내에 숫자를 기입할 수 있도록 끼웠다 뺐다 할 수 있는 종이 중 표준 용지 한 장을 비스듬하게 돌려놓는 것이다.

❖ 해리스 선생님에게 배우기

일반교육 환경에서 성공하도록 협력하기

해리스 선생님은 크레이그의 쓰기, 챈의 주의집중, 그리고 안토니의 계산기술 등에 대한 일반교사들의 걱정을 덜어줄 수 있는 많은 아이디어를 갖고 있다. 해리스 선생님은 일반교사들에게 그들이 시도했던 것을 보라고 말할 필요가 있다. 차가 이미 굴러가고 있다면 바퀴를 다시 발명하는 것은 무의미한 일이다!

해리스 선생님은 방과 후에 크레이그의 언어담당 선생님 방에 들렀고, 그 선생님이 혼자 있다는 것을 발견하고는 안도한 해리스 선생님은 이야기를 좀 할 수 있느냐고 물었다. 해리스 선생님은 그 선생님이 이미 크레이그에게 전략적인 단어들을 지운 자료의 개요를 제공하고 있고, 따라서 그 선생님은 단어 몇 개만 써 넣으면 된다는 것을 발견하였다. 해리스 선생님이 주로 크레이그에 대해 걱정하는 것은 크레이그의 일기쓰기 및 이야기 쓰기였다. 두 선생님들은 크레이그가 자신의 쓰기기술을 향상시키는 것이 중요하다는데 동의하였지만, 쓰기에 대한 노력이 작문능력 발달을 방해하게 하고 싶지 않았다. 그들은 일기쓰기에 도해 조직자가 활용될 수 있을 것이라는 점에 의견의 일치를 보았다. 크레이그는 몇 개의 단어들을 쓰는 동안 글씨쓰기를 연습할 수 있고 그리고 나서 일기 전체를 입력하기 위해 컴퓨터를 사용할 수 있다(크레이그는 컴퓨터를 정말 좋아한다!). 해리스 선생님은 크레이그와 함께 그래픽 조직자 사용을 연습하기로 했다. 크레이그는 또한 다른 글을 쓰기 위해 그래픽 조직자를 손으로 직접 작성하여 컴퓨터 파일로 만들 수 있다. 그의 키보드를 다루는 기술은 적절했고, 이는 그 중요한 기술들을 향상시킬 기회를 마련해 줄 것이다. 그는 또한 컴퓨터로 제시되는 학습장 문제들의 답을 입력할 수도 있다. 두 선생님들은 크레이그가 컴퓨터를 이용하여 과제를 하도록 하는 것이 쓰기과제를 하기 싫어 골을 내고 칭얼거리며 결국에는 아무 것도 하지 않는 것보다는 더 낫다고 결정하였다.

점심시간에 챈의 선생님을 본 해리스 선생님은 챈이 좋아하는 만화 캐릭터인 포켓몬스터를 활동의 많은 부분에 통합시킴으로써 챈의 주의를 성공적으로 이끌 수 있었다고 말하였다.

챈은 해당 페이지에 포켓몬스터 캐릭터가 있을 경우, 그 캐릭터가 수업의 일부가 아닐 때에도 학습지를 완성할 가능성이 더 높았다. 해리스 선생님이 포켓몬스터가 작용하는 방식을 발견하지 못했다면, 해리스 선생님은 챈에게 수업을 듣거나 과제를 마친 후에 포켓몬스터 카드를 보게 해 주겠다고 말했을 것이다. 이것이 과제에 주의를 기울이고 과제를 마치게끔 챈에게 동기를 주었다. 두 선생님들은 청각으로만 전달되는 정보에 대해 챈이 겪고 있는 어려움에 대해 논하였고 수업을 하는 동안 더 많은 시각적 지원을 통합할 방법에 대해 토의하였다. 교사가 소리 내어 읽을 때 챈에게 복사한 책을 주는 것은 챈이 주의를 계속해서 집중하게 하는데 도움이 될 것이다. 챈의 선생님은 특히 자신이 담당한 학생들 대다수가 포켓몬스터를 좋아하기 때문에 이 아이디어들을 시도해 보는데 대해 열광적인 반응을 보였다.

해리스 선생님은 방과 후에 *TouchMath*™에 대한 워크숍이 있다고 들었고, 안토니의 수학선생님에게 같이 가자고 했다. 수학선생님은 *TouchMath*™의 개념에 마음이 끌렸고, 조작할 수 있는 것 없이는 수학계산을 수행하는데 어려움을 겪는, 자신이 담당하고 있는 일부 학생들(분명히 안토니만이 아니었다!)에게 *TouchMath*™가 유용할 것이라고 믿었다. 해리스 선생님은 *TouchMath*™가 제공하는 시각적 단서로부터 안토니가 이익을 볼 것이라는 점을 알고 있었다. 워크숍이 끝난 후 해리스 선생님은 수학선생님에게 수학적 사실들을 가르치기 위해 시간지연 방법을 써본 적이 있냐고 묻기도 했다. 그 선생님은 그런 적이 없었고, 해리스 선생님에게 다음 주에 학교가 끝난 뒤 자신의 교실로 와서 자신과 수학시간에 오는 순회 교사를 만나달라고 요청했다. 해리스 선생님은 순회 교사가 어려움을 겪고 있는 학생들에게 개별적으로 그리고 소집단으로 사용할 수 있도록 시간지연 절차를 보여주기로 했다.

해리스 선생님은 자신과 다른 선생님이 개발하기 위해 협력하는 전략들은 자폐스펙트럼장애 학생들의 참여 및 학습을 증가시키는 데 있어 도구가 될 수 있다는 것을 확신하고 있다. 해리스 선생님은 이번 주에 개발된 해결책은 과제요구가 변해가고 학생들이 발전해감에 따라 오랫동안 수정되고 첨가될 필요가 있다는 것을 알고 있었다.

5. 결론

일부 자폐스펙트럼장애 학생들은 자신의 생활연령에 맞는 학년수준의 일반교육과정에서 진전을 보일 것이다. 그들이 지니고 있는 독특한 기술특성들로 인해 이익을 볼 것이다. 다른 자폐스펙트럼장애 학생들은, 또래들은 이미 숙달한 기술들을 획득하게 하기 위한 차별화된 교수로 이익을 볼 것이다. 학생들이 자신의 감각 그리고 교수 요구를 뒷받침해 주는 환경에 있게 될 때 학습은 향상될 것이다. 자폐스펙트럼장애 학생들의 특성을 기반으로 하여 차별화되고 학생들 개개인에게 맞춰진 교수전략들은 학습과 성취를 향상시킬 것이다. 시각적 단서주기에 수반되는 다양한 구체적 자료들의 활용은 중요한 개념을 가르치는 데 있어 도구가 될 것이다. 활동의 길이 및 순환은 빈번한 반응과 연습을 위한 충분한 기회를 가능케 한다. 보조공학 및 컴퓨터 보조교수는 참여와 과제산출을 뒷받침하는 데 효과적으로 활용될 수 있다. 작문, 읽기, 철자, 그리고 수학 등을 가르치는데 특정 전략들이 통합될 수 있다. 많은 경험적 연구들이, 교과내용 영역들에서 장애 학생들의 학습 및 성취에 영향을 주는 기술의 획득을 촉진하기 위한 다양한 전략들의 효과를 뒷받침해 주고 있다. 자폐스펙트럼장애에 학생들을 대상으로 한 더 많은 연구들이 필요하다. 연구문헌들에서 제시된 제안들에 덧붙여 교사들은 학생들에 대한 자신의 지식을 바탕으로 작은 교수적 수정을 할 수 있다. 자폐스펙트럼장애 학생들의 학업성취를 촉진하는 데 있어 효과적인 것으로 알려진 아이디어들을 공유하도록 교사들의 협력이 장려된다.

6. 토론 질문과 활동

(1) 다음의 영역들에서 자폐스펙트럼장애 학생들의 성취를 촉진하기 위해 활용될 수 있는 다섯 가지 전략들을 규명해 본다.

a. 작문
b. 읽기
c. 철자
d. 수학

(2) 당신은 자폐스펙트럼장애 학생들과 함께 하는 특수교사이다. 비전형 자폐(PDD-

NOS)로 진단받은 소년인 라이언은 에이미 선생님의 2학년 학급에서 수학 및 과학 수업을 받는다. 한 달 후에 에이미 선생님이 당신에게 와서 라이언을 자신의 학급에서 빼달라고 요청하였다. 라이언은 교사의 지시를 따르지 않고, 계속해서 자신의 자리를 이탈하며, 다른 학생들과 상호작용을 하지도 않는다는 것이다. 에이미 선생님이 자신의 학급에서, 수업을 혼란스럽게 하지 않으면서 라이언의 학습을 촉진하도록 도울 수 있는 두 가지 전략을 기술해 본다. 구체적으로 기술하고 답을 뒷받침할 예를 만들어 본다(지원의 하나로 라이언에게 전문보조원을 배정하는 것은 장기적으로 봤을 때 실직적인 해결전략이 아니므로 전략에 해당되지 '않는다').

(3) 자폐스펙트럼장애 학생들에게 교수를 차별화할 수 있는 다섯 가지 방법을 설명한다. 서로 다른 연령층에 있는 학생들에게 권고되는 변형을 생각해 본다.

(4) 대학이나 학교체제 내에 있는 교사 자원센터로 간다. 읽기(해독 및 이해), 수학, 그리고 철자에 대해 서로 다른 컴퓨터 보조교수용 소프트웨어 몇 개를 찾아본다. 얼마나 매력적인지 그리고 사용 전에 학생들이 숙달해야 할 필요가 있는 기술들에는 어떤 것이 있는지 등을 바탕으로 그 소프트웨어 프로그램들을 평가해 본다.

(5) 직접교수나 *TouchMath*™ 웹사이트에 접속하여 이 프로그램이 다양한 연령 및 기능수준을 보이고 있는 학생들에게 얼마나 효용성이 있는지 탐색해 본다. 인터넷 검색을 통해 자폐스펙트럼장애 학생들에게 효과적일 것으로 보이는, 다른 내용영역 프로그램들을 이용할 수 있는지 알아본다.

참고문헌

Attwood, T. (1998). *Asperger syndrome: A guide for parents and professionals*. London: Jessica Kingsley.

Ault, M. J., Wolery, M., Gast, D. L., Doyle, P. M., & Eizenstat, V. (1988). Comparison of response prompting procedures in teaching numeral identification to autistic subjects. *Journal of Autism and Developmental Disorders, 18*, 627-635.

Baird, B., Charman, T., Cox, A., Baron-Cohen, S., Swettenham, J., Wheelwright, S., et al. (2001). Screening and surveillance for autism and pervasive developmental disorders. *Archives of Diseases in Children, 84*, 468-475.

Baumgart, D., & VanWalleghem, J. (1987). Teaching sight words: A comparison between computer-assisted and teacher-taught methods. *Education and Training in Mental Retardation, 22*, 56-65.

Bedrosian, J., Lasker, J., Speidel, K., & Politsch, A. (2003). Enhancing the written narrative skill of an AAC student with autism: Evidence-based research issues. *Topics in Language Disorders, 23*, 305-324.

Bellini, S. (2004). Social skill deficits and anxiety in high-functioning adolescents with autism spectrum disorders. *Focus on*

Autism and Other Developmental Disabilities, 19, 78-86.

Berry, D. (2004). *The effectiveness of the TouchMath™ curriculum to teach addition and subtraction to elementary aged students identified with autism.* Retrieved January 3, 2005, from the Innovative Learning Concepts website, *www.touchmath.com/* research.

Blischak, D. M., & Schlosser, R. W. (2003). Use of technology to support independent spelling by students with autism. *Topics in Language Disorders, 23,* 293-304.

Brown, L. T. (2004). Teaching students with autistic spectrum disorders to read: A visual approach. *Teaching Exceptional Children, 36*(4), 36-40.

Cavalier, A. R., & Ferretti, R. P. (1996). Talking instead of typing: Alternative access to computers via speech recognition technology. *Focus on Autism and Other Developmental Disabilities, 11,* 79-85.

Charlop-Christy, M. H., & Haymes, L. K. (1998). Using objects of obsession as token reinforcers for children with autism. *Journal of Autism and Developmental Disorders, 28,* 189-98.

Chen, S. H., & Bernard-Opitz, A. V. (1993). Comparison of personal and computer-assisted instruction for children with autism. *Mental Retardation, 31,* 368-376.

Church, C., Alisanski, S., & Amanullah, S. (2000). The social, behavioral, and academic experiences of children with Asperger syndrome. *Focus on Autism and Other Developmental Disabilities, 15,* 12-20.

Cowan, R., O'Connor, N., & Samella, K. (2003). The skills and methods of calendrical savants. *Intelligence, 31,* 51-65.

D'Ateno, P., Mangiapanello, K., & Taylor, B. A. (2003). Using video modeling to teach complex play sequences to a preschooler with autism. *Journal of Positive Behavior Interventions, 5,* 5-11.

De La Paz, S. (1999). Composing via dictation and speech recognition systems: Compensatory technology for students with learning disabilities. *Learning Disability Quarterly, 22,* 173-182.

Diehl, S. F. (2003). The SLP's role in collaborative assessment and intervention for children with ASD. *Topics in Language Disorders: Children and Young Adults with Autism Spectrum Disorder, 23,* 95-115.

Doyle, P. M., Wolery, M., Ault, M. J., & Gast, D. L. (1988). System of least prompts: A review of procedural parameters. *Journal of the Association for Persons with Severe Handicaps, 13,* 28-40.

Frank, A. R., Wacker, D. P., Berg, W. K., & McMahon, C. M. (1985). Teaching selected microcomputer skills to retarded students via picture prompts. *Journal of Applied Behavior Analysis, 18,* 179-185.

Fullerton, A., Stratton, J., Coyne, P., & Gray, C. (1996). *Higher functioning adolescents and young adults with autism.* Austin, TX: Pro-Ed.

Gaskins, I. W. (1998). There's more to teaching at-risk and delayed readers than good reading instruction (Distinguished educator series). *Reading Teacher, 51,* 534-547.

Ghaziuddin, M., Ghaziuddin, N., & Greden, J. (2002). Depression in persons with autism: Implications for research and clinical care. *Journal of Autism and Developmental Disorders, 32,* 299-306.

Ghaziuddin, M., Weidmer-Mikhail, E., & Ghaziuddin, N. (1998). Comorbidity of Asperger syndrome: A preliminary report. *Journal of Intellectual Disability Research, 42,* 279-283.

Graham, S., Harris, K. R., & Larsen, L. (2001). Prevention and intervention of writing difficulties for students with learning disabilities. *Learning Disabilities Research & Practice, 16,* 74-84.

Grigorenko, E. L., Klin, A., Pauls, D. L., Senft, R., Hooper, C., & Volkmar, F. (2002). A descriptive study of hyperlexia in a clinically referred sample of chidren with developmental delays. *Journal of Autism and Developmental Disorders, 32,* 3-13.

Griswold, D. E., Barnhill, G. P., Myles, B. S., Hagiwara, T., & Simpson, R. L. (2002). Asperger syndrome and academic achievement. *Focus on Autism and Other Developmental Disabilities, 17,* 94-102.

Hastings, D., Brecklein, K., Cermak, S., Reynolds, R., Rosen, H., & Wilson, J. (1997). *Notetaking for deaf and hard of hearing students: A report of the national task force on quality of services in the postsecondary education of deaf and hard of hearing students.* Retrieved January 5, 2005, from the Rochester Institute of Technology Northeast Technical Assistance Center website: *www.netac. rit.edu/downloads/* TFR_Notetaking.pdf.

Heimann, M., Nelson, K. E., Tjus, T., & Gillberg, C. (1995). Increasing reading and communication skills in children with autism through an interactive multimedia computer program. *Journal of Autism and Developmental Disorders, 25,* 459-480.

Hetzroni, O. E., & Schanin, M. (2002). Emergent literacy in children with severe disabilities using interactive multimedia stories. *Journal of Developmental and Physical Disabilities, 14,* 173-190.

Hetzroni, O., & Shalem, U. (in press). From logos to orthographic symbols: A multi-level fading computer program for teaching nonverbal children with autism. *Focus on Autism and Other Developmental Disorders, 20*(4).

Higgins, E. L., & Raskind, M. H. (2000). Speaking to read: The effects of continuous vs. discrete speech recognition systems on the reading and spelling of children with learning disabilities. *Journal of Special Education Technology, 15,* 19-30.

Howlin, P. (2003). Outcome in high-functioning adults with autism with and without early language delays: Implications for the differentiation between autism and Asperger syndrome. *Journal of Autism & Developmental Disorders, 33,* 3-13.

Hughes, T. A., Fredrick, L. D., & Keel, M. C. (2002). Learning to effectively implement constant time delay procedures to teach spelling. *Learning Disability Quarterly, 25,* 209-220.

Hunt-Berg, M., Rankin, J. L., & Beukelman, D. R. (1994). Ponder the possibilities: Computer-supported writing for struggling writers. *Learning Disabilities Research & Practice, 9,* 169-178.

Hutinger, P. (1996). Computer applications in programs for young children with disabilities: Recurring themes. *Focus on Autism & Other Developmental Disabilities, 11,* 105-115.

Isaacson, S., & Gleason, M. M. (1997). Mechanical obstacles to writing: What can teachers do to help students with learning problems? *Learning Disabilities Research & Practice, 12,* 188-194.

Kamps, D. M., Dugan, E. P., Leonard, B. R., & Daoust, P. M. (1994). Enhanced small group instruction using choral responding and student interaction for children with autism and developmental disabilities. *American Journal on Mental Retardation, 99,* 60-73.

Kamps, D. M., Leonard, B. R., Dugan, E. P., Boland, B., & Greenwood, C. R. (1991). The use of ecobehavioral assessment to identify naturally occurring effective procedures in classrooms serving students with autism and other developmental disabilities. *Journal of Behavioral Education, 1,* 367-397.

Kavale, K. A., & Forness, S. R. (1999). Effective intervention practices and special education. In G. N. Siperstein (Ed.), *Efficacy of Special Education and Related Services* (pp. 1-9). Washington, DC: American Association on Mental Retardation.

Kluth, P. (2004). Autism, autobiography, & adaptations. *Teaching Exceptional Children, 36*(4), 42-47.

Koegel, L. K., Koegel, R. L., Frea, W., & Green-Hopkins, I. (2003). Priming as a method of coordinating educational services for students with autism. *Language, Speech, and Hearing Services in Schools, 34,* 228-235.

Koppenhaver, D. A., & Erickson, K. A. (2003). Natural emergent literacy supports for preschoolers with autism and severe communication impairments. *Topics in Language Disorders, 23,* 283-292.

Kurzweil Educational Systems. (2004). *Kurzweil 3000.* Bedford, MA: Author.

Lamers, K., & Hall, L. J. (2003). The response of children with autism to preferred prosody during instruction. *Focus on Autism and Other Developmental Disabilities, 18,* 93-102.

Lancioni, G. E., VandenHof, E., Furniss, R., O'Reilly, M. F., & Cunha, B. (1999). Evaluation of a computer-aided system providing pictorial task instructions and prompts to people with severe intellectual disability. *Journal of Intellectual Disability Research, 43,* 61-66.

Lord, C., & Paul, R. (1997). Language and communication in autism. In D. Cohen & F. Volkmar (Eds.), *Handbook of autism and pervasive developmental disorders* (2nd ed., pp. 195-225). New York: Wiley.

Loveland, K. A., & Tunali-Kotoski, B. (1997). The school-age child with autism. In D. J. Cohen & F. R. Volkmar (Eds.), *Handbook of autism and pervasive developmental disorders* (2nd ed., pp. 283-308). New York: Wiley.

MacArthur, C. A. (2000). New tools for writing: Assistive technology for students with writing difficulties. *Topics in Language Disorders, 20,* 85-100.

Mastropieri, M. A., Scruggs, T., Mohler, L., Beranek, M., Spencer, V., Boon, R. T., et al. (2001). Can middle school students with serious reading difficulties help each other and learn anything? *Learning Disabilities Research & Practice, 16,* 18-27.

Mayes, S. D., & Calhoun, S. L. (1999). Symptoms of autism in young children and correspondence with the DSM. *Infants and Young Children, 12,* 90-97.

Mayes, S. D., & Calhoun, S. L. (2003). Ability profiles in children with autism: Influence of age and IQ. *Autism, 6,* 65-80.

Mayes, S. D., Calhoun, S. L., & Crites, D. L. (2001). Does *DSM-IV* Asperger's disorder exist? *Journal of Abnormal Child Psychology, 29,* 263-271.

Mechling, L. C., & Gast, D. L. (1997). Combination audio/visual self-prompting system for teaching chained tasks to students with intellectual disabilities. *Education and Training in Mental Retardation and Developmental Disabilities, 32,* 138-153.

Mirenda, P. (2003). "He's not really a reader . . ." Perspectives on supporting literacy development in individuals with autism. *Topics in Language Disorders, 23,* 271-282.

Moyes, R. A. (2002). *Addressing the challenging behavior of children with high-functioning autism/Asperger syndrome in the classroom.* London: Jessica Kingsley.

Myles, B. S., & Adreon, D. (2001). *Asperger syndrome and adolescence: Practical solutions for school success.* Shawnee Mission, KS: Autism Asperger.

Myles, B. S., Barnhill, G. P., Hagiwara, T., Griswold, D. E., & Simpson, R. L. (2001). A synthesis of studies on the intellectual, academic, social/emotional and sensory characteristics of children and youth with Asperger syndrome. *Education and Training in Mental Retardation and Development Disabilities, 36,* 304-311.

Myles, B. S., Cook, K., Miller, N. E., Rinner, L., & Robbins, L. A. (2000). *Asperger syndrome and sensory issues: Practical solutions for making sense of the world.* Shawnee Mission, KS: Autism Asperger.

Myles, B. S., Hilgenfeld, T. D., Barnhill, G. P., Griswold, D. E., Hagiwara, T., & Simpson, R. L. (2002). Analysis of reading skills in individuals with Asperger syndrome. *Focus on Autism and Other Developmental Disabilities, 17,* 44-47.

Myles, B. S., Huggins, B., Rome-Lake, M., Hagiwara, T., Barnhill, G. P., & Griswold, D. E. (2003). Written language profile of children and youth with Asperger syndrome: From research to practice. *Education & Training in Developmental Disabilities, 38,* 362-369.

Myles, B. S., & Simpson, R. L. (1998). *Asperger syndrome: A guide for educators and parents.* Austin, TX: Pro-Ed.

Myles, B. S., & Simpson, R. L. (2001). Understanding the hidden curriculum: An essential social skill for children and youth with Asperger syndrome. *Intervention in School & Clinic, 36,* 279-287.

National Research Council. (2001). *Educating children with autism.* Committee on Educational Interventions for Children with Autism. Division of Behavioral and Social Sciences and Education. Washington, DC: National Academy Press.

Needleman, R. M. (1982). A linguistic analysis of hyperlexia. In C. Johnson (Ed.), *Proceedings of the second international study of child language.* Washington, DC: University Press of America.

Olley, J. G. (1999). Curriculum for students with autism. *School Psychology Review, 28,* 595-606.

Olley, J. G., & Reeve, C. E. (1997). Issues of curriculum and classroom structure. In D. J. Cohen & F. R. Volkmar (Eds.), *Handbook of autism and pervasive developmental disorders* (2nd ed., pp. 484-508). New York: Wiley.

Peach, W. J., & Moore, L. (1990). Peer-tutoring to increase spelling scores of the mildly mentally handicapped. *Journal of Instructional Psychology, 17,* 43-46.

Podell, D. M., Tournaki-Rein, N., & Lin, A. (1992). Automatization of mathematics skills via computer-assisted instruction among students with mild mental handicaps. *Education and Training in Mental Retardation, 27,* 200-206.

Rubin, E., & Laurent, A. C. (2004). Implementing a curriculum-based assessment to prioritize learning objectives in Asperger syndrome and high-functioning autism. *Topics in Language Disorders, 24,* 298-315.

Safran, J. S., & Safran, S. P. (2001). School-based consultation for Asperger syndrome. *Journal of Educational and Psychological Consultation, 12,* 385-395.

Safran, S. P., Safran, J. S., & Ellis, K. (2003).

Intervention ABCs for children with Asperger syndrome. *Topics in Language Disorders, 23,* 154-165.

Schloss, P. J., & Kobza, S. A. (1997). The use of peer tutoring for the acquisition of functional math skills among students with moderate retardation. *Education & Treatment of Children, 20,* 189-209.

Schlosser, R. W., & Blischak, D. M. (2001). Is there a role for speech output in interventions for persons with autism? A review. *Focus on Autism and Other Developmental Disabilities, 16,* 170-178.

Schlosser, R. W., & Blischak, D. M. (2004). Effects of speech and print feedback on spelling by children with autism. *Journal of Speech, Language & Hearing Research, 47,* 848-862.

Scoto, B. G., Koppenhaver, D. A., & Erickson, K. A. (2004). Parent reading behaviors and communication outcomes in girls with Rett syndrome. *Exceptional Children, 70,* 145-166.

Scott, K. S. (1993). Reflections on "multisensory mathematics for children with mild disabilities." *Exceptionality, 4,* 125-129.

Scruggs, T. E., & Mastropieri, M. A. (1997). Can computers teach problem-solving strategies to students with mild mental retardation? *Remedial & Special Education, 18,* 157-166.

Stein, M. T., Klin, A., & Miller, K. (2004). When Asperger syndrome and a nonverbal learning disability look alike. *Journal of Developmental & Behavioral Pediatrics, 25,* 190-193.

Stromer, R., Mackay, H. A., Howell, S. R., McVay, A. A., & Flusser, D. (1996). Teaching computer-based spelling to individuals with developmental and hearing disabilities: Transfer of stimulus control to writing tasks. *Journal of Applied Behavior Analysis, 29,* 25-42.

Touchette, P. E. (1971). Transfer of stimulus control: Measuring the moment of transfer. *Journal of the Experimental Analysis of Behavior, 15,* 347-354.

Tsatsanis, K. D. (2004). Heterogeneity in learning style in Asperger syndrome and high-functioning autism. *Topics in Language Disorders, 24*(4), 260-270.

Tsatsanis, K. D., Foley, C., & Donehower, C. (2004). Contemporary outcome research and programming guidelines for Asperger syndrome and high-functioning autism. *Topics in Language Disorders, 24,* 249-259.

Williams, D. (1992). *Nobody nowhere.* New York: Times Books.

Wilson, G. P., Martens, P., Arya, P., & Altwerger, B. (2004). Readers, instruction, and the NRP. *Phi Delta Kappan, 86,* 242-246.

Wing, L. (1997). Syndromes of autism and atypical development. In D. J. Cohen & F. R. Volkmar (Eds.) *Handbook of Autism and Pervasive Developmental Disorders* (2nd ed., pp. 148-170). New York: Wiley.

Wong, V., & Wong, S. N. (1991). Brainstem auditory evoked potential study in children with autistic disorder, *Journal of Autism and Developmental Disorders, 21,* 329-340.

11

비학업적 환경에서 교수 기회의 조직

핵심용어

- 과외활동(extracurricular)
- 또래교수(peer tutoring)
- 또래지원 학습전략(Peer-assisted Learning Strategies, PALS)
- 반응기회 (Opportunities to Respond, OTR)
- 보충학습(supplemental learning)
- 역할반전 또래교수 (reverse-role tutoring)
- 자기관리(self-management)
- 자기도식화(self-graphing)
- 자기기록(self-recording)
- 특수체육교육 (Adapted Physical Education, APE)
- 전달선택(delivery options)
- 전문보조원(paraprofessionals)
- 참여(engagement)
- 학년 간 교수 (cross-age peer tutoring)
- 협력학습(cooperative learning)

❖ 해리스 선생님에게 배우기

킨타의 점핑잭 놀이 이야기

해리스 선생님은 안토니의 수학 시험지 위에 표시된 숫자들에 고유점을 표시하는 것을 멈추고 그날 체육수업의 준비운동을 책임지고 있는 사람이 누구인지를 보기 위해서 창밖으로 시선을 돌렸다. 라일리 선생님은 4명의 1학년 학생들을 건물 사이의 아스팔트로 이끌어 내고 있었다. 체육교사가 오기 전까지 5분 정도의 체조시간 동안 학생들을 안내하는 것이 그녀의 과제일 것이다. 해리스 선생님이 담당하는 학생 중 몇 명이 그 집단에 속해 있었기 때문에 모든 학생들이 아스팔트 위 페인트가 칠해진 커다란 광장의 4개 선 위에 고르게 정돈될 때까지 라일리 선생님이 기다리는 것을 계속해서 지켜보았다. 그녀는 '멋진 시각 단서인 걸.' 이라고 생각했다. 그들은 자폐스펙트럼장애 학생이 여기에 참석하기 오래 전부터 그것을 했다.

라일리 선생님은 학생들에게 점핑잭(Jumping Jacks) 놀이를 하도록 가르쳤고 학생이 계속하도록 크게 소리 내어 세었다. 해리스 선생님은 크레이그가 수 세기에서 반 정도 뒤쳐졌지만 분명히 그 학생만 그런 것은 아니라는 것을 주목했다. 갑자기 킨타는(점핑잭이 지루했을까?) 라일리 선생님을 향해 똑바로 아스팔트를 가로질러 가며 빙빙 돌기 시작했다. 그는 팔을 밖으로 뻗고 목을 뒤로 하였으며 그가 어디로 가고 있는지 안중에 없었지만 분명히 그 자신을 즐기고 있었다. 칭찬할 만하게도 라일리 선생님은 킨타 옆으로 비켜서면서 수 세기를 계속하였고 그가 곁에서 빙빙 돌다가 포장도로의 가장자리를 벗어나는 것을 보았다. '우리는 지금 킨타와 함께 계속 공부하기 위해 해야 할 다른 무엇인가를 찾았다고 생각해.' 라고 해리스 선생님은 생각한다.

자폐스펙트럼장애 학생들은 일관된 기대와 순서를 갖춘 구조화된 환경 안에서 활동을 잘 수행할 수 있을 것이다. 그러나 학교생활 동안 혹은 학교 밖에서 일어나는 교수기회나 활동들은 본래 예측하기 어렵고 좀 더 융통성이 있다. 이 장에서는 많은 자폐스펙트럼장애 학생들이 비학업적 환경들 안에서 직면하게 되는 도전들에 대해서 이야기한다. 그러한 환경들 속에서 참여를 증진시키기 위해 교수적으로 고려할 점들이 기술하고자 한다. 마지막으로 숙제와 여름학교에서 나타나는 독특한 도전들을 기술하고자 한다.

1. 비학업적 환경 속에서 성공을 위해 고려할 점들

자폐스펙트럼장애 학생들의 사회적, 행동적, 그리고 감각적 특성들은 예술, 체육교육, 음악, 집회, 점심식사, 휴식, 버스 타기, 방과 후 프로그램, 과외활동(예 : 수영, 태권도, 댄스) 등을 포함하는 비학업적 수업과 활동들의 수행에 영향을 미친다. 자폐스펙트럼장애 아동들에게 구조의 부족, 점점 증가하는 복잡한 사회적 요구들, 허용되는 행동에 대한 불명료성, 잡음수준 및 다른 사람들과의 신체적 근접성의 증가가 활동들을 어렵게 한다(Adreon & Stella, 2001; Safran & Safran, 2001). 더욱이 일단 그들의 불안이 증가하고 감각체계가 지나치게 각성되면 학생들은 구조화된 장면으로 돌아와서도 기능하는 데에 계속적으로 어려움을 겪을 수 있다(Safran, 2002).

소근육 운동의 장애, 감각 투입경로의 문제, 그리고 시각적 손상은 미술과제를 완성하고 음악활동들에 참여하는 자폐스펙트럼장애 학생들의 능력에 부정적인 영향을 미친다. 풀을 만지거나 다른 직물들을 만지는 것과 같은 촉각적 요구 때문에 학생들은 이러한 활동들에 참여하는 것을 좋아하지 않을 수 있다(Moyes, 2002). 조회, 군중집회, 콘서트 동안에 자폐스펙트럼장애 학생들을 가르치는 교사들은 학생들의 좌절과 감각적 과잉각성과 관련된 감정적 폭발에 대비한 계획을 세우고 준비할 필요가 있다. 또한 감각체계에 대한 요구의 증가 가능성에 대해 그들 스스로 준비할 수 있도록 학생들을 가르쳐야 한다(Safran & Safran, 2001). 치료들은 학생들에게 소음을 줄이기 위해서 귀마개나 이어폰을 지급하기, 지원요원을 지정하기, 요구가 있을 경우 학생들이 자리를 떠날 수 있도록 허락하기 등이 치료에 포함될 수 있다(Safran, 2002).

1) 체육교육

대부분의 사람들은 학생들이나 젊은이들이 팀 스포츠에 참여하고 즐기기를 기대한다. 그러나 고기능 자폐스펙트럼장애 학생들은 체육교육 및 과외활동 프로그램에 서툴고 어눌하며 문제를 만들어 내는 경향이 있다(Groft & Block, 2003). 저기능 자폐 스팩트럼 장애 학생들은 스포츠와 사회적 활동들이 요구하는 기대들을 이해하지 못할 것이다. 운동문제로 인해서 33%의 자폐스펙트럼장애 학생들이 균형과 조정을 요구하는 운동을 목표로 물리치료를 받는다(Church, Alisanski, & Amanullah, 2000). 자폐스펙트럼장애 학생들은 시각운동장애로 인하여 공을 잡는 데 어려움을 겪을 수 있다(Moyes,

2002). 따라서 체육교육과 휴식시간 동안에 자폐스펙트럼장애 학생들은 자리를 피하거나 참여를 회피하는 행동을 한다. 그들이 마지못해서 참여하기로 한다면(그러나 그들이 속해 있는 팀의 점수를 잃기 시작한다), 동료들은 이들을 배척하거나 놀리거나 혹은 못살게 굴기 시작할 것이다(Adreon & Stella, 2001). 학생들이 체육활동에 참여하는 것이 중요하지만 교사들은 운동기술과 스포츠 규칙들의 이해를 요구하면서 협동적 상황에 자폐스펙트럼장애 학생들을 배치하는 것을 회피할 수 있다. 하나의 대안은 자폐스펙트럼장애 학생에게 특별한 역할을 할당하는 것이다(예 : 타이머 또는 장비관리자). 경기에 대한 명시적 교수와 더불어 정보 미리주기를 활용하면 참여를 촉진할 수 있다.

특수체육교육(adapted physical education, APE) 교사를 통한 서비스가 학생의 IEP에 기록될 수 있다. 다른 체육교사들과 마찬가지로 특수체육교육 교사들은 학생의 신체적 상태와 체력을 증진시키기 위한 개별적, 집단적 게임뿐만 아니라 기초운동기술과 양식의 발달을 평가하고 증진시키기 위한 훈련을 받는다. 그러나 특수체육교육 교사들은 운동기술과 양식의 발달을 방해하는 문제들을 확인하고 기록하는 것에 대한 특별한 훈련을 받는다(Auxter, Pyfer, & Huettig, 2005). 특수체육교육 교사들의 처치와 함께 IEP는 도움이 되는 서비스의 유형과 수정을 결정한다. 서비스의 범위는 일반체육교사와의 상담에서부터 일대일 교수까지 포함한다(Etze-lWise & Mears, 2004). 특수체육교육 교사들은 일반적으로 소규모의 학생집단들과 만나서 운동과 참여능력을 발달시키는 다양한 활동에서의 참여를 촉진한다.

자폐스펙트럼장애 학생들에게 특별히 도전이 될 수 있는 체육교육의 한 측면은 학생들이 옷을 바꾸어 입어야 한다는 것이다(예 : 몸단장하기). 대부분의 초등학교 체육교육 프로그램에서 학생들은 운동화로 바꾸어 신는다. 교사들은 부모들에게 체육시간이 있는 날에 자녀들이 운동화를 착용하도록 하거나 벨크로가 붙어 있는 운동화를 준비하도록 요구할 수 있다. 자신이 좋아하는 신발을 신기로 선택하여 체육시간이 있는 날에 운동화를 가져오는 것을 자주 잊는 나이 든 학생들에게 부모들은 학교에 남겨 둘 여분의 운동화를 제공할 수도 있다.

중학교와 고등학교에 재학 중인 자폐스펙트럼장애 학생들의 경우 체육수업을 위해 체육복으로 갈아입어야 한다. 자폐스펙트럼장애 학생들 사이에서 나타나는 소근육의 어려움은 옷을 입거나 벗기를 요구하는 과제수행능력에 영향을 미칠 수 있다(예 : 버튼 사용하기, 지퍼 사용하기 또는 끈 묶기 등). 이에 더해서 빈약한 고유수용계와 전정계는 균형감각을 잃게 하거나 공간 안에서 자신의 위치를 지각하지 못하게 할 수 있다.

그리고 방향을 전환하는 과정에서 비의도적으로 또래들과 부딪히거나 충돌할 수 있다. 소근육 운동의 장애나 둔함, 과잉행동 등으로 인하여 변화에 어려움을 겪고 있는 학생들을 위한 선택사항들이 있다. 그중 한 가지는 학생들로 하여금 그날 착용하는 옷 아래에 체육복을 입게 하는 것이다. 예를 들어서 착탈식 농구팬츠는 학생들로 하여금 아래에 숏팬츠를 입을 수 있게 하는데, 그것들을 제거하기 위해서는 단지 팬츠 양쪽에 있는 스냅을 당기기만 하면 된다. 학생들이 나중에 팬츠의 스냅을 다시 채우기 어려워한다면 그들은 그것을 열어 놓은 채 입거나 눈에 덜 띄는 시간에 도움을 요청할 수 있다.

수업시간 동안 옷과 개인적인 소지품들을 보관하기 위해 체육관 락커를 사용하는 것도 단장에 포함된다. 소근육 운동의 장애로 인해서 자폐스펙트럼장애 학생들은 열쇠를 맞추는 데 애를 먹을 수도 있다. 다양한 형태의 열쇠들을 사용하는 것이 도움이 될 것이다. 열쇠를 갖고 자물쇠를 쉽게 이용할 수가 있다고 할지라도 자신이 갖고 있는 것보다 좀 더 정밀한 소근육 운동기술을 요구받을 수 있으며, 갑작스럽게 열쇠를 분실할 수도 있다. 자물쇠들은 잃어버리지 않을 정도의 큰 리모콘 장치로 연다. 그리고 학생들이 좋아하는 색을 선택할 수 있도록 다양한 컬러로 이용할 수 있다. 색깔은 학생들로 하여금 그들의 라커를 좀 더 쉽게 찾을 수 있도록 도울 수 있다.

옷을 갈아입는 동안 자폐스펙트럼장애 학생들이 놀림 당하는 것을 줄이기 위해 체육교육은 친숙한 또래들로 이루어진 좀 더 작은 학급으로 운영되는 것이 좋다. 물론 우선적인 일정표를 만드는 것이 최선의 해결이다. 자폐스펙트럼장애 학생이 체육수업의 정해진 수업 시수만큼만 체육수업을 받고 그 나머지 시간에 다른 비학업적 수업에 할당된다면(예 : 컴퓨터 또는 미디어 센터 등), 학생은 체육교육과 관련된 행동적 문제들을 발달시키기 어려울 것이다. 이러한 문제들은 심각해질 수 있고 일반화되는 학교에 대한 혐오감, 괴롭힘, 또래관계의 분열 등을 포함할 수 있다. 학교중심의 체육교육에 참여하지 못하는 학생들에게는 주 법령이 요구하는 것을 뛰어 넘어 신체적 기술들과 체력을 발달시키기 위한 대안적 경험들이 필요하다.

2) 점심시간

자폐스펙트럼장애 학생들은 빈번히 학교식당에서의 점심시간을 피하려고 한다(Adreon & Stella, 2001). 일반 또래들은 크고 시끄러운 집단 식사시간의 떠밀고 부산스러우며 서로 상호작용하는 것을 즐기지만 자폐스펙트럼장애 학생들에게 그러한 감각투입은 긴장을 증가시킬 수 있다. 이에 더해서 또래들은 감각운동문제들로 인해서 지저분하게 먹는다는 이유로 자폐스펙트럼장애 학생들을 놀릴 수도 있다(Moyes, 2002).

일반 학생과 장애 학생에 대한 기대행동 사이에 이중적인 기준이 존재한다. 일반 학생들이 또래들로부터 벗어나기를 원한다고 결정할 때에 이것은 일반적으로 수용될 수 있는 것이다. 그러나 점심시간이나 휴식시간에 벗어나려고 하는 자폐스펙트럼장애 학생들은 일반적으로 집단으로 돌아올 것을 지시받는다. 식사시간 동안 자폐스펙트럼장애 학생들은 일반 또래들과 동일한 기회를 허락받을 수 있는데, 여기에는 일단 그들이 식사를 마친 후에는 식당을 떠날 수 있도록 하는 것이다(Adreon & Stella, 2001). 또는 학생들은 테이블의 끝이나 다른 식사장소에 앉을 수도 있다. 자폐스펙트럼장애 학생들은 식사를 마치고 나서 그들의 사회적 발달지원에 좀 더 도움이 되는 환경을 갖춘 소집단에 참여하기 위해 식당을 떠날 수 있도록 허용될 수 있다.

3) 운전교육

고기능 자폐스펙트럼장애 학생들이 쉽게 운전교육에서 요구되는 학습과정을 통과할 수 있더라도 시각 · 운동협응, 감각지각의 손상 및 낮은 추리기술들은 성공적으로 운전을 배우는 능력을 방해할 수 있다(Myles, Barnhill, Hagiwara, Griswold, & Simpson, 2001). 그 결과로 학생들은 운전 시 요구되는 적절한 반응시간을 갖지 못할 수 있다. 또한 고기능 자폐스펙트럼장애 학생들은 규칙에 대해 끊임없는 집착을 고집하는 경향이 있고 다른 운전자들이 그 규칙을 허용하지 않을 때에 정서적으로 긴장될 수 있으며(Church et al., 2000), 이는 위험한 상황을 낳을 수도 있다. 이런 학생들에게 택시뿐 아니라 대중교통수단의 이용을 교육하는 것이 도움이 될 것이다.

4) 과외활동

자폐스펙트럼장애 학생들은 학교내 과외활동들(예 : 과학 올림피아드, 체스 게임클럽)과 지역사회의 **과외**활동들(예 : 미국 보이스카우트, 가라데)에 참여함으로써 기쁨과 유익을 얻을 수 있다. 고기능 자폐스펙트럼장애 학생들은 과외활동에 참여하는 것에 좀 더 흥미를 느낄 수 있다. 몇 가지 요인들이 성공적인 참여에 영향을 미친다. 첫째로, 활동의 초점은 학생의 흥미와 기술에 맞추어져야 한다. 자폐스펙트럼장애 학생들은 서양 장기처럼 특별한 기술에 초점을 맞추거나 곤충학과 같이 특별한 관심과 관련된 클럽활동을 잘

할 수 있을 것이다. 둘째로, 집단의 상담자나 직원들은 모든 학생들의 요구에 민감하고 그들의 차이를 수용해야만 한다. 교사들은 기대되는 집단의 지도자들과 구성원들에게 자폐스펙트럼장애 학생의 특성에 대한 정보를 제공하고 필요할 경우에는 기술적 지원 제공을 권함으로써 과외활동에 자폐스펙트럼장애 학생들이 참여하는 것을 지원할 수 있다. 마지막으로 교사들은 비구어적인 사회적 규칙과 특정한 클럽의 기대들을 확인하고 설명하기 위해서 그들의 자폐스펙트럼장애 학생들과 만날 필요가 있다(Safran & Safran, 2001).

2. 기타 교수적 고려사항

학업적 내용의 수업이든 비학업적 내용의 수업이든, 조회에 참석하고 식사 줄을 찾아가고 과외활동들에 참여하면서 학생들은 하루 종일 배운다. 이러한 모든 활동들 동안에 추가적인 도움이 참여를 강화하고 촉진시키는 데 유용할 수 있다. 여기에는 반응기회, 그룹화, 또래교수, 또래지원 학습전략(PALS), 협력학습, 전문보조원의 사용, 자기관리 등이 포함된다.

❖ 해리스 선생님에게 배우기

시간이 없다!

"시간이 너무 부족해요." 해리스 선생님은 학생들이 체육수업이 끝나 돌아오기를 기다리면서 일반교사 동료인 쉘 선생님에게 한탄을 했다. "배울 능력이 있는 학생들은 너무 많지만, 저는 그들 모두를 받아들일 충분한 시간을 마련할 수 없을 것 같아요. 학생들과 개인적으로 30분을 보내고 나니 아침이 지나가 버렸어요. 또한 제가 앤디와 일대일로 공부하는 것은 제가 그들에게 질문했을 때에만 답변을 하고 그 밖의 누구에게도 답변을 하지 말라고 가르치는 것과 같다고 볼 수 있어요."

쉘 선생님은 매우 놀라서 해리스 선생님을 쳐다본다. "그들과 일대일로 활동할 때에 학생의 반응기회가 분명히 높아지겠지만 선생님이 그렇게 하지 않는다면 매우 낮아질 거라고 생각해요. 제 자신이 그 힘든 방식을 배웠거든요. 다행스럽게도 교사를 시작한 첫 해 동안 집단화와 또래교수를 통해서 학생들의 적극적 참여를 극대화하는 경험들을 나누어 준 훌륭한 멘토가 있었어요."

해리스 선생님은 큰 소리로 말했다. "선생님에게 푸념을 털어놓을 수 있어서 기뻐요! 학생들의 참여를 극대화하고자 시도했던 경험을 통해서 배웠던 것을 저에게 나누어 주세요."

1) 반응기회

일반교사이건 특수교사이건 학생들이 필요로 하는 모든 것들을 가르칠 충분한 시간을 마련하는 것은 상당히 어려운 과제이다(Kamps, Walker, Locke, Delquadri, & Hall, 1990). 지난 몇 년에 걸쳐 학교에서 학습시간을 극대화하기 위한 창의적인 방법들을 찾는 것이 모든 교사들에게 주된 관심주제가 되어왔다. 학생들이 좀 더 배우도록 돕기 위해 어떤 학교들은 수업 일수를 늘리기로 하고 시간통합운영(block scheduling)과 같은 교수적 수정을 하기도 했다.

연구자들은 학생들의 성취를 최대화하기 위해 시간을 가장 잘 활용할 수 있는 방법을 찾기 위한 시도를 하였다. 학생들이 적극적으로 학습활동에 관여하는 시간의 양인 **참여**(engagement)는 성취에 결정적인 요인이다(Greenwood, 1991; Hollowood, Salisbury, Rainforth, & Palombaro, 1994; Logan, Bakeman, & Keefe, 1997). 교수에서 자폐스펙트럼장애 학생들의 적극적인 참여는 자기자극과 상동행동 수준을 감소시킬 것이다(Davenport & Berkson, 1963). 과정적 변인들(예 : 제시방법과 촉구의 사용)뿐만 아니라 환경적 변인들(예 : 특정한 자료의 사용)은 자폐스펙트럼장애 학생들의 참여에 실제적인 영향을 미친다(Kamps, Leonard, Dugan, Boland, & Greenwood, 1991).

학습과제에서 학생의 참여는 교사가 학생에게 **반응기회**를 주는 것과 직접적으로 관련이 있다. 반응기회는 교사가 학생들을 끌어내는 선행자극을 제공할 때에 분명하다. 반응기회를 이끄는 선행자극의 예로는 흥미 있는 자료의 소개, 촉구의 제공, 질문하기 등이 될 수 있다. 연구에 의하면 최대의 반응기회는 학생들이 무엇인가를 생산해 내려고 노력할 때에 나타난다고 하고(예 : 쓰기작품, 프로젝트 등) 최소의 반응기회는 교사가 수업을 하거나 그룹토의를 하는 동안 나타난다고 한다.

제10장의 차별화된 교수 부분에서 설명되었고 〈그림 10-1〉에 요약된 전략들을 사용하면 반응기회를 고무하는 데에, 그리고 자폐스펙트럼장애 학생들의 참여에 도움이 된

다. 이러한 전략들에는 잦은 반응기회를 통해 빠른 교수 속도를 이용하는 것과 각각의 학생들로 하여금 일련의 자료에 접근할 수 있도록 하는 것이 포함된다. 이에 더해, 반응기회는 학습활동을 위해서 교사들이 학생들을 조직하는 방식에 달려 있다.

2) 집단화

교사들은 다양한 상호 관련 변인들에 기초하여 학생들을 조직한다. 여기에는 학생의 능력, 활동유형, 필요한 관리의 정도, 성인의 이용 가능성과 교수를 촉진하기 위한 능력 있는 또래 등을 포함한다. 교수 활동들은 전체 학급(대그룹이라고 언급된, 그리고 대개 일반교육장면에서 25~35명의 학생들로 구성되어 있거나 혹은 특수교육 장면에서 8~12명 정도의 학생들로 구성된 학급), 소집단, 짝, 그리고 개별적으로(일대일 교수) 제공될 수 있다. 집단 크기의 변화에 더해서 다양한 사람들이 집단에 교수를 제공할 수 있다. 학교 안에서 가르치는 사람들은 대개 교사, 전문보조원, 자원봉사자, 또는 유능한 또래학생들이다. 자폐스펙트럼장애 학생들에 대한 연구에 의하면 개별적인 소그룹 형태의 교수가 경험 있는 직원들에 의해서 안내되면 커다란 성취를 이룰 수 있다고 한다(Kamps et al., 1990). 학생 대 교사의 비율이 낮으면 교사는 즉각적인 피드백을 학생들에게 제공할 수 있다. 그리고 지속적인 사정을 통해 교사는 자료가 언제 숙달되었는지를 알 수 있다(Gaustad, 1993).

교사들에게는 담당한 모든 학생들에 대한 교수적 책임이 주어져 있기에 일부 학생들을 배제한 채 단지 소규모의 집단에만 교수를 제공하거나 개인적인 조건으로 일대일 수업을 하는 것은 바람직하지 않다. 높은 수준의 참여를 촉진하고 다른 성취들과 긍정적으로 상관되는 다양한 다른 교수적 선택들이 있다. 집중적인 교수를 필요로 하는 학생들에 대해 교사는 좀 더 개별적이고 소집단 형태의 교수시간을 사용할 수 있다.

3) 또래교수

또래교수는 제9장과 제10장에서 언급된 또래개입 교수 및 중재(peer-mediated instruction and interventions : PMII)의 하나이다. 이 장에서 또래교수는 반응기회(OTR)의 증진과 연관된 것으로 설명될 것이다.

또래교수는 자연적인 맥락 내에서 학업기술(Kamps et al., 1998; McDonnell, Mathot-Buckner, & Thorson, 2001)을 촉진하고(Newcomb & Bagwell, 1995) 강화하기 위하여

(Hundert & Houghton, 1992; Odom & Strain,1984) 훈련받은 일반 또래들을 장애 학생들과 짝을 지어주는 것이다. 동일한 연령의 학생들(또래교수)과 다른 연령대의 학생들(**학년 간 또래교수**)이 짝지어질 수 있다. **상호적 또래교수**(Reciprocal peer tutoring)에서는 학생들이 교사와 학생의 역할을 번갈아가면서 한다(Gaustad, 1993; Mastropieri et al., 2001). 역할반전 또래교수(reverse-role tutoring)에서 경도장애 학생은 장애를 갖고 있거나 갖고 있지 않은 어린 학생들을 지도한다(Utley & Mortweet, 1997).

교사들은 함께 잘 활동할 수 있는 짝을 신중하게 선정할 필요가 있다. 또래들이 좀 더 유사할수록(예 : 나이, 인종, 사회적 계층) 지도를 받는 학생에 대해 교사로서의 영향을 좀 더 크게 발휘할 수 있다(Gaustad, 1993). 학년 간 또래교수에서 연령의 차이가 클수록 일반적으로 적절한 모델링을 제공할 가능성이 더 크다(Mastropieri et al., 2001). 교사들은 실제 또래교수 수업시간에 앞서 또래 교사들을 훈련해야 하고 필요한 자료들과 교수들을 포함하기 위해서 교수 폴더를 준비해야 한다(Mastropieri et al., 2001). 또래교수 동안 교사의 역할은 교수를 전달하고 그 짝을 모니터링하는 것과 또래교육활동들을 지원하고 증진시키기는 것을 번갈아 하는 것이다(Utley & Mortweet, 1997).

또래교수는 교사역할을 하는 학생과 학생역할을 하는 학생 양쪽의 참여와 성취를 증진시키기 위한 효과적인 전략이다(Kavale & Forness, 1999). 읽기에서 어려움을 보이는 학생들을 지원하는 것에 더해서(Goldstein, Kaczmarek, Pennington, & Shafer, 1992; Peck & Sasso, 1997; Utley & Mortweet, 1997) 또래교수는 사회과에서(Kamps et al., 2002), 수학과에서(Baker, Gersten, Dimino, & Griffiths, 2004), 그리고 어휘학습에서(Kamps et al., 1998) 지도받는 학생들의 기술증진에 효과적일 수 있다. 또한 또래교사들은 자료들을 검토하고 실행해 보는 기회 덕분에 학업 수행에서 증진을 보여준다(Gaustad, 1993). 비학업적 효과로는 행동과 태도의 긍정적인 변화가 나타난다(Kavale & Forness, 1999).

또래교수가 효과적이기 위해서는 많은 계획이 필요하다. 교사들은 문제들을 예상하고 다룰 수 있어야 한다. 〈표 11-1〉은 일반적인 도전과제와 이에 대한 가능한 해결책들이다.

또래교수의 사용은 중등도 및 중도의 장애 학생들의 반응기회를 증진시키는데, 이는 기술 획득을 강화할 수 있다. 또한 또래교수는 자폐스펙트럼장애 학생들의 기술 일반화를 촉진한다(Goldstein et al., 1992).

4) 또래지원 학습전략

또래지원 학습전략(PALS)은 능력이 많은 학생과 능력이 부족한 학생을 호혜적인 짝으로 나누는 독특한 또래교수접근이다. 능력이 많은 학생은 '코치'로서, 능력이 낮은 학생은 '선수'로서 회기를 시작한다. 이러한 역할은 회기 동안에 바뀌거나(Utley & Mortweet, 1997) 혹은 계속 유지될 수 있다. PALS가 다양한 내용적 영역에 대해 효과적이지만 대부분 수학과 읽기교수에서 사용된다. 〈표 11-2〉는 PALS에서 사용되는 교수의 과정을 보여준다. 과정을 통해서 진행을 점검하고 학습을 평가하는 것이 교사의 역할이다. PALS는 전통적인 교수보다 좀 더 효과적으로 학생의 참여를 증진시키는 것으로 증명되어 왔다. PALS에서의 전략들(예 : 단락 줄이기)은 성취를 키우는 반복과 연습의 기회들을 제공한다(Mastropieri et al., 2001). PALS는 학습장애 학생들을 위해서

표 11-1 성공하게 만들기: 또래교수의 도전들에 대한 해결

도전들	해결들
· 튜터(tutor)가 튜티(tutee) 때문에 좌절하고 의사소통의 방해를 받는다(예 : 빈정거리거나 이름을 부른다).	· 튜터에게 효과적인 의사소통기술과 좌절을 다루는 방법들을 훈련시킨다.
· 튜터는 자신이 가르치는 내용(맥락, 상황)에서 기대만큼 유능하지 않다.	· 사전에 튜터를 평가하고 학년 간 교수를 고려한다.
· 튜티는 같은 나이의 누군가에게 교육 받는 것을 자주 훼방한다.	· 튜터와 튜티 간 역할을 번갈아한다. 그리고 학령 간 교수를 고려한다.
· 튜터는 파트너의 오류들을 확인하고 수정하는 데 견실하지 않을 수 있다.	· 작은 집단들과 튜터들 간의 일대일 역할 놀이에 대해 지속적인 훈련을 한다. · 훈련회기들을 새롭게 하기 위해 비디오를 사용한다.
· 시간표 짜기(특별히 학년 간 교수)	· 다른 학교나 지역사회 기관의 교사들과 함께 협력하기
· 학생의 결석	· 교사는 이용 가능한 보충자료를 갖고 긴급사태에 대한 계획을 세울 필요가 있다. · 이용할 수 있는 선택에는 실수를 확인하고 수정하기 위해 튜터, 튜티 그리고 관찰자 등 각각의 역할들을 갖는 세 또래집단을 형성하기, 결석한 또래를 위해 도움이 되는 대리학생 두기, 또는 혼자서 과제를 할 수 있는 또래를 두기

출처 : Adapted from Gaustad(1993); Mastropieri et. al.(2001); McDonnell, Mathot-Bucker, & Thorson(2001).

표 11-2 또래지원 학습전략을 위한 과정

과정	코치(뛰어난 기술들)	운동선수(필요한 기술증진)
· 코치와 함께 파트너 읽기 회기를 시작한다(전체 8분) · 다른 형식으로 이야기 말하기(전체 1~2분)	· 4분간 큰 소리로 읽는다.	· 코치를 따라 4분 동안 소리 내어 읽는다. · 1~2분간 중요한 이야기 장면을 배열한다.
· 단락 줄이기(전체 8분)	· 새로운 자료를 4분간 큰 소리로 읽은 후 각 단락 다음에 멈추고 요약하여 말한다. · 10개 이내의 단어 안에서 이해질문에 답하기 위한 시각적 단서들을 제공한다.	· 코치를 따라 크게 소리 내어 4분 동안 읽은 후 각 단락 다음에 멈춘 후 요약하여 말한다. · 10개 이내의 단어 안에서 이해질문에 답하기 위한 시각적 단서들을 제공한다.
· 돌아가며 예측하기(전체 5분)	· 코치와 선수는 다음 5분 동안 무엇이 일어날지 요약하고 예측하면서 함께 읽기를 계속한다.	· 코치와 선수는 다음 5분 동안 무엇이 일어날지 요약하고 예측하면서 함께 읽기를 계속한다.

출처 : Adapted from Utley & Mortweet(1997).

고안되었고 고기능 자폐스펙트럼장애 학생에게 적용 가능할 것이다.

5) 협력학습

또래교수와 PALS는 다른 학생이 정확성을 점검하는 동안 정확한 반응을 제공하는 학생들 중의 한 명에게 초점이 맞추어져 있는 반면 **협력학습**에서는 학생들은 서로에게 이득이 되는 산출물을 만들어 내기 위해서 함께 활동한다. 협력학습 집단은 학교 성적을 증진시키고(NRC, 2001) 동시에 학생들에게 서로 협력하고 상호작용하는 방법을 배울 수 있는 기회들을 제공하면서 반응기회(OTR)를 향상시킨다.

협력학습은 소규모 집단으로 대부분은 자폐스펙트럼장애 학생과 3~5명의 일반 학생들로 구성된다(Kamps et al., 2002). 이질적인 집단을 위해서 구성원들은 다양한 능력들을 갖고 있어야 한다. 구성원들은 고정되어 있지 않으며 과제를 다양하게 해야 할 필요가 있을 때 교사의 판단에 따라 변경될 수 있다. 협력학습에 사용되는 과제들은 모든 구성원들이 기여하지 않으면 성취될 수 없도록 구성된다(긍정적 상호의존성). 학생들의 기여는 또한 개별적으로 평가된다(개별적 책무성). 학생들은 협력을 위해 필요한 기술들을 구체적으로 교육받는다. 집단의 구성원들은 집단 전체의 기능을 증진시킬 수 있는 다른 과제들을 할당받는다. 각각의 학생들이 모든 역할에서 전문기술을 얻을 수 있는 기회를 갖도록 할당된 역할들은 자주 변경된다. 협력학습은 자폐스펙트럼장애 학생들 사이에서 중요한 결과들을 산출하고 기술의 일반화를 이끈다(Dugan et al., 1995; Kamps et al., 2002).

사회성, 의사소통, 행동적 손상을 핵심적인 특성으로 하는 자폐스펙트럼장애 학생들에게 집단 안에서 다른 사람들과 상호작용을 하고 협력하는 것은 좌절이 될 수 있다. 자폐스펙트럼장애 학생들은 집단기능을 위해 필요한 행동에 대한 특별한 교수를 필요로 할 수 있다(Safran & Safran, 2001). 문자로 쓰인 단순한 지시 등 시각적 지원들을 사용하는 것이 도움이 될 수 있다. 집단의 토론을 지배하는 경향이 있는 자폐스펙트럼장애 학생들에게는 타이머와 같은 시각적인 암시를 통해 구체적인 단서들을 제공할 수 있다. 자폐스펙트럼장애 학생들이 핵심적인 친사회적 기술들을 배우고 일반 학생들은 어떻게 적절한 사회적, 의사소통적 기술들의 모델이 되고 증진시키고 강화할지를 배우는 동안에 교사들은 학업적 협력학습 집단들의 구성을 늘리는 것이 필요할 것이다. 교사는 능력과 흥미에 기초하여 집단 내에서 자폐스펙트럼장애 학생에게 특정한 역할을 할당할 수 있다(Myles & Southwick, 1999). 예를 들면, 교사는 자폐스펙트럼장애 학생들에게 기록하는 역할을 할당하지 않을 것이다. 왜냐하면 그 학생은 쓰기 과제에 대해서 부정적으로 반응할 것이기 때문이다. 다른 한 편으로 학생들은 시간기록자의 역할을 할당받을 수 있다. 왜냐하면 그 학생은 시계를 보고 시계의 알람을 설정하는 것을 즐기기 때문이다.

또래교수와 협력학습 집단이 자폐스펙트럼장애 학생들의 학업수행을 증진시킨다고 할지라도 교사들은 다양한 **전달 방법**들을 계속 준비하고(예 : 소집단, 대집단, 일대일) 학생들의 반응을 이끌어 내기 위해 빈번하고 다양한 시도들을 준비해야 한다. 이에 더해서, 또래들이 학생들을 위한 과제를 대신 완수하지 않도록 훈련할 필요가 있다. Mathes 등(2003)은 읽기에 어려움을 보이는 1학년들을 대상으로 PALS, 교사 중심의 소집단, 그리고 전통적인 교수의 전달을 비교하였다. 연구결과 교사 중심의 소집단 교수가 학생의 가장 큰 수행을 보여주고 그 다음이 또래지원 학습집단, 마지막이 전통적인 전달모델이었다. 자폐스펙트럼장애 학생들에 대해서도 유사한 결과들이 나타났다 (Kamps et al., 1990).

6) 전문보조원의 활용

또래들을 교사로, 혹은 협력집단의 구성원으로 활용하기 위해서는 자폐스펙트럼장애 학생들이 일반적인 학습 환경에 있어야 한다. 사회적 활동들뿐 아니라 학업수행에의 참여를 증진시키기 위해서 때때로 성인이 자폐스펙트럼장애 학생들과 함께 일반학급에 들어가도록 배정된다. 이러한 지원을 제공하는 성인을 **전문보조원**, 보조교사, 교사도우미 또는 교수지원자라고 부른다(Giangreco, Edelman, & Broer, 2003). 여기에서는 전문보조원(paraprofessional)이라는 용어를 사용하고자 한다.

또한 전문보조원은 특수학급에서 학생들과 함께 활동한다. 전문보조원은 통합장면들에서 사회적인 지원을 제공하고 자폐스펙트럼장애 학생의 문제해결 상황들을 돕는다. 또한 일반 또래들로 하여금 자폐스펙트럼장애 아동들의 능력을 이해할 수 있도록 돕고 그의 특별한 기술들(예 : 컴퓨터 그래픽, 수학 등)을 평가한다(Safran & Safran, 2001).

전문보조원들이 일반학급에서 중요한 교수적 지원들을 제공하지만 신중하게 활용되어야 하고 이들의 일반학급에서의 지원은 가능한 한 빨리 소거되어야 한다. 자폐스펙트럼장애 학생들과 함께 일반학급에 들어가는 전문보조원들은 많은 부정적인 영향을 미칠 수 있다. 이들 대부분은 전문보조원이 통합학급 안에 있는 학생에 대해 일차적인 책임을 갖는 것으로 비춰지기 때문이다. 이것은 일반학급교사와의 상호작용을 감소시키고 일반학급교사의 역할을 감소시킨다(Marks, Schrader, & Levine, 1999). 일반교사들은 전문보조원들이 그들의 학급에 남아 있을 때에 장애 학생들에 대한 책임을 쉽게 피할 수 있다고 말한다(Robertson, Chamberlain, & Kasari, 2003). 또한 전문보조원의 존재는 장애 학생들에 대한 다른 학생들의 수용을 방해할 수 있다(Giangreco, Edelman, Luiselli, & MacFarland, 1997).

자폐스펙트럼장애 학생들의 요구를 다루는 역할, 책임, 그리고 효과성과 관련하여 전문보조원의 부적합성 또는 훈련의 부족에 대한 염려가 제기되어 왔다(Giangreco et al., 2003; Tsatsanis, Foley, & Donehower, 2004). 그러한 우려 중의 하나는 많은 훈련을 받지 못하고 교육적 배경이 없는 사람이 학생들을 가르친다는 것이다. Giangreco와 Broer(2005)는 일반교육에서 학생들에 대한 교수의 대부분을 전문보조원이 제공한다면 반감이 생성될 것임을 주장한다.

자폐스펙트럼장애 학생은 교사에게 받은 지시에 대해서 직접적으로 반응하기보다는 참여의 촉구에 기대면서 전문보조원에게 의존하게 되는 경향이 있다. 이것은 학습된 무기력의 경향을 악화시킬 것이다(Myles et al., 2001). 전문보조원들은 학급의 다른 나머지 학생들과 보조를 맞추는 시도로 학생들을 위해 활동을 수행할 수 있다. 전문보조원들을 학생과 함께 일반학급으로 배정하기 전에 다른 전략들(예 : 또래교수)이 고려되어야 한다.

7) 자기관리를 통한 참여의 촉진

자폐스펙트럼장애 학생들이 교육을 받는 동안에 획득해야 할 중요한 기술 중의 하나는 자기점검 능력이다. 이는 ① 또래와 또래의 반응에 대한 사회적 응답하기(Myles et al., 2001), ② 수업 중 과제를 계속 하거나 할당된 문제들을 독립적으로 완수하기와 같은 학업행동들(Moyes, 2002)이다. 지정된 수준에서의 수행을 목적으로 하는 개인적 행동에 대한 인식과 평가를 **자기관리**라고 한다.

❖ 해리스 선생님에게 배우기

자기관리의 신장

팀 모임 중에 해리스 선생님과 일반교사는 수업시간 동안 주의를 기울이는 데 여전히 어려움을 갖고 있고 소집단활동 시간이나 독립활동 시간에 책상 위에 앉아 있는 학생에게 관심을 표시했다. 해리스 선생님은 그녀의 교실에서 이러한 기술들에 대해서 일을 해 왔으며 학생들이 참여하기, 동의하기, 과제를 계속하기, 적절한 학업기술들을 독립적으로 완수하는 기술에 대한 교사의 지시를 기꺼이 따른다는 것을 보여주는 자료를 갖고 있다고 동료교사에게 말한다.

일반학급교사는 해리스 선생님에게 그녀가 무엇을 하고 있는지 설명해 달라고 요구한다. 해리스 선생님은 참여를 증진시키기 위해 활동, 자료, 그리고 상황을 어떻게 구성하는지, 그리고 참여를 자극하기 위해 학생의 흥미들을 어떻게 사용하는지 간단히 설명한다. 또한 해리스 선생님은 학생들에게 그들 자신의 행동을 관리하도록 가르치기 시작했다고 말한다. 자기관리의 궁극적인 목표는 학생으로 하여금 자기 자신의 행동에 대한 평가를 하고 그들이 계속 나아갈 것인지 말 것인지를 결정하며, 필요하다면 자신의 행동을 수정하는 것에 대한 책임을 갖게 하는 것이다. 해리스 선생님은 특수학급 교실에 가서 크레이그가 자신의 행동에 대한 자기관리를 위해 사용하는 용지를 가져온다. 해리스 선생님이 자기관리체계가 어떻게 이루어지는지 설명하자, 교사들은 집중하여 듣는다. 일부 교사들은 자신이 가르치는 어떤 학생들을 대상으로 사용하기 위하여 빈 양식 사본들을 얻을 수 있는지 질문한다. 해리스 선생님은 그녀의 학급학생들에게 매우 유용한 몇몇 전략들이 다른 학생들에게도 유용할 수 있다는 사실에 미소를 지으면서 집으로 간다.

자신의 행동을 관리하도록 학생들을 가르치는 것은 성공적인 장기 성과를 증진시킬 수 있다. 자기관리의 사용은 학생들이 그들 자신의 행동에 대해 책임을 질 수 있고 또 져야만 한다는 것을 인식하는 것에 기초를 둔다. 체계적으로 자기관리를 가르치는 것은 학생들이 기술들을 획득하고 통제를 외부적인 요인에서 그들 자신에게로 전환할 가능성을 증진시킨다. 자기관리의 한 요소는 **자기기록**인데, 이는 학생으로 하여금 그들 자신의 행동을 점검하도록 한다.

(1) 자기기록

학생들이 그들의 행동들에 대한 자기점검을 막 배울 때, 시각적 단서를 제공하는 것이 가장 효과적일 수 있다. 예를 들면, 행동을 기록하기 위해서 행복한 얼굴과 슬픈 얼굴이 그려져 있는 카드들(혹은 예, 아니요 라고 되어 있는 상자들)이 사용될 수 있다. 학생이 선호하는 주제에 대한 그림을 만들고 행동을 기록하기 위해 여러 개로 나눌 수 있다. 〈그림 11-1〉은 전함들에 관심을 갖는 학생에게 사용된 자기기록용지이다.

자기점검 카드는 좀 더 내구력을 갖고 학급이나 활동들에 걸쳐서 운반될 수 있도록 책상에 붙이거나 혹은 코팅해서 만들 수 있다. 학생들의 능력을 토대로 교사는 자기기록을 위한 측정 시간간격을 얼마나 오랫동안 지속할 것인지 결정한다. 예를 들면, 낮은 참여를 보이는 학생들은 성공 가능성을 높이기 위해 교수의 시작 동안에는 빈번하고 짧은 시간간격이 필요할 것이다. 타이머나 알람이 시간간격의 종료에 대한 신호가 될 수 있다. 알람이 소리를 낼 때에, 학생들은 그가 목표행동을 얼마나 잘 수행했는지에 대한 판단을 한다(예 : 스스로에게 계속 관심을 유지하고 있는가? 행동을 기록하라고 요구받는 순간에 그렇게 하고 있는가?). 그 순간에 적절한 얼굴, 상자, 혹은 그림조각의 하나에 표시를 한다(Moyes, 2002). 행복한 얼굴이나 조각 위의 표시는 긍정적인 평가를 가리킨다. 반면에 슬픈 얼굴이나 조각을 공백으로 남겨두는 것은 목표행동에 관한 질문에 대한 부정적인 반응을 가리킨다.

______은(는) 이번 주에 **좀 더 나은 행동을 위해 노력한다.** ______는(은) 그의 자기점검 능력을 향상시킬 것이고, 3/4학기 동안 그의 환경 속의 성인들에 대한 부정적인 비판을 하지 않을 것이다. 대신에, ______는 그의 부정적인 비판을 스티커 판에 메모할 것이다. 그리고 비판을 참거나 또는 그것을 긍정적인 비판으로 바꿀 것이다. 각 시간마다 "스스로를 점검하세요." "각 포탑에 올려져 있는 목표들을 스스로 충족하고 있는지 생각하세요."라고 알려 준다. 그렇게 하고 있다면 굴뚝 그림의 고리 하나에 색을 칠한다. 그렇게 하고 있지 못하다면 빈 공간으로 남겨두고 X, 또는 '아니오' 라고 적어 넣는다.

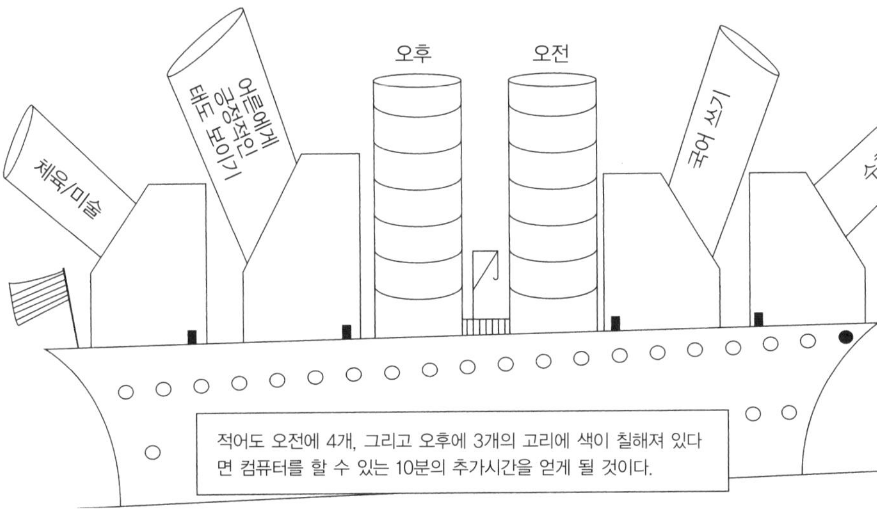

그림 11-1 자기점검을 위한 전함

학습과정 동안에 교사들은 학생들이 기록양식에 적절히 표시를 하도록(또는 공백으로 남겨두도록)한다. 궁극적으로 외부적인 지원은 사라지고 학생들로 하여금 적은 감독으로 그들 자신의 행동에 대해 기록하도록 한다(Olley & Reeve, 1997). 성인에 의한 감독을 소거하기 위해서 기간 동안 2개의 카드가 사용될 수 있는데 하나의 카드는 학생이, 다른 하나는 성인이 소지한다. 알람이 울릴 때에, 카드 위의 적절한 공간에 각자 표시를 한다. 나중에 내용이 일치하는지를 결정하기 위해서 2개의 카드를 비교한다. 비록 답변들이 부정적이었다고 할지라도 학생들은 자신의 카드에 정확하게 표시하기 위해서 강화를 받아야 한다(Cumine et al., 1998). 결국에는 비교 과정이 덜 자주 사용된다.

들을 수 있는 알람의 사용을 줄이기 위해서 다른 도구들이 이용될 수 있다. 학생들은 행동평가 기록을 언제 할 것인지를 상기시키기 위해 손목시계를 착용하거나 진동경보 기능을 갖춘 벨트형 타이머를 착용할 수 있다(Mitchem, Young, West, & Benyo, 2001; Shabani et al., 2002).

교사와 학생은 기대되는 행동의 준거와 그 준거의 성취에 따르는 강화를 함께 결정한다. 준거는 학습환경과 학생의 능력에 따른 기대에 근거할 것이다. 예를 들면, 수업 시간당 10번 이하의 호출은 여전히 많기는 하지만 학생이 처음 보여주었던 24번의 방해 행동보다는 더 낫다. 어떤 학생들은 그들의 행동을 위해서 좀 더 자주 강화 받을 기회가 필요하다. 3개의 과제 바구니들을 완성하고 각 바구니에 대한 그림을 과제 조각 위에 붙임으로써 진전을 표시하는 학생은 그 과제를 완성하는 즉시 좋아하는 활동을 선택할 수 있는 기회가 허락될 것이다.

다른 학생들은 강화를 받기 전, 그들의 행동을 기록하는 데 몇 시간, 몇 날, 또는 심지어 몇 주가 필요할 수도 있다. 어떤 자기기록 카드들은 학생 행동의 영구적인 결과로서 도움이 된다. 그리고 학교와 가정 사이의 의사소통체계로서 작용할 수 있다(Moyes, 2002). 가족들과 학교가 서로 지원할 때에, 그 결과는 좀 더 안정되고 그에 따라 적절한 행동은 더 증진될 것이다.

(2) 자기도식화

자기도식화에서 학생들은 행동변화를 나타내는 그래프를 산출하기 위해서 수동으로 표시를 하거나 자료를 컴퓨터에 입력해 넣어 자동으로 표시되게 하기 위해 자기점검 카드에 기록된 자료들을 사용할 수 있다. 이는 자기관리 행동능력을 증진시킬 수 있다(Gunter, Miller, & Venn, 2003; Gunter, Miller, Venn, Thomas, & House, 2002). 자기기록과 도식화를 위해 컴퓨터화된 자료관리체계를 사용하는 것은 교사의 도움을 필요로 하는 시간을 줄인다. 도식화는 학생으로 하여금 진전이 이루어지고 있는지를 결정하기 위하여 자료를 시각적으로 검사하고 검토하게 한다. 또한 도식화는 교사와 학생들로 하여금 강화를 위한 목표들을 설정할 수 있는 기회들을 제공한다. 그리고 교사들은 학생의 프로그램에 변화가 필요한지를 결정하기 위해 그래프를 사용할 수 있다.

3. 보충학습

학교 수업시간에 이루어지는 교수활동들에 더해서 학생은 연습을 하고 자신의 기술들을 확장할 수 있는 부가적인 활동들에 참여할 수 있다. 이것이 바로 보충학습이다. 숙제를 할당하는 것은 장애 학생들을 포함해서 모든 학생들을 대상으로 일반적으로 사용되는 전략이다. IEP팀들은 학생들이 학기 중에 배웠던 기술들을 유지하기 위해 여름학교가 필요할 것이라고 결정할 수 있다.

❖ 해리스 선생님에게 배우기

숙제의 비애

로라가 점점 숙제를 덜 해서 학교에 오고 있었기 때문에 해리스 선생님은 매우 걱정이 되었다. 그녀는 IEP 모임에서 숙제에 대해서 논의하는 것을 생각하고 로라의 아버지가 숙제의 양을 줄이는 것을 원치 않는다고 했던 것을 떠올렸다. 그러나 해리스 선생님은 어떤 일이 일어나고 있는지 의논하기 위해서 로라의 아버지와 다시 만나기로 했다.

모임에서 로라의 아버지는 한 부모 가정의 아버지로서 시간관리의 어려움을 토로하였다. 그가 방과 후 교실에서 로라를 데리고 오고, 심부름을 하고, 집에 도착할 때쯤이면, 로라는 매우 까다로워져서 그녀에게 숙제를 시키는 것은 지속적인 싸움이었다. 로라의 아버지는 로라가 매우 흥분해서 자신이 어떤 기대를 받는지 모르는 것처럼 보인다고 말했다. 그는 그녀에게 숙제를 하라고 잔소리하는 것은 역효과를 낸다고 생각했다.

해리스 선생님은 아마도 로라를 그녀가 이전에 보여주었던 생산적인 상태로 되돌리도록 도울 방법들이 있을 것이라고 생각했다. 해리스 선생님은 로라의 아버지에게 이전의 숙제 과정에 대해서, 그리고 현재 숙제를 끝내는 데 방해가 되는 것들에 대해서 질문을 했다. 그들은 일단 로라가 숙제를 시작하면 모두 마치도록 해야 하는지 혹은 얼마간의 휴식을 취할 수 있도록 해야 하는지에 대해서 의논했다. 그들은 또한 로라에게 얼마나 많은 도움을 주어야 하고 어떤 사람이 가장 잘 도움을 줄 수 있는지에 대해서도 이야기를 나누었다(로라가 선호하는 것들에 기초해서). 가족(로라에게는 자매들이 있다)의 시간제한을 전제로 로라가 하루 저녁에 30분 이상 숙제를 할 필요는 없다고 함께 결정했다. 해리스 선생님은 종례 시간에 로라의 숙제장을 검사하면서 먼저 해야 할 일들을 확인하고 완료 예상시간을 맨

위에 분명히 기록하는 것을 책임지기로 했다.

그들은 함께 로라가 목욕을 마친 후에 그녀가 가장 하고 싶은 활동들을 선택하도록 질문하기로 정했다. 로라의 아버지는 그녀가 전체 30분 분량의 활동들을 선택하도록 그녀를 점검할 것이다. 그녀는 30분 동안 활동을 완수할 수 있는지, 그리고 그녀가 침대에 들기 전에 그녀가 좋아하는 동물다큐멘터리를 15분 정도 보게 될 것인지에 대해서 이야기를 들을 것이다(나머지 가족들이 텔레비전을 시청하고 있기 때문에 일반적으로 허락받지 않는 활동들). 로라에게 도움이 필요하다고 결정한다면 그녀는 전에 그녀의 숙제를 도울 수 있다고 지적되었던 자매들 중 누구에게라도 요구할 수 있다. 로라가 숙제를 마치지 않는다거나 숙제시간 동안에 부적절한 행동을 한 것으로 나타난다면 그녀는 곧바로 침대로 가게 될 것이고 비디오를 보지 못하게 될 것이다. 해리스 선생님과 로라의 아버지는 그 계획이 잠정적인 것이고 필요할 경우에 그것을 함께 수정해 나가기로 동의하였다.

1) 숙 제

학습을 강화하기 위한 효과적인 기제로서 숙제를 활용하는 것에 대해 한편에서는 매우 유익하다고 하고 다른 한 편에서는 그 반대의 주장을 하면서 연구자들 사이에서도 뜨거운 논쟁이 된다(Callahan, Rademacher, & Hildreth, 1998). 학기가 진행됨에 따라 자폐스펙트럼장애 학생들은 불규칙한 수면 패턴으로 인해 점점 더 피곤하여 흥분하게 되고(Patzold, Richdale, & Tonge, 1998; Safran & Safran, 2001) 감각적으로 과민하게 된다(Attwood, 1998). 수면문제는 자폐스펙트럼장애를 갖고 있는 사람들이 경험하는 불안의 결과일 수 있다(Tani et al., 2004). 심각하고 빈번한 수면장애를 갖고 있는 자폐스펙트럼장애 학생들은 낮 동안의 행동문제들을 더 많이 갖는 것으로 증명되었다(Hoffman, Sweeney, Apodaca, Lopez-Wagner, & Castillo, in press). 이러한 행동문제들은 가족들에게 더 스트레스를 야기할 수 있다(Patzold et al., 1998).

하루를 마치고 가족들이 모였을 때에 자폐스펙트럼장애 학생들과 다른 가족성원들은 지치게 된다. 가족구성원들이 아마도 그가 하기를 원하지 않을 숙제를 학생에게 완수하도록 자극하면 불쾌한 상황을 만들어 낼 수 있다. 그 상황을 더욱더 악화시키는 것은 학생이 숙제를 기억하지 못할 수 있다는 것이다. 고기능 자폐스펙트럼장애 학생들이 숙제의 부분적 서술만을 써내려가거나 무언가를 기록하는 데 실패하는 것은 이상한 일이 아니다. 집에 도착하면 그들은 필요한 자료들을 꾸려놓지 않을지도 모른다(Myles & Adreon, 2001). 정신혼란, 조직곤란, 그리고 쓰기의 어려움 등으로 인해 숙제를 하는 과정은 가족의 매일의 삶에서 상처가 되는 일이 될 수 있다(Myles & Southwick, 1999). 교사와 가족들은 숙제가 학습을 촉진시키기 위해 필요한지, 또는 그것이 발생시키는 정서적인 스트레스를 감수할 만한 가치가 있는지를 논의할 필요가 있다. 교사들과 가족들이 숙제가 교육과정에서 중요한 요소라고 결정을 한다면 그때에는 가족들이 최소한으로 스트레스를 받으며 숙제를 완수하도록 지원하기 위한 예방적 방안이 개발될 필요가 있다.

2) 숙제전략

교사들은 학생들이 숙제로 할당된 것들을 잘 수행할 수 있도록 해야 한다. 숙제는 새로운 개념을 소개해서도, 새로운 기술들의 사용을 요구해서도 안 된다. 또한 교사는 할당된 숙제를 통해서 무엇을 기대받고 있는지 학생들이 알도록 해야 한다. 학생이 귀가하기 전에 숙제들을 검토하기, 학생으로 하여금 해야 할 것이 무엇인지를 기억할 수 있도록 도울 수 있는 시각적 촉구 등을 제공하기가 유용하다. 학생들이 숙제를 마치기 위해서 필요한 모든 것을 갖추도록 과정들을 가르쳐야 한다. 자기기록, 자기평가, 그리고 자기도식화를 사용하는 것은 학습장애 학생들에게 좀 더 많은 숙제들을 완수할 수 있도록 안내하는데(Trammel, Schloss & Alper, 1994), 이는 자폐스펙트럼장애 학생들에게도 유익할 것이다.

교사는 좀 더 세세한 교수들을 제공하거나 가족들이 지침으로 참고할 수 있는 완성된 예를 제공할 수 있다. 부모들은 숙제를 확인하기 위하여 글로 적은 노트와 전화음성 메시지의 사용을 선호한다(Epstein, Munk, Bursuck, Polloway, & Jayanthi, 1999). 어떤 학교체계는 웹사이트를 통해서 숙제에 대한 정보를 제공하는데, 여기에는 교사들이 현재, 그리고 앞으로의 과제들, 시험, 프로젝트들의 목록을 싣거나 사례들을 링크시키고 주제들에 대해서 적어 놓는다. 또한 교사와 부모들은 학생이 숙제와 만기일을 기록한 과제 책이나 과제 메모장을 통해서 의사소통할 수 있다(Myles &: Simpson, 1998).

부모는 숙제를 완수할 수 있도록 시간과 장소를 설정하는 것을 포함하여 가정에서의 일과를 세울 필요가 있다. 부모는 자녀가 성인과 함께 할 때에 과제를 가장 잘 수행할 수 있는지(Myles & Southwick, 1999), 혹은 타이머와 체크리스트와 같이 자기통제 전략을 갖고 혼자 남겨졌을 때에 가장 잘 수행하는지를 결정하여야 한다. 필기의 어려움을 보정하기 위해서 어린이들은 워드프로세서, 구술하기, 또는 그들의 반응을 기록하기 등의 방법을 사용할 수 있다(Myles & Southwick, 1999). 가족구성원의 참여수준은 학교실패의 위험성을 갖고 있는 학생들의 좀 더 큰 학습 증대와 상관되어 있을 뿐 아니라 숙제완수 및 그 정확성과 관련되는 것으로 밝혀져 왔다(Callahan et al., 1998).

장애 학생들에 대해서 숙제의 양과 형식에 대한 수정이 이루어진다. 개별 학생에 대한 특정한 수정은 학교생활의 초기에 결정되어야 한다. 부모들과 교사들은 어떤 유형의 수정이 도움이 될 것인지를 결정할 때에 〈그림 11-2〉에 제시되어 있는 숙제 검목표(Myles & Adreol1, 2001)를 사용할 수 있다.

3) 숙제절차

기억하기, 이해하기, 숙제를 완성하기가 학생들이 과제를 제출할 것인지의 문제를 항상 해결하는 것은 아니다. 일반적으로 초등학교 교사들은 학급 안을 돌면서 숙제를 점검하거나 과제물들을 걷어서 나중에 검토한다. 어떤 학생이 과제를 제출하지 않는다면, 교사는 대개 그 학생을 기억한다. 중학교와 고등학교에서 과제를 구체적인 시간에, 그리고 구체적인 장소에 제출하는 일은 학생들의 몫이다. 한 학생이 숙제를 제출하지 않는다면, 중학교와 고등학교 교사들은 0점을 줄 것이고 그 학생에게 알리지 않을 것이다. 자폐스펙트럼장애 학생은 수업을 실패로 끝낼 것이다. 왜냐하면 그들은 숙제를 제출하지 않았기 때문이다(Myles & Adreon, 2001).

교사가 숙제의 완수와 정확성에 대해 등급을 매길 것인지를 결정한 후에는 학생이 어떻게 숙제를 제출할 것인지와 관련한 과정들이 수립되고 연습되어야 한다. 이 과정은 모든 학생들이 성공적일 때까지 검토되어야 하고 일상에서 변화가 생길 경우에는 한 해에 걸쳐 검토되어야 한다. 학생들이 숙제를 제출하도록 가르치는 과제는 단지 교사(들)만이 아니라 가족구성원 모두가 떠맡아야 한다. 가족구성원들은 완성된 숙제가 책가방의 정확한 위치에 들어가 있는지를 확인할 수 있고 심지어는 학생이 숙제를 적절히 제출할 수 있도록 단서를 제공하기 위한 시각적 촉구를 제공할 수 있다(Myles & Adreon, 2001).

학생이 과제를 받으면 완성하는 것뿐 아니라 제출해야 한다는 것을 분명하게 하는 일과와 기대들을 수립하는 교사의 시도는 칭찬받아야 한다. 자폐스펙트럼장애 학생의 장래의 성공을 위해서 그들이 완수한 결과물을 기록하는 기술을 배우고 연습하는 것이 매우 필요하다. 그들이 고등학교 졸업 후에 작업요원으로 들어가든, 대학에 등록하든 그들은 완수해야 할 과제, 프로젝트, 그리고 완수해야만 하는 다른 일들을 할당받을 것이다.

4) 여름학교

자폐스펙트럼장애 학생들은 자주 연습하지 않은 기술들을 더 잘 잃어버리기 쉽다. 자폐스펙트럼장애 학생들은 단지 짧은 휴지기만을 갖고 한 해를 통해서 핵심기술들을 연습할 수 있도록 구조화된 교수, 또는 구조화된 기회들을 받는 것(NRC, 2001)이 필요하다. 그들이 부정적인 영향을 갖기 전에 얼마나 긴 휴지기간이 필요한가는 개인적인 특성에 기초해서 결정되어야 한다. 여름 프로그램이 유익할 것이라는 사실은 그것이 반드시 제공되어야 한다는 것을 의미하지는 않는다(Heflin & Simpson, 1998b).

IEP팀은 자폐스펙트럼장애 학생들에게 적절할 수 있는 여름활동의 형태들을 논의할 때에 몇가지 요소들을 고려할 필요가 있다. 사회화가 우선이라면 공립학교들은 많은 기회들을 제공할 수 없다. 왜냐하면 대부분의 일반학생들은 방학 중일 것이기 때문이다. 지역사회 프로그램들을 통해서 제공되는 활동들은 학생들에게 그들의 기술목록들을 확장시키고 학기동안 배웠던 기술들을 연습할 수 있는 좀 더 많은 기회들을 제공할 것이다. 한 해 동안 직업기술들을 받아오던 학생들에게 실습을 하거나 혹은 다양한 노동자들을 만날 수 있는 기회는 기술유지를 촉진하고 계속 배우려는 동기를 강화할 수 있다.

고기능 자폐스펙트럼장애 학생을 위한 가장 중요한 요소들 중의 하나는 여름 프로그램에 기꺼이 참여하려는 그들의 의지이다. 중학교와 고등학교에서 IEP팀이 학생들을 위한 학년연장 프로그램(extended-year program)을 구성하기 위해 부지런히 노력하지만 결국 학생이 참여하는 것에 흥미를 갖고 있지 않다는 말을 듣는 것은 특이한 일이 아니다. 여름방학 동안 학생이 구조화된 활동에 참여해야 한다고 가족이 말한다면 그러한 활동이 어떻게 이루어질 것인지에 대한 결정과정에 학생이 포함되어야 한다.

1. 다음의 여부를 결정한다(하나에 표시).
   - ☐ 숙제 부여하기
   - ☐ 하루 중에 숙제할 시간을 제공하기
2. 아래의 요소를 갖추고 있는 숙제 계획장을 선택한다(해당되는 모든 것에 표시).
   - ☐ 학생이 쓰기에 충분한 공간
   - ☐ 각 학습시간의 과제들을 쓸 수 있는 특정한 공간
3. 다음의 내용을 결정한다(하나에 표시)
   - ☐ 교사(들)는 학생으로 하여금 숙제를 받아쓰게 하기보다는 쓰인 숙제과제를 제공할 것인가?
   - ☐ 교사(들)는 계획장 안에 과제를 적어 넣도록 촉구할 것인가?
4. 만약 학생이 과제를 적어 넣는다면(해당되는 모든 것에 표시)
   - ☐ 교사(들)는 학생이 빠뜨린 세부내용들을 적어 넣을 것이다.
   - ☐ 학생이 적지 않은 숙제 과제의 특정한 측면들을 확인하고 그 부분을 위한 체계를 가르칠 것이다(예 : 마감일 등).
   - ☐ 교사(들)는 숙제를 적어 내려가는 학생의 노력을 강화할 것이다.
5. 숙제과제들은(해당되는 모든 것에 표시)
   - ☐ 매일 동일한 방법, 동일한 공간에 글로 씌어진 형태로 제시된다.
   - ☐ 글로 씌어진 정보만으로도 과제의 요구가 무엇인지를 부모들이 이해할 수 있도록 충분히 구체적이다.
   - ☐ 언제라도 가능한 과제의 예들을 포함한다.
6. 숙제 완수를 위한 가정의 일상은 다음을 포함한다(해당하는 모든 것에 표시).
   - ☐ 산만하지 않은 특정한 장소
   - ☐ 숙제를 수행하는 시간
   - ☐ 학생들을 위한 특정한 배려들(구체화하라)
   - ☐ 쉽게 참고할 수 있도록 집에 비치하는 교재들의 사용
7. 숙제를 분명하게 하기 위한 방법들은 다음을 포함하는 것이 적절하다(해당하는 모든 것에 표시).
   - ☐ 학교 숙제를 위한 핫라인
   - ☐ 집에 있는 부모를 위해 팩스나 이메일을 통해 보내진 숙제
   - ☐ 필요하다면 과제를 명확히 해줄 수 있는 또래 친구
8. 숙제를 완성하고 제출하는 것을 점검하기 위한 계획은 다음을 포함한다(해당하는 모든 것에 표시)

- ☐ 밤마다 숙제 계획장에 부모가 사인을 하기
- ☐ 부모의 도움을 받은 가방 속 숙제의 정리
- ☐ 숙제를 제출하도록 교사가 촉구하기
- ☐ 제출되지 않은 과제물들에 대해서 매주 부모에게 알리기

그림 11-2 숙제 점검표

출처 : Myles, B. S., & Adreon, D. (2001). *Asperger syndrom and adolescence: Practical solutions for school success*. Shawnee Mission, KS: Autism Asperger Publishing (p. 75). Reprinted with permission of Autism Asperger Publishing.

4. 결 론

많은 자폐스펙트럼장애 학생들에게 가장 도전적인 학교환경들에는 비학업적 문제들, 과외활동들, 그리고 점심시간처럼 구조화되지 않은 시간들이 포함된다. 제4장과 제10장에서 기술된 많은 전략들은 비학업적 환경들 안에서 학생의 참여를 지원하는 데 도움이 될 수 있다. 자폐스펙트럼장애 학생의 특성에 대한 생각과 좋은 인식을 갖고 교사들은 학교환경의 모든 측면에서 학생들의 참여를 지원하기 위해 함께 일할 수 있다.

교사는 학생의 학습 진도에 중요한 영향을 미치는 많은 변인들을 통제한다. 교사들은 수업발표와 수행기대를 수정할 수 있고, 집단화를 통해 창조적으로 만들 수 있으며, 학생 참여를 높이기 위해 반응기회를 극대화한다는 목표를 갖고 또래와 또래 간 상호작용을 촉진시킬 수 있다. 자기관리는 참여를 촉진시키는 것으로 밝혀져 왔으며 숙제나 여름학교와 같은 보충 학습활동들에서 문제가 제기될 때에 고려될 수 있다. 숙제의 유익함은 부모와 다른 가족성원들의 참여수준에 달려 있을 것이다. 어떤 자폐스펙트럼장애 학생들은 구조화된 여름학교 프로그램을 통해서 유익을 얻을 수 있을 것이지만 다른 학생들은 사회적, 또는 직업적 활동들 안에서 참여기회를 갖는 것을 통해서 유익을 얻을 수도 있을 것이다. 학생들이 점점 더 나이가 듦에 따라서 그들은 그들 자신의 행동을 점검하는 것에 대한 책임이 증가하는 것을 감당해야 하고 그들에게 영향을 미치는 결정들에 참여하게 된다.

5. 토론 질문과 활동

(1) 여름학교는 청소년들에게 중요한 사회적 이슈이다. 일부 고기능 자폐스펙트럼장애 청소년들과 인터뷰를 실시하고 여름학교가 어떠했으면 좋겠는지에 대해서 설명하도록 질문한다. 또한 기능 수행 수준이 낮은 자폐스펙트럼장애 청소년들의 교사들을 인터뷰하고, 여름학교 동안(학년 연장 서비스라고도 한다) 전형적으로 어떤 유형의 교수가 일어나고 있는지를 찾는다.

(2) 또래지원 학습전략 안에 포함된 단계들을 친구들과 함께 연습한다.

(3) 당신의 행동 중에서 변화시키고 싶은 한 가지 행동을 확인하고 그 행동을 효과적으로 수정할 수 있는 자기점검 프로그램을 구안한다.

(4) 장애 학생의 부모들을 위한 가족지원 집단에 대해 말하고 그들의 자녀들을 위해 지역사회 안에서 이용할 수 있는 과외활동들의 유형을 알아본다.

(5) 과제를 제시하고, 이를 검토하고 등급을 매기는 것과 관련하여 필요한 결정의 흐름도를 개발한다. 숙제가 이득이 되기보다는 손해가 되는 시간목록을 만들고, 숙제가 자폐스펙트럼장애 학생들에게 일반화된 기술사용을 촉진하고 유지하는 데 가장 효과적인 시간들을 확인한다.

참고문헌

Adreon, D., & Stella, J. (2001). Transition to middle and high school: Increasing the success of students with Asperger syndrome. *Intervention in School and Clinic, 36,* 266-271.

Attwood, T. (1998). *Asperger syndrome: A guide for parents and professionals*. London: Jessica Kingsley.

Auxter, D., Pyfer, J., & Heuttig, C. I. (2005). *Principles and methods of adapted physical education and recreation*. New York: McGraw-Hill.

Baker, S., Gersten, R., Dimino, J. A., & Griffiths, R. (2004). The sustained use of research-based instructional practice. *Remedial and Special Education, 25,* 5-24.

Callahan, K., Rademacher, J. A., & Hildreth, B. L. (1998). The effect of parent participation in strategies to improve the homework performance of students who are at risk. *Remedial & Special Education, 19,* 131-141.

Church, C., Alisanski, S., & Amanullah, S. (2000). The social, behavioral, and academic experiences of children with Asperger syndrome. *Focus on Autism and Other Developmental Disabilities, 15,* 12-20.

Cumine, V., Leach, J., & Stevenson, G. (1998). *Asperger syndrome: A practical guide for teachers*. London: David Fulton.

Davenport, R. K., & Berkson, G. (1963). Stereotyped movements of mental defectives: Effects of novel objects. *American Journal of Mental Deficiency, 67,* 879-882.

Dugan, E., Kamps, D., Leonard, B., Watkins, N., Rehinberger, A., & Stackhaus, J. (1995). Effects of cooperative learning groups during social studies for students with autism and fourth-grade peers. *Journal of Applied Behavior Analysis, 28,* 175-188.

Epstein, M. H., Munk, D. D., Bursuck, W. D., Polloway, E. A., & Jayanthi, M. (1999). Strategies for improving home-school communication about homework for students with disabilities. *The Journal of Special Education, 33,* 166-176.

Etzel-Wise, D., & Mears, B. (2004). Adapted physical education and therapeutic recreation in schools. *Intervention in School and Clinic, 39,* 223-232.

Gaustad, J. (1993). Peer and cross-age tutoring. *Emergency Librarian, 21,* 34-36.

Giangreco, M. F., & Broer, S. M. (2005). Questionable utilization of paraprofessionals in inclusive schools: Are we addressing symptoms or root causes? *Focus on Autism and other Developmental Disabilities, 20,* 10-26.

Giangreco, M. F., Edelman, S. W., & Broer, S. M. (2003). Schoolwide planning to improve paraeducator supports. *Exceptional Children, 70,* 63-79.

Giangreco, M. F., Edelman, S. W., Luiselli, T. E., & MacFarland, S. Z. (1997). Helping or hovering? Effects of instructional assistant proximity on students with disabilities. *Exceptional Children, 64,* 7-18.

Goldstein, H., Kaczmarek, L., Pennington, R., & Shafer, K. (1992). Peer-mediated intervention: Attending to, commenting on, and acknowledging the behavior of preschoolers with autism. *Journal of Applied Behavior Analysis, 25,* 289-305.

Greenwood, C. R. (1991). A longitudinal analysis of time, engagement, and academic achievement in at-risk vs. non-risk students. *Exceptional Children, 57,* 521-535.

Groft, M., & Block, M. E. (2003). Children with Asperger syndrome: Implications for general physical education and youth sports. *The Journal of Physical Education, Recreation, and Dance, 74,* 38-43.

Gunter, P. L., Miller, K. A., & Venn, M. L. (2003). A case study of the effects of self-graphing reading performance data for a girl identified with emotional/behavioral disorders. *Preventing School Failure, 48,* 28-31.

Gunter, P. L., Miller, K. A., Venn, M. L., Thomas, K., & House, S. (2002). Self-graphing to success: Computerized data management. *Teaching Exceptional Children, 35*(2), 30-34.

Heflin, L. J., & Simpson, R. (1998). Interventions for children and youth with autism: Prudent choices in a world of exaggerated claims and empty promises. Part II: Legal/policy analysis and recommendations for selecting interventions and treatments. *Focus on Autism and Other Developmental Disorders, 13,* 212-220.

Hoffman, C. D., Sweeney, D. P., Apodaca, D. D., Lopez-Wagner, M., & Castillo, M. M. (in press). Sleep problems and symptomology in children with autism. *Focus on Autism and Other Developmental Disabilities, 20*(4).

Hollowood, T. A., Salisbury, C. L., Rainforth, B., & Palombaro, M. M. (1994). Use of instructional time in classrooms serving students with and without severe disabilities. *Exceptional Children, 61,* 242-253.

Hundert, J., & Houghton, A. (1992). Promoting social interaction of children with disabilities in integrated preschools: A failure to generalize. *Exceptional Children, 58,* 311-320.

Kamps, D. M., Kravits, T., Gonzalez-Lopez, A., Kemmerer, K., Potucek, J., & Harrell, L. G. (1998). What do the peers think? Social validity of peer-mediated programs. *Education and Treatment of Children, 21,* 107-135.

Kamps, D. M., Leonard, B. R., Dugan, E. P., Boland, B., & Greenwood, C. R. (1991). The use of ecobehavioral assessment to identify naturally occurring effective procedures in classrooms serving students with autism and other developmental disabilities. *Journal of Behavioral Education, 1,* 367-397.

Kamps, D., Royer, J., Dugan, E., Kravits, T., Gonzalez-Lopez, A., Garcia, J., et al. (2002). Peer training to facilitate social interaction for elementary students with autism and their peers. *Exceptional Children, 68*(2), 173-187.

Kamps, D., Walker, D., Locke, P., Delquadri, J., & Hall, R. V. (1990). A comparison of instructional arrangements for children with autism served in a public school setting. *Education and Treatment of Children, 13,* 197-215.

Kavale, K. A., & Forness, S. R. (1999). Effective intervention practices and special education. In G. N. Siperstein (Ed.), *Efficacy of Special Education and Related Services* (pp. 1-9). Washington, DC: American Association on Mental Retardation.

Logan, K. R., Bakeman, R., & Keefe, E. G. (1997). Effects of instructional variables of engaged behavior of students with disabilities in general education classrooms. *Exceptional Children, 63,* 481-497.

Marks, S. U., Schrader, C., & Levine, M. (1999). Paraeducator experiences in inclusive settings: Helping, hovering, or holding their own? *Exceptional Children, 65,* 315-328.

Mastropieri, M. A. (2001). Can middle school students with serious reading difficulties help each other and learn anything? *Learning Disabilities Research & Practice, 16,* 18-27.

Mastropieri, M. A., Scruggs, T., Mohler, L., Beranek, M., Spencer, V., Boon, R. T., et al. (2001). Can middle school students with serious reading difficulties help each other and learn anything? *Learning Disabilities Research & Practice, 16,* 18-27.

Mathes, P. G., Torgesen, J. K., Clancy-Menchetti, J., Santi, K., Nicholas, K., Robinson, C., et al. (2003). A comparison of teacher-directed versus peer-assisted instruction to struggling first-grade readers. *The Elementary School Journal, 103,* 459-479.

McDonnell, J., Mathot-Buckner, C., & Thorson, N. (2001). Supporting the inclusion of students with moderate and severe disabilities in junior high school general education classes: The effects of classwide peer tutoring, multi-element curriculum, and accommodations. *Education & Treatment of Children, 24,* 141-161.

Mitchem, K. J., Young, K. R., West, R. P., & Benyo, J. (2001). CWPASM: A classwide peer-assisted self-management program for general education classrooms. *Education and Treatment of Children, 24,* 111-140.

Moyes, R. A. (2002). *Addressing the challenging behavior of children with high-functioning autism/Asperger syndrome in the classroom.* London: Jessica Kingsley.

Myles, B. S., & Adreon, D. (2001). *Asperger syndrome and adolescence: Practical solutions for school success*. Shawnee Mission, KS: Autism Asperger.

Myles, B. S., Barnhill, G. P., Hagiwara, T., Griswold, D. E., & Simpson, R. L. (2001). A synthesis of studies on the intellectual, academic, social/emotional and sensory characteristics of children and youth with Asperger syndrome. *Education and Training in Mental Retardation and Development Disabilities, 36,* 304-311.

Myles, B. S., & Simpson, R. L. (1998). *Asperger syndrome: A guide for educators and parents*. Austin, TX: Pro-Ed.

Myles, B. S., & Southwick, J. (1999). *Asperger syndrome and difficult moments: Practical solutions for tantrums, rage, and meltdowns*. Shawnee Mission, KS: Autism Asperger.

National Research Council. (2001). *Educating children with autism.* Committee on Educational Interventions for Children with Autism. Division of Behavioral and Social Sciences and Education. Washington, DC: National Academy Press.

Newcomb, A. F., & Bagwell, C. L. (1995). Children's friendship relations: A meta-analytic review. *Psychological Bulletin, 117,* 306-347.

Odom, S. L., & Strain, P. S. (1984). Peer-mediated approaches to promoting children's social interaction: A review. *The American Journal of Orthopsychiatry, 54,* 544-557.

Olley, J. G., & Reeve, C. E. (1997). Issues of curriculum and classroom structure. In D. J. Cohen & F. R. Volkmar (Eds.), *Handbook of autism and pervasive developmental disorders* (2nd ed., pp. 484-508). New York: Wiley.

Patzold, L. M., Richdale, A. L., & Tonge, B. J. (1998). An investigation into sleep characteristics of children with autism and Asperger disorder. *Journal of Paediatric Child Health, 34,* 528-533.

Peck, J., & Sasso, G. M. (1997). Use of the structural analysis hypothesis testing model to improve social interactions via peer-mediated intervention. *Focus on Autism and Other Developmental Disabilities, 12,* 219-231.

Robertson, K., Chamberlain, B., & Kasari, C. (2003). General education teachers' relationships with included students with autism. *Journal of Autism and Developmental Disorders, 33,* 123-130.

Safran, J. S. (2002). Supporting students with Asperger syndrome in general education. *TEACHING Exceptional Children, 34*(5), 60-66.

Safran, J. S., & Safran, S. P. (2001). School-based consultation for Asperger syndrome. *Journal of Educational and Psychological Consultation, 12,* 385-395.

Safran, S. P. (2001). Asperger syndrome: The

emerging challenge to special education. *Exceptional Children, 67,* 151-160.

Shabani, D. B., Katz, R. C., Wilder, D. A., Beauchamp, K., Taylor, C. R., & Fischer, K. J. (2002). Increasing social initiations in children with autism: Effects of a tactile prompt. *Journal of Applied Behavior Analysis, 35,* 79-83.

Tani, P., Lindberg, N., Nieminen-von Wendt, T., von Wendt, L., Virkkala, J., Appelberg, B., et al. (2004). Sleep in young adults with Asperger syndrome. *Neuropsychobiology, 50,* 147-152.

Trammel, D. L., Schloss, P. J., & Alper, S. (1994). Using self-recording, evaluation, and graphing to increase completion of homework assignments. *Journal of Learning Disabilities, 27,* 75-81.

Tsatsanis, K. D., Foley, C., & Donehower, C. (2004). Contemporary outcome research and programming guidelines for Asperger syndrome and high-functioning autism. *Topics in Language Disorders, 24,* 249-259.

Utley, C. A., & Mortweet, S. L. (1997). Peer-mediated instruction and interventions. *Focus on Exceptional Children, 29*(5), 1-24.

에필로그

해리스 선생님이 배운 점

얼마나 대단한 1년이었는가! 해리스 선생님은 교육을 마쳤다고 생각하는 그 순간, 아직도 더 많은 것들을 배워야 한다는 점을 재빨리 깨달았다. 대학에서 장애영역별 구분 없이 제공되는 간범주적(cross-categorical) 자격증을 위해, 그녀가 이수한 교육과정은 분명 인간발달과 기초교육학 분야에 튼튼한 기초를 그녀에게 제공해 주었다. 비록 그녀는 교육과정을 마치고 훌륭한 교사가 될 수 있으리라 확신했지만, 가르침이란, 특히 자폐스펙트럼장애(ASD) 학생들과 함께 하며, 평생 동안 배우는 기회라는 점을 이내 깨닫게 되었다. 그 1년 동안의 하루하루는 그녀가 가르쳤던 학생들만큼 아주 특별했다.

해리스 선생님은 자폐스펙트럼장애인들에게서 나타나는 특징들을 다른 사람들에게서도 발견할 수 있다는 사실을 배웠다. 그녀는 이제 자신의 자기자극 행동들에 대해 예리하게 인식하게 되었고, 사람들이 관용구들을 반복할 때마다 흥미를 갖게 되었다. 최근에 그녀의 몇몇 친구들은 〈몬티 파이튼의 성배(Monty Python and the Holy Grail)〉에 나오는 구절들을 반복하면서 즐거운 시간을 가졌었다. 해리스 선생님은 반향어의 기능을 살피면서, 그녀가 챈에게서 고른 〈토이 스토리(Toy Story)〉에 등장하는 관용구들을 그녀의 친구들이 듣고 싶어 할지 궁금해했다. 또한 해리스 선생님은 자신의 감각기관에 관한 독특한 문제들을 인식하게 되었고(그녀는 사람들이 이빨을 가는 소리를 참지 못한다), 이러한 인식을 통해서 자신의 학생들이 선호하는 것에 대해 더 민감할 수 있었다. 자폐스펙트럼장애 모집단에서 관찰된 행동들은 정신장애진단및통계편람(*DSM-IV-TR*)에서 전반적 발달장애(Pervasive Developmental Disorders)의 하위 유형들을 분류하는데 보다 정교한 틀을 만드는 결과를 낳았다. 해리스 선생님은 자신이 만난 자폐스펙트럼장애 자녀의 부모들뿐만 아니라 자신이 가르치는 학생들의 부모로부터도 정확한 진단을 하려는 시도가 실망스런 경험이 될 수 있다는 것과, 그것이 가족에게 심각한 영향을 줄 수도 있다는 사실을 깨닫게 되었다.

해리스 선생님은 자폐스펙트럼장애가 인식되어져 온 역사를 배웠고, 특히 Kanner와 Asperger가 따로따로 연구했지만 결국 유사한 모집단들을 기술하였던 사실에 매료되었다. 그들이 관찰한 어린이들과 청소년들이 같은 특징들을 공유하고 있다는 점을 인식하기 시작했다는 사실은 매우 흥분되는 일이었음에 틀림없었을 것이다. 그리고 그 차이들을 유발하는 이유를 알지 못한다는 점은 매우 실망스런 일이었을 것이다. 확실히 현대의 과학기술은 자폐스펙트럼장애의 저변에 깔린 신경학적 장애를 진행시키는 유전학적 요인들에 대한 대단한 통찰력을 제공하였다. 자폐스펙트럼장애의 유전학적, 생물학적 요인들과 관련한 미래의 발견들은, 진단 절차와 중재 이행에 관한 중요한 시사점을 제공한다. 그 범주가 더욱 넓어지면서, 뚜렷이 구별되는 하위 유형들을 원인론 또는 신경생물학적 차이들에 기반하여 구분짓는 일이 더욱 중요해졌다. 반면, 해리스 선생님은 그녀가 지도하는 자폐스펙트럼장애 학생들 가운데 생물학적 차이로부터 야기되는 행동들에 대한 지원을 도모할 수 있음을 알게 되었다.

해리스 선생님은 학생들의 모든 지지자들이 '무엇이 효과적인 프로그램을 구성하는가?' 에 대해 동의한다는 것은 정말 어려울 수 있다는 점을 배웠다. 그녀는 반드시 공존해야 하는 서로 다른 견해들을 이해하고 있으며, 또한 개성들의 영향을 인식하고 있다. 그녀는 그동안의 배움을 통해서 보다 더 능동적인 청취자이며 더 나은 조력자가 되기를 소망한다. 그녀는 단지 어떤 기적적인 전망들이 등장했는지 확인하기 위해 정기적으로 인터넷에 접속한다. 그 가운데 가장 최근의 것은 자폐스펙트럼장애를 가진 사람들이 천연우유를 마시고 천연우유에서 만들어진 버터를 섭취하면 치료될 수 있다는 전망이었다. 그녀는 다음 주에는 지금보다 더욱 상황이 나아질 것이라고 생각한다. 그리고 그녀의 마음은 지푸라기라도 잡고 싶은 심정으로 희망의 끈을 놓지 않고 있는 모든 부모들에게 향할 것이다. 그녀는 경험적으로 확인되지 않는다는 것은 아직 그 효과가 나타나지 않았을 뿐, 그 중재 자체가 비효과적이라는 사실을 의미하는 것은 아니라는 점을 깨닫는다.

해리스 선생님은 환경을 면밀히 분석하고 자폐스펙트럼장애 학생들에게 어려움을 초래할 잠재적 요인들을 예측하는 데 매우 능숙해졌다. 그녀는 자폐스펙트럼장애 학생들이 예측 가능한 구조와 다가올 변화에 대한 경고가 있을 때에 더 나은 수행능력을 보였다는 점을 배웠다. 처음으로 자신의 학생들에게 진정한 '자유선택권' 을 주었을 때(가서 무언가 할 것을 찾아와라!), 그녀는 그것이 썩 좋은 아이디어가 아니었음을 발견하였다. 학생들이 지시를 수행할 때 필요한 지원을 제공하는데 있어서 구조화는 매우 중요하다는 것을 그녀는 깨달았다. 지시를 내리는 동안 해리스 선생님은 다른 교사들과 함께 시각적 지원들과 구체적인 어휘들을 더 많이 사용하였다. 그녀가 크레이그를 지도하는 교사에게 크레이그가 단순히 말로만 주어진 모호한 지시들을 따르지 않았다고 해서 무례하다든가 불순종적인 것을 의미하지 않는다는 점을 설득시키는 데 1년이 걸렸다. 일찍이 해리스 선생님은 학생들의 행동을 일일이 감정적으로 받아들일 것이 아니라, 한 학생에 대해 다른 학생들이 자신에게 말하는 행동들을 분석하는 것을 배웠다. 행동을 분석하는 것은 해리스 선생님에게 아마도 가장 어려운 문제였을 것이다. 모든 행동에는 기능이 있고, 행동이 억압되어서는 안 되며 그 기능에 따라 행동이 결정된다는 이론을 실천에 옮기는 것은 매우 중요했다. 자기자극 행동들, 상동행동, 그리고 심지어 자해행동까지도 그 학생이 주위환경과 여러 가지 활동들, 그리고 인간관계에 대해 어떻게 반응하는가를 말해 주고 있었다. 해리스 선생님은 학생을 수정하는 것보다 주위환경을 수정할 필요가 있다는 점을 재빨리 깨달았다. 그녀는 그녀가 개발해 온 긍정적 행동지원(positive behavior support) 계획의 일환으로 이전에 있었던 다양한 선행사건의 수정을 시도하였고, 바람직하지 않는 행동과 동일한 기능을 하는 바람직한 행동을 대체행동으로 하여 지도하는 것에 중점을 두었다. 그녀는 적절한 행동에 대해 긍정적 강화를 사용하는 데 매우 탁월했지만, 때로는 그녀의 주위가 산만할 때나 그녀에게 웃음을 유발하는 일을 학생들이 했을 경우 소거(extinction)를 사용하는 데 어려움을 겪기도 했다.

해리스 선생님은 응용행동분석(ABA)과 비연속 개별시행 훈련(DTT)의 차이점들을 그녀의 동료들과 다른 부모들뿐만 아니라 넬슨 씨와 나눌 수 있다는 점을 기쁘게 생각했다. 그녀는 한발짝 뒤로 물러서서 과학과 ABA에 관한 원리들을 들여다본다면, 자폐스펙트럼장애를 가진 그녀의 학생들에게 적응적 기능수행 능력을 촉진시킬 수 있는 다양한 방법론들에 대해서 더 합리적이고 열린 토론들을 이끌어 낼 수 있다는 것을 깨달았다. ABA에 대한 지식에 근거하여, 해리스 선생님은 그녀가 자신의 학생들에게 가르치고 있는 의사소통과 사회적 기술들의 일반화를 촉진하기 위해 고안된 다양한 기술들을 실행하고 있다. 해리스 선생님은 전문 기관들로부터 받는 학술지들을 계속 읽고 있으며, 그녀의 자폐스펙트럼장애 학생들에게 유용할 새로이 등장하는 경험적으로 타당성이 입증되고 있는 전략들을 찾아보고 있다.

지난 1년 동안 해리스 선생님은 일반교육학과 특수교육학을 전공하는 동료들과 함께 일하는 것을 즐겼다. 많은 수의 학생들을 다루는 일반 교사들을 보면서 이전보다 더 그들에 대해 감탄하게 되었다. 그녀는 자신의 학생들에게 사용했던 몇몇 전략들은 그들의 교실에서 실천하기가 쉽지 않다는 점을 발견했다. 그러나 그녀와 다른 교사들은 함께 노력하여, 배우고자 하는 욕구를 가진 그들의 자폐스펙트럼장애 학생들을 지원하기 위한 전략을 언제나 고안해 낼 수 있었다. 해리스 선생님은 손으로 계산할 때에 *TouchMath*™를 쓰는 것이 매우 효과적인 전략이라는 사실을 발견했다. 그녀는 다양한 그룹핑 전략들을 매우 효과적으로 사용하는 법을 배웠고, 자폐스펙트럼장애 학생들이 대부분의 시간 동안 참여할 수 있는 많은 기회를 제공하였다. 자기관리 프로그램은 그녀의 자폐스펙트럼장애 학생들에게 매우 효과적이어서 해리스 선생님은 그녀의 친구들과 다양한 주제들에 대해 이야기할 때에도(단지 자폐스펙트럼장애가 주제가 아니더라도), 자기 자신에게 자기관리 프로그램을 적용하였다.

이러한 교훈들뿐만 아니라, 해리스 선생님은 많은 즐거움도 얻었다. 그녀의 학생들 하나하나가 가진 개성들을 좋아했고, 세상에 대해 길들여지지 않은 학생들의 반응을 높이 샀다. 어느 날 교실에 들어섰을 때에, 그녀는 매우 흥미로운 모습을 보았다. 음악 교사가 모든 학생들에게 마치 마이크를 잡은 것처럼 노래할 때에 막대기를 들고 있게 하였다. 학생들의 얼굴에서 볼 수 있었던 불신으로 가득한 표정은 무척이나 흥미로운 것이었다. 학생들은 대부분 막대기를 옆구리나 혹은 경직된 듯 가슴에 붙이고서는, 마치 얼이 빠진 것처럼 서로를 바라보았다.

자폐스펙트럼장애를 가진 에릭의 엄마인 오언스 씨로부터 들었던 것처럼, 그녀의 학생들은 다른 사람들을 속이려 하지 않았다. 그래서 학생들이 해서는 안 될 일을 저질렀을 때, 그것을 알아채는 것은 매우 쉬운 일이었다. 어느 날 방과 후 로라의 선생님은 말조차 할 수 없을 정도로 웃음을 터뜨리며 해리스 선생님의 방에 달려왔다. 그날, 수업시간에 로라의 주위에 앉아 있던 몇몇 학생들은, 로라가 항상 연습장에 정답을 적어 놓곤 했다는 사실을 알고는 로라에게 몇몇 문제들의 답을 가르쳐 달라고 속삭이기 시작했다. 로라는 이것이 수학과제를 완수하는 데 옳지 않은 방법임을 깨닫지 못한 채, 그 학생들에게 귓속말이 아닌 평상시와 똑같은 크기의 음성으로 대답해 주었다. 수학 선생님은 간헐적으로 '467'과 '329'와 같은 숫자들을 읊조리는 소리를 들었고, 결국 그 소리의 진원지가 또래들에게 답을 말해 주고 있는 로라였음을 알아냈다.

해리스 선생님은 자신의 자폐스펙트럼장애 학생들이 특정한 기술을 습득했을 때 그것이 얼마나 자랑스러운 일인지를 알게 되었다. 또한 그녀는 기술을 습득하는 과정에 있어서 때로는 퇴행도 뒤따를 수 있다는 점도 깨닫게 되었다. 그러나 그녀의 모든 학생들은 IEP 목표를 달성하는 데 진전을 보였다. 해리스 선생님은 가베가 학교에서 상을 탔을 때, 가베의 부모만큼이나 전율을 느꼈다. 넥타이를 맨 가베는 시상식에서 정말 멋져 보였다(그의 아버지가 그랬던 것처럼, 가베는 넥타이를 시상식이 마치자마자 풀어 버렸다). 아마도 해리스 선생님이 깨달은 가장 큰 교훈은, 자폐스펙트럼장애 학생들이 다양한 배움의 기회들을 이용할 수 있고 현재와 미래에 가능한 한 독립적으로 역할을 수행할 수 있도록 돕는 기술들을 발전시키는 데 그녀가 긍정적인 영향을 끼칠 수 있었다는 점이었다.

지난 1년을 돌아보면서, 해리스 선생님은 학교당국의 복지사가 그녀에게 주었던 아주 재미있는 책을 기억했다. 그 책은 자폐스펙트럼장애 형제와 아들을 둔 아버지가 쓴 책이었다. 해리스 선생님은 그 책에서 다음과 같은 인용문을 복사하여 그녀의 책상 옆에 두었다.

그의 전 생애에 걸쳐, 그는 자신이 이해할 수 없는 세계에 대해 혼란과 도전을 느낄 것이다. 그 세계는 인과율의 세계이며 그가 생각하는 것을 항상 의미하지는 않는 언어의 세계이며, 그가 완전히 이해하기에는 너무나 미묘한 행동과 몸짓에 기초를 둔 인간관계의 세계이다. 자신이 가진 남들과 다른 차이들을 이해할 수 없고, 그의 인간적 평범함을 표현할 수 없기 때문에, 그의 가장 큰 도전은 우리의 무지이며, 그의 행동에 따라 그를 판단하려는 우리의 성급함일 것이다(Charles Hart, Without reason: A Family copes with two generations of autism, 1989, p. 269).

비록 해리스 선생님은 여름휴가를 통해 휴식 시간을 보낼 것이라고 생각했지만, 수업에 돌아올 자폐스펙트럼장애 학생들과의 만남과 그녀의 수업에 동참할 학생들과의 만남을 기대하고 있었다. 그녀는 많은 것을 배웠지만 아직 더 많은 것들을 배워야 함을 알고 있었고, 수업을 계속 이어가고자 하는 열정을 가지고 있었다. 연구가 자폐스펙트럼장애의 신비를 풀어가고 자폐스펙트럼장애를 가진 사람들이 그들의 특별한 재능과 재주를 나눔으로 상호 존중이 이루어지고, 이러한 존중은 모든 사람들을 위한 삶의 질 향상에 소중한 영향을 미치는 것이다.

찾아보기

ㄱ

ㅂ

ㅅ

| ㅇ |

ㅈ

기타

역자 소개

| 신현기 |

단국대학교 특수교육과 및 동 대학원 특수교육과 수료(교육학 박사)
현재 단국대학교 특수교육과 교수
한국특수교육학회 회장
교육부 중앙특수교육위원회 위원
SBS-TV 〈세상에서 가장 아름다운 여행〉 솔루션 위원

주요 저서 및 논문

『파라다이스 한국표준적응행동검사』, 『정신지체: 역사적 관점, 현재의 동향, 그리고 미래의 방향』, 「정신지체인의 결혼관에 대한 사례분석」, 「정신지체 학생의 다중지능 발달 특성」 외 다수

| 이성봉 |

단국대학교 특수교육과 및 동 대학원 특수교육과 수료(교육학 박사)
현재 백석대학교 특수교육과 교수
한국응용행동분석학회 회장
한국특수교육학회 이사
한국자폐학회 이사

주요 저서 및 논문

『정서 및 행동장애』, 「지적장애인의 자기결정 능력과 취업 성과와의 관계」 외 다수

| 이병혁 |

미국 텍사스주립대학교 대학원 특수교육과
단국대학교 대학원 특수교육과 교육학 박사
현재 극동대학교 중등특수교육학과 교수

주요 저서 및 논문
『행동관리의 실제』, 「수학부진아동들의 수학수업 효율화를 위한 담화형태 적용과정 연구: 구성주의에 근거한 상호작용을 중심으로」, 「학습장애아동의 자연수 연산 수행 평가도구 개발을 위한 기초연구」, 「현실적 수학교육이 학습장애학생의 수학교육에 주는 함의」 외 다수

| 이경면 |

강남대학교 특수교육과 졸업
단국대학교 대학원 특수교육과 교육학 석사, 박사
현재 부산장신대학교 특수교육과 교수

주요 저서 및 논문
『특수교육실습의 실제』, 「2008 개정 특수학교 기본교육과정 미술과에 나타난 활동 분석 및 수업운영방안」, 「교육실습생의 수업대화 연구」 외 다수

| 김은경 |

한양대학교 교육학과
미국 오리건주립대학교 대학원 특수교육과
단국대학교 대학원 특수교육과 교육학 박사
현재 단국대학교 특수교육과 교수

주요 저서 및 논문
『아스퍼거증후군』, 『정서 및 행동장애』, 『긍정적 행동지원』, 「아스퍼거장애 학생의 사회적 의사소통 중재에 대한 메타분석과 단일대상연구 효과크기 적절성 검토」, 「Touchmath 원리와 직접교수를 적용한 수학지도가 자폐성 장애 학생의 덧셈, 뺄셈 연산 수행에 미치는 효과」 외 다수